McGraw-Hill Higher Education

*A Division of The **McGraw·Hill** Companies*

This is an book.

Kontakte: A Communicative Approach

Published by McGraw-Hill, an imprint of The McGraw-Hill Companies, Inc., 1221 Avenue of the Americas, New York, NY 10020. Copyright © 2000, 1996, 1992, 1988 by The McGraw-Hill Companies, Inc. All rights reserved. No part of this publication may be reproduced or distributed in any form or by any means, or stored in a database or retrieval system, without the prior written consent of The McGraw-Hill Companies, Inc., including, but not limited to, in any network or other electronic storage or transmission, or broadcast for distance learning.

This book is printed on acid-free paper.

This book is printed on recycled paper containing a minimum of 50% total recycled fiber with 10% postconsumer de-inked fiber.

4 5 6 7 8 9 0   VNH   VNH   9 0 9 8 7 6 5 4 3 2

ISBN 0-07-365516-3 (Student Edition)
ISBN 0-07-230968-7 (Instructor's Edition)

Vice president/Editor-in-chief: *Thalia Dorwick*
Senior sponsoring editor: *Leslie Hines*
Senior development editor: *Gregory Trauth*
Development editor: *Sean Ketchem*
Senior marketing manager: *Karen W. Black*
Senior project manager: *Eva Strock*
Senior production supervisor: *Richard DeVitto*
Designers: *Sabrina Dupont; Vargas/Williams Design*
Cover designer: *Amanda Kavanagh*
Photo research coordinator: *Erica Ackerberg*
Illustrators: *Sally Richardson, Erik Watson*
Art editor: *Nora Agbayani*
Compositor: *York Graphic Services*
Typeface: *Garamond*
Printer: *Von Hoffmann Press*

Cover: Paul Klee, "Mit dem Alder." ©1999 Artists Rights Society (ARS), New York/VG Bild-Kunst, Bonn

Because this page cannot legibly accommodate all the copyright notices, page A-106 constitutes an extension of the copyright page.

Library of Congress Cataloging-in-Publication Data

Terrell, Tracy D.
    Kontakte: a communicative approach/Tracy D. Terrell, Erwin Tschirner, Brigitte Nikolai.—4th ed.
        p. cm.
    "This is an EBI book"—CIP t.p. verso.
    Includes index.
    ISBN 0-07-365516-3 (student ed. : alk. paper)—ISBN 0-07-230968-7 (instructor's ed.: alk. paper)
    1. German language—Grammar. 2. German language—Textbooks for foreign speakers—English.
I. Tschirner, Erwin P., 1956 II. Nikolai, Brigitte. III. Title.
    PF3112.T425 2000
    468.2'421—dc21
99-059172

www.mhhe.com

Kontakte

4TH EDITION   A COMMUNICATIVE APPROACH

Tracy D. Terrell
Late, University of California, San Diego

Erwin Tschirner
Herder-Institute, Universität Leipzig

Brigitte Nikolai

CONSULTANT:
Catherine C. Fraser
Indiana University

Boston Burr Ri
New Y
Bangkok Bogotá
Milan New D

The fourth edition of Kontakte *is dedicated to Gregory Trauth (1958–1999). As the editor for the past two editions, Gregory was an invaluable partner and beloved member of the* Kontakte *team. His guidance and editorial impact can be felt on every page. Gregory's generous heart touched us in many ways, and we miss him. He was not only a colleague, but also a dear friend. We hope that he is proud of this new edition of* Kontakte.

CONTENTS

THEMEN	KULTURELLES

KULTURECKE	**LEKTÜRE**	**STRUKTUREN**

	THEMEN	KULTURELLES

KULTURECKE	LEKTÜRE	STRUKTUREN

THEMEN	KULTURELLES

| **KULTURECKE** | **LEKTÜRE** | **STRUKTUREN** |

| THEMEN | KULTURELLES |

KULTURECKE	**LEKTÜRE**	**STRUKTUREN**

• •

TO THE INSTRUCTOR

Keeping Pace with the Profession: From Proficiency to the National Standards

Built on the foundation of three highly successful editions, the Fourth Edition of **Kontakte** offers a truly communicative approach that supports functional proficiency in all language skills. We believe that competent speakers must have an appropriate background knowledge of the communicative and cultural contexts in which language occurs. **Kontakte** places cultural competence, as an integral part of language learning, on par with communicative competence by providing natural contexts within which students can acquire and practice language.

Moreover, **Kontakte** supports the National Standards, as outlined in *Standards for Foreign Language Learning: Preparing for the 21st Century* (1996; National Standards in Foreign Language Education Project, a collaboration of the ACTFL, AATG, AATF, and AATSP). The five "Cs" of Communication, Cultures, Connections, Comparisons, and Communities describe what students should know and be able to do as a result of their language study. **Kontakte** provides a solid foundation for their implementation.

Communication: **Kontakte** emphasizes communication in meaningful contexts in the target language. Throughout, students listen to and read comprehensible German and have ample opportunities to use German in autograph, interview, information gap, role-play, writing, and other personalized activities.

Cultures: The **Dialoge,** the **Kultur ... Landeskunde ... Informationen** boxes, the **Kulturecke,** the **Videoecke,** and the **Leseecke** present various perspectives on the cultures of German-speaking people. Students listen to, read, and respond to texts and—in the video—to interviews with native speakers.

Connections: Chapter themes and activities encourage students to link their study of German with their personal lives and other subjects they are studying.

Comparisons: The **Sprechsituationen,** the **Kultur ... Landeskunde ... Informationen** boxes, the **Kulturprojekt,** and the **Videoecke** lead students to make comparisons between their world and that of German-speaking people.

Communities: Through the **Kulturprojekt** and **Kontakte Online** features, students have direct contact with the German-speaking world at home and abroad.

Changes That Make a Difference

Throughout the review process, we received valuable input from instructors and students alike. As a result, we have undertaken a number of changes in the Fourth Edition, without altering the basic concept and approach of **Kontakte.**

- To improve the flow of materials, we resequenced the chapter dealing with food and shopping; it is now **Kapitel 8.**

- Adjective endings, the contrast of destination vs. location, and the subjunctive forms of modal verbs are now found in **Kapitel 8.** The simple past tense is now found in **Kapitel 9.**

- **Kapitel 12** now includes a new section on German art and literature.

- The drawings in all vocabulary displays are now colorized to enhance their clarity and appeal.

- The **Kulturprojekt** section is now tied into the new **Kontakte** Online Learning Center through a new feature called **Kontakte** Online.

- The **Porträt** section is now improved through the addition of a reading comprehension activity.

- The **Videoecke** section is tied to the newly revised **Blickkontakte** video, filmed on location in Leipzig, and contains a series of interviews with native speakers of German.

- We improved the **Wortschatz** by providing pronunciation aids in the form of diacritics for long and short vowels in stressed syllables.

- We retained the most popular reading texts from the third edition and reduced the number of readings to one per chapter in most cases.

- We added a new feature to readings—**Miniwörterbuch**—to replace the older glossing system.

- We added a new type of marginal note called **Wissen Sie noch?** to the grammar explanations. This feature offers students a brief overview of a previously learned grammar point and tells them where they can review it.

A GUIDED TOUR OF *KONTAKTE*, FOURTH EDITION

Each chapter, with the exception of the two introductory chapters, has the following structure:

- **Sprechsituationen**
- **Wortschatz**
- **Kulturecke**
- **Videoecke**
- **Leseecke**
- **Strukturen und Übungen**

Our guided tour presents an overview of the chapter structure and features of ***Kontakte.***

SPRECHSITUATIONEN

Colored drawings introduce vocabulary. Activities for communication support the acquisition of vocabulary and structures.

Grammar references tie activities to specific grammar points.

WORTSCHATZ

Lists contain all the newly introduced vocabulary in the chapter. Diacritical marks help students learn proper pronunciation.

KULTURECKE

This section presents little "c" culture in the **Kulturprojekt** and big "C" culture in the **Porträt** section.

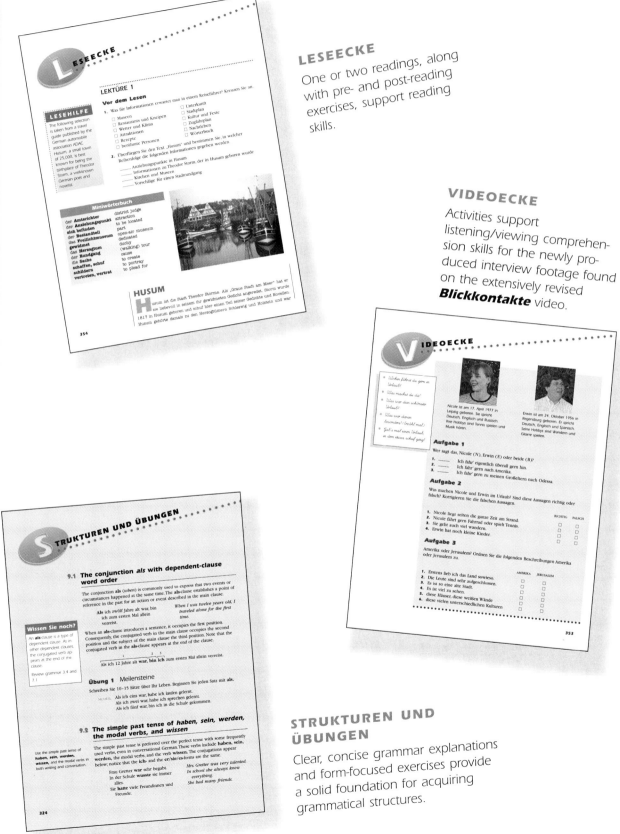

LESEECKE

One or two readings, along with pre- and post-reading exercises, support reading skills.

VIDEOECKE

Activities support listening/viewing comprehension skills for the newly produced interview footage found on the extensively revised ***Blickkontakte*** video.

STRUKTUREN UND ÜBUNGEN

Clear, concise grammar explanations and form-focused exercises provide a solid foundation for acquiring grammatical structures.

SITUATIONEN

Communicative activities form the core of **Kontakte.** Most activities are done with partners, small groups, or the whole class.

KULTUR ...
LANDESKUNDE ...
INFORMATIONEN

These mini-texts offer cultural insights into the German-speaking world. They are accompanied by activities that aid students in comparing and contrasting their own culture with that of the German-speaking countries.

KULTURPROJEKT

Students explore facets of contemporary culture via newspapers, magazines, the library, and the Internet.

PORTRÄT

This feature presents important historical figures from the German-speaking countries, along with profiles of the cities from which the figures come.

LESEHILFE

This sidebar box offers background information on readings and tips to students for improving their reading skills.

KONTAKTE ONLINE

This Internet feature invites students to go to the **Kontakte** Online Learning Center at www.mhhe.com/kontakte and explore websites thematically related to the **Kulturecke** and chapter theme as well as to complete a variety of online activities.

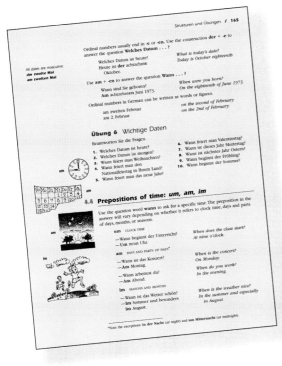

ÜBUNGEN

Following each of the grammar descriptions, these form-focused exercises practice the key grammatical concepts of the chapter.

WISSEN SIE NOCH?

A mini-review and cross reference for students to key grammar points that have already been covered.

ICONS

Four different icons indicate information gap, writing, role-playing, and listening activities.

EXCITING NEW TECHNOLOGIES FOR KONTAKTE, FOURTH EDITION

The Fourth Edition of **Kontakte** is accompanied by an array of technology to support your instruction and your students' language learning needs.

Blickkontakte Video

The Fourth Edition video builds upon the widely praised **Blickkontakte** program from the prior edition. This program has been expanded to include new, authentic interviews with native speakers, filmed on location in Leipzig, that expand on the chapter themes. Viewing/listening comprehension is supported by the new **Videoecke** feature that consists of photographs, interview questions, and viewing activities.

Student CD-ROM

Revised for the fourth edition, this CD-ROM now contains video, listening and speaking, and guided writing activities in addition to the Dasher™ vocabulary and grammar activities.

Instructor's Resource CD-ROM

This brand new CD-ROM contains the *Instructor's Manual,* electronic colored overhead transparency masters, the *Test Bank* (allowing you to create your own customized tests), and the *Audioscript* for the *Audio Program* that accompanies the **Arbeitsbuch.**

Online Learning Center and Website

This new and highly interactive website at www.mhhe.com/kontakte includes resources for instructors and an Online Learning Center for Students. Instructors will find useful information about the **Kontakte** program; information about the German spelling reform, the National Standards, and the ACTFL Proficiency Guidelines; as well as numerous links to professional resources. Students will find online **Situation** activities, the **Kontakte** online feature (tied to the **Kulturprojekt**), web-based cultural activities, links to German search engines, and more!

Fourteen selections from authentic German television broadcasts were carefully selected from the previous video **Blickkontakte** program based on their accessibility, their cultural richness, and their interest to present-day students. Overhead transparency masters and suggestions on how to work with the authentic broadcast footage in class can be found in the *Instructor's Manual.* A second set of activities for individual work is included in the student CD-ROM.

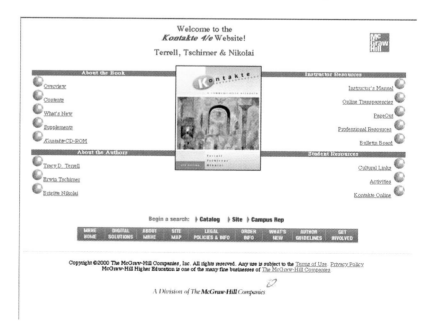

THE *KONTAKTE* PROGRAM: EXCEPTIONAL INSTRUCTIONAL MATERIALS

The instructional package of **Kontakte,** Fourth Edition, includes the following materials, designed to complement your instruction and to enhance your students' learning experience. Please contact your local McGraw-Hill sales representative for information on availability and costs of these materials.

Available to adopters *and* to students:

- *Student Edition.* Full-color textbook with activities, grammar explanations and exercises, and helpful appendices.
- *Listening Comprehension Program.* A 1-hour program, on audio CD or audiocassette, containing the dialogues, selected texts from the **KLI** boxes, and poems from the **Leseecke** section, is available free with the Student Edition.
- *Arbeitsbuch.* A complete manual for further practice and acquisition of the four skills and cultural competence.
- *Audio Program.* A 7-hour program, on audio CD or audiocassettes, containing pronunciation practice and listening comprehension texts, including the dialogues and narration series from the main text.
- Extensively revised! *Student CD-ROM.* A CD-ROM, containing the vocabulary displays with pronunciation of vocabulary items, **Sprechsituationen** activities (including the narration series), as well as the exercises from the **Strukturen und Übungen** section. New additions include video, writing, listening and speaking components!
- New! *Kontakte* Online Learning Center. A web-based learning center with online activities and study resources for students.
- *A Practical Guide to Language Learning: A Fifteen-Week Program of Strategies for Success,* by H. Douglas Brown (San Francisco State University). A brief introduction to language learning written for beginning students.

Available to adopters only:

- *Instructor's Edition.* The main text containing marginal notes with suggestions for using and expanding on the materials in the text, additional cultural information, teaching hints, and listening comprehension texts.
- Extensively revised! **Blickkontakte** video to accompany **Kontakte.** A 1-hour video containing 14 interview segments with native speakers (filmed in Leipzig) and 14 non-commercial video clips from ZDF broadcasts.
- New! *Instructor's Resource CD-ROM.* A CD-ROM containing testing materials from the *Test Bank,* color and black and white electronic overhead transparencies, the *Instructor's Manual,* and the *Audioscript.*
- *Instructor's Manual.* A handy manual that provides a guided walk through **Einführungen A/B** and **Kapitel 1** presents information on Natural Approach theory and practice and offers hints and practical guidance to instructors. Included in the *Instructor's Manual* are transparency masters of the drawings in the main text as well as video activities for the authentic television footage on the **Blickkontakte** video.
- *Audioscript.* A transcript containing all the material recorded in the *Audio Program.*
- *Test Bank* with *Testing Audio Program.* A collection of testing materials—many of them revised for the Fourth Edition—for assessing listening comprehension, vocabulary, grammar, reading, writing, culture, and oral proficiency.
- *Picture File.* 50 full color, 9″ × 12″ photographs taken exclusively for **Kontakte,** Fourth Edition, in Germany, Austria, and Switzerland.
- *From Input to Output.* A 1-hour instructional video containing demonstrations of the Natural Approach using **Kontakte** and filmed at the University of Iowa.
- *Training/Orientation Manual,* by James F. Lee (University of Illinois, Urbana-Champaign). This handy manual offers practical advice for beginning language instructors and coordinators.

THE NATURAL APPROACH

Kontakte is based on Tracy D. Terrell's Natural Approach, which originally drew on aspects of Stephen D. Krashen's "Monitor Model" and its five hypotheses on instructed second-language acquisition. These five hypotheses are discussed in detail in the *Instructor's Manual* that accompanies *Kontakte.* The following are among the most important aspects of the Natural Approach as applied in this program:

1. **Comprehension precedes production.** Students' ability to use new vocabulary and grammar is directly related to the opportunities they have to listen to and read vocabulary and grammar in a natural context.

2. **Production needs to be acquired too.** While comprehension activities need to take up a large amount of classroom time in early chapters and considerable amounts in later chapters as well, students need to be given numerous opportunities to express their own meaning in communicative contexts. Ideally, comprehension activities are topped off by speaking and/or writing, and production activities are introduced by listening or reading.

3. **Speech emerges in stages.** *Kontakte* allows for three stages of language development:
   Stage 1. Comprehension: **Einführung A**
   Stage 2. Early speech: **Einführung B**
   Stage 3. Speech emergence: **Kapitel 1**
   The activities in **Einführung A** are designed to give students an opportunity to develop good comprehension skills without being required to speak German. The activities in **Einführung B** are designed to encourage the transition from comprehension to an ability to make natural responses with single words or short phrases. By the end of the **Einführung,** most students are making the transition from short answers to longer phrases and short sentences, using the materials of the **Einführung.** With the new material in each chapter, students will pass through the same three stages.

4. **Speech emergence is characterized by grammatical errors.** It is to be expected that students will make many errors when they begin putting words together into sentences, because it is difficult to monitor spontaneous speech. These early errors do not become permanent, nor do they affect students' future language development. We recommend correcting errors by expanding and rephrasing students' responses into grammatically correct sentences.

5. **Group work encourages speech.** Most of the activities lend themselves to pair or small-group work, which allows for more opportunities to interact in German during a given class period and provides practice in a non-threatening atmosphere.

6. **Students acquire language best in a low-anxiety environment.** Students will be most successful when they are interacting in communicative activities that they enjoy. The goal is for them to express themselves as best they can and to develop a positive attitude toward their second-language experience. The Natural Approach instructor will create an accepting and enjoyable environment in which to acquire and learn German.

7. **The goal of the Natural Approach is proficiency in communication skills.** Proficiency is defined as the ability to convey information and/or feelings in a particular situation for a particular purpose. Grammatical accuracy is one part of communicative proficiency, but it is not a prerequisite.

ACKNOWLEDGMENTS

We would like to extend our heartfelt thanks to our consulting editor, Catherine (Katy) T. Fraser (Indiana University), who was deeply involved in the revision of the last two editions of **Kontakte.** Her insights and advice, based on her extensive experience with the program, were indispensable. Further thanks are owed to Ulla Hirschfeld (Universität Halle) for her excellent work on the pronunciation and orthography sections in the **Arbeitsbuch** and for the pronunciation and spelling appendix in the main text, and to Christina Kuhn (Universität Gh Kassel) for her dedicated work on the fourth edition, both main text and **Arbeitsbuch**, in which she updated and improved many of the activities as well as provided many of her own texts and activities.

We are also indebted to our colleagues, the staff, and the students of the Herder Institute (Universität Leipzig) for their participation in and help with the video shoot and with the development of video activities, in particular Elke Wagenbret, Irina Anghel, Ruth-Ulrike Deutschmann, Michael Ehrlich, Birgit Kirchner, Heike Lehmann, Birgit Meerholz-Härle, Lourdes Neupavet, Kristina Peuschel, Judith Poppitz, Agnieszka Przepióra, Anke Sägenschnitter, Daniela Scholze, Ulrike Sperr, Sophie Wagner, Brit Wegenmayr, and Yvonne Zschauer. We would also like to acknowledge Birgit Kirchner for her work on the grammar tables for the CD-ROM, Ruth-Ulrike Deutschmann and Daniela Scholze for their work on the CD-ROM video activities, and Cornelia Thielemann, Nadine Jänicke, and Silke Pfitzner for their work on the Test Bank.

We gratefully acknowledge our debt to the many instructors who over the past years have personally shared their experiences with us, especially James P. Pusack and the graduate student instructors of the University of Iowa. In addition, we would like to express our gratitude to the many members of the language teaching profession whose valuable suggestions contributed to the preparation of this new edition. We have learned tremendously from the loyal users of **Kontakte** and are always interested in hearing what they have to say. The appearance of their names does not necessarily constitute their endorsement of the text or its methodology.

Thomas P. Baldwin
Western Kentucky University

Carol Bandu
Saddleback College

Claudia A. Becker
Loyola University, Chicago

Curtis Bentzel
Franklin and Marshall College

Erika Berroth
Lewis & Clark College

J. Birmele
California State University, Long Beach

Benjamin Blaney
Mississippi State University

Liette Bohler
Hampton University/Tidewater Community College

Cheri Ann Brown
Indiana University at South Bend

Petra Clayton
Cuesta College

Jessamine Cooke-Plagwitz
Middle Georgia College

William Crisman
Penn State, Altoona

Lincoln Curtis
Monterey Peninsula College

Sonja de Vargas
New Mexico State University at Alamogordo

Thomas Di Napoli
Louisiana State University

David Dowdey
Pepperdine University

Michael A. Edwards
Houston Community College

Lorely French
Pacific University

Helen Frink
Keene State College

Micha Goebig
Northwest Missouri State University

Anne-Katrin Gramberg
Auburn University

Bradley A. Holtman
Mansfield University of Pennsylvania

Deborah L. Horzen
University of Central Florida

Zsuzsanna Ittzes
University of California, Los Angeles

Shawn C. Jarvis
St. Cloud State University

Ruth R. Kath
Luther College

Richard Alan Korb
Columbia University

John Kulas
St. John's University

Wolfgang P. Kunze
Andrews University

Renata H. Lefcourt
SUNY College at Fredonia

David Limburg
Guilford College

Rosemarie Lones
Oklahoma Baptist University

Randall Lund
Brigham Young University

Arthur W. McCardle
Gettysburg College

Hilda M. Meyer
Triton College

Michael Myers
Montana State University,
Bozeman

Douglas F. Oxborrow
Joliet Junior College

Sybille Peniche
Los Angeles Valley College

Frank Pilipp
Georgia Tech

Christopher Prang
University of North Carolina-
Chapel Hill

Teresa Reber
University of Arizona

Heidi Rockwood
Georgia Tech

Bianca Rosenthal
Cal Poly State University, San
Luis Obispo

Sigrid Rother
Aquinas College

Patricia Schindler
University of Colorado, Boulder

Clinton S. Shaffer
Wheaton College

Gabriele Steiner
Modesto Junior College

Sylvia Stevens
University of Missouri-Kansas City

Robert Stingle
University of Portland

Brent M. Strong
Ricks College

Philip Sweet
Radford University

Heather Ter-Jung
Orange Coast College

Gerlinde Thompson
Oklahoma University

Helga Thorson
University of Arkansas at Little
Rock

Phyllis E. Van Buren
St. Cloud State University

Joyce S. Walker
Everett Community College

Tessa Windt
University of South Carolina-
Spartanburg

Mark Woodward
Oklahoma Christian University

Susan V. Wyman
Santa Monica College

Reinhard K. Zachau
University of the South

Special thanks to Dirk Hasen-pusch and Stuart Cohen for their fine photographs. Our gratitude to Anja Voth, who as the native reader edited the language for style and authenticity; to Arden Smith, who painstakingly compiled the German-English and English-German end vocabularies; and to David Sweet, who secured reprint permissions for the realia and readings.

The updated look of the interior of **Kontakte** is due to the artistry of Sabrina Dupont. We thank Amanda Kavanagh for the imaginative cover. We also thank the York Graphic Services production staff, whose fine work made our lives so much easier; and the editing, production, and design team at McGraw-Hill, whose expertise helped transform manuscript into book: Eva Strock, Richard DeVitto, Francis Owens, and Nora Agbayani. Carine Held was instrumental in developing the new technology that accompanies this text. Margaret Metz, Karen W. Black, and the rest of the McGraw-Hill marketing and sales staff deserve praise for so actively promoting **Kontakte** over the past years.

We continue to thank Eirik Børve, who launched the first edition; our first and second edition editors, Jeanine Briggs and Eileen LeVan, whose work is still found in the pages of this edition; and our splendid third edition consultant, Dierk Hoffmann, who helped us improve the culture and grammar of **Kontakte.**

Finally, we express our heartfelt gratitude to the McGraw-Hill world language editorial staff: Leslie Hines, whose support and encouragement are deeply appreciated; Thalia Dorwick, for her vision, her constant and unwavering support of **Kontakte**, and her commitment and dedication to her authors and their books; Sean Ketchem, who helped bring this project to its successful completion; and especially Gregory Trauth, editor extraordinaire over the last two editions and best of friends, who expertly commented on all aspects of the manuscript and provided us with much needed assistance. We will miss you, Gregory.

TO THE STUDENT

THE CAST OF CHARACTERS

The people you will read and talk about in **Kontakte** reappear in activities and exercises throughout the text. Some are American students, and others are from Germany, Austria, and Switzerland.

First, there is a group of students learning German at the University of California at Berkeley. Although they all have different majors, they are all in Professor Karin Schulz's German class. You will meet eight students in the class: Steve (Stefan), Heidi, Al (Albert), Nora, Monique (Monika), Peter, Kathy (Katrin), and Thomas. Each uses the German version of his or her name.

Little by little, you will be introduced to people who live in various parts of the German-speaking world. For example, in Göttingen, Germany, you will meet Silvia Mertens and her boyfriend, Jürgen Baumann. You will also get to know the Schmitz family. Rolf Schmitz, who is studying psychology at the University of California in Berkeley and who knows many of the students in Professor Schulz's German class, lives with his parents in Göttingen over the university holidays. He was born in Krefeld, a town near Düsseldorf, where his grandmother, Helene Schmitz, still lives. Rolf has twin sisters, Helga and Sigrid.

In Germany, you will also accompany an American student, Claire Martin, on her travels. Her best friends are Melanie Staiger and Josef Bergmann from Regensburg.

In Berlin, you will meet Renate Röder, who is single and who works for a computer company. Renate travels a lot and speaks several languages in addition to German. You will also meet Mehmet Segün. Mehmet, who came with his family to Berlin from Turkey when he was 10, works as a truck driver.

In Dresden, you will meet Sofie Pracht, a student at the Technische Universität. Sofie is studying biology and wants to become a biologist. Her best friend is Willi Schuster, who is also a student at the TU Dresden. Marta Szerwinski, a friend of Sofie's and Willi's, comes from Poland, but is currently working in Dresden.

Sofie   Willi   Marta

In the Munich neighborhood of Schwabing, you will meet two families: the Wagners and the Rufs. In the Wagner family, you will meet Josie and Uli, their son Ernst, and their daughters, Andrea and Paula. Jens Krüger, their cousin, comes to visit quite often, so you will meet him as well. The Wagners' neighbors are the Ruf family: Jochen Ruf, a writer who works at home and takes care of the children and household, and Margret, a businesswoman who is president of Firma Seide, which manufactures toys. They have two children: Jutta, who is a student at the Goethe Gymnasium (*high school*) with Jens Krüger, and Hans, her younger brother.

die Familie Wagner
Josie   Uli   Jens   Andrea
Paula   Ernst

die Familie Ruf
Hans   Jochen   Jutta
Margret

There are others in the neighborhood as well, such as Herr Günter Thelen and Herr Alexander Siebert,

Frau Sybille Gretter, Frau Judith Körner, Michael Pusch— who is very taken with himself — and his girlfriend, Maria Schneider.

Herr Alexander Siebert   Frau Judith Körner
Herr Günter Thelen   Frau Sybille Gretter
Maria   Michael

In Austria, you will get to know Richard Augenthaler, who is 18 and has just graduated from high school.

Richard

In Switzerland, you will meet the Frisch family, Veronika and Bernd and their three children. Veronika and Bernd live and work in Zürich, but they like to travel, and we will follow them on different occasions.

Bernd   Natalie   Veronika
die Familie Frisch
Lydia   Rosemarie

GETTING STARTED WITH *KONTAKTE*

During your German course, you will be working primarily with two texts: The main text and the *Arbeitsbuch.* Both texts have been designed to provide you with ample opportunities to practice German in natural contexts. The following chart will give you an overview of these two books.

THE MAIN TEXT	WHAT IS IT?	HOW WILL IT HELP?
Sprechsituationen (*oral activities*)	Oral activities done in class with instructor and classmates.	Give you opportunities to listen to and interact with others in German.
Lektüre, KLI, Porträt (*reading, culture boxes, portrait*)	Short readings and visuals on interesting topics or cultural topics relevant to the German-speaking world. For class or homework.	Allow you to acquire German and helps you to learn about the German-speaking world.
Kulturprojekt (*culture project*)	A task in which you investigate aspects of the culture of the German-speaking world.	Allows you to learn more about the German-speaking world by using sources such as encyclopedias, magazines, newspapers, and the Internet.
Wortschatz (*vocabulary list*)	A list of the new words that appear in the **Sprechsituationen.**	For reference or review.
Strukturen und Übungen (*grammar and exercises*)	Explanations and examples of grammar rules followed by exercises, at the end of each chapter.	For self-study and for reference. Refer to the grammar when you edit your writing.
Appendices A, B	Part 2 of the **Informationsspiele** and **Rollenspiele.**	For use in the paired information gap and role-play activities.
Appendix C	Rules for the German Spelling Reform.	For quick reference.
Appendix D	Phonetics Summary Tables. A summary of German pronunciation and spelling.	For quick reference.
Appendix E	Grammar Summary Tables. Summaries of major grammatical points introduced.	For quick reference.
Appendix F	Verb charts of conjugation patterns of regular verbs and a list of strong and irregular weak verbs.	For quick reference.
Appendix G	Answers to single-response grammar exercises.	For checking your answers.
End vocabularies	German-English/English-German end vocabularies containing all the vocabulary used in **Kontakte.**	For reference.

THE *ARBEITSBUCH* (LABORATORY MANUAL AND WORKBOOK)

	WHAT IS IT?	HOW WILL IT HELP?
Hörverständnis (listening comprehension)	Authentic listening activities with short comprehension activities.	Provides you with more opportunities to listen to and acquire German outside of class.
Aussprache und Orthographie (pronunciation and spelling)	Taped pronunciation and spelling exercises.	Introduces you to the sound system and spelling conventions of German.
Schriftliches (written work)	Writing activities, coordinated with the chapter theme, vocabulary, and grammar.	Allow you to practice vocabulary and grammatical structures and to express yourself in writing creatively.
Kulturecke (cultural corner)	Activities that review key cultural points found in the corresponding chapter of the main text.	Help you identify, review, and remember the important cultural information of the chapter.
Answer key	Answers to many of the taped **Hörverständnis** and **Aussprache und Orthographie** exercises as well as to some of the **Schriftliches** exercises.	Give you immediate feedback on comprehension, pronunciation and spelling, and written activities.

LEARN GERMAN THROUGH THE INTERNET!

To make the most of your learning experience with *Kontakte,* go to the *Kontakte* Online Student Learning Center at www.mhhe.com/kontakte, where you will find a variety of resources, including study hints, online activities, and more.

**Deutschland und Luxemburg
Einwohner**
Deutschland (2000): 82,5 Mio
Luxemburg (2000): 418,000
Maßstab 2,0 cm = 100 km

**Europa, Nordafrika
und der Nahe Osten**

Maßstab 2,0 cm = 500 km

EU-LÄNDER (2000)	EINWOHNER (2000)
Belgien	10,2 Mio.
Dänemark	5,3 Mio.
Deutschland	82,5 Mio.
Finnland	5,1 Mio.
Frankreich	58,5 Mio.
Griechenland	10,5 Mio.
Großbritannien	58,9 Mio.
Irland	3,6 Mio.
Italien	57,5 Mio.
Luxemburg	0,4 Mio.
Niederlande	15,6 Mio
Österreich	8 Mio.
Portugal	9,9 Mio.
Schweden	8,9 Mio.
Spanien	39,3 Mio.
Gesamtbevölkerungszahl	373,7 Mio.

Kontakte

Hallo, Susi!—Grüß dich!

EINFÜHRUNG A

Your goals in **Einführung A** should be to relax, listen to as much German as possible, and get to know your classmates. The focus of this chapter is primarily on listening skills; after you have heard German for several weeks, speaking it will come naturally to you.

SPRECHSITUATIONEN

A UFFORDERUNGEN

UFFORDERUNGEN

➤ **Grammatik A.1**

schreiben Sie
hören Sie zu
lesen Sie
stehen Sie auf
setzen Sie sich

Stefan   Nora   Peter   Frau Schulz   Albert   Heidi

Situation 1 Aufforderungen

Hausaufgabe

a.   b.   c.   d.

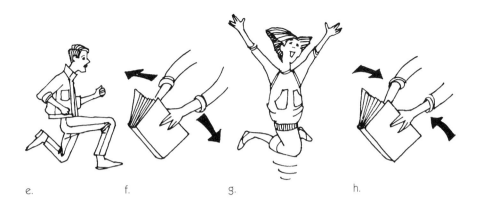

e.   f.   g.   h.

1. Geben Sie mir die Hausaufgabe!
2. Öffnen Sie das Buch!
3. Schließen Sie das Buch!
4. Nehmen Sie einen Stift!

5. Gehen Sie!
6. Springen Sie!
7. Laufen Sie!
8. Schauen Sie an die Tafel!

NAMEN

➤ **Grammatik A.2–A.3**

—Wie heißt du?
—Heidi.
—Wie schreibt man das?
—H-E-I-D-I. Und wie heißt du?

Heidi Stefan

BUCHSTABEN

Schreiben	Sprechen	Schreiben	Sprechen	Schreiben	Sprechen
A a	[a:]	J j	[jɔt]	L s	[ɛs]
Ä ä	[ɛ:]	K k	[ka:]	ß	[ɛs¹tsɛt]
B b	[be:]	L l	[ɛl]	T t	[te:]
C c	[tse:]	M m	[ɛm]	U u	[u:]
D d	[de:]	N n	[ɛn]	Ü ü	[y:]
E e	[e:]	O o	[o:]	V v	[fau]
F f	[ɛf]	Ö ö	[ø:]	W w	[ve:]
G g	[ge:]	P p	[pe:]	X x	[Iks]
H h	[ha:]	Q q	[ku:]	Y y	[¹ypsilɔn]
I i	[i:]	R r	[ɛr]	Z z	[tsɛt]

Situation 2 Wie heißt . . . ?

1. Wie heißt die Frau mit dem Buch?
2. Wie heißt der Mann mit dem Stift?
3. Wie heißt die Frau an der Tafel?
4. Wie heißt die Frau an der Tür?
5. Wie heißt der Mann mit der Brille?
6. Wie heißt der Mann mit dem Schnurrbart?
7. Wie heißt die Frau mit dem Ball?
8. Wie heißt der Mann mit dem langen Haar?

Kultur ... Landeskunde ... Informationen

Vornamen

- Wie heißen Sie mit Vornamen?
- Welche deutschen Vornamen kennen Sie?
- Welche deutschen Mädchennamen gibt es in Ihrem Deutschkurs?
- Welche deutschen Jungennamen gibt es in Ihrem Deutschkurs?
- Welche deutschen Familiennamen gibt es in Ihrem Deutschkurs?
- Welche Namen sind englische Namen?
- Welcher Name ist Ihr Lieblingsname?

[1]most popular

Beliebteste[1] Vornamen in Deutschland 1997

Mädchennamen	Jungennamen
1. Maria/Marie	1. Alexander
2. Sophie/Sofie	2. Maximilian
3. Julia	3. Lukas
4. Laura	4. Philipp
5. Anna/Anne	5. Daniel
6. Sara/Sarah	6. Jan
7. Lisa	7. Florian
8. Katharina	8. Niklas
9. Vanessa	9. Felix
10. Michelle	10. Dominik

Quelle: Gesellschaft für deutsche Sprache, e.V. (Wiesbaden).

B ESCHREIBUNGEN

➤ **Grammatik A.4–A.**

groß
schlank

alt
Bart

jung
klein

langes,
braunes
Haar

kurzes,
blondes Haar

kurzes,
graues
Haar

Michael Pusch   Herr Siebert   Jens Krüger   Maria Schneider   Jutta Ruf   Frau Körner

Situation 3   Im Deutschkurs

1. Wer ist _____?

   a. blond
   b. groß
   c. klein
   d. schlank
   e. jung
   f. alt

2. Wer hat _____?

   a. braunes Haar
   b. graues Haar
   c. kurzes Haar
   d. langes Haar
   e. einen Bart
   f. blaue Augen
   g. braune Augen

KLEIDUNG

➤ **Grammatik A.6**

Situation 4 Kleidung

Wer im Deutschkurs trägt _____?

1. eine Bluse
2. einen Rock
3. eine Jacke
4. ein Kleid
5. Stiefel

6. ein Hemd
7. eine Hose
8. einen Hut
9. Sportschuhe
10. einen Pullover

FARBEN

Situation 5   Meine Mitstudenten

Schauen Sie Ihre Mitstudenten und Mitstudentinnen an. Was tragen sie?

NAME	KLEIDUNG	FARBE
1. Heidi	Rock	blau
2. _____	_____	_____
3. _____	_____	_____
4. _____	_____	_____
5. _____	_____	_____

An einer Bushaltestelle in Basel

....

Kultur ... Landeskunde ... Informationen

Farben als Symbole

_____ ist die Liebe[1]
_____ ist die Unschuld[2]
_____ ist die Trauer[3]
_____ ist die Treue[4]
_____ ist die Hoffnung[5]
_____ ist der Neid[6]

[1]love   [2]innocence   [3]grief, sorrow   [4]loyalty   [5]hope   [6]envy

 AHLEN

0	null	10	zehn	20	zwanzig	30	dreißig
1	eins	11	elf	21	einundzwanzig	40	vierzig
2	zwei	12	zwölf	22	zweiundzwanzig	50	fünfzig
3	drei	13	dreizehn	23	dreiundzwanzig	60	sechzig
4	vier	14	vierzehn	24	vierundzwanzig	70	siebzig
5	fünf	15	fünfzehn	25	fünfundzwanzig	80	achtzig
6	sechs	16	sechzehn	26	sechsundzwanzig	90	neunzig
7	sieben	17	siebzehn	27	siebenundzwanzig	100	hundert
8	acht	18	achtzehn	28	achtundzwanzig		
9	neun	19	neunzehn	29	neunundzwanzig		

Brillen • Kassetten • Hefte • Bleistifte • Bücher • Autos

Kultur ... Landeskunde ... Informationen

So zählt man . . .

eins, zwei, drei...

So schreibt man . . .

1 7

eine Eins.   eine Sieben.

Situation 6 Wie viele?

Wie viele Studenten/Studentinnen im Kurs . . . ?

TRAGEN

eine Hose   _____
eine Brille   _____
eine Armbanduhr   _____
eine Bluse   _____
einen Rock   _____
Sportschuhe   _____

HABEN

einen Bart   _____
langes Haar   _____
einen Schnurrbart   _____
braune Augen   _____
blondes Haar   _____
grüne Augen   _____

DER KÖRPER

Situation 7 Was fehlt?

MODELL Was fehlt A?[1]—Der Kopf.

1. Was fehlt B?
2. Hat C Augen?
3. Fehlt D ein Bein?

4. Hat E eine Nase?
5. Was fehlt F?

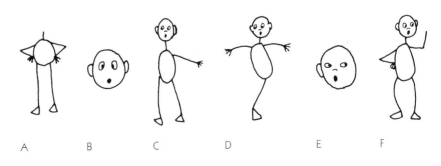

A   B   C   D   E   F

---

[1]*What is A lacking?*

BEGRÜßEN UND VERABSCHIEDEN

➤ **Grammatik A.7**

Guten Morgen!   Guten Tag!   Guten Abend!

Auf Wiedersehen!   Tschüs!
Wiedersehen!   Bis bald!

Situation 8 Dialoge

1. Jürgen Baumann spricht mit einer Studentin.

> JÜRGEN: Hallo, bist du __ hier?
> MELANIE: __. Du auch?
> JÜRGEN: Ja. Sag mal, _____?
> MELANIE: Melanie. Und __?
> JÜRGEN: Jürgen.

2. Frau Frisch ruft Herrn Koch an.

> HERR KOCH: Koch.
> FRAU FRISCH: Guten Tag, Herr Koch, _____ Frisch. Unser Videorekorder ist kaputt.
> HERR KOCH: __, ich komme morgen vorbei.
> FRAU FRISCH: Gut. Bis dann. _____.

3. Jutta trifft ihren Freund Jens.

> JUTTA: Servus, Jens.
> JENS: Ach, _____, Jutta.
> JUTTA: Wo willst __ denn hin?
> JENS: __ muss zum Fußballtraining.
> JUTTA: Na, dann _____!
> JENS: _____. Mach's gut, Jutta.

....
Kultur ... Landeskunde ... Informationen
....

Begrüßen[1] und Verabschieden[2]

Sie hören einen kurzen Text zum Begrüßen und Verabschieden. Was sagt man wann? Kreuzen Sie an.

WAS SAGT MAN . . .	ZUR BEGRÜSSUNG?	ZUM ABSCHIED?
Auf Wiedersehen	☐	☐
Grüezi	☐	☐
Grüß Gott	☐	☐
Guten Abend	☐	☐
Guten Morgen	☐	☐
Guten Tag	☐	☐
Mach's gut	☐	☐
Servus	☐	☐
Tschüs	☐	☐

Ja, hallo! Wie geht's denn so?

[1]greeting   [2]saying good-bye

WORTSCHATZ

Aufforderungen	Instructions
geben Sie mir*	give me
gehen Sie	go, walk
hören Sie zu	listen
laufen Sie	go, run
lesen Sie	read
nehmen Sie	take
öffnen Sie	open
sagen Sie	say
schauen Sie	look
schließen Sie	close, shut
schreiben Sie	write; spell
setzen Sie sich	sit down
springen Sie	jump
stehen Sie auf	get up, stand up

Sonstige Verben	Other Verbs
haben	to have
heißen	to be called, be named
sein	to be
sprechen	to speak
er/sie spricht	he/she speaks
tragen	to wear; to carry
er/sie trägt	he/she is wearing
tun	to do
zählen	to count

Beschreibungen	Descriptions
er/sie ist . . .	he/she is . . .
dick	large, fat

---

*The diacritic marks in the Wortschatz list are meant to help you learn which vowels are stressed. A dot below a single vowel indicates a short stressed vowel. An underline below a single vowel, double vowel, or dipthong (combination of two different vowels) indicates a long stressed vowel. Note that these markings are not used in written German, but are provided here as an aid to pronunciation.

groß	tall; big
klein	short; small
schlank	slender, slim

Ähnliche Wörter*
alt, blond, jung, lang, neu

er/sie hat . . .	he/she has . . .
einen Bart	a beard
einen Schnurrbart	a moustache
blondes Haar	blonde hair
braunes Haar	brown hair
graues Haar	grey hair
kurzes Haar	short hair
langes Haar	long hair
blaue Augen	blue eyes
braune Augen	brown eyes

Kleidung — Clothes

er/sie trägt . . .	he/she is wearing . . .
eine Armbanduhr	a watch
eine Brille	glasses
eine Hose	pants
eine Krawatte	a tie
einen Anzug	a suit
einen Mantel	a coat; an overcoat
einen Rock	a skirt
ein Hemd	a shirt
ein Kleid	a dress
ein Sakko	a sports jacket
Stiefel	boots

Ähnliche Wörter
er/sie trägt . . . eine Bluse, eine Jacke, einen Hut, Schuhe, Sportschuhe

Farben — Colors

gelb	yellow
lila	purple
rosa	pink
schwarz	black

Ähnliche Wörter
blau, braun, grau, grün, orange [oraŋʒə], rot, weiß

Zahlen — Numbers

1	eins	20	zwanzig
2	zwei	21	einundzwanzig
3	drei	22	zweiundzwanzig
4	vier	23	dreiundzwanzig
5	fünf	24	vierundzwanzig
6	sechs	25	fünfundzwanzig
7	sieben	26	sechsundzwanzig
8	acht	27	siebenundzwanzig
9	neun	28	achtundzwanzig
10	zehn	29	neunundzwanzig
11	elf	30	dreißig
12	zwölf	40	vierzig
13	dreizehn	50	fünfzig
14	vierzehn	60	sechzig
15	fünfzehn	70	siebzig
16	sechzehn	80	achtzig
17	siebzehn	90	neunzig
18	achtzehn	100	hundert
19	neunzehn		

Der Körper — The Body

der Bauch	belly, stomach
der Kopf	head
der Mund	mouth
der Rücken	back
das Auge	eye
die Augen	eyes
das Bein	leg
das Gesicht	face
das Ohr	ear
die Ohren	ears

Ähnliche Wörter
die Hand, die Schulter, der Arm, der Fuß
das Haar

Begrüßen und Verabschieden — Greeting and Leave-Taking

auf Wiedersehen!	good-bye

***Ähnliche Wörter** (*similar words; cognates*) lists contain words that are closely related to English words in sound, form, and meaning, and compound words that are composed of previously introduced vocabulary.

bis bald!	so long; see you soon
grüezi!	hi (*Switzerland*)
grüß Gott!	good afternoon; hello (*formal; southern Germany, Austria*)
guten Abend!	good evening
guten Morgen!	good morning
guten Tag!	good afternoon; hello (*formal*)
hallo!	hi (*informal*)
mach's gut!	take care (*informal*)
servus!	hello; good-bye (*informal; southern Germany, Austria*)
tschüs!	bye (*informal*)
viel Spaß!	have fun

Personen — People

die **Frau**	woman; Mrs.; Ms.
die **Lehrerin**	female teacher, instructor
der **Herr**	gentleman; Mr.
der **Lehrer**	male teacher, instructor
die **Mitstudenten**	fellow (male) students
die **Mitstudentinnen**	fellow (female) students

Ähnliche Wörter
die **Freundin**, die **Mutter**, die **Professorin**, die **Studentin** der **Freund**, der **Mann**, der **Professor**, der **Student**

Sonstige Substantive — Other Nouns

die **Tafel**	blackboard
die **Tür**	door
der **Stift**	pen
der **Bleistift**	pencil
Lieblings-	favorite
die **Lieblingsfarbe**	favorite color
der **Lieblingsname**	favorite name

Ähnliche Wörter
die **Kassette**, die **Schule**; der **Ball**, der **Fußball**, der **Kurs**, der **Deutschkurs**, der **Name**, der **Familienname**, der **Vorname**, der **Videorekorder** das **Auto**, das **Buch**, das **Telefon**

Fragen — Questions

was **fehlt**?	what's missing?
welche **Farbe** hat . . . ?	what color is . . . ?
wer . . . ?	who . . . ?
wie **heißen** Sie?	what's your name? (*formal*)
wie **heißt** du?	what's your name? (*informal*)
ich **heiße** . . .	my name is . . .
wie **schreibt** man das?	how do you spell that?
wie **viele** . . . ?	how many . . . ?
wo willst du denn hin?	where are you going?

Wörter im Deutschkurs — Words in German Class

die **Antwort**	answer
die **Einführung**	introduction
die **Frage**	question
die **Grammatik**	grammar
die **Hausaufgabe**	homework
die **Sprechsituation**	conversational situation
die **Übung**	exercise
der **Wortschatz**	vocabulary
das **Kapitel**	chapter

Sonstige Wörter und Ausdrücke — Other Words and Expressions

aber	but
auch	also, too; as well
bitte	please
kaputt	broken
mein(e)	my
mit	with
nein	no
nicht	not
oder	or
sondern	but (rather/on the contrary)
viel	a lot, much
viele	many
von	of; from

Ähnliche Wörter
danke, dann, hier, und

KULTURECKE

Kulturprojekt Deutschsprachige Zeitschriften[1] und Zeitungen[2]

Gehen Sie in Ihre Bibliothek oder in einen Zeitungsladen und suchen Sie vier oder fünf deutschsprachige Zeitungen und Zeitschriften. Schreiben Sie auf:

- Wie heißen die Zeitungen/Zeitschriften?
- Wie viel kosten sie?
- Aus welcher Stadt kommen sie?
- Was sind die Hauptthemen: Freizeit, Kultur, Mode, Politik, Reisen,[3] Sport, Unterhaltung,[4] Wirtschaft[5]?
- Gibt es diese Zeitungen/Zeitschriften auch im Internet?

[1]magazines [2]newspapers [3]travel [4]entertainment [5]economy

Kontakte : Online

To learn more about German-language newspapers and magazines visit the **Kontakte online** website at
www.mhhe.com/kontakte

Zeitungen aus aller Welt an einem Zeitungsstand in Innsbruck

Aufgabe 1

The following table was filled in incorrectly. Listen to the video interviews and decide which information goes in which column.

1.   2.   3.   4.

	A	**B**	**C**	**D**
Name	Niki	Sven	Ayse	Juliane
kommt aus	Dresden	Dormagen	Berlin	Graz
Fremdsprachen	Russisch, Englisch, Spanisch, Latein	Russisch, Englisch	Latein, Englisch, Türkisch	Englisch, Französisch, Spanisch, Latein, Griechisch, Hebräisch
Lieblingsfarbe	dunkelblau	gelb	gelb	blau
Glückszahl	keine	drei	sieben	keine

Aufgabe 2

Niki, Sven, Ayse and Juliane describe where they come from in more detail. Match the cities with the additional information given in each interview.

1. _____ Dresden
2. _____ Dormagen
3. _____ Friedrichshain
4. _____ Graz

a. im Süden Österreichs
b. im Zentrum Berlins
c. die Hauptstadt von Sachsen
d. in der Nähe von Köln

A.1 Giving instructions: polite commands

command form = verb + **Sie**

The instructions your instructor gives you in class consist of a verb, which ends in **-en,** and the pronoun **Sie** (*you*).* Like the English *you,* German **Sie** can be used with one person (*you*) or with more than one (*you* [*all*]). In English instructions the pronoun *you* is normally understood, but not said. In German, **Sie** is a necessary part of the sentence.

Stehen Sie bitte **auf.**	*Please stand up.*
Nehmen Sie bitte das Buch.	*Please take the book.*

With certain instructions, you will also hear the word **sich** (*yourself*).†

Setzen Sie sich, bitte.   *Sit down, please.*

Übung 1   Im Klassenzimmer

Was sagt Frau Schulz zu den Studenten?

Nehmen Sie einen Stift!	Schreiben Sie „Tschüs"!
Sagen Sie „Guten Tag"!	Öffnen Sie das Buch!
Schauen Sie an die Tafel!	Hören Sie zu!
Schließen Sie das Buch!	Geben Sie mir die Hausaufgabe!

1. Peter   **2.** Heidi   **3.** Monika   **4.** Nora

5. Albert   **6.** Stefan   **7.** Thomas   **8.** Katrin

---

*The pronoun **Sie** (*you*) is capitalized to distinguish it from another pronoun, **sie** (*she; it; they*).
†**Sich** is a reflexive pronoun; its use will be explained in **Kapitel 11.**

A.2 What is your name? The verb *heißen*

heißen = to be called
Wie heißen Sie? (*formal*)
Wie heißt du? (*informal*)

Use a form of the verb **heißen** (*to be called*) to tell your name and to ask for the names of others.

> Wie **heißen Sie?** / Wie **heißt du?***
>
> Ich **heiße** . . .

> *What is your name?*
>
> *My name is* . . .

heißen (singular forms)		
ich	heiße	*my name is*
du	heißt	*your name is*
Sie	heißen	
er	heißt	*his name is*
sie	heißt	*her name is*

Übung 2 Minidialoge

Ergänzen Sie[1] das Verb **heißen:** heiße, heißt, heißen.

1. ERNST: Hallo, wie _____ᵃ du?

   JUTTA: Ich _____ᵇ Jutta. Und du?

   ERNST: Ich _____ᶜ Ernst.

2. HERR THELEN: Guten Tag, wie _____ᵃ Sie bitte?

   HERR SIEBERT: Ich _____ᵇ Siebert, Alexander Siebert.

3. CLAIRE: Hallo, ich _____ᵃ Claire und wie heißt ihr?

   MELANIE: Ich _____ᵇ Melanie und er _____ᶜ Josef.

A.3 The German case system

Case shows how nouns function in a sentence.

German speakers use a *case system* (nominative for the subject, accusative for the direct object, and so on) to indicate the function of a particular noun in a sentence. The article[†] or adjective that precedes the noun shows its case. You will learn the correct endings in future lessons. For now, be aware that you will hear and read articles and adjectives with a variety of endings. These various forms will not prevent you from understanding German. Here are all the possibilities.

der, das, die, dem, den, des	*the*
ein, eine, einen, einem, einer, eines	*a, an*
blau, blaue, blauer, blaues, blauen, blauem	*blue*

---

*The difference between **Sie** (*formal*) and **du** (*informal*) will be explained in Section A.7.
[1]**Ergänzen...** *Supply*
[†]Articles are words such as *the, a, an,* which precede nouns.

In addition, definite articles may contract with some prepositions, just as *do* and *not* contract to *don't* in English. Here are some common contractions you will hear and read.

in	+ das	= ins		*into the*
in	+ dem	= im		*in the*
zu	+ der	= zur	}	*to the*
zu	+ dem	= zum		
an	+ das	= ans		*to/on the*
an	+ dem	= am		*to/at the*

A.4 Who are you? The verb *sein*

sein = to be

Use a form of the verb **sein** (*to be*) to identify or describe people and things.

—**Sind Heidi und Monika** blond?   *Are Heidi and Monika blonde?*

—Ja, **sie sind** blond.   *Yes, they are blonde.*

Peter ist groß.   *Peter is tall.*

Das Fenster ist klein.   *The window is small.*

sein					
Singular			*Plural*		
ich	bin	*I am*	wir	sind	*we are*
du	bist	*you are*	ihr	seid	*you are*
Sie	sind		Sie	sind	
er	ist	*he*	sie	sind	*they are*
sie		*she* is			
es		*it*			

Achtung!

NOT = **NICHT**

—Ist Jens groß? —Nein, er ist **nicht** groß, er ist klein.

Übung 3   Minidialoge

Ergänzen Sie das Verb **sein**: bin, bist, ist, sind, seid.

1. MICHAEL: Ich bin Michael. Wer _____a du?
JENS: Ich _____b Jens. Jutta und ich, wir _____c gute Freunde.

2. FRAU SCHULZ: Das ist Herr Thelen. Er _____a alt.
STEFAN: Herr Thelen ist alt?
FRAU SCHULZ: Ja, Stefan. Herr Thelen ist alt, aber Maria und Michael _____b jung.

3. HERR THELEN: Jutta und Hans, wie alt _____a ihr?
JUTTA: Ich _____b 16 und Hans _____c 13.

4. MICHAEL: Wer bist du?
HANS: Ich _____a Hans.
MICHAEL: Wie alt bist du?
HANS: Ich _____b 13.

A.5 What do you have? The verb *haben*

haben = to have

The verb **haben** (*to have*) is often used to show possession or to describe physical characteristics.

Ich habe eine Brille.　　　　*I have glasses.*
Hast du das Buch?　　　　*Do you have the book?*
Nora hat braune Augen.　　*Nora has brown eyes.*

haben					
Singular			**Plural**		
ich	habe	*I have*	wir	haben	*we have*
du	hast		ihr	habt	
Sie	haben	*you have*	Sie	haben	*you have*
er		*he*			
sie	hat	*she* has	sie	haben	*they have*
es		*it*			

Übung 4　Minidialoge

Ergänzen Sie das Verb **haben:** habe, hast, hat, habt, haben.

1. FRAU SCHULZ: Nora, _____a Sie viele Freunde und Freundinnen?
   NORA: Ja, ich _____b viele Freunde und Freundinnen.
2. MONIKA: Stefan, _____ du einen Stift?
   STEFAN: Nein.
3. PETER: Hallo, Heidi und Katrin! _____a ihr das Deutschbuch?
   HEIDI: Katrin _____b es, aber ich nicht.
   PETER: Dann _____c wir zwei. Ich _____d es auch.

A.6 Grammatical gender: nouns and pronouns

In German, all nouns are classified grammatically as masculine, neuter, or feminine. When referring to people, grammatical gender usually matches biological sex.

MASCULINE　　　　　　FEMININE
der Mann　　　　　　**die** Frau
der Student　　　　　**die** Studentin

masculine = **der**
neuter = **das**
feminine = **die**
plurals (all genders) = **die**

When referring to things or concepts, however, grammatical gender obviously has nothing to do with biological sex.

MASCULINE　　　　NEUTER　　　　FEMININE
der Rock　　　　**das** Hemd　　**die** Hose
der Hut　　　　**das** Buch　　**die** Jacke

The definite article indicates the grammatical gender of a noun. German has three nominative singular definite articles: **der** (*masculine*), **das** (*neuter*), and **die** (*feminine*). The plural article is **die** for all genders. All mean *the*.

	Singular	**Plural**
Masculine	der	die
Neuter	das	die
Feminine	die	die

der → **er** = *he, it*
das → **es** = *it*
die → **sie** = *she, it*
die (*pl.*) → **sie** = *they*

The personal pronouns **er, es, sie** (*he, it, she*) reflect the gender of the nouns they replace. For example, **er** (*he, it*) refers to **der Rock** because the grammatical gender is masculine; **es** (*it*) refers to **das Hemd** (*neuter*); **sie** (*she, it*) refers to **die Jacke** (*feminine*). The personal pronoun **sie** (*they*) refers to all plural nouns.

—Welche Farbe hat **der Rock?**	*What color is the skirt?*
—**Er** ist gelb.	*It is yellow.*
—Welche Farbe hat **das Hemd?**	*What color is the shirt?*
—**Es** ist weiß.	*It is white.*
—Welche Farbe hat **die Jacke?**	*What color is the jacket?*
—**Sie** ist braun.	*It is brown.*
—Welche Farbe haben **die Bleistifte?**	*What color are the pencils?*
—**Sie** sind gelb.	*They are yellow.*

Sometimes gender can be determined from the ending of the noun; for example, nouns that end in **-e**, such as **die Jacke** or **die Bluse**, are usually feminine. The ending **-in** indicates a female person: **die Studentin, die Professorin.**

In most cases, however, gender cannot be predicted from the form of the word. It is best, therefore, to learn the corresponding definite article along with each new noun.*

Übung 5 Welche Farbe?

Welche Farbe haben diese Kleidungsstücke?

MODELL s1: Welche Farbe hat **die Bluse?**
        s2: **Sie** ist weiß.

---

*Some students find the following suggestion helpful. When you hear or read new nouns you consider useful, write them down in a vocabulary notebook, using different colors for the three genders; for example, use blue for masculine, black for neuter, and red for feminine. Some students write nouns in three separate columns according to gender.

Übung 6 Kleidung

Frau Schulz spricht über die Kleidung. Ergänzen Sie **er, es, sie** oder **sie** (Plural).

Frau Schulz:

1. Hier ist die Jacke. _____ ist neu.
2. Und hier ist das Kleid. _____ ist modern.
3. Hier ist der Rock. _____ ist kurz.
4. Und hier ist die Bluse. _____ ist hübsch.
5. Hier ist das Hemd. _____ ist grün.
6. Und hier sind die Schuhe. _____ sind schmutzig.
7. Hier ist der Hut. _____ ist rot.
8. Und hier ist die Hose. _____ ist weiß.
9. Hier sind die Stiefel. _____ sind schwarz.
10. Und hier ist der Anzug. _____ ist alt.

A.7 Addressing people: *Sie* versus *du* or *ihr*

German speakers use two modes of addressing others: the formal **Sie** (*singular* and *plural*) and the informal **du** (*singular*) or **ihr** (*plural*). You usually use **Sie** with someone you don't know or when you want to show respect or social distance. Children are addressed as **du.** Students generally call one another **du.**

> Use **du** and **ihr** with friends, family, and children. Use **Sie** with almost everyone else.

	Singular	**Plural**
Informal	du	ihr
Formal	Sie	Sie

Frau Ruf, **Sie** sind 38, nicht wahr?	*Ms. Ruf, you are 38, aren't you?*
Jens und Jutta, **ihr** seid 16, nicht wahr?	*Jens and Jutta, you are 16, aren't you?*
Hans, **du** bist 13, nicht wahr?	*Hans, you are 13, aren't you?*

Übung 7 *Sie, du* oder *ihr*?

Was sagen diese Personen: **Sie, du** oder **ihr**?

1. Student → Student
2. Professor → Student
3. Freund → Freund
4. Studentin → zwei Studenten
5. Frau (40 Jahre alt) → Frau (50 Jahre alt)
6. Student → Sekretärin
7. Doktor → Patient
8. Frau → zwei Kinder

EINFÜHRUNG B

Spaziergang im Herbst

EINFÜHRUNG B

In **Einführung B,** you will continue to develop your listening skills and will begin to speak German. You will learn to talk about your classroom, the weather, and people: their character traits, family relationships, and national origins.

THEMEN
Das Klassenzimmer
Eigenschaften
Die Familie
Wetter und Jahreszeiten
Herkunft und Nationalität

KULTURELLES
Das deutsche Klassenzimmer
Wie sind die jungen Deutschen?
Wetter und Klima
Die Lage Deutschlands in Europa
Kulturprojekt: Geographische Lage und Klima
Videoecke

STRUKTUREN
B.1 Definite and indefinite articles
B.2 Plural forms of nouns
B.3 Personal pronouns
B.4 Origins: **Woher kommen Sie?**
B.5 Possessive adjectives: **mein** and **dein/Ihr**

DAS KLASSENZIMMER

➤ **Grammatik B.1–B.2**

Situation 1 Das Klassenzimmer

Wie viele _____ sind im Klassenzimmer?

1. Studenten
2. Tische
3. Fenster
4. Lampen
5. Uhren

6. Türen
7. Bücher
8. Tafeln
9. Professoren/Professorinnen
10. Hefte

Situation 2 Gegenstände[1] im Klassenzimmer

MODELL s1: Was ist grün?
s2: Die Tafel und die Tür (sind grün).

1. weiß

2. schmutzig

3. sauber

4. neu

5. alt

6. klein

7. groß

8. grün

9. grau

10. _____

a. der Boden

b. das Fenster

c. die Tafel

d. die Uhr

e. der Schwamm

f. der Tisch

g. das Buch

h. die Tür

i. die Decke

j. _____

[1]objects

Kultur ... Landeskunde ... Informationen

Das deutsche Klassenzimmer

Was sehen Sie in diesem Klassenzimmer? Was haben Sie in Ihrem Klassenzimmer?

EIGENSCHAFTEN

| Ich bin tolerant. | Heidi ist sportlich. | Thomas ist intelligent. | Katrin ist optimistisch. | Albert und Stefan sind freundlich. |

Mir geht's gut

Situation 3 Interaktion: Wie bist du?

MODELL s1: Bist du glücklich?
s2: Ja, ich bin glücklich.
Nein, ich bin nicht glücklich.

	ICH	MEIN PARTNER	MEINE PARTNERIN
glücklich	☐	☐	☐
traurig	☐	☐	☐
konservativ	☐	☐	☐
schüchtern	☐	☐	☐
religiös	☐	☐	☐
ruhig	☐	☐	☐
freundlich	☐	☐	☐
verrückt	☐	☐	☐
sportlich	☐	☐	☐

Situation 4 Dialoge

1. Gabi spricht mit Jutta auf einer Party.
JUTTA: Du, wer ist der Typ da drüben?
GABI: Der Typ mit dem ___?
JUTTA: Ja, genau.
GABI: Das ist ___ neuer Freund Sven.
JUTTA: Und wie ist ___ neuer Freund?
GABI: Er ist ein bisschen _____, aber sonst sehr ___.
JUTTA: Ich bin auch schüchtern. Macht das was?

2. Albert spricht mit Peter in der Cafeteria.
ALBERT: Wer winkt denn da drüben? Kennst du sie?
PETER: Klar, das ist ____ neue Freundin.
ALBERT: Und, bist du _____?
PETER: Und wie! Sie ist sehr freundlich und immer _____.
ALBERT: Und wie ___ sie?
PETER: Karina, aber ich muss jetzt gehen. _____!

Ach, wie traurig!

Kultur ... Landeskunde ... Informationen

Wie sind die jungen Deutschen?

„Wie sind Sie?" Kreuzen Sie an. Was kreuzen 50 Prozent
oder mehr junge Amerikaner (15–34 Jahre)
wahrscheinlich[1] an?

	ICH	ANDERE JUNGE AMERIKANER
Ich bin glücklich.	☐	☐
Ich arbeite hart.	☐	☐
Ich bin optimistisch.	☐	☐
Ich bin ernsthaft.	☐	☐
Ich habe Zukunftsangst.[2]	☐	☐
Ich interessiere mich für Politik.	☐	☐
Ich toleriere Seitensprünge.[3]	☐	☐
Ich bin religiös.	☐	☐

- Schauen Sie sich die Grafik an. Was sagen junge
  Amerikaner? Korrigieren Sie Ihre Antworten.
- Aus welchen Ländern kommen die jungen Menschen
  in der Studie?
- Wie viel Prozent der jungen Deutschen interessieren
  sich für Politik? Wie viel Prozent der jungen
  Amerikaner?
- Wie viel Prozent der jungen Deutschen tolerieren
  Homosexualität? Wie viel Prozent der jungen
  Amerikaner?
- Wie viel Prozent der jungen Deutschen finden
  Seitensprünge akzeptabel? Wie viel Prozent der jungen
  Amerikaner?

[1]*probably* [2]*fear about the future* [3]*extramarital affairs*

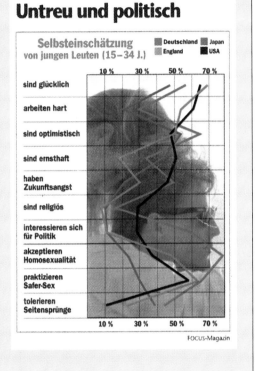

STUDIE

Untreu und politisch

Selbsteinschätzung
von jungen Leuten (15–34 J.)

Deutschland Japan
England USA

sind glücklich
arbeiten hart
sind optimistisch
sind ernsthaft
haben Zukunftsangst
sind religiös
interessieren sich für Politik
akzeptieren Homosexualität
praktizieren Safer-Sex
tolerieren Seitensprünge

10 % 30 % 50 % 70 %

FOCUS-Magazin

DIE FAMILIE

➤ **Grammatik B.3**

Dora und Johannes Schmitz sind verheiratet. Sie haben drei Kinder: einen Sohn und zwei Töchter.

Situation 5 Interview: Die Familie

1. Wie heißt dein Vater/Stiefvater? Wie alt ist er? Wo wohnt er?
2. Wie heißt deine Mutter/Stiefmutter? Wie alt ist sie? Wo wohnt sie?
3. Hast du Geschwister? Wie viele? Wie heißen sie? Wie alt sind sie? Wo wohnen sie?

Situation 6* Informationsspiel: Familie

MODELL s1: Wie heißt Claires Vater?
s2: Er heißt _____.
s1: Wie schreibt man das?
s2: _____.
s1: Wie alt ist Richards Mutter?
s2: Sie ist _____ Jahre alt.
s1: Wo wohnt Sofies Bruder?
s2: Er wohnt in _____.

---

*This is the first of many information gap activities in **Kontakte.** Pair up with another student. One of you will work with the following chart, the other with the corresponding chart in Appendix A.

		Claire	Richard	Sofie	Mehmet
Vater	Name		Werner	Erwin	
	Alter	45		50	59
	Wohnort	Santa Fe	Innsbruck		Izmir
Mutter	Name	Sue		Elfriede	Sule
	Alter				
	Wohnort		Innsbruck	Dresden	
Bruder	Name	—	Alexander		Yakup
	Alter	—	15	27	34
	Wohnort	—			
Schwester	Name	Karen		—	
	Alter			—	
	Wohnort	Santa Fe	Innsbruck	—	Izmir

WETTER UND JAHRESZEITEN

WIE IST DAS WETTER?

Es ist sonnig und warm.

Es ist sehr heiß.

Es ist kalt.

Es regnet.

Es ist kühl.

Es schneit.

Es ist windig.

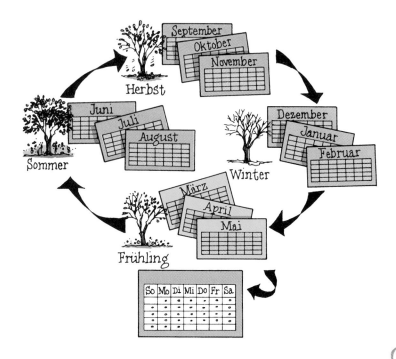

Situation 7 Dialog: Das Wetter in Regensburg

Josef trifft[1] Claire an der Uni.

JOSEF: Schön heute, nicht?
CLAIRE: Ja, sehr ____ und ____—wirklich schön!
JOSEF: Leider ____ es so oft hier in Bayern—auch im ____.
CLAIRE: Ist es auch oft ___ und ____ hier?
JOSEF: Ja, im ____. Und manchmal ____ es noch im April.

Situation 8 Das Wetter

MODELL S1: Wie ist im Sommer das Wetter in Chicago?
S2: Es ist schön. Es ist warm und sonnig.

Frühling	Chicago	Es ist windig.
Sommer	Miami	Es ist kalt.
Herbst	Berlin	Es ist heiß.
Winter	Wien	Es regnet.
	Melbourne	Es ist sonnig.
	Moskau	Es schneit.
	Rom	Es ist warm.
		Es ist feucht.

[1]meets

Kultur ... Landeskunde ... Informationen

Wetter und Klima

Wie ist das Wetter in Ihrer Stadt? Kreuzen Sie an.

	IM WINTER	IM SOMMER
sonnig	☐	☐
warm	☐	☐
(sehr) heiß	☐	☐
(sehr) feucht	☐	☐
mild	☐	☐
(sehr) kalt	☐	☐
viele Niederschläge[1] (Schnee/Regen)	☐	☐
windig	☐	☐
Temperaturunterschiede[2]	große	geringe[3]

An der Universtät in Heidelberg. Es regnet wieder einmal.

Deutschland hat ein gemäßigtes[4] Klima mit Niederschlägen in allen Jahreszeiten. Im Nordwesten ist das Klima mehr ozeanisch mit warmen, aber selten heißen Sommern und relativ milden Wintern. Im Osten ist es eher[5] kontinental. Im Winter liegen die Temperaturen im Durchschnitt[6] zwischen 1,5 Grad Celsius (°C) im Tiefland[7] und minus 6°C im Gebirge,[8] im Juli liegen sie zwischen 18 und 20°C.

Ausnahmen[9]: Am Rhein ist das Klima sehr mild, hier wächst[10] sogar Wein. Oberbayern hat einen warmen alpinen Südwind, den Föhn. Im Harz sind die Sommer oft kühl und im Winter gibt es viel Schnee.

Wie sind die Temperaturen in Deutschland? Benutzen Sie die Tabelle.

	Sommer	Winter Tiefland	Winter Gebirge
in C			
in F			

Welche Gebiete[11] bilden Ausnahmen?

wo			
Klima	sehr _____	warmer _____	Sommer: _____ Winter: _____

[1]*precipitation* [2]*temperature variations* [3]*minor* [4]*moderate* [5]*more* [6]*im ... on average* [7]*lowlands* [8]*mountains* [9]*exceptions* [10]*grows* [11]*areas*

Temperaturen in Fahrenheit und Celsius

Fahrenheit → Celsius

32 subtrahieren und mit 5/9 multiplizieren

°F	°C
0	17.8
32	0
50	10
70	21.1
90	32.2
98.4	37
212	100

Celsius → Fahrenheit

Mit 9/5 multiplizieren und 32 addieren

°C	°F
-10	14
0	32
10	50
20	68
30	86
37	98.4
100	212

Situation 9 Informationsspiel: Temperaturen

MODELL   s1: Wie viel Grad Celsius sind 90 Grad Fahrenheit?
s2: _____ Grad Celsius.

F	90	65	32	0	-5	-39
C		18		-18		-39

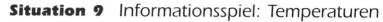

HERKUNFT UND NATIONALITÄT

➤ **Grammatik B.4–B.5**

Situation 10   Dialog: Woher kommst du?

Claire trifft Melanie auf einer Party.

CLAIRE: Wie heißt du?
MELANIE: Melanie. _____?
CLAIRE: Claire.
MELANIE: Bist du _____?
CLAIRE: Ja.
MELANIE: Und _____ kommst du?
CLAIRE: ___ New York. Und du?
MELANIE: Aus Regensburg. Ich __ von hier.

Situation 11   Herkunft

MODELL   S1: Woher kommt Silvia Mertens?
S2: Sie kommt aus _____.
S1: Wer kommt aus Dresden?
S2: _____.
S1: Kommt Bernd Frisch aus Innsbruck?
S2: Nein, er kommt aus _____.

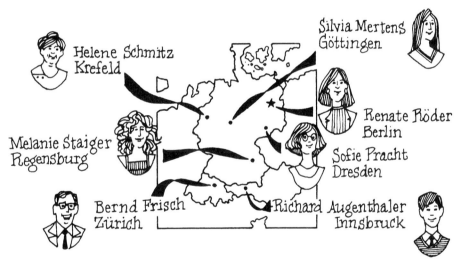

Situation 12   Nationalitäten

MODELL   S1: Woher kommt Leonardo DiCaprio?
S2: Aus _____.
S1: Welche Sprache spricht er?
S2: _____.

Leonardo DiCaprio	Brasilien	Arabisch
Maxim Vengerov	China	Chinesisch
Wei Jingsheng	Frankreich	Deutsch
Ronaldo	Italien	Englisch
Jacques Chirac	Nordirland	Französisch
Martina Hingis	Palästina	Italienisch
Jasir Arafat	Schweiz	Portugiesisch
Gerry Adams	USA	Russisch

Kultur ... Landeskunde ... Informationen

Die Lage Deutschlands in Europa

Deutschland liegt mitten in Europa. Es grenzt an Dänemark, ____, Tschechien, Österreich, die _____, Frankreich, Luxemburg, _____ und die Niederlande. Die Grenzen Deutschlands sind ____ Kilometer lang. Die längste Grenze ist die mit Österreich. Sie ist __ Kilometer lang. Die Grenze zu Dänemark ist nur __ Kilometer lang, die Grenze zu Polen __, zu Tschechien 356, zur Schweiz __, zu Frankreich 446, zu Luxemburg __, zu Belgien 155 und zu den Niederlanden __ Kilometer. Im Norden grenzt Deutschland an zwei Meere, die Nordsee und die _____. Deutschland gehört zur Europäischen Union. Welche Länder gehören noch zur Europäischen Union? Schauen Sie auf die Karte auf Seite 34.

Kontakte : Online

To learn more about Germany and the European Union visit the **Kontakte Online** Website at www.mhhe.com/german

Situation 13 Interview

1. Woher kommst du?
2. Woher kommt dein Vater? Woher kommt deine Mutter? Woher kommen deine Großeltern?
3. Welche Sprachen sprichst du? Welche Sprachen sprechen deine Eltern?
4. Hast du Freunde/Freundinnen in Europa, Asien, Australien, Afrika oder Südamerika? Wie heißen sie? Woher kommen sie? Welche Sprachen sprechen sie?

WORTSCHATZ

Das Klassenzimmer — The Classroom

die **Decke, -n**	ceiling
die **Kreide**	chalk
die **Tafel, -n** (R)*	blackboard
die **Uhr, -en**	clock
die **Wand, ⸚e**	wall
der **Boden, ⸚**	floor
der **Schwamm, ⸚e**	eraser (*for blackboard*)
der **Stift, -e** (R)	pen
der **Bleistift, -e** (R)	pencil
der **Tisch, -e**	table
das **Fenster, -**	window
das **Heft, -e**	notebook

Ähnliche Wörter†
die **Lampe, -n**; die **Professorin, -nen** (R); die **Studentin, -nen** (R); der **Stuhl, ⸚e**; der **Professor, Professoren** (R); der **Student, -en** (R); das **Buch, ⸚er** (R); das **Papier**

Eigenschaften — Characteristics

er/sie ist . . .	he/she is . . .
ernsthaft	serious
glücklich	happy
nett	nice
ruhig	quiet, calm
sauber	clean
schmutzig	dirty
schön	pretty, beautiful
schüchtern	shy
traurig	sad
verrückt	crazy

Ähnliche Wörter
freundlich, intelligent, konservativ, nervös, optimistisch, progressiv, religiös, sportlich, tolerant

Die Familie — The Family

die **Frau, -en** (R)	woman; wife
die **Nichte, -n**	niece
die **Schwester, -n**	sister
die **Tante, -n**	aunt
der **Mann, ⸚er** (R)	man; husband
der **Vetter, -n**	male cousin
das **Kind, -er**	child
die **Eltern**	parents
die **Großeltern**	grandparents
die **Geschwister**	siblings; brothers and sisters

Ähnliche Wörter
die **Kusine, -n**; die **Mutter, ⸚**; die **Großmutter, ⸚**; die **Tochter, ⸚**; der **Bruder, ⸚**; der **Neffe, -n**; der **Onkel, -**; der **Sohn, ⸚e**; der **Vater, ⸚**; der **Großvater, ⸚**

Das Wetter — The Weather

es ist . . .	it is . . .
feucht	humid
schön	nice

es . . .	it . . .
regnet	is raining; rains
schneit	is snowing; snows

18 Grad Celsius/ Fahrenheit	18 degrees Celsius/ Fahrenheit

Ähnliche Wörter
heiß, kalt, kühl, sonnig, warm, windig

Jahreszeiten — Seasons

der **Frühling**	spring
der **Herbst**	fall, autumn
im **Frühling**	in the spring

Ähnliche Wörter
der **Sommer**, der **Winter**

Monate — Months

der **Januar**	der **Juni**
der **Februar**	der **Juli**
der **März**	der **August**
der **April**	der **September**
der **Mai**	der **Oktober**

---

*(R) indicates words that were listed in a previous chapter and are presented again for review.
†**Ähnliche Wörter** (*similar words; cognates*) lists contain words that are closely related to English words in sound, form, and meaning, and compound words that are composed of previously introduced vocabulary.

der **Nov**e**mber**	der **Dez**e**mber**
im J**a**nuar	in January

Länder, Kontinente, Meere
Countries, Continents, Seas

Deu**tschland**	Germany
Fra**nkreich**	France
Grie**chenland**	Greece
Österreich	Austria
Ru**ssland**	Russia
Tsche**chien**	Czech Republic
Ungarn	Hungary
Weißrussland	Belarus
die **O**stsee	Baltic Sea
die **Schw**ei**z**	Switzerland
das **M**i**ttelmeer**	Mediterranean Sea

Ähnliche Wörter
Afrika, **Ä**gypten, **Alb**a**nien**, **Alg**e**rien**, Am**e**rika, **A**sien, **Austr**a**lien**, **B**e**lgien**, **B**o**snien und Herzeg**o**wina**, **Bras**i**lien**, **Bulg**a**rien**, **Ch**i**na**, **D**ä**nemark**, **E**ngland, Eur**o**pa, **F**i**nnland**, **Großbritannien**, **H**o**lland**, **I**rland, **I**srael, It**a**lien, **Japan**, **Jugosl**a**wien**, **K**a**nada**, **Kro**a**tien**, **K**u**ba**, **Liechtenstein**, **Mar**o**kko**, **M**e**xiko**, **Mold**a**wien**, **Neus**ee**land**, **Nord**i**rland**, **N**o**rwegen**, **Pal**ä**stina**, **P**o**len**, **P**o**rtugal**, **Rum**ä**nien**, **Schw**e**den**, **Slow**e**nien**, **Sp**a**nien**, **Süd**a**frika**, **Süd**a**merika**, **Tun**e**sien**; die **N**o**rdsee**, die **Slow**a**kei**, die **T**ü**rkei**, die **Ukr**ai**ne** die **N**ie**derlande** (*pl.*), die **US**A (*pl.*)

Nationalitäten
Nationalities

die **D**eu**tsche**, **-n**	female German
Ich bin **D**eu**tsche.**	I am German.
die **Franz**ö**sin**, **-nen**	French woman
die **Ö**sterreicherin, **-nen**	female Austrian
die **Schw**ei**zerin**, **-nen**	female Swiss
der **D**eu**tsche**, **-n**	male German
Ich bin **D**eu**tscher.**	I am German.
der **Franz**o**se**, **-n**	French man
der **Ö**sterreicher, **-**	male Austrian
der **Schw**ei**zer**, **-**	male Swiss

Ähnliche Wörter
die **Amerik**a**nerin**, **-nen**; die **Austr**a**lierin**, **-nen**; die **Engl**ä**nderin**, **-nen**; die **Jap**a**nerin**, **-nen**; die **Kan**a**dierin**, **-nen**; die **Mexik**a**nerin**, **-nen**; der **Amerik**a**ner**, **-**; der **Austr**a**lier**, **-**; der **Engl**ä**nder**, **-**; der **Jap**a**ner**, **-**; der **Kan**a**dier**, **-**; der **Mexik**a**ner**, **-**

Sprachen
Languages

Deu**tsch**	German
Franzö**sisch**	French

Ähnliche Wörter
Ara**bisch**, **E**nglisch, **Chin**e**sisch**, **Ital**ie**nisch**, **Jap**a**nisch**, **Portug**ie**sisch**, **R**u**ssisch**, **Schw**e**disch**, **Sp**a**nisch**, **T**ü**rkisch**

Sonstige Substantive
Other Nouns

die **H**e**rkunft**	origin; nationality
die **U**ni, **-s** (*coll.*)	university
der **Typ**, **-en** (*coll.*)	character, person, guy
der **U**nterricht	class; instruction

Sonstige Verben
Other Verbs

ke**nnen**	to know
wi**nken**	to wave
wo**hnen (in)**	to live (in)

Ähnliche Wörter
ko**mmen (aus)**

Fragewörter
Question Words

we**r**	who
wie	how
wo	where
woher	from where

Ähnliche Wörter
wa**nn**; **w**a**s**; **w**e**lch-**: **welche Spr**a**che(n)**, **welcher Tag**, **welches L**a**nd**

Sonstige Wörter und Ausdrücke
Other Words and Expressions

ein bi**sschen**	a little (bit)
da drü**ben**	over there
das ist…	this/that is . . .
das sind…	these/those are . . .
dei**n(e)**	your (*informal*)
genau	exactly
heu**te**	today
ich muss jetzt ge**hen**	I've got to go
Ihr**(e)**	your (*formal*)
lei**der**	unfortunately
ma**cht das was?**	does it matter?
ma**nchmal**	sometimes
ni**cht** (R)	not
no**ch**	even, still
se**hr**	very
so**nst**	otherwise
wi**rklich**	really

Ähnliche Wörter
in, **o**ft, **s**o **(**o**ft)**

KULTURECKE

Kulturprojekt Geographische Lage und Klima

Arbeiten Sie mit einem Weltatlas und lösen Sie die folgenden Aufgaben.

- Identifizieren Sie den Breitengrad[1] Ihrer Universitätsstadt und suchen Sie große europäische oder nordafrikanische Städte, die ungefähr auf dem gleichen Breitengrad liegen.
- Identifizieren Sie die Breitengrade Hamburgs und Wiens und suchen Sie nordamerikanische Städte, die ungefähr auf dem gleichen Breitengrad liegen.
- Identifizieren Sie die durchschnittliche Sommertemperatur und die durchschnittliche Wintertemperatur Ihrer Universitätsstadt und vergleichen Sie sie mit den durchschnittlichen Temperaturen Hamburgs und Wiens. Wo ist es wärmer im Sommer? kälter im Winter?
- Wie viele Stunden Tag und wie viele Stunden Nacht hat man bei Ihnen im Sommer? im Winter? Wie viele Stunden Tag und wie viele Stunden Nacht hat man in Hamburg (und in Wien) im Sommer? im Winter?

[1]*latitude*

Hints for working with the Kulturprojekt

You can find the approximate latitude of cities and towns in any world atlas. A reference work such as the *Information Please Almanac* usually lists the latitudes of major North American and world cities. (Look up *latitude* in the index.) A world atlas usually lists average monthly temperatures and average length of daylight for North American and world cities. The *Information Please Almanac*, e.g., provides weather data for 100 U.S. cities. If you have Internet access, you can also get information through the World Wide Web.

Birgit, geboren am 6. 12. 1964 in Munderdingen in der Nähe von Ulm, wohnt zur Zeit in München.

Ivo, geboren am 21. 7. 1980 in Leipzig, macht gerade sein Abitur. Vater kommt aus Jugoslawien, Mutter aus Leipzig.

Aufgabe 1

Listen to the interview with Birgit and decide if the following statements are true **(richtig)** or false **(falsch).** Correct any false statements.

	RICHTIG	FALSCH
1. Birgit hat zwei Schwestern.	☐	☐
2. Eine Schwester wird nächste Woche 32.	☐	☐
3. Birgits Mutter ist Hausfrau.	☐	☐
4. Birgits Großeltern leben noch.	☐	☐
5. Ihre Onkeln und Tanten sieht Birgit nur selten.	☐	☐
6. Birgit ist verheiratet.	☐	☐
7. Birgit hat einen Sohn.	☐	☐

Aufgabe 2

Listen to the interview with Ivo and decide which of the following answers are correct.

1. Ivo hat	☐ drei Geschwister.	☐ vier Geschwister.
2. Ivo ist	☐ 19 Jahre alt.	☐ 25 Jahre alt.
3. Ivos Mutter	☐ ist in Rente.	☐ hat ihre eigene Firma.
4. Ivo	☐ hat noch Großeltern.	☐ hat keine Großeltern mehr.
5. Ivo hat Verwandte in	☐ Italien.	☐ Jugoslawien.
6. Ivo ist	☐ verlobt.	☐ verheiratet.
7. Ivo	☐ hat Kinder.	☐ hat keine Kinder.

STRUKTUREN UND ÜBUNGEN

B.1 Definite and indefinite articles

Recall that the definite article **der, das, die** (*the*) varies depending on gender, number, and case.* Similarly, the indefinite article **ein, eine** (*a, an*) has various forms.

<table>
<tr><td>

Das ist **ein** Buch. Welche Farbe hat **das** Buch?

Das ist **eine** Tür. Welche Farbe hat **die** Tür?

</td><td>

This is a book. What color is the book?

This is a door. What color is the door?

</td></tr>
</table>

Here are the definite and indefinite articles for all three genders in the singular and plural, nominative case. There is only one plural definite article for all three genders: **die.** The indefinite article (*a, an*) has no plural.

> #### Wissen Sie noch?
>
> masculine = **der**
> neuter = **das**
> feminine = **die**
> plural (all genders) = **die**
>
> Review grammar section A.6.

der → ein
das → ein
die → eine
die (*pl.*) → ø

	Singular	**Plural**
Masculine	**der** Stift **ein** Stift	**die** Stifte Stifte
Neuter	**das** Buch **ein** Buch	**die** Bücher Bücher
Feminine	**die** Tür **eine** Tür	**die** Türen Türen

Übung 1   Im Klassenzimmer

Frau Schulz spricht über die Gegenstände im Klassenzimmer und die Farben. Ergänzen Sie den unbestimmten[1] Artikel, den bestimmten[2] Artikel und die Farbe.

> MODELL   FRAU SCHULZ: Das ist eine Lampe.
>   Welche Farbe hat die Lampe?
>   STUDENT(IN): Sie ist gelb.

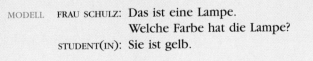

1. Und das ist _____[a] Stift.
   Welche Farbe hat _____[b]
   Stift? Er ist _____.[c]

2. Und das ist _____[a] Uhr.
   Welche Farbe hat _____[b]
   Uhr? Sie ist _____.[c]

---

*See Sections A.3 and A.6.
[1]*indefinite*   [2]*definite*

3. Und das ist _____ª Stuhl.
Welche Farbe hat _____ᵇ
Stuhl? Er ist _____.ᶜ

4. Und das ist _____ª Buch.
Welche Farbe hat _____ᵇ
Buch? Es ist _____.ᶜ

5. Und das ist _____ª Tafel.
Welche Farbe hat _____ᵇ
Tafel? Sie ist _____.ᶜ

6. Und das ist _____ª Brille.
Welche Farbe hat _____ᵇ
Brille? Sie ist _____ᶜ

Übung 2 Was ist das?

Herr Frisch spricht mit seiner kleinen Tochter.

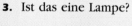

MODELL   Ist das ein Heft? →
Nein, das ist ein Bleistift.

1. Ist das eine Tür?

2. Ist das eine Uhr?

3. Ist das eine Lampe?

4. Ist das ein Tisch?

5. Ist das ein Stuhl?

6. Ist das eine Studentin?

7. Ist das ein Heft?

8. Ist das eine Tafel?

9. Ist das ein Fenster?

B.2 Plural forms of nouns

Just as with English nouns, there are different ways of forming the plurals of German nouns.

Albert hat ein Heft. Peter hat
zwei Heft**e**.
Heidi hat eine Kusine. Katrin hat
zwei Kusine**n**.

*Albert has one notebook. Peter
has two notebooks.
Heidi has one cousin. Katrin
has two cousins.*

Here are a few general guidelines to help you recognize and form the plural of German nouns.

1. Feminine nouns usually add **-n** or **-en**. They add **-n** when the singular ends in **-e**; otherwise, they add **-en**. Nouns that end in **-in** add **-nen: eine Studentin, zwei Studentinnen.**

eine Lampe	zwei Lamp**en**
eine Tür	zwei Tür**en**
eine Frau	zwei Frau**en**

2. Masculine and neuter nouns usually add **-e** or **-er.** Those plurals that end in **-er** have an umlaut when the stem vowel is **a, o, u,** or **au.** Many masculine plural nouns ending in **-e** have an umlaut as well. Neuter plural nouns ending in **-e** do not have an umlaut.

MASCULINE **(der)**		NEUTER **(das)**	
ein Rock	zwei Röck**e**	ein Heft	zwei Heft**e**
ein Mann	zwei Männ**er**	ein Buch	zwei Büch**er**

3. Masculine and neuter nouns that end in **-er** either add an umlaut or change nothing at all. Many nouns with a stem vowel of **a, o, u,** or **au** add an umlaut.

MASCULINE **(der)**		NEUTER **(das)**	
ein Bruder	zwei Brüder	ein Fenster	zwei Fenster

4. Nouns that end in a vowel other than unstressed **-e** and many nouns of English or French origin add **-s.**

ein Auto	zwei Auto**s**
ein Hotel	zwei Hotel**s**

The following chart summarizes some common associations between gender and plural forms in German.

Singular	Plural	Examples
ein ____er	no change umlaut where possible	ein Lehrer, zwei Lehrer
ein ____	**-e** masculine words often add an umlaut, neuter words do not	ein Heft, zwei Heft**e** ein Rock, zwei Röck**e**
ein ____	**-er** umlaut where possible	ein Kind, zwei Kind**er** ein Mann, zwei Männ**er**
eine ____	**-n/-en/-nen** depending on final letter	eine Lampe, zwei Lamp**en** eine Tür, zwei Tür**en** eine Freundin, zwei Freundin**nen**
ein(e) ____ (*foreign words*)	**-s**	ein Auto, zwei Auto**s** ein Hotel, zwei Hotel**s** ein Hobby, zwei Hobby**s**

Beginning with this chapter, the plural ending of nouns is indicated in the vocabulary lists as follows.

LISTING	PLURAL FORM
das **Fenster**, -	die **Fenster**
der **Bruder**, ∵	die **Brüder**
der **Tisch**, -e	die **Tische**
der **Stuhl**, ⁻e	die **Stühle**
das **Kleid**, -er	die **Kleider**
der **Mann**, ⁻er	die **Männer**
die **Tante**, -n	die **Tanten**
die **Uhr**, -en	die **Uhren**
die **Studentin**, -nen	die **Studentinnen**
das **Auto**, -s	die **Autos**

Übung 3 Wer hat mehr?

Helga und Sigrid sind Zwillinge. Helga hat immer mehr als[1] Sigrid.

Sigrid hat . . .	Helga hat . . .
eine Hose	zwei _____
eine _____	zwei Lampen
eine _____	zwei Freundinnen
eine Uhr	zwei _____
ein Heft	zwei _____
ein Auto	zwei _____
ein Kleid	zwei _____
einen _____	zwei Stühle
einen Tisch	zwei _____
einen _____	zwei Röcke

Übung 4 Der Körper

Wie viele der folgenden Körperteile hat der Mensch[2]?

Arm	Fuß	Nase
Auge	Haar	Ohr
Bein	Hand	Schulter
Finger		

Der Mensch hat zwei _____, . . .

Übung 5 Das Zimmer

Wie viele der folgenden Dinge sind in Ihrem[3] Zimmer? (ein[e], zwei, . . . , viele, nicht viele)

das Buch	der Stuhl	die Uhr
das Fenster	der Tisch	die Wand
die Lampe	die Tür	

In meinem Zimmer ist/sind _____ Buch/Bücher, . . .

[1]immer . . . *always more than*   [2]*person*   [3]*your*

B.3 Personal pronouns

Personal pronouns refer to the speaker (first person), to the person addressed (second person), or to the person(s) or object(s) talked about (third person).

	Singular	Plural
First person	ich *I*	wir *we*
Second-person informal *Second-person formal*	du *you* Sie *you*	ihr *you* Sie *you*
Third person	er *he, it* es *it* sie *she, it*	sie *they*

Wissen Sie noch?

der → **er** = *he, it*
das → **es** = *it*
die → **sie** = *she, it*
die (*pl.*) → **sie** = *they*

Review grammar section A.6.

As you know, third-person singular pronouns reflect the grammatical gender of the nouns they replace.

—Welche Farbe hat **der Hut?** — *What color is the hat?*
—**Er** ist braun. — *It is brown.*
—Welche Farbe hat **das Kleid?** — *What color is the dress?*
—**Es** ist grün. — *It is green.*
—Welche Farbe hat **die Bluse?** — *What color is the blouse?*
—**Sie** ist gelb. — *It is yellow.*

The third-person plural pronoun is **sie** for all three genders.

—Welche Farbe haben **die Schuhe?** — *What color are the shoes?*
—**Sie** sind schwarz. — *They are black.*

Übung 6   Welche Farbe?

Frau Schulz spricht über die Farbe der Kleidung. Antworten Sie!

1. Welche Farbe hat der Hut?
2. Welche Farbe hat das Hemd?
3. Welche Farbe hat die Hose?
4. Welche Farbe hat die Bluse?
5. Welche Farbe haben die Socken?
6. Welche Farbe hat das Kleid?
7. Welche Farbe hat der Rock?
8. Welche Farbe haben die Stiefel?
9. Welche Farbe hat die Jacke?
10. Welche Farbe hat der Mantel?

B.4 Origins: *Woher kommen Sie?*

kommen aus =
to come from (a place)

To ask about someone's origin, use the question word **woher** (*from where*) followed by the verb **kommen** (*to come*). In the answer use the preposition **aus** (*from, out of*).

—Woher kommst du / kommen Sie?   *Where do you come from?*

—Ich komme aus Berlin.   *I'm from Berlin.*

kommen			
ich	komme	wir	kommen
du	kommst	ihr	kommt
Sie	kommen	Sie	kommen
er			
sie }	kommt	sie	kommen
es			

Most verbs follow a conjugation pattern similar to that of **kommen**. The infinitive of German verbs, that is, the basic form of the verb, ends in **-n** or **-en**.

Kommen Sie heute Abend?   *Are you coming tonight?*

Warten Sie! **Ich komme** mit!   *Wait! I'll come along.*

Übung 7   Minidialoge

Ergänzen Sie **kommen, woher** und **aus** und die Personalpronomen.

1. MEHMET: Woher _____ª du, Renate?
   RENATE: Ich _____ᵇ aus Berlin.
2. FRAU SCHULZ: Woher _____ª Lydia?
   KATRIN: Lydia kommt _____ᵇ Zürich.
   FRAU SCHULZ: _____ᶜ kommen Josef und Melanie?
   STEFAN: Sie _____ᵈ aus Regensburg.
   FRAU SCHULZ: Und woher komme _____ᵉ?
   ALBERT: Sie, Frau Schulz, Sie kommen _____ᶠ Kalifornien.
3. FRAU SCHULZ: Kommt Sofie aus Regensburg?
   HEIDI: Nein, _____ª kommt aus Dresden.
   FRAU SCHULZ: Kommen Josef und Melanie aus Innsbruck?
   STEFAN: Nein, sie _____ᵇ aus Regensburg.
4. ANDREAS: Silvia und Jürgen, kommt _____ª aus Göttingen?
   SILVIA: Ja, _____ᵇ kommen aus Göttingen.

B.5 Possessive adjectives: *mein* and *dein/Ihr*

der → **mein, dein, Ihr**
das → **mein, dein, Ihr**
die → **meine, deine, Ihre**
die (*pl.*) → **meine, deine, Ihre**

The possessive adjectives **mein** (*my*), **dein** (*informal your*), and **Ihr** (*formal your*) have the same endings as the indefinite article **ein.** In the plural, the ending is **-e.** Here are the forms of these possessive adjectives.

	Onkel (*m.*)	Auto (*n.*)	Tante (*f.*)	Eltern (*pl.*)
ich	mein	mein	meine	meine
du	dein	dein	deine	deine
Sie	Ihr	Ihr	Ihre	Ihre

Achtung!

Note that the forms of **Ihr** are capitalized, just as **Sie** is, when they mean *your.*

—Woher kommen **deine** Eltern, Albert?
—**Meine** Eltern kommen aus Mexiko.

Wie heißt **Ihr** Vater, Frau Schulz? Und **Ihre** Mutter?

Where are your parents from, Albert?
My parents are from Mexico.

What is your father's name, Ms. Schulz? And your mother's name?

Achtung!

Just as in English, an **s** added onto someone's name in German indicates possession. In German, however, there is no apostrophe before the **s.**

Das ist Helga. Das ist Helgas Vater.
This is Helga. That is Helga's father.

Übung 8 Minidialoge

Ergänzen Sie die Possessivpronomen.

1. FRAU SCHULZ: Wo sind _____ Hausaufgaben?
   PETER: Sie liegen leider zu Hause.
2. ONKEL: Ist das _____[a] Hund?
   NICHTE: Nein, das ist nicht _____[b] Hund. Ich habe keinen Hund.
3. LYDIA: He, Rosemarie! Das ist _____[a] Kleid.
   ROSEMARIE: Nein, das ist _____[b] Kleid. _____[c] Kleid ist schmutzig.
4. KATRIN: Woher kommen _____[a] Eltern, Frau Schulz?
   FRAU SCHULZ: _____[b] Mutter kommt aus Schwabing und _____[c] Vater kommt aus Germering.

Übung 9 Woher kommen sie?

Beantworten Sie die Fragen.

1. Woher kommen Sie?
2. Woher kommt Ihre Mutter?
3. Woher kommt Ihr Vater?
4. Woher kommen Ihre Großeltern?
5. Woher kommt Ihr Professor / Ihre Professorin?
6. Wie heißt ein Student aus Ihrem Deutschkurs und woher kommt er?
7. Wie heißt eine Studentin aus Ihrem Deutschkurs und woher kommt sie?

Mittagspause im Englischen Garten in München.

Wer ich bin und was ich tue

KAPITEL 1

In **Kapitel 1** you will learn to talk about how you spend your time: your studies, your recreational pursuits, and what you like and don't like to do.

THEMEN
Freizeit
Schule und Universität
Tagesablauf
Persönliche Daten

KULTURELLES
Freizeit
Schule und Universität in Ihrem Land und in Deutschland
Arbeitszeiten
Ausweise
Kulturprojekt: Tagesablauf
Porträt: Wilhelm von Humboldt und Berlin-Tegel
Videoecke

LEKTÜRE
Guten Tag, ich heiße . . .

STRUKTUREN
1.1 The present tense
1.2 Expressing likes and dislikes: **gern / nicht gern**
1.3 Telling time
1.4 Word order in statements
1.5 Separable-prefix verbs
1.6 Word order in questions

SPRECHSITUATIONEN

FREIZEIT

➤ **Grammatik 1.1–1.2**

Peter und Stefan wandern gern.

Ernst spielt gern Fußball.

Melanie tanzt gern.

Veronika reitet gern.

Jutta und Gabi spielen gern
Karten.

Michael spielt gern Gitarre.

Thomas segelt gern.

Herr und Frau Ruf gehen gern spazieren.

Situation 1 Hobbys

Sagen Sie **ja** oder **nein**.

1. In den Ferien . . .

    a. reise ich gern.
    b. koche ich gern.

    c. spiele ich gern Volleyball.
    d. arbeite ich gern.

2. Im Winter . . .

    a. gehe ich gern ins Museum.
    b. spiele ich gern Karten.

    c. gehe ich gern Schlitten fahren.
    d. schwimme ich gern.

3. Meine Eltern . . .

    a. spielen gern Tennis.
    b. spielen gern Golf.

    c. gehen gern ins Kino.
    d. singen gern.

4. Mein Bruder / Meine Schwester . . .

    a. wandert gern in den Bergen.
    b. zeltet gern.

    c. boxt gern.
    d. spielt gern Gitarre.

5. Mein Deutschlehrer / Meine Deutschlehrerin . . .

    a. geht gern auf Partys.
    b. reitet gern.

    c. geht gern ins Konzert.
    d. spielt gern Fußball.

Situation 2 Informationsspiel: Freizeit

MODELL   s1: Wie alt ist Rolf?
           s2: ———.
           s1: Woher kommt Richard?
           s2: Aus ———.
           s1: Was macht Richard gern?
           s2: Er ———.

s1: Wie alt bist du?
s2: ———.
s1: Woher kommst du?
s2: ———.
s1: Was machst du gern?
s2: ———.

	Alter	Wohnort	Hobby
Richard	18		
Rolf		Berkeley	
Jürgen	21		geht gern tanzen
Sofie	22	Dresden	
Jutta			hört gern Musik
Melanie	21		besucht gern Freunde
mein Partner / meine Partnerin			

Situation 3 Interview: Was machst du gern?

MODELL s1: Ich spiele gern Karten. Du auch?
s2: Ja, ich spiele auch gern Karten.
  Nein, ich spiele nicht gern Karten.

1. Ich spiele gern Schach.
2. Ich wandere gern.
3. Ich gehe gern spazieren.
4. Ich reite gern.
5. Ich singe gern.

6. Ich spiele gern Volleyball.
7. Ich höre gern Musik.
8. Ich koche gern.
9. Ich tanze gern.
10. Ich lerne gern Deutsch.

Kultur ... Landeskunde ... Informationen

Freizeit

- Was machen Menschen in Ihrem Land in ihrer Freizeit?
- Was machen Sie in Ihrer Freizeit? am Wochenende? abends? in den Ferien?
- Was machen Ihre Eltern in ihrer Freizeit? am Wochenende? abends? in den Ferien?
- Wie viele Stunden Freizeit haben Sie am Tag?
- Was machen Deutsche in ihrer Freizeit? Was ist anders als in Ihrem Land? Was ist ähnlich?
- Wie viele Stunden Freizeit haben Deutsche am Tag? Raten[1] Sie!

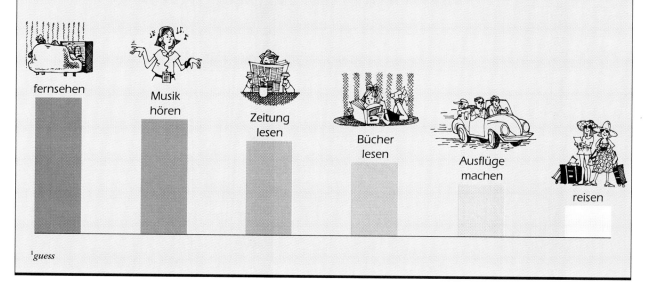

fernsehen

Musik hören

Zeitung lesen

Bücher lesen

Ausflüge machen

reisen

[1]guess

Situation 4   Umfrage

MODELL   S1: Schwimmst du gern im Meer?

S2: Ja.

S1: Unterschreib bitte hier.

UNTERSCHRIFT

1. Schwimmst du gern im Schwimmbad? _____
2. Trinkst du gern Kaffee? _____
3. Spielst du gern Gitarre? _____
4. Hörst du gern Musik? _____
5. Gehst du gern zelten? _____
6. Arbeitest du gern? _____
7. Gehst du gern joggen? _____
8. Tanzt du gern? _____
9. Spielst du gern Golf? _____
10. Machst du gern Fotos? _____

SCHULE UND UNIVERSITÄT

➤ **Grammatik 1.3**

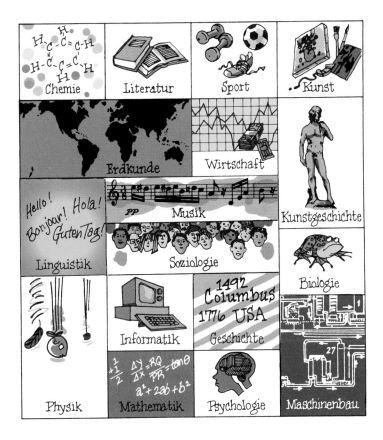

Situation 5 Dialog: Was studierst du?

Stefan trifft Rolf in der Cafeteria der Universität Berkeley.

STEFAN: Hallo, bist du ___ hier?
ROLF: Ja, ich _____ aus Deutschland.
STEFAN: Und was machst __ hier?
ROLF: Ich _____ Psychologie. Und du?
STEFAN: _____.

Situation 6 Wie spät ist es?

S1: Wie spät ist es?
S2: Es ist _____.

1.   2.   3.   4.   5.

6.   7.   8.   9.   10.

Situation 7 Informationsspiel: Juttas Stundenplan

MODELL S1: Was hat Jutta am Montag um acht Uhr?
S2: Sie hat Latein.

Uhr	Montag	Dienstag	Mittwoch	Donnerstag	Freitag
8.00–8.45		Mathematik	Deutsch		Französisch
8.50–9.35	Deutsch			Latein	
9.35–9.50	←		Pause		→
9.50–10.35	Biologie	Sozialkunde		Geschichte	
10.40–11.25			Physik		Deutsch
11.25–11.35	←		Pause		→
11.35–12.15	Sport		Erdkunde		Latein
12.20–13.00		Deutsch		Sozialkunde	

Situation 8 Interview

1. Welche Fächer hast du in diesem Semester? Welche Fächer magst du? Welche Fächer magst du nicht?
2. Wann beginnt am Montag dein erster (1.) Kurs? Welcher Kurs ist das? Wann gehst du am Montag nach Hause?
3. Wann beginnt am Dienstag dein erster Kurs? Welcher Kurs ist das? Wann gehst du am Dienstag nach Hause?
4. Arbeitest du? An welchen Tagen arbeitest du? Wann beginnt deine Arbeit?
5. Wann gehst du in der Woche ins Bett? Und am Wochenende?

Kultur ... Landeskunde ... Informationen

Schule und Universität in Ihrem Land und in Deutschland

- Wann beginnt in Ihrem Land morgens die Schule?
- Wann gehen die Schüler nach Hause?
- Wann und wo machen sie Hausaufgaben?
- Wann haben sie Freizeit?
- Welche Schulfächer haben Schüler?
- Welches sind Pflichtfächer[1]?
- An welchen Tagen gehen sie in die Schule?

Schauen Sie auf Juttas Stundenplan (Situation 7).

- Wann beginnt für Jutta die Schule?
- Wann geht sie nach Hause?
- Welche Fächer hat Jutta?
- Wie viele Fremdsprachen hat sie?
- An welchen Tagen geht sie in die Schule?

Was meinen Sie?

- Wann und wo macht Jutta Hausaufgaben?
- Wann hat sie Freizeit?

[1]required subjects

Große Pause an einem Gymnasium in Berlin

T AGESABLAUF

➤ **Grammatik 1.4–1.5**

Herr Wagner steht auf.   Er duscht.   Er frühstückt.   Er geht zur Arbeit.

Er geht einkaufen.   Er räumt die Wohnung auf.   Er geht im Park spazieren.   Er geht ins Bett.

Situation 9   Bildgeschichte: Ein Tag in Sofies Leben

Situation 10 Interview

1. Was machst du samstags?

    a. Spielst du Fußball?

    b. Stehst du spät auf?

    c. Gehst du im Park spazieren?

    d. Rufst du deine Eltern an?

    e. Gehst du einkaufen?

    f. Besuchst du Freunde?

2. Was machst du montags?

    a. Stehst du früh auf?

    b. Frühstückst du zu Hause?

    c. Trinkst du Kaffee?

    d. Kaufst du ein?

    e. Arbeitest du in der Bibliothek?

    f. Hast du Zeit für Sport? Was machst du?

3. Was machst du freitags?

    a. Gehst du tanzen?

    b. Bleibst du zu Hause?

    c. Hörst du Musik?

    d. Rufst du Freunde an?

    e. Räumst du dein Zimmer auf?

    f. Spielst du Tennis?

Situation 11 Informationsspiel: Diese Woche

MODELL   s1: Was macht Silvia am Montag?

          s2: Sie steht um 6 Uhr auf.

          s1: Was machst du am Montag?

          s2: Ich _____.

	Silvia Mertens	**Mehmet Sengün**	**mein(e) Partner(in)**
Montag		Er geht um 7 Uhr zur Arbeit.	
Dienstag	Sie arbeitet am Abend in einer Kneipe.		
Mittwoch		Er singt im Männerchor.	
Donnerstag		Er geht einkaufen.	
Freitag	Sie geht tanzen.		
Samstag	Sie geht mit Freunden ins Kino.		
Sonntag	Sie besucht ihre Eltern.		

Situation 12 Freizeit und Arbeit

Was ist Freizeit? Was ist Arbeit? Machen Sie zwei Listen.

die Eltern anrufen
Musik hören
das Zimmer aufräumen
Sport treiben
einkaufen gehen
eine Hose kaufen
kochen
Deutsch lernen
in der Sonne liegen
Hausaufgaben machen
eine Prüfung schreiben
einen Brief schreiben
singen
Karten spielen
Arbeit suchen
tanzen
wandern

Freizeit	Arbeit
Karten spielen	*Hausaufgaben machen*

Kultur ... Landeskunde ... Informationen

Arbeitszeiten

	Japan	USA	Schweiz	Schweden	Frankreich	Italien	Großbritannien	Niederlande	Belgien	Bundesrepublik
Jahresurlaub (Tage)	11	12	23	25	25	31	27	36	25	30
Feiertage[1]	14	10	8	9	9	9	8	5	11	10
Wochenarbeitszeit (Stunden)	42	40	41	40	39	40	39	40	38	37,9

- Wie viele Tage Urlaub im Jahr hat man in Deutschland? Wer hat mehr?
- Wie viele Tage Urlaub hat man in den USA? Wer hat weniger?
- In welchem Land gibt es sehr viele Feiertage? In welchem Land gibt es sehr wenige?
- Wie viele Stunden in der Woche arbeiten die Italiener? Wer arbeitet auch so viel?

[1]holidays

Situation 13 Interview

1. Wann stehst du auf?
2. Wann duschst du?
3. Wann frühstückst du?
4. Wann gehst du zur Uni?
5. Wann kommst du nach Hause?
6. Wann machst du das Abendessen?
7. Wann gehst du ins Bett?

PERSÖNLICHE DATEN

· ·

➤ **Grammatik 1.6**

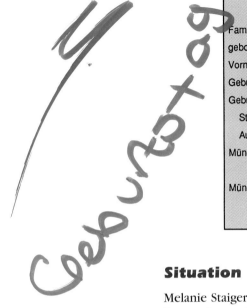

Antrag auf Ausstellung eines Personalausweises
Familienname: Ruf
geborene(r): Schuler
Vornamen: Margret
Geburtstag: 13. April 1961
Geburtsort: Augsburg
Staatsangehörigkeit: deutsch
Augenfarbe: blau, grau, (grün), braun   Größe ...172... cm
München ...Sonnenstr. ... 11
Straße   Hausnummer
München, den 30.5.2000
Margret Ruf
Unterschrift des Antragstellers

Situation 14   Dialog: Auf dem Rathaus

Melanie Staiger ist auf dem Rathaus in Regensburg. Sie braucht einen neuen Personalausweis.

BEAMTER: Grüß Gott!

MELANIE: Grüß Gott. Ich brauche einen neuen _____.

BEAMTER: ___ ist Ihr Name, bitte?

MELANIE: Staiger, Melanie Staiger.

BEAMTER: Und __ wohnen Sie?

MELANIE: In Regensburg.

BEAMTER: ___ ist die genaue Adresse?

MELANIE: Gesandtenstraße 8.

BEAMTER: Haben Sie auch ____?

MELANIE: Ja, die Nummer ist 24352.

BEAMTER: ____ sind Sie geboren?

MELANIE: Am 3. ___ 1979.

BEAMTER: Was sind Sie _____?

MELANIE: Ich bin Studentin.

BEAMTER: Sind Sie verheiratet?

MELANIE: ___. Ich bin ledig.

Situation 15   Interview: Auf dem Rathaus

1. Wie heißen Sie?
2. Wie alt sind Sie?
3. Wo sind Sie geboren?
4. Wo wohnen Sie?
5. Was ist Ihre genaue Adresse?
6. Was ist Ihre Telefonnummer?
7. Was studieren Sie?
8. Sind Sie verheiratet?
9. Welche Augenfarbe haben Sie?
10. Welche Haarfarbe?

Kultur ... Landeskunde ... Informationen

Ausweise

- Haben Sie einen Ausweis? Was für einen?
- Welche persönlichen Daten stehen in Ihrem Ausweis?
- Wann brauchen Sie einen Ausweis? Kreuzen Sie an.

Wenn Sie Auto fahren	☐
Wenn Sie Fahrrad fahren	☐
Wenn Sie ins Ausland fahren	☐
Wenn Sie Bier kaufen	☐
Wenn Sie ins Kino gehen	☐
Wenn Sie spazieren gehen	☐

- Wo bekommen Sie einen Ausweis? Kreuzen Sie an.

auf dem Rathaus	☐
im Supermarkt	☐
auf dem Postamt	☐
auf der Polizei	☐
an der Uni	☐

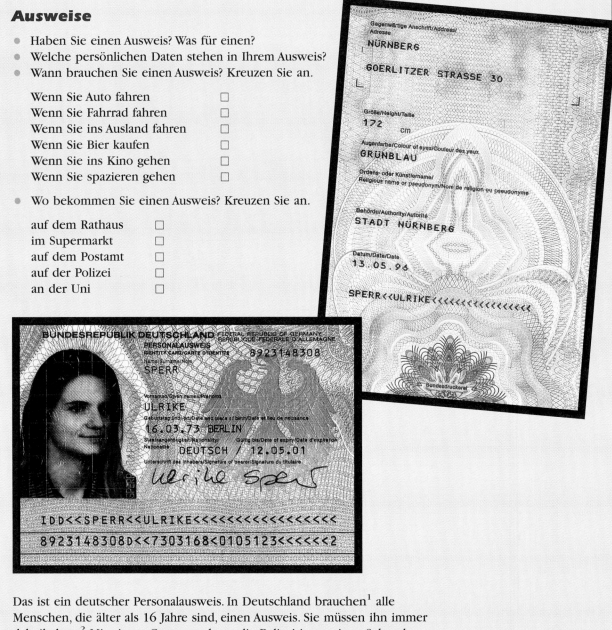

Das ist ein deutscher Personalausweis. In Deutschland brauchen[1] alle Menschen, die älter als 16 Jahre sind, einen Ausweis. Sie müssen ihn immer dabeihaben.[2] Mit einem Computer kann die Polizei in wenigen Sekunden die Identität überprüfen.[3] Man bekommt[4] den Personalausweis auf dem Rathaus.

- Welche persönlichen Daten stehen in diesem Ausweis?

[1]*need* [2]*have it with them* [3]*check* [4]*gets*

Situation 16* Rollenspiel: Auf dem Auslandsamt

S1: Sie sind Student/Studentin und möchten ein Jahr lang in Österreich studieren. Gehen Sie aufs Auslandsamt und sagen Sie, dass Sie ein Stipendium möchten. Beantworten Sie die Fragen des Beamten / der Beamtin. Sagen Sie am Ende des Gesprächs „Auf Wiedersehen".

WORTSCHATZ

Freizeit — Leisure Time

lesen (R)†	to read
er/sie liest	he/she reads
Zeitung lesen	to read the newspaper
liegen	to lie
in der Sonne liegen	to lie in the sun
reisen	to travel
segeln	to sail
spielen	to play
wandern	to hike
zelten	to camp

Ähnliche Wörter‡

die Karte, -n; die Musik; der Ball, ⸚e (R); der Fußball, ⸚e (R); der Volleyball, ⸚e; das Golf; das Hobby, -s; das Schach; das Squash; das Tennis; boxen; hören; kochen; reiten; schwimmen gehen; singen; tanzen; windsurfen gehen

Orte — Places

die Arbeit	work
zur Arbeit gehen	to go to work
der Berg, -e	mountain
in die Berge gehen	to go to the mountains
in den Bergen wandern	to hike in the mountains
das Kino, -s	movie theater, cinema
ins Kino gehen	to go to the movies

das Meer, -e	sea
im Meer schwimmen	to swim in the sea
das Rathaus, ⸚er	town hall
auf dem Rathaus	at the town hall
das Schwimmbad, ⸚er	swimming pool
ins Schwimmbad fahren	to go to the swimming pool

Ähnliche Wörter

die Party, -s; auf eine Party gehen; die Uni, -s (R); zur Uni gehen; auf der Uni sein; der Park, -s; im Park spazieren gehen; das Bett, -en; ins Bett gehen; das Haus, ⸚er; zu Hause sein; nach Hause gehen; das Konzert, -e; ins Konzert gehen; das Museum, Museen; ins Museum gehen

Schul- und Studienfächer — Academic Subjects

die Erdkunde	earth science; geography
die Geschichte	history
die Kunstgeschichte	art history
die Informatik	computer science
die Kunst	art
die Sozialkunde	social studies
die Wirtschaft	economics
der Maschinenbau	mechanical engineering

Ähnliche Wörter

die Biologie, die Chemie, die Linguistik, die

---

*This is the first of many role-playing activities in ***Kontakte.*** Pair up with another student. One of you takes the role of S1, the other of S2. The corresponding role for S2 appears in Appendix B.

†Note: Stress is indicated by an underline below single or double vowels and dipthongs (combination of two vowels) for long stressed syllables and a dot below single vowels for short stressed syllables. These diacritical marks are provided only as an aid to pronunciation and are not found in written German.

‡**Ähnliche Wörter** (*similar words; cognates*) lists contain words that are closely related to English words in sound, form, and meaning, and compound words that are composed of previously introduced vocabulary.

Literatur, die **Mathematik**, die **Musik**, die **Physik**, die **Religion**, die **Soziologie**; der **Sport**; das **Latein**

Schule und Universität — School and University

die **Hausaufgabe, -n** (R)	homework assignment
die **Lehrerin, -nen** (R)	female teacher, instructor
die **Prüfung, -en**	test
die **Schülerin, -nen**	female pupil
der **Lehrer, -** (R)	male teacher, instructor
der **Schüler, -**	male pupil
der **Stundenplan, ⁓e**	schedule
das **Auslandsamt, ⁓er**	center for study abroad
das **Fach, ⁓er**	academic subject
das **Stipendium, Stipendien**	scholarship
das **Studium, Studien**	university studies
die **Ferien** (*pl.*)	vacation

Ähnliche Wörter
die **Pause, -n**; der **Kurs, -e** (R); das **Semester, -** **lernen**; **studieren**

Tage — Days

welcher Tag ist heute?	what day is today?
der **Montag**	Monday
der **Dienstag**	Tuesday
der **Mittwoch**	Wednesday
der **Donnerstag**	Thursday
der **Freitag**	Friday
der **Samstag**	Saturday
der **Sonntag**	Sunday

Persönliche Daten — Biographical Information

die **Farbe, -n**	color
die **Augenfarbe**	color of eyes
die **Haarfarbe**	color of hair
die **Größe, -n**	height
die **Staatsangehörigkeit, -en**	nationality, citizenship
die **Unterschrift, -en**	signature
der **Beruf, -e**	profession
was sind Sie von Beruf?	what's your profession?
der **Familienstand**	marital status
der **Geburtstag, -e**	birthday
der **Personalausweis, -e**	(personal) ID card

der **Wohnort, -e**	residence
das **Alter**	age
ledig	unmarried
verheiratet	married

Ähnliche Wörter
die **Adresse, -n**; die **Nummer, -n**; die **Hausnummer, -n**; die **Telefonnummer, -n**; die **Person, -en**; die **Präferenz, -en**; der **Name, -n** (R); der **Familienname, -n** (R); der **Vorname, -n** (R); **geboren**; **wann sind Sie geboren?**

Zeitausdrücke — Time Expressions

die **Freizeit**	leisure time
die **Woche, -n**	week
in der Woche	during the week
der **Abend, -e**	evening
der **Tag, -e**	day
der **ganze Tag**	all day long, the whole day
das **Wochenende, -n**	weekend
am Wochenende	over the weekend
früh	early
spät(er)	late(r)
wie spät ist es?	what time is it?
wie viel Uhr ist es?	what time is it?
um wie viel Uhr . . . ?	at what time . . . ?
wann?	when?
um halb drei	at two thirty
um sechs (Uhr)	at six o'clock
um sieben Uhr zwanzig	at seven twenty
um Viertel vor vier	at a quarter to four
um zwanzig nach fünf	at twenty after/past five

Ähnliche Wörter
die **Sekunde, -n**; der **Moment, -e**; **im Moment**

Sonstige Substantive — Other Nouns

die **Tasche, -n**	bag; purse; pocket
die **Wohnung, -en**	apartment
der **Brief, -e**	letter
das **Abendessen, -**	supper, evening meal
das **Motorrad, ⁓er**	motorcycle
Motorrad fahren	to ride a motorcycle

Ähnliche Wörter
die **Gitarre, -n**; der **Kaffee**; das **Foto, -s**

Verben mit trennbaren Präfixen
Verbs with Separable Prefixes

ạb·holen	to pick (somebody) up (from a place)
ạn·kommen	to arrive
ạn·rufen	to call up
auf·hören (mit)	to stop (doing something)
auf·räumen	to clean (up)
auf·stehen	to get up
aus·füllen	to fill in
aus·gehen	to go out
ein·kaufen (gehen)	to (go) shop(ping)
ein·packen	to pack up
fern·sehen	to watch TV
er/sie sieht fern	he/she is watching TV

Sonstige Verben
Other Verbs

ạrbeiten	to work
besụchen	to visit
bleiben	to stay, remain
brauchen	to need; to use

dụschen	to (take a) shower
fliegen	to fly
frühstücken	to eat breakfast
kaufen	to buy
kẹnnen lernen	to get acquainted with
mögen	to like
ich **mag**	I like
du **magst**	you like
spazieren gehen	to go for a walk
sụchen	to look for
unterschreiben	to sign

Ähnliche Wörter
beginnen, reparieren, trinken

Sonstige Wörter und Ausdrücke
Other Words and Expressions

gẹrn	gladly, willingly, with pleasure
wir sịngen gern	we like to sing
ihr(e)	her
sein(e)	his

Kulturprojekt Tagesablauf

Fragen Sie Deutsche, Österreicher, Schweizer oder Ihren Lehrer / Ihre Lehrerin nach den folgenden Informationen.

- Wann beginnen die meisten Menschen in Deutschland, Österreich oder in der Schweiz mit ihrer Arbeit? Wie lange machen sie Mittagspause? Wann hören sie mit der Arbeit auf?
- Wann beginnt die Schule? Wann hört sie auf?
- Wann machen die Geschäfte auf? Wann machen sie zu? Wie ist es am Wochenende?
- Wann frühstücken viele Menschen? Wann essen sie zu Mittag? zu Abend?
- Was machen Studenten während der Woche am Abend? am Wochenende?
- Was machen 30- oder 40-Jährige während der Woche am Abend? am Wochenende?

Hints for working with the Kulturprojekt

Ask your German instructor if he/she knows of a German club on campus or in town. The office for international students might also know if there are German, Austrian, or Swiss students who meet regularly and who would like to get to know American students. There also may be teaching assistants, instructors, or professors from a German-speaking country who would not mind being interviewed about their home country.

Kontakte Online

Weiteres zum Thema „Deutsche, Österreicher und Schweizer" finden Sie bei **Kontakte online** im World Wide Web unter www.mhhe.com/kontakte

Nach dem Abendessen. Arbeit und Vergnügen zu Hause.

Porträt

Berlin-Tegel.

Wilhelm von Humboldt (1767 – 1835), Gelehrter und Politiker, war unter anderem Philosoph, Sprachwissenschaftler und Bildungsreformer. Er war mit berühmten Deutschen wie Goethe und Schiller befreundet und konzipierte die Berliner Humboldt-Universität. Sein Bruder Alexander war Naturforscher und Geograph.

Tegel ist ein Stadtteil von Berlin. Dort steht das Humboldt-Schloss. Der berühmte klassizistische Baumeister Karl Friedrich von Schinkel hat es für Wilhelm und Alexander gebaut. Im Park des Schlosses sind auch die Brüder von Humboldt begraben.

Welche Aussagen sind richtig und welche sind falsch? Verbessern Sie die falschen Aussagen!

1. Wilhelm von Humboldt war Sprachwissen-schaftler und Philosoph.
2. Er studierte an der Humboldt-Universität in Berlin.
3. Alexander von Humboldt war Mathematiker und Philosoph.
4. Tegel ist ein Stadtteil von Leipzig.
5. Wilhelm und Alexander sind im Humboldt-Schloss in Tegel geboren.

Schloss Tegel in Berlin

Miniwörterbuch

der **Baumeister**	architect
befreundet sein	to be friends with
der **Bildungsreformer**	educational reformer
der **Gelehrte**	scholar
das **Grab**	tomb
konzipieren	to conceive
der **Naturforscher**	naturalist
das **Schloss**	palace, castle
der **Sprachwissenschaftler**	linguist

VIDEOECKE

- Was studierst du?
- Gibt es da interessante Seminare?
- Wann beginnen deine Seminare?
- Wann stehst du da auf?
- Was machst du dann?
- Was machst du mittags?
- Was machst du in deiner Freizeit.
- Und was machst du dieses Wochenende?

Uli, geboren am 8. November 1975, kommt aus Marburg (Hessen). Ihre Hobbys sind Musik, Sport, Lesen, Reisen und Briefe schreiben.

Michael, geboren am 2. August 1974, kommt aus Magdeburg (Sachsen-Anhalt). Seine Hobbys sind Angeln, Basteln und Lesen.

Aufgabe

Uli oder Michael? Welche Aussagen treffen auf Michael zu, welche auf Uli? Schreiben Sie U (Uli) oder M (Michael) neben die folgenden Aussagen.

1. _____ studiert Ostslawistik und Deutsch als Fremdsprache.
2. _____ studiert Humanmedizin.
3. _____ hat keine interessanten Seminare.
4. _____ Seminare beginnen zwischen 8 und 9 Uhr morgens.
5. _____ steht um halb sieben auf.
6. _____ geht ins Bad, duscht, zieht sich an und frühstückt.
7. _____ isst mittags in der Mensa.
8. _____ ruht sich aus, wenn er Zeit hat.
9. _____ singt im Chor, macht Sport und besucht Veranstaltungen in der Gemeinde.
10. _____ liest gern und geht gern angeln.
11. _____ geht dieses Wochenende mit Freunden angeln.
12. _____ geht auf eine Wochenendfreizeit mit ihrer Gemeinde.

LESEECKE

Vor dem Lesen

Welche Informationen geben Sie, wenn Sie sich vorstellen[1]? Kreuzen Sie an.

Name	☐	Gewicht[2]	☐
Alter	☐	Hobbys	☐
Beruf/Studienfach	☐	Herkunft	☐
Familie	☐	Schulnoten[3]	☐
Freunde	☐	Interessen	☐
Geburtsdatum	☐	Adresse	☐

[1]sich . . . *introduce yourself* [2]*weight* [3]*grades*

Miniwörterbuch

das **Fahrrad**	bicycle
die **Gärtnerei**	nursery (gardening) business
der **Geschäftsmann**	businessman
der **Lastwagen**	truck
der **Ort**	town
seit	for
die **Sozialkunde**	social studies
die **Speditionsfirma**	trucking company
unterrichten	to teach
unterwegs	on the road
verbringen	to spend (time)

GUTEN TAG, ICH HEISSE . . .

Guten Tag, ich heiße Veronika Frisch. Ich bin verheiratet und habe drei Töchter. Sie heißen Natalie, Rosemarie und Lydia. Ich lebe mit meinem Mann Bernd und unseren Töchtern in der Schweiz. Wir wohnen in Zürich. Ich komme aus Zürich und mein Mann kommt aus Luzern. Ich bin dreiunddreißig

5 Jahre alt und Bernd ist fünfzig. Bernd ist Geschäftsmann hier in Zürich und ich bin Lehrerin. Ich unterrichte Französisch und Sozialkunde. Meine Freizeit verbringe ich am liebsten mit meiner Familie. Außerdem reise ich gern.

Guten Tag, ich heiße Sofie Pracht, bin 22 und komme aus Dresden. Ich studiere Biologie an der Technischen Universität Dresden. Ein paar Stun-

10 den in der Woche arbeite ich in einer großen Gärtnerei. In meiner Freizeit gehe ich oft ins Kino oder ich besuche Freunde. Ich spiele Gitarre und tanze sehr gern.

Berlin-Kreuzberg, die türkische
Hauptstadt Deutschlands

Mein Freund heißt Willi Schuster. Er studiert auch hier in Dresden an der
Technischen Universität. Er kommt aus Radebeul. Das ist ein kleiner Ort ganz
15 in der Nähe von Dresden. Am Wochenende fahren wir manchmal mit dem
Fahrrad nach Radebeul und besuchen seine Familie.

Guten Tag, ich heiße Mehmet Sengün. Ich bin 29 und in Izmir, in der
Türkei, geboren. Ich lebe jetzt seit 19 Jahren hier in Berlin. Ich wohne
in Kreuzberg, einem Stadtteil von Berlin, in einer kleinen Wohnung. In Kreuzberg
20 leben sehr viele Türken—die Berliner nennen es Klein-Istanbul—und viele meiner
türkischen Freunde wohnen ganz in der Nähe.

Im Moment arbeite ich für eine Speditionsfirma hier in der Stadt. Ich fahre
einen Lastwagen und bin viel unterwegs.
Ich weiß nicht, aber richtig zu Hause fühle ich mich in Berlin auch nicht
25 und für die Deutschen bin ich immer der Türke.

Arbeit mit dem Text

Was erfahren Sie über Veronika Frisch, Sofie Pracht und Mehmet Sengün?
Vervollständigen Sie die Tabelle.

Name	**Veronika Frisch**	**Sofie Pracht**	**Mehmet Sengün**
Alter			
Geburtsort			
Familie/Freunde			
Wohnort			
Beruf			
Studienfach			
Freizeit			
Sonstiges[1]			

[1]*other information*

1.1 The present tense

One German present-tense form expresses three different ideas in English.

Ich spiele Gitarre.

> *I play the guitar.*
> *I'm playing the guitar.*
> *I'm going to play the guitar.*

Most German verbs form the present tense just like **kommen** (**Einführung B**).

<table>
<tr><td colspan="4" align="center">spielen</td></tr>
<tr><td>ich</td><td>spiele</td><td>wir</td><td>spielen</td></tr>
<tr><td>du</td><td>spielst</td><td>ihr</td><td>spielt</td></tr>
<tr><td>Sie</td><td>spielen</td><td>Sie</td><td>spielen</td></tr>
<tr><td>er
sie } spielt
es</td><td></td><td>sie</td><td>spielen</td></tr>
</table>

<table>
<tr><td>Wissen Sie noch?</td><td></td></tr>
<tr><td>ich</td><td>-e</td></tr>
<tr><td>du</td><td>-st</td></tr>
<tr><td>er/sie/es</td><td>-t</td></tr>
<tr><td>wir</td><td>-en</td></tr>
<tr><td>ihr</td><td>-t</td></tr>
<tr><td>Sie, sie</td><td>-en</td></tr>
</table>

Review grammar B.4

Gabi und Jutta **spielen** gern Karten.	*Gabi and Jutta like to play cards.*

Verbs whose stems end in an **s**-sound, such as **s, ss, ß, z** (**ts**), or **x** (**ks**), do not add an additional **s** in the **du**-form: **du tanzt, du heißt, du reist.**

—Wie **heißt du?**	*What's your name?*
—Ich **heiße** Natalie.	*My name's Natalie.*

Verbs whose stems end in **d** or **t** (and a few other verbs such as **regnen** [*to rain*] and **öffnen** [*to open*]) insert an **e** between the stem and the **-st** or **-t** endings. This happens in the **du-**, **ihr-**, and **er/sie/es**-forms.

Reitest du jeden Tag?	*Do you go horseback riding every day?*

<table>
<tr><td colspan="4" align="center">reiten</td></tr>
<tr><td>ich</td><td>reite</td><td>wir</td><td>reiten</td></tr>
<tr><td>du</td><td>reitest</td><td>ihr</td><td>reitet</td></tr>
<tr><td>Sie</td><td>reiten</td><td>Sie</td><td>reiten</td></tr>
<tr><td>er
sie } reitet
es</td><td></td><td>sie</td><td>reiten</td></tr>
</table>

Übung 1   Was machen sie?

Kombinieren Sie die Wörter. Achten Sie auf die Verbendungen.

MODELL   Ich besuche Freunde.

1. ich	lernen	Freunde
2. ihr	besuche	ins Kino
3. Jutta und Jens	studiert	Spaghetti
4. du	hört	ein Buch
5. Melanie	reisen	gut Tennis
6. ich	kochen	nach Deutschland
7. wir	lese	in Regensburg
8. Richard	spielst	Spanisch
9. Jürgen und Silvia	geht	gern Musik

Übung 2   Minidialoge

Ergänzen Sie das Pronomen.

1. CLAIRE: Arbeitet Melanie?
   JOSEF: Nein, _____ arbeitet nicht.
2. MICHAEL: Schwimmen _____ gern im Meer?
   FRAU KÖRNER: Ja, sehr gern. Und Sie?
3. MEHMET: Was machst _____^{a} im Sommer?
   RENATE: _____^{b} fliege nach Spanien.
4. CLAIRE: Woher kommt _____^{a}?
   HELGA UND SIGRID: _____^{b} kommen aus Krefeld.
5. JÜRGEN: _____^{a} studiere in Göttingen. Und _____^{b}?
   KLAUS UND CHRISTINA: _____^{c} studieren in Berlin.

Übung 3   Minidialoge

Ergänzen Sie die Verbendungen.

1. CLAIRE: Du tanz_____^{a} gern, nicht?
   MELANIE: Ja, ich tanz_____^{b} sehr gern, aber mein Freund tanz_____^{c} nicht gern.
2. FRAU SCHULZ: Richard geh_____^{a} im Sommer in den Bergen wandern.
   STEFAN: Und was mach_____^{b} seine Eltern?
   FRAU SCHULZ: Seine Mutter reis_____^{c} nach Frankreich und sein Vater arbeit_____^{d}.
3. JÜRGEN: Wir koch_____^{a} heute Abend. Was mach_____^{b} ihr?
   KLAUS: Wir besuch_____^{c} Freunde.

1.2 Expressing likes and dislikes: *gern / nicht gern*

verb + **gern** = *to like to do something*

verb + **nicht gern** = *to dislike doing something*

To say that you like doing something, use the word **gern** after the verb. To say that you don't like to do something, use **nicht gern.**

Ernst spielt **gern** Fußball.   *Ernst likes to play soccer.*
Josef spielt **nicht gern** Fußball.   *Josef doesn't like to play soccer.*

I	II	III	IV
Sofie	spielt	gern	Schach.
Willi	spielt	auch gern	Schach.
Ich	spiele	nicht gern	Schach.
Monika	spielt	auch nicht gern	Schach.

The position of **auch/nicht/gern** (in that order) is between the verb and its complement.*

Übung 4   Was machen die Studenten gern?

Bilden Sie Sätze.

MODELL   Heidi und Nora schwimmen gern.

1. Monika / Albert
2. Heidi
3. Stefan
4. Nora
5. Peter
6. Katrin
7. Monika
8. Albert

---

*The complement provides additional information and thus "completes" the meaning of the verb: **ich spiele** → **ich spiele Tennis; ich höre** → **ich höre Musik.**

Übung 5 Und diese Personen?

Sagen Sie, was die folgenden Personen gern machen.

> MODELL Frau Ruf liegt gern in der Sonne. Jutta liegt auch gern in der
> Sonne, aber Herr Ruf liegt nicht gern in der Sonne.

1. Frau Ruf Jutta Herr Ruf 2. Jens Ernst Jutta

3. Jens Jutta Andrea 4. Michael Maria die Rufs die Wagners

1.3 Telling time

Ask the time in German in one of two ways.

Wie spät ist es? *What time is it?*
Wie viel Uhr ist es?

Es ist eins.
Es ist ein Uhr.

Es ist drei.
Es ist drei Uhr.

vor = *to*
nach = *after*

Es ist Viertel vor elf.
Es ist zehn Uhr fünfundvierzig.

Es ist Viertel nach elf.
Es ist elf Uhr fünfzehn.

Es ist zehn (Minuten) vor acht.
Es ist sieben Uhr fünfzig.

Es ist zehn (Minuten) nach acht.
Es ist acht Uhr zehn.

The expressions **Viertel, nach, vor,** and **halb** are used in everyday speech. In German, the half hour is expressed as "half before" the following hour, not as "half after" the preceding hour, as in English.

halb = *half, thirty*
halb zehn = *half past nine, nine thirty*

Es ist halb zehn.

It is nine thirty (halfway to ten).

The 24-hour clock (0.00 to 24.00) is used when giving exact or official times as in time announcements, schedules, programs, and the like. With the 24-hour clock only the pattern (*number*) **Uhr** (*number of minutes*) is used.

Ankunft	km	Abfahrt	Anschlüsse	
14.22 Potsdam Stadt		**14.24**		
✦		14.43	Wildpark 14.49 Werder (Havel) 14.56	(204)
	24	E 15.01	Wustermark 15.39 Nauen 15.57	(204.4)
			S-Bahnanschlüsse (Taktverkehr) bestehen in Richtung: Wannsee – Westkreuz – Charlottenburg – Zool Garten (Ⓢ 3)	

Der Zug geht um vierzehn Uhr vierundzwanzig.
The train leaves at two twenty-four p.m.

Übung 6   Die Uhrzeit

Wie spät ist es?

MODELL   Es ist acht Uhr.

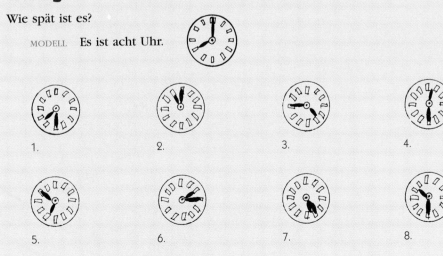

1.   2.   3.   4.

5.   6.   7.   8.

1.4 **Word order in statements**

In English, the verb usually follows the subject of a sentence.

SUBJECT	VERB	COMPLEMENT
Peter	takes	a walk.

Even when another word or phrase begins the sentence, the word order does not change.

	SUBJECT	VERB	COMPLEMENT
Every day,	Peter	takes	a walk.

In statements, verb second.

In German statements, the verb is always in second position. If the sentence begins with an element other than the subject, the subject follows the verb.

I	II	III	IV
SUBJECT	VERB		COMPLEMENT
Wir	spielen	heute	Tennis.
	VERB	SUBJECT	COMPLEMENT
Heute	spielen	wir	Tennis.

Übung 7 Rolf

Unterstreichen[1] Sie das Subjekt des Satzes. Steht das konjugierte Verb vor[2] oder nach[3] dem Subjekt?

1. <u>Rolf</u> kommt aus Krefeld.   *nach*
2. Im Moment studiert er in Berkeley.
3. Seine Großmutter wohnt noch in Krefeld.
4. Samstags geht Rolf oft ins Kino.
5. Am Wochenende wandert er oft in den Bergen.
6. Außerdem treibt er gern Sport.
7. Im Sommer geht er surfen.
8. Er geht auch ins Schwimmbad der Uni.

[1]*underline* [2]*before* [3]*after*

Übung 8 Sie und Ihr Freund

Bilden Sie Sätze. Beginnen Sie die Sätze mit dem ersten Wort oder den ersten Wörtern in einer Zeile. Beachten[1] Sie die Satzstellung.[2]

MODELL Heute (ich / sein _____) → Heute bin ich fröhlich.

1. Ich (studieren _____)
2. Im Moment (ich / wohnen in _____)
3. Heute (ich / kochen _____)
4. Manchmal (ich / trinken _____)
5. Ich (spielen gern _____)
6. Mein Freund (heißen _____)
7. Jetzt (er / wohnen in _____)
8. Manchmal (wir / spielen _____)

[1]*pay attention to* [2]*word order*

1.5 Separable-prefix verbs

Many German verbs have prefixes that change the verb's meaning. They combine with the infinitive to form a single word.

stehen	*to stand*	aufstehen	*to stand up*
gehen	*to go*	ausgehen	*to go out*
kommen	*to come*	ankommen	*to arrive*

In statements, verb second, prefix last.

When you use a present-tense form of these verbs, put the conjugated form in second position and put the prefix at the end of the sentence. The two parts of the verb form a frame or bracket, called a **Satzklammer,** that encloses the rest of the sentence.

Claire <u>kommt</u> <u>an</u>.

Claire <u>kommt</u> am Donnerstag <u>an</u>.

Claire <u>kommt</u> am Donnerstag in Frankfurt <u>an</u>.

Here are some common verbs with separable prefixes.

abholen	*to pick up, fetch*	ausfüllen	*to fill out*
ankommen	*to arrive*	ausgehen	*to go out*
anrufen	*to call up*	einkaufen	*to go shopping*
aufhören	*to stop, be over*	einpacken	*to pack up*
aufräumen	*to clean up, tidy up*		
aufstehen	*to get up*		

Übung 9   Eine Reise in die Türkei

Mehmet fliegt morgen in die Türkei. Was macht er heute? Ergänzen Sie die folgenden Wörter: **ab, an, auf, auf, auf, aus, aus, ein, ein.**

1. Er steht um 7 Uhr _____.
2. Er räumt die Wohnung _____.
3. Er packt seine Sachen[1] _____.
4. Er ruft Renate _____.
5. Er füllt ein Formular _____.
6. Er holt seinen Reisepass _____.
7. Er kauft Essen[2] _____.
8. Abends geht er _____.
9. Er geht ins Kino. Der Film hört um 22 Uhr _____.

[1]*things*   [2]*food*

Übung 10 Was machen die Leute?

Verwenden Sie die folgenden Verben.

abholen	aufräumen	ausgehen
ankommen	aufstehen	einkaufen
anrufen	ausfüllen	einpacken

MODELL   Frau Schulz kauft ein paar Lebensmittel ein.

1.6 Word order in questions

When you begin a question with a question word (for example, **wie, wo, wer, was, wann, woher**), the verb follows in second position. The subject of the sentence is in third position. Any further elements appear in fourth position.

In **w**-questions, verb second.

I	II	III	IV	
Wann	beginnt	das Spiel?		*When does the game start?*
Was	machst	du	heute Abend?	*What are you doing tonight?*
Wo	wohnst	du?		*Where do you live?*
Welches Fach	studierst	du?		*Which subject are you studying?*

Here are the question words you have encountered so far.

wann	*when*	wie	*how*
was	*what*	wie viel(e)	*how much (many)*
welcher*	*which*	wo	*where*
wer	*who*	woher	*from where*

Questions that can be answered by *yes* or *no* begin with the verb.

Tanzt du gern?	*Do you like to dance?*
Arbeitest du hier?	*Do you work here?*
Gehst du ins Kino?	*Are you going to the movies?*

Übung 11 Ein Interview mit Marta Szerwinski

Schreiben Sie die Fragen.

> MODELL du + heißen + wie + ? → Wie heißt du?

1. du + sein + geboren + wann + ?
2. du + kommen + woher + ?
3. du + wohnen + wo + ?
4. du + haben + Augenfarbe + welch- + ?
5. du + sein + groß + wie + ?
6. du + studieren + ?
7. du + studieren + Fächer + welch- + ?
8. du + arbeiten + Stunden + wie viele + ?
9. du + machen + gern + was + ?

Übung 12 Noch ein Interview

Stellen Sie die Fragen.

1. —Ich heiße Sofie.
2. —Nein, ich komme nicht aus München.
3. —Ich komme aus Dresden.
4. —Ich studiere Biologie.
5. —Er heißt Willi.
6. —Er wohnt in Dresden.
7. —Nein, ich spiele nicht Tennis.
8. —Ja, ich tanze sehr gern.
9. —Nein, ich trinke kein Bier.
10. —Ja, Willi trinkt gern Bier.

---

*The endings of **welcher** vary according to gender, number, and case of the following noun. They are the same endings as those of the definite article. Therefore, **welcher** is called a **der**-word.

(M)	(N)	(F)	(Pl)
welcher Name	welches Alter	welche Adresse	welche Studienfächer

KAPITEL 2

Flohmarkt! Was wollen Sie kaufen?

Besitz und Vergnügen

KAPITEL 2

In **Kapitel 2** you will learn to talk more about things: your own possessions and things you give others. You will also learn how to describe what you have and don't have and to give your opinion on matters of taste or style.

THEMEN
Besitz
Geschenke
Geschmacksfragen
Vergnügen

KULTURELLES
Der Euro
Die Deutsche Post und die Deutsche Telekom
Vergnügen
Kulturprojekt: Deutsche Produkte
Porträt: Anne-Sophie Mutter und Salzburg
Videoecke

LEKTÜRE
Guten Tag, ich heiße . . .

STRUKTUREN
2.1 The accusative case
2.2 The negative article: **kein, keine**
2.3 What would you like? **Ich möchte . . .**
2.4 Possessive adjectives
2.5 The present tense of stem-vowel changing verbs
2.6 Asking people to do things: the **du**-imperative

BESITZ

> **Grammatik 2.1–2.2**

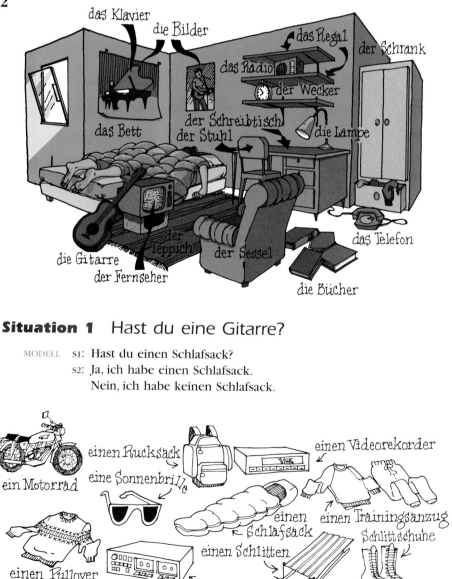

das Klavier
die Bilder
das Regal
der Schrank
das Radio
der Wecker
das Bett
der Schreibtisch
der Stuhl
die Lampe
der Teppich
die Gitarre
der Fernseher
der Sessel
das Telefon
die Bücher

Situation 1 Hast du eine Gitarre?

MODELL   s1: Hast du einen Schlafsack?
s2: Ja, ich habe einen Schlafsack.
Nein, ich habe keinen Schlafsack.

ein Motorrad
einen Rucksack
eine Sonnenbrille
einen Videorekorder
einen Schlafsack
einen Trainingsanzug
Schlittschuhe
einen Pullover
einen Schlitten
einen Kassettenrekorder

Situation 2   Dialog: Stefan zieht in sein neues Zimmer

Katrin trifft Stefan im Möbelgeschäft.

KATRIN: Hallo, Stefan. Was machst du denn hier?
STEFAN: Ach, ich brauche noch ein paar Sachen. Morgen ziehe ich in _____
_____.
KATRIN: Was brauchst du denn?
STEFAN: Ach, alles Mögliche.
KATRIN: Was hast du denn schon?
STEFAN: Ich habe einen _____, eine ____ und ... und ... und einen ____.
KATRIN: Das ist aber nicht viel. _____ hast du denn?
STEFAN: So 30 Dollar.
KATRIN: Ich glaube, du bist im falschen Geschäft. Der Flohmarkt ist viel besser __
___.
STEFAN: Ja, vielleicht hast du Recht.

Kultur ... Landeskunde ... Informationen

Der Euro

Fragen Sie Ihren Partner oder Ihre Partnerin.

1. Wie heißt die Währung[1] in dem Land, in dem du geboren bist?
2. Welche Münzen gibt es, z. B. 1-Cent-Münzen, 2-Cent-Münzen?
3. Welche Geldscheine gibt es, z. B. 1-Dollar-Scheine, 2-Dollar-Scheine?
4. Welche Farbe haben die Geldscheine?
5. Welche Bilder und Symbole gibt es auf den Geldscheinen und Münzen?

Lesen Sie den Text zum Thema *Euro* und beantworten Sie die Fragen zum Text.

Seit dem 1. Januar 1999 gibt es in Deutschland und in 10 anderen Ländern der Europäischen Union (EU) eine neue Währung: den Euro. Nur Dänemark und Schweden, Großbritannien und Griechenland behalten ihre alten Währungen. Ein Euro hat 100 Cent. Bis zum Jahr 2002 sind noch die alten europäischen Geldscheine und Münzen in Umlauf[2]: die deutsche Mark, der französische Franc, der österreichische Schilling, die spanische Peseta und sechs weitere Währungen. Ab dem 1. Januar 2002 gibt es dann nur die neuen Eurogeldscheine und die neuen Euromünzen. Auf den Scheinen sieht man Tore und Brücken aus der europäischen Kulturgeschichte. Der größte Geldschein wird der 500-Euro-Schein und die kleinste Münze wird die 1-Cent-Münze.

1. Seit wann gibt es in 11 Ländern der EU den Euro?
2. Wie viele Länder behalten ihre Währungen?
3. Wie heißt in Österreich die alte Währung?
4. Wann gibt es die neuen Geldscheine und Münzen?
5. Welche Bilder sieht man auf den neuen Euroscheinen?
6. Wie viel Euro ist der größte Eurogeldschein wert?

[1]*currency*   [2]*circulation*

Situation 3 Informationsspiel: Was machen sie morgen?

MODELL
s1: Schreibt Silvia morgen einen Brief?
s2: Ja.
s1: Schreibst du morgen einen Brief?
s2: Ja. (Nein.)

	Jürgen	Silvia	mein(e) Partner(in)
einen Brief schreiben	−		
ein Buch kaufen	+		
einen Film anschauen			
eine Freundin anrufen	−	+	
die Hausaufgaben machen	+		
den Computer reparieren			
einen Freund besuchen	+	+	
das Zimmer aufräumen	−		

GESCHENKE

> **Grammatik 2.3**

die Armbanduhr
das Faxgerät
der Hund
der Koffer
der Tennisschläger
Skier
das Handy
das Kochbuch
der Computer
der CD-Spieler

Situation 4 Was möchten sie?

MODELL
s1: Was möchte Herr Thelen?
s2: Er möchte _____.

ein Auto · ein Surfbrett · ein Fahrrad · eine Katze · ein Haus

Herr Siebert · Jutta · Ernst · Josie · Herr Ruf

Situation 5 Was möchtest du zum Geburtstag?

MODELL s1: Möchtest du eine Tasche?
s2: Ja, ich möchte eine Tasche.
Nein ich möchte keine Tasche, sondern ein (eine, einen) _____.

Auf der Suche nach dem coolsten Computerspiel

1. eine Armbanduhr
2. eine Sonnenbrille
3. einen Rucksack
4. einen Tennisschläger
5. einen Pulli
6. eine Katze
7. einen Computer
8. einen Hund
9. ein Handy
10. _____

Situation 6 Dialog: Ein Geschenk für Josef

Melanie trifft Claire in der Mensa.

MELANIE: Josef hat nächsten Donnerstag _____.
CLAIRE: Wirklich? Dann brauche ich ja noch ein _____ für ihn. Mensch, das ist schwierig. Hat er denn Hobbys?
MELANIE: Er ____ Gitarre und ___ gern Musik.
CLAIRE: Hast du schon ein Geschenk?
MELANIE: Ich _____ ein Songbuch kaufen. Aber es ist ziemlich ____. Kaufen wir es zusammen?
CLAIRE: Ja, klar. Welche Art Musik hat er denn ___?
MELANIE: Ich glaube, Soft-Rock und Oldies. Elton John, Céline Dion und so.

Kultur ... Landeskunde ... Informationen

Die Deutsche Post und die Deutsche Telekom

Was machen Sie, wenn Ihr Freund / Ihre Freundin Geburtstag hat? Kreuzen Sie an.

Ich gratuliere persönlich. ☐
Ich gratuliere am Telefon. ☐
Ich schicke eine Geburtstagskarte. ☐
Ich schicke ein Telegramm. ☐
Ich schicke ein Fax. ☐
Ich schicke eine E-Mail-Karte. ☐

Sie hören eine Beschreibung der Deutschen Post und der Deutschen Telekom. Hören Sie gut zu und schreiben Sie die Sätze zu Ende.

Das Hauptpostamt in Bad Harzburg. Hier kann man Briefmarken kaufen und Briefe einwerfen.

Miniwörterbuch zum Hörtext	
außerdem	in addition
der Briefkasten	mailbox
erkennen	to recognize
innerhalb	within
das Porto	postage
die Tankstelle	gas station
die Telefonzelle	telephone booth
das Unternehmen	business

1. Für Briefe bis 200 Gramm hat die Post das _____.
2. Außerdem gibt es einen Paketdienst und eine _____.
3. Postautos und Briefkästen sind ___.
4. Ein Brief innerhalb der EU kostet _____.
5. Zum Telefonieren in einer Telefonzelle braucht man oft eine _____.
6. Telefonkarten bekommt man auf der Post, an _____ und am Kiosk.

GESCHMACKSFRAGEN

➤ **Grammatik 2.4–2.5**

Situation 7 Interaktion: Wie findest du meine Sportschuhe?

1. Kreuzen Sie an, was Sie heute tragen.
2. Fragen Sie, wie Ihr Partner / Ihre Partnerin es findet.

> MODELL S1: Wie findest du meine Schuhe?
> S2: Deine Schuhe? Nicht schlecht.

	Was Sie heute tragen	**Wie Ihr(e) Partner(in) es findet**
Schube		
einen Ring		
einen Gürtel		
Ohrringe		
eine Armbanduhr		
ein T-Shirt		

Finde ich ganz toll!

Sieht/Sehen gut aus!

voll süß   echt stark

super   klasse

Steht/Stehen dir gut!

Situation 8 Frau Gretters neue Jacke

Bringen Sie die Sätze in die richtige Reihenfolge.

_____ Von Karstadt. Sie ist wirklich sehr schön.

_____ Ich finde sie einfach toll. Woher haben Sie Ihre Jacke?

___1___ Tag, Frau Körner.

_____ Mein Mantel ist schon sehr alt. Ich brauche dringend etwas für den Winter.

_____ Guten Tag, Frau Gretter. Wie geht's denn so?

_____ Gehen Sie doch zu Karstadt! Sie können dort auch schicke Mäntel kaufen.

_____ Danke, ganz gut. Wie finden Sie denn meine neue Jacke?

Situation 9 Interview: Besitz

1. Was hast du in deinem Zimmer? Was möchtest du haben?
2. Hast du wertvolle Sachen? Videorekorder, Auto, Computer? Was möchtest du haben?
3. Hast du Schmuck? Was möchtest du haben?
4. Hast du einen Hund oder eine Katze? Möchtest du einen Hund oder eine Katze haben?

VERGNÜGEN

➤ **Grammatik 2.6**

Herr Wagner
schläft gern.

Jens fährt gern
Motorrad.

Sofie trägt gern Hosen.

Melanie lädt gern
Freunde ein.

Mehmet läuft gern
im Wald.

Ernst isst gern Eis.

Hans liest gern
Bücher.

Natalie sieht gern fern.

Situation 10   Interview: Was machst du lieber?

MODELL s1: Schwimmst du lieber im Meer oder lieber im Schwimmbad?
s2: Lieber im Meer.

1. Isst du lieber zu Hause oder lieber im Restaurant?
2. Spielst du lieber Volleyball oder lieber Basketball?
3. Trägst du lieber ein Hemd (eine Bluse) oder lieber ein T-Shirt?
4. Fährst du lieber Fahrrad oder lieber Motorrad?
5. Schreibst du lieber Postkarten oder lieber Briefe?
6. Liest du lieber Zeitungen oder lieber Bücher?
7. Lädst du lieber Freunde oder lieber Verwandte ein?
8. Läufst du lieber im Wald oder lieber in der Stadt?
9. Fährst du lieber ans Meer oder lieber in die Berge?
10. Schläfst du lieber im Hotel oder lieber im Zelt?

Situation 11   Dialoge: Was machst du heute abend?

1. Willi trifft Sofie vor der Bibliothek der Universität Dresden.

WILLI: Was machst du _____?
SOFIE: Ich weiß noch nicht. Was machst du denn?
WILLI: Ich weiß auch noch nicht.
SOFIE: Also . . . bei Rudi ist ein Fest. _____?
WILLI: Rudi? Ach nee, seine Feste sind immer _____.
SOFIE: Aber, Willi, wenn wir auf ein Fest _____, ist es nie langweilig!

2. Claire spricht mit Melanie am Telefon.

CLAIRE: Ihr geht ins Kino? _____?
MELANIE: „Das Leben ist schön".
CLAIRE: Ja? Wo denn?
MELANIE: _ Gloria.
CLAIRE: Und wann?
MELANIE: _____.
CLAIRE: Da komme ich __.

Situation 12 Umfrage: Fährst du jedes Wochenende nach Hause?

MODELL   s1: Fährst du jedes Wochenende nach Hause?
s2: Ja.
s3: Unterschreib bitte hier.

UNTERSCHRIFT

1. Fährst du jedes Wochenende nach Hause? _____
2. Schläfst du manchmal im Klassenzimmer? _____
3. Vergisst du oft wichtige Geburtstage? _____
4. Siehst du mehr als vier Stunden pro Tag fern? _____
5. Trägst du oft eine Krawatte? _____
6. Lädst du oft Freunde ein? _____
7. Liest du jeden Tag eine Zeitung? _____
8. Sprichst du mehr als zwei Sprachen? _____

Situation 13 Zum Schreiben: Eine Einladung

Schreiben Sie eine Einladung zu einer Party. Benutzen Sie das Modell unten und Ihre Phantasie!

CALIGULA* PARTY

Wann: Mittwoch den 11. Juni – ab 20 Uhr.
Wo: Ludwig-Thomaheim – Neubau 5. Stock.
Wie: Im Kostüm der Epoche, mit eigenem Kissen, um darauf zu ruhen.

B.D.E.A. (Bring Deinen Eigenen Alkohol)
* Der wahnsinnige römische Kaiser

Danke für die Einladung

Situation 14   Rollenspiel: Am Telefon

s1: Sie rufen einen Freund / eine Freundin an. Sie machen am Samstag ein Fest. Laden Sie Ihren Freund / Ihre Freundin ein.

Situation 15   Informationsspiel: Was machen sie gern?

MODELL s1: Was trägt Richard gern?
s2: Pullis.
s1: Was trägst du gern?
s2: _____

	Richard	Josef und Melanie	mein(e) Partner(in)
fahren	Motorrad		
tragen		Jeans	
essen	Wiener Schnitzel		
sehen	Fußball		
vergessen		ihr Alter	
waschen	sein Auto		
treffen	seine Freundin		
einladen	seinen Bruder		
sprechen		Englisch	

Situation 16   Bildgeschichte: Ein Tag in Silvias Leben

Kultur ... Landeskunde ... Informationen

Vergnügen

Was ist am Wochenende für Sie am wichtigsten[1]?
Kreuzen Sie an:

Ausschlafen	☐
Fernsehen	☐
Sport	☐
Lesen	☐
Hobbys	☐
Freunde einladen	☐

Lesen Sie zuerst, was Deutschen am Wochenende am wichtigsten ist. Beantworten Sie dann die Fragen.

- „Glotze" ist ein anderes Wort für _____.
- In welchen vier Bereichen gibt es Unterschiede zwischen Männern und Frauen?
- Sind Hobbys wichtiger für Frauen oder für Männer?
- Wer liest lieber, Männer oder Frauen?
- Machen Sie dieselbe Umfrage in Ihrem Kurs. Wie ist das Resultat? Gibt es auch Unterschiede zwischen Männern und Frauen? Ist das Resultat typisch (repräsentativ) für Studenten?

F O C U S - F R A G E

„Was ist Ihnen am Wochenende am wichtigsten?"

G L O T Z E   T O T A L
von 1300 Befragten* antworteten

Fernsehen	**49%**
Familienleben	**45%**
Ausschlafen	**44%**
Ausflüge[2] machen	**37%**
Natur erleben[3]	**35%**
Hobbys	**34%**
Lesen	**32%**
Partnerschaft pflegen[4]	**27%**
Faulenzen[5]	**26%**
Ausgehen/Kneipen[6]	**23%**
In Ruhe einkaufen	**19%**
Sport	**18%**
Kultur/Kino/Konzerte	**17%**
Reparaturen erledigen[7]	**16%**

Deutliche[8] Unterschiede[9] zwischen Männern und Frauen gibt es in den Bereichen[10] „Familienleben" (38 % zu 51 %), „Hobbys" (43 % zu 26 %), „Lesen" (24 % zu 39 %) und „Reparaturen" (28 % zu 6 %). Die alten und neuen Bundesländer unterscheiden sich am meisten bei „Familienleben" (43 % zu 52 %) und „Faulenzen" (29 % zu 17 %)

* Repräsentative Umfrage des Sample-Instituts für Focus im Mai. Mehrfachnennungen möglich

[1]am ... most important [2]excursions [3]to experience [4]to nurture [5]to take it easy, be lazy [6]bar, tavern [7]to take care of, handle [8]significant [9]differences [10]areas

WORTSCHATZ

Besitz — Possessions

der **Fernseher**, -	TV set
der **Koffer**, -	suitcase
der **Rucksack**, ⸚e	backpack
der **Schlafsack**, ⸚e	sleeping bag
der **Schlitten**, -	sled
der **Schlittschuh**, -e	ice skate
der **Schmuck**	jewelry
der **Schreibtisch**, -e	desk
der **Tennisschläger**, -	tennis racket
der **Wecker**, -	alarm clock
das **Bild**, -er	picture
das **Fahrrad**, ⸚er	bicycle
das **Faxgerät**, -e	fax machine
das **Handy**, -s [hendi]	cellular phone
das **Klavier**, -e	piano
das **Surfbrett**, -er	surfboard

Ähnliche Wörter

der **CD-Spieler**, -; der **Computer**, -; der **Kassettenrekorder**, -; der **Walkman**, **Walkmen**; der **Videorekorder**, - (R); das **Buch**, ⸚er (R); das **Kochbuch**, ⸚er; das **Songbuch**, ⸚er; das **Wörterbuch**, ⸚er; das **Radio**, -s; das **Telefon**, -e (R); das **Autotelefon**, -e

Haus und Wohnung — Home and Apartment

der **Schrank**, ⸚e	wardrobe
der **Sessel**, -	armchair
der **Stuhl**, ⸚e (S)	chair
der **Teppich**, -e	carpet
das **Regal**, -e	bookshelf, bookcase
das **Zimmer**, -	room

Ähnliche Wörter

die **Katze**, -n; der **Hund**, -e; das **Haus**, ⸚er (R)

Kleidung und Schmuck — Clothes and Jewelry

die **Kette**, -n	necklace
die **Sonnenbrille**, -n	sunglasses
der **Gürtel**, -	belt
der **Trainingsanzug**, ⸚e	sweats
das **Armband**, ⸚er	bracelet
das **Halstuch**, ⸚er	scarf

Ähnliche Wörter

die **Jeans** (*pl.*); der **Pullover**, -; der **Pulli**, -s; der **Ring**, -e; der **Ohrring**, -e; das **T-Shirt**, -s

Sonstige Substantive — Other Nouns

die **Art**, -en	kind, type
die **Bibliothek**, -en	library
die **Einladung**, -en	invitation
die **Lust**	desire
hast du Lust?	do you feel like it?
die **Mensa**, **Mensen**	student cafeteria
die **Mitbewohnerin**, -nen	female roommate, housemate
die **Reihenfolge**, -n	order, sequence
die **Sache**, -n	thing
die **Stadt**, ⸚e	city
die **Stunde**, -n	hour
die **Tasse**, -n	cup
die **Telefonzelle**, -n	telephone booth
die **Zeitung**, -en	newspaper
der **Gruselfilm**, -e	horror film
der **Haarschnitt**, -e	hair cut
der **Mensch**, -en	person
(*wk. masc.*)	
Mensch!	Man! Oh boy! (*coll.*)
der **Mitbewohner**, -	male roommate, housemate
der **Wald**, ⸚er	forest, woods
im Wald laufen	to run in the woods
das **Fest**, -e	party
das **Frühstück**, -e	breakfast
das **Geld**	money
das **Geschäft**, -e	store
das **Geschenk**, -e	present
das **Jahr**, -e	year
das **Studentenheim**, -e	dorm
das **Vergnügen**	pleasure
das **Zelt**, -e	tent
die **Verwandten** (*pl.*)	relatives

Ähnliche Wörter

die **Karte**, -n (R); die **Geburtstagskarte**, -n; die **Postkarte**, -n; die **Telefonkarte**, -n; die **Pizza**, -s; der **Basketball**, ⸚e; der **Bus**, -se; der **Film**, -e; der **Flohmarkt**, ⸚e; der **Geburtstag**, -e (R); der

Kil<u>o</u>m<u>e</u>ter, -; das B<u>ie</u>r, **-e**; das D<u>i</u>ng, **-e**; das <u>Ei</u>s; das F<u>a</u>x, **-e**; das Hot<u>e</u>l, **-s**; das Restaur<u>a</u>nt, **-s**; das Telegr<u>a</u>mm, **-e**

Verben — Verbs

<u>a</u>n·schauen	to look at
<u>au</u>s·sehen, sieht . . . <u>aus</u>	to look
es sieht gut aus	it looks good
<u>ei</u>n·laden, lädt . . . <u>ei</u>n	to invite
<u>e</u>ssen, <u>i</u>sst	to eat
f<u>a</u>hren, f<u>ä</u>hrt	to drive, ride
gl<u>au</u>ben	to believe
kl<u>i</u>ngeln	to ring
l<u>au</u>fen, l<u>äu</u>ft (R)	to run
was läuft im K<u>i</u>no?	what's playing at the movies?
l<u>ie</u>ben	to love
R<u>e</u>cht haben	to be right
sch<u>i</u>cken	to send
schl<u>a</u>fen, schl<u>ä</u>ft	to sleep
Sp<u>o</u>rt treiben	to do sports
st<u>e</u>hen	to stand
das steht / die stehen dir g<u>u</u>t!	that looks / they look good on you
tr<u>e</u>ffen, tr<u>i</u>fft	to meet
tr<u>e</u>ffen wir uns . . .	let's meet . . .
w<u>i</u>ssen, w<u>ei</u>ß	to know
z<u>ie</u>hen	to move

Ähnliche Wörter
br<u>i</u>ngen; f<u>i</u>nden; gratul<u>ie</u>ren; m<u>i</u>t·kommen; s<u>e</u>hen, s<u>ie</u>ht; verg<u>e</u>ssen, verg<u>i</u>sst; w<u>a</u>schen, w<u>ä</u>scht

Adjektive und Adverbien — Adjectives and Adverbs

bequ<u>e</u>m	comfortable
b<u>i</u>llig	cheap, inexpensive
dr<u>i</u>ngend	urgent(ly)
<u>e</u>cht	real(ly)
<u>ei</u>nfach	simple, simply
f<u>a</u>lsch	wrong
g<u>a</u>nz	whole; *here:* quite
gr<u>e</u>ll	gaudy, shrill; *here:* cool, neat
h<u>ä</u>sslich	ugly
h<u>ü</u>bsch	pretty
l<u>a</u>ngweilig	boring
r<u>i</u>chtig	right, correct
schl<u>e</u>cht	bad
schw<u>ie</u>rig	difficult
t<u>eu</u>er	expensive
t<u>o</u>ll	neat, great
w<u>e</u>rtvoll	valuable, expensive
w<u>i</u>chtig	important
z<u>ie</u>mlich	rather
z<u>ie</u>mlich groß	pretty big

Ähnliche Wörter
b<u>e</u>sser; sch<u>i</u>ck

Possessivpronomen — Possessive Adjectives

d<u>ei</u>n, d<u>ei</u>ne, d<u>ei</u>nen	your (*informal sg.*)
<u>eu</u>er, <u>eu</u>re, <u>eu</u>ren	your (*informal pl.*)
<u>i</u>hr, <u>i</u>hre, <u>i</u>hren	her, its; their
<u>I</u>hr, <u>I</u>hre, <u>I</u>hren	your (*formal*)
m<u>ei</u>n, m<u>ei</u>ne, m<u>ei</u>nen	my
s<u>ei</u>n, s<u>ei</u>ne, s<u>ei</u>nen	his, its
<u>u</u>nser, <u>u</u>nsere, <u>u</u>nseren	our

Präpositionen — Prepositions

<u>a</u>n	at; on; to
am S<u>a</u>mstag	on Saturday
am Telef<u>o</u>n	on the phone
ans M<u>ee</u>r	to the sea
b<u>ei</u>	with; at
bei R<u>u</u>di	at Rudi's place
bei McD<u>o</u>nald's	at McDonald's
b<u>i</u>s	until
bis <u>a</u>cht Uhr	until eight o'clock
f<u>ü</u>r	for
z<u>u</u>	to; for (*an occasion*)
zur <u>U</u>ni	to the university
zum Geb<u>u</u>rtstag	for someone's birthday

Sonstige Wörter und Ausdrücke — Other Words and Expressions

<u>a</u>lles	everything
alles M<u>ö</u>gliche	everything possible
<u>a</u>lso	well, so, thus
d<u>a</u>	there
d<u>i</u>ch	you (*accusative case*)
d<u>ie</u>se, d<u>ie</u>sen, d<u>ie</u>ser, d<u>ie</u>ses	this; these
ein p<u>aa</u>r	a few
<u>e</u>twas	something
heute <u>A</u>bend	this evening
<u>i</u>hn	him; it (*accusative case*)
k<u>ei</u>n, k<u>ei</u>ne, k<u>ei</u>nen	no; none
kl<u>a</u>r!	of course!
l<u>ie</u>ber	rather
ich gehe lieber . . .	I'd rather go . . .
m<u>i</u>ttags	at noon
m<u>o</u>rgen	tomorrow
nat<u>ü</u>rlich	naturally
n<u>ie</u>	never
n<u>ie</u>mand	no one, nobody
sch<u>o</u>n	already
viell<u>ei</u>cht	perhaps
w<u>e</u>nn	if; when
zus<u>a</u>mmen	together

K ULTURECKE

Kulturprojekt Deutsche Produkte

Arbeiten Sie mit deutschen Zeitungen, Zeitschriften oder im Internet.
Suchen Sie Anzeigen[1] für vier bis fünf deutsche Produkte.

- Identifizieren Sie das Produkt. Was ist es?
- Wie heißt die Firma, die es produziert?
- Wie ist das Produkt? Welche besonderen Eigenschaften[2] hat es?
- Wo bekommt man mehr Informationen über das Produkt?
- Wie viel kostet das Produkt? Ist es ein teures oder ein nicht so teures Ding?
- Welche Anzeigen finden Sie besonders interessant oder originell?
- Gibt es deutsche Firmen in Ihrer Nähe? Wenn ja, welche?

[1]advertisements [2]characteristics

Kontakte Online

Weiteres zum Thema
Einkaufen finden Sie bei
Kontakte online im
World Wide Web unter
www.mhhe.com/kontakte

Hints for working with the Kulturprojekt

Use a reference work such as *The Universal Almanac* to look up the largest foreign companies doing business in North America. Some of the German firms listed may do business in your area.

Porträt

Sophie Mutter

Miniwörterbuch

die **Aufführung**	performance
besichtigen	to see, visit
das **Festspiel**	festival
das **Geburtshaus**	birthplace
sterben (starb)	to die (died)
vor allem	above all

Anne-Sophie Mutter (geboren 1963) ist Violinistin und gibt Konzerte in der ganzen Welt. Anne-Sophie war ein musikalisches Wunderkind. Schon mit 13 Jahren spielte sie bei den Salzburger Festspielen unter dem Dirigenten Herbert von Karajan. Das war der Beginn ihrer Karriere. Heute gibt sie vor allem klassische Violinkonzerte von Mozart oder Beethoven. Sie hat drei Kinder und hört in ihrer Freizeit gern Jazzmusik.

Seit 1920 finden im Sommer in Salzburg in Österreich zahlreiche Opern-, Konzert- und Schauspielaufführungen statt, die Salzburger Festspiele. Viele Fans der klassischen Musik kommen aber auch in die Stadt, um das Geburtshaus des berühmten Komponisten Wolfgang Amadeus Mozart zu besichtigen, der 1756 in Salzburg geboren wurde.

Das alte Salzburg mit der Burg.

Welche Aussagen sind falsch? Verbessern Sie die falschen Aussagen!

1. Anne-Sophie Mutter gibt nur in Salzburg Konzerte.
2. 1970 spielte sie bei den Salzburger Festspielen.
3. Herbert von Karajan war ihr Vater.
4. Sie gibt vor allem klassische Violinkonzerte von Mozart oder Beethoven.
5. Anne-Sophie Mutter ist Mutter von drei Kindern.
6. Die Salzburger Festspiele gibt es seit 1756.
7. Wolgang Amadeus Mozart starb in Salzburg.

VIDEOECKE

Yvonne, geboren am 15. Juli 1975, kommt aus Rochlitz (Sachsen). Sie studiert Erziehungswissenschaften und Sozialpädagogik.

Ulrike, geboren am 16. März 1973, kommt aus Berlin. Sie studiert Dolmetschen und Übersetzen Englisch–Spanisch, Journalistik und Deutsch als Fremdsprache.

- *Was für Hobbys hast du?*
- *Gehst du gern auf Partys?*
- *Was gehört zu einer richtigen Party?*
- *Gehst du oft ins Kino?*
- *Welche Filme guckst du gern?*
- *Gehst du gern einkaufen?*
- *Wofür gibst du das meiste Geld aus?*
- *Trägst du gern Schmuck?*
- *Besitzt du irgendwas Besonderes?*
- *Wie hast du das bekommen?*

Aufgabe 1

Was sagt Yvonne? Verbinden Sie die beiden Satzhälften.

1. Am Wochenende, wenn ich Zeit habe, _____

2. Ich gehe sehr gern auf Partys _____

3. Ich gehe sehr gern ins Kino, _____

4. Ich gehe sehr gern einkaufen _____

5. Das meiste Geld gebe ich für Lebenshaltungskosten aus _____

6. Ich trage sehr gern Schmuck, _____

7. Das ist eine silberne Brosche _____

a. aber meist nur zu besonderen Anlässen.

b. male ich Aquarelle oder mit Ölfarben.

c. nur momentan habe ich leider nicht viel Zeit.

d. und dann bummel' ich in Leipzig durch die Innenstadt.

e. und dann natürlich für Kleidung.

f. und die stammt aus dem 19. Jahrhundert.

g. von meinen Freundinnen.

Aufgabe 2

A. Worüber spricht Ulrike? Unterstreichen Sie die Wörter, die Sie hören!

schwimmen	gute Stimmung	Krimis
Fahrrad fahren	Spaß haben	Liebesfilme
joggen	Musik	Dramas
Inline skaten	tanzen	Horrorfilme
tauchen	essen und trinken	Ohrringe
Ski fahren	Klamotten	Ring
Step-Aerobic	weggehen	Brosche
lesen	Action-Filme	Kette
viele nette Leute	Komödien	Tauchausrüstung

B. Ordnen Sie die Wörter den folgenden Kategorien zu: Hobbys, Party, Filme, Besitz.

Aufgabe 3

Yvonne oder Ulrike. Welche Aussagen treffen auf Yvonne zu, welche auf Ulrike? Schreiben Sie Y (Yvonne) oder U (Ulrike) neben die folgenden Aussagen.

1. _____ treibt sehr gern Sport.
2. _____ guckt alle Filme sehr gern.
3. _____ guckt am liebsten ruhigere Filme, wo nicht so viel Action ist.
4. _____ mag Komödien nur, wenn sie guten Humor haben.
5. _____ gibt das meiste Geld für Essen und Getränke aus.
6. _____ trägt Schmuck, wenn sie in die Oper oder ins Theater geht.
7. _____ hat einen dicken Tauchanzug.
8. _____ hat von ihrer Oma eine alte Brosche geerbt.

Vor dem Lesen

Schauen Sie sich die Zeichnungen[1] an. Welche Personen sind das? Was wissen Sie schon aus dem Vorwort[2] über diese Personen?

Name	Alter (ungefähr)[3]	verheiratet ledig	Kinder	Beruf

[1]drawings [2]preface [3]approximately

Miniwörterbuch

Bekannte	acquaintances	der **Hausmeister**	maintenance man
erfolgreich	successful	der **Junggeselle**	bachelor
gegenüber	across the way	**pensioniert**	retired
die **Geschäftsführerin**	manager	der **Schriftsteller**	writer
die **Grafikerin**	graphic designer	die **Spielzeugfabrik**	toy factory
sich für was	to consider oneself to be	**verdienen**	to earn
Besseres halten	better (than other people)	die **Werbeagentur**	advertising agency

GUTEN TAG, ICH HEISSE . . .

Guten Tag, ich heiße Michael Pusch. Ich möchte mich selbst und ein paar Freunde und Bekannte vorstellen. Ich bin fünfundzwanzig, ledig und arbeite bei einer

5 Werbeagentur. Meine Hobbys: ich gehe gern gut essen—am liebsten Italienisch—und interessiere mich für Kunst, Theater, Filme und so weiter. Ich habe eine feste Freundin, sie heißt Maria Schneider, ist intelligent und

10 sehr erfolgreich in ihrem Beruf. Sie ist Grafikerin. Wir sind schon seit zwei Jahren zusammen.

Ich wohne in München, Stadtteil Schwabing. Das ist ein sehr schöner (und teurer) Teil der Stadt, sehr zentral.

Ich möchte jetzt ein paar von meinen Schwa-binger Nachbarn und Bekan-

15 nten vorstellen. Zuerst die Familie Wagner, Josie und Uli Wagner. Sie wohnen

direkt neben mir und haben drei Kinder, einen Jungen, Ernst, und zwei Mädchen, Andrea und Paula. Nette Kinder. Sie haben gerade ein neues Auto gekauft.

20 Gegenüber wohnt Familie Ruf. Herr Ruf ist Schriftsteller. Hält sich für was Besseres. Spielt immer den Künstler. 25 Aber sein Hobby ist Fußball, er sieht immer die Sportschau im Fernsehen, liegt auf dem Sofa und trinkt Bier. Na ja. Seine Frau Margret ist Geschäftsführerin in einer Spielzeugfabrik. Sie verdient das Geld, der Herr Künstler passt auf die Kinder auf und kocht, spielt Hausmann. Sie haben einen Jun- 30 gen, Hans, und ein Mädchen, Jutta. Auch nette Kinder.

Dann sind da noch Herr Thelen, er ist der Hausmeister von Nummer 14, wo die Rufs wohnen, und Herr Siebert, ein pen- 35 sionierter Lehrer. Junggeselle. Er wohnt in der Wohnung über mir. Ja, und dann sind da noch zwei Nachbarinnen, Frau Gretter und Frau Körner. Beide sind ledig und wohnen im selben Haus wie die Wag- 40 ners.

So, das wär's erst mal für heute. Also, servus, bis später.

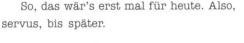

Arbeit mit dem Text

Was gehört zusammen?

1. Familie Wagner
2. Herr Ruf schreibt Romane,
3. Michael und Maria
4. Herr Thelen
5. Hans und Jutta
6. Frau Ruf verdient das Geld,
7. Herr Siebert
8. Frau Gretter

a. ist der Hausmeister von Nr. 14.
b. wohnt direkt neben Michael Pusch.
c. sind die Kinder der Rufs.
d. ist pensionierter Lehrer.
e. sind schon zwei Jahre zusammen.
f. aber sein Hobby ist Fußball.
g. wohnt im selben Haus wie die Wagners.
h. und ihr Mann passt auf die Kinder auf.

STRUKTUREN UND ÜBUNGEN

2.1 The accusative case

Wissen Sie noch?

Case indicates the function of a noun in a sentence.

Review grammar A.3.

nominative = subject
accusative = direct object

The nominative case designates the subject of a sentence; the accusative case commonly denotes the object of the action implied by the verb, such as what is being possessed, looked at, or acted on by the subject of the sentence.

> Jutta hat einen Wecker.   *Jutta has an alarm clock.*
> Jens kauft eine Lampe.   *Jens buys a lamp.*

Here are the nominative and accusative forms of the definite and indefinite articles.

	Tisch (*m.*)	Bett (*n.*)	Lampe (*f.*)	Bücher (*pl.*)
Nominative	der	das	die	die
Accusative	den			
Nominative	ein	ein	eine	—
Accusative	einen			

Note that only the masculine has a different form in the accusative case.

> **Der** Teppich ist schön. Kaufst du **den** Teppich?   *The rug is beautiful. Are you going to buy the rug?*

Übung 1   Im Kaufhaus

Was kaufen diese Leute? Was kaufen Sie?

MODELL   Jens kauft **den** Wecker, das Regal und den Videorekorder.

98

	Jens	Ernst	Melanie	Jutta	ich
der Pullover	–	–	–	+	
der Wecker	+	–	–	–	
die Tasche	–	+	+	–	
das Regal	+	–	+	–	
die Lampe	–	–	–	+	
die Stühle	–	+	–	–	
der Videorekorder	+	–	–	+	
der Schreibtisch	–	+	+	–	

Übung 2   Ihr Zimmer

Was haben Sie in Ihrem Zimmer?

MODELL   Ich habe einen/eine/ein/_____, . . .

das Bett
das Bild / die Bilder
die Bücher
der Fernseher
die Gitarre
das Klavier
die Lampe / die Lampen
das Radio
das Regal / die Regale

der Schrank
der Schreibtisch
der Sessel
der Stuhl / die Stühle
das Telefon
der Teppich
der Wecker
_____

2.2   The negative article: *kein, keine*

Kein and **keine** (*not a, not any, no*) are the negative forms of **ein** and **eine**.

Im Klassenzimmer sind **keine** Fenster.
Stefan hat **keinen** Schreibtisch.

There aren't any / are no windows in the classroom.
Stefan doesn't have a desk.

ein → kein
einen → keinen
eine → keine
[plural] → keine

The negative article has the same endings as the indefinite article **ein.** It also has a plural form: **keine.**

	Teppich (*m.*)	Regal (*n.*)	Uhr (*f.*)	Stühle (*pl.*)
Nom./Acc.	ein/einen	ein	eine	–
Nom./Acc.	kein/keinen	kein	keine	keine

—Hat Katrin **einen** Schrank?
—Nein, sie hat **keinen** Schrank.

Does Katrin have a wardrobe?
No, she doesn't have a wardrobe.

—Hat Katrin **Bilder** an der
Wand?
—Nein, sie hat **keine** Bilder an
der Wand.

*Does Katrin have pictures on
the wall?*
*No, she has no pictures on the
wall.*

Übung 3 Vergleiche[1]

Wer hat was? Was haben Sie?

MODELL Albert hat keinen Computer. Er hat einen Fernseher und eine
Gitarre, aber er hat kein Fahrrad. Er hat ein Telefon und Bilder, aber
er hat keinen Teppich.

	Albert	**Heidi**	**Monika**	**ich**
der Computer	−	+	−	
der Fernseher	+	−	−	
die Gitarre	+	+	−	
das Fahrrad	−	−	+	
das Telefon	+	+	+	
die Bilder	+	−	+	
der Teppich	−	+	+	

2.3 What would you like? *Ich möchte . . .*

Use **möchte** (*would like*) to express that you would like to have something.
The thing you want is in the accusative case.

Ich möchte **eine Tasse Kaffee,**
bitte.

I'd like a cup of coffee, please.

Hans möchte **einen Fernseher**
zum Geburtstag.

*Hans would like a TV set for
his birthday.*

Möchte is particularly common in polite exchanges, for example in shops or
restaurants.

KELLNER: Was möchten Sie?
GAST: Ich möchte ein Bier.

WAITER: *What would you like?*
CUSTOMER: *I'd like a beer.*

möchte = would like

Following are the forms of **möchte.** Note that the **er/sie/es**-form does not
follow the regular pattern; it does not end in **-t.**

[1]*comparisons*

möchte			
ich	möchte	*wir*	möchten
du	möchtest	*ihr*	möchtet
Sie	möchten	*Sie*	möchten
er *sie* *es*	möchte	*sie*	möchten

Wissen Sie noch?

The **Satzklammer** forms a frame or a bracket consisting of the main verb and either a separable prefix or an infinitive.

Review grammar 1.5.

To say that someone would like to do something, use **möchte** with the infinitive of the verb that expresses the action. This infinitive appears at the end of the sentence. Think of the **Satzklammer** used with separable-prefix verbs, and pattern your **möchte** sentences after it. Other verbs similar to **möchte** are explained in **Kapitel 3.**

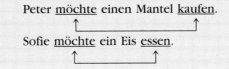

Peter <u>möchte</u> einen Mantel <u>kaufen</u>.

Sofie <u>möchte</u> ein Eis <u>essen</u>.

Übung 4 Der Wunschzettel

Was, glauben Sie, möchten diese Personen?

MODELL Meine beste Freundin möchte einen Ring.

das Auto	der Koffer	die Rollerblades
der Computer	das Motorrad	die Sonnenbrille
der Fernseher	die Ohrringe	die Sportschuhe
die Hose	der Pullover	der Teppich
der Hund	das Radio	der Videorekorder
die Katze	der Ring	der Walkman

1. Ich _____
2. Mein bester Freund / Meine beste Freundin _____
3. Meine Eltern _____
4. Mein Mitbewohner / Meine Mitbewohnerin und ich _____
5. Mein Nachbar / Meine Nachbarin in der Klasse _____
6. Mein Professor / Meine Professorin _____
7. Mein Bruder / Meine Schwester _____

2.4 Possessive adjectives

Use the possessive adjectives **mein, dein,** and so forth to express ownership.

—Ist das **dein** Fernseher?   *Is this your TV?*
—Nein, das ist nicht **mein** Fernseher.   *No, this is not my TV.*

—Ist das Sofies Gitarre?   *Is this Sofie's guitar?*
—Ja, das ist **ihre** Gitarre.   *Yes, this is her guitar.*

Here are the nominative forms of the possessive adjectives.

Singular	Plural
mein Auto (*my car*)	**unser** Auto (*our car*)
dein Auto (*your car*) **Ihr*** Auto (*your car*)	**euer** Auto (*your car*) **Ihr*** Auto (*your car*)
sein Auto (*his/its car*) **ihr** Auto (*her/its car*)	**ihr** Auto (*their car*)

Note the three forms for English *your:* **dein** (*informal singular*), **euer** (*informal plural*), and **Ihr** (*formal singular* or *plural*).

Albert und Peter, wo sind **eure** Bücher?	*Albert and Peter, where are your books?*
Öffnen Sie **Ihre** Bücher auf Seite 133.	*Open your books to page 133.*

Possessive adjectives have the same endings as **ein** and **eine.**
ein → mein
eine → meine
einen → meinen
[plural] → meine

Possessive adjectives have the same endings as the indefinite article **ein.** They agree in case (*nominative* or *accusative*), gender (*masculine, neuter,* or *feminine*), and number (*singular* or *plural*) with the noun that they precede.

Mein Pulli ist warm. Möchtest du **meinen** Pulli tragen?	*My sweater is warm. Would you like to wear my sweater?*
Josef verkauft **seinen** Computer.	*Josef is selling his computer.*

Like **ein,** the forms of possessive adjectives are the same in the nominative and accusative cases — except for the masculine singular, which has an **-en** ending in the accusative.

Possessive Adjectives **Nominative and Accusative Cases**				
	Ring (m.)	*Armband (n.)*	*Kette (f.)*	*Obrringe (pl.)*
my	mein/meinen	mein	meine	meine
your	dein/deinen	dein	deine	deine
your	Ihr/Ihren	Ihr	Ihre	Ihre
his, its	sein/seinen	sein	seine	seine
her, its	ihr/ihren	ihr	ihre	ihre
our	unser/unseren	unser	unsere	unsere
your	euer/euren	euer	eure	eure
your	Ihr/Ihren	Ihr	Ihre	Ihre
their	ihr/ihren	ihr	ihre	ihre

---

*The formal possessive adjective **Ihr** is capitalized just like the personal pronoun **Sie** (*you*).

Achtung!

Note that German **ihr** means both *her* and *their*.

Jutta füttert **ihre** Katze.	*Jutta feeds her cat.*
Herr und Frau Ruf füttern **ihren** Hund.	*Mr. and Mrs. Ruf feed their dog.*

Übung 5   Hans und Helga

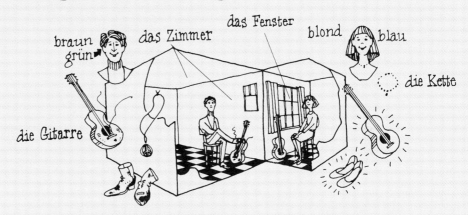

Beschreiben Sie Hans und Helga.

Seine Haare sind braun.	Ihre Haare sind blond.
_____ Augen sind grün.	_____ Augen sind blau.
_____ Kette ist lang.	_____ Kette ist . . .
_____ Schuhe sind schmutzig.	. . .
_____ Gitarre ist alt.	. . .
_____ Zimmer ist groß.	. . .
_____ Fenster ist klein.	. . .

Übung 6   Minidialoge

Ergänzen Sie **dein, euer** oder **Ihr.** Verwenden Sie die richtige Endung.

1. FRAU GRETTER: Wie finden Sie meinen Pullover?

   HERR WAGNER: Ich finde _____ Pullover sehr schön.

2. BERND: Weißt du, wo meine Brille ist, Veronika?

   VERONIKA: _____ Brille ist auf dem Tisch.

3. OMA SCHMITZ: Helga! Sigrid! Räumt _____ Schuhe auf!

   HELGA UND SIGRID: Ja, gleich, Oma.

4. HERR RUF: Jutta! Komm mal ans Telefon! _____ Freundin ist am Apparat.[1]

   JUTTA: Ich komme.

5. HERR SIEBERT: Beißt _____ Hund?

   FRAU KÖRNER: Was glauben Sie denn! Natürlich beißt mein Hund nicht.

6. NORA: Morgen möchte ich zu meinen Eltern fahren.

   PETER: Wo wohnen _____ Eltern?

   NORA: In Santa Cruz.

7. JÜRGEN: Silvia und ich, wir verkaufen unseren Computer.

   ANDREAS: _____ Computer! Der ist so alt, den kauft doch niemand!

[1]*phone*

Wissen Sie noch?

Use **du (dein)** and **ihr (euer)** to address people you know well and whom you address by their first name. Use **Sie (Ihr)** for all other people.

Review grammar A.7.

Übung 7 Flohmarkt

Sie und die Studenten und Studentinnen in Frau Schulz' Deutschkurs brauchen
Geld und organisieren einen Flohmarkt. Schreiben Sie Sätze. Wer verkauft was?

MODELL Monika verkauft ihre CDs.

Monika	verkaufe	ihr	Computer (der)
Thomas	verkaufen	ihre	Ohrring (der)
ich	verkaufen	ihre	Wörterbuch (das)
Katrin	verkaufen	ihren	Trainingsanzug (der)
Peter und Heidi	verkauft	ihren	CDs (*pl.*)
wir	verkauft	mein	Bücher (*pl.*)
Stefan	verkauft	seine	Gitarre (die)
Nora und Albert	verkauft	seinen	Bilder (*pl.*)
Frau Schulz	verkauft	unsere	Telefon (das)

2.5 The present tense of stem-vowel changing verbs

In some German verbs, the stem vowel changes in the **du-** and the **er/sie/es-**
forms.

— **Schläfst** du gern? *Do you like to sleep?*
— Ja, ich **schlafe** sehr gern *Yes, I like to sleep very much.*

Ich **lese** viel, aber Ernst **liest** *I read a lot, but Ernst reads*
mehr. *more.*

There are four types of stem
vowel changes: **a → ä,
au → äu, e → i, e → ie.**

These are the types of vowel changes you will encounter.

a → ä	fahren:	du fährst	er/sie/es fährt	*to drive*
	schlafen:	du schläfst	er/sie/es schläft	*to sleep*
	tragen:	du trägst	er/sie/es trägt	*to wear*
	waschen:	du wäschst	er/sie/es wäscht	*to wash*
	einladen:	du lädst ... ein	er/sie/es lädt ... ein*	*to invite*
au → äu†	laufen:	du läufst	er/sie/es läuft	*to run*
e → i	essen:	du isst‡	er/sie/es isst	*to eat*
	geben:	du gibst	er/sie/es gibt	*to give*
	sprechen:	du sprichst	er/sie/es spricht	*to speak*
	treffen:	du triffst	er/sie/es trifft	*to meet*
	vergessen:	du vergisst‡	er/sie/es vergisst	*to forget*
e → ie§	lesen:	du liest‡	er/sie/es liest	*to read*
	sehen:	du siehst	er/sie/es sieht	*to see*
	fernsehen:	du siehst ... fern	er/sie/es sieht ... fern	*to watch TV*

---

*Recall that verb stems ending in **d** or **t** insert an -e- before another consonant: **ich arbeite, du
arbeitest.** Verb forms that contain a vowel change do not insert an -e-: **du lädst ein.** Verb forms
without this vowel change, however, do insert an -e-: **ihr ladet ein.**
†Recall that **äu** is pronounced as in English *boy.*
‡Recall that verb stems that end in **s, ß, z,** or **x** do not add **st** in the **du**-form, but only **t.**
§Recall that **ie** is pronounced as in English *niece.*

Jürgen **läuft** jeden Tag 10
Kilometer.
Ernst **isst** gern Pizza.
Michael **sieht** gern **fern.**

*Jürgen runs 10 kilometers
everyday.*
Ernst likes to eat pizza.
Michael likes to watch TV.

Achtung!

—Läufst du **gern** in der Stadt?
—Nein, ich laufe **lieber** im Wald.

Do you like to jog in the city?
No, I prefer jogging in the forest.

Übung 8   Minidialoge

Ergänzen Sie das Pronomen.

1. OMA SCHMITZ: Seht _____^a gern fern?
   HELGA UND SIGRID: Ja, _____^b sehen sehr gern fern.
2. FRAU GRETTER: Lesen _____^a die Zeitung?
   MARIA: Im Moment nicht. _____^b lese gerade ein Buch.
3. HERR SIEBERT: Isst Ihre Tochter gern Eis?
   HERR RUF: Nein, _____^a isst lieber Joghurt. Aber da kommt mein Sohn, _____^b
   isst sehr gern Eis.
4. SILVIA: Wohin[1] fährst _____^a im Sommer?
   ANDREAS: _____^b fahre nach Spanien. Und wohin fahrt _____^c?
   SILVIA: _____^d fahren nach England.

Übung 9   Jens und Jutta

Ergänzen Sie das Verb. Verwenden Sie die folgenden Wörter.

machen (2×)   sehen
fahren (2×)   lesen
essen (3×)   schlafen

MICHAEL: Was _____^a Jutta und Jens gern?
ANDREA: Jutta _____^b sehr gern Motorrad. Jens _____^c lieber fern.
MICHAEL: Was essen sie gern? _____^d Jens gern Chinesisch?
ERNST: Jens _____^e gern Italienisch, aber nicht Chinesisch. Und Jutta _____^f
gern bei McDonald's.
MICHAEL: Und ihr, was _____^g ihr gern?
ANDREA: Ich _____^h gern Bücher und Ernst _____^i gern. Und im Winter _____^j
wir gern Schlitten.

[1]*Where*

Übung 10   Was machen Sie gern?

Sagen Sie, was Sie gern machen, und bilden Sie Fragen.

MODELL   ich/du: bei McDonald's essen →
Ich esse (nicht) gern bei McDonald's. Isst du auch (nicht) gern bei McDonald's?

1. wir/ihr: Deutsch sprechen
2. ich/du: Freunde einladen
3. ich/du: im Wald laufen
4. ich/du: Pullis tragen
5. wir/ihr: fernsehen
6. ich/du: Fahrrad fahren
7. wir/ihr: die Hausaufgabe vergessen
8. ich/du: schlafen

2.6 Asking people to do things: the *du*-imperative

Use the **du**-imperative when addressing people you normally address with **du**, such as friends, relatives, other students, and the like. It is formed by dropping the **-(s)t** ending from the present-tense **du**-form of the verb. The pronoun **du** is not used.

Drop the **-(s)t** from the **du**-form to get the **du**-imperative.

(du) kommst →	Komm!	*Come!*
(du) tanzt →	Tanz!	*Dance!*
(du) arbeitest →	Arbeite!	*Work!*
(du) öffnest →	Öffne!	*Open!*
(du) isst →	Iss!	*Eat!*
(du) siehst →	Sieh!	*See!*

Verbs whose stem vowel changes from **a(u)** to **ä(u)** drop the umlaut in the **du**-imperative.

(du) fährst →	Fahr!	*Drive!*
(du) läufst →	Lauf!	*Run!*

Imperative sentences always begin with the verb.

Trag mir bitte die Tasche.	*Please carry the bag for me.*
Öffne bitte das Fenster.	*Open the window, please.*
Reite nicht so schnell!	*Don't ride so fast!*
Sieh nicht so viel fern!	*Don't watch so much TV!*

Wissen Sie noch?

To form commands for people you address with **Sie,** invert the subject and verb: **Sie kommen mit. → Kommen Sie mit!**

Review grammar A.1.

Übung 11 Probleme, Probleme

Peter spricht mit Heidi über seine Probleme. Heidi sagt ihm, was er machen soll.

> MODELL PETER: Ich vergesse alles. (1)
> HEIDI: Schreib es dir auf. (e)

1. Ich vergesse alles.	a. Treib Sport!
2. Ich sehe den ganzen Tag fern.	b. Trink Cola!
3. Ich arbeite zu viel.	c. Lies ein Buch!
4. Ich bin zu dick.	d. Mach eine Pause!
5. Ich trinke zu viel Kaffee.	e. Schreib es dir auf!
6. Ich esse zu viel Eis.	f. Fahr Fahrrad!
7. Mein Pullover ist alt.	g. Iss lieber Joghurt!
8. Ich koche nicht gern Italienisch.	h. Lade deine Freunde ein!
9. Das Wochenende ist langweilig.	i. Kauf dir einen neuen Pullover!
10. Ich fahre nicht gern Auto.	j. Koch Chinesisch!

Übung 12 Ach, diese Geschwister!

Ihr kleiner Bruder macht alles falsch. Sagen Sie ihm, was er machen soll.

> MODELL Ihr kleiner Bruder isst zu viel. → Iss nicht so viel!

1. Ihr kleiner Bruder schläft den ganzen Tag.	5. Er sieht den ganzen Tag fern.
2. Er liegt den ganzen Tag in der Sonne.	6. Er trinkt zu viel Cola.
3. Er vergisst seine Hausaufgaben.	7. Er spricht mit vollem Mund.
4. Er liest seine Bücher nicht.	8. Er trägt seine Brille nicht.
	9. Er geht nie spazieren.
	10. Er treibt keinen Sport.

Übung 13 Vorschläge[1]

Machen Sie Ihrem Freund / Ihrer Freundin Vorschläge.

> MODELL deinen Eltern einen Brief / schreiben →
> Schreib deinen Eltern einen Brief.

1. heute ein T-Shirt / tragen	7. dein Zimmer / aufräumen
2. keine laute Musik / spielen	8. heute Abend in einem Restaurant / essen
3. den Wortschatz / lernen	9. nicht zu spät ins Bett / gehen
4. deine Freunde / anrufen	10. früh / aufstehen
5. nicht allein im Park / laufen	
6. nicht zu lange in der Sonne / liegen	

[1]*suggestions*

KAPITEL 3

Ein Straßenkünstler in der Fußgängerzone in Köln

Talente, Pläne, Pflichten

KAPITEL 3

In **Kapitel 3,** you will learn how to describe your talents and those of others. You will learn how to express your intentions and how to talk about obligation and necessity. You will also learn additional ways to describe how you or other people feel.

THEMEN
Talente und Pläne
Pflichten
Ach, wie nett!
Körperliche und geistige Verfassung

KULTURELLES
Stadtprofil: Bad Harzburg
Schuljahr und Zeugnisse
Jugendschutz
Kulturprojekt: Deutschland, Österreich und die Schweiz
Porträt: Ingeborg Bachmann und Klagenfurt
Videoecke

LEKTÜRE
mal eben

STRUKTUREN
3.1 The modal verbs **können, wollen, mögen**
3.2 The modal verbs **müssen, sollen, dürfen**
3.3 Accusative case: personal pronouns
3.4 Word order: dependent clauses
3.5 Dependent clauses and separable-prefix verbs

109

TALENTE UND PLÄNE

> **Grammatik 3.1**

Peter kann ausgezeichnet kochen.

Rosemarie und Natalie können gut zeichnen.

Deutsch ist toll!

Claire kann gut Deutsch.

Melanie und Josef wollen heute Abend zu Hause bleiben und lesen.

Silvia will für Jürgen einen Pullover stricken.

Sofie und Willi wollen tanzen gehen.

Situation 1 Kochen

Bringen Sie die Sätze in die richtige Reihenfolge.

_____ Spaghetti esse ich besonders gern.

_____ Dann komm doch mal vorbei.

_____ Nicht so gut. Aber ich kann sehr gut Spaghetti machen.

_____ Kannst du Chinesisch kochen?

__1__ Kochst du gern?

_____ Ja, ich koche sehr gern.

_____ Ja, gern! Vielleicht Samstag?

_____ Gut! Bis Samstag.

Situation 2 Informationsspiel: Kann Katrin kochen?

MODELL s1: Kann Peter kochen?
s2: Ja, fantastisch.
s1: Kannst du kochen?
s2: Ja, aber nicht so gut.

[+] ausgezeichnet
fantastisch
sehr gut
gut

[0] ganz gut

[−] nicht so gut
nur ein bisschen
gar nicht
kein bisschen

	Katrin	Peter	mein(e) Partner(in)
kochen	ganz gut		
zeichnen		kein bisschen	
tippen	nur ein bisschen		
Witze erzählen	ganz gut		
tanzen		sehr gut	
stricken		kein bisschen	
Skateboard fahren	ganz gut		
Geige spielen	ausgezeichnet		
schwimmen	gut		
ein Auto reparieren		nicht so gut	

Situation 3 Umfrage: Wünsche und Absichten

MODELL s1: Willst du heute Abend ins Kino gehen?
s2: Ja.
s1: Unterschreib bitte hier.

UNTERSCHRIFT

1. Willst du heute Abend ins Kino gehen? _____
2. Willst du mit mir tanzen gehen? _____
3. Willst du mit mir Hausaufgaben machen? _____
4. Möchtest du in der nächsten Prüfung ein A schreiben? _____
5. Willst du heute Abend einen Roman lesen? _____
6. Willst du in diesem Semester 20 Stunden pro Woche arbeiten? _____
7. Möchtest du im Winter einen Pullover stricken? _____
8. Möchtest du am Wochenende mit mir Tennis spielen? _____
9. Willst du mit mir Chinesisch kochen? _____
10. Möchtest du morgen mit mir Deutsch sprechen?

Kultur ... Landeskunde ... Informationen

Stadtprofil: Bad Harzburg

ungefähr[1] 23 000 Einwohner
Bade- und Kurort[2] im Harz
Attraktionen: Spielbank[3] und Pferderennbahn,[4]
 viele Wanderwege, vier Parks, Tennisplätze,
 Golfplatz, drei Schwimmbäder, Stadtbücherei[5]
Schulen: 4 Grundschulen,[6] 1 Hauptschule,[7] 1
 Realschule,[8] 2 Gymnasien,[9] 6 Kindergärten

- Was kann man in der Stadtbücherei von Bad
 Harzburg machen?
- Was kann man noch machen, wenn man Bad
 Harzburg besucht?
- Vergleichen Sie Ihre Heimatstadt oder
 Universitätsstadt mit Bad Harzburg.

> MODELL Meine Heimatstadt hat 67 000
> Einwohner und liegt am Mississippi.
> Attraktionen: Heimatmuseum, . . .

Bad Harzburg, Bade- und Kurort im Harz mit
Pferderennbahn und Kasino

[1]*approximately* [2]*Bade- . . . spa and resort town* [3]*casino* [4]*horse racing track* [5]*public library* [6]*elementary schools* [7]*basic secondary school* [8]*intermediate secondary school* [9]*advanced secondary schools*

Situation 4 Bingo-Interview

> MODELL Kannst du Gitarre spielen?   Ja = 2 Punkte
> Kann deine Mutter / dein Vater Gitarre spielen?   Ja = 1 Punkt

1. Walzer tanzen
2. Schlittschuh laufen
3. Französisch
4. einen Salat machen
5. einen Fernseher reparieren

6. einen Pullover stricken
7. Haare schneiden
8. gute Fotos machen
9. Tischtennis spielen
10. ein deutsches Lied singen

P FLICHTEN

....

➤ **Grammatik 3.2**

Jens ist faul, er muss mehr lernen.

Er darf nicht mit
Jutta ins Kino gehen

Frau Frisch muss den
Tisch decken.

Darf ich die Kerzen
anzünden?

Sag Vati, er soll den Fernseher
ausmachen.

Situation 5 Ein schlechtes Zeugnis

Jens hat drei Fünfen im Zeugnis. Was muss er machen? Was darf er nicht machen?

1. Freitagabend in die Disko gehen
2. Latein lernen
3. den ganzen Tag in der Sonne liegen
4. seine Hausaufgaben machen
5. dreimal in der Woche Fußball spielen
6. am Wochenende ins Schwimmbad gehen
7. eine Woche nach Italien fahren
8. Nachhilfe nehmen
9. mit seinen Lehrern sprechen
10. _____

Kultur ... Landeskunde ... Informationen

Schuljahr und Zeugnisse

Sie hören einen Text über die deutschen Schulen. Hören Sie gut zu und beantworten Sie dann die Fragen.

- Von wann bis wann dauert das Schuljahr? Es dauert von _____ bis ___ oder ___.
- Wann gibt es Zeugnisse[1]? In der ___ und am ___ des Schuljahres.
- Schreiben Sie neben die Wörter die richtige Note[2] (Zahl) und was es in Ihrem Land ist.

	IN DEUTSCH-LAND	IN IHREM LAND
„sehr gut"	___	___
„gut"	___	___
„befriedigend"[3]	___	___
„ausreichend"[4]	___	___
„mangelhaft"[5]	___	___
„ungenügend"[6]	___	___

- Wann bleibt man sitzen[7]?

Miniwörterbuch zum Hörtext

entscheiden	to decide
die **Klasse, -n**	grade, level
das **Resultat, -e**	result
die **Versetzung**	graduation into the next grade

[1]report cards [2]grade [3]satisfactory [4]sufficient [5]poor [6]insufficient [7]bleibt ... sitzen *flunks, is held back a grade*

ZEUGNIS

Schuljahr 19 _99_/_2000_ 1. Halbjahr Klasse _9b_

Jens Krüger
Vor- und Zuname des Schülers/der Schülerin

geboren am _22. 8. 85_ in _München_

Pflichtunterricht

Deutsch	4	Mathematik (Fachleistungskurs___)	4
Rechtschreiben	4	Physik/Chemie	5
Englisch (Fachleistungskurs___)	5	Biologie	3
Latein	5	Musik	2
Welt- und Umweltkunde	3	Kunst	2
Religion	4	Werken	2
Werte und Normen	4	Textiles Gestalten	/
		Sport	1

Wahlpflichtunterricht und wahlfreier Unterricht

Italienisch 4

Bemerkungen

Jens ist bei seinen Mitschülern beliebt.

Goslar, den _1. Feb. 2000_
Datum der Ausstellung

Cramer
Klassenlehrer(in)

K. Möller
Schulleiter(in)

gesehen: _Arnd Krüger_
Unterschrift eines Erziehungsberechtigten

Situation 6 Pflichten

Sagen Sie **ja** oder **nein.**

1. Ich darf nicht

   a. jeden Tag bis Mittag schlafen.
   b. Bier trinken.

   c. einkaufen gehen.
   d. _____ .

2. Ich muss mal wieder

   a. das Haus putzen.
   b. einen Roman lesen.

   c. Hausaufgaben machen.
   d. _____ .

3. In den Ferien muss mein Freund / meine Freundin

   a. Sport treiben.
   b. seine/ihre Eltern besuchen.

   c. in die Universität gehen.
   d. _____ .

4. Meine Eltern müssen mal wieder

   a. zusammen essen gehen.
   b. ein neues Auto kaufen.

   c. miteinander sprechen.
   d. _____ .

5. Meine Kinder dürfen nicht

   a. Bungeejumping gehen.
   b. rauchen.

   c. ihr ganzes Geld ausgeben.
   d. _____ .

Situation 7 Dialog

Rolf trifft Katrin in der Cafeteria.

ROLF: Hallo, Katrin, ist hier noch __?
KATRIN: Ja, klar.
ROLF: Ich hoffe, ich störe ___ nicht beim Lernen.
KATRIN: Nein, ich muss auch mal ____ machen.
ROLF: Was machst du denn?
KATRIN: Wir haben morgen eine _____ und ich ___ noch das Arbeitsbuch machen.
ROLF: ____ ihr viel für euren Kurs arbeiten?
KATRIN: Ja, ganz schön viel. Heute Abend ___ ich bestimmt nicht fernsehen, __ ich so viel lernen muss.
ROLF: Ich glaube, ich störe dich nicht länger. _____ für die Prüfung.
KATRIN: Danke, tschüs.

Situation 8 Stefans Zimmer

Stefans Mutter kommt zu Besuch.

Das ist Stefans Zimmer.

So soll es sein.

Was muss Stefan machen?

den Tisch abräumen

die Kerzen anzünden

seine Kleidung aufräumen

das Bett machen

den Papierkorb ausleeren

den Boden sauber machen

die Pflanze gießen

den Schrank zumachen

das Fenster zumachen

das Bild an die Wand hängen

die Bücher gerade stellen

den Fernseher ausmachen

die Katze aus dem Zimmer werfen

Kultur ... Landeskunde ... Informationen

Jugendschutz

Nicht in jedem Alter darf man alles. In Deutschland regelt das Jugendschutzgesetz,[1] in welchem Alter Kinder und Jugendliche etwas dürfen oder können.

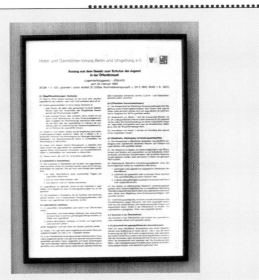

MIT 13

- darf man in den Ferien arbeiten.
  aber: Die Eltern müssen es erlauben[2] und die Arbeit muss leicht sein.

MIT 15

- kann man mit der Arbeit anfangen.
  aber: Man darf nur 8 Stunden am Tag und 5 Tage in der Woche arbeiten.
- darf man im Restaurant Bier oder Wein trinken.
  aber: Die Eltern müssen dabei sein.[3]

MIT 16

- darf man von zu Hause wegziehen.[4]
  aber: Die Eltern müssen es erlauben.
- darf man heiraten.
  aber: Die Eltern müssen es erlauben.
  und: Der Partner muss über 18 Jahre alt sein.
- darf man bis 24.00 Uhr in die Disko gehen.
- darf man rauchen.

MIT 18

- darf man den Führerschein[5] für ein Auto oder ein Motorrad machen.
- darf man ohne Erlaubnis heiraten.[6]
- darf man wählen.[7]
- darf man im Kino alle Filme sehen.
- darf man im Restaurant Alkohol trinken.
- darf man so lange in die Disko gehen, wie man will.

In Deutschland ist man mit 18 Jahren erwachsen.[8]

Wie ist es in Ihrem Land? Machen Sie eine Tabelle.

Mit 13	Mit 15	Mit 16	Mit 18	Mit ...
		Auto fahren		

heiraten
in die Disko gehen
arbeiten

wählen
alle Filme sehen
erwachsen sein

Alkohol trinken
Auto fahren
in die _____

[1]*law for the protection of minors* [2]*permit* [3]*dabei ... be present* [4]*move away* [5]*driver's license* [6]*marry* [7]*vote* [8]*grown-up*

ACH, WIE NETT!

> **Grammatik 3.3**

MARIA: Der Fernseher läuft ja den
ganzen Tag.
MICHAEL: Soll ich ihn ausmachen?

FRAU KÖRNER: Ich finde den Mantel
einfach toll!
FRAU GRETTER: Kaufen Sie ihn doch!

OMA SCHMITZ: Die Tasche ist
so schwer.
HELGA: Komm, Oma, ich trage sie.

PRINZESSIN: Hier ist mein Taschentuch.
Du darfst mich nie vergessen.
PRINZ: Nein, Geliebte, ich vergesse
dich nie!

SILVIAS FREUNDIN: Samstag
machen wir ein Fest. Ich
möchte euch gern
einladen.

ZWEI TRAMPERINNEN: Hallo, wir wollen nach
Regensburg. Nehmt ihr uns mit?

Situation 9 Minidialoge

Was passt?

1. Es ist kalt und das Fenster ist
   offen!
2. Der Wein ist gut.
3. Du hast nächste Woche
   Geburtstag?
4. Der Koffer ist so schwer.
5. Die Suppe ist wirklich gut!

6. Wie findest du Paul Simon?
7. Das Haus ist schmutzig.
8. Kannst du deinen CD-Spieler
   mitbringen?
9. Sprecht bitte ein bisschen lauter!
10. Mein Auto ist leider kaputt.

a. Komm, ich trage ihn.
b. Machen Sie es bitte zu.
c. Darf ich ihn probieren?
d. Ich mag sie aber nicht.
e. Ja, ich gebe eine Party und ich
   lade euch ein.

f. Warum? Verstehst du uns denn
   nicht?
g. Ich mag ihn ganz gern.
h. Steig ein, ich nehme dich mit.
i. Ich mache es morgen sauber.
j. Ja gut, ich bringe ihn mit.

Situation 10 Dialog

Heidi sucht einen Platz in der Cafeteria.

HEIDI: Entschuldigung, _____?

STEFAN: Ja, sicher.

HEIDI: Danke.

STEFAN: _____?

HEIDI: Ja, ich glaube schon. Bist du nicht auch in dem Deutschkurs um neun?

STEFAN: Na, klar. Jetzt ___ ich's wieder. Du ___ Stefanie, nicht wahr?

HEIDI: Nein, ich heiße Heidi.

STEFAN: Ach ja, richtig . . . Heidi. Ich heiße Stefan.

HEIDI: _____ kommst du eigentlich, Stefan?

STEFAN: ___ Iowa City, und du?

HEIDI: Ich bin aus Berkeley.

STEFAN: Und was studierst du?

HEIDI: _____. Vielleicht Sport, vielleicht Geschichte oder vielleicht Deutsch.

STEFAN: Ich studiere auch Deutsch, Deutsch und _____. Ich möchte in Deutschland bei einer amerikanischen Firma arbeiten.

HEIDI: Toll! Da verdienst du sicherlich viel Geld.

STEFAN: _____.

Situation 11 Rollenspiel: In der Mensa

S1: Sie sind Student/Studentin an der Uni in Regensburg. Sie gehen in die Mensa und setzen sich zu jemand an den Tisch. Fragen Sie, wie er/sie heißt, woher er/sie kommt und was er/sie studiert.

Die Mensa der Universität Regensburg. Haben Sie Hunger?

KÖRPERLICHE UND GEISTIGE VERFASSUNG

➤ **Grammatik 3.4–3.5**

Er ist glücklich. Sie sind traurig. Er ist wütend. Sie sind betrunken.

Sie ist krank. Er ist besorgt. Sie sind in Eile. Sie ist müde.

Sie haben Hunger. Er hat Langeweile. Er hat Durst. Er hat Angst.

Situation 12 Wohin gehst du, wenn . . . ?

MODELL s1: Wohin gehst du, wenn du Hunger hast?
s2: Wenn ich Hunger habe, gehe ich ins Restaurant.

1. Wenn ich Hunger habe,
2. Wenn ich Angst habe,
3. Wenn ich Langeweile habe,
4. Wenn ich Durst habe,
5. Wenn ich Heimweh habe,   gehe ich
6. Wenn ich traurig bin,
7. Wenn ich müde bin,
8. Wenn ich krank bin,
9. Wenn ich frustriert bin,
10. Wenn ich wütend bin,

a. in die Stadt.
b. ins Kino.
c. nach Hause.
d. in eine Kneipe.
e. ins Krankenhaus.
f. ins Bett.
g. in den Wald.
h. in die Klasse.
i. ins Restaurant.
j. _____.

Situation 13 Informationsspiel: Was machen sie, wenn . . . ?

MODELL s1: Was macht Renate, wenn sie müde ist?
s2: Sie trinkt Kaffee.
s1: Was machst du, wenn du müde bist?
s2: Ich gehe ins Bett.

	Renate	Mehmet	Ernst	mein(e) Partner(in)
traurig sein	ruft ihre Freundin an		weint	
müde sein		schläft		
in Eile sein	nimmt ein Taxi		ist nie in Eile	
wütend sein	wirft mit Tellern		schreit ganz laut	
krank sein		isst Hühnersuppe		
glücklich sein	lädt Freunde ein		lacht ganz laut	
Hunger haben	isst einen Apfel		schreit ganz laut „Hunger!"	
Langeweile haben		geht in eine Kneipe		

Situation 14 Interview: Wie fühlst du dich, wenn . . . ?

MODELL s1: Wie fühlst du dich, wenn du um fünf Uhr morgens aufstehst?
s2: Ausgezeichnet!

[+] ausgezeichnet
fantastisch
sehr gut
gut

[0] ganz gut

[−] nicht besonders gut
ziemlich schlecht
mies
total mies

1. wenn du um fünf Uhr morgens aufstehst
2. wenn du die ganze Nacht nicht schlafen kannst
3. wenn du drei Filme hintereinander ansiehst
4. wenn deine Freunde dich auf eine Party einladen
5. wenn du von der Arbeit nach Hause kommst
6. wenn du ein Referat schreiben musst
7. wenn dein bester Freund / deine beste Freundin dich anruft
8. wenn du einkaufen gehen willst, aber kein Geld hast
9. wenn alle deine T-Shirts schmutzig sind
10. wenn du ein A in Deutsch bekommst

Situation 15 Warum fährt Frau Ruf mit dem Bus?

Kombinieren Sie!

MODELL s1: Warum fährt Frau Ruf mit dem Bus?
s2: Weil ihr Auto kaputt ist.

1. Warum fährt Frau Ruf mit dem Bus?
2. Warum hat Hans Angst?
3. Warum geht Jutta nicht ins Kino?
4. Warum geht Jens nicht in die Schule?
5. Warum kauft Andrea Hans eine CD?

a. weil er Geburtstag hat
b. weil ihr Auto kaputt ist
c. weil er allein ist
d. weil sie eine Prüfung hat und lernen muss
e. weil er krank ist

6. Warum fährt Herr Wagner nach Leipzig?
7. Warum ist Ernst wütend?
8. Warum fährt Frau Gretter in die Berge?
9. Warum geht Herr Siebert um zehn Uhr ins Bett?
10. Warum ruft Maria ihre Freundin an?

f. weil er seinen Bruder besuchen will
g. weil sie wandern geht
h. weil er sein Zimmer aufräumen muss
i. weil sie sie ins Kino einladen will
j. weil er jeden Tag um sechs Uhr aufsteht

Situation 16   Zum Schreiben: Auch in Ihnen steckt ein Dichter!

Schreiben Sie ein Gedicht!

MODELL	Wasser	ein Nomen = Thema
	kühl, nass	zwei Adjektive
	schwimmen, segeln, tauchen	drei Verben
	Sonne auf meiner Haut	vier Wörter, die ein Gefühl ausdrücken
	Sommer	ein Nomen = Zusammenfassung[2]

Mögliche Themen: Hund, Oma, Wochenende, Uni, Deutsch usw.

[1]express   [2]summary

WORTSCHATZ

Talente und Pläne   Talents and Plans

der **Schlittschuh, -e** (R)   ice skate
  Schlittschuh laufen, läuft   to go ice-skating
der **Witz, -e**   joke
  Witze erzählen   to tell jokes

schneiden   to cut
  Haare schneiden   to cut hair
stricken   to knit
tauchen   to dive
tippen   to type
zeichnen   to draw

Ähnliche Wörter

der **Ski, -er; Ski fahren, fährt;** der **Walzer, -** das **Bungeejumping; Bungeejumping gehen;** das **Skateboard, -s; Skateboard fahren, fährt;** das **Tischtennis**

Pflichten   Obligations

ab·räumen   to clear
  den Tisch ab·räumen   to clear the table
decken   to set; to cover
  den Tisch decken   to set the table
gerade stellen   to straighten

die Bücher gerade stellen	to straighten the books
gießen	to water
die Blumen/Pflanzen gießen	to water the flowers/plants
putzen	to clean
sauber machen	to clean

Ähnliche Wörter
hängen; das Bild an die Wand hängen

Körperliche und geistige Verfassung — Physical and Mental States

die Angst, ⁻e	fear
Angst haben	to be afraid
die Eile	hurry
in Eile sein	to be in a hurry
die Langeweile	boredom
Langeweile haben	to be bored
das Glück	luck; happiness
viel Glück!	lots of luck, good luck
das Heimweh	homesickness
Heimweh haben	to be homesick
ärgern	to annoy; to tease
schreien	to scream, yell
stören	to disturb
weinen	to cry
beschäftigt	busy
besorgt	worried
betrunken	drunk
eifersüchtig	jealous
faul	lazy
krank	sick
müde	tired
wütend	angry

Ähnliche Wörter
der Durst; Durst haben; der Hunger; Hunger haben
das Gefühl, -e; fühlen; wie fühlst du dich?; ich
fühle mich . . . ; frustriert

Essen und Trinken — Eating and Drinking

die Kneipe, -n	bar, tavern
das Mittagessen	midday meal, lunch
zu Mittag essen, isst	to eat lunch
probieren	to try, taste

Ähnliche Wörter
die Cola, -s; die Schokolade, -n; die Spaghetti (pl.);
die Suppe, -n; der Apfel, ⁻; der Hamburger, -; der
Salat, -e; das Brot, -e; ein Stück Brot

Schule, Zeugnisse und Noten — School, Report Cards, and Grades

die Nachhilfe	tutoring
Nachhilfe geben	to tutor
Nachhilfe nehmen	to be tutored
die Sprechstunde, -n	office hour
der Satz, ⁻e	sentence
der Sommerkurs, -e	summer school
das Arbeitsbuch, ⁻er	workbook
das Beispiel, -e	example
zum Beispiel (z. B.)	for example
das Referat, -e	report
eine Eins	excellent, very good
eine Zwei	good
eine Drei	satisfactory
eine Vier	sufficient
eine Fünf	poor
eine Sechs	insufficient, failing
belegen	to take (a course)

Unterhaltung — Entertainment

die Geige, -n	violin
der Besuch, -e	visit
zu Besuch kommen	to visit
der Roman, -e	novel
das Gedicht, -e	poem
das Lied, -er	song

Ähnliche Wörter
die CD, -s; die Disko, -s

Sonstige Substantive — Other Nouns

die Ärztin, -nen	female physician
die Blume, -n	flower
die Geliebte, -n	beloved female friend, love
die Hauptstadt, ⁻e	capital city
die Haut	skin
die Kerze, -n	candle
die Oma, -s	grandma
die Pflicht, -en	duty; requirement
der Arzt, ⁻e	male physician
der Papierkorb, ⁻e	wastebasket
der Punkt, -e	point
das Krankenhaus, ⁻er	hospital
das Taschentuch, ⁻er	handkerchief

Ähnliche Wörter
die Firma, Firmen; die Pflanze, -n; die Nacht, ⁻e; die
Vase, -n; der Mittag, -e; der Plan, ⁻e; der Platz, ⁻e

das **Alphabet**; das **Aspirin**; das **Licht, -er**; das **Talent, -e**; das **Taxi, -s**

Modalverben — Modal Verbs

dürfen, darf	to be permitted (to), may
können, kann	to be able (to), can; may
mögen, mag	to like, care for
möchte	would like (to)
müssen, muss	to have to, must
sollen, soll	to be supposed to
wollen, will	to want; to intend, plan (to)

Sonstige Verben — Other Verbs

an·machen	to turn on, switch on
an·sehen, sieht . . . an	to look at; to watch
an·ziehen	to put on (clothes)
an·zünden	to light
auf·machen	to open
auf·passen	to pay attention; to watch out
aus·geben, gibt . . . aus	to spend
aus·machen	to turn off
aus·leeren	to empty
den **Papierkorb** **aus·leeren**	to empty the wastebasket
aus·ziehen	to take off (clothes)
bekommen	to get, receive
ein·steigen	to board
erzählen	to tell
mit·nehmen, nimmt . . . mit	to take along
rauchen	to smoke
stellen	to put, place (in an upright position)
verreisen	to go on a trip
vorbei·kommen	to come by, visit
werfen, wirft	to throw
zu·machen	to close

Ähnliche Wörter
baden, hoffen, kämmen, kombinieren, lachen, leben, mit·bringen

Adjektive und Adverbien — Adjectives and Adverbs

ausgezeichnet	excellent
beliebt	popular
besonders	particularly
bestimmt	definitely, certainly
eigentlich	actually
fertig	ready; finished
ganz (R)	whole; quite; rather
die **ganze Nacht**	all night long
ihr ganzes Geld	all her money
ganz schön viel	quite a bit
nass	wet
schnell	quick, fast
schwer	heavy; hard, difficult
wahr	true

Ähnliche Wörter
amerikanisch; beste, bester, bestes; chinesisch; fantastisch; frei; ist hier noch frei?; laut; offen

Sonstige Wörter und Ausdrücke — Other Words and Expressions

bei (R)	with; at
bei dir	at your place
dreimal	three times
einander	one another, each other
hintereinander	in a row
miteinander	with each other
ein bisschen (R)	a little
kein bisschen	not at all
Entschuldigung!	excuse me
gar nicht	not a bit
immer	always
jede	each, every
jede Woche	every week
jemand	someone, somebody
jetzt	now
mit (R)	with
mit mir	with me
na	well
nur	only
pro	per
pro Woche	per week
schade!	too bad
schon	already
ich glaube schon	I think so
schon wieder	once again
sicher	sure
sicherlich	certainly
sofort	immediately
von (R)	of; from
von der Arbeit	from work
warum	why
weil	because
wenn (R)	if; when(ever)
wieder	again
schon wieder	once again
wohin	where to
zu (R)	to; for
zu Fuß	on foot
zum Arzt	to the doctor
zum Mittagessen	for lunch

Ähnliche Wörter
allein, hoffentlich, lange, nicht länger, mehr, morgens, so

Kulturprojekt Deutschland, Österreich und die Schweiz

Kontakte ⋮ Online

Weiteres zum Thema
*Deutschland, Österreich
und die Schweiz* finden Sie
bei **Kontakte** online im
World Wide Web unter
www.mhhe.com/kontakte

Suchen Sie in der Bibliothek oder in einer Enzyklopädie nach den folgenden Informationen zu Deutschland, Österreich und der Schweiz.

1. Wie heißt die Hauptstadt?
2. Welche Währung[1] hat das Land?
3. Welche Farben hat die Flagge und wie sieht sie aus? (Zeichnen Sie eine kleine Skizze.)
4. Welche Sprache(n) spricht man da?
5. Wie groß ist das Land in Quadratkilometern (km^2)?
6. Wie viele Einwohner[2] hat das Land?
7. Welches Nationalitätskennzeichen[3] hat das Land? (z. B. GB für Großbritannien, I für Italien)
8. Wie heißen die drei größten Städte?

[1]*currency* [2]*inhabitants* [3]*national abbreviation*

Hints for working with the **Kulturprojekt**

Use an atlas or a reference work such as the *Information Please Almanac.* Also, you will find answers to many of these questions in your textbook.

▼▼

Porträt

Ingeborg Bachmann (1926–1973) kam aus Klagenfurt und studierte Philosophie in Innsbruck, Graz und Wien. Sie schrieb Gedichte, Hörspiele und Kurzgeschichten. Bachmann zählt zu den wichtigsten Autorinnen der deutschsprachigen Literatur der Gegenwart. Zu ihren Werken gehören der Roman *Malina* (1971) und die Erzählung „Das dreißigste Jahr" (1961), die beide verfilmt wurden. Sie erhielt Preise für Literatur in Österreich und Deutschland, unter anderem den Preis der Gruppe 47 und den Georg-Büchner-Preis. Sie starb 1973 unter mysteriösen Umständen in Rom.

Klagenfurt ist die Hauptstadt von Kärnten, Österreichs südlichstem Bundesland, und liegt ganz in der Nähe des Wörther Sees. Auf dem Marktplatz steht der Lindwurmbrunnen. Er erinnert an den Drachen, der früher im Wörther See gelebt haben soll.

Welche Aussagen sind falsch? Verbessern Sie die falschen Aussagen!

1. Ingeborg Bachmann kam aus der Schweiz.
2. Sie studierte Philosophie und Theologie.
3. Sie war Schriftstellerin.
4. Einige ihrer Werke wurden verfilmt.
5. Sie starb in Berlin unter mysteriösen Umständen.
6. Kärnten ist Österreichs südlichstes Bundesland.
7. Im Wörther See soll früher ein Dinosaurier gelebt haben.

Der Lindwurmbrunnen in Klagenfurt

Miniwörterbuch

der **Brunnen**	fountain
erhalten	to receive
erinnern an	to commemorate
die **Erzählung**	story
die **Gegenwart**	present (time)
gehören	to belong
das **Hörspiel**	radio play
die **Kurzgeschichte**	short story
der **Lindwurm**	a type of (usually wingless) dragon
soll (gelebt haben)	is said (to have lived)
sterben (starb)	to die (died)
der **Umstand**	circumstance
verfilmt werden	to be made into a movie
zählen zu	to be among

VIDEOECKE

Juliane ist am 26. Februar 1978 in Bergen auf der Insel Rügen geboren. Sie studiert Spanisch und Biologie.

Denis ist am 10. Mai 1981 in Leipzig geboren. Er geht ans Gymnasium und macht gerade sein Abitur. Er spricht Englisch und Französisch.

- Hast du handwerkliche oder künstlerische Fähigkeiten?
- Was kannst du nicht so gut?
- Was für Pflichten hast du?
- Was machst du heute Abend?
- Was machst du am Wochenende?

Aufgabe 1

Was können Juliane und Denis gut? ☺ Was müssen sie tun? ☺ Was können sie nicht gut und was mögen sie nicht? ☹ Kreuzen Sie an.

	JULIANE			DENIS	
☺	☺	☹		☺	☺	☹
☐	☐	☐	Porträts zeichnen	☐	☐	☐
☐	☐	☐	Grafiken zeichnen	☐	☐	☐
☐	☐	☐	Querflöte spielen	☐	☐	☐
☐	☐	☐	Fahrräder reparieren	☐	☐	☐
☐	☐	☐	bohren	☐	☐	☐
☐	☐	☐	Motorrad reparieren	☐	☐	☐
☐	☐	☐	Zimmer aufräumen	☐	☐	☐
☐	☐	☐	sauber machen	☐	☐	☐
☐	☐	☐	Müll runterbringen	☐	☐	☐
☐	☐	☐	Wäsche waschen	☐	☐	☐

Aufgabe 2

Was machen Juliane und Denis heute Abend? Schreiben Sie auf.

Aufgabe 3

Wie verbringen Juliane und Denis das Wochenende? Verbinden Sie die Kästchen.

Wer	Wo	Was
Juliane	an einem See	Ausstellung besuchen
Denis	Magdeburg	zelten, feiern

Vor dem Lesen

Lyrik. A short text like a poem usually requires intensive reading. Every single word is carefully chosen by the author to convey the meaning or feelings he or she wants to express. Look at the poem and listen as your instructor reads it.

● Was fühlen Sie, wenn Sie das Gedicht hören?

MAL EBEN
von Ralf Kaiser

mal eben aufstehen
mal eben essen
mal eben schule
mal eben pause
5 mal eben schule
mal eben essen
mal eben hausaufgaben
mal eben freizeit
mal eben fernsehen
10 mal eben pinte
mal eben schlafen

mal eben leben

Miniwörterbuch

die **Pinte**   bar

Arbeit mit dem Text

1. „Mal eben" bedeutet „schnell mal".[1] Dann kommt in jeder Zeile[2] ein anderes Wort. Was stellen die Wörter von „aufstehen" bis „schlafen" dar?[3]
2. Wie finden Sie den „Tagesablauf" in dem Gedicht?
3. Die letzte Zeile steht allein. Was drückt sie aus? Schreiben Sie den Satz zu Ende:
   Das Leben ist _____ .
4. Schreiben Sie ein Gedicht, z. B. Ihren Tagesablauf, das Leben eines Freundes oder Verwandten. Benutzen Sie „mal eben" oder einen anderen Ausdruck, z. B. „hoffentlich", „nicht nur", „einfach", „nie wieder".

[1]*just*   [2]*line*   [3]stellen . . . dar *represent*

3.1 The modal verbs *können, wollen, mögen*

Modal verbs, such as **können** (*can, to be able to, know how to*), **wollen** (*to want to*), and **mögen** (*to like to*) are auxiliary verbs that modify the meaning of the main verb. The main verb appears as an infinitive at the end of the clause.

The modal **können** usually indicates an ability or talent but may also be used to ask permission. The modal **wollen** expresses a desire or an intention to do something. The modal **mögen** expresses a liking; just as its English equivalent, *to like,* it is commonly used with an accusative object.

Kannst du kochen?	*Can you cook?*
Kann ich mitkommen?	*Can I come along?*
Sofie und Willi wollen tanzen gehen.	*Sofie and Willi want to go dancing.*
Ich mag aber nicht tanzen.	*I don't like to dance.*
Magst du Spaghetti?	*Do you like spaghetti?*

Modals do not have endings in the **ich-** and **er/sie/es-**forms. Note also that these modal verbs have one stem vowel in all plural forms and in the polite **Sie-**form, and a different stem vowel in the **ich-, du-,** and **er/sie/es-**forms.

können = *can*
wollen = *to want to*
mögen = *to like (to)*

	können	**wollen**	**mögen**
ich	kann	will	mag
du	kannst	willst	magst
Sie	können	wollen	mögen
er/sie/es	kann	will	mag
wir	können	wollen	mögen
ihr	könnt	wollt	mögt
Sie	können	wollen	mögen
sie	können	wollen	mögen

Übung 1 Talente

A. Wer kann das?

MODELL Ich kann Deutsch.   *oder*   Wir können Deutsch.

1. Deutsch   mein Freund / meine Freundin
2. Golf spielen   meine Eltern
3. Ski fahren   ich/wir
4. Klavier spielen   mein Bruder / meine Schwester
5. gut kochen   der Professor / die Professorin

B. Kannst du das?

MODELL   Gedichte schreiben → Kannst du Gedichte schreiben?
                        oder   Könnt ihr Gedichte schreiben?

1. Gedichte schreiben   du
2. Auto fahren   ihr
3. tippen
4. stricken
5. zeichnen

Übung 2   Pläne und Fähigkeiten

Was können oder wollen diese Personen (nicht) machen?

MODELL   am Samstag / ich / wollen →
         Am Samstag <u>will</u> ich <u>Schlittschuh laufen</u>.

fernsehen	kochen	viel Geld verdienen
Golf spielen	nach Europa fliegen	Witze erzählen
Haare schneiden	schlafen	zeichnen
ins Kino gehen	Ski fahren	_____?

1. heute Abend / ich / wollen
2. morgen / ich / nicht können
3. mein Freund (meine Freundin) / gut können
4. am Samstag / mein Freund (meine Freundin) / wollen
5. mein Freund (meine Freundin) und ich / wollen
6. im Winter / meine Eltern (meine Freunde) / wollen
7. meine Eltern (meine Freunde) / gut können

Achtung!

German **will** is not the equivalent of English *will,* rather it means "want(s)" or "intend(s) to."

3.2   The modal verbs *müssen, sollen, dürfen*

The modal **müssen** stresses the necessity to do something. The modal **sollen** is less emphatic than **müssen** and may imply an obligation or a strong suggestion made by another person. The modal **dürfen,** used primarily to indicate permission, can also be used in polite requests.

Jens muss mehr lernen.	*Jens has to study more.*
Vati sagt, du sollst sofort nach Hause kommen.	*Dad says you're supposed to come home immediately.*
Frau Schulz sagt, du sollst morgen zu ihr kommen.	*Ms. Schulz says you should come to see her tomorrow.*
Darf ich die Kerzen anzünden?	*May I light the candles?*

müssen = *must*
sollen = *to be supposed to*
dürfen = *may*

	müssen	**sollen**	**dürfen**
ich	muss	soll	darf
du	musst	sollst	darfst
Sie	müssen	sollen	dürfen
er/sie/es	muss	soll	darf
wir	müssen	sollen	dürfen
ihr	müsst	sollt	dürft
Sie	müssen	sollen	dürfen
sie	müssen	sollen	dürfen

nicht müssen = *not to have
to, not to need to*
nicht dürfen = *mustn't*

When negated, the English expressions *to have to* and *must* undergo a change in meaning. The expression *not have to* implies that there is no need to do something, while *must not* implies a strong warning. These two distinctions are expressed in German by **nicht müssen** and **nicht dürfen,** respectively.

Du musst das nicht tun.	*You don't have to do that.* or: *You don't need to do that.*
Du darfst das nicht tun.	*You mustn't do that.*

Achtung!

Remember the two characteristics of modal verbs:

1. no ending in the **ich-** and **er/sie/es**-forms;
2. one stem vowel in the **ich-, du-,** and **er/sie/es**-forms and a different one in the plural, the formal **Sie,** and the infinitive. (Note, however, that **sollen** has the same stem vowel in all forms.)

Übung 3 Jutta hat eine Fünf in Englisch.

Was muss sie machen? Was darf sie nicht machen?

1. mit Jens zusammen lernen
2. viel fernsehen
3. in der Klasse aufpassen und mitschreiben
4. jeden Tag tanzen gehen
5. jeden Tag ihren Wortschatz lernen
6. amerikanische Filme im Original sehen
7. ihren Englischlehrer zum Abendessen einladen
8. für eine Woche nach London fahren
9. fleißig[1] die englische Grammatik lernen

[1]*diligently*

Übung 4 Minidialoge

Ergänzen Sie **können, wollen, müssen, sollen, dürfen.**

1. ALBERT: Hallo, Nora. Peter und ich gehen ins Kino. _____ᵃ du nicht mitkommen?

NORA: Ich _____ᵇ schon, aber leider _____ᶜ ich nicht mitkommen. Ich _____ᵈ arbeiten.

2. JENS: Vati, _____ᵃ ich mit Hans fischen gehen?

HERR WAGNER: Nein! Du hast eine Fünf in Physik, eine Fünf in Latein und eine Fünf in Englisch. Du _____ᵇ zu Hause bleiben und deine Hausaufgaben machen.

JENS: Aber, Vati! Meine Hausaufgaben _____ᶜ ich doch heute Abend machen.

HERR WAGNER: Nein, aber du _____ᵈ zu Hans gehen und dann _____ᵉ ihr eure Hausaufgaben zusammen machen.

3. HEIDI: Hallo, Stefan. Frau Schulz sagt, du _____ᵃ morgen in ihre Sprechstunde kommen.

STEFAN: Morgen _____ᵇ ich nicht, ich habe keine Zeit.

HEIDI: Das _____ᶜ du Frau Schulz schon selbst sagen. Bis bald.

3.3 Accusative case: personal pronouns

As in English, certain German pronouns change depending on whether they are the subject or the object of a verb.

Ich bin heute Abend zu Hause. Rufst du **mich** an?	*I will be home tonight. Will you call me?*
Er kommt aus Wien. Kennst du **ihn?**	*He is from Vienna. Do you know him?*

A. First- and second-person pronouns: nominative and accusative forms

Nominative	Accusative	
ich	mich	*me*
du	dich	*you*
Sie	Sie	*you*
wir	uns	*us*
ihr	euch	*you*
Sie	Sie	*you*

Wer bist **du?** Ich kenne **dich** nicht.	*Who are you? I don't know you.*
Wer seid **ihr?** Ich kenne **euch** nicht.	*Who are you (people)? I don't know you.*

B. Third-person pronouns: nominative and accusative forms

	Nominative	Accusative	
Masc.	er	ihn	*him, it*
Fem.	sie		*her, it*
Neuter	es		*it*
Plural	sie		*them*

der → er
den → ihn
das → es
die → sie

Recall that third-person pronouns reflect the grammatical gender of the noun they stand for: **der Film → er; die Gitarre → sie; das Foto → es.** This relationship also holds true for the accusative case: **den Film → ihn; die Gitarre → sie; das Foto → es.** Note that only the masculine singular pronoun has a different form in the accusative case.

Wo ist der Spiegel? Ich sehe **ihn** nicht.	*Where is the mirror? I don't see it.*
Das ist meine Schwester Jasmin. Du kennst **sie** noch nicht.	*This is my sister Jasmin. You don't know her yet.*
—Wann kaufst du die Bücher?	*When will you buy the books?*
—Ich kaufe **sie** morgen.	*I'll buy them tomorrow.*

Übung 5 Minidialoge

Ergänzen Sie **mich, dich, uns, euch, Sie.**

1. KATRIN: Holst du mich heute Abend ab, wenn wir ins Kino gehen?
THOMAS: Natürlich hole ich _____ ab!

2. STEFAN: Hallooo! Hier bin ich, Albert! Siehst du _____[a] denn nicht?
ALBERT: Ach, *da* bist du. Ja, jetzt sehe ich _____.[b]

3. SABINE: Guten Tag, Frau Schulz. Sie kennen _____ noch nicht. Wir sind neu in Ihrer Klasse. Das ist Rick, und ich bin Sabine.
FRAU SCHULZ: Guten Tag, Rick. Guten Tag, Sabine.

4. MONIKA: Hallo, Albert. Hallo, Thomas. Katrin und ich besuchen _____ heute.
ALBERT UND THOMAS: Toll! Bringt Kuchen mit!

5. STEFAN: Heidi, ich mag _____[a]!
HEIDI: Das ist schön, Stefan. Ich mag _____[b] auch.

6. FRAU SCHULZ: Spreche ich laut genug? Verstehen Sie _____[a]?
KLASSE: Ja, wir verstehen _____[b] sehr gut, Frau Schulz.

7. STEFAN UND ALBERT: Auf Wiedersehen, Frau Schulz! Schöne Ferien! Und vergessen Sie uns nicht!
FRAU SCHULZ: Natürlich nicht! Wie kann ich _____ denn je vergessen?

Übung 6 Der Deutschkurs

MODELL Machst du gern <u>**das**</u> Arbeitsbuch für ***Kontakte***?
Ja, ich mache **es** gern. *Oder:* Nein, ich mache **es** nicht gern.

Tipp: das → es   den → ihn   die → sie

1. Machst du gern **das** Arbeitsbuch für *Kontakte*?
2. Kannst du **das** deutsche Alphabet aufsagen?
3. Kennst du **den** beliebtesten deutschen Vornamen für Jungen?
4. Liest du gern **die** Grammatik?
5. Lernst du gern **den** Wortschatz?
6. Kennst du **die** Studenten und Studentinnen in der Klasse?
7. Vergisst du oft **die** Hausaufgaben?
8. Magst du **deinen** Lehrer oder **deine** Lehrerin?

Übung 7   Was machen diese Personen?

MODELL   **Kauft Michael das Buch?** →
Nein, er kauft es nicht, er liest es.

Verwenden Sie diese Verben.

anrufen, ruft an	essen, isst	trinken
anziehen, zieht an	kaufen	verkaufen
anzünden, zündet an	schreiben	waschen, wäscht
ausmachen, macht aus		

1. Liest Maria den Brief?

2. Isst Michael die Suppe?

3. Macht Maria den Fernseher an?

4. Kauft Michael das Auto?

5. Zieht Michael die Hose aus?

6. Trägt Maria den Rock?

7. Bestellt[1] Michael das Schnitzel?

8. Besucht Michael seinen Freund?

9. Kämmt Maria ihr Haar?

10. Bläst Michael die Kerzen aus[2]?

[1]bestellen *to order* (*in a restaurant*)   [2]Bläst . . . aus *is* (*he*) *blowing out*

3.4 Word order: dependent clauses

Use a conjunction such as **wenn** (*when, if*) *or* **weil** (*because*) to add a modifying clause to a sentence.

Mehmet hört Musik, **wenn** er traurig ist.	*Mehmet listens to music whenever he is sad.*
Renate geht nach Hause, **weil** sie müde ist.	*Renate is going home because she is tired.*

In the preceding examples, the first clause is the main clause. The clause introduced by a conjunction is called a *dependent clause.* In German, the verb in a dependent clause occurs at the end of the clause.

MAIN CLAUSE	DEPENDENT CLAUSE
Ich bleibe im Bett,	wenn ich krank **bin.**
I stay in bed	*when I am sick.*

When **wenn** or **weil** begins a clause, the conjugated verb appears at the end of the clause.

In sentences beginning with a dependent clause, the entire clause acts as the first element in the sentence. The verb of the main clause comes directly after the dependent clause, separated by a comma. As in all German statements, the verb is in second position. The subject of the main clause follows the verb.

I DEPENDENT CLAUSE	II VERB	III SUBJECT	
Wenn ich krank bin, *When I'm sick, I stay in bed.*	bleibe	ich	im Bett.
Weil sie müde ist, *Because she's tired, Renate is going home.*	geht	Renate	nach Hause.

Übung 8 Warum denn?

Beantworten Sie die Fragen.

MODELL Warum gehst du nicht in die Schule? → Weil ich krank bin.

1. Warum gehst du nicht in die Schule?
2. Warum liegt dein Bruder im Bett?
3. Warum esst ihr denn schon wieder?
4. Warum kommt Nora nicht mit ins Kino?
5. Warum sieht Jutta schon wieder fern?
6. Warum sitzt du allein in deinem Zimmer?
7. Warum trinken sie Bier?
8. Warum machst du denn das Licht an?
9. Warum singt Jens den ganzen Tag?
10. Warum bleibst du zu Hause?

a. Durst haben
b. krank sein
c. traurig sein
d. Langeweile haben
e. Angst haben
f. glücklich sein
g. lernen müssen
h. müde sein
i. Hunger haben
j. keine Zeit haben

Übung 9   Ist das immer so?

Sagen Sie, wie das für andere Personen ist und wie das für Sie ist.

> MODELL   s1: Was macht Albert, wenn er müde ist?
> s2: Wenn Albert müde ist, geht er nach Hause.
> s1: Und du?
> s2: Wenn ich müde bin, trinke ich einen Kaffee.

1. Albert ist müde.	**a.** Sie trifft Michael.
2. Maria ist glücklich.	**b.** Er geht nach Hause.
3. Herr Ruf hat Durst.	**c.** Sie fährt mit dem Taxi.
4. Frau Wagner ist in Eile.	**d.** Sie kauft einen Hamburger.
5. Heidi hat Hunger.	**e.** Er trinkt eine Cola.
6. Frau Schulz hat Ferien.	**f.** Er geht zum Arzt.
7. Hans hat Angst.	**g.** Er ruft: „Mama, Mama".
8. Stefan ist krank.	**h.** Sie fliegt nach Deutschland.

3.5   Dependent clauses and separable-prefix verbs

As you know, the prefix of a separable-prefix verb occurs at the end of an independent clause.

> Rolf **steht** immer früh **auf.**   *Rolf always gets up early.*

In a dependent clause, the prefix is attached to the verb form, which is placed at the end of the clause.

> Rolf ist immer müde, wenn er früh **aufsteht.**   *Rolf is always tired when he gets up early.*
>
> Helga, bitte **mach** das Fenster nicht **auf!** Es wird kalt, wenn du es **aufmachst.**   *Helga, please don't open the window. It gets cold when you open it.*

When there are two verbs in a dependent clause, such as a modal verb and an infinitive, the modal verb comes last, following the infinitive.

INDEPENDENT CLAUSE	Rolf **muss** früh **aufstehen.**	*Rolf has to get up early.*
DEPENDENT CLAUSE	Er ist müde, wenn er früh **aufstehen muss.**	*He is tired when he has to get up early.*
INDEPENDENT CLAUSE	Helga hat kein Geld. Sie **kann** nichts **machen.**	*Helga doesn't have any money. She can't do anything.*
DEPENDENT CLAUSE	Sie hat Langeweile, weil sie nichts **machen kann.**	*She's bored because she can't do anything.*

Übung 10 Warum ist das so?

MODELL Jürgen ist wütend, weil er immer so früh aufstehen muss.

1. Jürgen ist wütend.
2. Silvia ist froh.
3. Claire ist in Eile.
4. Josef ist traurig.
5. Thomas geht nicht zu Fuß.
6. Willi hat selten Langeweile.
7. Marta hat Angst vor Wasser.
8. Mehmet fährt in die Türkei.

a. Sie muss noch einkaufen.
b. Er steht immer so früh auf.
c. Seine Freundin nimmt ihn zur Uni mit.
d. Er sieht immer fern.
e. Sie kann nicht schwimmen.
f. Er will seine Eltern besuchen.
g. Melanie ruft ihn nicht an.
h. Sie muss heute nicht arbeiten.

KAPITEL 4

In der alten
Universitätsstadt
Marburg gibt es viele
Fachwerkhäuser.

Ereignisse und Erinnerungen

KAPITEL 4

In **Kapitel 4,** you will begin to talk about things that happened in the past: your own experiences and those of others. You will also talk about different kinds of memories.

TAGESABLAUF

➤ **Grammatik 4.1**

Ich habe geduscht.

Ich habe gefrühstückt.

die Universität

Ich bin in die Uni gegangen.

Ich bin in einem Kurs gewesen.

Ich habe mit meinen
Freunden Kaffee getrunken.

nach Hause

Ich bin nach Hause
gekommen.

Ich habe zu Mittag
gegessen.

Ich bin nachmittags zu Hause
geblieben.

Ich habe abends gelernt.

Situation 1 Was haben Sie gemacht?

Bringen Sie diese Aktivitäten in eine chronologische Reihenfolge.

1. Heute Morgen . . .
   _____ habe ich meine Bücher genommen.
   _____ habe ich gefrühstückt.
   _____ habe ich geduscht.
   _____ bin ich in die Uni gegangen.
2. Gestern Nachmittag . . .
   _____ bin ich nach Hause gekommen.
   _____ habe ich Basketball gespielt.
   _____ habe ich Essen gemacht.
   _____ bin ich einkaufen gegangen.
3. Gestern Abend . . .
   _____ habe ich einen Film gesehen.
   _____ habe ich zu Abend gegessen.
   _____ bin ich ins Bett gegangen.
   _____ habe ich das Geschirr gespült.
4. Letzten Samstag . . .
   _____ bin ich spät ins Bett gegangen.
   _____ habe ich viel getanzt.
   _____ habe ich mit einer Freundin gesprochen.
   _____ bin ich auf ein Fest gegangen.
5. Letzten Mittwoch . . .
   _____ bin ich ins Kino gegangen.
   _____ habe ich in der Bibliothek gearbeitet.
   _____ bin ich in die Uni gefahren.
   _____ habe ich gearbeitet.

Gemüsemarkt in Freiburg. Waren Sie heute schon
beim Einkaufen?

Situation 2 Dialog: Das Fest

Silvia und Jürgen sitzen in der Mensa und essen zu Mittag.

SILVIA: Ich bin furchtbar ____.

JÜRGEN: Bist du wieder so spät ins Bett _____?

SILVIA: Ja. Ich bin heute früh erst um vier Uhr nach Hause _____.

JÜRGEN: Wo ____ du denn so lange?

SILVIA: Auf einem Fest.

JÜRGEN: _____?

SILVIA: Ja, ich habe ein paar alte Freunde _____ und wir haben uns sehr gut

_____.

JÜRGEN: Kein Wunder, _____!

Situation 3 Das letzte Mal

MODELL Wann hast du mit deiner Mutter gesprochen?
Ich habe gestern mit meiner Mutter gesprochen.

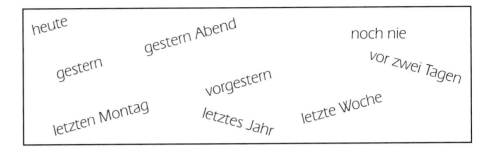

heute

gestern Abend

noch nie

gestern

vor zwei Tagen

vorgestern

letzten Montag   letztes Jahr   letzte Woche

1. Wann hast du dein Auto gewaschen?
2. Wann hast du gebadet?
3. Wann bist du ins Theater gegangen?
4. Wann hast du deine beste Freundin / deinen besten Freund getroffen?
5. Wann hast du einen Film gesehen?
6. Wann bist du in die Disko gegangen?
7. Wann hast du gelernt?
8. Wann bist du einkaufen gegangen?
9. Wann hast du eine Zeitung gelesen?
10. Wann hast du das Geschirr gespült?
11. Wann bist du spät ins Bett gegangen?
12. Wann bist du den ganzen Abend zu Hause geblieben?

Kultur ... Landeskunde ... Informationen

Universität und Studium

- Wann haben Sie mit dem Studium am College oder an der Universität angefangen?
- Welche Voraussetzungen[1] (High-School-Abschluss, Prüfungen usw.) braucht man für ein Studium?
- An welchen Universitäten haben Sie sich beworben[2]?
- Studieren Sie an einer privaten oder staatlichen Hochschule[3]?
- Müssen Sie Studiengebühren[4] bezahlen?
- Wie lange dauert Ihr Studium voraussichtlich?
- Welchen Abschluss[5] haben Sie am Ende Ihres Studiums?
- Was für Kurse müssen Sie belegen?

[1]prerequisites [2]sich ... applied [3]college, university [4]fees, tuition [5]degree; diploma

Heinrich-Heine-Universität Düsseldorf

Die Universitäten in Deutschland sind Institutionen der Bundesländer, also nicht privat. Studiengebühren gibt es nicht. Man braucht normalerweise das Abitur,[6] um an einer Universität zu studieren. Beim Abitur nach 13 Schuljahren sind die Studienanfänger ungefähr 20 Jahre alt.

Für viele Fächer, vor allem Medizin, Zahnmedizin,[7] Pharmazie und Psychologie gibt es einen „Numerus Clausus". Das bedeutet, nur wer sehr gute Noten hat, wird zum Studium zugelassen.[8] Manchmal gibt es außerdem noch einen Test.

Das Studium für die meisten Fächer dauert fünf bis sieben Jahre. Oft dauert es auch länger, wenn man promoviert, das heißt, einen Doktor[9] als Abschluss haben will. Andere Abschlüsse sind Magister,[10] Diplom[11] oder Staatsexamen.[12] Die Studierenden haben meistens viel Freiheit in der Wahl[13] ihrer Seminare und Vorlesungen.

Viele Studierende arbeiten während des Semesters oder in den Semesterferien. Nur wenige bekommen ein Stipendium[14] oder eine finanzielle Hilfe vom Staat, das sogenannte BAföG (Bundesausbildungsförderungsgesetz).[15]

- Vergleichen Sie das Studium in Deutschland und in Ihrem Land. Was ist anders? Was ist ähnlich?

[6]roughly: *high school diploma* [7]*dentistry* [8]*admitted* [9]*doctorate* [10]*master's degree* [11]*certificate (usually in the technical fields)* [12]*state certified exam* [13]*choice* [14]*scholarship, grant* [15]*federal law for the promotion of higher education*

ERLEBNISSE ANDERER PERSONEN

> **Grammatik 4.2**

Jutta ist ins Schwimmbad gefahren.

Sie hat in der Sonne gelegen.

Sie ist geschwommen.

Sie hat Musik gehört.

Jens und Robert haben Postkarten geschrieben.

Sie sind in den Bergen gewandert.

Sie haben Tennis gespielt.

Sie haben viel gelesen.

Situation 4 Richards Wochenende

Situation 5 Dialog: Hausaufgaben für Deutsch

Heute ist Montag. Auf dem Schulhof[1] des Albertus-Magnus-Gymnasiums
sprechen Jens, Jutta und ihre Freundin Angelika übers Wochenende.

JENS: Na, habt ihr die Hausaufgaben für Deutsch _____?

JUTTA: Hausaufgaben? Haben wir für Deutsch Hausaufgaben auf?

JENS: Habt ihr das erste Kapitel von dem Roman nicht _____?

JUTTA: Hast du das _____, Angelika?

ANGELIKA: Ich habe keine Ahnung, wovon Jens spricht!

JENS: Also ihr habt es _____. Habt ihr denn wenigstens Mathe gemacht?

ANGELIKA: Wir haben es _____, aber die Aufgaben waren zu schwer. Da haben
wir _____.

JENS: Was habt ihr denn übers Wochenende überhaupt _____?

ANGELIKA: Eigentlich eine ganze Menge. Ich habe Musik ____ und _____.

JENS: Das ist aber nicht viel.

ANGELIKA: Doch! Und am Samstagabend haben Jutta und ich über alles Mögliche
_____ und _____.

JUTTA: Ich bin am Sonntag mit meinen Eltern und Hans _____. Wir
waren an der Isar[2] und haben ein Picknick _____.

JENS: Kein Wunder, dass ihr keine Zeit für Hausaufgaben hattet!

[1]school yard [2]river that flows through Munich

Situation 6 Zum Schreiben: Ein Tagebuch

28. Juli 1999

Habe einen total coolen Jungen kennen gelernt! Er heißt Billy, eigentlich Paul, aber er sieht aus wie Billy Idol. Er ist total süß!! Habe gleich einen Brief an Geli geschrieben und ihr von Billy erzählt. Warte jetzt auf Gelis Antwort... Außerdem haben wir Zeugnisse bekommen. Das war nicht so gut...

Juttas Tagebuch

Schreiben Sie auch ein Tagebuch. Vielleicht haben Sie das früher schon einmal auf Englisch gemacht. Machen Sie sich zuerst ein paar Notizen. Was ist letzte Woche passiert? Was haben Sie gemacht? Was wollen Sie nicht vergessen?

MODELL Letzte Woche habe/bin ich . . .

Situation 7 Informationsspiel: Wochenende

MODELL s1: Was hat Frau Ruf am Freitag gemacht?
s2: Sie ist nach Augsburg gefahren.
s1: Was hast du am Freitag gemacht?
s2: Ich _____.

	am Freitag	am Samstag	am Sonntag
Frau Ruf		hat einen Brief geschrieben	hat mit einer Freundin gefrühstückt
Herr Ruf	hat das Haus geputzt		
Jutta	ist tanzen gegangen	ist ins Kino gegangen	
Hans	hat seine Hausaufgaben gemacht		
Michael		hat sein Auto gewaschen	hat Tennis gespielt
Maria			ist den ganzen Tag zu Hause geblieben
mein Partner / meine Partnerin			

Kultur ... Landeskunde ... Informationen

Ladenschluss in Deutschland

Wie ist das in Ihrem Land?

- Wann gehen Sie meistens einkaufen?
- Zu welchen Zeiten kann man einkaufen?
- Welche Geschäfte sind am Wochenende geöffnet? Welche Geschäfte sind am Wochenende geschlossen?
- Gibt es Tage, an denen alles geschlossen ist?

Wie ist es in Deutschland? Lesen Sie den Text und beantworten Sie die Fragen.

- Zu welchen Zeiten kann man in Deutschland einkaufen?
- Kann man am Wochenende einkaufen? Wenn ja, wann?
- Wann sind alle Läden[1] geschlossen?
- Wie lange dürfen Bäckereien[2] am Sonntag öffnen?
- Sind alle Apotheken[3] an Sonn- und Feiertagen geschlossen?
- Wo kann man auch nach 20 Uhr und auch an Sonn- und Feiertagen Lebensmittel[4] kaufen?

In Deutschland regelt ein Gesetz, das Ladenschlussgesetz,[5] an welchen Tagen und wie lange die Läden geöffnet sind. Ein Ladenbesitzer[6] darf seinen Laden von montags bis freitags von 6 bis 20 Uhr und samstags von 6 bis 16 Uhr öffnen. Die meisten Läden machen aber morgens erst um 9 Uhr oder um halb 10 auf und einige schließen schon um 18 Uhr. An Sonn- und Feiertagen sind alle Läden geschlossen.

Es gibt aber auch Ausnahmen[7]: Bäckereien dürfen sonntags und an Feiertagen zwischen 7 Uhr und 17.30 Uhr öffnen, aber nur für drei Stunden. Für Apotheken gibt es einen Bereitschaftsdienst,[8] das heißt, eine Apotheke in einem Ort hat sonn- und feiertags offen, die übrigen[9] sind geschlossen.

Ausnahmen gibt es auch für Zeitungsläden und für Tankstellen.[10] In den größeren Städten haben viele Tankstellen auch an den Sonn- und Feiertagen bis 24 Uhr geöffnet. In den Tankstellenshops kann man dann Lebensmittel einkaufen, wenn der Supermarkt schon zu ist.

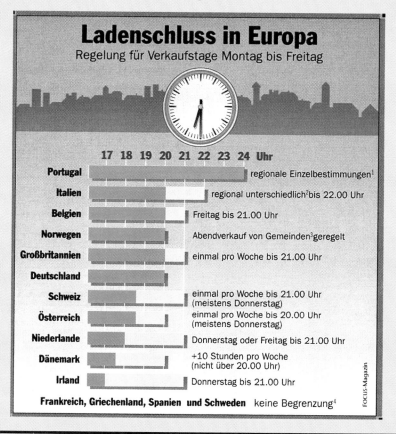

[1]*stores* [2]*bakeries* [3]*pharmacies* [4]*groceries*
[5]*law governing store hours* [6]*store owner*
[7]*exceptions* [8]*emergency service* [9]*others*
[10]*gas stations*

GEBURTSTAGE UND JAHRESTAGE

➤ **Grammatik 4.3–4.4**

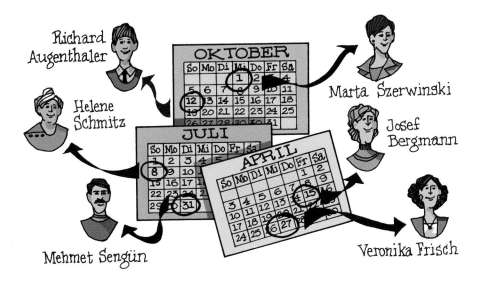

Marta hat am ersten Oktober Geburtstag.
Richard hat am zwölften Oktober Geburtstag.
Frau Schmitz hat am achten Juli Geburtstag.
Mehmet hat am einunddreißigsten Juli Geburtstag.
Josef hat am fünfzehnten April Geburtstag.
Veronika hat am siebenundzwanzigsten April Geburtstag.

Situation 8 Dialog: Welcher Tag ist heute?

Marta und Sofie sitzen im Café.

SOFIE:	Welcher Tag ist heute?
MARTA:	_____.
SOFIE:	Nein, welches Datum?
MARTA:	Ach so, der _____.
SOFIE:	Mensch, heute ist Willis Geburtstag! Er hat am _____ Geburtstag.
MARTA:	Wirklich? Ich dachte, er hat _____ Geburtstag.
SOFIE:	Nein, Christian hat im August Geburtstag, aber Willi ____.
MARTA:	Hast du denn schon _____?
SOFIE:	Das ist es ja! Ich muss gleich noch ein Geschenk kaufen.
MARTA:	Na, dann _____!

Situation 9 Informationsspiel: Geburtstage

MODELL   s1: Wann ist Sofie geboren?
          s2: Am neunten November 1974.

Person	Geburtstag	Person	Geburtstag
Willi	30. Mai 1975	*Thomas*	
Sofie		*Heidi*	23. Juni 1979
Claire	1. Dezember 1974	*Ihr(e) Partner(in)*	
Melanie		*sein/ihr Vater*	
Nora	4. Juli 1982	*seine/ihre Mutter*	

Situation 10 Erfindungen und Entdeckungen

MODELL   s1: Wer hat den Bleistift erfunden?
  s2: —————.
  s1: Wann hat er ihn erfunden?
  s2: —————.

Cyril Demian
1829

Friedrich Staedler
1662

Emil Berliner
1887

Joseph Cayetti
1857

Melitta Bentz
1908

Laszlo Biro
1938

Peter Mitterhofer 1864

das Toilettenpapier   der Kugelschreiber   die Schallplatte

der Bleistifit   der Kaffeefilter   das Akkordeon

die Schreibmaschine

MODELL   s1: Wer hat das Radium entdeckt?
  s2: —————.
  s1: Wann hat sie es entdeckt?
  s2: —————.

Marie Curie
1898

Friedrich Herschel
1781

Alexander Fleming
1928

Leif Eriksson
1000

das Penizillin   Amerika   das Radium   der Uranus

Kultur ... Landeskunde ... Informationen

Feiertage und Brauchtum[1]

- Welches sind *die* Familienfeste in Ihrem Land?
- Was macht man an diesen Festen?
- Wer feiert[2] zusammen?
- Kennen Sie deutsche Feiertage und Bräuche[3]? Wenn ja, welche?

Auf dem Christkindlmarkt in München im Jahre 1897

Der Adventskalender: Ein deutscher Exportartikel in christlicher Tradition wird 90 Jahre alt. Amerika ist das Importland Nummer 1.

- Weihnachten in Deutschland: An welchen Tagen feiert man?
- Welche deutschen Weihnachtstraditionen kennen Sie?
- Wie feiern die Deutschen am liebsten Weihnachten? Analysieren Sie die Umfrage.

TAG FÜR TAG: Adventskalender lassen die Erwartungen steigen

FOCUS-FRAGE

„Wo verbringen Sie Weihnachten?"

EIN FAMILIENFEST ZU HAUSE

von 1300 Befragten* antworteten

zu Hause	**73 %**
bei den Eltern/Kindern	**21 %**
bei Freunden	**3 %**
im Urlaub	**3 %**

83 Prozent der Deutschen verbringen Weihnachten im Kreis der Familie, 7 Prozent zusammen mit dem Partner, 6 Prozent mit Freunden, 4 Prozent feiern alleine.

* Repräsentative Umfrage des Sample-Instituts für FOCUS im Dezember

[1]*tradition* [2]*celebrates* [3]*customs*

Situation 11 Interview

1. Wann bist du geboren (Tag, Monat, Jahr)? Wann ist dein Freund / deine Freundin geboren (Tag, Monat, Jahr)? Wann ist dein Vater / deine Mutter geboren (Tag, Monat, Jahr)?
2. Wann bist du in die Schule gekommen (Monat, Jahr)? Wann hast du angefangen zu studieren (Monat, Jahr)?
3. Was war der wichtigste Tag in deinem Leben? Was ist da passiert? In welchem Monat war das? In welchem Jahr?
4. In welchem Monat warst du zum ersten Mal verliebt? hast du zum ersten Mal Geld verdient? hast du einen Unfall gehabt?
5. An welchen Tagen in der Woche arbeitest du? hast du frei? gehst du ins Kino? besuchst du deine Eltern? hast du Geld? gehst du ins Sprachlabor?
6. Um wie viel Uhr stehst du auf? ist dein erster Kurs? gehst du nach Hause? gehst du ins Bett?

EREIGNISSE

➤ **Grammatik 4.5**

1. Wann sind Sie aufgewacht?
2. Wann sind Sie aufgestanden?
3. Wann sind Sie von zu Hause weggegangen?
4. Wann hat Ihr Kurs angefangen?
5. Wann hat Ihr Kurs aufgehört?
6. Wann sind Sie nach Hause gekommen?
7. Wann haben Sie unsere Prüfungen korrigiert?

1. Wann hast du eingekauft?
2. Wann hast du das Geschirr gespült?
3. Wann hast du mit deiner Freundin telefoniert?
4. Wann hast du ferngesehen?
5. Wann hast du dein Fahrrad repariert?
6. Wann bist du abends ausgegangen?

Situation 12 Informationsspiel: Das Wochenende der Nachbarn

MODELL s1: Was hat Herr Siebert am Samstag gemacht?
s2: Er hat seinen Keller aufgeräumt.

	am Freitag	am Samstag	am Sonntag
Herr Siebert	hat seinen Fernseher repariert		hat seine Nichte besucht
Herr Thelen		ist verreist	
Frau Gretter		hat Ernst ein Märchen erzählt	
mein Partner / meine Partnerin			

Situation 13 Interview: Gestern

1. Wann bist du aufgestanden?
2. Was hast du gefrühstückt?
3. Wie bist du zur Uni gekommen?
4. Was war dein erster Kurs?

5. Was hast du zu Mittag gegessen?
6. Was hast du getrunken?
7. Wen hast du getroffen?
8. Was hast du nachmittags gemacht?
9. Wie war das Wetter?
10. Wo bist du um sechs Uhr abends gewesen?
11. Was hast du abends gemacht?
12. Wann bist du ins Bett gegangen?
13. Ist gestern etwas Interessantes passiert? Was?

Situation 14 Erinnerungen: Ein indiskretes Interview

1. Wann hast du deinen ersten Kuss bekommen? Von wem?
2. Wann bist du zum ersten Mal ausgegangen? Mit wem?
3. Wann hast du deinen Führerschein gemacht?
4. Wann hast du dein erstes Bier getrunken?
5. Wann hast du deine erste Zigarette geraucht?
6. Wann hast du zum ersten Mal ein F bekommen? In welchem Fach?
7. Wann bist du zum ersten Mal nachts nicht nach Hause gekommen?
8. Wann _____?

Situation 15 Rollenspiel: Das Studentenleben

s1: Sie sind Reporter/Reporterin einer Unizeitung in Österreich und machen ein Interview zum Thema: Studentenleben in Ihrem Land. Fragen Sie, was Ihr Partner / Ihre Partnerin gestern alles gemacht hat: am Vormittag, am Mittag, am Nachmittag und am Abend.

WORTSCHATZ

Unterwegs / On the Road

die **Fahrkarte**, -n — ticket

der **Bahnhof**, ⁻e — train station
der **Führerschein**, -e — driver's license
der **Schlafwagen**, - — sleeping car
der **Unfall**, ⁻e — accident

ạb·fahren, fährt . . . **ạb** — to depart
  ist **ạbgefahren***

Zeit und Reihenfolge / Time and Sequence

der **Abend**, -e (R) — evening
  am **Abend** — in the evening
der **Nachmittag**, -e — afternoon
der **Vormittag**, -e — late morning

das **Datum**, **Daten** — date
  welches **Datum** ist — what is today's date?
    heute?
das **Mal**, -e — time
  das **letzte Mal** — the last time
  zum **ersten Mal** — for the first time

abends — evenings, in the evening
gestern — yesterday
  gestern Abend — last night
letzt- — last
  letzte Woche — last week
  letzten Montag — last Monday
  letzten Sommer — last summer
  letztes Wochenende — last weekend
nachmittags — afternoons, in the afternoon

nachts — nights, at night
vorgestern — the day before yesterday

ạn (R) — on; in
  am **Abend** — in the evening
  am **ersten Oktober** — on the first of October
  an welchem **Tag**? — on what day?
bịs (R) — until
  bis um vier Uhr — until four o'clock
einmal — once
  warst du schon — were you ever . . . ?
    einmal . . . ?

erst — not until
  erst um vier Uhr — not until four o'clock
früh (R) — in the morning
  bis um vier Uhr früh — until four in the morning

schon (R) — already
seit — since; for
  seit zwei Jahren — for two years
über — over
  übers Wochenende — over the weekend
vor — ago
  vor zwei Tagen — two days ago

Schule und Universität / School and University

die **Aufgabe**, -n — assignment
die **Grundschule**, -n — elementary school
die **Vorlesung**, -en — lecture

der **Kugelschreiber**, - — ballpoint pen

das **Gymnasium**, — high school, college prep school
  Gymnasien

auf·haben — to be assigned
  was haben wir **auf**? — what's our homework?
halten, hält, gehalten — to hold
  ein **Referat halten** — to give a paper / oral report

Feste und Feiertage / Holidays

der **Feiertag**, -e — holiday
  der **Nationalfeiertag**, -e — national holiday

das **Familienfest**, -e — family celebration
(das) **Weihnachten** — Christmas

Ähnliche Wörter

die **Tradition**, -en — der **Muttertag**; der **Valentinstag**
das **Picknick**, -s

Ordinalzahlen / Ordinal Numbers

erst- — **viert**
  der **erste Oktober** — **fünft**
zweit- — **sechst-**
dritt- — **siebt-**

---

*Strong and irregular verbs are listed in the **Wortschatz** with the third-person singular, if there is a stem-vowel change, and with the past participle. All verbs that use **sein** as the auxiliary in the present perfect tense are listed with **ist.**

acht-
neunt--
zehnt-
elft-

zwölft-
dreizehnt-
zwanzigst-
hundertst-

Sonstige Substantive

Other Nouns

die **Ahnung**	idea, suspicion
keine **Ahnung**	(I have) no idea
die **Erinnerung, -en**	memory, remembrance
die **Limonade, -n**	soft drink
die **Menge, -n**	amount
eine ganze **Menge**	a whole lot
die **Nachbarin, -nen**	female neighbor
die **Rechnung, -en**	bill; check (in restaurant)
die **Umfrage, -n**	survey
die **Unizeitung, -en**	university newspaper
der **Einwanderer, -**	immigrant
der **Keller, -**	basement, cellar
der **Kuss, Küsse**	kiss
der **Nachbar, -n** (*wk. masc.*)	male neighbor
der **Ort, -e**	place, town
der **Strand, ̈-e**	beach
das **Erlebnis, -se**	experience
das **Geschirr**	dishes
Geschirr spülen	to wash the dishes
das **Jahrzehnt, -e**	decade
das **Märchen, -**	fairy tale
das **Sprachlabor, -s**	language laboratory
das **Tagebuch, ̈-er**	diary

Ähnliche Wörter
die **Computerfirma, Computerfirmen**; die **Information, -en**; die **Reporterin, -nen**; die **Rolle, -n**; die **Wäsche**; die **Zigarette, -n**; der **Garten, ̈-**; der **Kaffeefilter, -**; der **Reporter, -**; der **Tee**; der **Uranus**; das **Akkordeon, -s**; das **Café, -s**; das **Interview, -s**; das **Penizillin**; das **Prozent, -e**; das **Studentenleben**; das **Theater, -**; das **Thema, Themen**; das **Toilettenpapier**; das **Wunder, -**; kein **Wunder**

Sonstige Verben

Other Verbs

an·fangen, fängt . . . an, angefangen	to begin
antworten*	to answer
auf·wachen, ist aufgewacht	to wake up
aus·wandern, ist ausgewandert	to emigrate
bezahlen	to pay (for)

dauern	to last
entdecken	to discover
erfinden, erfunden	to invent
ergänzen	to complete, fill in the blanks
passieren, ist passiert	to happen
spülen	to wash; to rinse
verdienen	to earn
verstehen	to understand
war, warst, waren	was, were

Ähnliche Wörter
diskutieren; **essen, isst, gegessen** (R); **zu Abend essen**; **fotografieren**; **gewinnen, gewonnen**; **halten, gehalten**; **korrigieren**; **sitzen, gesessen**; **telefonieren**; **weg·gehen, ist weggegangen**

Adjektive und Adverbien

Adjectives and Adverbs

furchtbar	terrible
geschlossen	closed
links	left
mit dem linken Fuß auf·stehen, ist aufgestanden	to get up on the wrong side of the bed
süß	sweet
verliebt	in love

Ähnliche Wörter
politisch, total

Sonstige Wörter und Ausdrücke

Other Words and Expressions

diese, dieser, dieses (R)	this, that, these, those
doch!	yes (on the contrary)
etwas	something
etwas Interessantes/ Neues	something interesting/new
genug	enough
gleich	right away
in (R)	in; at
im Garten	in the garden
im Café	at the cafe
ja	indeed
das ist es ja!	that's just it
stimmt!	that's right
überhaupt	anyway
wem	whom (*dative*)
wen	whom (*accusative*)
wenigstens	at least
zu	too
zu schwer	too heavy

*Regular weak verbs are listed only with their infinitive.

Kulturprojekt Deutsche Einwanderer[1]

A. Suchen Sie in der Bibliothek oder in einem Nachschlagewerk[2] nach den folgenden Informationen. Ergänzen Sie die Tabelle.

- In welchen Jahrzehnten sind besonders viele Menschen in Ihr Land eingewandert?
- Wie viele von ihnen waren Deutsche?
- Wie viel Prozent aller Einwanderer in Ihr Land waren Deutsche?

Deutsche Einwanderer im 19. Jahrhundert

Jahrzehnt	Gesamtein-wanderung[3]	Deutsche Einwanderung	Prozent der Deutschen an der Gesamtein-wanderung

B. Suchen Sie folgende Informationen in einem Geschichtsbuch oder -atlas.

- Wie war die politische und gesellschaftliche[4] Situation in Deutschland oder Europa, als besonders viele Deutsche ausgewandert sind?
- Schreiben Sie die zehn wichtigsten Ereignisse[5] in Deutschland oder Europa seit 1830 mit Jahreszahlen auf.

[1]*immigrants* [2]*reference work* [3]*total number of immigrants* [4]*social* [5]*events*

Kontakte ⋯⋯ **Online**

Weiteres zum Thema *Ein- und Auswanderung* finden Sie bei **Kontakte online** im World Wide Web unter www.mhhe.com/kontakte

C. Spuren⁶ der Deutschen

- Gibt es in Ihrer Nähe Städte oder Orte mit deutschen Namen? Wie heißen sie?
- Gibt es in Ihrer Stadt ein Viertel⁷ mit deutschen Geschäften und Restaurants?

⁶*traces* ⁷*district, neighborhood*

Porträt

Die Soziologin und Politologin Hannah Arendt (1906–1975) wurde als Kind jüdischer Eltern in Hannover geboren. Sie emigrierte 1933 nach Frankreich und 1940 in die USA. 1959 wurde sie Professorin in Princeton. Sie interessierte sich für totalitäre Regime im 20. Jahrhundert und wie sie das Volk kontrollieren: durch Terror, Konzentrationslager und Verletzung der Menschenrechte. Von New York aus half sie vielen Juden, aus Europa zu fliehen.

Die hannoversche Messe

Hannover

Die Stadt Hannover wurde im 2. Weltkrieg fast völlig zerstört und sehr modern wieder aufgebaut. Sie ist die größte Messestadt Deutschlands. Hier finden z.B. die Hannover-Messe statt, die größte Industriemesse der Welt, und die CeBit, die größte internationale Messe für Computer und Telekommunikation. Hier findet auch im Jahr 2000 die erste Weltausstellung in Deutschland, die Expo 2000 statt.

Welche Aussagen sind falsch? Verbessern Sie die falschen Aussagen!

Miniwörterbuch	
jüdisch	Jewish
das **Konzentrationslager**	concentration camp
die **Menschenrechte**	human rights
die **Messe**	trade fair
stattfinden	to take place
die **Verletzung**	violation
völlig	completely
wieder aufbauen	to reconstruct
zerstört	destroyed

1. Hannah Arendt war katholisch.
2. In den dreißiger Jahren emigrierte sie nach Frankreich und England.
3. In Princeton wurde sie Professorin.
4. Sie half vielen Juden, aus Europa zu fliehen.
5. Hannover hat viele schöne alte Häuser.
6. Hannover ist die größte Messestadt der Schweiz.
7. Die Expo 2000 findet in Hannover statt.

VIDEOECKE

- Wie hast du Pfingsten[1] verbracht?

- Was war das Interessanteste, das dir in den letzten Tagen passiert ist?

- Wann hast du Geburtstag?

- Wie feierst du deinen Geburtstag?

- Wie hast du deinen letzten Geburtstag gefeiert?

- Was war der schönste Tag in deinem Leben?

[1]Pentecost

Susann ist am 25. Mai 1977 in Riesa in Sachsen geboren und ein Jahr später mit ihrer deutschen Mutter und ihrem syrischen Vater nach Damaskus gezogen. Dort hat sie 18 Jahre gelebt, bevor sie 1996 wieder nach Deutschland gezogen ist, um in Leizpig Arabistik und Deutsch als Fremdsprache zu studieren.

Heike ist am 16. März 1973 in Leipzig geboren. Sie ist mit einem Ukrainer verheiratet. Sie spricht Russisch, Weißrussisch, Ukrainisch und Polnisch und sie studiert Ostslawistik und Polonistik.

Aufgabe 1

Susann. In welcher Reihenfolge stellt man die Fragen? Welche Antworten gehören zu den Fragen?

FRAGEN

1. _____ Was ist heute Morgen passiert?
2. _____ Was ist vor drei Wochen passiert?
3. _____ Wie hat sie letztes Jahr ihren Geburtstag gefeiert?
4. _____ Wie hat sie Pfingsten verbracht?

ANTWORTEN

a. Sie hat ihre Arabisch-Prüfung mit „sehr gut" bestanden.
b. Sie ist vom Lärm der Straße aufgewacht.
c. Sie war bei ihren Eltern und hat Geburtstag gefeiert.
d. Sie war mit ihrer Schwester in der Oper.

Aufgabe 2

Heike. Welche Aussagen sind richtig, welche sind falsch? Verbessern Sie die falschen Aussagen.

	RICHTIG	FALSCH
1. Am Freitag hat sie verschlafen.	☐	☐
2. Am Sonntag und Montag war sie im Garten.	☐	☐
3. Sie hat den Rasen gemäht und Unkraut gejätet.[1]	☐	☐
4. Dabei ist eine Maus draufgegangen.[2]	☐	☐
5. Sie ist vom Sternzeichen[3] her ein Fisch.	☐	☐
6. Ihre Eltern wohnen in der Ukraine.	☐	☐
7. Sie feiert ihren Geburtstag immer in der Ukraine.	☐	☐

[1]Unkraut ... pulled weeds   [2]ist ... got killed (slang)   [3](astrological) sign

Aufgabe 3

Die Mausgeschichte. Vervollständigen Sie den Text mit den folgenden Wörtern: verschlafen,[1] Garten, gejätet, gestrichen,[2] gehoben,[3] Maus, erschreckt,[4] Platte

Am Sonnabend habe ich _____. Am Sonntag und Montag waren wir im _____. Wir haben Unkraut _____ und den Zaun[5] _____. Als wir im Garten waren, haben wir eine Gehwegplatte[6] hoch _____ und da kam eine _____ unten vor. Wir haben uns so _____, dass wir die _____ fallen lassen haben[7] und dabei ist die Maus draufgegangen.

[1]*slept in* [2]*painted* [3]*lifted* [4]*got frightened* [5]*fence* [6]*stepping stone* [7]fallen ... *dropped*

Vor dem Lesen

1. Machen Sie Ahnenforschung.[1] Aus welchem Land / welchen Ländern sind Ihre Vorfahren[2] gekommen? Zeichnen Sie einen Stammbaum.[3]

2. Welche deutschen Nachnamen kennen Sie? Wer in Ihrem Deutschkurs hat einen ursprünglich[4] deutschen Nachnamen?

3. Wie viele US-Bürger tragen einen deutschen Nachnamen? Raten Sie: Jeder dritte? jeder vierte? jeder fünfte? jeder zehnte?

4. Kennen Sie berühmte US-Amerikaner mit einem deutschen Nachnamen? Wen?

5. Lesen Sie den Titel, Untertitel und den ersten Absatz[5] des Textes. Was ist das Thema? Kreuzen Sie den richtigen Nebensatz[6] an.

[1]*genealogy* [2]*ancestors* [3]*family tree* [4]*originally* [5]*paragraph* [6]*clause*

Amerikaner/Amerikanerinnen mit deutschen Familiennamen sind nach Deutschland gekommen,

- ☐ weil sie in Goslar Station machen wollten.[7]
- ☐ weil sie den Großen Teich[8] sehen wollten.
- ☐ weil sie Leute mit dem gleichen Familiennamen kennen lernen wollten.
- ☐ weil sie alte Bekannte und Verwandte besuchen wollten.

[7]Station . . . *wanted to stop*   [8]den . . . *the Great Pond (Atlantic Ocean)*

Miniwörterbuch

die **Abstammung**	descent	**fränkisch**	Franconian
der **Ahnenforscher**	genealogist	**imponierend**	impressive
das **Amt**	office	der **Klaviertischler**	pianomaker
ausweisen (ausgewiesen)	to show (shown)	der **Urahn**	forefather, ancestor
der **Bauer**	farmer	der **US-Bürger**	U.S. citizen
der **Bericht**	report	**zurückführen auf**	to trace back to

GOSLAR

Tausende von Amerikanern machten in Goslar Station

Invasion der Ahnenforscher

Im Frühsommer des Jahres 1999 sind mehrere hundert amerikanische Familien über den Großen Teich gekommen, um ihre unbekannten Namensvettern und -cousinen zu besuchen. Vom 19. bis 22. Juni haben sie auch in Goslar und Umgebung Station gemacht. Eine Invasion der Ahnenforscher!

Der Hintergrund in imponierenden Zahlen: Exakt 57,9 Millionen US-Bürger tragen einen deutschen Namen, was bedeutet, dass etwa jeder 4. Amerikaner deutsche Vorfahren hat. So hat es das Amt für Bevölkerungsstatistik in Washington in seinem Bericht für das Jahr 1996 ausgewiesen. Der Urahn der Rockefellers war ein fränkischer Bauer namens Roggenfelder, die Automobilfirmen Studebaker und Chrysler sind auf die deutschen Auswandererfamilien Stutenbäcker und Kreisler zurückzuführen, ebenfalls deutscher Abstammung sind Stars der Filmgeschichte wie Clark Gable oder Doris Day.

Nicht zu vergessen das bekannteste Beispiel aus dieser Region: 1849 wanderte der Klaviertischler Heinrich Engelhard Steinweg aus Wolfshagen in die Staaten aus, schon zehn Jahre später hatte er die größte Klavierfabrik der Welt, „Steinway & Sons", deren Flügel zur Legende wurden.

Arbeit mit dem Text

1. Wie viele Amerikaner haben deutsche Vorfahren? Haben Sie richtig geraten?[1]
2. Schreiben Sie die deutschen Namen aus dem Text auf. Wie heißen die amerikanisierten Formen?
3. Wann ist der Klaviertischler ausgewandert?

[1]*guessed*

4.1 Talking about the past: the perfect tense

In conversation, German speakers generally use the perfect tense to describe past events. The simple past tense, which you will study in **Kapitel 8**, is used more often in writing.

Ich **habe** gestern Abend ein Glas Wein **getrunken.**	*I drank a glass of wine last night.*
Nora **hat** gestern Basketball **gespielt.**	*Nora played basketball yesterday.*

German forms the perfect tense with an auxiliary (**haben** or **sein**) and a past participle (**gewaschen**). Participles usually begin with the prefix **ge-.**

	AUXILIARY		PARTICIPLE
Ich	**habe**	mein Auto	**gewaschen.**

Wissen Sie noch?

You've already seen how a **Satzklammer** forms a frame or a bracket consisting of a verb and either a separable prefix or an infinitive (grammar 1.5, 2.3, and 3.1). Note here how the **Satzklammer** is composed of **haben/sein** and the past participle.

The auxiliary is in first position in yes/no questions and in second position in statements and **w**-word questions. The past participle is at the end of the clause.

Hat Heidi gestern einen Film **gesehen?**	*Did Heidi see a movie last night?*
Ich **habe** gestern zu viel Kaffee **getrunken.**	*I drank too much coffee yesterday.*
Wann **bist** du ins Bett **gegangen?**	*When did you go to bed?*

Verbs with **sein** = no direct object; change of location or condition.

Whereas most verbs form the present perfect tense with **haben,** several others use **sein.** To use **sein,** a verb must fulfill two conditions.

1. It cannot take a direct object.
2. It must indicate change of location or condition.

sein	**haben**
Ich **bin aufgestanden.**	Ich **habe gefrühstückt.**
I got out of bed.	*I ate breakfast.*
Stefan **ist** ins Kino **gegangen.**	Er **hat** einen neuen Film **gesehen.**
Stefan went to the movies.	*He saw a new film.*

Here is a list of common verbs that take **sein** as an auxiliary. For a more complete list, see Appendix E.

ankommen	*to arrive*	ich bin angekommen
aufstehen	*to get up*	ich bin aufgestanden
einsteigen	*to board*	ich bin eingestiegen
fahren	*to go, drive*	ich bin gefahren
gehen	*to go, walk*	ich bin gegangen
kommen	*to come*	ich bin gekommen
schwimmen	*to swim*	ich bin geschwommen
wandern	*to hike*	ich bin gewandert

In addition to these verbs, **sein** itself and the verb **bleiben** (*to stay*) take **sein** as an auxiliary.

Bist du schon in China **gewesen?**   *Have you ever been to China?*

Gestern **bin** ich zu Hause **geblieben.**   *Yesterday I stayed home.*

Übung 1   Rosemaries erster Schultag

Ergänzen Sie **haben** oder **sein.**

Rosemarie _____^a bis sieben Uhr geschlafen. Dann _____^b sie aufgestanden und _____^c mit ihren Eltern und ihren Schwestern gefrühstückt. Sie _____^d ihre Tasche genommen und _____^e mit ihrer Mutter zur Schule gegangen. Ihre Mutter und sie _____^f ins Klassenzimmer gegangen und ihre Mutter _____^g noch ein bisschen dageblieben. Die Lehrerin, Frau Dehne, _____^h alle begrüßt. Dann _____^i Frau Dehne „Herzlich willkommen" an die Tafel geschrieben.

Beantworten Sie die Fragen.

1. Wann ist Rosemarie aufgestanden?
2. Wohin sind Rosemarie und ihre Mutter gegangen?
3. Wer ist Frau Dehne?
4. Was hat Frau Dehne an die Tafel geschrieben?

Übung 2   Eine Reise nach Istanbul

Ergänzen Sie **haben** oder **sein.**

JOSEF UND MELANIE:

Wir _____^a ein Taxi genommen. Mit dem Taxi _____^b wir zum Bahnhof gefahren. Dort _____^c wir uns Fahrkarten gekauft. Dann _____^d wir in den Orientexpress eingestiegen. Um 5.30 _____^e wir abgefahren. Wir _____^f im Speisewagen[1] gefrühstückt. Den ganzen Tag _____^g wir Karten gespielt. Nachts _____^h wir in den Schlafwagen gegangen. Wir _____^i schlecht geschlafen. Aber wir _____^j gut in Istanbul angekommen.

Beantworten Sie die Fragen.

1. Wohin sind Josef und Melanie mit dem Taxi gefahren?
2. Wann sind sie mit dem Zug abgefahren?
3. Wo haben sie gefrühstückt?
4. Was haben sie nachts gemacht?

[1]*dining car*

Übung 3 Ein ganz normaler Tag

Ergänzen Sie das Partizip.

aufgestanden	gefrühstückt	gehört
gearbeitet	gegangen	getroffen
geduscht	gegessen	getrunken

Heute bin ich um 7.00 Uhr _____.[a] Ich habe _____,[b] _____[c] und bin an die Uni _____.[d] Ich habe einen Vortrag _____.[e] Um 10 Uhr habe ich ein paar Mitstudenten _____[f] und Kaffee _____.[g] Dann habe ich bis 12.30 Uhr in der Bibliothek _____[h] und habe in der Mensa zu Mittag _____.[i]

4.2 Strong and weak past participles

weak verbs =
ge + verb stem + **(e)t**

German verbs that form the past participle with -**(e)t** are called *weak verbs*.

arbeiten	gearbeitet	*work*	*worked*
spielen	gespielt	*play*	*played*

To form the regular past participle, take the present tense **er/sie/es**-form and precede it with **ge-**.

er	spielt		er	hat	gespielt
sie	arbeitet		sie	hat	gearbeitet
es	regnet		es	hat	geregnet

strong verbs =
ge + verb stem + **en;**
the verb stem may have
vowel or consonant
changes.

Verbs that form the past participle with -**en** are called *strong verbs*. Many verbs have the same stem vowel in the infinitive and the past participle.

k**o**mmen gek**o**mmen

Some verbs have a change in the stem vowel.

schw**i**mmen geschw**o**mmen

Some also have a change in consonants.

ge**h**en gega**ng**en

Here is a reference list of common irregular past participles.

PARTICIPLES WITH **haben**

essen, gegessen	*to eat*
halten, gehalten	*to hold*
lesen, gelesen	*to read*
liegen, gelegen	*to lie, be situated*
nehmen, genommen	*to take*
schlafen, geschlafen	*to sleep*
schreiben, geschrieben	*to write*
sehen, gesehen	*to see*
sprechen, gesprochen	*to speak*
tragen, getragen	*to wear, carry*
treffen, getroffen	*to meet*
trinken, getrunken	*to drink*
waschen, gewaschen	*to wash*

Mit dem Fahrrad zum Einkaufen

PARTICIPLES WITH **sein**

ankommen, angekommen	*to arrive*
aufstehen, aufgestanden	*to get up*
bleiben, geblieben	*to stay, remain*
einsteigen, eingestiegen	*to board*
fahren, gefahren	*to go (using a vehicle), drive*
gehen, gegangen	*to go*
kommen, gekommen	*to come*
schwimmen, geschwommen	*to swim*
sein, gewesen	*to be*

Übung 4 Das ungezogene[1] Kind

Stellen Sie die Fragen!

> MODELL SIE: Hast du schon geduscht?
> DAS KIND: Heute will ich nicht duschen.

1. Heute will ich nicht frühstücken.
2. Heute will ich nicht schwimmen.
3. Heute will ich keine Geschichte lesen.
4. Heute will ich nicht Klavier spielen.
5. Heute will ich nicht schlafen.
6. Heute will ich nicht essen.
7. Heute will ich nicht Geschirr spülen.
8. Heute will ich den Brief nicht schreiben.
9. Heute will ich nicht ins Bett gehen.

Übung 5 Katrins Tagesablauf

Was hat Katrin gestern gemacht? Schreiben Sie zu jedem Bild (auf Seite 166) einen Satz. Verwenden Sie diese Ausdrücke.

arbeiten
abends zu Hause bleiben
ein Referat halten
nach Hause kommen
bis neun im Bett liegen
regnen

mit Frau Schulz sprechen
einen Rock tragen
Freunde treffen
ihre Wäsche waschen

[1]*naughty*

4.3 Dates and ordinal numbers

Ordinals 1–19 add **-te** to the cardinal number (but note: **erste, dritte, siebte, achte**).

To form ordinal numbers, add **-te** to the cardinal numbers 1 through 19 and **-ste** to the numbers 20 and above. Exceptions to this pattern are **erste** (*first*), **dritte** (*third*), **siebte** (*seventh*), and **achte** (*eighth*).

1–19   **-te**

eins	**erste**	*first*
zwei	zweite	*second*
drei	**dritte**	*third*
vier	vierte	*fourth*
fünf	fünfte	*fifth*
sechs	sechste	*sixth*
sieben	**siebte**	*seventh*
acht	**achte**	*eighth*
neun	neunte	*ninth*
...		
neunzehn	neunzehnte	*nineteenth*

Ordinals 20 and higher add **-ste** to the cardinal number.

20–   **-ste**

zwanzig	zwanzigste	*twentieth*
einundzwanzig	einundzwanzigste	*twenty-first*
zweiundzwanzig	zweiundzwanzigste	*twenty-second*
...		
dreißig	dreißigste	*thirtieth*
vierzig	vierzigste	*fortieth*
...		
hundert	hundertste	*hundredth*
...		

Ordinal numbers usually end in **-e** or **-en.** Use the construction **der** + **-e** to answer the question **Welches Datum . . . ?**

All dates are masculine:
der zweite Mai
am zweiten Mai

Welches Datum ist heute?	*What is today's date?*
Heute ist **der** achtzehnt**e** Oktober.	*Today is October eighteenth.*

Use **am** + **-en** to answer the question **Wann . . . ?**

Wann sind Sie geboren?	*When were you born?*
Am achtzehnt**en** Juni 1973.	*On the eighteenth of June 1973.*

Ordinal numbers in German can be written as words or figures.

am zweiten Februar	*on the second of February*
am 2. Februar	*on the 2nd of February*

Übung 6 Wichtige Daten

Beantworten Sie die Fragen.

1. Welches Datum ist heute?
2. Welches Datum ist morgen?
3. Wann feiert man Weihnachten?
4. Wann feiert man den Nationalfeiertag in Ihrem Land?
5. Wann feiert man das neue Jahr?

6. Wann feiert man Valentinstag?
7. Wann ist dieses Jahr Muttertag?
8. Wann ist nächstes Jahr Ostern?
9. Wann beginnt der Frühling?
10. Wann beginnt der Sommer?

um

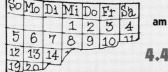
am

4.4 Prepositions of time: *um, am, im*

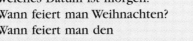
am

im

Use the question word **wann** to ask for a specific time. The preposition in the answer will vary depending on whether it refers to clock time, days and parts of days, months, or seasons.

um CLOCK TIME

—Wann beginnt der Unterricht?	*When does the class start?*
—**Um** neun Uhr.	*At nine o'clock.*

am DAYS AND PARTS OF DAYS*

—Wann ist das Konzert?	*When is the concert?*
—**Am** Montag.	*On Monday.*
—Wann arbeitest du?	*When do you work?*
—**Am** Abend.	*In the evening.*

im SEASONS AND MONTHS

—Wann ist das Wetter schön?	*When is the weather nice?*
—**Im** Sommer und besonders **im** August.	*In the summer and especially in August.*

*Note the exceptions: **in der Nacht** (*at night*) and **um Mitternacht** (*at midnight*).

No preposition is used when stating the year in which something takes place.

—Wann bist du geboren?	*When were you born?*
—Ich bin 1970 geboren.	*I was born in 1970.*

Übung 7 Melanies Geburtstag

Ergänzen Sie **um, am, im** oder **—**.

Melanie hat _____ᵃ Frühling Geburtstag, _____ᵇ April. Sie ist _____ᶜ 1978 geboren, _____ᵈ 4. April 1978. _____ᵉ Dienstag kommen Claire und Josef _____ᶠ halb vier zum Kaffee. Melanies Mutter kommt _____ᵍ 16 Uhr. _____ʰ Abend gehen Melanie, Claire und Josef ins Kino. Josef hat auch _____ⁱ April Geburtstag, aber erst _____ʲ 15. April.

Übung 8 Interview

Beantworten Sie die Fragen.

1. Was machst du im Winter? im Sommer?
2. Wie ist das Wetter im Frühling? im Herbst?
3. Was machst du am Morgen? am Abend?
4. Was machst du am Freitag? am Samstag?
5. Was machst du heute um sechs Uhr abends? um zehn Uhr abends?
6. Was machst du am Sonntag um Mitternacht?

4.5 Past participles with and without *ge-*

A. Participles with **ge-**

German past participles usually begin with **ge-**. The past participles of separable-prefix verbs begin with the prefix; the **ge-** goes between the prefix and the verb.

Separable-prefix verbs form their past participles with **-ge-:**
weak verbs:
prefix + **ge** + verb stem + **(e)t**
strong verbs:
prefix + **ge** + verb stem + **en**
The verb stem may have vowel or consonant changes.

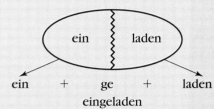

Frau Schulz **hat** Heidi und Nora zum Essen **eingeladen.**	*Frau Schulz invited Heidi and Nora for dinner.*

Here are the infinitives and past participles of some common separable-prefix verbs.

PAST PARTICIPLES WITH **haben**

anfangen	angefangen	*to start*
anrufen	angerufen	*to call up*
aufräumen	aufgeräumt	*to tidy up*
auspacken	ausgepackt	*to unpack*
fernsehen	ferngesehen	*to watch TV*

SEPARABLE PREFIXES
an
auf
aus
mit
weg
wieder
zusammen
and others

Verbs ending in **-ieren** are weak: verb stem + **t.**

PAST PARTICIPLES WITH **sein**

ankommen	angekommen	*to arrive*
aufstehen	aufgestanden	*to get up*
ausgehen	ausgegangen	*to go out*
weggehen	weggegangen	*to go away, leave*

B. Participles without **ge-**

There are two types of verbs that do not add **ge-** to form the past participle: verbs that end in **-ieren** and verbs with inseparable prefixes.

1. Verbs ending in **-ieren** form the past participle with **-t: studieren →**
studiert.

Paula **hat** zwei Semester Deutsch **studiert.**	*Paula studied German for two semesters.*
Thomas **hat** gestern sein Fahrrad **repariert.**	*Thomas repaired his bicycle yesterday.*

Here is a list of common verbs that end in **-ieren.**

buchstabieren	buchstabiert	*to spell*
diskutieren	diskutiert	*to discuss*
fotografieren	fotografiert	*to take pictures*
korrigieren	korrigiert	*to correct*
probieren	probiert	*to try, taste*
reparieren	repariert	*to repair, fix*
studieren	studiert	*to study*
telefonieren	telefoniert	*to telephone*

Verbs with inseparable prefixes may be weak or strong:
weak verbs:
  verb stem + **(e)t**
strong verbs:
  verb stem + **en**
The verb stem may have vowel or consonant changes.

Almost all verbs ending in **-ieren** form the perfect tense with **haben.** The verb **passieren** (*to happen*) requires **sein** as an auxiliary: **Was ist passiert?** (*What happened?*)

2. The past participles of inseparable-prefix verbs do not include **ge:**
verstehen → verstanden.

Stefan **hat** heute nicht viel **verstanden.**	*Stefan didn't understand much today.*

Whereas separable prefixes are words that can stand alone (**auf, aus, wieder,** and so forth), inseparable prefixes are simply syllables: **be-, ent-, er-, ge-, ver-,** and **zer-.** The past participles of most inseparable-prefix verbs require **haben** as an auxiliary. Here is a list of common inseparable-prefix verbs and their past participles.

INSEPARABLE PREFIXES
be-
ent-
er-
ge-
ver-
zer-

Separable prefixes can stand alone as whole words; inseparable prefixes are always unstressed syllables.

bekommen	bekommen	*to get*
besuchen	besucht	*to visit*
bezahlen	bezahlt	*to pay*
entdecken	entdeckt	*to discover*
erfinden	erfunden	*to invent*
erzählen	erzählt	*to tell*
verdienen	verdient	*to earn*
vergessen	vergessen	*to forget*
verlieren	verloren	*to lose*
verstehen	verstanden	*to understand*

Übung 9 Ein schlechter Tag

Herr Thelen ist gestern mit dem linken Fuß aufgestanden. Zuerst hat er seinen Wecker nicht gehört und hat verschlafen. Dann ist er in die Küche gegangen und hat Kaffee gekocht. Nach dem Frühstück ist er mit seinem Auto in die Stadt zum Einkaufen gefahren. Er hat geparkt und ist erst nach zwei Stunden zurückgekommen. Herr Thelen hat einen Strafzettel[1] bekommen und 20 Euro bezahlt für falsches Parken. Er ist nach Hause gefahren, hat die Wäsche gewaschen und hat aufgeräumt. Beim Aufräumen ist eine teure Vase auf den Boden gefallen und zerbrochen.[2] Als die Wäsche fertig war, war ein Pullover eingelaufen.[3] Herr Thelen ist dann schnell ins Bett gegangen. Fünf Minuten vor Mitternacht ist das Haus abgebrannt.[4]

A. Richtig (R) oder falsch (F)?

1. _____ Herr Thelen hat gestern verschlafen.

2. _____ Vor dem Frühstück ist er in die Stadt gefahren.

3. _____ Herr Thelen hat falsch geparkt.

4. _____ Er hat seine Wohnung aufgeräumt.

5. _____ Herr Thelen braucht ein neues Haus.

[1]*ticket* [2]*broken* [3]*shrunk* [4]*burned down*

B. Suchen Sie die Partizipien heraus, bilden Sie die Infinitive und schreiben Sie sie auf.

PARTIZIPIEN MIT ge-	INFINITIV	PARTIZIPIEN OHNE ge-	INFINITIV
_____	_____	_____	_____
_____	_____	_____	_____

Übung 10 In der Türkei

Mehmet ist in der Türkei. Was hat er gestern gemacht? Verwenden Sie die Verben am Rand.[1]

Mehmet ist in der Türkei bei seinen Eltern. Gestern _____ er
um 17 Uhr _____.[a] Er _____ seine Eltern und Geschwister
_____[b] und einen Tee mit ihnen _____.[c] Dann _____ er in sein
Zimmer _____[d] und _____ _____.[e]

gehen
ankommen
trinken
schlafen
begrüßen

Nach einer Stunde _____ er zum Abendessen in die Küche
_____.[f] Seine Eltern _____ ihn viel über sein Leben in Deutsch-
land _____[g] und Mehmet _____ über seine Arbeit und seine
Freunde _____.[h] Sie _____ noch einen Tee _____[i] und _____
um 23 Uhr ins Bett _____.[j]

gehen
trinken
fragen
sprechen
gehen

[1]*margin*

Übung 11 Interview

Fragen Sie Ihren Partner / Ihre Partnerin. Schreiben Sie die Antworten auf.

MODELL mit deinen Eltern telefonieren (wie lange?) →
s1: Hast du gestern mit deinen Eltern telefoniert?
s2: Ja.
s1: Wie lange?
s2: Eine halbe Stunde.

1. früh aufstehen (wann?)
2. jemanden fotografieren (wen?)
3. jemanden besuchen (wen?)
4. ausgehen (wohin?)
5. etwas bezahlen (was?)
6. etwas reparieren (was?)
7. etwas Neues probieren (was?)
8. fernsehen (wie lange?)
9. etwas nicht verstehen (was?)
10. dein Zimmer aufräumen (wann?)

KAPITEL 5

Im BMW-Werk in München arbeiten
viele Menschen

Geld und Arbeit

KAPITEL 5

In **Kapitel 5,** you will talk about shopping, jobs and the workplace, and daily life at home. You'll expand your ability to express your likes and dislikes and learn to describe your career plans.

THEMEN
Geschenke und Gefälligkeiten
Berufe
Arbeitsplätze
In der Küche

KULTURELLES
Weihnachtsbräuche
Ausbildung und Beruf
Berufsabschluss in Deutschland
Kulturprojekt: Arbeit und Geschäftswelt
Porträt: Clara Schumann und Leipzig
Videoecke

LEKTÜRE
Schwitzen fürs Image

STRUKTUREN
5.1 Dative case: articles and possessive adjectives
5.2 Question pronouns: **wer, wen, wem**
5.3 Expressing change: the verb **werden**
5.4 Location: **in, an, auf** + dative case
5.5 Dative case: personal pronouns

GESCHENKE UND GEFÄLLIGKEITEN

➤ **Grammatik 5.1–5.2**

das T-Shirt →
die Halskette
der Bikini
der Regenschirm
das Zelt
die Badehose
der Roman
("Thomas Mann
'Der Zauberberg'")
die Blumenvase
der Reiseführer
(Baedeker 'Mallorca')
das Briefpapier
die Mütze →
die Skibrille
die Kamera
die Münze
die Kaffeemaschine
die Tasche
der Fahrradhelm
die Weingläser
das Computerspiel
das Parfüm

Situation 1   Ist das normal?

Welches Bild gehört zu welchem Satz?

172   1. a.   b.

_____ Jens gießt seiner Tante die Blumen.
_____ Jens gießt seine Tante.

_____ Jutta repariert ihren Bruder.
_____ Jutta repariert ihrem Bruder das Radio.

_____ Silvia kauft das Kind.
_____ Silvia kauft dem Kind die Schokolade.

_____ Herr Ruf kocht der Familie das Essen.
_____ Herr Ruf kocht die Familie.

Situation 2 Sagen Sie *ja, nein* oder *vielleicht.*

1. Wem geben die Studenten ihre Hausaufgaben?

   a. dem Professor
   b. ihren Eltern
   c. dem Hausmeister
   d. dem Taxifahrer

2. Wem schreibt Rolf einen Brief?

   a. seiner Katze
   b. dem Präsidenten
   c. seinem Friseur
   d. seinen Eltern

3. Wem kauft Andrea das Hundefutter?

   a. ihrer Mutter
   b. ihrem Freund Jens
   c. ihrem Hund
   d. ihren Geschwistern

4. Wem repariert Herr Ruf das Fahrrad?

a. seinem Hund   **c.** seinen Nachbarn
b. seiner Mutter   **d.** seinem Sohn

Situation 3   Bildgeschichte: Josef kauft Weihnachtsgeschenke.

Morgen ist Weihnachten und Josef hat noch keine Geschenke.

Kultur ... Landeskunde ... Informationen

Weihnachtsbräuche[1]

- Feiern Sie Weihnachten?
- Wem kaufen Sie Weihnachtsgeschenke?
- Wer bringt den Kindern die Geschenke?
- Wann ist bei Ihnen Bescherung[2]? Wer ist alles dabei?

Für die Zeit vor Weihnachten gibt es in Deutschland besonders viele Bräuche. Man nennt die vier Sonntage vor dem Heiligen Abend[3] den ersten, zweiten, dritten und vierten Advent. Viele Familien haben Adventsdekorationen mit vier Kerzen[4] und jeden Sonntag zündet man eine weitere Kerze an, bis am vierten Advent alle Kerzen brennen.[5] Am 6. Dezember ist Nikolaustag. An diesem Tag bekommen Kinder Süßigkeiten in ihre Schuhe gelegt, die vor der Tür oder vor dem Fenster stehen. Am 24. Dezember kommt die Familie zur Bescherung zusammen. In Süddeutschland warten die Kinder aufs Christkind[6] und im Norden auf den Weihnachtsmann. Wen sieht man auf dieser Weihnachtskarte?

FROHE WEIHNACHTEN...

... und GUTEN RUTSCH![7]

[1]*Christmas traditions*   [2]*exchange of Christmas presents*   [3]*Christmas Eve*   [4]*candles*   [5]*burn*   [6]*Baby Jesus*   [7]*Happy New Year* (lit. *have a good slide [into the new year]*)

Situation 8   Interview

1. a. Arbeitest du? Wo? Als was? Was machst du? An welchen Tagen arbeitest
du? Wann fängst du an? Wann hörst du auf?

   b. Hast du gearbeitet? Wo? Als was? Was hast du gemacht? An welchen Tagen
hast du gearbeitet? Wann hast du angefangen? Wann hast du aufgehört?

2. Was studierst du? Wie lange dauert das Studium? Was möchtest du werden?
Verdient man da viel Geld? Ist das ein Beruf mit viel Prestige?

3. Was ist dein Vater von Beruf? Was hat er gelernt (studiert)? Was ist deine
Mutter von Beruf? Was hat sie gelernt (studiert)?

ARBEITSPLÄTZE

➤ **Grammatik 5.4**

Situation 9   Der Arbeitsplatz

MODELL   s1: Wo arbeitet eine Anwältin?
s2: Auf dem Gericht.

im Krankenhaus	auf der Post	in der Schule
auf der Polizei	in der Autowerkstatt	
auf dem Gericht		
im Kaufhaus	in der Kirche	auf der Univerität
im Schwimmbad	in der Gaststätte	auf der Bank

1. eine Anwältin	**5.** ein Bankangestellter	**9.** ein Postbeamter
2. ein Arzt	**6.** eine Kellnerin	**10.** ein Priester
3. ein Automechaniker	**7.** ein Lehrer	**11.** eine Professorin
4. eine Bademeisterin	**8.** eine Polizistin	**12.** eine Verkäuferin

Situation 10 Minidialoge

Wo finden diese Dialoge statt?

auf der Post   im Hotel   in der Gaststätte
an der Kinokasse   im Schwimmbad
in der Bäckerei   auf der Bank   auf dem Bahnhof   an der Tankstelle

1. _____ Guten Tag, ich möchte ein Konto eröffnen.
   _____ Gut. Füllen Sie bitte dieses Formular aus und gehen Sie zum Schalter 3.

2. _____ Guten Tag, ich hätte gern eine Fahrkarte nach Bonn.
   _____ Hin und zurück oder einfach?
   _____ Hin und zurück, bitte.

3. _____ Guten Tag, ich brauche zwei Briefmarken für Postkarten in die USA, bitte.
   _____ Das sind zweimal einen Euro fünfzig, drei Euro zusammen.
   _____ Bitte sehr.
   _____ Danke.

4. _____ Guten Tag, einmal volltanken und kontrollieren Sie bitte auch das Öl.
   _____ Wird gemacht.

5. _____ Guten Tag, geben Sie mir bitte ein Bauernbrot.
   _____ Bitte sehr! Sonst noch etwas?
   _____ Nein, danke, das ist alles.

6. _____ Guten Tag, ich hätte gern ein Einzelzimmer für eine Nacht.
   _____ Mit oder ohne Dusche?
   _____ Mit Dusche, bitte.

7. _____ Entschuldigen Sie bitte, können Sie mir sagen, wo die Umkleidekabinen sind?
   _____ Ja, die sind gleich hier um die Ecke.

8. _____ Guten Abend, zwei Eintrittskarten für *Titanic,* bitte.
   _____ Tut mir Leid, der Film ist leider schon ausverkauft.

9. _____ Hallo! Zahlen, bitte!
   _____ Gerne. Zusammen oder getrennt?

Situation 11 Zum Schreiben: Vor der Berufsberatung

Morgen haben Sie einen Termin beim Berufsberater. Bereiten Sie sich auf das Gespräch vor. Machen Sie sich Notizen zu den Stichwörtern von der Liste.

- Schulbildung
- familiärer[1] Hintergrund (Beruf der Eltern usw.)
- Interessen, Hobbys
- Lieblingsfächer, besondere Fähigkeiten
- Qualifikationen (Fremdsprachen, Computerkenntnisse usw.)
- Erwartungen[2] an den zukünftigen[3] Beruf (Geld, Arbeitszeiten, Urlaub usw.)

[1]*family*   [2]*expectations*   [3]*future*

Kultur ... Landeskunde ... Informationen

Berufsabschluss in Deutschland

● Was kann man in Ihrem Land machen, wenn man mit der Schule fertig ist?
● Welche Vorteile hat ein Studium oder eine Berufsausbildung in Ihrem Land?
Welche Nachteile? Entscheiden Sie Pro oder Kontra.

	PRO	KONTRA
Man hat nach der Ausbildung kein Geld.	☐	☐
Man verdient nicht gleich Geld.	☐	☐
Man verdient später mehr Geld.	☐	☐
Ein Studium dauert oft sehr lange.	☐	☐
Ein Studium ist teuer.	☐	☐
Man muss viele Prüfungen machen.	☐	☐
Die Ausbildung ist anstrengend.	☐	☐
Man bekommt mit einer Ausbildung eine bessere Arbeitsstelle.	☐	☐
Man ist nach der Schule nicht arbeitslos.	☐	☐
Der spätere Beruf macht Spaß.	☐	☐

● In den USA gehen circa 60% der Jugendlichen nach der Schule aufs College. Wie viele machen in Deutschland einen Fachhochschul- oder Hochschulabschluss? Wie viele machen einen Lehrabschluss? Interpretieren Sie die Grafik.

● 1991 hatten 71% der Erwerbstätigen[1] einen Berufsabschluss. 1997 hatten schon 81% einen Berufsabschluss. Warum ist ein Abschluss in Deutschland immer wichtiger? Kreuzen Sie an.

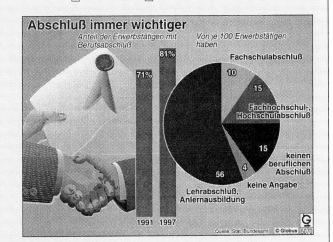

☐ Man muss mehr Geld verdienen, weil alles teuer ist.
☐ Man bekommt mit einer Berufsausbildung eine bessere Stelle.
☐ Es gibt immer mehr Arbeitslose und weniger Arbeitsstellen.
☐ Ohne Berufsabschluss darf man nicht arbeiten.
☐ Ohne Berufsabschluss ist man schnell arbeitslos.

[1]employees, workers

Situation 12 Rollenspiel: Bei der Berufsberatung

S1: Sie arbeiten bei der Berufsberatung. Ein Student / Eine Studentin kommt in
Ihre Sprechstunde. Stellen Sie ihm/ihr Fragen zu diesen Themen:
Schulbildung, Interessen und Hobbys, besondere Kenntnisse, Lieblingsfächer.

N DER KÜCHE

➤ **Grammatik 5.4–5.5**

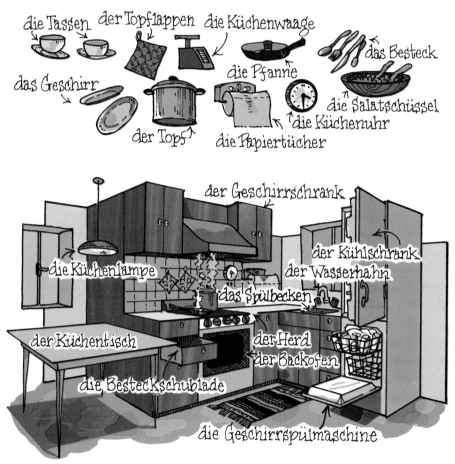

Situation 13 Wo ist . . . ?

MODELL s1: Wo ist der Küchentisch?
 s2: Unter der Küchenlampe.

am Fenster   unter dem Geschirrschrank   auf dem Herd   unter dem Herd
im Geschirrschrank
in der Besteckschublade   im Kühlschrank   in der Geschirrspülmaschine
    unter dem Kühlschrank

1. Wo ist die Geschirrspülmaschine?
2. Wo ist die Küchenuhr?
3. Wo ist der Backofen?
4. Wo ist das Spülbecken?
5. Wo sind die Papiertücher?

6. Wo ist die Pfanne?
7. Wo ist das Geschirr?
8. Wo ist der Topf?
9. Wo sind die Gläser?
10. Wo ist das Besteck?

Situation 14 Interaktion: Küchenarbeit

Wie oft spülst du das Geschirr?

mehrmals am Tag
jeden Tag
fast jeden Tag
zwei- bis dreimal in der Woche

einmal in der Woche
einmal im Monat
selten
nie

Wie oft . . . ?	ich	mein(e) Partner(in)
gehst du einkaufen		
kochst du		
deckst du den Tisch		
spülst du das Geschirr		
stellst du das Geschirr weg		
machst du den Herd sauber		
machst du den Tisch sauber		
machst du den Kühlschrank sauber		
fegst du den Boden		
bringst du die leeren Flaschen weg		

Situation 15 Umfrage: Kochst du mir ein Abendessen?

MODELL   s1: Kochst du mir morgen ein Abendessen?
    s2: Ja.
    s1: Unterschreib bitte hier.

                        UNTERSCHRIFT

1. Kochst du mir morgen ein Abendessen?   _____
2. Backst du mir einen Kuchen zum Geburtstag? _____
3. Kaufst du mir ein Eis?   _____
4. Schenkst du mir deinen Kugelschreiber? _____
5. Hilfst du mir heute bei der Hausaufgabe? _____
6. Kannst du mir die Grammatik erklären? _____
7. Schreibst du mir in den Ferien eine Postkarte? _____
8. Kannst du mir ein Lied vorsingen? _____
9. Kannst du mir hundert Dollar leihen? _____

WORTSCHATZ

Berufe	Professions
der **Anwalt**, ¨-e / die **Anwältin**, -nen	lawyer
der **Arzt** (R), ¨-e / die **Ärztin**, -nen	physician
der **Bademeister**, - / die **Bademeisterin**, -nen	swimming-pool attendant
der/die **Bankangestellte**, -n	bank employee
der **Berufsberater**, - / die **Berufsberaterin**, -nen	career counselor
der **Dirigent**, -en (*wk. masc.*) / die **Dirigentin**, -nen	(orchestra) conductor
der **Friseur**, -e / die **Friseurin**, -nen	hairdresser
der **Hausmeister**, - / die **Hausmeisterin**, -nen	custodian
der **Kassierer**, - / die **Kassiererin**, -nen	cashier
der **Kellner**, - / die **Kellnerin**, -nen	waiter/waitress
der **Krankenpfleger**, - / die **Krankenpflegerin**, -nen	nurse
der/die **Postangestellte**, -n	postal employee

der **Richter**, - / die **Richterin**, -nen	judge
der **Schriftsteller**, - / die **Schriftstellerin**, -nen	writer
der **Verkäufer**, - / die **Verkäuferin**, -nen	salesperson
der **Zahnarzt**, ¨-e / die **Zahnärztin**, -nen	dentist

Ähnliche Wörter

der **Arbeiter**, - / die **Arbeiterin**, -nen; der **Architekt**, -en (*wk. masc.*) / die **Architektin**, -nen; der **Automechaniker**, - / die **Automechanikerin**, -nen; der **Bibliothekar**, -e / die **Bibliothekarin**, -nen; der **Fernsehreporter**, - / die **Fernsehreporterin**, -nen; der **Ingenieur**, -e / die **Ingenieurin**, -nen; der **Koch**, ¨-e / die **Köchin**, -nen; der **Pilot**, -en (*wk. masc.*) / die **Pilotin**, -nen; der **Polizist**, -en (*wk. masc.*) / die **Polizistin**, -nen; der **Präsident**, -en (*wk. masc.*) / die **Präsidentin**, -nen; der **Priester**, - / die **Priesterin**, -nen; der **Sekretär**, -e / die **Sekretärin**, -nen; der **Steward**, -s / die **Stewardess**, **Stewardessen**; der **Taxifahrer**, - / die **Taxifahrerin**, -nen

Orte	Places
die **Ecke**, -n	corner
um die Ecke	around the corner
die **Gaststätte**, -n	restaurant
in der Gaststätte	at the restaurant

die **Kinokasse, -n** movie theater ticket
booth

an der Kinokasse at the movie theater
ticket booth

die **Kirche, -n** church
in der Kirche at church
die **Polizei** police station
auf der Polizei at the police station
die **Post** post office
auf der Post at the post office
die **Tankstelle, -n** gas station
an der Tankstelle at the gas station

der **Bahnhof, ̈e (R)** train station
auf dem Bahnhof at the train station
der **Schalter, -** ticket booth
am Schalter at the ticket booth

das **Büro, -s** office
im Büro at the office
das **Gericht, -e** courthouse
auf dem Gericht at the courthouse
das **Kaufhaus, ̈er** department store
im Kaufhaus at the department store
das **Krankenhaus, ̈er (R)** hospital
im Krankenhaus in the hospital
das **Schwimmbad, ̈er (R)** swimming pool
im Schwimmbad at the swimming pool

Ähnliche Wörter
die **Bäckerei, -en; in der Bäckerei;** die **Bank, -en;
auf der Bank;** die **Schule, -n (R); in der Schule;** die
Universität, -en; auf der Universität; der
Supermarkt, ̈e; im Supermarkt; das **Hotel, -s (R);
im Hotel**

In der Küche In the Kitchen

die **Fensterbank, ̈e** window sill
die **Flasche, -n** bottle
die **Geschirrspül-** dishwasher
maschine, -n
die **Küche, -n** kitchen
die **Küchenwaage, -n** kitchen scale
die **Salatschüssel, -n** salad (mixing) bowl
die **Schublade, -n** drawer
die **Tasse, -n (R)** cup

der **Backofen, ̈** oven
der **Herd, -e** stove
der **Kühlschrank, ̈e** refrigerator
der **Topf, ̈e** pot, pan
der **Topflappen, -** potholder
der **Wasserhahn, ̈e** faucet

das **Besteck** silverware, cutlery
das **Geschirr (R)** dishes
das **Papiertuch, ̈er** paper towel
das **Spülbecken, -** sink

Ähnliche Wörter
die **Kaffeemaschine, -n;** die **Küchenarbeit, -en;** die
Küchenlampe, -n; die **Küchenuhr, -en;** die **Pfanne,
-n;** der **Küchentisch, -e;** das **Glas, ̈er /** das
Weinglas, ̈er

Einkäufe und Purchases and
Geschenke Presents

die **Badehose, -n** swim(ming) trunks
die **Briefmarke, -n** stamp
die **Halskette, -n** necklace
die **Münze, -n** coin
die **Mütze, -n** cap
die **Tasche, -n (R)** purse, handbag; pocket

der **Badeanzug, ̈e** bathing suit
der **Regenschirm, -e** umbrella
der **Reiseführer, -** travel guidebook
der **Roman, -e (R)** novel

das **Handtuch, ̈er** hand towel
das **Weihnachts-** Christmas present
geschenk, -e
das **Zelt, -e (R)** tent

Ähnliche Wörter
die **Blumenvase, -n;** die **Kamera, -s;** die **Skibrille,
-n;** der **Bikini, -s;** der **Fahrradhelm, -e;** das
Briefpapier; das **Computerspiel, -e;** das **Parfüm, -e;**
das **T-Shirt, -s (R)**

Schule und Beruf School and Career

die **Ausbildung** specialized training
praktische Ausbildung practical (career)
training
die **Bundeswehr** German army
bei der Bundeswehr in the German army
die **Schulbildung** education, schooling

das **Abitur** college-prep-school
degree

Sonstige Substantive Other Nouns

die **Dusche, -n** shower
die **Eintrittskarte, -n** admissions ticket
die **Kundin, -nen** female customer
die **Lehre, -n** apprenticeship
die **Möglichkeit, -en** possibility
die **Tätigkeit, -en** activity
die **Umgebung, -en** surrounding area, environs
die **Umkleidekabine, -n** dressing room
die **Versicherung, -en** insurance
die **Werkstatt, ̈en** repair shop, garage

der **Kuchen**, - — cake
der **Kunde**, -n (*wk. masc.*) — male customer
der **Rasen** — lawn
der **Rat**, **Ratschläge** — advice
der **Termin**, -e — appointment
der **Urlaub**, -e — vacation
der **Vorschlag**, ¨-e — suggestion

das **Bauernbrot**, -e — (loaf of) farmer's bread
das **Einzelzimmer**, - — single room
das **Hundefutter** — dog food
das **Interesse**, -n — interest
  Interesse haben an — to be interested in
    (+ *dat.*)
das **Konto**, **Konten** — bank account
  ein Konto eröffnen — to open a bank account
das **Lieblingsfach**, ¨-er — favorite subject
das **Öl** — oil
  das Öl kontrollieren — to check the oil

die **Kenntnisse** (*pl.*) — skills; knowledge about a field

Ähnliche Wörter
die **Klasse**, -n; **erster Klasse**; die **Liste**, -n; die
Lotterie, -n; **in der Lotterie gewinnen**; die
Patientin, -nen; die **Politik**; die **Touristenklasse**
der **Patient**, -en (*wk. masc.*); das **Pfund**, -e; das
Prestige [prɛstiːʒ]

Verben — Verbs

aus·tragen, **trägt . . .** — to deliver
  aus, **ausgetragen**
  Zeitungen austragen — to deliver newspapers
einkaufen gehen, **ist** — to go shopping
  einkaufen
  gegangen (R)
entschuldigen — to excuse
  entschuldigen Sie! — excuse me
erklären — to explain
erzählen (R) — to tell (a story, joke)
fegen — to sweep
feiern — to celebrate
heiraten — to marry
interessieren — to interest
  sich interessieren für — to be interested in
leihen, **geliehen** — to lend
mähen — to mow
pflegen — to attend to; to nurse
raten, **geraten** (+ *dat.*) — to advise (a person)
sagen (R) — to say, tell
schenken — to give (as a present)
statt·finden, — to take place
  stattgefunden
stellen — to place, put
  eine Frage stellen — to ask a question

unterrichten — to teach, instruct
untersuchen — to investigate; to examine
verkaufen — to sell
voll tanken — to fill up (with gas)
vor·schlagen, **schlägt . . .** — to suggest
  vor, **vorgeschlagen**
weg·stellen — to put away
werden, **wird**, **ist** — to become
  geworden
zahlen — to pay
zeichnen (R) — to draw

Ähnliche Wörter
backen, **gebacken**; **heilen**; **vor·singen**,
vorgesungen; **weg·bringen**, **weggebracht**; **wieder
kommen**, **ist wieder gekommen**

Adjektive und Adverbien — Adjectives and Adverbs

ausverkauft — sold out
getrennt — separately; separate checks

Ähnliche Wörter
arbeitslos, **flexibel**, **normal**, **praktisch**, **relativ**

Sonstige Wörter und Ausdrücke — Other Words and Expressions

alles zusammen — all together; one check
als — as; when
  als was? — as what?
  als ich acht Jahre alt — when I was eight years
  war — old
außerdem — besides
etwas (R) — something, anything
  sonst noch etwas? — anything else?
fast — almost
gern (R) — gladly
  ich hätte gern — I would like
hin und zurück — round-trip
irgendwelche, — any (+ *noun*)
  irgendwelcher,
  irgendwelches
jede, **jeder**, **jedes** (R) — each
mehrmals — several times
nebenan — next door
  von nebenan — from next door
tut mir Leid! — sorry
und so weiter — and so forth
unter — under, underneath
  unter dem Fenster — under the window
zweimal — twice

KULTURECKE

Kulturprojekt Arbeit und Geschäftswelt

Hints for working with the Kulturprojekt

Current exchange rates may be found in major daily newspapers or on the Internet. Use a reference work such as *The Universal Almanac* to find the largest international companies and their place of origin. The *Britannica World Data,* a yearly supplement to the *Encyclopedia Britannica* found in most libraries, lists average household incomes. You can find information about average work and vacation schedules in your textbook.

Suchen Sie nach den folgenden Informationen. Benutzen Sie das Internet, die Bibliothek, Zeitungen oder andere Nachschlagewerke.[1]

- Wie viele Stunden pro Woche muss man in Deutschland arbeiten? in Österreich? in der Schweiz?
- Wie viele Tage Urlaub pro Jahr hat man in Deutschland? in Österreich? in der Schweiz?
- Wie hoch ist der durchschnittliche Jahresverdienst[2]?
- Wie viel Euro (Schweizer Franken) bekommen Sie zur Zeit für einen Dollar?
- Welche deutschen (österreichischen, Schweizer) Konzerne[3] kennen Sie? Was stellen sie her?
- Gibt es in Ihrer Umgebung Zweigstellen[4] deutscher (österreichischer, Schweizer) Firmen?
- Gibt es in Ihrer Stadt deutsche (österreichische, Schweizer) Produkte im Supermarkt oder in anderen Geschäften?
- Kennen Sie jemanden, der in Deutschland (Österreich, der Schweiz) gearbeitet hat? Als was? Wann und wo?

[1]*reference works* [2]*durchschnittliche ... average yearly income* [3]*large companies, concerns* [4]*branches*

Kontakte Online

Weiteres zum Thema *Arbeit und Geschäftswelt* finden Sie bei **Kontakte online** im World Wide Web unter www.mhhe.com/kontakte

Porträt

Die Pianistin und Komponistin Clara Schumann (1819–1896) wurde in Leipzig geboren und gab schon mit acht Jahren Konzerte. Wenig später unternahm sie große Konzertreisen, die sie in ganz Europa bekannt machten. 1840 heiratete sie gegen den Willen ihres Vaters den Komponisten Robert Schumann, mit dem sie acht Kinder hatte. Die Schumanns arbeiteten eng zusammen. Clara schrieb viele Einleitungen zu Roberts Klavierstücken. Nachdem ihr Ehemann 1854 in einer

Miniwörterbuch

der **Ausgangspunkt**	starting point
bedeutend	important
die **DDR**	Deutsche Demokratische Republik
ehemalig	former
die **Einleitung**	introduction
erklären	to declare
die **Förderin**	sponsor, supporter
das **Friedensgebet**	prayer for peace
friedlich	peaceful
die **Heilanstalt**	hospital
das **Klavierstück**	piano piece
der **Markt**	market fair
die **Messe**	trade fair
die **Vereinigung**	unification
der **Zusammenbruch**	collapse
zurückblicken	to look back on

Heilanstalt gestorben war, finanzierte sie ihre große Familie. Sie gab viele Konzerte und unterrichtete Musik. Sie war Freundin und Förderin von Johannes Brahms, mit dem sie die Werke ihres Mannes herausgab.

Leipzig kann auf eine über 800-jährige Stadtgeschichte zurückblicken. Obwohl „Lipzi" erst 500 Einwohner hatte, wurde es 1165 zur Stadt erklärt. Hier fanden schon im Mittelalter bedeutende Märkte statt und das ist bis heute so. Die bekannteste Messe ist die jährliche Buchmesse im Frühjahr. Leipzig ist aber auch eine Stadt der Wissenschaft und der Musik. Viele bekannte Musiker und Wissenschaftler, wie der in Leipzig geborene Richard Wagner, studierten an der 1409 gegründeten Universität. Die Leipziger Universität ist nach Heidelberg die zweitälteste Universität Deutschlands.

Leipzig ist heute die größte Stadt Sachsens. Sie hat circa 450.000 Einwohner. Nach 1945 lag sie in der ehemaligen DDR. 1989 fanden in der Leipziger Nikolaikirche jeden Montag Friedensgebete und danach Demonstrationen statt. Diese Demonstrationen waren der Ausgangspunkt für den Zusammenbruch der DDR und die friedliche Vereinigung Deutschlands.

Welche Aussagen sind falsch? Verbessern Sie die falschen Aussagen!

1. Clara Schumann gab schon mit zwölf Jahren Konzerte.
2. Ihre Konzertreisen machten sie in ganz Europa bekannt.
3. Ihr Vater wollte, dass sie den Komponisten Robert Schumann heiratete.
4. Clara Schumann hatte fünf Kinder.
5. Die Stadt Leipzig ist 500 Jahre alt.
6. Die Leipziger Universität ist die älteste Universität Deutschlands.
7. Leipzig ist die größte Stadt Sachsens.
8. Die Leipziger Montagsdemonstrationen führten zum Zusammenbruch der DDR.

Der Marktplatz in Leipzig mit dem Alten Rathaus

 IDEOECKE

- *Was studierst du?*
- *Was gefällt dir an deinem Studium?*
- *Was willst du damit mal machen?*
- *Wie sieht für dich ein typischer Studientag aus?*
- *Arbeitest du?*
- *Arbeitest du viel?*
- *Was machst du da genau?*
- *Wie viel Geld verdienst du?*
- *Gibt es etwas, worauf du sparst?*

Marcus ist in Stolberg im Rheinland geboren. Er studiert Betriebswirtschaftslehre[1] und Politik. Seine Hobbys sind Sport, Lesen und Reisen.

[1]*business administration*

Ayse ist in Köprübasi in der Türkei geboren. Sie studiert Kommunikations- und Medienwissenschaft, Soziologie und Politik. Ihre Hobbys sind Fotografieren und Volleyball.

Aufgabe 1

Ayse oder Marcus? Welche Aussagen treffen auf Ayse zu, welche auf Marcus? Schreiben Sie A (Ayse) oder M (Marcus) neben die folgenden Aussagen.

1. _____ Meine Nebenfächer[1] sind Soziologie und KMW.
2. _____ Ich studiere im 8. Semester.
3. _____ Mein Studium macht mir viel Spaß.
4. _____ Ich würde gern bei einer Zeitung arbeiten.
5. _____ Ich kann mir vorstellen[2] für die UNO zu arbeiten.
6. _____ Normalerweise stehe ich um acht oder neun Uhr auf.
7. _____ Ich gehe früh morgens um neun zur Uni.
8. _____ Ich mache zur Zeit ein Praktikum.
9. _____ Ich verdiene die Stunde 13,25 DM.
10. _____ Ich bekomme 800 Mark im Monat.
11. _____ Ich spare auf[3] eine Reise[4] nach Lateinamerika.
12. _____ Ich würde mir gern einen Fotoapparat[5] kaufen.

[1]*minor subjects* [2]mir . . . *imagine* [3]spare . . . *am saving for* [4]*trip* [5]*camera*

189

Aufgabe 2

Studium und Beruf. Ordnen Sie jeder Frage eine passende Antwort zu.

1. Was gefällt Ayse/
   Marcus an ihrem/
   seinem Studium?
2. Wo will Ayse/
   Marcus mal
   arbeiten?
3. Als was arbeitet
   Ayse/Marcus
   jetzt?

a. Ich arbeite als Promoter bei einem
   Fernsehsender.
b. Ich arbeite im Bereich Internet-Marketing und
   E-Commerce.
c. Ich kann mir alles sehr individuell gestalten.
d. Ich möchte für eine internationale Organisation
   arbeiten.
e. Ich möchte in einem großen internationalen
   Unternehmen arbeiten.
f. Ich würde gern im Auswärtigen Amt arbeiten.
g. Ich würde gern in der Politik arbeiten.
h. Mein Studium ist sehr vielfältig.
i. Mir gefällt die internationale Ausrichtung.

Vor dem Lesen

1. Haben Sie als Schüler/Schülerin gejobbt[1]? Was haben Sie gemacht? Wann
   haben Sie gejobbt? in den Ferien oder auch während des Schuljahres?
2. Was haben Sie mit Ihrem Lohn[2] gemacht?
3. Ab welchem Alter[3] darf man in Ihrem Land arbeiten?
4. Was wissen Sie schon über Jens Krüger und Jutta Ruf? Lesen Sie im Vorwort[4]
   des Buches nach.
5. Lesen Sie den Titel, Untertitel und die Kurztexte zu den Fotos und tragen Sie
   die Informationen in die Tabelle ein.

[1]*worked a part-time job*   [2]*pay*   [3]Ab . . . *From what age*   [4]*preface*

Name	Alter	Job	Stundenlohn	Geld für . . .
Marco				
Kathrin				
Jens				
Jutta				

DEUTSCHLAND

Marco, 16,
jobbt als Hilfsarbeiter auf dem
Bau. Verdienst: 12 Mark die Stunde.
Wunschtraum: ein Honda-Moped

Kathrin, 14,
Nachmittags Bürohilfskraft, abends
Babysitting. 2-3mal die Woche.
Ausgaben: CD's, USA-Urlaub

KINDERARBEIT

Schwitzen fürs Image

**Mehr als 400 000 deutsche Schulkinder jobben, viele illegal. Ihr Antrieb
fast immer: Designerklamotten, Statussymbole, mit anderen mithalten**

**Jugendarbeitsschutz-
gesetz:** Kinderarbeit
unter 14 Jahren ist nicht
erlaubt. Schüler und
Schülerinnen bis 16
dürfen nur in
bestimmten Jobs und
nur zwei Stunden
täglich arbeiten.

Miniwörterbuch

abschreiben	to copy (from another person)
der **Antrieb**	motivation
einräumen	to stock
erhalten	to maintain
erlaubt	permitted
der **Gymnasiast**	pupil at a Gymnasium
hüten	to look after
jeweils	in both cases
das **Jugendarbeitsschutzgesetz**	law governing working conditions for adolescents
die **Klamotten**	clothes (*slang*)
der **Klassenkamerad**	classmate
reichen	to be enough

LESEHILFE

Scanning a text is one
way to find details
without reading word
for word. How many
brand names and
products can you iden-
tify by scanning the
text?

Zum Beispiel Jens Krüger aus München: Pünktlich morgens um sieben ist
Jens im Supermarkt. Er räumt Regale ein und hilft hier und dort aus.
Acht Stunden arbeitet er am Tag—für vier Euro pro Stunde. Samstags, während
der Ferien und manchmal auch in der Woche.

Jens ist Gymnasiast in München, geht in die neunte Klasse. Im Supermarkt
jobbt er seit seinem zwölften Lebensjahr.

5

Jens ist einer von vielen. Die meisten seiner Klassenkameraden und -kameradinnen jobben. Von seinem Lohn kauft sich Jens „Nike"-Turnschuhe, „Stüssy"-Jacken für 225 Euro oder die schwarzen „Levi's" für 90 Euro. „Es gefällt mir,
10 so viel Geld für Klamotten auszugeben und es sieht einfach cool aus", sagt er. Auch da ist er nicht der einzige. 90 Prozent aller „Kinderarbeiter" jobben, um sich ihren Lifestyle zu erhalten. Denn das ist wichtig in der Clique. „Chevignon"-Rucksack, „Levi's"-Jeans oder „Scott"-Mountainbike sind genauso wichtig fürs Image wie das „Mercedes"-Cabrio für die Eltern.

15 Jens' Lehrer finden seine Freizeitaktivitäten nicht so toll, denn für Lernen und Hausaufgaben hat er natürlich wenig Zeit. Genauso wie Jutta. Sie jobbt als Babysitterin und in einer Boutique. „Wenn ich die Hausaufgaben nicht machen kann, schreibe ich eben ab", sagt sie. Zweimal die Woche hütet sie zwei Kleinkinder aus der Nachbarschaft. An zwei Nachmittagen und samstagvormit-
20 tags jobbt sie jeweils drei Stunden in einer Boutique—für fünf Euro die Stunde. Außerdem bekommt sie die Kleidung in der Boutique billiger. Sie braucht das Geld für Kino, Disko und CDs.

Jens bekommt nur 15 Euro Taschengeld im Monat von seinen Eltern. Das reicht natürlich vorn und hinten nicht. Sein Vater hat nichts dagegen, dass Jens
25 jobbt: „Solange er arbeitet, kommt er nicht auf dumme Gedanken", sagt er.

Arbeit mit dem Text

1. Tragen Sie in die Tabelle auf Seite 192 ein, wo Jens und Jutta jobben, wie viel sie verdienen und wofür sie das Geld ausgeben.
2. Woher kommen die meisten „Markenklamotten"[1]? Wie finden Sie die Preise?
3. Warum ist die Kleidung so wichtig für die Jugendlichen?
4. Wofür haben Jutta und Jens wenig Zeit?
5. Ist das legal, was Jutta und Jens machen? Warum (nicht)?
6. Wann hat Jens angefangen, im Supermarkt zu arbeiten? War das legal?

[1]*brand-name clothes*

5.1 Dative case: articles and possessive adjectives

The dative case indicates the person to or for whom something is done.

A noun or pronoun in the dative case is used to designate the person to or for whom something is done.

Ernst schenkt **seiner Mutter** ein Buch.	*Ernst gives his mother a book.*
Sofie gibt **ihrem Freund** einen Kuss.	*Sofie gives her boyfriend a kiss.*

Wissen Sie noch?

The nominative case designates the subject of a sentence. The accusative case designates the object of the action of the verb.

Review grammar 2.1.

Note that the dative case frequently appears in sentences with three nouns: a person who does something, a person who receives something, and the object that is passed from the doer to the receiver. The doer, the subject of the sentence, is in the nominative case; the recipient, or beneficiary, of the action is in the dative case; and the object is in the accusative case.

Doer		Recipient	Object
Nominative Case	*Verb*	*Dative Case*	*Accusative Case*
Maria	kauft	ihrem Freund	ein Hemd.

Maria is buying her boyfriend a shirt.

In German, the signal for the dative case is the ending **-m** in the masculine and neuter, **-r** in the feminine, and **-n** in the plural. Here are the dative forms of the definite, indefinite, and negative articles, and of the possessive adjectives.

	Masculine & Neuter	**Feminine**	**Plural**
Definite Article	dem	der	den
Indefinite Article	einem	einer	—
Negative Article	keinem	keiner	keinen
Possessive Adjective	meinem deinem seinem ihrem unserem eurem	meiner deiner seiner ihrer unserer eurer	meinen deinen seinen ihren unseren euren

Jutta schreibt **einem Freund** einen Brief.		*Jutta is writing a letter to a friend.*
Jens erzählt **seinen Eltern** einen Witz.		*Jens is telling his parents a joke.*

All plural nouns add an **-n** in the dative unless they already end in **n** or in **s**.

All plural nouns end in **-n** in the dative unless they form their plural with **-s**.

Claire erzählt **ihren Freunden** von ihrer Reise nach Deutschland.	*Claire is telling her friends about her trip to Germany.*

Here is a short list of verbs that often take an accusative object and a dative recipient.

erklären	*to explain something to someone*
erzählen	*to tell someone (a story)*
geben	*to give someone something*
leihen	*to lend someone something*
sagen	*to tell someone something*
schenken	*to give someone something as a gift*

Achtung!

Certain masculine nouns, in particular those denoting professions, add **-(e)n** in the dative and accusative singular as well as in the plural.

	Singular	Plural
Nominative	der Student	die Studenten
Accusative	den Studenten	die Studenten
Dative	dem Studenten	den Studenten

Übung 1   Was machen Sie für diese Leute?

Schreiben Sie mit jedem Verb einen Satz.

MODELL   Ich schenke meiner Mutter eine Kamera.

backen	Bruder/Schwester	ein Abendessen
erklären	Freund/Freundin	meine Bilder
erzählen	Großvater/	einen Brief
geben	Großmutter	ein Buch
kaufen	Vetter/Kusine	eine CD
kochen	Vater/Mutter	mein Deutschbuch
leihen	Onkel/Tante	50 Dollar
schenken	Partner/Partnerin	eine Geschichte
schreiben	Professor/	Kaffee
verkaufen	Professorin	eine Krawatte
	Mitbewohner/	einen Kuchen
	Mitbewohnerin	einen Kuss
		einen Tennisball
		einen Witz

Übung 2   Was machen diese Leute?

Bilden Sie Sätze.

MODELL   Heidi schreibt ihren Eltern eine Karte.

Bikini (*m.*) = der Bikini
Grammatik (*f.*) = die Grammatik
Zelt (*n.*) = das Zelt

Heidi	erklären	*ihren*	Eltern	Bikini (*m.*)
Peter	erzählen		Freund	Grammatik (*f.*)
Thomas	geben		Freundin	*eine* Karte (*f.*)
Katrin	kaufen		Mann	Regenschirm (*m.*)
Stefan	kochen		Mutter	Armband (*n.*)
Albert	leihen		Professor	Rucksack (*m.*)
Monika	schenken		Schwester	Suppe (*f.*)
Frau Schulz	schreiben		Tante	Märchen (*n.*)
Nora	verkaufen		Vetter	Zelt (*n.*)

5.2   Question pronouns: *wer, wen, wem*

wer (Who is it?) = nominative
wen (Whom do you know?) = accusative
wem (Whom did you give it to?) = dative

Use the pronouns **wer, wen,** and **wem** to ask questions about people: **wer** indicates the subject, the person who performs the action; **wen** indicates the accusative object; **wem** indicates the dative object.

Wer arbeitet heute Abend um acht?	*Who's working tonight at eight?*
Wen triffst du heute Abend?	*Whom are you meeting tonight?*
Wem leihst du das Zelt?	*To whom are you lending the tent?*

Übung 3   Minidialoge

Ergänzen Sie **wer, wen** oder **wem**.

1. JÜRGEN: _____ hat meinen Regenschirm?
   SILVIA: Ich habe ihn.
2. MELANIE: _____ hast du in der Stadt gesehen?
   JOSEF: Claire.
3. SOFIE: _____ willst du die CD schenken?
   WILLI: Marta. Sie wünscht sie sich schon lange.
4. FRAU AUGENTHALER: Na, erzähl doch mal. _____ hast du letztes Wochenende kennen gelernt?
   RICHARD: Also, sie heißt Uschi und . . .
5. MEHMET: _____ wollt ihr denn euren neuen Computer verkaufen?
   RENATE: Schülern und Studenten.
6. NATALIE: Weißt du, _____ heute Abend zu uns kommt?
   LYDIA: Nein, du?
   NATALIE: Tante Christa, natürlich.

5.3 Expressing change: the verb *werden*

Use a form of **werden** to talk about changing conditions.

Ich werde alt.	*I am getting old.*
Es wird dunkel.	*It is getting dark.*

werden: e → i
du wirst; er/sie/es wird

werden			
ich	werde	*wir*	werden
du	wirst	*ihr*	werdet
Sie	werden	*Sie*	werden
er/sie/es	wird	*sie*	werden

In German, **werden** is also used to talk about what somebody wants to be.

Was willst du werden?	*What do you want to be (become)?*
Natalie will Ärztin werden.	*Natalie wants to be (become) a physician.*

Übung 4   Was passiert?

Bilden Sie Fragen und suchen Sie dann eine logische Antwort darauf.

MODELL   Was passiert im Winter?—Es wird kalt.

1. am Abend
2. wenn man Bücher schreibt
3. wenn man Fieber bekommt
4. im Frühling
5. im Herbst
6. wenn Kinder älter werden
7. wenn man in der Lotterie gewinnt
8. wenn man Medizin studiert
9. am Morgen
10. im Sommer

a. Man wird Arzt.
b. Man wird bekannt.[1]
c. Die Blätter werden bunt.[2]
d. Es wird dunkel.
e. Sie werden größer.
f. Es wird wärmer.
g. Es wird hell.[3]
h. Man wird krank.
i. Die Tage werden länger.
j. Man wird reich.

Übung 5   Was werden sie vielleicht?

Suchen Sie einen möglichen Beruf für jede Person.

MODELL   Jens mag Autos und Motorräder. →
         Vielleicht wird er Automechaniker.

[1]*well-known* [2]*colorful* [3]*bright*

1. Lydia kocht gern.
2. Sigrid interessiert sich für Medikamente.
3. Ernst fliegt gern.
4. Jürgen hat Interesse an Pädagogik.
5. Jutta zeichnet gern Pläne für Häuser.
6. Helga geht gern in die Bibliothek.
7. Hans heilt gern kranke Menschen.
8. Andrea hört gern klassische Musik.

Apotheker/Apothekerin
Architekt/Architektin
Bibliothekar/Bibliothekarin
Dirigent/Dirigentin
Koch/Köchin
Krankenpfleger/Krankenpflegerin
Lehrer/Lehrerin
Pilot/Pilotin

5.4 Location: *in, an, auf* + dative case

When indicating where something is located, **in, an,** and **auf** take the dative case.

To express the location of someone or something, use the following prepositions with the dative case.

$$
\left.\begin{array}{l}
\textbf{in } (in, at) \\
\textbf{auf } (on, at) \\
\textbf{an } (on, at)
\end{array}\right\} \; + \; \left\{\begin{array}{l}
\textbf{dem/einem} \underline{\hspace{1cm}} (m., n.) \\
\textbf{der/einer} \underline{\hspace{1cm}} (f.) \\
\textbf{den} \underline{\hspace{1cm}} (pl.)
\end{array}\right.
$$

Katrin wohnt **in der Stadt.**
Stefan und Albert sind **auf der Bank.**

Katrin lives in the city.
Stefan and Albert are at the bank.

A. Forms and Contractions

Remember the signals for dative case.

	Masculine and Neuter	**Feminine**	**Plural**
Dative	dem einem	der einer	den

in + dem = im
an + dem = am

Note that the prepositions **in** and **an** + **dem** are contracted to **im** and **am.**

Masculine and Neuter	**Feminine**	**Plural**
im Kino **in einem** Kino	**in der** Stadt **in einer** Stadt	**in den** Wäldern **in** Wäldern
am See **an einem** See	**an der** Tankstelle **an einer** Tankstelle	**an den** Wänden **an** Wänden
auf dem Berg **auf einem** Berg	**auf der** Bank **auf einer** Bank	**auf den** Bäumen **auf** Bäumen

B. Uses

1. Use **in** when referring to enclosed spaces.

im Supermarkt	*in the supermarket (enclosed)*
in der Stadt	*in (within) the city*

2. **An,** in the sense of English *at,* denotes some kind of border or limiting area.

am Fenster	*at the window*
an der Tankstelle	*at the gas pumps*
am See	*at the lake*

3. Use **auf,** in the sense of English *on,* when referring to surfaces.

auf dem Tisch	*on the table*
auf dem Herd	*on the stove*

4. **Auf** is also used to express location in public buildings such as the bank, the post office, or the police station.

auf der Bank	*at the bank*
auf der Post	*at the post office*
auf der Polizei	*at the police station*

Übung 6 Was macht man dort?

Stellen Sie einem Partner / einer Partnerin Fragen. Er/Sie soll eine Antwort darauf geben.

MODELL s1: **Was macht man am Strand?**
s2: **Man spielt Volleyball.**

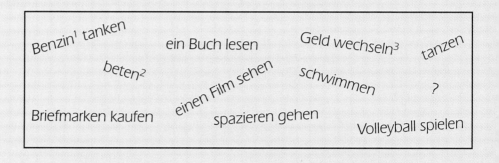

Benzin[1] tanken ein Buch lesen Geld wechseln[3] tanzen
beten[2] einen Film sehen schwimmen ?
Briefmarken kaufen spazieren gehen Volleyball spielen

1. im Kino	**4.** in der Disko	**7.** im Meer
2. auf der Post	**5.** in der Kirche	**8.** in der Bibliothek
3. an der Tankstelle	**6.** auf der Bank	**9.** im Park

[1]*gasoline* [2]*to pray* [3]*to exchange*

Übung 7 Wo?

Wo sind die Leute? Wo sind das
Poster, der Topf und der Wein?

MODELL Stefan ist am Strand.

1. Monika
2. Albert
3. Heidi
4. Nora
5. Katrin
6. POST / Thomas
7. Frau Schulz
8. das Poster
9. der Topf
10. der Wein

5.5 Dative case: personal pronouns

Personal pronouns in the dative case designate the person to or for whom
something is done. (See also **Strukturen 5.1.**)

Kaufst du mir ein Buch?   *Are you buying me a book?*
Nein, ich schenke dir eine CD.   *No, I'm giving you a CD.*

A. First- and Second-person Pronouns

Here are the nominative and dative forms of the first- and second-person
pronouns.

Singular		Plural	
Nominative	*Dative*	*Nominative*	*Dative*
ich	mir	wir	uns
du	dir	ihr	euch
Sie	Ihnen	Sie	Ihnen

Note that German speakers use three different pronouns to express the
recipient or beneficiary in the second person (English *you*): **dir, euch,** and
Ihnen.

RICHARD: Leihst du mir dein Auto, Mutti? (*Will you lend me your car, Mom?*)

FRAU AUGENTHALER: Ja, ich leihe **dir** mein Auto. (*Yes, I'll lend you my car.*)

HERR THELEN: Viel Spaß in Wien! (*Have fun in Vienna!*)

HERR WAGNER: Danke! Wir schreiben **Ihnen** eine Postkarte. (*Thank you! We'll write you a postcard.*)

HANS: Ernst und Andrea! Kommt in mein Zimmer! Ich zeige **euch** meine Briefmarken. (*Ernst and Andrea! Come to my room! I'll show you my stamp collection.*)

B. Third-person Pronouns

The third-person pronouns have the same signals as the dative articles: **-m** in the masculine and neuter, **-r** in the feminine, and **-n** in the plural.

de**m** → ih**m**
de**r** → ih**r**
de**n** → ih**nen**

	Masculine and Neuter	**Feminine**	**Plural**
Article	dem	der	den
Pronoun	**ihm**	**ihr**	**ihnen**

Was kaufst du deinem Vater?	*What are you going to buy your dad?*
Ich kaufe **ihm** ein Buch.	*I'll buy him a book.*
Was schenkst du deiner Schwester?	*What are you going to give your sister?*
Ich schenke **ihr** eine Bluse.	*I'll give her a blouse.*
Was kochen Sie ihren Kindern heute?	*What are you going to cook for your kids today?*
Ich koche **ihnen** Spaghetti mit Ketschup.	*I'm making them spaghetti with catsup.*

Note that the dative-case pronoun precedes the accusative-case noun.

Ich schreibe dir einen Brief.	*I'll write you a letter.*

Übung 8 Minidialoge

Ergänzen Sie **mir, dir, uns, euch** oder **Ihnen.**

1. HANS: Mutti, kaufst du _____ Schokolade?

FRAU RUF: Ja, aber du weißt, dass du vor dem Essen nichts Süßes essen sollst.

2. MARIA: Was hat denn Frau Körner gesagt?

MICHAEL: Das erzähle ich _____ nicht.

3. ERNST: Mutti, kochst du Andrea und mir einen Pudding?

FRAU WAGNER: Natürlich koche ich _____ einen Pudding.

4. HERR SIEBERT: Sie schulden[1] mir noch zehn Euro, Herr Pusch.

HERR PUSCH: Was!? Wofür denn?

HERR SIEBERT: Ich habe _____ doch für 100 Euro mein altes Motorrad verkauft, und Sie hatten nur 90 Euro dabei.

HERR PUSCH: Ach, ja, richtig.

5. FRAU KÖRNER: Mein Mann und ich gehen heute Abend aus. Können Sie _____ vielleicht ein gutes Restaurant empfehlen, Herr Pusch?

MICHAEL: Ja, gern . . .

[1]owe

Übung 9 Wer? Wem? Was?

Beantworten Sie die Fragen mit Hilfe der Tabelle.

MODELL Was hat Renate ihrem Freund geschenkt?
Sie hat ihm ein T-Shirt geschenkt.

	Renate	**Mehmet**
schenken	ein T-Shirt	einen Regenschirm
leiben	ihr Auto	500 Euro
erzählen	einen Witz	eine Geschichte
verkaufen	ihre Sonnenbrille	seinen Fernseher
zeigen	ihr Büro	seine Wohnung
kaufen	eine neue Brille	einen Kinderwagen

1. Was hat Mehmet seiner Mutter geschenkt?

2. Was hat Renate ihrem Vater geliehen?

3. Was hat Mehmet seinem Bruder geliehen?

4. Was hat Renate ihrer Friseurin erzählt?

5. Was hat Mehmet seinen Nichten erzählt?

6. Was hat Renate ihrer Freundin verkauft?

7. Was hat Mehmet seinen Eltern verkauft?

8. Was hat Renate ihrem Schwager gezeigt?

9. Was hat Mehmet seinem Freund gezeigt?

10. Was hat Renate ihrer Großmutter gekauft?

11. Was hat Mehmet seiner Schwägerin gekauft?

Gemütlicher Fernsehabend im Wohnzimmer

Wohnen

KAPITEL 6

In **Kapitel 6,** you will learn vocabulary and expressions for describing where you live, for finding a place to live, and for talking about housework.

THEMEN
Haus und Wohnung
Das Stadtviertel
Auf Wohnungssuche
Hausarbeit

KULTURELLES
Carl Spitzweg: Der arme Poet
Wohnen
Regionale Stile
Das Hundertwasser-Haus
Auf Wohnungssuche
Kulturprojekt: Architektur und Baustile
Porträt: Walter Gropius und Weimar
Videoecke

LEKTÜRE
Wohnträume

STRUKTUREN
6.1 Making comparisons with adjectives and adverbs
6.2 Location vs. destination: two-way prepositions with the dative or accusative case
6.3 Word order: time before place
6.4 Direction: **in/auf** vs. **zu/nach**
6.5 Separable-prefix verbs: the present and perfect tenses
6.6 The prepositions **mit** and **bei** + dative

HAUS UND WOHNUNG

> **Grammatik 6.1–6.2**

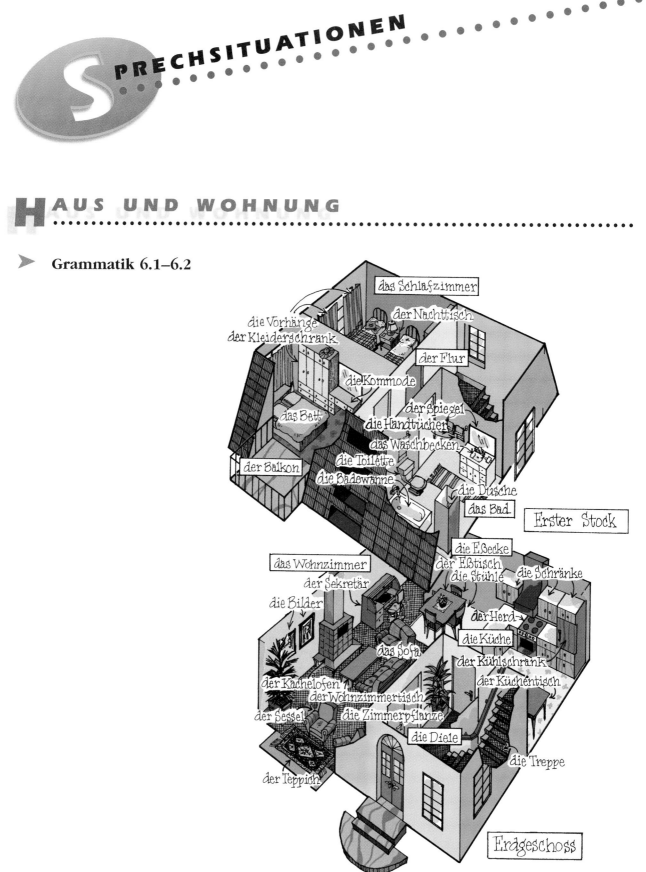

das Schlafzimmer
der Nachttisch
die Vorhänge
der Kleiderschrank
der Flur
die Kommode
der Spiegel
das Bett
die Handtücher
das Waschbecken
der Balkon
die Toilette
die Badewanne
die Dusche
das Bad
Erster Stock

die Eßecke
das Wohnzimmer
der Eßtisch
die Schränke
der Sekretär
die Stühle
die Bilder
der Herd
die Küche
das Sofa
der Kühlschrank
der Kachelofen
der Küchentisch
der Wohnzimmertisch
der Sessel
die Zimmerpflanze
die Diele
der Teppich
die Treppe
Erdgeschoss

Situation 1 Wo ist das?

MODELL s1: Wo ist die Badewanne?
s2: Im Bad.

die Badewanne	die Kopfkissen	im Bad
das Bett	der Kühlschrank	im Esszimmer
die Dusche	der Nachttisch	in der Küche
die Geschirrspülmaschine	der Schrank	im Schlafzimmer
die Handtücher	das Sofa	im Wohnzimmer
der Herd	der Spiegel	
das Klavier	der Teppich	

Situation 2 Interview: Die Wohnung

1. Was ist größer, dein Schlafzimmer oder dein Wohnzimmer?
2. Was ist moderner, deine Küche oder dein Bad?
3. Was ist älter, deine Stereoanlage oder dein Fernseher?
4. Was ist neuer, dein Kühlschrank oder dein Computer?
5. Was ist kleiner, dein Bett oder dein Sofa?
6. Was ist schöner, dein Teppich oder deine Vorhänge?
7. Was ist teurer, eine Geschirrspülmaschine oder ein Mikrowellenherd?
8. Was ist billiger, ein Handtuch oder ein Kopfkissen?

Kultur ... Landeskunde ... Informationen

Carl Spitzweg: Der arme Poet

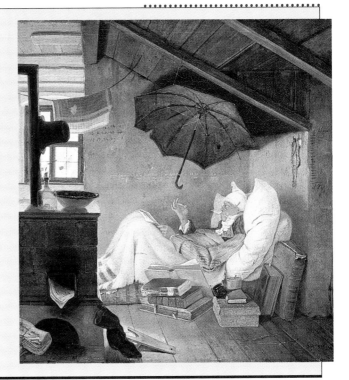

- Beschreiben Sie das Zimmer so genau wie möglich: Ist das ein Wohnzimmer, ein Schlafzimmer oder eine Küche? Was gibt es alles in diesem Zimmer?
- Was macht der Mann? Warum ist er im Bett?
- Warum hängt der Regenschirm von der Decke?
- Was ist der Mann von Beruf? Geht er zur Arbeit?
- Ist der Mann verliebt, verlobt,[1] verheiratet oder ledig[2]?
- Erfinden Sie einen Titel für das Bild.
- Ist das Ihre Traumwohnung? Wie sieht Ihre Traumwohnung aus? Bringen Sie ein Foto mit oder malen[3] Sie ein Bild.

[1]engaged (to be married) [2]single [3]paint

Situation 3   Interview

1. Wo wohnst du? (in einer Wohnung, in einem Studentenheim, in einem Haus, auf dem Land, in der Stadt, _____)
2. Wohnst du allein? (in einer Wohngemeinschaft, bei deinen Eltern, bei einer Familie, mit einem Mitbewohner, mit einer Mitbewohnerin, _____)
3. Wie lange brauchst du zur Uni? (zehn Minuten zu Fuß, fünf Minuten mit dem Fahrrad, eine halbe Stunde mit dem Auto, eine Viertelstunde mit dem Bus, _____)
4. Was kostet dein Zimmer / deine Wohnung pro Monat?
5. Was für Möbel hast du in deinem Zimmer / in deiner Wohnung?
6. Wie gefällt dir deine Wohnung? (gut, ziemlich gut, nicht besonders gut, schlecht, ziemlich schlecht)
7. Möchtest du eine neue Wohnung haben? Wie soll sie sein? (größer, mehr Zimmer, billiger, näher an der Uni, schöner, _____)

Kultur ... Landeskunde ... Informationen

Wohnen

In Ihrem Land:

- Haben moderne Häuser in Ihrem Land einen Keller,[1] eine Terrasse, einen Balkon?
- Haben sie einen Garten vor oder hinter dem Haus?
- Aus welchem Material sind die Häuser normalerweise? (aus Stein, aus Holz,[2] aus Beton[3])
- Gibt es einen Zaun[4] um das ganze Grundstück[5] herum oder nur um den Garten hinter dem Haus?
- Wie viele Garagen sind üblich[6]? Wie groß sind die Garagen? (Platz für ein Auto, zwei Autos, drei Autos)
- Aus welchem Material ist das Dach? (aus Asphaltschindeln,[7] aus Holzschindeln,[8] aus Ziegeln[9])

Einfamilienhaus in München

[1]*basement* [2]*wood* [3]*concrete* [4]*fence* [5]*property* [6]*customary*
[7]*asphalt shingles* [8]*wooden shingles* [9]*clay tiles*

Wohnblöcke in Ostberlin

Mehrfamilienhaus in Wernigerode

In Deutschland:

- Schauen Sie sich die Fotos an. Welche Unterschiede[10] gibt es zu Häusern in Ihrem Land?

Hören Sie sich den Text an und beantworten Sie die folgenden Fragen.

- Wie viele Menschen leben in Deutschland?
- Wie groß ist Deutschland?
- In Deutschland leben ungefähr[11] 200 Menschen auf einem Quadratkilometer,[12] das sind 563 auf einer Quadratmeile. In den USA z. B. sind es im Durchschnitt[13] 65. Wie viele sind es in Ihrem Bundesland?

[10]*differences* [11]*approximately* [12]*square kilometer* [13]im … *on average*

Situation 4 Das Zimmer

am Fenster   ?

auf dem Tisch

vor dem Sofa

auf dem Sofa

über dem Schrank

neben dem Sofa

an der Wand

unter dem Tisch

MODELL   s1: Wo ist die Katze?
         s2: Auf dem Sofa.

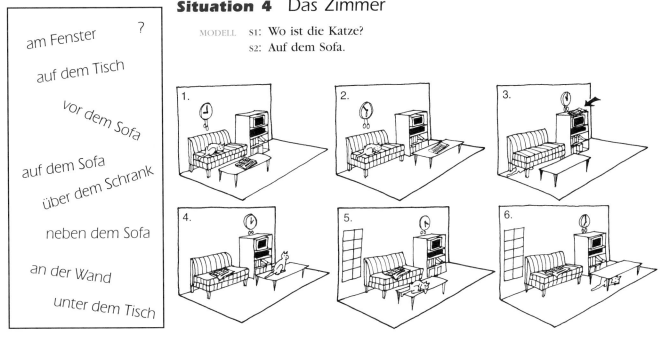

DAS STADTVIERTEL

➤ **Grammatik 6.3–6.4**

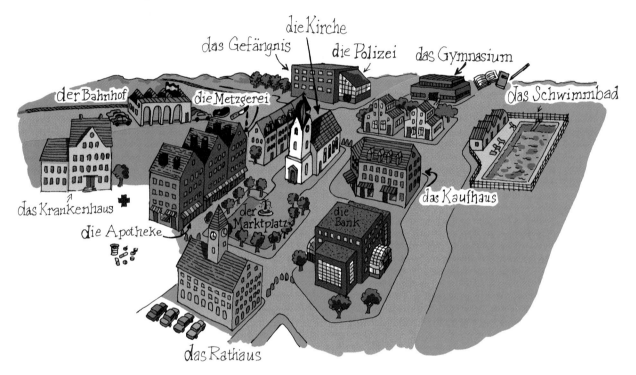

Situation 5   Gleich um die Ecke oder weiter weg?

MODELL   S1: Wie weit weg sollte die Apotheke von deiner Wohnung sein?
          S2: _____

1. die Apotheke
2. die Universität
3. die Polizei
4. der Flughafen
5. das Kino
6. das Krankenhaus
7. das Gefängnis
8. der Kindergarten
9. der Supermarkt
10. die Kirche
11. der Bahnhof
12. das Rathaus
13. die Bank
14. die Tankstelle
15. das Schwimmbad

gleich um die Ecke
gleich gegenüber
fünf Minuten zu Fuß
zwei Straßen weiter
eine halbe Stunde mit dem Auto
am anderen Ende der Stadt
fünf Minuten mit dem Auto
so weit weg wie möglich
zehn Minuten mit dem Fahrrad
im gleichen Gebäude
mir egal

Kultur ... Landeskunde ... Informationen

Regionale Stile

Welche Beschreibung passt zu welcher Stadt?

_____ ist eine typische Barockstadt. Diesen Baustil[1] gibt es in Deutschland seit ungefähr 1700. Man findet ihn vor allem im Süden von Deutschland und in Österreich. Viele Kirchen, Klöster[2] und Residenzen[3] sind im barocken Baustil gebaut.

_____ hat auch den Namen „Die bunte Stadt am Harz", weil die Holzbalken[4] der Häuser so bunt bemalt sind. Diesen Baustil nennt man Fachwerk.[5] Man findet ihn in ganz Deutschland, aber ganz besonders in Norddeutschland, zum Beispiel in Niedersachsen, in Sachsen-Anhalt und in Hessen. Die ältesten Häuser im Fachwerkstil stammen aus dem 14. Jahrhundert.

In _____ findet man viele Häuser aus rotem Backstein;[6] diesen Baustil nennt man Backsteingotik. Kirchen, Rathäuser, Wohnhäuser und Stadttore wurden aus diesem Material gebaut. Er ist vor allem in den Hansestädten[7] entlang der Nord- und Ostseeküste zu finden.

Die Innenstadt von _____ wurde im zweiten. Weltkrieg fast völlig zerstört. Man hat diese Stadt als moderne Landeshauptstadt wieder aufgebaut. Trotz einiger alter Gebäude hat man das Gefühl, eine neue und moderne Stadt zu besuchen. Viele Industrie- und Wirtschaftszentren in Deutschland, die im zweiten Weltkrieg stark zerstört wurden, wurden in diesem modernen Stil geplant und aufgebaut.

Wernigerode

Lübeck

Die Würzburger Residenz

Kröpke-Uhr in Hannover

[1]*architectural style* [2]*monasteries* [3]*palaces* [4]*wooden beams* [5]*half-timber* [6]*brick* [7]*Hanseatic cities*

Situation 6 Umfrage

MODELL s1: Wohnst du in der Nähe der Universität?
s2: Ja.
s1: Unterschreib bitte hier.

UNTERSCHRIFT

1. Wohnst du in der Nähe der Universität? _____
2. Übernachtest du manchmal in Hotels? _____
3. Gibt es in deiner Heimatstadt ein Schwimmbad? _____
4. Warst du letzte Woche auf der Post? _____
5. Arbeitet ein Freund / eine Freundin von dir bei einer Bank? _____
6. Warst du gestern im Supermarkt? _____
7. Gibt es in deiner Heimatstadt ein Rathaus? _____
8. Warst du letzten Freitag in der Disko? _____
9. Bist du oft in der Bibliothek? _____
10. Warst du letzten Sonntag in der Kirche? _____

Situation 7 Wohin gehst du / fährst du, wenn . . . ?

MODELL s1: Wohin gehst du, wenn du ein Buch lesen willst?
s2: Wenn ich ein Buch lesen will? In die Bibliothek.

1. du schwimmen gehen willst?   zum Bahnhof
2. du Briefmarken kaufen willst?   ins Hotel
3. du Geld brauchst?   in die Bäckerei
4. du Benzin brauchst?   zum Flughafen
5. du Brot brauchst?   zum Arzt
6. du krank bist?   auf die Bank
7. du verreisen willst?   zur Tankstelle
8. du übernachten willst?   auf die Post
9. du eine Zugfahrkarte kaufen willst? ins Schwimmbad
10. _____?   _____

Wohin fahren Sie, wenn Sie Benzin brauchen?

Situation 8 Gestern und heute

MODELL   S1: Was war hier früher?
          S2: Eine Reinigung.

MODELL   S1: Was ist da jetzt?
          S2: Ein Schreibwarengeschäft.

AUF WOHNUNGSSUCHE

das Blockhaus

der Wohnwagen

die Burg

der Leuchtturm

der Wolken-
kratzer

die Raumstation

die Höhle

die Palmenhütte

das Schloß

Situation 9 Wo möchtest du gern wohnen?

Fragen Sie fünf Personen und schreiben Sie die Antworten auf.

MODELL s1: Wo möchtest du gern wohnen?
s2: In einem Bauernhaus mit alten Möbeln.
s1: Und wo soll es stehen?
s2: Im Wald.

in einem Bauernhaus	mit Weinkeller	am Strand
in einer Raumstation	mit Terrasse	im Wald
in einem Baumhaus	mit Ausblick	in der Innenstadt
in einem Iglu	mit Schwimmbad	am Stadtrand
in einem Wohnwagen	mit Balkon	im Ausland
in einer Palmenhütte	mit alten Möbeln	auf dem Land
in einem Schloss	mit vielen Fenstern	in den Bergen
in einem Wolkenkratzer	mit einem Park	in der Nähe der Stadt
in einer Höhle	mit einem Garten	in einer Bucht
in einer Burg	mit Garage	unter Palmen
in einem Leuchtturm	mit Kachelofen	im Park

Kultur ... Landeskunde ... Informationen

Das Hundertwasser-Haus

Ein Haus von Friedensreich Hundertwasser. Es steht in Bad Soden in Hessen und ist ein Beispiel für kreatives und menschliches[1] Wohnen. Hundertwasser findet, dass Menschen ein „Recht auf Fenster" haben, deshalb haben seine Häuser viele Fenster unterschiedlicher Größe und Form. In seinen Häusern gibt es „Bäume[2] als Mieter",[3] zum Beispiel auf dem Balkon, damit das Wohnen natürlicher ist.

Fragen zum Text

● Wie gefallen Ihnen die Farben, die vielen Fenster und Balkone?
● Was denken Sie über Hundertwassers Idee vom menschlichen Wohnen im Einklang mit[4] der Natur?
● Erkennen Sie Hundertwassers Ideen in diesem Haus wieder[5]?

Hundertwasser-Haus in Bad Soden im Taunus (Hessen)

[1]*human* [2]*trees* [3]*tenants* [4]*im ... in unison with*
[5]Erkennen ... wieder *recognize*

Situation 10 Umfrage

MODELL s1: Möchtest du gern in der Innenstadt leben?
        s2: Ja.
        s1: Unterschreib bitte hier.

UNTERSCHRIFT

1. Möchtest du gern in der Innenstadt leben? _____
2. Möchtest du gern am Stadtrand leben? _____
3. Kannst du dir ein Leben auf dem Land vorstellen? _____
4. Möchtest du gern im Ausland wohnen? _____
5. Möchtest du in einem Schloss wohnen? _____
6. Möchtest du in einem Wohnwagen leben? _____
7. Kannst du dir ein Leben auf einem Hausboot vorstellen? _____
8. Möchtest du gern drei Monate in einer Raumstation wohnen? _____
9. Möchtest du gern eine Woche unter Wasser wohnen? _____

·················
Kultur ... Landeskunde ... Informationen
·······································

Auf Wohnungssuche

Wie haben Sie Ihr Zimmer / Ihre Wohnung gefunden? Kreuzen Sie an.

durch eine Anzeige[1] in der   ☐   durch eine Anzeige am   ☐
Zeitung   schwarzen Brett
mit Hilfe der Uni   ☐   durch die Gelben Seiten im   ☐
durch Freunde oder Bekannte ☐   Telefonbuch

Schauen Sie sich das Foto und die Anzeigen an.

- Wer sucht ein Zimmer?
- Wo kann man eine Wohnung mieten?
- Wo kann man in eine Wohngemeinschaft einziehen?

Vermiete[6] im September
2-Zimmer-Whg in St. Pauli (Hinterhof).
Miete 350 Euro + Heizung, Strom, Telefon.
wenn Katzenliebhaber/in[7] auch den Kater
mitversorgt,[8] gibt es die Wohnung billiger.

ER IST WIEDER DA . . .
ALIEN XIV
—DER NACHMIETER[2]—

. . . Ein halbes Jahr war er in Schweden. Aber plötzlich[3] ist er wieder in Hamburg.
Manche nennen[4] ihn EL SYMPATICO. Doch die meisten Karsten. Er will nur eines:
DEINE WOHNUNG! (1-2 Zi bis 250 Euro incl.)

Wenn Du ihn anrufst, ruft er zurück . . .

Niemand hat es bis jetzt gewagt[5] . . .

| 04451 | 04451 | 04451 | 04451 | 04451 | 04451 | 04451 | 04451 | 04451 |
| -83591 | -83591 | -83591 | -83591 | -83591 | -83591 | -83591 | -83591 | -83591 |

2te Person für 3-Zimmer
Wohnung in Ottensen (HH50)
ab Juli gesucht.
Miete: EUR 250 + Kaution[9]
Tel. (040) 39 22 93

[1]ad [2]subletter [3]suddenly [4]call [5]dared [6]renting out
[7]cat lover [8]helps take care of [9]security deposit

Studenin sucht Wohnung

Situation 11   Zum Schreiben: Wohnung gesucht!

Sie haben ein Stipendium an der Universität Hamburg bekommen. Jetzt suchen
Sie eine Wohnung oder ein Zimmer in einer Wohngemeinschaft. Schreiben Sie
eine Suchanzeige für das schwarze Brett. Wohnungen sind sehr knapp—machen
Sie Ihre Anzeige also möglichst attraktiv!

Situation 12   Dialog: Auf Wohnungssuche

Silvia ist auf Wohnungssuche.

FRAU SCHUSTER: _____!

SILVIA: Guten Tag. Hier Silvia Mertens. Ich rufe wegen des Zimmers an.
Ist es noch __?

FRAU SCHUSTER: Ja, das ist noch zu haben.

SILVIA: Prima, in welchem _____ ist es denn?

FRAU SCHUSTER: Frankfurt-Süd, Waldschulstraße __.

SILVIA: Und in welchem ____ liegt das Zimmer?

FRAU SCHUSTER: Im fünften, gleich unter dem ____.

SILVIA: Gibt es einen ____?

FRAU SCHUSTER: Nein, leider nicht.

SILVIA: Schade. Was kostet denn das Zimmer?

FRAU SCHUSTER: Dreihundert Euro _____.

SILVIA: Möbliert? Was steht denn drin?

FRAU SCHUSTER: Also, ein Bett natürlich, ein Tisch mit zwei Stühlen und ein

_____.

SILVIA: Ist auch ein Bad dabei?

FRAU SCHUSTER: Nein, aber baden können Sie ____. Und Sie haben natürlich Ihre ____ Toilette.

SILVIA: Wann könnte ich mir denn das Zimmer mal _____?

FRAU SCHUSTER: Wenn Sie wollen, können Sie gleich vorbeikommen.

SILVIA: Gut, dann komme ich gleich mal vorbei. Auf _____.

FRAU SCHUSTER: Auf _____.

Situation 13 Rollenspiel: Zimmer zu vermieten

S1: Sie sind Student/Studentin und suchen ein schönes, großes Zimmer. Das Zimmer soll hell und ruhig sein. Sie haben nicht viel Geld und können nur bis zu 300 Euro Miete zahlen, inklusive Nebenkosten. Sie rauchen nicht und hören keine laute Musik. Fragen Sie den Vermieter / die Vermieterin, wie groß das Zimmer ist, was es kostet, ob es im Winter warm ist, ob Sie kochen dürfen und ob Ihre Freunde Sie besuchen dürfen. Sagen Sie dann, ob Sie das Zimmer mieten möchten.

HAUSARBEIT

▶ **Grammatik 6.5–6.6**

Andrea putzt ihre Schuhe.

Paula wischt den Tisch ab.

Ernst mäht den Rasen.

der Besen

Jens fegt den Boden.

der Staubsauger

Josie saugt Staub.

das Bügeleisen

Uli bügelt sein Hemd.

Jochen macht die Toilette
sauber.

Jutta wäscht die Wäsche.

Margret wischt den Boden auf.

Hans macht sein Bett.

Situation 14 Was macht man mit einem Besen?

MODELL   s1: **Was macht man mit einem Besen?**
         s2: **Mit einem Besen fegt man den Boden.**

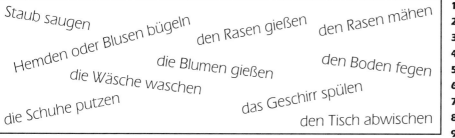

Staub saugen

Hemden oder Blusen bügeln   den Rasen gießen   den Rasen mähen

die Blumen gießen   den Boden fegen

die Wäsche waschen

die Schuhe putzen   das Geschirr spülen

den Tisch abwischen

1. mit einem Staubsauger
2. mit einer Geschirrspülmaschine
3. mit einer Waschmaschine
4. mit einem Besen
5. mit einem Rasenmäher
6. mit einer Gießkanne
7. mit einem Bügeleisen
8. mit einem Putzlappen
9. mit einem Gartenschlauch

Situation 15 Bildgeschichte: Frühjahrsputz

Situation 16 Informationsspiel: Haus- und Gartenarbeit

MODELL S1: Was macht Nora am liebsten?
S2: Sie geht am liebsten einkaufen.
S1: Was hat Thomas letztes Wochenende gemacht?
S2: Er hat das Geschirr gespült.
S1: Was muss Nora diese Woche noch machen?
S2: Sie muss den Boden aufwischen.

S1: Was machst du am liebsten?
S2: Ich _____ am liebsten _____.

	Thomas	Nora	mein(e) Partner(in)
am liebsten	den Rasen mähen		
am wenigsten gern		die Fenster putzen	
jeden Tag		den Tisch abwischen	
einmal in der Woche	sein Bett machen		
letztes Wochenende		ihre Bluse bügeln	
gestern		ihr Zimmer aufräumen	
diese Woche	seine Wäsche waschen		
bald mal wieder	die Flaschen wegbringen		

WORTSCHATZ

In der Stadt	In the City
die **Apotheke**, -n	pharmacy
die **Bushaltestelle**, -n	busstop
die **Drogerie**, -n	drugstore
die **Fabrik**, -en	factory
die **Metzgerei**, -en	butcher shop
die **Reinigung**, -en	dry cleaner's
die **Stadt**, ⸚e (R)	town, city
die **Heimatstadt**, ⸚e	hometown
die **Innenstadt**, ⸚e	downtown
die **Straße**, -n	street, road
der **Buchladen**, ⸚	bookstore
der **Flughafen**, ⸚	airport
der **Stadtrand**, ⸚er	city limits
der **Stadtteil**, -e	district, neighborhood
der **Wolkenkratzer**, -	skyscraper
das **Bürohaus**, ⸚er	office building
das **Eisenwarenge-**	hardware store
schäft, -e	
das **Gebäude**, -	building
das **Gefängnis**, -se	prison, jail
das **Lebensmittelge-**	grocery store
schäft, -e	
das **Rathaus**, ⸚er (R)	town hall
das **Schreibwaren-**	stationery store
geschäft, -e	
das **Stadtviertel**, -	district, neighborhood

Ähnliche Wörter

die **Boutique**, -n; der **Kindergarten**, ⸚; der **Marktplatz**, ⸚e; der **Parkplatz**, ⸚e; das **Reisebüro**, -s; das **Schuhgeschäft**, -e

Haus und Wohnung House and Apartment

die **Badewanne**, -n	bathtub
die **Diele**, -n	front entryway
die **Essecke**, -n	dining area
die **Treppe**, -n	stairway
die **Waschküche**, -n	laundry room
die **Zentralheizung**	central heating
der **Aufzug**, ⸚e	elevator
der **Ausblick**, -e	view

der **Flur**, -e	hallway
der **Kachelofen**, ⸚	tile stove, hearth
der **Quadratmeter (qm)**, -	square meter (m²)
der **Stock**, **Stockwerke**	floor, story
im ersten Stock*	on the second floor
das **Dach**, ⸚er	roof
das **Waschbecken**, -	(wash) basin

Ähnliche Wörter

die **Garage**, -n [garaːʒə]; die **Terrasse**, -n; die **Toilette**, -n; der **Balkon**, -e; der **Keller**, - (R); der **Weinkeller**, -; das **Bad**, ⸚er; das **Esszimmer**, -; das **Schlafzimmer**, -; das **Wohnzimmer**, -

Haus und Garten House and Garden

die **Bürste**, -n	brush
die **Gießkanne**, -n	watering can
die **Kommode**, -n	dresser
die **Seife**, -n	soap
der **Besen**, -	broom
der **Frühjahrsputz**	spring cleaning
der **Gartenschlauch**, ⸚e	garden hose
der **Putzlappen**, -	cloth, rag (for cleaning)
der **Rasenmäher**, -	lawn mower
der **Schrank**, ⸚e	closet; cupboard
der **Kleiderschrank**, ⸚e	clothes closet, wardrobe
der **Sekretär**, -e	fold-out desk
der **Sessel**, - (R)	armchair
der **Spiegel**, -	mirror
der **Staubsauger**, -	vacuum cleaner
der **Vorhang**, ⸚e	drapery
das **Bügeleisen**, -	iron
das **Kopfkissen**, -	pillow
die **Möbel** (*pl.*)	furniture

Ähnliche Wörter

die **Palme**, -n; die **Pflanze**, -n (R); die **Zimmerpflanze**, -n; die **Stereoanlage**, -n; die **Waschmaschine**, -n; der **Nachttisch**, -e; der **Wohnzimmertisch**, -e; das **Bett**, -en (R); das **Handtuch**, ⸚er (R); das **Poster**, -; das **Sofa**, -s

---

*The first floor is called **das Erdgeschoss**. All levels above the first floor are referred to as **Stockwerke**. Thus, **der erste Stock** refers to the second floor, and so on.

Wohnmöglichkeiten — Living Arrangements

die **Burg**, -en	fortress
die **Höhle**, -n	cave
die **Palmenhütte**, -n	hut made of palms
die **Raumstation**, -en	space station
die **Wohngemeinschaft**, -en	shared housing
der **Leuchtturm**, ¨e	lighthouse
das **Haus**, ¨er (R)	house
das **Bauernhaus**, ¨er	farmhouse
das **Baumhaus**, ¨er	tree house
das **Schloss**, ¨er	palace

Ähnliche Wörter
das **Hausboot**, -e; das **Iglu**, -s

Auf Wohnungssuche — Looking for a Room or Apartment

die **Anzeige**, -n	ad
die **Kaution**, -en	security deposit
die **Miete**, -n	rent
die **Mieterin**, -nen	female renter
die **Suchanzeige**, -n	housing-wanted ad
die **Vermieterin**, -nen	landlady
der **Mieter**, -	male renter
der **Vermieter**, -	landlord
die **Nebenkosten** (*pl.*)	extra costs (e.g., utilities)

Sonstige Substantive — Other Nouns

die **Bucht**, -en	bay
die **Nähe**	vicinity
in der **Nähe**	in the vicinity
die **Seite**, -n	side; page
die **Viertelstunde**, -n	quarter hour
die **Zugfahrkarte**, -n	train ticket
das **Ausland**	foreign countries
im **Ausland**	abroad
das **Benzin**	gasoline
das **Land**, ¨er	country (*rural*)
auf dem **Land**	in the country
das **Mitglied**, -er	member

Verben — Verbs

ab·trocknen	to dry (dishes)
ab·wischen	to wipe clean
auf·wischen	to mop (up)
bügeln	to iron
geben, gibt, gegeben	to give

es gibt . . .	there is/are . . .
gibt es . . .?	is/are there . . . ?
mieten	to rent
putzen (R)	to clean
Rad fahren, fährt . . . Rad, ist Rad gefahren	to bicycle
Staub saugen	to vacuum
stehen, gestanden	to stand
tippen (R)	to type
übernachten	to stay overnight
vermieten	to rent out
vor·stellen	to introduce, present
sich etwas vorstellen	to imagine something

Ähnliche Wörter
kosten; wieder hören; auf Wiederhören!; zurück·kommen, ist zurückgekommen

Adjektive und Adverbien — Adjectives and Adverbs

dunkel	dark
eigen	own
hell	light
hoch	high
möbliert	furnished
nah	close
warm	heated, heat included
weit	far
wie weit weg?	how far away?

Ähnliche Wörter
attraktiv, dumm, leicht, liberal, modern

Sonstige Wörter und Ausdrücke — Other Words and Expressions

bei (R)	at; with
bei deinen Eltern	with/at your parents'
bei einer Bank	at a bank
ist ein/eine . . . dabei?	does it come with a . . . ?
drin/darin	in it
egal	equal, same
das ist mir egal	it doesn't matter to me
gegenüber	opposite; across
gleich gegenüber	right across the way
gleich	right, directly
gleich um die Ecke	right around the corner
inklusive	included (utilities)
knapp	just, barely
möglichst (+ *adverb*)	as . . . as possible
ob	if, whether
prima!	great!
unter	below, beneath; among
wegen	on account of; about

KULTURECKE

Kulturprojekt Architektur und Baustile

Suchen Sie Bücher zur deutschen Architektur und Kunstgeschichte oder einen Reiseführer und beantworten Sie die folgenden Fragen.

- Welche berühmten deutschsprachigen Architekten gibt es? Was haben sie gebaut? Gibt es in Ihrem Land Gebäude von deutschen, österreichischen oder schweizerischen Architekten?
- Welche Baustile gibt es in Deutschland (Österreich, der Schweiz), z. B. in Berlin, Dresden, Rostock, München, Wien, Zürich?
- Welchen Baustil finden Sie typisch deutsch (österreichisch, schweizerisch)? Geben Sie ein Beispiel (Name, Foto oder Zeichnung).
- Gibt es in Ihrer Stadt oder Gegend Häuser im deutschen (österreichischen, schweizerischen) Stil? Wie sehen sie aus?

Kontakte Online

Weiteres zum Thema *Architektur und Baustile* finden Sie bei **Kontakte online** im World Wide Web unter

www.mhhe.com/kontakte

Hints for working with the **Kulturprojekt**

The *Encyclopedia Britannica* provides an excellent overview of the history of Western architecture (look under "architecture"). Additional information on famous architects can be found in its articles on the various German-speaking countries (e.g., look up "Austria" and then read the section on "Cultural Life").

Porträt

Der Architekt Walter Gropius (1883–1969) gründete 1919 in Weimar das Bauhaus. So berühmte Künstler wie Lyonel Feininger, Gerhard Marcks, Paul Klee und Wassily Kandinsky arbeiteten im Bauhaus, zuerst in Weimar und ab 1925 in Dessau. Ein moderner, funktionaler Stil in der Architektur und strenges, pragmatisches Design waren die Ausdrucksformen dieser neuen Kunstrichtung. 1933 vertrieben die Nazis Gropius aus Deutschland. 1937 emigrierte er in die USA und wurde Professor für Architektur an der Harvard Universität.

Weimar ist nicht nur wegen seines Bauhauses berühmt. In dieser kleinen Stadt in Thüringen lebten und arbeiteten auch die berühmtesten deutschen Dichter der Klassik, Johann Wolfgang von Goethe und Friedrich Schiller. Der Komponist Johann Sebastian Bach war Organist in der Stadtpfarrkirche und Johann Gottlieb Herder war dort Prediger. 1919 tagte in Weimar die Nationalversammlung und verabschiedete die neue Verfassung für die Weimarer Republik (1919–1933). Auf dem Ettersberg bei Weimar ist das berüchtigte Konzentrationslager Buchenwald. 1999 war Weimar die Kulturhauptstadt Europas. Viele Ausstellungen, Konzerte und Theateraufführungen thematisierten die bewegte Vergangenheit der Stadt.

Das Goethe-Schiller-Denkmal vor dem Hoftheater in Weimar

Bauhaus-Stil ist funktionales und pragmatisches Design wie hier in Dessau.

Welche Aussagen sind falsch? Verbessern Sie die falschen Aussagen.

1. Walter Gropius war Ingenieur und gründete 1919 in Weimar das Bauhaus.
2. Erst arbeiteten die Künstler in Weimar, später in Leipzig.
3. 1937 emigrierte Walter Gropius in die USA.
4. Er lehrte Architektur an der University of Rhode Island.
5. In Weimar lebten Goethe und Schiller, die berühmtesten deutschen Dichter der Klassik.
6. Johann Sebastian Bach war Prediger in der Stadtpfarrkirche.
7. 1919 tagte die Nationalversammlung in Weimar.
8. 1999 war Weimar die Kulturhauptstadt der Welt.

Miniwörterbuch

die **Ausstellung**	exhibition
berüchtigt	notorious
bewegt	*here:* turbulent
der **Dichter**	poet
gründen	to found
das **Konzentrationslager**	concentration camp
die **Kulturhauptstadt**	cultural capital
der **Künstler**	artist
die **Kunstrichtung**	artistic form
die **Nationalversammlung**	national congress
der **Prediger**	preacher
die **Stadtpfarrkirche**	main parish church
streng	*here:* disciplined
tagen	to convene, take place
die **Theateraufführung**	theater play
thematisieren	to focus on
verabschieden	to pass
die **Verfassung**	constitution
vertreiben	to expel

VIDEOECKE

- Wo wohnst du?
- Was gefällt dir an deinem Zimmer / an deiner Wohnung?
- Was gefällt dir nicht?
- Wie hast du deine Wohnung gefunden?
- Wie war der Umzug?
- Was musst du für deine Wohnung zahlen?
- Wohnst du allein? Gefällt dir das?

Niki ist in Graz, Österreich, geboren. Sie studiert Theologie und Gesang.[1] Ihre Mutter ist Lehrerin und ihr Vater ist Journalist.

Jan ist in Leipzig geboren. Er ist selbständig im Baugewerbe[2] tätig.[3] Seine Hobbys sind Motorräder und Sport.

[1]*singing* [2]*construction* [3]selbständig ... tätig *self-employed*

Aufgabe 1

Hören Sie dem Interview mit Niki zu und beantworten Sie folgende Fragen.

1. Wo wohnt Niki?
2. Gefällt ihr das Zimmer?
3. Woher bekommt sie das Geld für die Miete?
4. Wohnt sie allein?

Aufgabe 2

Die folgenden Sätze kommen im Interview vor. Allerdings enthalten sie einige falsche Informationen. Korrigieren Sie die Sätze.

1. Das Zimmer ist schön. Es ist klein und gemütlich. Und ich habe auch viele Bilder an den Wänden.
2. Der Umzug war lustig. Ich bin zuerst nur mit einem Koffer nach Leipzig gekommen und erst sechs Wochen später sind meine Eltern mit dem Rest des Gepäcks gekommen.
3. Es ist schön mit anderen Leuten zu wohnen. Man kann sich treffen und reden und Tee trinken. Aber manchmal ist es auch nicht so schön, weil keiner weiß, wer mit dem Kochen dran ist.

Aufgabe 3

Was gefällt Jan an seiner Wohnung?

Sie liegt nahe am Park.

Sie ist in der Nähe der Universität.

Die Räume sind groß.

Sie liegt zentral.

Sie hat einen großen Garten.

Die Zimmer sind renoviert.

Sie hat eine Garage.

Sie ist billig.

Aufgabe 4

Beantworten Sie die folgenden Fragen.

1. Wie haben Jan und seine Freunde die Wohnung gefunden?
2. Wie viel kostet die Wohnung mit Nebenkosten?
3. Mit wie viel Leuten wohnt Jan zusammen?
4. Wohnt Jan gern mit Leuten zusammen?

Vor dem Lesen

Unterhalten Sie sich mit einem Partner / mit einer Partnerin. Wie sieht Ihr Traumhaus aus? Wo soll es stehen? Wie sieht die Umgebung aus? Mit wem wollen Sie darin wohnen? Was wollen Sie darin machen?

WOHNTRÄUME

So möchten vier junge Leute aus Deutschland, Österreich und der Schweiz wohnen.

SUSANNE, 17 JAHRE

Ich wünsch' mir ein altes Schloss in Österreich, in das ich mit meiner Freundin
5   einziehe. Das Schloss soll groß sein und viele Zimmer mit vielen alten Möbeln haben. Dazu gehört auch ein riesiger Park mit Reitpferden, Hunden und vielen anderen Tieren.

CLAUDIA, 16 JAHRE

Ein total rundes Haus, wie eine Kugel, ganz modzern, mit vielen Stockwerken—
10   das wäre toll. Viele Fenster müssen auch drin sein. Die Möbel darin dürfen allerdings nicht zu modern sein. Stehen sollte das Kugelhaus an der Côte d'Azur in Frankreich, mit Blick aufs Meer. Da möchte ich mit meinem Freund und meiner besten Freundin und ihrem Freund wohnen.

PETER, 20 JAHRE

15   Ich möchte mit meiner Freundin auf einer kleinen Insel in der Nordsee wohnen, einer Hallig vor der Küste von Schleswig-Holstein. Auf einem renovierten alten Bauernhof mit kleinen Zimmern, vielen Fenstern und alten Bauernmöbeln. Außer uns wohnt niemand auf der Insel.

MARTIN, 18 JAHRE

20   Meine Traumwohnung ist mitten in Zürich, in einem großen Altbau. Es ist eine große Wohnung mit hohen Zimmern, die alle miteinander verbunden sind. Im Bad möchte ich eine große, alte Badewanne. Es sind nicht viele Möbel in meiner Traumwohnung, in einem Raum steht nur ein riesiges Bett. Die Wände müssen gut isoliert sein, damit ich den ganzen Tag laut Musik hören kann.

Arbeit mit dem Text

A. Ergänzen Sie das Raster.

	Susanne	**Claudia**	**Peter**	**Martin**
In welchem Land?				
Auf dem Land oder in der Stadt?				
Wohnung oder Haus?				
Möbel?				
Mit wem?				

B. Antworten Sie bitte.

1. Wer träumt von einem alten Haus (einer alten Wohnung)?

2. Wie viele Leute möchten Tiere haben?

3. Wer träumt von alten Möbeln?

4. Wer will ein unkonventionelles Haus?

STRUKTUREN UND ÜBUNGEN

6.1 Making comparisons with adjectives and adverbs

A. Comparisons of Equality: **so . . . wie**

To say that two or more persons or things are alike or equal in some way, use the phrase **so . . . wie** (*as . . . as*) with an adjective or adverb.

so . . . wie = *as . . . as*

Die Küche ist **so groß wie** das Wohnzimmer.	*The kitchen is as big as the living room.*
Ein guter Staubsauger kostet **so viel wie** ein Mikrowellenherd.	*A good vacuum cleaner costs as much as a microwave oven.*

Inequality can also be expressed with this formula and the addition of **nicht.**

Eine Waschmaschine ist **nicht so schwer wie** ein Kühlschrank.	*A washing machine is not as heavy as a refrigerator.*

B. Comparisons of Superiority and Inferiority

All comparatives in German are formed with **-er.**

To compare two unequal persons or things, add **-er** to the adjective or adverb. Note that the comparative form of German adjectives and adverbs always ends in **-er,** whereas English sometimes uses the adjective with the word *more.*

als = *than*

Ein Radio ist **billiger als** ein Fernseher.	*A radio is cheaper than a TV.*
Lydia ist **intelligenter als** ihre Schwester.	*Lydia is more intelligent than her sister.*
Jens läuft **schneller als** Ernst.	*Jens runs faster than Ernst.*

Adjectives that end in **-el** and **-er** drop the **e** in the comparative form.

teuer → teuérer
dunkel → dunkéler

Eine Wohnung in Regensburg ist teuer, aber eine Wohnung in München ist noch **teurer.**	*An apartment in Regensburg is expensive, but an apartment in Munich is even more expensive.*
Gestern war es dunkel, aber heute ist es **dunkler.**	*Yesterday it was dark, but today it is darker.*

C. Umlaut in the Comparative

Certain one-syllable adjectives and adverbs whose stem vowel is **a, o,** or **u** add an umlaut in the comparative.

alt → älter	groß → größer	dumm → dümmer
kalt → kälter	oft → öfter	jung → jünger
lang → länger		kurz → kürzer
stark → stärker		
warm → wärmer		

Richard ist **jung**, aber Ernst ist **jünger.**	*Richard is young, but Ernst is younger.*
Ich bin **älter** als mein Bruder.	*I am older than my brother.*
Mein Bad ist **größer** als meine Küche.	*My bathroom is bigger than my kitchen.*

D. Irregular Comparative Forms

As in English, there are some German adjectives and adverbs that have an irregular comparative form.

gut	besser		viel	mehr
gern	lieber		hoch	höher

Ich spreche **besser** Deutsch als Französisch.	*I speak German better than French.*
Monika schläft **lieber** auf dem Sofa als im Bett.	*Monika likes sleeping on the sofa better than in the bed.*
Ernst isst **mehr** als seine Schwestern.	*Ernst eats more than his sisters.*
Der Kühlschrank ist **höher** als die Tür.	*The refrigerator is taller than the door.*

Übung 1 Vergleiche

Vergleichen Sie.

MODELL Wien / Göttingen / klein → Göttingen ist kleiner als Wien.

1. Berlin / Zürich / groß
2. San Francisco / München / alt
3. Hamburg / Athen / warm
4. das Matterhorn / Mount Everest / hoch
5. der Mississippi / der Rhein / lang
6. die Schweiz / Liechtenstein / klein
7. Leipzig / Kairo / kalt
8. ein Fernseher / eine Waschmaschine / billig
9. Schnaps / Bier / stark
10. ein Haus in der Stadt / ein Haus auf dem Land / schön
11. zehn Euro / zehn Dollar / viel
12. eine Wohnung in einem Studentenheim / ein Appartement / teuer
13. ein Fahrrad / ein Motorrad / schnell
14. ein Sofa / ein Stuhl / schwer
15. Milch / Bier / gut

Übung 2 Jeder Mensch ist anders[1]

Vergleichen Sie die Personen.

	Herr Wagner	**Frau Gretter**	**Frau Ruf**	**Herr Thelen**
Alter	45	34	34	53
Größe	1,79	1,70	1,68	1,70
Gewicht	72 kg	60 kg	58 kg	80 kg
IQ	110	110	125	90
wählt	CSU	SPD	FDP	SPD

INFORMATION ZU DEN PARTEIEN

CSU = Christlich-Soziale Union: konservativ
FDP = Freie Demokratische Partei: liberal
SPD = Sozialdemokratische Partei Deutschlands: progressiv

MODELL Frau Ruf / Frau Gretter / alt →
Frau Ruf ist so alt wie Frau Gretter.
Frau Gretter / Herr Wagner / alt. →
Herr Wagner ist älter als Frau Gretter.

1. Herr Wagner / Herr Thelen / alt
2. Frau Gretter / Herr Thelen / groß
3. Frau Gretter / Frau Ruf / groß
4. Frau Ruf / Herr Thelen / klein
5. Frau Gretter / Herr Thelen / leicht
6. Herr Wagner / Frau Ruf / schwer
7. Herr Wagner / Frau Ruf / intelligent
8. Frau Gretter / Herr Wagner / intelligent
9. Frau Ruf / Herr Wagner / progressiv
10. Herr Thelen / Frau Gretter / progressiv
11. Herr Wagner / Herr Thelen / konservativ

[1]*different*

6.2 Location vs. destination: two-way prepositions with the dative or accusative case

Wo asks about location. Questions about location are answered with a preposition + dative.

The prepositions **in** (*in*), **an** (*on, at*), **auf** (*on top of*), **vor** (*before*), **hinter** (*behind*), **über** (*above*), **unter** (*underneath*), **neben** (*next to*), and **zwischen** (*between*) are used with both the dative and accusative cases. When they refer to a fixed location, the dative case is required. In these instances, the prepositional phrase answers the question **wo** (*where* [*at*]).

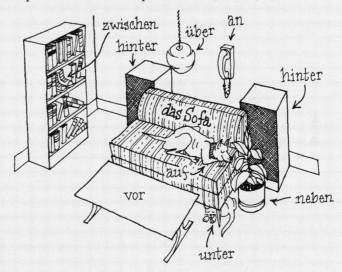

Wissen Sie noch?

The prepositions **in, an,** and **auf** use the dative case when they indicate location.

Review grammar 5.4.

Im Wohnzimmer steht ein Sofa.
Hinter dem Sofa stehen zwei große Boxen.
An der Wand hängt ein Telefon.
Auf dem Sofa liegt ein Hund.
Unter dem Sofa liegt eine Katze.

Vor dem Sofa steht ein Tisch.
Über dem Sofa hängt eine Lampe.
Neben dem Sofa steht eine große Pflanze.
Zwischen den Büchern stehen Tennisschuhe.

Wohin asks about placement or destination. Questions about placement or destination are answered with a preposition + accusative.

When these prepositions describe movement toward a place or a destination, they are used with the accusative case. In these instances, the prepositional phrase answers the question **wohin** (*where* [*to*]).

Peter hat das Sofa **ins Wohnzimmer** gestellt.
Die Boxen hat er **hinter das Sofa** gestellt.
Das Telefon hat er **an die Wand** gehängt.
Der Hund hat sich gleich **auf das Sofa** gelegt.
Die Katze hat sich **unter das Sofa** gelegt.

Peter hat den Tisch **vor das Sofa** gestellt.
Die Lampe hat er **über das Sofa** gehängt.
Die große Pflanze hat er **neben das Sofa** gestellt.
Und seine Tennisschuhe hat er **zwischen die Bücher** gestellt.

	Wo?	**Wohin?**
	Location *Dative*	*Placement/Destination* *Accusative*
Masculine	Es ist auf **dem** Stuhl. *It is on the table.*	Leg es auf **den** Stuhl. *Put it on the table.*
Neuter	Es ist auf **dem** Bett. *It is on the bed.*	Leg es auf **das** Bett. *Put it on the bed.*
Feminine	Es ist auf **der** Kommode. *It is on the bureau.*	Leg es auf **die** Kommode. *Put it on the bureau.*
Plural	Es steht vor **den** Boxen. *It is in front of the* *speakers.*	Stell es vor **die** Boxen. *Put it in front of the* *speakers.*

Achtung!

in + dem = im
an + dem = am

in + das = ins
an + das = ans

Übung 3 Alberts Zimmer

Schauen Sie sich Alberts Zimmer an.

1. Wo ist Albert?
2. Wo ist der Spiegel?
3. Wo ist der
   Kühlschrank?
4. Wo ist das
   Deutschbuch?
5. Wo ist die Lampe?
6. Wo ist der Computer?
7. Wo sind die Schuhe?
8. Wo ist die Hose?
9. Wo ist das Poster von
   Berlin?
10. Wo ist die Katze?

Übung 4 Mein Zimmer

Beschreiben Sie Ihr Zimmer möglichst genau.
Schreiben Sie mindestens acht Sätze mit verschiedenen
Präpositionen.

MODELL   Das Bett ist unter dem Fenster. Rechts neben dem Bett steht ein
         Nachttisch.

6.3 Word order: time before place

Time before place

In a German sentence, a time expression usually precedes a place expression. Note that this sequence is often reversed in English sentences.

Ich gehe heute Abend in die Bibliothek.

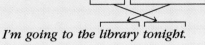

I'm going to the library tonight.

Übung 5   Wo sind Sie wann?

Bilden Sie Sätze aus den Satzteilen.

> MODELL   heute Abend → Ich bin heute Abend im Kino.

1.	heute Abend	in der Klasse
2.	am Nachmittag	bei meinen Eltern
3.	um 16 Uhr	im Bett
4.	in der Nacht	auf einer Party
5.	am frühen Morgen	im Urlaub
6.	am Montag	am Frühstückstisch
7.	am ersten August	in der Mensa
8.	an Weihnachten	in der Bibliothek
9.	im Winter	?
10.	am Wochenende	

6.4 Direction: *in/auf* vs. *zu/nach*

Direction:
in/auf + accusative;
zu/nach + dative

To refer to the place where you are going, either use **in** or **auf** + accusative or use **zu** or **nach** + dative.

Albert geht **in die** Kirche.	*Albert goes to church.*
Katrin geht **auf die** Bank.	*Katrin goes to the bank.*
Heidi fährt **zum** Flughafen.	*Heidi drives to the airport.*
Rolf fliegt **nach** Deutschland.	*Rolf is flying to Germany.*

A. in + accusative

in for most buildings and enclosed spaces

In general, use **in** when you plan to enter a building or an enclosed space.

Heute Nachmittag gehe ich **in die Bibliothek.**	*This afternoon I'll go to (into) the library.*
Abends gehe ich **ins Kino.**	*In the evening I go to (into) the movies.*
Morgen fahre ich **in die Stadt.**	*Tomorrow I'll drive to the city.*

in for countries with a definite article

Also use **in** with the names of countries that have a definite article, such as **die Schweiz, die Türkei,** and **die USA.**

Herr Frisch fliegt oft **in die** USA.	*Mr. Frisch often flies to the USA.*
Claire fährt **in die** Schweiz.	*Claire is going to Switzerland.*

B. auf + accusative

Use **auf** instead of **in** when the destination is a public building such as the post office, the bank, or the police station.

Ich brauche Briefmarken. Ich gehe **auf die** Post.	*I need stamps. I'm going to the post office.*
Ich brauche Geld. Ich gehe **auf die** Bank.	*I need money. I'm going to the bank.*

Also use **auf** when the destination is an open space: **aufs Land** (*to the country*) and **auf den Markt** (*to the market*).

C. zu + dative

Use **zu** to refer to destinations that are specific names of buildings, places, or open spaces such as a playing field, or people.

zu for specifically named buildings, places in general, open spaces, and to people's places

zu Hause = *at home*

Ernst geht **zu** McDonald's.	*Ernst goes to McDonald's.*
Hans geht **zum** Sportplatz.	*Hans goes to the playing field.*
Andrea geht **zum** Friseur.	*Andrea goes to the hairdresser's.*

Note that **zu Hause** (*at home*) does not indicate destination but rather location.

D. nach

Use **nach** with names of countries and cities that have no article. Note that this applies to the vast majority of countries and cities.

Renate fliegt **nach Paris.**	*Renate is flying to Paris.*
Melanie fährt **nach Österreich.**	*Melanie is driving to Austria.*

nach Hause = (*going/coming*) home

Also use **nach** in the idiomatic construction **nach Hause** (*going/coming home*).

Achtung!

in + das = ins
auf + das = aufs
zu + dem = zum
zu + der = zur

Übung 6 Situationen

Heute ist Montag. Wohin gehen oder fahren die folgenden Personen?

MODELL Katrin sucht ein Buch. → Sie geht in die Bibliothek.

zum Arzt	auf die Post
zum Flughafen	in den Supermarkt
zu ihrem Freund	zur Tankstelle
zum Fußballplatz	ins Theater
ins Hotel	in den Wald

1. Albert ist krank.
2. Hans möchte Fußball spielen.
3. Frau Schulz ist auf Reisen in einer fremden[1] Stadt. Sie braucht einen Platz zum Schlafen.
4. Herr Ruf braucht Benzin.
5. Herr Thelen braucht Lebensmittel.
6. Herr Wagner muss Briefmarken kaufen.
7. Jürgen und Silvia gehen Pilze[2] suchen.
8. Jutta möchte mit ihrem Freund sprechen.

[1]*foreign* [2]*mushrooms*

9. Mehmet möchte in die Türkei fliegen.

10. Renate möchte *Das Phantom der Oper* sehen.

6.5 Separable-prefix verbs: the present and perfect tenses

The infinitive of a separable-prefix verb consists of a prefix such as **auf, mit,** or **zu** followed by the base verb.

aufstehen	*to get up*
mitkommen	*to come along*
zuschauen	*to watch*

Prefixes are derived from prepositions and adverbs.

abwaschen	*to do the dishes*
fernsehen	*to watch TV*

A. The Present Tense

Separable prefixes are placed at the end of the independent clause.

1. Independent clauses: In an independent clause in the present tense, the conjugated form of the base verb is in second position and the prefix is in last position.

Ich **stehe** jeden Morgen um sieben Uhr **auf.**	*I get up at seven every morning.*

Separable prefixes are "recon-nected" to the base verb in dependent clauses.

2. Dependent clauses: In a dependent clause, the prefix and the base verb form a single verb. It appears at the end of the clause and is conjugated.

Rolf sagt, dass er jeden Morgen um sechs Uhr **aufsteht.**	*Rolf says that he gets up at six every morning.*
Hast du nicht gesagt, dass du heute **abwäschst?**	*Didn't you say that you would do the dishes today?*

Separable prefixes stay attached to the infinitive.

3. Modal verb constructions: In an independent clause with a modal verb **(wollen, müssen,** etc.), the infinitive of the separable-prefix verb is in last position. In a dependent clause with a modal verb, the separable-prefix verb is in the second-to-last position, and the modal verb is in the last position.

Jutta möchte ihren Freund **anrufen.**	*Jutta wants to call her boyfriend.*
Ernst hat schlechte Laune, wenn er nicht **fernsehen** darf.	*Ernst is in a bad mood when he's not allowed to watch TV.*

B. The Perfect Tense

The past participle of a separable-prefix verb is a single word, consisting of the past participle of the base verb + the prefix.

Infinitive	Past Participle
auf**stehen**	auf**gestanden**
um**ziehen**	um**gezogen**
weg**bringen**	weg**gebracht**

Note that the prefix does not influence the formation of the past participle of the base verb; it is simply attached to it.

Herr Wagner **hat** gestern die Garage **aufgeräumt.**	*Mr. Wagner cleaned up his garage yesterday.*
Ich **habe** vor einer Stunde **angerufen.**	*I called an hour ago.*

Übung 7 Minidialoge

Ergänzen Sie die Sätze.

ankommen	aufstehen	fernsehen	mitnehmen
anrufen	ausmachen	mitkommen	umziehen
aufräumen	einladen		

1. HERR WAGNER: Ernst, aufwachen! Hast du nicht gestern gesagt, dass du heute um 7 Uhr _____?
ERNST: Ich bin aber noch so müde!

2. FRAU WAGNER: Andrea, jetzt aber Schluss[1]! Ich _____ᵃ den Fernseher jetzt _____.ᵇ Du wirst noch dumm, wenn du den ganzen Tag nur _____.ᶜ
ANDREA: Aber, Mami, nur noch das Ende. Der Film ist doch gleich vorbei!

3. SILVIA: Entschuldigen Sie bitte! Wann _____ᵃ der Zug aus Hamburg _____ᵇ?
BAHNANGESTELLTER: Um 14 Uhr 56.

4. ANDREAS: Hallo, Jürgen. Ich habe gehört, dass ihr bald eine neue Wohnung habt. Wann _____ᵃ ihr denn _____ᵇ?
JÜRGEN: Nächstes Wochenende.

5. MARTA: Hallo, Sofie. Ich habe morgen Geburtstag und ich möchte dich gern zu einer kleinen Feier _____.
SOFIE: Das ist aber nett von dir. Ich komme gern.

6. CLAIRE: Hallo, Melanie. Wo ist Josef?
MELANIE: Er ist zu Hause. Er _____ᵃ heute sein Zimmer _____ᵇ und das dauert bei ihm immer etwas länger.

7. JÜRGEN: Hallo, Silvia. Ich fahre heute mit dem Auto zur Uni. Willst du _____ᵃ?
SILVIA: Ja, gern. Schön, dass du mich _____ᵇ.

8. KATRIN: Hier ist meine Telefonnummer. Warum _____ᵃ du mich nicht mal _____ᵇ!
HEIDI: Gut, das mach' ich mal.

[1]jetzt ... *finish up now*

Übung 8 Am Sonntag

Gestern war Sonntag. Was haben die folgenden Personen gestern gemacht?

Nützliche Wörter: abtrocknen, anrufen, anziehen, aufwachen, ausgehen, ausziehen, fernsehen, zurückkommen

6.6 The prepositions *mit* and *bei* + dative

The prepositions **mit** (*with, by*) and **bei** (*near, with*) are followed by the dative case.

Masculine	Neuter	Feminine	Plural
mit dem Staubsauger	mit dem Bügeleisen	mit der Bürste	mit den Eltern
beim Onkel	beim Fenster	bei der Tür	bei den Eltern

Mit corresponds to the preposition *with* in English and is used in similar ways.

Herr Wagner fegt die Terrasse **mit** seinem neuen Besen.	*Mr. Wagner sweeps the terrace with his new broom.*
Ich gehe **mit** meinen Freunden ins Kino.	*I'm going to the movies with my friends.*
Ich möchte ein Haus **mit** einem offenen Kamin.	*I want a house with a fireplace.*

Use **mit** with means of transportation.

The preposition **mit** also indicates the means of transportation; in this instance it corresponds to the English preposition *by*. Note the use of the definite article in German.

Rolf fährt **mit** dem Bus zur Uni.	*Rolf goes to the university by bus.*
Renate fährt **mit** dem Auto zur Arbeit.	*Renate drives to work (goes to work by car).*

The preposition **bei** may refer to a place in the vicinity of another place; in this instance it corresponds to the English preposition *near.*

Bad Harzburg liegt **bei** Goslar.	*Bad Harzburg is near Goslar.*

The preposition **bei** also indicates placement with a person, a company, or an institution; in these instances it corresponds to the English prepositions *with, at,* or *for.*

Ich wohne **bei** meinen Eltern.	*I'm living (staying) with my parents/at my parents'.*
Hans arbeitet **bei** McDonald's.	*Hans works at (for) McDonald's.*

	German	**English**
Instrument	mit dem Hammer	*with the hammer*
Togetherness	mit Freunden	*with friends*
Means of transportation	mit dem Flugzeug	*by airplane*
Vicinity	bei München	*near Munich*
Somebody's place	bei den Eltern	*(staying) with parents*
Place of employment	bei McDonald's	*at McDonald's*

Übung 9   Im Haus und im Garten

Womit machen Sie die folgenden Aktivitäten?

MODELL   s1: Womit mähst du den Rasen?
s2: Mit dem Rasenmäher.

der Besen   die Gießkanne   der Putzlappen
das Bügeleisen   das Handtuch   der Staubsauger
der Computer   die Kaffeemaschine   die Zahnbürste
der Gartenschlauch

1. Kaffee kochen
2. Staub saugen
3. die Zähne putzen
4. den Boden fegen
5. bügeln
6. die Hände abtrocknen
7. einen Brief tippen
8. die Blumen im Garten gießen
9. den Boden wischen
10. die Blumen in der Wohnung gießen

Übung 10   Minidialoge

Ergänzen Sie die Sätze mit den Präpositionen **mit** oder **bei.**

1. FRAU KÖRNER: Fahren Sie _____^{a} dem Bus oder _____^{b} dem Fahrrad zur Arbeit?

MICHAEL PUSCH: _____^{c} dem Bus. Ich arbeite jetzt _____^{d} Siemens. Das ist am anderen Ende von München.

2. PETER: Wohnst du in Krefeld _____^{a} deinen Eltern?

ROLF: Ja, sie haben ein wunderschönes Haus _____^{b} einem riesigen Garten.

PETER: Liegt Krefeld eigentlich _____^{c} Dortmund?

ROLF: Nein, nach Dortmund fährt man über eine Stunde _____^{d} dem Auto.

3. JÜRGEN: Oh je, jetzt habe ich deinen Gummibaum[1] umgeworfen[2]! Soll ich die Erde[3] _____^{a} dem Staubsauger aufsaugen?

SILVIA: Mach es lieber _____^{b} dem Besen. Er steht dahinten _____^{c} der Kellertür.

[1]*rubber plant*   [2]*knocked over*   [3]*dirt*

KAPITEL 7

Im Bahnhof von München. Wohin geht die Reise?

Unterwegs

KAPITEL 7

Kapitel 7 is about geography and transportation. You will learn more about the geography of the German-speaking world and about the kinds of transportation used by people who live there.

THEMEN
Geographie
Transportmittel
Das Auto
Reiseerlebnisse

KULTURELLES
Die Sage von der Lorelei
Zugfahren
Autofahren
Kulturprojekt: Österreich
Porträt: Caspar David Friedrich und Greifswald
Videoecke

LEKTÜRE
Die Welt aus den Augen einer Katze
Wo—vielleicht dort

STRUKTUREN
7.1 Relative clauses
7.2 The superlative of adjectives and adverbs
7.3 Referring to and asking about things and ideas:
      da-compounds and **wo**-compounds
7.4 The perfect tense (review)

239

SPRECHSITUATIONEN

GEOGRAPHIE

➤ **Grammatik 7.1–7.2**

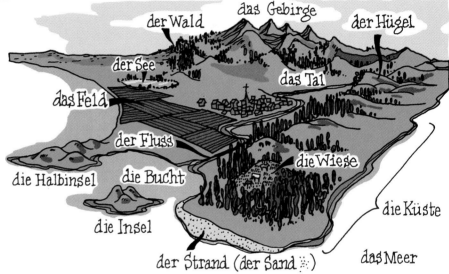

Situation 1 Erdkunde: Wer weiß—gewinnt

1. Fluss, der durch Wien fließt
2. Wald, in dem die Germanen[1] die Römer[2] besiegt haben
3. Insel in der Ostsee, auf der weiße Kreidefelsen[3] sind
4. Berg, auf dem sich die Hexen treffen
5. See, der zwischen Deutschland, Österreich und der Schweiz liegt
6. Meer, das Europa von Afrika trennt
7. Gebirge in Österreich, in dem man sehr gut Ski fahren kann
8. berühmte Wüste, die in Ostasien liegt
9. Inseln, die vor der Küste von Ostfriesland liegen
10. Fluss, an dem die Lorelei ihr Haar kämmt

a. das Mittelmeer
b. der Brocken im Harz (1142 Meter hoch)
c. die Kitzbühler Alpen
d. der Teutoburger Wald
e. der Bodensee
f. die Wüste Gobi
g. der Rhein
h. die Donau
i. Rügen
j. die Ostfriesischen Inseln

240   [1]*Teutons* [2]*Romans* [3]*chalk cliffs*

Kultur ... Landeskunde ... Informationen

Die Sage von der Lorelei

DIE LORELEI
von Heinrich Heine

Ich weiß nicht, was soll es bedeuten,
dass ich so traurig bin;
ein Märchen aus alten Zeiten,
das kommt mir nicht aus dem Sinn.[1]

Die Luft ist kühl und es dunkelt,[2]
und ruhig fließt der Rhein;
der Gipfel[3] des Berges funkelt[4]
im Abendsonnenschein.

Die schönste Jungfrau[5] sitzet
dort oben wunderbar;
ihr goldnes Geschmeide[6] blitzet,
sie kämmt ihr goldenes Haar.

Sie kämmt es mit goldenem Kamme[7]
und singt ein Lied dabei;
das hat eine wundersame,
gewaltige[8] Melodei.

Den Schiffer im kleinen Schiffe
ergreift[9] es mit wildem Weh;[10]
er schaut nicht die Felsenriffe,[11]
er schaut nur hinauf in die Höh'.

Ich glaube, die Wellen[12] verschlingen[13]
am Ende Schiffer und Kahn;[14]
und das hat mit ihrem Singen
die Lore-Ley getan.

Die Loreley.

Die schönste Jungfrau sitzet
Dort oben wunderbar;
Ihr goldnes Geschmeide blitzet,
Sie kämmt ihr goldnes Haar.

Sie kämmt es mit goldenem Kamme
Und singt ein Lied dabei;
Das hat eine wundersame,
Gewaltige Melodei.

Bringen Sie die Sätze in die richtige Reihenfolge.

_____ Unten auf dem Rhein hört ein Schiffer ihr Singen.

_____ Eine schöne Frau sitzt oben auf einem Berg am Rhein.

_____ Er schaut fasziniert nach oben zu der Frau.

_____ Ihr Schmuck funkelt in der Abendsonne.

_____ Sein Schiff sinkt und er ertrinkt.[15]

_____ Sie kämmt sich und singt ein Lied dabei.

_____ Weil er nicht aufpasst, fährt er auf einen Felsen.

[1]das ... *that I can't forget* [2]*is growing dark* [3]*peak* [4]*is sparkling* [5]*virgin; young woman* [6]*jewelry* [7]*comb* [8]*powerful* [9]*seizes* [10]*pain, longing* [11]*cliffs* [12]*waves* [13]*devour, swallow up* [14]*boat* [15]*drowns*

Situation 2   Ratespiel: Stadt, Land, Fluss

1. Wie heißt der tiefste See der Schweiz?
2. Wie heißt der höchste Berg Österreichs?
3. Wie heißt der längste Fluss Deutschlands?
4. Wie heißt das salzigste Meer der Welt?
5. Wie heißt der größte Gletscher der Alpen?
6. Wie heißt die nördlichste Millionenstadt Deutschlands?
7. Was ist die heißeste Wüste der Welt?
8. Wie heißt die älteste Universitätsstadt Deutschlands?
9. Wie heißt das kleinste Land, in dem man Deutsch spricht?
10. Wie heißt die berühmteste Höhle in Österreich?

a. die Dachstein-Mammuthöhle
b. das Tote Meer
c. der Genfer See
d. der Großglockner
e. die Libysche Wüste
f. der Rhein
g. Hamburg
h. Liechtenstein
i. der Große Aletschgletscher
j. Heidelberg

Situation 3   Informationsspiel: Deutschlandreise

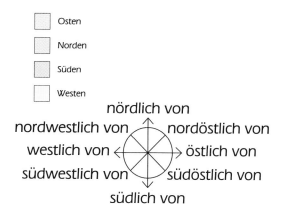

Wo liegen die folgenden Städte? Hannover, Flensburg, Erfurt, Dresden, Magdeburg, Bayreuth, Heidelberg, Aachen, Freiburg, Wiesbaden. Schreiben Sie die Namen der Städte auf die Landkarte.

MODELL   s1: Wo liegt Hannover?
          s2: Hannover liegt im Norden.
          s1: Wo genau?
          s2: Südlich von Hamburg.

Osten
Norden
Süden
Westen

nördlich von
nordwestlich von   nordöstlich von
westlich von   östlich von
südwestlich von   südöstlich von
südlich von

Situation 4 Interview: Urlaub

1. Warst du schon mal im Gebirge? Wo? Was hast du da gemacht? Wie heißt der höchste Berg, den du gesehen (oder bestiegen) hast?
2. Warst du schon mal am Meer? Wo und wann war das? Hast du gebadet? Was hast du sonst noch gemacht?
3. Wohnst du in der Nähe von einem großen Fluss? Wie heißt er? Wie heißt der größte Fluss, an dem du schon warst? Was hast du da gemacht?
4. Wie heißt die interessanteste Stadt, in der du schon warst? Was hast du dort gemacht?
5. Warst du schon mal in der Wüste oder im Dschungel? Wie war das Wetter dort? Welche Tiere hat es da gegeben?
6. Wohin fährst du am liebsten? Warum?

TRANSPORTMITTEL

➤ **Grammatik 7.1, 7.4**

Situation 5 Definitionen: Transportmittel

1. das Flugzeug	**a.** Transportmittel, das Waggons und eine Lokomotive hat
2. die Rakete	**b.** Transportmittel, das fliegt
3. das Kamel	**c.** Transportmittel, das im Wasser schwimmt
4. die Jacht	**d.** Tier, das Araber als Transportmittel benutzen
5. das Fahrrad	**e.** Transportmittel, mit dem man zum Mond fliegen kann
6. der Kinderwagen	
7. der Zeppelin	**f.** Auto, das in Deutschland ein gelbes Schild auf dem Dach hat
8. der Zug	**g.** Transportmittel in der Luft, das wie eine Zigarre aussieht
9. das Taxi	**h.** Transportmittel mit zwei Rädern, das ohne Benzin fährt
	i. Wagen, in dem man Babys transportiert

Situation 6 Interview

1. Welche Transportmittel hast du schon benutzt?
2. Fährst du oft mit der U-Bahn oder mit dem Bus? Warum (nicht)?
3. Fährst du gern mit dem Zug (oder möchtest du gern mal mit dem Zug fahren)? Welche Vorteile/Nachteile hat das Reisen mit dem Zug?
4. Fliegst du gern? Warum (nicht)? Welche Vorteile/Nachteile hat das Reisen mit dem Flugzeug?
5. Bist du schon mal mit dem Schiff gefahren? Wo war das? Wirst du leicht seekrank?
6. Fährst du lieber mit dem Auto oder mit öffentlichen Verkehrsmitteln? Warum? Womit fährst du am liebsten?

Kultur ... Landeskunde ... Informationen

Zugfahren

- Wie heißt die Eisenbahnlinie in Ihrem Land?
- Fahren viele Menschen mit dem Zug?
- Wie reisen Geschäftsleute und Touristen meistens?
- Warum ist das Flugzeug ein wichtiges Transportmittel in Nordamerika und in Australien?

Sie hören einen Text über Zugfahren in Deutschland. Hören Sie gut zu und beantworten Sie die Fragen.

- Wie heißt der neue superschnelle Zug?
- Wie schnell fährt er im Durchschnitt[1]?
- Welche Vorteile hat er?

Unsere Bahn.

[1]im ... *on average*

Der InterCityExpress (ICE). Alle einsteigen, bitte!

Situation 7   Dialog: Im Reisebüro in Berlin

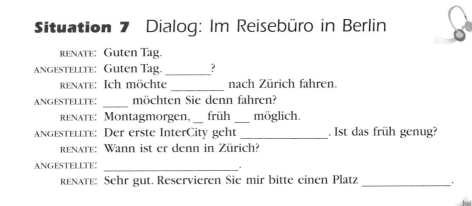

RENATE: Guten Tag.

ANGESTELLTE: Guten Tag. _____?

RENATE: Ich möchte _____ nach Zürich fahren.

ANGESTELLTE: ____ möchten Sie denn fahren?

RENATE: Montagmorgen, _ früh _ möglich.

ANGESTELLTE: Der erste InterCity geht _____. Ist das früh genug?

RENATE: Wann ist er denn in Zürich?

ANGESTELLTE: _____.

RENATE: Sehr gut. Reservieren Sie mir bitte einen Platz _____.

Situation 8   Rollenspiel: Am Fahrkartenschalter

S1: Sie stehen am Fahrkartenschalter im Bahnhof von Bremen und wollen eine Fahrkarte nach München kaufen. Sie wollen billig fahren, müssen aber vor 16.30 Uhr am Bahnhof in München ankommen. Fragen Sie, wann und wo der Zug abfährt und über welche Städte der Zug fährt.

D AS AUTO

➤ **Grammatik 7.3**

1. Damit kann man hupen.
2. Daran sieht man, woher das Auto kommt.
3. Darin kann man seine Koffer verstauen.
4. Damit wischt man die Scheiben.

Situation 9 Definitionen: Die Teile des Autos

1. die Bremsen
2. die Scheibenwischer
3. das Autoradio
4. das Lenkrad
5. die Hupe
6. das Nummernschild
7. die Sitze
8. der Auspuff
9. das Benzin
10. der Tank

a. Man setzt sich darauf.
b. Man braucht sie, wenn man bei Regen fährt.
c. Damit lenkt man das Auto.
d. Damit warnt man andere Fahrer oder Fußgänger.
e. Daraus kommen die Abgase.
f. Daran sieht man, woher das Auto kommt.
g. Damit hört man Musik und Nachrichten.
h. Damit fährt das Auto.
i. Darin ist das Benzin.
j. Damit hält man den Wagen an.

Situation 10 Rollenspiel: Ein Auto kaufen

S1: Sie wollen einen Gebrauchtwagen kaufen und lesen deshalb die Anzeigen in der Zeitung. Die Anzeigen für einen Opel Corsa und einen Ford Fiesta sind interessant. Rufen Sie an und stellen Sie Fragen.

Sie haben auch eine Anzeige in die Zeitung gesetzt, weil Sie Ihren alten Wagen, einen VW Golf, verkaufen wollen. Antworten Sie auf die Fragen der Leute, die Ihr Auto kaufen wollen.

MODELL Guten Tag, ich rufe wegen des Opel Corsa an.
Wie alt ist der Wagen?
Welche Farbe hat er?
Wie ist der Kilometerstand?
Wie lange hat er noch TÜV?
Wie viel Benzin braucht er?
Was kostet der Wagen?

Modell	VW Golf	VW Beetle	Opel Corsa	Ford Fiesta
Baujahr	2000	2001		
Farbe	rot	gelb		
Kilometerstand	65 000 km	25 000 km		
TÜV	noch 1 Jahr	neu		
Benzinverbrauch pro 100 km	5,5 Liter	7 Liter		
Preis	10 500 Euro	9 200 Euro		

Situation 11 Interview: Das Auto

1. Hast du einen Führerschein? Wann hast du ihn gemacht?
2. Was für ein Auto möchtest du am liebsten haben? Warum?
3. Welche Autos findest du am schönsten?

4. Welche Autos findest du am praktischsten (unpraktischsten)? Warum?
5. Wer von deinen Freunden hat das älteste Auto? Wie alt ist es ungefähr? Und wer hat das hässlichste (schnellste, interessanteste)?
6. Mit was für einem Auto möchtest du am liebsten in Urlaub fahren?
7. Was glaubst du: Was ist das teuerste Auto der Welt?
8. Was glaubst du: In welchem Land fährt man am schnellsten?
9. Was glaubst du: Was ist das kleinste Auto der Welt?

Situation 12 Verkehrsschilder

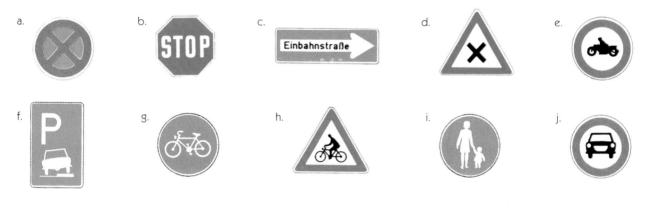

Kennen Sie diese Verkehrsschilder? Was bedeuten sie?

1. Dieses Verkehrsschild bedeutet „Halt".
2. Hier darf man nicht halten.
3. Wer von rechts kommt, hat Vorfahrt.
4. Hier darf man nur in eine Richtung fahren.
5. Hier darf man nur mit dem Rad fahren.
6. Hier darf man auf dem Fußgängerweg parken.
7. Hier dürfen keine Autos fahren.
8. Achtung Radfahrer!
9. Dieser Weg ist nur für Fußgänger.
10. Hier dürfen keine Motorräder fahren.

Situation 13 Zum Schreiben: Eine Anzeige

Sie wollen ein Fahrzeug (Auto, Boot, Motorrad, Fahrrad usw.) verkaufen. Schreiben Sie eine Anzeige. Machen Sie sie interessant!

·················
Kultur ... Landeskunde ... Informationen
·······························

Autofahren

Was meinen Sie? Warum sind die USA die Autofahrer-Nation Nr. 1?
Kreuzen Sie an.

☐ Weil Amerikaner gern Auto fahren.
☐ Weil die Massenproduktion von Autos in den USA begonnen hat.
☐ Weil das Land so groß ist.
☐ Weil Autos so billig sind.
☐ Weil es ein Tempolimit gibt.
☐ Weil das Benzin so billig ist.
☐ Weil es wenig öffentliche Verkehrsmittel gibt.
☐ Weil die Straßen so gut sind.

Nach[1] der Statistik wird am meisten in den USA Auto gefahren. Hinter den USA folgen[2] die beiden riesigen[3] Länder Australien und Kanada. Die Deutschen liegen mit 6 600 gefahrenen Kilometern je[4] Einwohner[5] und Jahr im Mittelfeld.[6]

● Auf welchen Plätzen liegen die deutschsprachigen Länder?
● Wie viele Kilometer fahren die Autofahrer durchschnittlich im Jahr in Österreich, Deutschland und in der Schweiz?

[1]according to [2]follow [3]huge [4]per [5]resident [6]middle of the scale

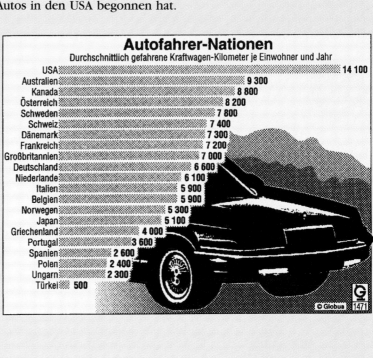

Autofahrer-Nationen
Durchschnittlich gefahrene Kraftwagen-Kilometer je Einwohner und Jahr

USA	14 100
Australien	9 300
Kanada	8 800
Österreich	8 200
Schweden	7 800
Schweiz	7 400
Dänemark	7 300
Frankreich	7 200
Großbritannien	7 000
Deutschland	6 600
Niederlande	6 100
Italien	5 900
Belgien	5 900
Norwegen	5 300
Japan	5 100
Griechenland	4 000
Portugal	3 600
Spanien	2 600
Polen	2 400
Ungarn	2 300
Türkei	500

© Globus 1471

REISEERLEBNISSE
··

➤ **Grammatik 7.4**

Im letzten Urlaub waren Maria und Michael in Marokko.

Zuerst ist Maria auf einem Kamel geritten.

Dann hat sie mit Michael einen Basar besucht.

Michael hat sich dort einen Hut gekauft.

Leider hat jemand dabei Michaels Brieftasche gestohlen.

Die Polizei ist gekommen und hat alles genau notiert.

Um auf andere Gedanken zu kommen, haben Maria und Michael einem Schlangen-beschwörer[1] zugesehen.

Dann sind sie zurück zu ihrem Zelt gegangen.

Situation 14 Umfrage: Warst du schon mal in Österreich?

MODELL S1: Warst du schon mal in Österreich?

S2: Nein, noch nie.   *oder* Ja, ich war schon mal in Salzburg.

S1: Schade. Warst du schon mal in Chicago?   Unterschreib bitte hier.

1. Warst du schon mal in Österreich? _____
2. Warst du schon mal in Chicago? _____
3. Warst du schon mal auf einem Oktoberfest? _____
4. Hast du schon mal Sauerkraut gegessen? _____
5. Bist du schon mal Zug gefahren? _____
6. Warst du schon mal in einem deutschen Film? _____

7. Hast du schon mal jemanden aus Deutschland kennen gelernt? _____
8. Bist du schon mal auf einen hohen Berg geklettert? _____
9. Hast du schon mal Schweizer Käse gegessen? _____
10. Warst du schon mal im Ausland? _____

Situation 15 Bildgeschichte: Stefans Reise nach Österreich

[1]*snake charmer*

WORTSCHATZ

Geographie — Geography

die **Bucht, -en** (R)	bay
die **Insel, -n**	island
die **Halbinsel, -n**	peninsula
die **Millionenstadt, ¨e**	city with a million or more inhabitants
die **Nähe** (R)	proximity; vicinity
in der Nähe (R)	in the vicinity
die **Richtung, -en**	direction
die **Wiese, -n**	meadow, pasture
die **Wüste, -n**	desert
der **Fluss, Flüsse**	river
der **Gipfel, -**	mountaintop
der **Gletscher, -**	glacier
der **Hügel, -**	hill
der **See, -n**	lake
der **Strand, ¨e** (R)	shore, beach
der **Wald, ¨er** (R)	forest, woods
das **Feld, -er**	field
das **Gebirge, -**	(range of) mountains
das **Meer, -e** (R)	sea
das **Tal, ¨er**	valley

Ähnliche Wörter
die **Küste, -n**; die **Landkarte, -n**; der **Dschungel, -**; die **Alpen** (*pl.*); **nördlich (von)**; **nordöstlich (von)**; **nordwestlich (von)**; **östlich (von)**; **südlich (von)**; **südöstlich (von)**; **südwestlich (von)**; **westlich (von)**

Auto — Car

die **Bremse, -n**	brake
die **Hupe, -n**	horn
die **Motorhaube, -n**	hood
die **Reifenpanne, -n**	flat tire
der **Auspuff**	exhaust pipe
der **Gang, ¨e**	gear
der **Gebrauchtwagen, -**	used car
der **Kilometerstand**	mileage
der **Kofferraum, ¨e**	trunk
der **Reifen, -**	tire
der **Scheibenwischer, -**	windshield wiper
der **Sicherheitsgurt, -e**	safety belt
der **Sitz, -e**	seat
das **Abgas, -e**	exhaust fumes
das **Lenkrad, ¨er**	steering wheel
das **Nummernschild, -er**	license plate
das **Rad, ¨er**	wheel

hupen	to honk
verstauen	to stow

Ähnliche Wörter
der **Tank, -s**; das **Autoradio, -s**

Verkehr und Transportmittel — Traffic and Means of Transportation

die **Ampel, -n**	traffic light
die **Bahn, -en**	railroad
die **Autobahn, -en**	interstate highway; freeway
die **Seilbahn, -en**	cable railway
die **Straßenbahn, -en**	streetcar
die **U-Bahn, -en** (**Untergrundbahn**)	subway
die **Kreuzung, -en**	intersection
die **Parklücke, -n**	parking space
die **Radfahrerin, -nen**	(female) bicyclist
die **Rakete, -n**	rocket
die **Straße, -n** (R)	street
die **Einbahnstraße, -n**	one-way street
die **Landstraße, -n**	rural highway
die **Vorfahrt, -en**	right-of-way
der **Fahrkartenschalter, -**	ticket window
der **Flug, ¨e**	flight
der **Fußgänger, -**	pedestrian
der **Fußgängerweg, -e**	sidewalk
der **Radfahrer, -**	(male) bicyclist
der **Radweg, -e**	bicycle path
der **Stau, -s**	traffic jam
der **Strafzettel, -**	(parking or speeding) ticket
der **Wagen, -**	car
der **Kinderwagen, -**	baby carriage
der **Lastwagen, -**	truck
der **Waggon** [vagõ], **-s**	train car
der **Zug, ¨e**	train
der **Personenzug, ¨e**	passenger train
das **Flugzeug, -e**	airplane
das **Motorrad, ¨er** (R)	motorcycle
das **Schild, -er**	sign
das **Verkehrsschild, -er**	traffic sign
das **Verbot, -e**	prohibition
das **Halteverbot, -e**	no-stopping zone
die **öffentlichen Verkehrsmittel** (*pl.*)	public transportation

ạb·fahren, fährt ạb, ist ạbgefahren (R)	to depart
ạn·halten, hält ạn, ạngehalten	to stop
hạlten, hält, gehạlten	to stop

Ähnliche Wörter
die **Fahrerin**, -nen; die **Jạcht**, -en; die **Lokomotịve**, -n; der **Bụs**, **Bụsse** (R); der **Fạhrer**, -; der **Zẹppelin**, -e; das **Boot**, -e; das **Schịff**, -e; das **Tạxi**, -s (R) **pạrken**; **transportịeren**

Reiseerlebnisse / Travel Experiences

die **Reise**, -n	trip, journey
auf **Reisen** sein	to be on a trip
die **Geschäftsreise**, -n	business trip
die **Stạdtrundfahrt**, -en	tour of the city
die **Wạnderung**, -en	hike
die **Wẹlt**, -en	world
der **Reisescheck**, -s	traveler's check
besịchtigen	to visit, sightsee
besteigen, bestịegen	to climb

Ähnliche Wörter
der **Pạss**, **Pässe**; das **Vịsum**, **Vịsa**; **bụchen**; **pạcken**; **plạnen**; **reservịeren**

Sonstige Substantive / Other Nouns

die **Ạchtung**	attention
die **Ạngestellte**, -n	female clerk
die **Brịeftasche**, -n	wallet
die **Flạche**, -n	surface
die **Hẹxe**, -n	witch
die **Lụft**	air
die **Millịon**, -en	million
die **Scheibe**, -n	windowpane
der **Ạngestellte**, -n	male clerk
der **Gedạnke**, -n (*wk. masc.*)	thought
auf andere **Gedạnken** kommen	to keep one's mind off something
der **Regen**	rain
bei **Regen**	in rainy weather
der **Teil**, -e	part
der **Nạchteil**, -e	disadvantage
der **Vọrteil**, -e	advantage
das **Tier**, -e	animal
die **Leute** (*pl.*)	people
die **Geschäftsleute** (*pl.*)	businesspeople
die **Nạchrichten** (*pl.*)	news

Ähnliche Wörter
die **Mạrk**, -; die **Zigạrre**, -n; der **Basạr**, -e; der **Dọllar**, -s; zwei **Dọllar**; der **Euro**, -; der **Frạnken**, -; der **Lịter**,

-; der **Preis**, -e; der **Sạnd**; der **Schịlling** -e; zwei **Schịlling**; das **Baby** [beːbi], -s; das **Kamel**, -e; das **Oktọberfest**, -e; das **Sauerkraut**

Sonstige Verben / Other Verbs

benụtzen	to use
besiegen	to conquer
dẹnken, gedạcht	to think
ein·schlafen, schläft ein, ist eingeschlafen	to fall asleep
erlauben	to permit
fließen, ist geflọssen	to flow
nach·denken (über + *akk.*), nachgedacht	to think (about), consider
rẹnnen, ist gerạnnt	to run
rufen, gerufen	to call, shout
schwịmmen, ist geschwọmmen	to swim; to float
sẹtzen	to put, place, set
spạren	to save (money)
trẹnnen	to separate
verlịeren, verlọren	to lose
versprẹchen, versprịcht, versprọchen	to promise
wạrten	to wait
wịschen	to wipe
zu·sehen, sieht zu, zugesehen	to observe, look on

Ähnliche Wörter
beạntworten, notịeren, stẹhlen, wạrnen

Adjektive und Adverbien / Adjectives and Adverbs

berühmt	famous
lieb	dear
am liebsten	like (*to do something*) best

Ähnliche Wörter
exotisch, graugrün, interessạnt, pünktlich, sạlzig, seekrank, superschnell, tief

Sonstige Wörter und Ausdrücke / Other Words and Expressions

bịtte schön?	yes please?; may I help you?
dẹshalb	therefore; that's why
dọrt	there
dụrch	through
rẹchts	to the right
schließlich	finally
ụngefähr	approximately
zuẹrst	first
zwịschen	between

KULTURECKE

Kulturprojekt Österreich

Hints for working with the Kulturprojekt

You will find most of the information requested here in any good world atlas. In addition to maps, most atlases will provide information about specific countries in a section towards the back of the atlas. A reference work such as *The Universal Almanac* is also a quick source of information about specific countries.

Kontakte Online

Weiteres zum Thema *Österreich* finden Sie bei **Kontakte online** im World Wide Web unter www.mhhe.com/kontakte

Suchen Sie die Informationen zu Österreich auf einer Landkarte und in einer Enzyklopädie.

- Wie viele Länder hat Österreich?
- Wie heißen die Länder?
- Wie heißt die Hauptstadt von Österreich?
- Wie heißen die Hauptstädte der Länder?
- Wie heißen die Nachbarländer Österreichs?
  Im Norden: _____ Im Osten: _____ Im Süden: _____ Im Westen: _____
- Deutschland hat eine Fläche von ungefähr 360 000 km². Wie groß ist Österreich?
- Deutschland hat ungefähr 82 Millionen Einwohner. Wie viele hat Österreich?
- Womit bezahlt man in Österreich? Kreuzen Sie an.
  ☐ mit der österreichischen Mark
  ☐ mit dem Alpendollar
  ☐ mit dem Euro
  ☐ mit dem österreichischen Schilling
- Welches Nationalitätskennzeichen[1] hat Österreich?
  ☐ Ö ☐ AU ☐ A
- Welche der folgenden Skizzen stellt Österreich dar?

[1]*national abbreviation*

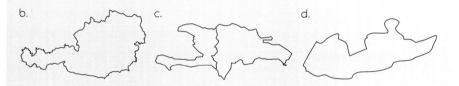

Porträt

Caspar David Friedrich (1774–1840) ist ein Maler der Romantik. Er wurde in Greifswald an der Ostsee geboren und lebte in Dresden. In Caspar David Friedrichs Landschaften sieht man oft das Meer mit großen Wellen, Felsen und manchmal einem Schiff, oder er malt Gebirge im Schnee. Oft stehen Menschen im Bild, aber dann relativ klein im Verhältnis zur Natur und man sieht meistens nur den Rücken. So hat man den Eindruck, dass diese

Miniwörterbuch

der **Eindruck**	impression
die **Landschaft**	landscape
der **Maler**	painter
der **Reichtum**	wealth
im Verhältnis zu	with respect to
die **Welle**	wave
zeugen von	to testify to

Menschen dasselbe Bild betrachten. Caspar David Friedrich ist bekannt als einer der größten romantischen Maler Deutschlands.

Greifswald ist eine Stadt an der Ostsee in Mecklenburg-Vorpommern. Es hat eine der ältesten Universitäten in Deutschland. Die Ernst-Moritz-Arndt-Universität wurde 1456 gegründet.

Greifswald ist ungefähr 750 Jahre alt und schon seit 1281 Mitglied der Hanse. In der Innenstadt zeugen Kirchen und alte Bürgerhäuser vom früheren Reichtum der Stadt.

Caspar David Friedrich,
„Kreidefelsen auf Rügen"
(Ölgemälde 1818)

Greifswald

Marktplatz in Greifswald mit
alten Bürgerhäusern

VIDEOECKE

Birgit ist am 10. Oktober 1976 in Eisenach geboren. Sie studiert Indologie und Deutsch als Fremdsprache. Ihre Hobbys sind Lesen, Reisen und ins Kino gehen.

Judith ist am 30. Januar 1974 in Horb am Neckar geboren. Sie studiert Sinologie und Deutsch als Fremdsprache. Ihre Hobbys sind chinesische Kultur, chinesisches Essen und Reisen.

- *Woher kommst du?*
- *Wo liegt das? (Bundesland)*
- *Was ist dort besonders interessant?*
- *Was sind die schönsten Ausflugsziele in der Nähe?*
- *Wie bist du in Leipzig unterwegs?*
- *Hast du einen Führerschein?*
- *War's schwer, ihn zu bekommen?*
- *Gibt es ein Auto, das dir besonders gut gefällt?*
- *Was gefällt dir daran?*

Aufgabe 1

Welche Städte, Orte oder Länder hören Sie in den beiden Interviews? Unterstreichen Sie sie.

Horb	Konstanz	Magdeburg
Hamburg	Frankfurt	Sachsen-Anhalt
Baden-Württemberg	Heidelberg	Thüringen
Rheinland-Pfalz	Leipzig	Rostock
Stuttgart	Hirschel	Erfurt
Tübingen	Eisenach	Weimar
Halle		

Aufgabe 2

Was erfahren Sie über Horb (HO), Hirschel (HI) und Eisenach (E)? Schreiben Sie die Buchstaben des Ortes vor die Aussagen, die sich auf diesen Ort beziehen.

1. _____ Es liegt in Baden-Württemberg.
2. _____ Es ist ein ganz kleines Dorf bei Eisenach.
3. _____ Es liegt in Thüringen.
4. _____ Es liegt in der Nähe von Stuttgart.
5. _____ Es ist eine schöne, alte, kleine Stadt.
6. _____ Es liegt in der Mitte von Deutschland.
7. _____ Es liegt sehr schön am Neckar.
8. _____ Es gibt eine große Stadtmauer und viele Türme.
9. _____ Dort gibt es das Bach-Haus und das Luther-Haus.
10. _____ Es ist eine ziemlich alte Stadt.
11. _____ Man ist schnell im Schwarzwald.
12. _____ Die Wartburg liegt in der Nähe.
13. _____ Der Bodensee ist nicht weit weg.
14. _____ Es liegt am Thüringer Wald.

Aufgabe 3

Welche Aussagen treffen auf Birgit oder Judith zu? Schreiben Sie B (Birgit) oder J (Judith) neben die folgenden Aussagen.

1. _____ ist meistens mit der Straßenbahn oder zu Fuß unterwegs.
2. _____ fährt mit dem Fahrrad, wenn das Wetter schön ist.
3. _____ fährt mit der Straßenbahn, wenn es regnet.
4. _____ hat zwanzig Fahrstunden genommen.
5. _____ hat fünfzig Fahrstunden gebraucht.
6. _____ gefällt der VW Käfer, am besten ein Cabrio.
7. _____ gefällt der New Beetle, weil er so rund ist.

LESEECKE

LESEHILFE

In this text, the perspective is that of a cat observing her human guardians in their daily routine. What observations might a cat make of human behavior?

Vor dem Lesen

Was machen Katzen gern?

Was mögen sie nicht?

Wie sieht ein Tag im Leben einer Katze aus?

Wie sieht ein Tag im Leben eines Menschen aus, der eine Katze besitzt?

Miniwörterbuch			
beachten	to pay attention to	die **Reste** (*pl.*)	leftovers
die **Decke**	blanket	**schließlich**	finally
eilig haben	to be in a hurry	**seltsam**	strange
fangen	to catch	**keinen Sinn**	to be pointless
fressen	to eat (*said of*	**haben**	
	animals)	**stöhnen**	to groan
der **Krach**	racket, loud noise	das **Zeug**	stuff

DIE WELT AUS DEN AUGEN EINER KATZE

Ach, diese Langeweile . . . Herrchen und Frauchen haben nie Zeit für mich und spielen nie mit mir. Sie haben es immer eilig und sind immer beschäftigt. Was für ein Leben diese Menschen führen. Frauchen steht morgens sehr früh auf, geht in die Küche und kocht dieses seltsame schwarze Zeug,

5 das sie den ganzen Tag trinkt. Dann weckt sie Herrchen. Er möchte eigentlich noch ein bisschen schlafen, aber sie macht die Fenster auf und dreht das Radio ganz laut. Herrchen stöhnt und zieht die Decke über den Kopf, aber es hat alles keinen Sinn.

Schließlich steht er auf, duscht und trinkt dieses stinkende schwarze Zeug,

10 liest die Zeitung und geht zur Arbeit.

Frauchen bleibt noch etwas länger zu Hause und manchmal darf ich noch ein bisschen am Fußende vom Bett liegen. Aber nicht lange, dann setzt sie mich vor die Tür und sagt: „Los, fang Mäuse!" Ich will aber morgens nicht draußen sein. Es ist kalt und ungemütlich, also sitze ich vor dem Fenster und mache

15 ein unglückliches Gesicht. Aber Frauchen geht dann auch weg und ich muss bis nachmittags warten. Dann kommen beide nach Hause und machen etwas zu es-

sen. Es riecht immer sehr gut—diese Menschen essen nicht schlecht!—, aber ich bekomme leider nur die Reste.

20 Manchmal spielt Herrchen noch ein bisschen mit mir, aber dann sitzen sie den ganzen Abend vor diesem komischen Ding, das solchen Krach macht, und sehen die Bilder von anderen Menschen an. Sie beachten mich nicht mehr. Schließlich gehen sie ins Bett und ich suche mir auch ein Plätzchen zum Schlafen.

Am schlimmsten ist es aber, wenn sie verreisen. Dann kommt nur einmal am Tag ein anderer Mensch vorbei, der mir etwas zu fressen hinstellt, und ich 25 muss in der Garage schlafen. Ein schreckliches Leben ist das!

Arbeit mit dem Text

A. Die Menschen oder die Katze?

Ordnen Sie die Stichwörter in die Tabelle ein.

Herrchen	Frauchen	die Katze
	steht sehr früh auf	

möchte noch ein bisschen schlafen

zieht die Decke über den Kopf

kocht Kaffee   weckt Herrchen   bekommt nur die Reste

darf am Fußende des Bettes liegen

macht die Fenster auf

sitzt vor dem Fenster

spielt noch ein bisschen mit der Katze   muss in der Garage schlafen

hat es immer eilig   liest die Zeitung

will morgens nicht draußen sein

B. Die Welt aus den Augen . . . Suchen Sie sich ein Tier und beschreiben Sie die Welt und ihre Bewohner aus den Augen dieses Tieres.

LESEHILFE

This poem is actually a dialogue, with each line representing one turn but with the punctuation for each line missing. When you read the poem, be sure to do so with the intonation of a dialogue consisting of questions and answers.

LEKTÜRE 2
WO—VIELLEICHT DORT
von Jürgen Becker

Wo
vielleicht dort
wohin
mal sehen
5   warum
nur so
was dann
dann vielleicht da
wie lange
10   mal sehen
mit wem
nicht sicher
wie
nicht sicher
15   wer
mal sehen
was noch
sonst nichts

Arbeit mit dem Text

1. Unterstreichen Sie alle Fragepronomen.
2. Dieses Gedicht ist eigentlich ein Dialog. Schreiben Sie die ganzen Fragen auf und erfinden Sie neue Antworten dazu.

7.1 Relative clauses

Relative clauses add information about a person, place, thing, or idea already mentioned in the sentence. The relative pronoun begins the relative clause, which usually follows the noun it describes. The relative pronoun corresponds to the English words *who, whom, that,* and *which.* The conjugated verb is in the end position.

RELATIVE CLAUSE

Der Atlantik ist das Meer, **das** Europa und Afrika von Amerika trennt.

VERB IN END POSITION

> *The Atlantic is the ocean that separates Europe and Africa from America.*

Do not omit the relative pronoun in the German sentence.

While relative pronouns may sometimes be omitted in English, they cannot be omitted from German sentences.

> Das ist der Mantel, **den** ich letzte Woche gekauft habe.
> *That is the coat (that) I bought last week.*

Relative clauses are preceded by a comma.

Likewise, the comma is not always necessary in an English sentence, but it must precede a relative clause in German. If the relative clause comes in the middle of a German sentence, it is followed by a comma as well.

> Der See, **der** zwischen Deutschland, Österreich und der Schweiz liegt, heißt Bodensee.
> *The lake that lies between Germany, Austria, and Switzerland is called Lake Constance.*

A. Relative Pronouns in the Nominative Case

In the nominative (subject) case, the forms of the relative pronoun are the same as the forms of the definite article **der, das, die.**

> **Der** Fluss, **der** durch Wien fließt, heißt Donau.
> Gobi heißt **die** Wüste, **die** in Innerasien liegt.

The relative pronoun and the noun it refers to have the same number and gender.

The relative pronoun has the same gender and number as the noun it refers to.

Masculine	der Mann, **der** . . .	*the man who . . .*
Neuter	das Auto, **das** . . .	*the car that . . .*
Feminine	die Frau, **die** . . .	*the woman who . . .*
Plural	die Leute, **die** . . .	*the people who . . .*

Wissen Sie noch?

A relative clause is a type of dependent clause. As in other dependent clauses, the conjugated verb appears at the end of the clause.

Review grammar 3.4.

B. Relative Pronouns in the Accusative and Dative Cases

The case of a relative pronoun depends on its function within the relative clause.

When the relative pronoun functions as an accusative object or as a dative object within the relative clause, then the relative pronoun is in the accusative or dative case, respectively.

ACCUSATIVE

Nur wenige Menschen haben **den Mount Everest** bestiegen.

Only a few people have climbed Mount Everest.

Mount Everest ist ein Berg, **den** nur wenige Menschen bestiegen haben.

Mount Everest is a mountain that only a few people have climbed.

DATIVE

Ich habe **meinem Vater** nichts davon erzählt.

I haven't told my father anything about it.

Mein Vater ist der einzige Mensch, **dem** ich nichts davon erzählt habe.

My father is the only person whom I haven't told anything about it.

As in the nominative case, the accusative and dative relative pronouns have the same forms as the definite article, except for the dative plural, **denen.**

	Masculine	**Neuter**	**Feminine**	**Plural**
Accusative	den	das	die	die
Dative	dem	dem	der	denen

C. Relative Pronouns Following a Preposition

The case of the relative pronoun depends on the preposition that precedes it.

When a relative pronoun follows a preposition, the case is determined by that preposition. The gender and number of the pronoun are determined by the noun.

Ich spreche am liebsten **mit meinem** Bruder.

Most of all I like to talk with my brother.

Mein Bruder ist der Mensch, **mit dem** ich am liebsten spreche.

My brother is the person (whom) I like to talk with most of all.

Auf der Insel Rügen sind weiße Kreidefelsen.

There are white chalk cliffs on the island of Rügen.

Rügen ist eine Insel in der Ostsee, **auf der** weiße Kreidefelsen sind.

Rügen is an island in the Baltic Sea on which there are white chalk cliffs.

Preposition + relative pronoun = inseparable unit

The preposition and the pronoun stay together as a unit in German.

Wer war die Frau, **mit der** ich dich gestern gesehen habe?

Who was the woman (whom) I saw you with yesterday?

Übung 1   Das mag ich, das mag ich nicht!

Bilden Sie Sätze!

MODELL   Ich mag Leute, die spät ins Bett gehen.

nett sein	betrunken sein	langweilig sein
laut lachen	interessant aussehen	gern verreisen
Spaß machen	exotisch sein	viel sprechen
schnell fahren		?

1. Ich mag Leute, die . . .
2. Ich mag keine Leute, die . . .
3. Ich mag eine Stadt, die . . .
4. Ich mag keine Stadt, die . . .
5. Ich mag einen Mann, der . . .
6. Ich mag keinen Mann, der . . .
7. Ich mag eine Frau, die . . .
8. Ich mag keine Frau, die . . .
9. Ich mag einen Urlaub, der . . .
10. Ich mag ein Auto, das . . .

Übung 2   Risiko[1]

Hier sind die Antworten. Stellen Sie die Fragen!

MODELL   Amerika: Den Kontinent hat Kolumbus entdeckt. →
Wie heißt der Kontinent, den Kolumbus entdeckt hat?

1. Europa
2. Mississippi
3. San Francisco
4. die Alpen
5. Washington
6. das Tal des Todes
7. Ellis
8. der Pazifik
9. die Sahara
10. der Große Salzsee

a. Auf diesem See in Utah kann man segeln.
b. Diese Insel sieht man von New York.
c. Diese Stadt liegt an einer Bucht.
d. Diese Wüste kennt man aus vielen Filmen.
e. Diesem Staat in den USA hat ein Präsident seinen Namen gegeben.
f. In diesem Tal ist es sehr heiß.
g. In diesen Bergen kann man sehr gut Ski fahren.
h. Dieser Kontinent ist eigentlich eine Halbinsel von Asien.
i. Über dieses Meer fliegt man nach Hawaii.
j. Von diesem Fluss erzählt Mark Twain.

[1]*Jeopardy*

7.2   The superlative of adjectives and adverbs

A. Formation of the Superlative

To express the superlative in German, use the contraction **am** with a predicate adjective or adverb plus the ending -**sten.**

Ein Porsche ist schnell, ein Flugzeug ist schneller, eine Rakete ist am schnellsten.

A Porsche is fast, an airplane is faster, a rocket is the fastest.

Wissen Sie noch?

The comparative is formed by adding **-er** to the adjective.

Review grammar 6.1.

Superlatives: **am** + **-sten**

Unlike the English superlative, which has two forms, all German adjectives and adverbs form the superlative in this way.

Hans ist **am jüngsten.**
Jens ist **am tolerantesten.**

Hans is the youngest.
Jens is the most tolerant.

When the adjective or adverb ends in **d** or **t**, or an **s**-sound such as **s, ß, sch, x**, or **z**, an **e** is inserted between the stem and the ending.

frisch	→ am frisch**esten**	heiß	→ am heiß**esten**
gesund	→ am gesünd**esten**	intelligent	→ am intelligent**esten**

Um die Mittagszeit ist es oft am heiß**esten**.	*The hottest (weather) is often around noontime.*

Groß is an exception to the rule: **am größten.**

Irregular superlatives, like their comparative counterparts, have an umlaut whenever possible.

B. Irregular Superlative Forms

The following one-syllable adjectives have an umlaut in the superlative as well as in the comparative.

alt	älter	am ältesten
groß	größer	am größten
jung	jünger	am jüngsten
kalt	kälter	am kält**esten**
krank	kränker	am kränksten
kurz	kürzer	am kürz**esten**
lang	länger	am längsten
warm	wärmer	am wärmsten

Im März ist es oft wärmer als im Januar. Im August ist es am wärmsten.	*In March it's often warmer than in January. It's warmest in August.*

As in English, some superlative forms are very different from their base forms:

gern	lieber	am liebsten
gut	besser	am besten
hoch	höher	am höchsten
nah	näher	am nächsten
viel	mehr	am meisten

Ich spreche Deutsch, Englisch und Spanisch. Englisch spreche ich am besten und Deutsch spreche ich am liebsten.	*I speak German, English, and Spanish. I speak English the best, and I like to speak German the most.*

C. Superlative Forms Preceding Nouns

Superlatives before nouns in the nominative:
der/das/die + **-(e)ste**
die (*pl.*) + **-(e)sten**

When the superlative form of an adjective is used with a definite article (**der, das, die**) directly *before* a noun, it has an **-(e)ste** ending in all forms of the nominative singular and an **-(e)sten** ending in the plural. You will get used to the **-e/-en** distribution as you have more experience listening to and reading German. (A more detailed description of adjectives that precede nouns will follow in **Kapitel 8.**)

	Fluss (*m.*)	Tal (*n.*)	Wüste (*f.*)	Berge (*pl.*)
Nominative	der längst**e**	das tiefst**e**	die größt**e**	die höchst**en**

—Wie heißt der längste Fluss Europas?
—Wolga.

What is the name of the longest river in Europe?
The Volga.

—In welchem Land wohnen die meisten Menschen?
—In China.

What country has the most people?
China.

Übung 3 Geographie und Geschichte

MODELL Das Tal des Todes (−86 m) liegt tiefer als das Kaspische Meer (−28 m). →
Das Tote Meer (−396 m) liegt am tiefsten.

1. In Rom (25,6°C) ist es im Sommer heißer als in München (17,2°C).
2. In Wien (−1,4°C) ist es im Winter kälter als in Paris (3,5°C).
3. Liechtenstein (157 km²)* ist kleiner als Luxemburg (2 586 km²).
4. Deutschland (911) ist älter als die Schweiz (1291).
5. Kanada (1840) ist jünger als die USA (1776).
6. Der Mississippi (6 021 km) ist länger als die Donau (2 850 km).
7. Philadelphia (40° nördl. Breite) liegt nördlicher als Kairo (30° nördl Breite).
8. Der Mont Blanc (4 807 m) ist höher als der Mount Whitney (4 418 m).
9. Österreich (83 849 km²) ist größer als die Schweiz (41 288 km²).

a. Athen (27,6°C)
b. das Tote Meer (−396 m)
c. Deutschland (357 050 km²)
d. Frankfurt (50° nördl. Breite)
e. Frankreich (498)
f. Monaco (1,49 km²)
g. Moskau (−9,9°C)
h. Mount Everest (8 848 m)
i. Nil (6 671 km)
j. Südafrika (1884)

Übung 4 Vergleiche

Vergleichen Sie. [(+) = Superlativ]

MODELL alt / Thomas / Heidi → Thomas ist **älter** als Heidi.
alt (+) → Monika ist am ältesten.

	Thomas	**Heidi**	**Stefan**	**Monika**
Alter	20	19	18	21
Größe	1,89 m	1,75 m	1,82 m	1,69 m
Gewicht	75 kg	65 kg	75 kg	57 kg
Haarlänge	20 cm	15 cm	5 cm	25 cm
Note in Deutsch	A	A	C	B

1. schwer / Monika / Heidi
2. schwer (+)
3. gut in Deutsch / Thomas / Monika
4. gut in Deutsch (+)
5. klein / Heidi / Stefan
6. klein (+)
7. jung / Thomas / Stefan
8. jung (+)
9. lang / Heidis Haare / Thomas' Haare
10. lang (+)
11. kurz / Monikas Haare / Heidis Haare
12. kurz (+)
13. schlecht in Deutsch / Heidi / Monika
14. schlecht in Deutsch (+)

---

*km² = Quadratkilometer

7.3 Referring to and asking about things and ideas: *da*-compounds and *wo*-compounds

In both German and English, personal pronouns are used directly after prepositions when these pronouns refer to people or animals.

Ich werde bald **mit ihr** sprechen. — *I'll talk to her soon.*

—Bist du mit Josef gefahren? — *Did you go with Josef?*
—Ja, ich bin **mit ihm** gefahren. — *Yes, I went with him.*

da- or **dar-** + preposition

When the object of the preposition is a thing or concept, it is common in English to use the pronoun *it* or *them* with a preposition: *with it, for them,* and so on. In German, it is preferable to use compounds that begin with **da-** (or **dar-** if the preposition begins with a vowel).*

daraus *out of it/them*	darin *in it/them*
damit *with it/them*	daran *on it/them*
davon *from it/them*	darauf *on top of it/them*
dazu *to it/them*	dahinter *behind it/them*
	davor *in front of it/them*
dadurch *through it/them*	darüber *over it/them*
dafür *for it/them*	darunter *underneath it/them*
dagegen *against it/them*	daneben *next to it/them*
	dazwischen *between it/them*

—Was macht man mit einer Hupe? — *What do you do with a horn?*
—Man warnt andere Leute **damit.** — *You warn other people with it.*

—Hast du etwas gegen das Rauchen? — *Do you have something againt smoking?*
—Nein, ich habe nichts **dagegen.** — *No, I don't have anything against it.*

Some **da**-compounds are idiomatic.

dabei *on me/you ...* — darum *that's why*

Hast du Geld **dabei?** — *Do you have any money on you?*

Darum hast du auch kein Glück. — *That's why you don't have any luck.*

Use a preposition + **wem** or **wen** to ask about people.

Questions about people begin with **wer** (*who*) or **wen/wem** (*whom*). If a preposition is involved, it precedes the question word.

—Mit **wem** gehst du ins Theater? — *Who will you go to the theater with? (With whom ...?)*
—Mit Melanie. — *With Melanie.*

---

*Note that the following prepositions cannot be preceded by **da(r)-: ohne, außer, seit.**

—In **wen** hast du dich diesmal
verliebt?

*Who did you fall in love with
this time? (With whom . . . ?)*

Use **wo-** + preposition to ask
about things or ideas.

Questions about things and concepts begin with **was** (*what*). If a preposition is
involved, German speakers use compound words that begin with **wo-** (or **wor-**
if the preposition begins with a vowel).

—**Womit** fährst du nach Berlin?
—Mit dem Bus.

*How are you getting to Berlin?
By bus.*

—**Worüber** sprichst du?
—Ich spreche über den neuen
Film von Wim Wenders.

*What are you talking about?
I'm talking about Wim
Wenders' new film.*

People	Things and Concepts
mit wem	womit
von wem	wovon
zu wem	wozu
an wen	woran
für wen	wofür
über wen	worüber
auf wen	worauf
um wen	worum

—**Von wem** ist die Oper „Parsifal"?
—Von Richard Wagner.
—**Wovon** handelt diese Oper?
—Von der Suche nach dem Gral.

*Who is the opera "Parzival" by?
By Richard Wagner.
What is the opera about?
About the search for the Holy
Grail.*

Übung 5 Bildbeschreibung: Juttas Zimmer

Ergänzen Sie **darin, daran, darauf, davor,
dahinter, darüber, darunter, daneben,
dazwischen.**

Links[1] ist eine Kommode. Eine Lampe steht
_____.[a] Rechts _____[b] steht der Schreibtisch.
_____[c] steht Juttas Tasche. An der Wand steht
ein Schrank. _____[d] hängen Juttas Sachen.
Links an der Wand steht Juttas Bett. _____[e]
liegt die Katze auf dem Teppich. An der Wand
_____[f] hängt ein Bild. Auf dem Bild ist eine
Wiese mit einem Baum. _____[g] hängen Äpfel.
Mitten im Zimmer steht ein Sessel. _____[h]
sieht man Juttas Schuhe und _____[i] hat sich
Hans versteckt.[2]

[1]*to the left* [2]*hat . . . versteckt has hidden himself*

Übung 6   Ein Interview mit Richard Augenthaler

Das folgende Interview ist nicht vollständig. Es fehlen die Fragen.
Rekonstruieren Sie die Fragen aus den Antworten.

1. Ich gehe am liebsten **mit meiner Kusine** ins Theater.
2. Am meisten freue ich mich **auf die Ferien.**
3. Ich muss immer **auf meinen Freund** warten. Er kommt immer zu spät.
4. In letzter Zeit habe ich mich am meisten **über meinen Physiklehrer** geärgert.
5. Wenn ich „USA" höre, denke ich **an Wolkenkratzer und Gettos, an den Grand Canyon und die Rocky Mountains und natürlich an Iowa.**
6. Zur Schule fahre ich meistens **mit dem Fahrrad, manchmal auch mit dem Bus.**
7. Ich schreibe nicht gern **über Sachen,** die mich nicht interessieren, wie zum Beispiel die Vorteile und Nachteile des Kapitalismus.
8. Meinen letzten Brief habe ich **an einen alten Freund von mir** geschrieben. Der ist vor kurzem nach Graz gezogen, um dort Jura zu studieren.
9. Ich halte nicht viel **von meinen Lehrern.** Die tun nur immer so, als wüssten sie alles; in Wirklichkeit wissen die gar nichts.
10. Ich träume **von einer Welt,** in der alle Menschen genug zu essen haben und in der sich niemand fürchten muss.

7.4 The perfect tense (review)

<table>
<tr><td>

Wissen Sie noch?

The perfect tense consists of a form of the present tense of **haben** or **sein** + the past particple.

Review grammer 4.1.

</td></tr>
</table>

Use **haben** with most verbs.
Use **sein** if the verb:
- cannot take an accusative object
- indicates change of location or condition.

As you remember from **Kapitel 4,** it is preferable to use the perfect tense in oral communication when talking about past events.

Ich **habe** im Garten Äpfel **gepflückt.**	*I picked apples in the garden.*

To form the perfect tense, use **haben** or **sein** as an auxiliary with the past participle of the verb.

A. haben or **sein**

Haben is by far the more commonly used auxiliary. **Sein** is normally used only when both of the following conditions are met: (1) The verb cannot take an accusative object. (2) The verb implies a change of location or condition.

Bertolt Brecht **ist** 1956 in Berlin **gestorben.**	*Bertolt Brecht died in Berlin in 1956.*
Ernst **ist** mit seinem Hund **spazieren gegangen.**	*Ernst went for a walk with his dog.*

In spite of the fact that there is no change of location or condition, the following verbs also take **sein** as an auxiliary: **sein, bleiben,** and **passieren.**

Letztes Jahr **bin** ich in St. Moritz **gewesen.**	*Last year I was in St. Moritz.*
Was **ist passiert?**	*What happened?*

See Appendix F for a list of verbs that take **sein** as their auxiliary.

B. Forming the Past Participle

Strong verbs end in **-en;** weak verbs end in **-t** or **-et.**

There are basically two ways to form the past participle. Strong verbs add the prefix **ge-** and the ending -en to the stem. Weak verbs add the prefix **ge-** and the ending -t or -et.

rufen	hat **gerufen**	*to shout, call*
reisen	ist **gereist**	*to travel*
arbeiten	hat **gearbeitet**	*to work*

In the past-participle form, most, but not all, strong verbs have a changed stem vowel or stem.

bleiben	ist geb**lie**ben	*to stay*
gehen	ist geg**ang**en	*to walk*
werfen	hat gew**or**fen	*to throw*
but: laufen	ist gelaufen	*to run*

Very few weak verbs have a change in the stem vowel. Here are some common weak verbs that do change.

dürfen	hat ged**ur**ft	*to be allowed to*
können	hat geko**nn**t	*to be able to*
müssen	hat gem**uss**t	*to have to*
bringen	hat geb**ra**cht	*to bring*
denken	hat ged**ach**t	*to think*
kennen	hat gek**a**nnt	*to know, be acquainted with*
rennen	ist gerannt	*to run*
wissen	hat gew**uss**t	*to know (as a fact)*

C. Past Participles with and without **ge-**

no **ge-** with
• verbs ending in **-ieren**
• inseparable prefix verbs

Another group of verbs forms the past participle without **ge-**. You will recognize them because, unlike most verbs, they are not pronounced with an emphasis on the first syllable. These verbs fall into two major groups: those that end in **-ieren** and those that have inseparable prefixes.

passieren	ist passiert	*to happen*
studieren	hat studiert	*to study, go to college*
verlieren	hat verloren	*to lose*
erlauben	hat erlaubt	*to allow*

common inseparable prefixes
• **be-**
• **ent-**
• **er-**
• **ge-**
• **ver-**

The most common inseparable prefixes are **be-, ent-, er-, ge-,** and **ver-**.

besuchen	hat besucht	*to visit*
entdecken	hat entdeckt	*to discover*
erzählen	hat erzählt	*to tell*
gewinnen	hat gewonnen	*to win*
versprechen	hat versprochen	*to promise*

The past participle of separable-prefix verbs is formed by adding the prefix to the past participle of the base verb.

anfangen	hat angefangen	*to begin*
aufstehen	ist aufgestanden	*to get up*

| einschlafen | ist eingeschlafen | *to fall asleep* |
| nachdenken | hat nachgedacht | *to think something over* |

Übung 7 Renate

Ergänzen Sie **haben** oder **sein.**

1. In meiner Schulzeit _____ ich nie gern aufgestanden.
2. Meine Mutter _____ᵃ mich immer geweckt, denn ich _____ᵇ nie von allein aufgewacht.
3. Ich _____ᵃ ganz schnell etwas gegessen und _____ᵇ zur Schule gerannt.
4. Meistens hatte es schon zur Stunde geklingelt, wenn ich angekommen _____.
5. In der Schule war es oft langweilig; in Biologie _____ ich sogar einmal eingeschlafen.
6. Einmal in der Woche hatten wir nachmittags Sport. Am liebsten _____ᵃ ich Basketball gespielt und _____ᵇ geschwommen.
7. Auf dem Weg nach Hause _____ᵃ ich einmal einen Autounfall gesehen. Zum Glück _____ᵇ nichts passiert.
8. Aber viele Leute _____ᵃ herumgestanden, bis die Polizei gekommen _____ᵇ.
9. Sie _____ᵃ geblieben, bis eine Autowerkstatt die kaputten Autos abgeholt _____ᵇ.
10. Ich _____ nicht so lange gewartet, denn ich musste viele Hausaufgaben machen.

Übung 8 Ernst

Ernst war heute fleißig. Er ist früh aufgestanden und hat schon alles gemacht. Übernehmen Sie seine Rolle.

MODELL Steh bitte endlich auf! → Ich bin schon aufgestanden.

1. Mach bitte Frühstück!
2. Trink bitte deine Milch!
3. Mach bitte den Tisch sauber!
4. Lauf mal schnell zum Bäcker!
5. Bring bitte Brötchen mit!
6. Nimm bitte Geld mit!
7. Füttere bitte den Hund!
8. Mach bitte die Tür zu!

KAPITEL 8

Zum Wohl und Guten Appetit!

Essen und Einkaufen

KAPITEL 8

In **Kapitel 8,** you will learn to talk about shopping for food and cooking and about the kinds of foods you like. You will also talk about household appliances and about dining out.

SPRECHSITUATIONEN

ESSEN UND TRINKEN

➤ **Grammatik 8.1–8.2**

der Kakao
der Honig
der Zucker
die Kaffeesahne
das Brot
der Kaffee
der Tee

der Käse
der Schinken
der Orangensaft
die Marmelade
die Brötchen
das Ei

das Frühstück

Meistens esse ich ein frisches Brötchen, ein gekochtes Ei und selbstgemachte Marmelade zum Frühstück. Außerdem brauche ich einen starken Kaffee.

Hähnchen mit Karotten und Pommes
die Cola
die Kartoffeln
Forelle blau mit Kartoffeln und Meerrettichsahne

das Mineralwasser
der Apfelsaft
Buletten mit Kartoffelbrei
der Rotwein
das Salz
der Pfeffer
Hirschbraten mit Spätzle und Pfifferlingen

das Mittagessen

Zu Mittag esse ich am liebsten einen gemischten Salat, gebratenes Fleisch oder gegrillten Fisch mit gekochten Kartoffeln.

270

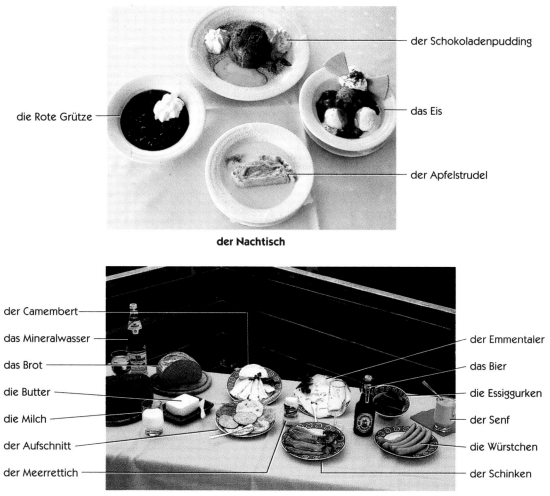

der Schokoladenpudding

die Rote Grütze

das Eis

der Apfelstrudel

der Nachtisch

der Camembert
das Mineralwasser
das Brot
die Butter
die Milch
der Aufschnitt
der Meerrettich

der Emmentaler
das Bier
die Essiggurken
der Senf
die Würstchen
der Schinken

das Abendessen

Situation 1   Umfrage: Isst du gern fettige Hamburger?

MODELL   s1: Isst du gern fettige Hamburger?
s2: Ja!
s1: Unterschreib bitte hier!

UNTERSCHRIFT

1. Isst du gern fettige Hamburger? _____
2. Isst du oft Chinesisch? _____
3. Isst du oft frisches Obst? _____
4. Frühstückst du selten? _____
5. Isst du zum Frühstück gern gebratene Eier mit Speck? _____
6. Isst du meistens in der Mensa? _____
7. Isst du manchmal Pizza? _____
8. Würzt du dein Essen mit viel Pfeffer? _____
9. Isst du selten zu Hause? _____
10. Hast du für heute ein belegtes Brot dabei? _____

Situation 2 Informationsspiel: Mahlzeiten und Getränke

MODELL s1: Was isst Stefan zum Frühstück?

s2: ——

s1: Was isst du zum Frühstück?

s2: ——

	Frau Gretter	**Stefan**	**Andrea**	**mein(e) Partner(in)**
zum Frühstück essen	frische Brötchen			
zum Frühstück trinken	schwarzen Kaffee		heißen Kakao	
zu Mittag essen		belegte Brote und Kartoffelchips		
zu Abend essen	nichts, sie will abnehmen		Brot mit Honig	
nach dem Sport trinken			Apfelsaft	
auf einem Fest trinken		mexikanisches Bier		
essen, wenn er/sie groß ausgeht	etwas für Kalorienbewusste		den schönsten Kinderteller	

Situation 3 Interview: Die Mahlzeiten

1. Was isst du normalerweise zum Frühstück? Was zu Mittag?
2. Isst du viel zu Abend? Was?
3. Isst du immer eine Nachspeise? Was isst du am liebsten als Nachspeise?
4. Trinkst du viel Kaffee?
5. Isst du zwischen den Mahlzeiten? Warum (nicht)?
6. Was isst du, wenn du mitten in der Nacht großen Hunger hast?
7. Was trinkst du, wenn du auf Feste gehst?
8. Was hast du heute Morgen gegessen und getrunken?
9. Was isst du heute zu Mittag?
10. Was isst du heute zu Abend?

Kultur ... Landeskunde ... Informationen

Essen in Deutschland, Österreich und der Schweiz

- Welche deutschen (österreichischen, schweizerischen) Speisen kennen Sie? Zu welcher Mahlzeit isst man sie?
- Welche Getränke sind Ihrer Meinung nach typisch für Deutschland (Österreich, die Schweiz)? Gibt es dabei regionale Unterschiede?

EINE SACHE, VIELE NAMEN

MODELL S1: **Wo sagt man die Bulette?**
         S2: **In Berlin.**

	Standardsprache
die Frikadelle	Standardsprache
die Bulette	_____
das Fleischpflanzerl	_____
das Fleischchüechli	_____

Bayern   Berlin
         Schweiz

Berliner Bulette

	Standardsprache
das Brötchen	Standardsprache
das Mutschli/Semmeli	_____
die Semmel	_____
die Schrippe	_____

Süddeutschland   Berlin
und Österreich
         Schweiz

Bayrische Semmeln

	Standardsprache
die Schlagsahne	Standardsprache
der Schlagrahm	_____
Gschwungne Nidel	_____
der Schlagobers	_____

Schweiz
Süddeutschland
         Österreich

Österreichische Sachertorte mit Schlagobers

	Standardsprache
Kartoffelpfannkuchen	Standardsprache
Reiberdatschi	
Kartoffelpuffer	_____
Gromperekichelcher	_____

Österreich und Bayern
Norddeutschland   Luxemburg

Luxemburgische Gromperekichelcher

HAUSHALTSGERÄTE

➤ **Grammatik 8.3**

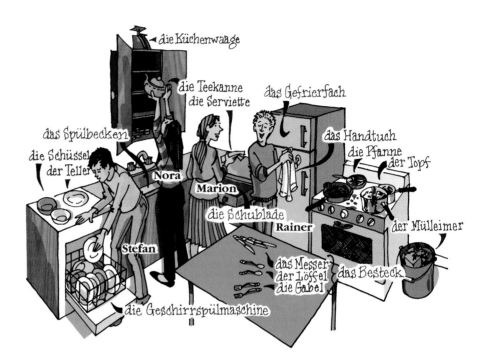

Stefan stellt die Schüsseln und Teller in die Geschirrspülmaschine.
Nora stellt die Teekanne in den Schrank.
Marion legt die Servietten in die Schublade.
Rainer hängt das Handtuch an den Haken.
Die schmutzigen Töpfe und Pfannen stehen auf dem Herd.
Messer, Gabeln und Löffel liegen auf dem Tisch.

Situation 4 Was kosten diese Gegenstände?

Listen Sie die Gegenstände in jeder Gruppe dem Preis nach. Beginnen Sie mit
dem teuersten Gegenstand. Wählen Sie dann aus jeder Gruppe die vier
Gegenstände aus, auf die Sie am wenigsten verzichten[1] könnten.

GRUPPE A	GRUPPE B
1. eine Kaffeemaschine	**1.** ein Mikrowellenherd
2. ein elektrischer Dosenöffner	**2.** ein Kühlschrank
3. eine Küchenmaschine	**3.** eine Geschirrspülmaschine
4. ein Korkenzieher	**4.** eine Waschmaschine
5. eine Kaffeemühle	**5.** ein Wäschetrockner
6. ein Bügeleisen	**6.** ein Grill
7. eine Küchenwaage	**7.** ein Staubsauger
8. ein Toaster	**8.** eine Gefriertruhe

[1]*do without*

Situation 5   Was brauchen Sie dazu?

1. Sie bekommen ein Paket, das mit einer Schnur zugebunden ist. Sie wollen die Schnur durchschneiden.
2. Sie wollen sich ein belegtes Brot machen und eine Scheibe Wurst abschneiden.
3. Sie wollen sich eine Dose Suppe heiß machen und müssen die Dose aufmachen.
4. Sie haben Gäste und wollen ein paar Flaschen Bier aufmachen.
5. Sie wollen eine Kerze anzünden.
6. Sie wollen Tee kochen und müssen Wasser heiß machen.
7. Sie haben eine Reifenpanne und müssen einen rostigen Nagel aus einem Autoreifen ziehen.
8. Sie wollen ein Bild aufhängen und müssen einen Nagel in die Wand schlagen.
9. Beim Gewitter ist der Strom ausgefallen. Es ist total dunkel in Ihrem Zimmer.

die Zange

die Schere
die Streichhölzer
der Hammer

das Küchenmesser
der Teekessel
die Taschenlampe
der Flaschenöffner

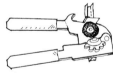

der Dosenöffner

Situation 6   Diskussion: Haushaltsgeräte

1. Welche elektrischen Haushaltsgeräte haben Sie, Ihre Eltern oder Freunde? Welches Gerät finden Sie am wichtigsten?
2. Stellen Sie sich vor, Sie dürfen nur ein Gerät im Hause haben. Welches wählen Sie und warum?
3. Welche Werkzeuge sollte es in jedem Haushalt geben?
4. Sie wollen übers Wochenende zum Zelten. Machen Sie eine Liste, welche Geräte Sie zum Essen und Kochen brauchen.
5. Sie planen ein elegantes Picknick. Was packen Sie alles ein?

EINKAUFEN UND KOCHEN

➤ **Grammatik 8.4**

das Rindfleisch
das Hackfleisch
der Leberkäse
die Krabben
der Lachs
das Fischfilet
der Zander
die Bratwurst
das Schweinefleisch
das Putenschnitzel

das Fleisch und der Fisch

der Blumenkohl
die Tomaten
die Zwiebeln
der Rosenkohl
die Karotten
die Gurken
der Kopfsalat
die Paprika
die Pilze
die Radieschen

das Gemüse

die Pfirsiche
die Birnen
die Pflaumen
die Erdbeeren
die Weintrauben
die Blaubeeren
die Apfelsinen
die Ananas
die Äpfel
die Bananen

das Obst

Situation 7 Was kostet das?

Sie gehen in Göttingen zum All-Kauf-Markt. Das ist ein großer Supermarkt, der recht billig ist und viele Sonderangebote[1] hat. Sehen Sie sich die drei Einkaufslisten an, und rechnen Sie den Preis für jede Liste aus.

LISTE 1

200 g geräucherter Speck
2 Dosen Tomatensuppe
1 kg Hackfleisch
3 Zitronen
1 Packung Haferflocken

LISTE 2

1 kg Hackfleisch
1 Glas Mayonnaise
1 kg Zwiebeln
1 kg frische Karotten
2 kg Äpfel

LISTE 3

400 g frische Krabben
1 kg Pfirsiche
500 g Schnitzelfleisch
2 Salatgurken
1 kg Tomaten
1 Flasche Salatsoße

Situation 8 Einkaufsliste

Sie wollen heute Abend kochen. Was wollen Sie kochen? Was brauchen Sie? (Sie finden Ideen im Wortkasten auf Seite 278. Machen Sie für jedes Gericht eine Einkaufsliste. Denken Sie auch an Salat, Gemüse und Gewürze, an Vorspeise und Nachspeise und an Getränke.

1. ein italienisches Gericht
2. ein amerikanisches Gericht
3. ein türkisches Gericht
4. ein deutsches Gericht
5. ein französisches Gericht

[1]sale items

Fisch   Nudeln   Salz   Bohnen

Paprika   Oliven

          Erbsen

Zwiebeln   Gurken

Schnitzel   Knoblauch

Pfeffer   Kopfsalat   Pilze

Tomaten   Schafskäse

    Kartoffeln   Tomatensoße

      Karotten   Essig und Öl

Hackfleisch

Situation 9 Bildgeschichte: Michaels bestes Gericht

Michael kocht heute wieder sein bestes Gericht: Omelette à la haute cuisine ...

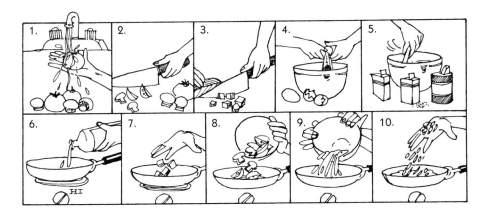

Situation 10 Zum Schreiben: Ein Rezept

Ein Austauschstudent aus Deutschland möchte ein Rezept für ein typisch amerikanisches Gericht. Geben Sie ihm/ihr Ihr persönliches Lieblingsrezept. Schreiben Sie zuerst auf, was man alles braucht und wie viel. Dann beschreiben Sie, wie man es zubereitet. Machen Sie auch kleine Zeichnungen dazu. (Keine Mikrowellenmahlzeit, bitte!)

ZUTATEN	ZUBEREITUNG
_____	_____
_____	_____
_____	_____

Kultur ... Landeskunde ... Informationen

Essgewohnheiten

- Was ist in Ihrem Land ein typisches Essen?
- Welche Art von ausländischem Essen ist in Ihrem Land besonders beliebt? Stellen Sie eine Rangliste von eins (am wenigsten beliebt) bis zehn (am meisten beliebt) auf.

____ italienisch	____ französisch	____ deutsch	____ koreanisch	____ japanisch
____ griechisch	____ mexikanisch	____ spanisch	____ chinesisch	____ indisch

- Welche Art von ausländischem Essen ist in Deutschland am beliebtesten? Raten Sie!

☐ chinesisch   ☐ türkisch   ☐ italienisch   ☐ griechisch   ☐ französisch

Lesen Sie den Text, und suchen Sie Antworten auf die Fragen.

ETHNIC FOOD

MULTI-KULTI-KÜCHE

Eine Studie über Essgewohnheiten zeigt: Am Kochtopf sind die Deutschen besonders ausländerfreundlich

Das morgendliche Croissant zum Cappuccino, die Pizza und die Frühlingsrolle animierten unlängst[1] das SZ-Magazin[2] zu der Frage: „Wie konnten wir früher satt werden,[3] ohne Mozzarella und Basilikum zu kennen?"

Der Deutsche, so belegt[4] ein Rundgang durch Supermärkte und Restaurants, serviert Grünkohl, Schweinebraten und Eisbein anscheinend[5] nur noch auf Volksfesten und für Touristenmenüs. Er aber wendet sich statt dessen[6] liebevoll griechischem Fetakäse, Curry und Couscous zu.[7] Und ohne Pasta kann er schon gar nicht mehr leben.

- Welche ausländischen Speisen und Getränke können Sie im Text identifizieren? Aus welchen Ländern kommen sie ursprünglich?
- Welche deutschen Speisen und Getränke können Sie identifizieren?
- Wo und für wen servieren die Deutschen anscheinend nur noch deutsches Essen?

Schauen Sie sich die Grafik genau an und beantworten Sie die Fragen.

- Wer isst zu Hause öfter ausländisch, Leute unter 35 oder über 55?
- Wie viel Prozent der Deutschen unter 35 gehen sehr häufig in ein ausländisches Restaurant?
- Wie viel Prozent der Deutschen über 55 gehen nie in ein ausländisches Restaurant?

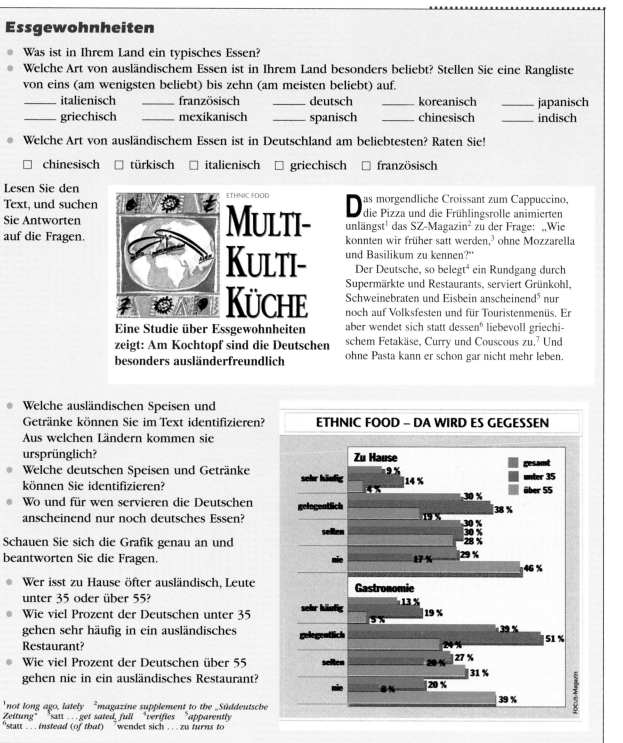

ETHNIC FOOD – DA WIRD ES GEGESSEN

Zu Hause
- sehr häufig: 9 %, 14 %, 4 %
- gelegentlich: 30 %, 38 %, 19 %
- selten: 30 %, 30 %, 28 %
- nie: 29 %, 17 %, 46 %

Gastronomie
- sehr häufig: 13 %, 19 %, 5 %
- gelegentlich: 39 %, 51 %, 24 %
- selten: 27 %, 20 %, 31 %
- nie: 20 %, 8 %, 39 %

gesamt / unter 35 / über 55

FOCUS-Magazin

[1]*not long ago, lately*   [2]*magazine supplement to the „Süddeutsche Zeitung"*   [3]*satt ... get sated, full*   [4]*verifies*   [5]*apparently*   [6]*statt ... instead (of that)*   [7]*wendet sich ... zu turns to*

Eine Münchner Metzgerei. Nichts für Vegetarier.

Situation 11 Interview: Einkaufen und Kochen

1. Kannst du kochen? Was zum Beispiel?
2. Kochst du oft? Wer kocht in deiner Familie?
3. Was kochst du am liebsten? Welche Zutaten braucht man dazu?
4. Kaufst du jeden Tag ein? Wenn nicht, wie oft in der Woche? An welchen Tagen? Wo kaufst du meistens ein?

▌M RESTAURANT

➤ **Grammatik 8.5**

a. —Ist hier noch frei?
  —Ja, bitte schön.

b. —Was darf ich Ihnen bringen?
  —Kann ich bitte die Spiesekarte haben?
  —Ja, gern, einen Moment, bitte.

c. —Ein Wasser, bitte.
  —Ein Mineralwasser. Kommt sofort!

d. —Wir würden gern zahlen.
  —Gern. Das waren zwei Wiener Schnitzel, ein Glas Wein und eine Limo . . .

e. —38,80 Franken, bitte schön.
  —Das stimmt so.
  —Vielen Dank.
  —Können Sie mir dafür eine Quittung geben?
  —Selbstverständlich.

f. —Darf ich Sie noch zu einem Kaffee einladen?
  —Das ist nett, aber leider muss ich mich jetzt beeilen.

Situation 12 Was sagen Sie?

Wählen Sie für jede Situation eine passende Aussage.

1. Sie sitzen an einem Tisch im Restaurant.
Sie haben Hunger, aber noch keine Spiesekarte.
Sie sehen die Kellnerin und sagen: _____

2. Sie haben mit Ihren Freunden im Restaurant
gegessen. Sie haben es eilig und möchten zahlen.
Sie rufen den Kellner und sagen: _____

3. Sie gehen allein essen. Das Restaurant
ist voll. Es gibt keine freien Tische mehr. Plötzlich
kommt jemand an Ihren Tisch, den Sie nicht
kennen, und fragt, ob er sich zu Ihnen setzen
kann. Sie sagen: _____

4. Ihr Essen und Trinken hat 19 Euro 20 gekostet.
Sie haben der Kellnerin einen Zwanzigeuroschein gegeben. 80 Cent sind Trinkgeld. Sie
sagen: _____

5. Sie essen mit Ihren Eltern in einem feinen
Restaurant. Da stellen Sie fest, dass eine Fliege
in der Suppe schwimmt. Sie rufen den Kellner
und sagen: _____

6. Sie haben einen Sauerbraten mit Knödeln
bestellt. Die Kellnerin bringt Ihnen einen
Schweinebraten. Sie sagen: _____

a. Das kann nicht stimmen. Ich habe doch
einen Sauerbraten bestellt.

b. Das stimmt so.

c. Die Spiesekarte, bitte.

d. Herr Kellner, bitte, sehen Sie sich das
mal an.

e. Ich liebe Schweinebraten.

f. Ja, bitte sehr.

g. Leider habe ich kein Geld.

h. Morgen fliege ich in die USA.

i. Nein, danke.

j. Zahlen, bitte.

Situation 13 Dialog: Melanie und Josef gehen aus.

Melanie und Josef haben sich einen Tisch ausgesucht und sich hingesetzt. Der
Kellner kommt an ihren Tisch.

KELLNER: Bitte schön?

MELANIE: Können wir die _____ haben?

KELLNER: Natürlich. Möchten Sie etwas trinken?

MELANIE: Für mich ein _____ bitte.

JOSEF: Und _____ ein Bier.

KELLNER: Gern.
[etwas später]

KELLNER: _____, was Sie essen möchten?

MELANIE: Ich möchte das Rumpsteak mit Pilzen und Kroketten.

JOSEF: Und ich hätte gern die Forelle „blau" mit Kräuterbutter, grünem Salat
und Salzkartoffeln. Dazu _____ bitte.

KELLNER: Gern. Darf ich ____ auch noch etwas zu trinken bringen?

MELANIE: Nein, danke, im Moment nicht.

Kultur ... Landeskunde ... Informationen

Stichwort „Restaurant"

- Gehen Sie oft ins Restaurant?
- Haben Sie ein Lieblingsrestaurant?
- Was machen Sie, wenn alle Tische besetzt sind?
- Sitzen Sie lieber im Raucher- oder im Nichtraucherteil?
- Wie lange bleiben Sie normalerweise im Restaurant sitzen, nachdem Sie gegessen haben?

Wie verhalten sich Deutsche im Restaurant? Hören Sie zu.

FOCUS-FRAGE

„Wo fühlen Sie sich durch Passivrauchen besonders belästigt?"[1]

NIKOTIN STÖRT BEIM ESSEN

Die 71 Prozent Nichtraucher unter den 1300 Befragten* antworteten

in Restaurants	**40 %**
in Reisebussen	**29 %**
in Warteräumen	**26 %**
bei Veranstaltungen[2]	**25 %**
am Arbeitsplatz	**21 %**
auf Behörden[3]	**20 %**
in der Öffentlichkeit[4]	**15 %**
im Flugzeug	**14 %**

32 Prozent der Nichtraucher fühlen sich durch Passivrauchen überhaupt nicht belästigt

* Repräsentative Umfrage des Sample-Instituts für FOCUS im Juli. Mehrfachnennung möglich

Miniwörterbuch	
die **Anerkennung**	acknowledgment
aufmerksam	attentive
die **Bewirtung**	service
die **Geselligkeit**	sociability, social life
je nach Betrag	depending on the amount
der **Umsatz**	sales, returns
die **Vorschrift**	regulation

Vergleichen Sie! Deutschland (D) oder Nordamerika (N)?

_____ Platz selbst aussuchen
_____ auf einen freien Tisch warten
_____ nach dem Essen bald gehen
_____ nach dem Essen noch eine Weile sitzen bleiben
_____ Raucher- und Nichtraucherteile
_____ nur selten Nichtraucherteile
_____ weniger Trinkgeld geben
_____ 15%–20% Trinkgeld geben

Lesen Sie aus der Statistik, wo man in Deutschland uneingeschränkt rauchen darf. Wo darf man in Ihrem Land noch uneingeschränkt rauchen? Wo darf man überhaupt nicht rauchen?

[1]*bothered, disturbed* [2]*public events* [3]auf ... *in public buildings* [4]in ... *in public*

Situation 14 Rollenspiel: Im Restaurant

s1: Sie sind im Restaurant und möchten etwas zu essen und zu trinken bestellen. Wenn Sie mit dem Essen fertig sind, bezahlen Sie und geben Sie der Bedienung ein Trinkgeld.

Situation 15 Bildgeschichte: Herr und Frau Wagner waren gestern im Restaurant

Situation 16 Interview

1. Gehst du oft essen? Wie oft in der Woche isst du nicht zu Hause? Wirst du heute Abend zu Hause essen?
2. Isst du oft im Studentenheim? Wirst du morgen im Studentenheim essen? Schmeckt dir das Essen da?
3. Gehst du oft zu McDonald's oder in ein ähnliches Restaurant? Wirst du vielleicht noch diese Woche in so einem Restaurant essen?
4. Warst du schon mal in einem deutschen Restaurant? Wenn ja, was hast du gegessen? Wenn nein, was wirst du bestellen, wenn du mal in einem deutschen Restaurant bist?
5. In welchem Restaurant schmeckt es dir am besten? Gibt es ein Restaurant, in dem du oft isst? Wie heißt es? Was isst du da? Wirst du diese Woche noch einmal hingehen?
6. Was ist das feinste Restaurant in unserer Stadt? Wie viel muss man da für ein gutes Essen bezahlen?

WORTSCHATZ

Frühstück	Breakfast
die **Wurst**, ⸚e	sausage
der **Käse**	cheese
der **Quark**	type of creamy cottage cheese
der **Schinken**	ham
der **Speck**	bacon
das **Brötchen**, -	roll
das **Ei**, -er	egg
gekochte **Eier**	boiled eggs
gebratene **Eier**	fried eggs
das **Hörnchen**, -	croissant
das **Würstchen**, -	frank(furter); hot dog

Ähnliche Wörter
die **Marmelade**, -n; der **Honig**; das **Omelett**, -s

Mittagessen und Abendessen	Lunch and Dinner
die **Forelle**, -n	trout
die **Krabbe**, -n	shrimp
die **Mahlzeit**, -en	meal
die **Nachspeise**, -n	dessert
die **Vorspeise**, -n	appetizer
der **Braten**, -	roast
der **Eisbecher**, -	dish of ice cream
der **Hummer**, -	lobster
der **Knödel**, -	dumpling
der **Pilz**, -e	mushroom
das **Brot**, -e (R)	bread
das belegte **Brot**, die belegten **Brote**	open-face sandwich
das **Fleisch**	meat
das **Hackfleisch**	ground beef (or pork)
das **Rindfleisch**	beef
das **Schweinefleisch**	pork
das **Geflügel**	poultry
die **Pommes (frites)** [frit] or [frits] (*pl.*)	french fries

Ähnliche Wörter
die **Krokette**, -n; die **Muschel**, -n; die **Nudel**, -n; der **Fisch**, -e; der **Reis**; das **Rumpsteak**, -s; das **Schnitzel**, -

Obst und Nüsse	Fruit and Nuts
die **Apfelsine**, -n	orange
die **Birne**, -n	pear

die **Erdbeere**, -n	strawberry
die **Kirsche**, -n	cherry
die **Weintraube**, -n	grape
die **Zitrone**, -n	lemon
der **Pfirsich**, -e	peach

Ähnliche Wörter
die **Banane**, -n; die **Nuss**, ⸚e; die **Pflaume**, -n

Gemüse	Vegetables
die **Bohne**, -n	bean
die **Erbse**, -n	pea
die **Gurke**, -n	cucumber
saure **Gurken**	pickles
die **Kartoffel**, -n	potato
die **Salzkartoffeln**	boiled potatoes
die **Zwiebel**, -n	onion
der **Kohl**	cabbage
der **Blumenkohl**	cauliflower
der **Rosenkohl**	brussel sprouts

Ähnliche Wörter
die **Karotte**, -n; die **Olive**, -n; die **Tomate**, -n; der **Salat**, -e (R); der **Heringssalat**; der **Kopfsalat**; der **Spinat**

Getränke	Beverages
der **Saft**, ⸚e	juice
der **Apfelsaft**	apple juice
der **Orangensaft**	orange juice

Ähnliche Wörter
die **Milch**; der **Kakao** [kakau]; das **Mineralwasser**

Zutaten	Ingredients
der **Essig**	vinegar
der **Knoblauch**	garlic
der **Senf**	mustard
das **Gewürz**, -e	spice; seasoning
die **Kräuter** (*pl.*)	herbs

Ähnliche Wörter
die **Butter**; die **Kräuterbutter**; [majonɛsa]; die **Soße**, -n; der **Pfeffer**; der **Zucker**; das **Öl** (R); das **Salz**

Küche und Zubereitung — Cooking and Preparation

auf·schneiden, aufgeschnitten	to chop
bestreuen	to sprinkle
braten, brät, gebraten	to fry
bräunen	to brown, fry
erhitzen	to heat
geben, gibt, gegeben (in + akk.)	to put (into)
gießen, gegossen	to pour
schlagen, schlägt geschlagen	to beat
vermischen	to mix
würzen	to season

Im Restaurant — At the Restaurant

die Bedienung	service; waiter, waitress
die Quittung, -en	receipt, check
die Speisekarte, -n	menu
der Schein, -e	bill, note (of currency)
der Zwanzigeuro-schein, -e	twenty-euro note
der Teller, -	plate
das Gericht, -e	dish
das Stück, -e	slice; piece

Ähnliche Wörter
das Trinkgeld, -er; die Öffnungszeiten (pl.)

Im Haushalt — In the Household

die Dose, -n	can
die Gabel, -n	fork
die Gefriertruhe, -n	freezer
die Küchenmaschine, -n	mixer
die Schere, -n	scissors
die Schnur, ¨e	string
die Schüssel, -n	bowl
die Serviette, -n	napkin
die Zange, -n	pliers, tongs
der Dosenöffner, -	can opener
der Haken, -	hook
der Löffel, -	spoon
der Mülleimer, -	garbage can
der Nagel, ¨	nail
der Strom	electricity, power
der Wäschetrockner, -	clothes dryer
das Gerät, -e	appliance
das Messer, -	knife
das Paket, -e	package

das Streichholz, ¨er	match
das Werkzeug, -e	tool

Ähnliche Wörter
die Kaffeemühle, -n; die Teekanne, -n; der Flaschenöffner, -; der Grill, -s; der Hammer, ¨; der Korkenzieher, -; der Teekessel, -; der Toaster, - [tosta]

Sonstige Verben — Other Verbs

ab·nehmen, nimmt ab, abgenommen	to lose weight
ab·schneiden, abgeschnitten	to cut off
aus·fallen, fällt aus, ist ausgefallen	to go out (power)
aus·rechnen	to figure, total (up)
aus·wählen	to select
sich beeilen	to hurry
bestellen	to order (food)
durch·schneiden	to cut through
stimmen	to be right
das stimmt so	that's right; keep the change
ziehen, gezogen	to pull
zu·bereiten	to prepare (food)

Adjektive und Adverbien — Adjectives and Adverbs

fettig	fat; greasy
gebraten	roasted; broiled; fried
geräuchert	smoked
kalorienarm	low in calories
kalorienbewusst	calorie-conscious
leer	empty
verschieden	different, various
zart	tender
zugebunden	tied shut

Ähnliche Wörter
eiskalt, elegant, elektrisch, fein, frisch, gegrillt, gekocht, gemischt, gesalzen, holländisch, japanisch, mexikanisch, rostig, sauer, verboten

Sonstige Wörter und Ausdrücke — Other Words and Expressions

dazu	in addition
meistens	usually, mostly
nebeneinander	next to each other
normalerweise	normally
selten	rare(ly), seldom
am wenigsten	the least
wofür	what for?

KULTURECKE

Kulturprojekt   Deutsche Restaurants und deutsches Essen

Kontakte Online

Weiteres zum Thema *deutsches Essen* finden Sie bei **Kontakte online** im World Wide Web unter www.mhhe.com/kontakte

- Gibt es in Ihrer Stadt oder in der Nähe ein Restaurant mit deutscher Küche? Wenn ja, wie heißt es? Schauen Sie in den Gelben Seiten oder in einem Stadtführer nach. Was kann man dort essen? Gehen Sie ins Restaurant und schauen Sie sich die Spiesekarte an oder rufen Sie das Restaurant an.
- Gehen Sie zu Ihrem Supermarkt oder zu einem Feinkostladen.[1] Gibt es dort Produkte aus Deutschland, Österreich oder der Schweiz? Wenn ja, was für Produkte? Welche Markennamen[2] haben sie?
- Suchen Sie ein Kochbuch für deutsche oder internationale Küche. Schreiben Sie ein deutsches, österreichisches oder schweizerisches Rezept auf. Wenn Sie Lust dazu haben, bereiten Sie das Gericht zu und bringen Sie es mit in den Unterricht.

[1]*delicatessen, specialty foods store*   [2]*brand names*

Porträt

1920 gründet Hans Riegel mit seiner Frau Gertrud eine Bonbonfabrik in Bonn und lässt sie unter dem Namen HARIBO (Hans Riegel Bonn) in das Handelsregister eintragen. Das Startkapital besteht aus einem Sack Zucker. Die ersten Gummibärchen werden 1921 produziert. Sie heißen zuerst Tanzbären. Gertrud Riegel liefert sie täglich mit dem Fahrrad an die Kunden aus. Nach und nach kommen neue Fruchtgummi- und Lakritzsorten hinzu, das Unternehmen wächst und ist heute der weltgrößte Fruchtgummiproduzent. Man kann die Gummibärchen in vielen Ländern kaufen und der Slogan „HARIBO macht Kinder froh" ist weltbekannt. Wenn man alle Gummibärchen aneinanderlegen würde, die pro Jahr allein in Deutschland vernascht werden, so würde diese Kette dreimal den Erdball umspannen.

Bonn wurde vor über 2000 Jahren von den Römern gegründet. Die Stadt liegt am Rhein und hat heute ungefähr 291 000 Einwohner. Von 1949

bis zur Vereinigung der beiden deutschen Staaten 1990 war sie die Hauptstadt der Bundesrepublik Deutschland. Seit 1990 ist Berlin wieder die Hauptstadt. Bonn war aber auch schon zu früheren Zeiten ein politisches Zentrum: hier residierten im 17. und 18. Jahrhundert die Kurfürsten. Heute ist im kurfürstlichen Schloss ein Teil der Universität untergebracht. Der Komponist Ludwig van Beethoven wurde in Bonn geboren. Sein Geburtshaus und einige Museen, die die deutsche Geschichte thematisieren, kann man besuchen.

Welche Aussagen sind falsch? Verbessern Sie die falschen Aussagen!

1. Hans Riegel gründet 1920 eine Schokoladenfabrik.
2. Am Anfang hat er nur einen Sack Zucker.
3. Zuerst heißen die Gummibärchen „Goldbären".
4. Heute ist HARIBO der größte Fruchtgummiproduzent Deutschlands.
5. Bonn wurde vor 2000 Jahren von den Germanen gegründet.
6. Bis 1990 war Bonn die Hauptstadt der Bundesrepublik Deutschland.
7. Bonn hat eine Universität.
8. Ludwig van Beethoven, ein berühmter Architekt, wurde in Bonn geboren.

Miniwörterbuch

der **Erdball**	globe
der **Fruchtgummi**	fruit jelly
das **Handelsregister**	register of companies
der **Kurfürst**	electoral prince
die **Lakritze**	licorice
umspannen	to circle
die **Vereinigung**	unification
vernaschen	to eat up

VIDEOECKE

- *Was isst du zum Frühstück?*
- *Was isst du zum Mittag?*
- *Was ist dein Lieblingsessen?*
- *Was magst du gar nicht?*
- *Was kannst du besonders gut kochen?*
- *Wie machst du das?*

Eveline Segner kommt aus der Schweiz. Sie ist in Wettingen in der Nähe von Zürich geboren. Von Beruf ist sie Fremdsprachensekretärin. Sie ist verheiratet. Ihr Mann ist Biologe. Ihre Hobbys sind Musik, Volkstanz und Gartenarbeit.

Sophie kommt aus Reutlingen in Baden-Württemberg. Ihre Mutter ist Lehrerin und ihr Vater Pfarrer. Sie liest gern, geht gern spazieren und sie geht gern ins Kino.

Aufgabe 1

Was erfahren Sie über Sophie und Frau Segner? Schreiben Sie die Informationen aus dem Wortkasten in die Tabelle.

Birchermüsli   Müsli   eine Tasse Tee   Mousse au Chocolat

Brötchen mit Marmelade und Käse

sehr fleischige Gerichte

ein Körnergericht und Gemüse

Chinesisch   Rösti

Spinat mit Salzkartoffeln und Eiern   Nudeln oder Reis mit Gemüse

Nieren

	Frau Segner	**Sophie**
isst (trinkt) zum Frühstück		
isst zu Mittag		
Lieblingsessen		
mag überhaupt nicht		
kann besonders gut		

LESEHILFE

This reading is written in the present and past tenses. Note that the narration is in the present tense, while quotations are in the past tense. How does this mixing of tenses and the interspersing of narration with spoken text make the story more interesting?

Vor dem Lesen

Der Titel der Geschichte ist „Mord im Café König". Welche Möglichkeiten gibt es bei einem typischen Mord? Füllen Sie die Tabelle aus, ohne den Text zu lesen.

Tat	*Mord*	Motiv	_____
Tatort	_____	Augenzeugen[3]	_____
Täter[1]	_____	Beweise[4]	_____
Mordwaffe[2]	_____		

[1]person(s) who did it, the perpetrator(s) [2]murder weapon [3]eyewitnesses [4]pieces of evidence

Miniwörterbuch

aufschlagen	to open up	**sich kümmern um**	to pay attention to
aussagen	to state	**merken**	to notice
beachten	to notice	**nachher**	afterward
beobachten	to observe	**quietschend**	screeching
betreten	to enter	das **Steuer**	steering wheel
bleich	pale	**Streife gehen**	to be on patrol
sich erinnern an (+ *acc.*)	to remember	**verlassen**	to leave
hinunterbeugen	to bend over	**verschütten**	to spill
der **Kiosk**	newsstand	**verschwinden**	to disappear
		wirken	to look

MORD IM CAFÉ KÖNIG?

Ein Mann steigt auf der Königsallee in Düsseldorf aus einem Taxi, zahlt und geht zu einem Kiosk. Er wirkt nervös, sieht sich mehrmals um.

„Er hat mir über zwei Euro Trinkgeld gegeben", sagte der Taxifahrer nachher aus.

5   Am Kiosk kauft der Mann eine *Süddeutsche Zeitung* und eine *International Herald Tribune*. Wieder sieht er sich mehrere Male um und beobachtet die Straße.

„Ich glaube, er hörte nicht gut, er hat mich dreimal nach dem Preis gefragt", sagte der Kioskbesitzer aus.

    Ein dunkelgrauer Mercedes 450 SL mit drei Männern und einer Frau am 10 Steuer parkt gegenüber. Die vier beobachten den Mann. Der sieht sie und geht schnell in die Köpassage, ein großes Einkaufszentrum mit vielen Geschäften, Restaurants und Cafés. Zwei der Männer steigen aus und folgen ihm.

    „Sie trugen graue Regenmäntel", sagte ein Passant, als Inspektor Schilling ihm die Fotos der Männer zeigte.

15 | Der Mann mit den beiden Zeitungen betritt das Café König, setzt sich in eine Ecke, schlägt sehr schnell eine der Zeitungen auf und versteckt sich dahinter.

„Er wirkte sehr nervös," sagte die Kellnerin.

Er bestellt einen Kaffee und einen Kognak und zahlt sofort.

20 | „Er verschüttete die Milch, als er sie in den Kaffee goss, aber er gab mir ein sehr gutes Trinkgeld", sagte die Kellnerin weiter aus.

Die beiden Männer in den Regenmänteln betreten das Café und sehen sich um. Als sie den Mann hinter der aufgeschlagenen *Herald Tribune* erkennen, gehen sie hinüber und setzen sich an den Nachbartisch.

„Sie waren sehr unfreundlich und bestellten beide Mineralwasser", meinte 25 | die Kellnerin, die sie bediente.

Eine attraktive Frau, Mitte dreißig, betritt das Café, sieht sich um, lächelt, als sie den Mann mit der Zeitung sieht, wird bleich, als ihr Blick auf die beiden Männer fällt. Sie setzt sich in eine andere Ecke und beobachtet alles.

„Sie war sehr elegant gekleidet", sagte der Kellner, der an ihrem Tisch be-30 | diente.

Schließlich geht einer der Männer zu dem Mann mit der Zeitung hinüber, er beugt sich zu ihm hinunter und hinter die Zeitung. Plötzlich fällt der Mann mit der Zeitung mit dem Kopf auf den Tisch. Er bewegt sich nicht mehr. Der andere nimmt ihm die *Herald Tribune* aus der Hand, faltet sie schnell zusammen.
35 | Die ersten Leute werden unruhig, weil sie merken, dass etwas passiert ist. Die beiden Männer rennen aus dem Café, über die Königsallee und springen in den parkenden Wagen.

„Sie sind mit quietschenden Reifen davongefahren", berichtete ein Polizist, der gerade Streife ging.
40 | Die Gäste des Cafés laufen jetzt laut schreiend durcheinander. Keiner beachtet die Frau, die zu dem Toten hinübergeht und die *Süddeutsche Zeitung* nimmt, sie unter den Arm steckt und schnell das Café verlässt.

„Ich erinnere mich so gut an sie, weil sie nicht bezahlt hat", sagte der Kellner.
45 | Die Polizei ist sehr schnell da. Immer noch laufen alle Leute durcheinander, keiner kümmert sich um den Toten. Als die Polizei den Toten sehen will, ist der verschwunden.

Inspektor Schilling fragt: Was ist passiert?

Arbeit mit dem Text

A. Wer hat das gesagt? Suchen Sie die Namen der Personen im Text.

„Der Mann hat mir mehr als zwei Euro Trinkgeld gegeben."
„Er hat bei mir zwei Zeitungen gekauft."
„Die Männer trugen graue Regenmäntel."
„Weil der Mann sehr nervös war, verschüttete er die Milch."
„Sie bestellten Mineralwasser und waren sehr unfreundlich."
„Die Frau war sehr elegant gekleidet."
„Die Männer sind mit quietschenden Reifen weggefahren."
„Die Frau hat nicht bezahlt, deshalb erinnere ich mich an sie."

B. Dieser Text hat zwei Teile: 1. Einen Bericht der Fakten im Präsens. 2. Zitate von Augenzeugen in der direkten Rede.

Kennzeichnen Sie, was zum Bericht (B) oder zu den Zitaten (Z) gehört.

C. In dieser Geschichte bleiben viele Fragen offen. Welche von den drei möglichen Antworten finden Sie am logischsten? Oder haben Sie eine logischere Antwort?

1. Wer war der Mann mit den Zeitungen?
   a. Ein Spion.
   b. Ein Politiker.
   c. Ein Genforscher.[1]
   d. Ein _____.

2. Warum war der Mann nervös?
   a. Weil er gefährliche[2] Feinde[3] hatte.
   b. Weil er an dem Tag eine Prüfung in Deutsch hatte.
   c. Weil er nur noch kurze Zeit zu leben hatte.
   d. Weil _____.

3. Warum hörte er nicht gut?
   a. Weil er erkältet war.[4]
   b. Weil er sehr unkonzentriert war.
   c. Weil er ein Hörgerät im Ohr hatte.
   d. Weil _____.

4. Wer waren die Leute im Mercedes?
   a. Spione.
   b. Seine Leibwächter.[5]
   c. Seine Freunde.
   d. _____.

5. Warum geht der Mann ins Café König?
   a. Weil er dort eine Verabredung[6] hat.
   b. Weil er noch einen Kaffee trinken will.
   c. Weil er sich verstecken will.
   d. Weil _____.

6. Wer ist die Frau?
   a. Seine Sekretärin.
   b. Seine Partnerin.
   c. Eine Spionin.
   d. _____.

7. Was passiert, als der Mann im grauen Regenmantel zu dem Mann hinter der Zeitung geht?
   a. Der Mann stirbt vor Angst.
   b. Tödliche Viren bringen ihm um.[7]
   c. Der Mann wird erstochen.[8]
   d. _____.

8. Warum nimmt der Mann im grauen Regenmantel die Zeitung mit?
   a. Weil das verabredet war.
   b. Weil geheime Informationen darin versteckt sind.
   c. Weil er die Polizei auf eine falsche Spur[9] locken will.
   d. Weil _____.

9. Warum nimmt die Frau die andere Zeitung mit?
   a. Weil sie unbedingt die Wohnungsanzeigen lesen will.
   b. Weil sie ein Andenken[10] von ihm haben möchte.
   c. Weil sie weiß, dass das die richtige Zeitung ist.
   d. Weil _____.

10. Was passiert mit dem Toten?
   a. Die CIA transportiert ihn ab.
   b. Der Cafébesitzer schafft ihn weg.[11]
   c. Leute vom Gesundheitsamt[12] nehmen ihn mit.
   d. _____.

D. Erklären Sie jetzt Inspektor Schilling, was passiert ist. Schreiben Sie ihm einen Brief.

[1]geneticist [2]dangerous [3]enemies [4]erkältet ... had a cold [5]bodyguards [6]appointment [7]bringen ... kill him [8]stabbed [9]track [10]souvenir [11]schafft ... disposes of him [12]health department

8.1 Adjectives: an overview

Attributive adjectives precede nouns and have endings. Predicate adjectives follow the verb **sein** and have no endings.

A. Attributive and predicate adjectives

Adjectives that precede nouns are called *attributive adjectives* and have endings similar to the forms of the definite article: **kalter, kaltes, kalte, kalten, kaltem.** Adjectives that follow the verb **sein** and a few other verbs are called *predicate adjectives* and do not have any endings.

VERKÄUFER:	**Heiße** Würstchen! Ich verkaufe **heiße** Würstchen!	VENDOR:	*Hot dogs! I'm selling hot dogs!*
KUNDE:	Verzeihung, sind die Würstchen auch wirklich **heiß?**	CUSTOMER:	*Excuse me, are the hot dogs really hot?*
VERKÄUFER:	Natürlich, was denken Sie denn?!	VENDOR:	*Of course, what do you think?!*

B. Attributive adjectives with and without preceding article

If *no* article or article-like word (**mein, dein,** or **dieser,** and the like) precedes the adjective, then the adjective itself has the ending of the definite article (**der, das, die**). This means, the adjective provides the information about the gender, number, and case of the noun that follows.

Ich esse gern gegrill**ten** Fisch. *I like to eat grilled fish.*	**den** Fisch = masculine accusative
Stefan isst gern frisch**es** Müsli. *Stefan likes to eat fresh cereal.*	**das** Müsli = neuter accusative

If an article or article-like word precedes the adjective but does not have an ending, the adjective—again—has the ending of the definite article. **Ein**-words (the indefinite article **ein,** the negative article **kein,** and the possessive adjectives **mein, dein,** etc.) do *not* have an ending in the masculine nominative and in the neuter nominative and accusative. In these instances, as expected, the adjective gives the information about the gender, number, and case of the noun that follows.

Ein groß**er** Topf steht auf dem Herd. *There is a large pot on the stove.*	**der** Topf = masculine nominative
Ich esse ein frisch**es** Brötchen. *I am eating a fresh roll.*	**das** Brötchen = neuter accusative

If an article or article-like word with an ending precedes the adjective, the adjective ends in either **-e** or **-en.** (See Sections 8.2 and 8.4.)

Ich nehme das holländische Bier.	*I'll take the Dutch beer.*
Ich nehme die deutschen Äpfel.	*I'll take the German apples.*

8.2 Attributive adjectives in the nominative and accusative cases

As described in Section 8.1, adjective endings vary according to the gender, number, and case of the noun they describe and according to whether this information is already indicated by an article or article-like word. In essence, however, there are only a very limited number of possibilities. Study the following chart carefully and try to come up with some easy rules of thumb that will help you remember the adjective endings.

	Masculine	Neuter	Feminine	Plural
Nom.	der kalte Tee ein kalter Tee kalter Tee	das kalte Bier ein kaltes Bier kaltes Bier	die kalte Limo eine kalte Limo kalte Limo	die kalten Getränke kalte Getränke
Acc.	den kalten Tee einen kalten Tee kalten Tee	das kalte Bier ein kaltes Bier kaltes Bier	die kalte Limo eine kalte Limo kalte Limo	die kalten Getränke kalte Getränke

Rules of thumb:

1. In many instances, the adjective ending is the same as the ending of the definite article.
2. *But:* after **der** (nominative masculine) and **das,** the adjective ending is **-e.***
3. *But:* after **die** (plural), the adjective ending is **-en.**

Übung 1 Spezialitäten!

Jedes Land hat eine Spezialität, ein Gericht oder ein Getränk, das aus diesem Land einfach am besten schmeckt. An welche Länder denken Sie bei den folgenden Gerichten oder Getränken? Nützliche Wörter:

amerikanisch	griechisch	neuseeländisch
deutsch	holländisch	norwegisch
dänisch	italienisch	polnisch
englisch	japanisch	russisch
französisch	kolumbianisch	ungarisch

MODELL Salami → Italienische Salami!

1. Steak (*n.*)	**5.** Champagner (*m.*)	**9.** Paprika (*m.*)
2. Kaviar (*m.*)	**6.** Wurst (*f.*)	**10.** Marmelade (*f.*)
3. Oliven (*pl.*)	**7.** Käse (*m.*)	**11.** Kaffee (*m.*)
4. Sojasoße (*f.*)	**8.** Spaghetti (*pl.*)	**12.** Kiwis (*pl.*)

---

*Remember this rule as "**der** (nominative masculine)" because, as you will learn in Section 8.4, **der** may also refer to dative feminine, in which case the adjective ending will be **-en.**

Übung 2 Der Gourmet

Michael ist etwas Besseres, oder glaubt es zumindest zu sein, und isst und trinkt daher nicht alles, sondern nur, was er für fein hält. Übernehmen Sie Michaels Rolle.

MODELL Magst du Kognak (*m.*)? / französisch → Ja, aber nur französischen Kognak!

1. Magst du Brot (*n.*)? / deutsch
2. Magst du Kaviar (*m.*)? / russisch
3. Magst du Salami (*f.*)? / italienisch
4. Magst du Kaffee (*m.*)? / kolumbianisch
5. Magst du Kiwis (*pl.*)? / neuseeländisch
6. Magst du Wein (*m.*)? / französisch
7. Magst du Bier (*n.*)? / belgisch
8. Magst du Muscheln (*pl.*)? / spanisch
9. Magst du Marmelade (*f.*)? / englisch
10. Magst du Thunfisch (*m.*)? / japanisch

Übung 3 Im Geschäft

Michael hat kein Geld, aber er möchte alles kaufen. Maria muss ihn immer bremsen.

MODELL der schicke Anzug / teuer →
MICHAEL Ich möchte den schicken Anzug da.
MARIA: Nein, dieser schicke Anzug ist viel zu teuer.

1. der graue Wintermantel / schwer
2. die gelbe Hose / bunt
3. das schicke Hemd / teuer
4. die roten Socken / warm
5. der schwarze Schlafanzug / dünn
6. die grünen Schuhe / groß
7. der modische Hut / klein
8. die schwarzen Winterstiefel / leicht
9. die elegante Sonnenbrille / bunt
10. die roten Tennisschuhe / grell

Übung 4 Minidialoge

Ergänzen Sie die Adjektivendungen.

1. HERR RUF: Na, wie ist denn Ihr neu_____ᵃ Auto?
   FRAU WAGNER: Ach, der alt_____ᵇ Mercedes war mir lieber.
   HERR RUF: Dann hätte ich mir aber keinen neu_____ᶜ Wagen gekauft!
2. KELLNER: Wie schmeckt Ihnen denn der italienisch_____ᵃ Wein?
   MICHAEL: Sehr gut. Ich bestelle gleich noch eine weiter_____ᵇ Flasche.
3. MICHAEL: Heute repariere ich mein kaputt_____ᵃ Fahrrad.
   MARIA: Prima! Dann kannst du meinen blöd_____ᵇ Computer auch reparieren. Er ist schon wieder kaputt.
   MICHAEL: Na gut, aber dann habe ich wieder kein frei_____ᶜ Wochenende.

8.3 Destination vs. location: *stellen/stehen, legen/liegen, setzen/sitzen, hängen/hängen*

Destination implies accusative case; location implies dative case.

DESTINATION	LOCATION
Verbs of action and direction used with two-way prepositions followed by the accusative	Verbs of condition and location used with two-way prepositions followed by the dative

Maria stellt eine Flasche Wein **auf den** Tisch.

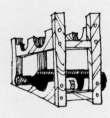

Die Flasche Wein steht **auf dem** Tisch.

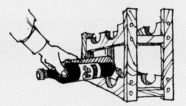

Michael legt eine Flasche Wein **ins** Weinregal.

Die Flasche Wein liegt **im** Weinregal.

stellen/stehen = vertical position

legen/liegen = horizontal position

Stellen and **stehen** designate vertical placement or position. They are used with people and animals, as well as with objects that have a base and can "stand" without falling over. **Legen** and **liegen** designate horizontal placement or position. They are used with people and animals, as well as with objects that do not have a base and cannot "stand" without falling over.

DESTINATION   LOCATION

Frau Wagner setzt Paula **in den**   Paula sitzt **im** Hochstuhl.
Hochstuhl.

Andrea hängt das Handtuch **an**   Das Handtuch hängt **am** Haken.
den Haken.

sitzen/setzen = sitting
position (people and certain
animals)
hängen/hängen =
hanging position

Setzen designates the act of being seated; **sitzen** the state of sitting. These
verbs are used only with people and with animals that are capable of sitting.
Hängen (gehängt) designates the act of being hung; **hängen (gehangen)** the
state of hanging.

The verbs **stellen, legen, setzen,**   The verbs **stehen, liegen,**
and **hängen** are weak verbs that   **sitzen, hängen** are strong verbs
require an accusative object. The   that cannot take an accusative
two-way preposition is used with   object. The two-way preposition
the accusative case.   is used with the dative case.

stellen	hat gestellt
legen	hat gelegt
setzen	hat gesetzt
hängen	hat gehängt

stehen	hat gestanden
liegen	hat gelegen
sitzen	hat gesessen
hängen	hat gehangen

Übung 5 Minidialoge

Ergänzen Sie die Artikel, die Präposition plus Artikel, oder das Pronomen Genus der Wörter:

die Bank	das Regal	das Sofa
das Bett	der Schrank	die Tasche
die Gläser (*pl.*)	der Schreibtisch	der Tisch
der Herd		

1. SILVIA: Wohin stellst du die Blumen?
   JÜRGEN: Auf _____ Tisch.
2. JOSEF: Warum setzt du dich nicht an _____[a] Tisch?
   MELANIE: Ich sitze hier auf _____[b] Sofa bequemer.
3. MARIA: Meine Bücher liegen auf _____[a] Tisch. Bitte stell sie auf _____[b] Regal.
   MICHAEL: Okay.
4. ALBERT: Ich kann Melanie nicht finden.
   STEFAN: Sie sitzt auf _____ Bank im Garten.
5. MONIKA: Hast du die Weinflaschen in _____[a] Schrank gestellt?
   HEIDI: Ja, sie stehen neben _____[b] Gläsern.
6. SOFIE: (*am Telefon*) Was machst du heute?
   MARTA: Nichts! Ich lege mich (in) _____[a] Bett.
   SOFIE: Liegst du schon (in) _____[b] Bett?
   MARTA: Nein, jetzt sitze ich noch (an) _____[c] Schreibtisch.
7. KATRIN: Darf ich mich neben _____[a] (du) setzen?
   STEFAN: Ja, bitte setz _____[b] (du).
8. FRAU RUF: Hast du die Suppe auf _____[a] Herd gestellt?
   HERR RUF: Sie steht schon seit einer Stunde auf _____[b] Herd.
9. HERR RUF: Wo ist der Stadtplan?
   FRAU RUF: Er liegt unter _____ Tasche.

Übung 6 Vor dem Abendessen

Beschreiben Sie die Bilder. Nützliche Wörter:

legen/liegen	der Küchenschrank	das Sofa
setzen/sitzen	der Schrank	der Teller
stehen/stellen	die Schublade	der Tisch
	die Serviette	

MODELL Die Schuhe → Die Schuhe liegen auf dem Boden.

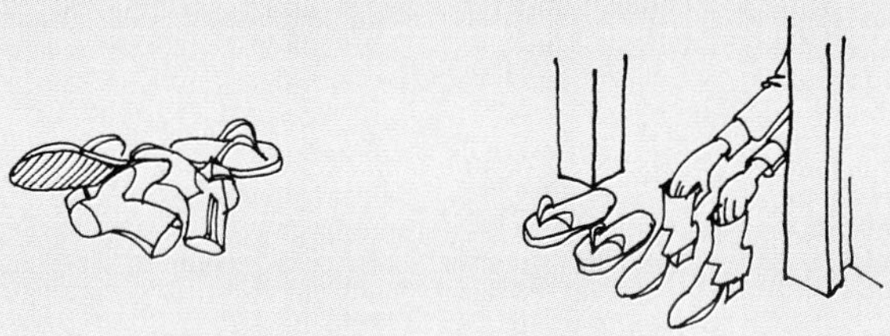

Peter → Peter stellt die Schuhe vor die Tür.

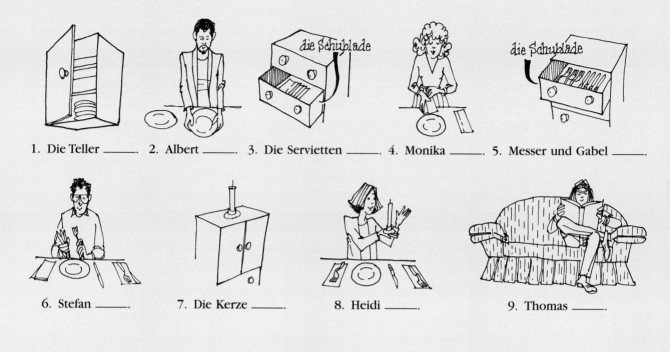

1. Die Teller _____. 2. Albert _____. 3. Die Servietten _____. 4. Monika _____. 5. Messer und Gabel _____.

6. Stefan _____. 7. Die Kerze _____. 8. Heidi _____. 9. Thomas _____.

8.4 Adjectives in the dative case

In the dative case, nouns are usually preceded by an article (**dem, der, den; einem, einer**) or an article-like word (**diesem, dieser, diesen; meinem, meiner, meinen**). When adjectives occur before such nouns they end in **-en.***

Jutta geht mit ih**rem** neu**en** Freund spazieren.	*Jutta is going for a walk with her new friend.*
Jens gießt sein**er** krank**en** Tante die Blumen.	*Jens is watering the flowers for his sick aunt.*
Ich spreche nicht mehr mit dies**en** unhöflich**en** Menschen.	*I'm not talking with these impolite people any more.*

	Masculine	Neuter	Feminine	Plural
Dat.	dies**em** lieb**en** Vater mein**em** lieb**en** Vater	dies**em** lieb**en** Kind mein**em** lieb**en** Kind	dies**er** lieb**en** Mutter mein**er** lieb**en** Mutter	dies**en** lieb**en** Eltern mein**en** lieb**en** Eltern

Achtung!

All nouns have an **-n** in the dative plural unless their plural ends in **-s.**
Nominative: die Freunde *Dative:* den Freunde**n** *but:* den Hobbys

---

*Unpreceded adjectives in the dative case follow the same pattern as in the nominative and accusative case, that is, they have the ending of the definite article. For example, **mit frischem Honig** (*with fresh honey*), **mit kalter Milch** (*with cold milk*).

Übung 7 Was machen diese Leute?

Schreiben Sie Sätze.

> MODELL Jens / seine alte Tante / einen Brief schreiben →
> Jens schreibt sein**er** alt**en** Tante einen Brief.

1. Jutta / ihr neuer Freund / ihre Lieblings-CD leihen
2. Jens / der kleine Bruder von Jutta / eine Ratte verkaufen
3. Ernst / nur seine besten Freunde / die Ratte zeigen
4. Jutta / ihre beste Freundin / ein Buch schenken
5. Jens / sein wütender Lehrer / eine Krawatte kaufen
6. Ernst / seine große Schwester / einen Witz erzählen
7. Jutta / die netten Leute von nebenan / Kaffee kochen
8. Ernst / das süße Baby von nebenan / einen Kuss geben

8.5 Talking about the future: the present and future tenses

You already know that **werden** is the equivalent of English *to become.*

> Ich möchte Ärztin werden.   *I'd like to become a physician.*

future tense =
werden + *infinitive*

You can also use a form of **werden** plus infinitive to talk about future events.

> Wo wirst du morgen sein?   *Where will you be tomorrow?*
> Morgen werde ich wahrscheinlich *Tomorrow, I will probably be at*
> zu Hause sein.   *home.*

When an adverb of time is present or when it is otherwise clear that future actions or events are indicated, German speakers normally use the present tense rather than the future tense to talk about what will happen in the future.

> Nächstes Jahre **fahren** wir nach   *Next year we're going to*
> Schweden.   *Sweden.*
> Was **machst** du, wenn du in   *What are you going to do when*
> Schweden bist?   *you're in Sweden?*

Use **wohl** with the future tense to express present or future probability.

The future tense with **werden** can express present or future probability. In such cases, the sentence often includes an adverb such as **wohl** (*probably*).

> Mein Freund wird jetzt **wohl** zu   *My friend should be home now.*
> Hause sein.
> Morgen Abend werden wir **wohl**   *Tomorrow evening, we'll*
> zu Hause bleiben.   *probably stay home.*

Don't forget to put **werden** at the end of the dependent clause.

> Ich weiß nicht, ob ich einmal   *I don't know if I'm ever going*
> heiraten **werde.**   *to get married.*

Übung 8 Morgen ist Samstag

Was machen Frau Schulz und ihre Studenten morgen?

MODELL   **Katrin geht morgen ins Kino.**

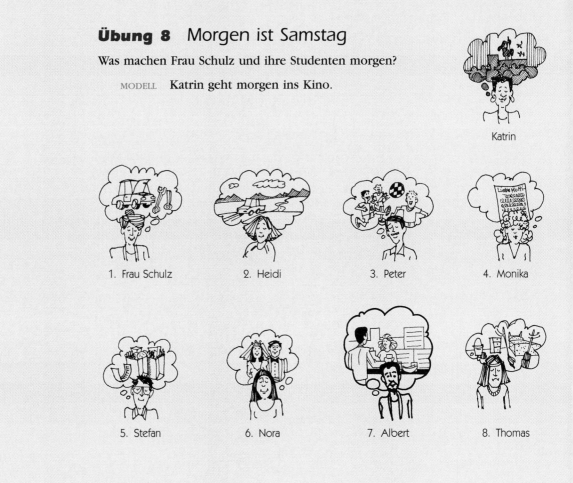

Katrin

1. Frau Schulz

2. Heidi

3. Peter

4. Monika

5. Stefan

6. Nora

7. Albert

8. Thomas

Übung 9 Vorsätze

Sie wollen ein neues Leben beginnen? Schreiben Sie sechs Dinge auf, die Sie ab morgen machen werden oder nicht mehr machen werden.

MODELL   **Ich werde nicht mehr so oft zu McDonald's gehen.**
         Ich werde mehr Obst und Gemüse essen.

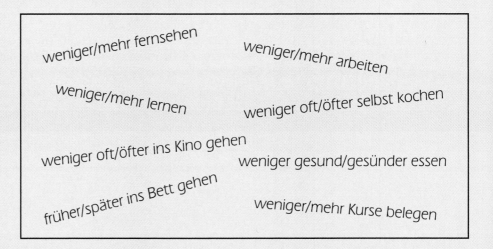

weniger/mehr fernsehen

weniger/mehr arbeiten

weniger/mehr lernen

weniger oft/öfter selbst kochen

weniger oft/öfter ins Kino gehen

weniger gesund/gesünder essen

früher/später ins Bett gehen

weniger/mehr Kurse belegen

Übung 10 Vorhersagen

Machen Sie sechs Vorhersagen, die in diesem oder im nächsten Jahr eintreffen werden.

MODELL Dieses Jahr werden die Broncos den Superbowl gewinnen.
Nächstes Jahr werden wir einen republikanischen Gouverneur wählen.

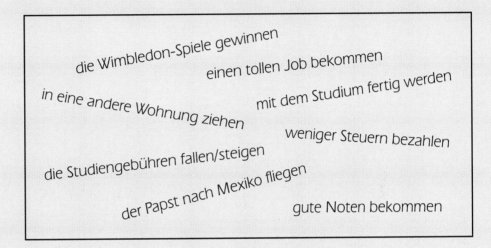

die Wimbledon-Spiele gewinnen

einen tollen Job bekommen

in eine andere Wohnung ziehen

mit dem Studium fertig werden

weniger Steuern bezahlen

die Studiengebühren fallen/steigen

der Papst nach Mexiko fliegen

gute Noten bekommen

KAPITEL 9

Auf dem Spielplatz ist immer was los!

Kindheit und Jugend

KAPITEL 9

Kapitel 9 deals with memories and past events. You will have the opportunity to talk about your childhood, and you will learn more about the tales that are an important part of childhood in the German-speaking world.

303

KINDHEIT

➤ **Grammatik 9.1**

Jens hat seinem Onkel den Rasen gemäht.

Uli hat im Garten Äpfel gepflückt.

Richard hat mit seiner Mutter Kuchen gebacken.

Bernd hat Staub gesaugt und sauber gemacht.

Willi hat seiner Oma die Blumen gegossen.

Jochen hat seinem kleinen Bruder Geschichten vorgelesen.

Situation 1 Die Kindheit berühmter Personen

Was haben diese berühmten Leute in ihrer Kindheit gemacht? Ordnen Sie die Sätze den folgenden Personen zu.

> Joschka Fischer, deutscher Politiker
> Bill Gates, US-amerikanischer Unternehmer
> Diana, britische Prinzessin
> Martina Hingis, Schweizer Tennisstar

1. Er hat bereits als Kind viel Geld verdient.
2. Er hat gern politische Reden gehört.
3. Er hat oft seine Hausaufgaben vergessen.

4. Er hatte in der Schule sehr gute Noten.
5. Er ist in Seattle geboren.
6. Er ist oft nach Frankfurt gefahren.
7. Sie hat als Kind Slowakisch gesprochen.
8. Sie hat gern auf ihre kleinen Geschwister aufgepasst.
9. Sie hat gern Liebesromane gelesen.
10. Sie hat jeden Tag Tennis gespielt.
11. Sie hat oft heimlich jemanden geliebt.
12. Sie hat von Wimbledon geträumt.

Situation 2   Umfrage

MODELL   s1: Hast du als Kind Karten gespielt?
s2: Ja.
s1: Unterschreib bitte hier.

UNTERSCHRIFT

1. Karten gespielt _____
2. viel ferngesehen _____
3. dich mit den Geschwistern gestritten _____
4. manchmal die Nachbarn geärgert _____
5. einen Hund oder eine Katze gehabt _____
6. in einer Baseballmannschaft gespielt _____
7. Ballettunterricht genommen _____
8. Fensterscheiben eingeworfen _____

Situation 3   Interaktion: Als ich 12 Jahre alt war . . .

Wie oft haben Sie das gemacht, als Sie 12 Jahre alt waren: **oft, manchmal, selten** oder **nie?**

1. mein Zimmer aufgeräumt
2. Kuchen gebacken
3. Liebesromane gelesen
4. Videos angeschaut
5. heimlich jemanden geliebt
6. spät aufgestanden
7. Freunde eingeladen
8. allein verreist
9. zu einem Fußballspiel gegangen
10. meine Hausaufgaben vergessen

Situation 4   Interview

Als du acht Jahre alt warst . . .

1. Wo hast du gewohnt? Hattest du Geschwister? Freunde? Wo hat dein Vater gearbeitet? deine Mutter? Was hast du am liebsten gegessen?
2. In welche Grundschule bist du gegangen? Wann hat die Schule angefangen? Wann hat sie aufgehört? Welchen Lehrer / Welche Lehrerin hattest du am liebsten? Welche Fächer hattest du am liebsten? Was hast du in den Pausen gespielt? Was hast du nach der Schule gemacht?
3. Hast du viel ferngesehen? Was hast du am liebsten gesehen? Hast du gern gelesen? Was? Hast du Sport getrieben? Was? Was hast du gar nicht gern gemacht?

Kultur ... Landeskunde ... Informationen

Jugend im 21. Jahrhundert

Welche verbotenen Dinge tun Sie manchmal? Wie sieht der ideale Freitagabend aus? Diese und viele andere Fragen haben 2 034 deutsche Jugendliche zwischen 14 und 29 Jahren für eine repräsentative Umfrage beantwortet. Die Antworten zeigen das Selbstporträt einer eigensinnigen,[1] illusionslosen[2] Generation.

Beantworten Sie die folgenden Fragen zuerst für sich selbst. Vergleichen Sie dann Ihre Antworten mit den Antworten der anderen Studenten in Ihrem Deutschkurs und dann mit denen der deutschen Jugendlichen.

Tobias Klapp, 23, Tischlergeselle.
Lebensziel: sich täglich neu verändern

1. Wie haben Ihre Eltern Sie erzogen?

liebevoll	40 %
liberal	26 %
streng	19 %
antiautoritär	6 %
nachlässig[3]	5 %
mit Prügel[4] und Hausarrest	4 %
gar nicht	2 %

2. Wo sind Sie aufgewachsen?

bei beiden Elternteilen[5]	85 %
bei einem Elternteil	14 %
bei Verwandten	1 %

3. Wo wohnen Sie zur Zeit?

bei den Eltern	50 %
mit meinem Lebenspartner	24 %
allein	18 %
in einer Wohngemeinschaft	6 %
im Wohnheim	1 %

4. Wie viele Stunden sehen Sie jeden Tag fern?

gar nicht	3 %
unter 1 Stunde	21 %
1 bis 2 Stunden	42 %
2 bis 4 Stunden	28 %
4 bis 6 Stunden	5 %
mehr als 6 Stunden	1 %

5. Wie viele Videos sehen Sie pro Woche?

keines	46 %
ein bis zwei	42 %
drei bis fünf	10 %
mehr als zehn	1 %

6. Wie häufig sehen Sie die Nachrichten im Fernsehen?

fast jeden Tag	39 %
oft	32 %
selten	23 %
nie	4 %

7. Wie oft lesen Sie eine Tageszeitung?

fast jeden Tag	42 %
oft	25 %
selten	26 %
nie	7 %

8. Wie viele Bücher haben Sie in den letzten drei Monaten gelesen?

keines	41 %
ein bis zwei	33 %
drei oder mehr	25 %

[1]*stubborn* [2]*without illusions* [3]*lax* [4]*beatings* [5]*parents*

JUGEND

. . . .

▶ **Grammatik 9.2–9.3**

1. Sybille Gretter war sehr begabt. In der Schule wusste sie immer alles.

2. Sie brauchte für die Prüfungen nicht viel zu lernen.

3. Sie konnte auch sehr gut tanzen und wollte Ballerina werden.

4. Dreimal in der Woche musste sie zum Ballettunterricht.

5. Als sie in der letzten Klasse war, hatte sie einen Freund.

6. Ihr Vater durfte nichts davon wissen, denn er war sehr streng.

7. Eines Tages hat sie ihren Freund ihren Eltern vorgestellt.

8. Aber ihr Vater mochte ihn nicht und sie mussten sich trennen.

Situation 5   Interaktion: Wann war das?

MODELL   s1: Wann bist du auf dein erstes Fest gegangen?
         s2: Als ich 14 Jahre alt war.

1. auf das erste Fest gehen
2. die erste Schallplatte,[1] CD oder Kassette bekommen
3. das erste Mal ins Kino gehen
4. das erste Footballspiel sehen
5. die erste Ferienreise allein machen
6. das erste Glas Bier trinken
7. das erste Mal in ein Konzert gehen

[1]*phonograph record*

Kultur ... Landeskunde ... Informationen

Jung sein in Österreich

„Freizeit ist normalerweise das, wo man machen kann, was man will. Aber das stimmt hinten und vorn nicht....“

Sind Sie derselben Meinung? Warum? Was machen Sie gern in Ihrer Freizeit? Was macht Ihnen keinen Spaß? Beantworten Sie die folgenden Fragen.

- Welche Freizeitaktivität macht mir Spaß?
- Was brauche ich dazu?
- Wohin muss ich dazu gehen?
- Wie viel Zeit verbringe ich pro Woche mit dieser Aktivität?

- Sollen andere Leute dabei sein?
- Ist diese Freizeitaktivität teuer, billig oder gratis[1]?

So ist es in Österreich ...

Junge Österreicher in Bregenz

Was würden Sie mit einem gleichaltrigen[5] österreichischen Jugendlichen in Ihrer Stadt machen? Stellen Sie Freizeitangebote Ihrer Stadt in einem Führer zusammen!

[1]*free* [2]*building things* [3]*needlework* [4]*membership in a club* [5]*of the same age*

Situation 6 Interview

1. Musstest du früh aufstehen, als du zur Schule gegangen bist? Wann?
2. Wann musstest du von zu Hause weggehen?
3. Musstest du zur Schule, wenn du krank warst?
4. Durftest du abends lange fernsehen, wenn du morgens früh aufstehen musstest?
5. Konntest du zu Fuß zur Schule gehen?
6. Wolltest du manchmal lieber zu Hause bleiben? Warum?
7. Was wolltest du werden, als du ein Kind warst?
8. Durftest du abends ausgehen? Wann musstest du zu Hause sein?

Situation 7 Geständnisse

Sagen Sie, was in diesen Situationen passiert ist, oder was Sie gemacht haben.

MODELL   Als ich zum ersten Mal allein verreist bin, habe ich meinen Teddy mitgenommen.

1. Als ich einmal mit einem Jungen / einem Mädchen im Kino war
2. Als ich zum ersten Mal Kaffee getrunken hatte
3. Wenn ich zu spät nach Hause gekommen bin
4. Als ich mein erstes F bekommen hatte
5. Wenn ich keine Hausaufgaben gemacht habe
6. Wenn ich total verliebt war
7. Als ich zum ersten Mal verliebt war
8. Als ich einmal meinen Hausschlüssel verloren hatte
9. Wenn ich eine schlechte Note bekommen habe
10. Wenn ich eine neue Hose kaputt gemacht habe

Situation 8 Rollenspiel: Das Klassentreffen

S1: Sie sind auf dem fünften Klassentreffen Ihrer alten High-School-Klasse. Sie unterhalten sich mit einem alten Schulfreund / einer alten Schulfreundin. Fragen Sie: was er/sie nach Abschluss der High School gemacht hat, was er/sie jetzt macht und was seine/ihre Pläne für die nächsten Jahre sind.

G ESCHICHTEN

➤ **Grammatik 9.4**

Als Willi mal allein zu Hause war . . .

Situation 9   Und dann?

Suchen Sie für jede Situation eine logische Folge.

> MODELL   Jutta konnte ihren Hausschlüssel nicht finden und kletterte durch
> das Fenster.

1. Ernst warf die Fensterscheibe ein
2. Jens reparierte sein Fahrrad
3. Richard sparte ein ganzes Jahr
4. Claire kam in Innsbruck an
5. Michael bekam ein neues Fahrrad
6. Rolf lernte sechs Jahre Englisch
7. Josef arbeitete drei Monate im Krankenhaus
8. Silvia wohnte zwei Semester allein
9. Melanie bekam ihren ersten Kuss

a. machte dann Urlaub in Spanien.
b. fuhr gleich gegen einen Baum.
c. kaufte sich ein Motorrad.
d. kaufte sich einen neuen Pulli.
e. lief weg.
f. machte eine Radtour.
g. flog dann nach Amerika.
h. sagte leise: „Ach du lieber Gott!"
i. zog dann in eine Wohngemeinschaft.
j. ?

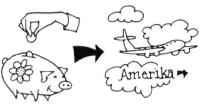

Situation 10   Bildgeschichte: Beim Zirkus

Kultur ... Landeskunde ... Informationen

Lesen

Lesen Sie eigentlich gern? Untersuchen Sie Ihre Lesegewohnheiten!

- Wie viele Bücher lesen Sie pro Jahr in Ihrer Freizeit?

    0-12 ☐   13-30 ☐   mehr als 30 ☐

- Wie viele fremdsprachige Bücher lesen Sie pro Jahr?

    keins ☐   1-2 ☐   mehr als 3 ☐

- Welche Bücher lesen Sie in Ihrer Freizeit? Kreuzen Sie an.

	OFT	SELTEN	NIE
Kriminalromane	☐	☐	☐
Sach- und Fachbücher[1]	☐	☐	☐
Sciencefiction	☐	☐	☐
Liebesromane	☐	☐	☐
Reiseberichte	☐	☐	☐
Biografien großer Persönlichkeiten	☐	☐	☐
Unterhaltungsromane	☐	☐	☐
Literarisches[2]	☐	☐	☐

- Warum lesen Sie? (mehrere Antworten möglich)

    ☐ Weil es mir Spaß macht.
    ☐ Aus Langeweile.
    ☐ Weil ich mich informieren will.
    ☐ Weil ich mehr wissen und meinen Horizont erweitern[3] will.
    ☐ Weil ich mich mit den Helden identifizieren will.
    ☐ Weil ich Ratschläge fürs Leben erhalten[4] möchte.
    ☐ _____

- Welches Buch haben Sie zuletzt gelesen (Titel, Autor, Art des Buches)? Was halten Sie von dem Buch?

    ☐ Es hat mir sehr gut gefallen.   ☐ Ich fand es interessant.
    ☐ Ich fand es langweilig.   ☐ _____

Lesen Sie, welche Bücher 1999 in Deutschland am beliebtesten waren.

- Welche Sachbuchautoren kennen Sie? Wie heißen die Titel auf Englisch?
- Welche Sachbücher sind wahrscheinlich Übersetzungen?
- Welche Romanautoren kennen Sie? Welche Art Roman schreiben diese Autoren (z.B. Krimi, Liebesroman, usw.)?
- Welche Romane sind wahrscheinlich Übersetzungen?
- Haben Sie Sachbücher oder Romane von dieser Liste gelesen? Welche?
- Möchten Sie Sachbücher oder Romane von dieser Liste lesen? Welche?

[1]Sach- ... *nonfiction and specialty books*   [2]*belles lettres*   [3]*expand*   [4]*to get*

BESTSELLER: TASCHENBUCH SACHBUCH

1. Carr, Allen: Endlich Nichtraucher!
2. Markert, Dieter: Die Markert-Diät
3. Gray, John: Männer sind anders, Frauen auch
4. Fischer Weltalmanach 1999
5. Carr, Allen: Endlich Wunschgewicht!
6. BGB-Bürgerliches Gesetzbuch
7. Aktuell 99
8. Estés, Clarissa P: Die Wolfsfrau
9. Krämer, Walter; Trenkler, Götz: Lexikon der populären Irrtümer
10. Konz, Franz: 1000 ganz legale Steuertricks

BESTSELLER: TASCHENBUCH BELLETRISTIK

1. Cross, Donna: Die Päpstin
2. Evans, Nicholas: Der Pferdeflüsterer
3. Leon, Donna: Vendetta
4. McCourt, Frank: Die Asche meiner Mutter
5. Gaarder, Jostein: Sofies Welt
6. Morgan, Marlo: Traumfänger
7. Walters, Minette: Dunkle Kammern
8. Sparks, Nicholas: Wie ein einziger Tag
9. Hauptmann, Gaby: Eine Handvoll Männlichkeit
10. Guterson, David: Schnee, der auf Zedern fällt

MÄRCHEN

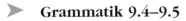

➤ **Grammatik 9.4–9.5**

die böse Hexe

der König die Königin

der Frosch →
(der verwunschene Prinz)

der Schatz

das Schloss

die gute Fee

der Jäger

Die böse Stiefmutter vergiftet Schneewittchen.

Der Prinz erlöst die Prinzessin.

Der Prinz tötet den Drachen.

Situation 11 Schneewittchen

Bringen Sie die Sätze in die richtige Reihenfolge.

_____ Die Königin starb bald darauf, und der König heiratete wieder.

_____ Der Prinz und Schneewittchen heirateten, aber die böse Stiefmutter musste sterben.

_____ Ein Jäger brachte Schneewittchen in den dunklen Wald.

_____ Eines Tages kam ein Königssohn. Als er Schneewittchen sah, verliebte er sich in sie und wollte sie mit nach Hause nehmen.

_____ Die böse Stiefmutter hasste Schneewittchen, weil sie so schön war.

_____ Schneewittchen blieb bei den Zwergen und führte ihnen den Haushalt.

_____ Es war einmal eine Königin, die bekam eine Tochter, die so weiß war wie Schnee, so rot wie Blut und so schwarzhaarig wie Ebenholz.[1]

_____ Die Stiefmutter hörte bald von ihrem Spiegel, dass Schneewittchen noch am Leben war.

_____ Schneewittchen lief durch den Wald und kam zu den sieben Zwergen.

_____ Die Zwerge weinten und legten sie in einen gläsernen Sarg.

_____ Als seine Diener den Sarg wegtrugen, stolperte ein Diener. Das giftige Apfelstück rutschte aus Schneewittchens Hals und sie wachte auf.

_____ Die Stiefmutter verkaufte Schneewittchen einen giftigen Apfel, Schneewittchen biss hinein und fiel tot um.

[1]*ebony*

Situation 12 Bildgeschichte: Dornröschen

Situation 13 Wer weiß—gewinnt.

Aus welchem Märchen ist das?

Dornröschen   Rumpelstilzchen   Aschenputtel   Der Froschkönig

Rotkäppchen   Hänsel und Gretel   Schneewittchen

1. „Knusper, knusper, knäuschen,
wer knuspert an meinem Häuschen?"
„Der Wind, der Wind, das himmlische Kind."

2. „Spieglein, Spieglein an der Wand, wer ist die Schönste im ganzen Land?"
   „Frau Königin, Ihr seid die Schönste hier, aber die junge Königin ist
   tausendmal schöner als Ihr."

3. „Ei, Großmutter, was hast du für große Ohren!"
   „Damit ich dich besser hören kann."
   „Ei, Großmutter, was hast du für große Augen!"
   „Damit ich dich besser sehen kann."
   „Ei, Großmutter, was hast du für ein großes Maul!"
   „Damit ich dich besser fressen kann."

4. „Die Königstochter soll an ihrem fünfzehnten Geburtstag in einen tiefen
   Schlaf fallen, der hundert Jahre dauert."

5. „Wenn ich am Tisch neben dir sitzen und von deinem Teller essen und aus
   deinem Becher trinken und in deinem Bett schlafen darf, dann will ich
   deinen goldenen Ball aus dem Brunnen heraufholen."

6. „Rucke di guh, rucke di guh,
   Blut ist im Schuh:
   Der Schuh ist zu klein,
   die rechte Braut sitzt noch daheim."

7. „Heute back ich, morgen brau ich,
   übermorgen hol' ich der Königin ihr Kind:
   ach, wie gut, dass niemand weiß,
   dass ich ———— heiß!"

Situation 14 Was ist passiert?

1. Nachdem Schneewittchen den giftigen Apfel gegessen hatte,

2. Nachdem Hänsel und Gretel durch den dunklen Wald gelaufen waren,

3. Nachdem die Prinzessin den Frosch geküsst hatte,

4. Nachdem die Müllerstochter keinen Schmuck mehr hatte,

5. Nachdem Aschenputtel alle Linsen[1] eingesammelt[2] hatte,

6. Nachdem der Wolf die Großmutter gefressen hatte,

7. Nachdem der Prinz Dornröschen geküsst hatte,

8. Nachdem Rumpelstilzchen seinen Namen gehört hatte,

a. legte er sich in ihr Bett.
b. wurde er sehr wütend.
c. wachte sie auf.
d. fiel sie tot um.
e. verwandelte er sich in einen Prinzen.
f. ging sie auf den Ball.
g. kamen sie zum Haus der Hexe.
h. versprach sie Rumpelstilzchen ihr erstes Kind.

[1]*lentils* [2]*gathered*

Situation 15 Zum Schreiben: Es war einmal . . .

Schreiben Sie ein Märchen. Wählen Sie aus den vier Kategorien etwas aus, oder erfinden Sie etwas.

DIE GUTEN	DIE BÖSEN	DIE AUSGANGSLAGE	DIE AUFGABE
eine schöne Prinzessin	eine böse Hexe	frisst Menschen und Tiere	drei Rätsel lösen
ein armer Student	eine grausame Professorin	ist von zu Hause	mit einem Riesen
eine tapfere Königin	ein hungriger Drache	weggelaufen	kämpfen
ein treuer Diener	ein böser Stiefvater	hat lange Zeit geschlafen	etwas Verlorenes
ein König ohne Land	ein ekliger Frosch	bekommt immer nur Fs	wiederfinden
?	?	vergiftet das Wasser	eine List erfinden
		?	die Hexe verjagen[1]
			?

[1]*to chase away*

WORTSCHATZ

Kindheit und Jugend — Childhood and Youth

die **Ausbildung**, -en	education
die **Klasse**, -n	grade (level)
die **Note**, -n	grade
die **Puppe**, -n	doll
der **Abschluss**	graduation
der **Unterricht** (R)	class, instruction
der **Ballettunterricht**	ballet class
das **Klassentreffen**, -	class reunion
das **Mädchen**, -	girl
das **Vorbild**, -er	role model, idol

Ähnliche Wörter

der **Clown**, -s; der **Spielplatz**, ⸚e; der **Teddy**, -s; der **Zirkus**, -se, das **Kostüm**, -e

Märchen — Fairy Tales

die **Braut**, ⸚e	bride
die **Fee**, -n	fairy
die **Hexe**, -n (R)	witch
die **Königin**, -nen	queen
die **List**, -en	deception, trick
der **Brunnen**, -	well; fountain
der **Diener**, -	servant
der **Drachen**, -	dragon
der **Jäger**, -	hunter
der **König**, -e	king
der **Riese**, -n (*wk. masc.*)	giant
der **Sarg**, ⸚e	coffin
der **Schatz**, ⸚e	treasure
der **Zwerg**, -e	dwarf
das **Rätsel**, -	puzzle, riddle
ein **Rätsel lösen**	to solve a puzzle/riddle
das **Schloss**, ⸚er (R)	castle
erlösen	to rescue, free
kämpfen	to fight
klettern, ist geklettert	to climb
küssen	to kiss
sterben, stirbt, ist gestorben	to die
töten	to kill
träumen	to dream
um·fallen, fällt um, ist umgefallen	to fall over

vergiften	to poison
sich verwandeln in (+ *akk.*)	to change (into)
verwünschen	to curse, cast a spell on
böse	evil, mean
eklig	gross, loathsome
giftig	poisonous
gläsern	glass
grausam	cruel
heimlich	secret
tapfer	brave
tot	dead
treu	loyal, true
verwunschen	cursed; enchanted

Ähnliche Wörter

die **Stiefmutter**, ⸚; die **Prinzessin**, -nen; der **Stiefvater**, ⸚; der **Prinz**, -en (*wk. masc.*); das **Blut**; das **Feuer**, -

Natur und Tiere — Nature and Animals

der **Baum**, ⸚e	tree
der **Frosch**, ⸚e	frog
der **Schnee**	snow
das **Maul**, ⸚er	mouth (of an animal)
das **Pferd**, -e	horse
beißen, gebissen	to bite
fressen, frisst, gefressen	to eat (*said of an animal*)
füttern	to feed
pflücken	to pick

Ähnliche Wörter

der **Busch**, ⸚e; der **Elefant**, -en (*wk. masc.*); der **Dorn**, -en; der **Wind**, -e; der **Wolf**, ⸚e; das **Schwein**, -e

Sonstige Substantive — Other Nouns

die **Einbrecherin**, -nen	female burglar
die **Feier**, -n	celebration, party
die **Fensterscheibe**, -n	windowpane
die **Ferienreise**, -n	holiday trip, vacation
die **Fremdsprache**, -n	foreign language
die **Freude**, -n	joy, pleasure
die **Mannschaft**, -en	team
die **Baseballmann-schaft**, -en	baseball team

die **Naturwissenschaft,** -en	natural science
die **Radtour,** -en	bicycle tour
die **Regisseurin,** -nen	female director
die **Schauspielerin,** -nen	actress
die **Süßigkeit,** -en	sweet, candy
die **Taschenlampe,** -n	flashlight
die **Wissenschaftlerin,** -nen	female scientist
der **Becher,** -	cup, mug
der **Einbrecher,** -	male burglar
der **Hals,** ⸚e	neck; throat
der **Liebesroman,** -e	romance novel
der **Regisseur,** -e	male director
der **Schatten,** -	shadow, shade
der **Schauspieler,** -	actor
der **Schlüssel,** -	key
der **Hausschlüssel,** -	house key
der **Wissenschaftler,** -	male scientist
das **Geräusch,** -e	sound, noise
das **Leben,** -	life
am **Leben** sein	to be alive

Ähnliche Wörter
die **Ballerina,** -s; die **Dramatikerin,** -nen; die **Fußballspielerin,** -nen; die **Tennisspielerin,** -nen der **Dramatiker,** -; der **Fußballspieler,** -; der **Haushalt;** der **Schlaf;** der **Tennisspieler,** -s; das **Glas,** ⸚er; das **Rockkonzert,** -e; das **Video,** -s; das **Werk,** -e

Sonstige Verben — Other Verbs

ändern	to change
an·fangen, fängt an, angefangen (R)	to begin
bitten (um + *akk.*)**, gebeten**	to ask (for)
ein·schlafen, schläft ein, ist eingeschlafen (R)	to fall asleep
ein·werfen, wirft ein, eingeworfen	to break (a window)
hassen	to hate
holen	to fetch, (go) get
los·fahren, fährt los, ist losgefahren	to drive/ride off
rutschen, ist gerutscht	to slide, slip
schimpfen	to cuss; to scold
stolpern, ist gestolpert	to trip
streiten, gestritten	to argue, quarrel
sich trennen (R)	to separate, break up (*people*)
übersetzen	to translate
sich unterhalten, unterhält, unterhalten	to converse

sich verlieben (in + *akk.*)	to fall in love (with)
verlieren, verloren (R)	to lose
versprechen, verspricht, versprochen (R)	to promise
sich verstecken	to hide
versuchen	to try, attempt
vor·lesen, liest vor, vorgelesen	to read aloud
vor·stellen (R)	to introduce
wachsen, wächst, ist gewachsen	to grow
zerreißen, zerrissen	to tear

Ähnliche Wörter
fallen, fällt, ist gefallen; helfen, hilft, geholfen; wecken; weg·tragen, trägt weg, weggetragen

Adjektive und Adverbien — Adjectives and Adverbs

arm	poor
begabt	gifted
nass (R)	wet
streng	strict

Ähnliche Wörter
deutschsprachig, hungrig, schwarzhaarig, täglich

Sonstige Wörter und Ausdrücke — Other Words and Expressions

bald	soon
bald darauf	soon thereafter
daheim	at home
denn	for, because
endlich	finally
gar nicht (R)	not at all
gegen (+ *akk.*)	against
hinein	into
leise	quietly
mitten	in the middle
mitten in der Nacht	in the middle of the night
nachdem	afterward
neben	next to
neulich	recently
nichts	nothing
niemand (R)	no one, nobody
plötzlich	suddenly
Sonstiges	other things
trotzdem	in spite of that
übermorgen	the day after tomorrow
unterwegs	on the road
vorbei	past, over
zurück	back

KULTURECKE

Kulturprojekt Bücher und Filme

BÜCHER

- Kennen Sie deutschsprachige Bücher, die ins Englische übersetzt sind? Welche?
- Kennen Sie deutschsprachige Schriftsteller/Schriftstellerinnen? Welche?

Wenn Sie keine deutschsprachigen Bücher oder Schrift-steller/Schriftstellerinnen kennen, fragen Sie Ihren Lehrer / Ihre Lehrerin, oder fragen Sie in der Bibliothek oder in einem Buchladen.

Wählen Sie einen Schriftsteller / eine Schriftstellerin aus Deutschland, Österreich oder der Schweiz. Schreiben Sie eine kurze Biografie (Geburtsdatum, Geburtsort, Werke, Sonstiges) zu seinem/ihrem Leben. Benutzen Sie *Who's Who* oder eine Enzyklopädie.

FILME

- Kennen Sie deutschsprachige Filme, die ins Englische übersetzt sind? Welche?
- Kennen Sie deutschsprachige Regisseure/Regisseurinnen? Welche? Welche Filme haben sie gemacht?
- Kennen Sie deutschsprachige Schauspieler/Schauspielerinnen? Welche? In welchen Filmen haben sie mitgespielt?

Wenn Sie keine deutschsprachigen Filme oder Regisseure/Regisseurinnen (Schauspieler/Schauspielerinnen) kennen, fragen Sie Ihren Lehrer / Ihre Lehrerin, oder fragen Sie in der Bibliothek oder in einem Videoladen.

Wählen Sie einen Regisseur / eine Regisseurin (Schauspieler/Schauspielerin) aus Deutschland, Österreich oder der Schweiz. Schreiben Sie eine kurze Biografie (Geburtsdatum, Geburtsort, Filme, Sonstiges) zu seinem/ihrem Leben. Benutzen Sie *Who's Who* oder eine Enzyklopädie.

Hints for working with the **Kulturprojekt**

In addition to the sources mentioned, you may want to consult a reference work such as the *Encyclopedia Britannica*. Information on writers and film stars can be found in its articles on the various German-speaking countries (look up, e.g., "Austria" and then read the section on "cultural life").

Kontakte Online

Weiteres zum Thema *deutschsprachige Bücher und Filme* finden Sie bei **Kontakte online** im World Wide Web unter www.mhhe.com/kontakte

Porträt

Zürich

Der Pädagoge und Sozialreformer Johann Heinrich Pestalozzi (1746–1827) wurde in Zürich geboren. Er war zuerst Landwirt, engagierte sich aber bald für die Erziehung und Betreuung von armen Kindern und Waisenkindern. Seine reformerischen Ideen wirkten weit über die Schweiz und Europa hinaus und machten ihn zum geistigen Schöpfer der modernen Grundschule.

Zürich liegt an der Limmat, einem Fluss, der aus dem Zürichsee entspringt, und ist die größte Stadt der Schweiz. Zürich ist eines der wirtschaftlichen und kulturellen Zentren des Landes und schon sehr alt. Die Ursprünge der Stadt gehen auf die vorrömische Zeit zurück. Im 16. Jahrhundert ging die Reformation in der deutschen Schweiz von Zürich aus. Der Reformator Ulrich Zwingli führte 1525 die Reformation in Zürich ein.

Welche Aussagen sind falsch? Verbessern Sie die falschen Aussagen!

Blick auf Zürich von der Limmat

1. Johann Heinrich Pestalozzi wurde in Bern geboren.
2. Er war der Präsident eines Schweizer Kantons.
3. Er engagierte sich für die Erziehung und Betreuung von armen Kindern und Waisenkindern.
4. Er wurde zum geistigen Schöpfer der modernen Universität.
5. Zürich ist die größte Stadt der Schweiz.
6. Zürich wurde im Jahre 1000 von einem deutschen Kaiser gegründet.
7. Ulrich Zwingli führte 1525 die Reformation in Zürich ein.

Miniwörterbuch

die **Betreuung**	care	der **Landwirt**	farmer
einführen	to introduce	der **Schöpfer**	creator
sich **engagieren**	to get involved	der **Ursprung**	origin
		vorrömisch	pre-Roman
entspringen	to originate from	das **Waisenkind**	orphan
die **Erziehung**	education	**wirken**	to have an effect
geistig	intellectual		

VIDEOECKE

- In welche Klasse gehst du?
- Was sind deine Lieblingsfächer?
- Was gefällt dir daran?
- Hast du gute Noten?
- Wann ist eure nächste Prüfung?
- Wie bereitest du dich darauf vor?
- Was gefällt dir an deiner Schule?
- Was gefällt dir nicht?
- Wie sieht dein Schulalltag aus?

Katharina ist am 24. Mai 1984 in Leipzig geboren. Sie geht in die 8. Klasse der Mittelschule. Ihr Hobby ist Fahrrad fahren.

Susann ist am 24. Oktober 1988 in Leipzig geboren. Sie geht aufs Gymnasium, in die 5. Klasse. Ihre Hobbys sind Lesen, Fernsehen und Musik hören.

Aufgabe 1

Wer sagt das, Susann oder Katharina? Was sagt das andere Mädchen?

	KATHARINA	SUSANN
1. Ich geh' in die 8b.	☐	☐
2. Meine Lieblingsfächer sind Musik und Zeichnen.	☐	☐
3. Ich mag diese Fächer, weil ich damit meine Noten verbessern kann.	☐	☐
4. Wir schreiben morgen eine Mathearbeit.	☐	☐
5. Ich übe so lange, bis ich auch alles wirklich kann.	☐	☐
6. Mir gefällt nicht, dass die Jungs sich immer prügeln müssen.	☐	☐
7. Nach der Schule suche ich mir eine Lehre und fange einen Beruf an.	☐	☐

Aufgabe 2

Wir sieht der Schulalltag von Katharina aus? Bringen Sie die Sätze in die richtige Reihenfolge.

_____ Dann fahre ich mit der Straßenbahn zur Schule.
_____ Ich stehe morgens viertel sechs auf
_____ und füttere meine Katze.
_____ Nach sieben Stunden gehe ich dann nach Hause
_____ und mach mich um sieben aus dem Staub.

Aufgabe 3

Wann macht Susann das? Ergänzen Sie die Uhrzeiten.

Ich stehe um _____ auf, gehe um _____ los. Und die erste Stunde fängt bei uns _____ an. Und die letzte hört um _____ auf.

L ESEECKE

Vor dem Lesen

1. Was wissen Sie über Jutta Ruf?
2. Lesen Sie den Cartoon. Welche „Haarmoden" (Frisuren) sind noch „kontrovers"? Zeichnen Sie eine „kontroverse" Haarmode oder bringen Sie Fotos mit in den Kurs.

LESEHILFE

In this reading, Jutta Ruf takes on a new persona. Recall what you already know about Jutta and her boyfriend "Billy." What kind of persona do you think Jutta will take on and why?

Miniwörterbuch

allerdings	of course	die **Rasierklinge**	razor blade
begeistert	thrilled	**sprühen**	to spray
sich nicht	to be afraid	die **Stirn**	forehead
hineintrauen	to go inside	die **Strumpfhosen** (*pl.*)	tights
kahl	bald	**tätowiert**	tattooed
kaum	hardly	der **Totenkopf**	skull
die **Kette**	chain	vor **Lachen**	from laughing (so
der **Nacken**	neck		hard)
die **Narbe**	scar	**zerrissen**	torn

JUTTAS NEUE FRISUR

Jutta Ruf hat einen neuen Freund, Billy. Eigentlich heißt er nicht Billy, sondern Paul, aber sein Vorbild ist Billy Idol und so nennt er sich nach ihm. Er hat sich auch die Haare ganz kurz geschnitten und hellblond gebleicht und trägt immer alte, kaputte Jeans, zerrissene T-Shirts und eine Lederjacke
5 mit Ketten. Auf dem Oberarm hat er einen Totenkopf tätowiert und auf seiner linken Hand steht „no future". Auf beiden Wangen hat er je drei parallele Narben. Die hat er sich auf einer Fete nach einem Billy-Idol-Konzert mit einer Rasierklinge geschnitten . . . Jutta findet ihn toll! Sie trägt jetzt immer zerrissene, schwarze Strumpfhosen, Turnschuhe, die sie silbern gesprüht hat, ein T-
10 Shirt, auf dem „I love Billy" steht, und eine alte Jeansjacke.

Es ist Mittwochabend nach acht Uhr. Jutta steht vor der Tür und traut sich nicht hinein. Sie hat Angst, dass ihre Eltern ihre neue Frisur nicht so toll finden wie ihre Freunde, besonders Billy.

15 Am Morgen ist sie nicht zur Schule gegangen, sondern hat sich mit Billy in einer Kneipe getroffen. Da haben sie noch eine Stunde über die neue Frisur gesprochen und dann sind sie zum Friseur gegangen. Jutta hatte darauf gespart, denn so eine Frisur ist nicht billig. Nach drei Stunden war alles fertig und Billy war begeistert. Allerdings hat es dann auch 50.-Euro gekostet, wegen der neuen Farbe und so.

20 Jutta hat jetzt einen ziemlich ungewöhnlichen Haarschnitt. In der Mitte steht ein zehn Zentimeter breiter Haarstreifen, der von der Stirn bis in den Nacken läuft. Die Haare sind fünfzehn Zentimeter lang, stehen fest und gerade nach oben und sind violett und grün. Der Rest des Kopfes ist kahl. Billy wollte dann noch mit ihr zu einem Tätowierer gehen und ihr „Billy" auf die rechte Seite des 25 Kopfes tätowieren lassen, aber sie hatten kein Geld mehr. Alle Freunde fanden es toll . . . aber jetzt steht sie allein vor der Tür. Sie will warten, bis ihre Eltern ins Bett gegangen sind.

Plötzlich hört sie jemanden.

„Mensch, das bist ja du, Jutta!" Es ist ihr Bruder Hans, der aus dem Fen-30 ster schaut. „Wie siehst du denn aus?" Hans kann vor Lachen kaum sprechen. „Das sieht ja unmöglich aus!"

„Ach, du hast doch keine Ahnung!"

„Mutti und Papi finden es sicher toll. Komm schnell herein!"

„Nein, ich will noch warten, bis sie ins Bett gegangen sind."

35 „Da kannst du lange warten, es ist doch erst acht Uhr! Komm, das will ich sehen, wie die reagieren!"

Arbeit mit dem Text

A. Wie sehen sie aus?

	Haarschnitt	**Haarfarbe**	**Kleidung**
Billy			
Jutta			

B. Mittwochmorgen oder Mittwochabend? Schreiben Sie ein M oder ein A vor die Sätze, und bringen Sie sie in die richtige Reihenfolge.

_____ Billy hat geklatscht.[1]

_____ Jutta steht vor der Tür und hat Angst.

_____ Hans will sehen, wie die Eltern reagieren.

_____ Jutta ist nicht in die Schule gegangen.

_____ Jutta hat Billy in einer Kneipe getroffen.

_____ Hans schaut aus dem Fenster.

_____ Jutta ist zum Friseur gegangen.

_____ Billy wollte mit Jutta zu einem Tätowierer gehen.

C. Fragen

1. Warum sind Jutta und Billy nicht mehr zum Tätowieren gegangen?

2. Wie findet Hans Juttas Frisur?

3. Was, glauben Sie, werden Juttas Eltern sagen?

[1]*clapped his hands*

9.1 The conjunction *als* with dependent-clause word order

The conjunction **als** (*when*) is commonly used to express that two events or circumstances happened at the same time. The **als**-clause establishes a point of reference in the past for an action or event described in the main clause.

<table>
<tr>
<td>

Als ich zwölf Jahre alt war, bin ich zum ersten Mal allein verreist.
</td>
<td>

When I was twelve years old, I traveled alone for the first time.
</td>
</tr>
</table>

When an **als**-clause introduces a sentence, it occupies the first position. Consequently, the conjugated verb in the main clause occupies the second position and the subject of the main clause the third position. Note that the conjugated verb in the **als**-clause appears at the end of the clause.

$$\underbrace{\text{Als ich 12 Jahre alt } \textbf{war,}}_{1} \; \overset{2}{\textbf{bin}} \; \overset{3}{\textbf{ich}} \text{ zum ersten Mal allein verreist.}$$

Wissen Sie noch?

An **als**-clause is a type of dependent clause. As in other dependent clauses, the conjugated verb appears at the end of the clause.

Review grammar 3.4 and 7.1.

Übung 1 Meilensteine

Schreiben Sie 10–15 Sätze über Ihr Leben. Beginnen Sie jeden Satz mit **als.**

> MODELL Als ich eins war, habe ich laufen gelernt.
> Als ich zwei war, habe ich sprechen gelernt.
> Als ich fünf war, bin ich in die Schule gekommen.

9.2 The simple past tense of *haben, sein, werden,* the modal verbs, and *wissen*

Use the simple past tense of **haben, sein, werden, wissen,** and the modal verbs in both writing and conversation.

The simple past tense is preferred over the perfect tense with some frequently used verbs, even in conversational German. These verbs include **haben, sein, werden,** the modal verbs, and the verb **wissen.** The conjugations appear below; notice that the **ich-** and the **er/sie/es**-forms are the same.

<table>
<tr>
<td>

Frau Gretter **war** sehr begabt.
In der Schule **wusste** sie immer alles.
Sie **hatte** viele Freundinnen und Freunde.
</td>
<td>

Mrs. Gretter was very talented.
In school she always knew everything.
She had many friends.
</td>
</tr>
</table>

A. The verbs **sein** and **haben**

sein			
ich	war	*wir*	waren
du	warst	*ihr*	wart
Sie	waren	*Sie*	waren
er *sie* *es*	war	*sie*	waren

haben			
ich	hatte	*wir*	hatten
du	hattest	*ihr*	hattet
Sie	hatten	*Sie*	hatten
er *sie* *es*	hatte	*sie*	hatten

B. The verb **werden**

Michael **wurde** Tierpfleger.	*Michael became an animal caretaker.*
Im August **wurde** er sehr krank.	*In August he became very sick.*

werden			
ich	wurde	*wir*	wurden
du	wurdest	*ihr*	wurdet
Sie	wurden	*Sie*	wurden
er *sie* *es*	wurde	*sie*	wurden

C. Modal Verbs

To form the simple past tense of modal verbs, use the stem, drop any umlauts, and add **-te-** plus the appropriate ending.

können → könn → konn → konnte → du konntest

Gestern **wollten** wir ins Kino gehen.	*Yesterday, we wanted to go to the movies.*
Mehmet **musste** jeden Tag um sechs aufstehen.	*Mehmet had to get up at six every morning.*
Helga und Sigrid **durften** mit sechs Jahren noch nicht fernsehen.	*When they were six, Helga and Sigrid weren't yet allowed to watch TV.*

Here are the simple past-tense forms of the modal verbs.

	können	**müssen**	**dürfen**	**sollen**	**wollen**	**mögen**
ich	konnte	musste	durfte	sollte	wollte	mochte
du	konntest	musstest	durftest	solltest	wolltest	mochtest
Sie	konnten	mussten	durften	sollten	wollten	mochten
er *sie* *es*	konnte	musste	durfte	sollte	wollte	mochte
wir	konnten	mussten	durften	sollten	wollten	mochten
ihr	konntet	musstet	durftet	solltet	wolltet	mochtet
Sie	konnten	mussten	durften	sollten	wollten	mochten
sie	konnten	mussten	durften	sollten	wollten	mochten

Note the consonant change in the past tense of **mögen: mochte.**

D. The verb **wissen**

The forms of the verb **wissen** are similar to those of the modal verbs.

Ich **wusste** nicht, dass du keine Erdbeeren magst.

I didn't know that you don't like strawberries.

Here are the simple past-tense forms.

wissen			
ich	wusste	*wir*	wussten
du	wusstest	*ihr*	wusstet
Sie	wussten	*Sie*	wussten
er *sie* *es*	wusste	*sie*	wussten

Übung 2 Fragen und Antworten

Hier sind die Fragen. Was sind die Antworten?

MODELL Lydia, warum bist du nicht mit ins Kino gegangen? (nicht können) → Ich konnte nicht.

1. Ernst, warum bist du nicht mit zum Schwimmen gekommen? (nicht dürfen)
2. Maria, warum bist du nicht gekommen? (nicht wollen)
3. Jens, gestern war Juttas Geburtstag! (das/nicht wissen)
4. Jutta, warum hast du eine neue Frisur? (eine/wollen)
5. Jochen, warum hast du das Essen nicht gekocht? (das/nicht sollen)

Übung 3 Minidialoge

Setzen Sie Modalverben oder **wissen** ein.

1. SILVIA: Was hast du gemacht, wenn du nicht zur Schule gehen _____,ª
   Jürgen?
   JÜRGEN: Ich habe gesagt: „Ich bin krank."
   SILVIA: Haben deine Eltern das geglaubt?
   JÜRGEN: Nein, meine Mutter _____b immer, was los war.

2. ERNST: Hans, warum bist du gestern nicht auf den Spielplatz gekommen?
   HANS: Ich _____ª nicht. Ich habe eine Fünf in Mathe geschrieben und _____b
   zu Hause bleiben.
   ERNST: Schade. Wir _____c Fußball spielen, aber dann _____d wir nicht genug
   Spieler finden.

3. HERR RUF: Guten Tag, Frau Gretter. Tut mir Leid, dass ich neulich nicht zu
   Ihrer kleinen Feier kommen _____.ª Aber ich _____b meine alte Tante in
   Würzburg besuchen.
   FRAU GRETTER: Ja, wirklich schade. Ich _____c gar nicht, dass Sie eine Tante in
   Würzburg haben.
   HERR RUF: Sie zieht diese Woche nach Düsseldorf zu ihrer Tochter, und ich
   _____d sie noch einmal besuchen.

9.3 Time: *als, wenn, wann*

Als refers to a circumstance (time period) in the past or to a single event
(point in time) in the past or present, but never in the future.

TIME PERIOD

Als ich 15 Jahre alt war, sind meine Eltern nach Texas gezogen.
When I was 15 years old, my parents moved to Texas.

POINT IN TIME

Als wir in Texas angekommen sind, war es sehr heiß.
When we arrived in Texas, it was very hot.

Als Veronika ins Zimmer kommt, klingelt das Telefon.
When (As) Veronika comes into the room, the phone rings.

Wenn has three distinct meanings: a conditional meaning and two temporal
meanings. In conditional sentences, **wenn** means *if.* In the temporal sense,
wenn may be used to describe events that happen or happened one or more
times (*when*[*ever*]) or to describe events that will happen in the future (*when*).

CONDITION

Wenn man auf diesen Knopf drückt, öffnet sich die Tür.
If you press this button, the door will open.

REPEATED EVENTS

Wenn Herr Wagner nach Hause kam, freuten sich die Kinder.
When(ever) Mr. Wagner came home, the children would be happy.

Wenn Herr Wagner nach Hause kommt, freuen sich die Kinder.
When(ever) Mr. Wagner comes home, the children are happy.

FUTURE EVENT

Wenn ich in Frankfurt ankomme, rufe ich dich an.
When I arrive in Frankfurt, I'll call you.

In the simple past, **wenn** refers to a habit or an action or event that happened repeatedly or customarily; **als** refers to a specific action or event that happened once, over a particular time period or at a particular point in time in the past.

Wenn ich nicht zur Schule gehen wollte, habe ich gesagt, dass ich krank bin.	*When(ever) I didn't want to go to school, I said that I was sick.*
Als ich mein erstes F bekommen habe, habe ich geweint.	*When I got my first F, I cried.*

Wann is an adverb of time meaning *at what time*. It is used in both direct and indirect questions.

Wann hast du deinen ersten Kuss bekommen?	*When did you get your first kiss?*
Ich weiß nicht, **wann** der Zug kommt.	*I don't know when the train is coming.*

Note that when **wann** is used in an indirect question, the conjugated verb comes at the end of the clause.

When	
Single event in past or present (*at one time*) Circumstance in the past	**als**
Condition (*if*) Repeated event in past, present, or future (*whenever*) Single event in the future (*when*)	**wenn**
Adverb of time (*at what time?*)	**wann**

Übung 4 Minidialoge

Wann, wenn oder **als?**

1. ERNST: _____[a] darf ich fernsehen?
   FRAU WAGNER: _____[b] du deine Hausaufgaben gemacht hast.
2. ROLF: Oma, _____[a] hast du Opa kennen gelernt?
   SOFIE: _____[b] ich siebzehn war.
3. STEFAN: Was habt ihr gemacht, _____ ihr in München wart?
   NORA: Wir haben sehr viele Filme gesehen.
4. MARTHA: _____[a] hast du Sofie getroffen?
   WILLI: Gestern, _____[b] ich an der Uni war.
5. ALBERT: _____[a] fliegst du nach Europa?
   PETER: _____[b] ich genug Geld habe.
6. MONIKA: Du spielst sehr gut Tennis. _____[a] hast du das gelernt?
   HEIDI: _____[b] ich noch klein war.

Übung 5 Ein Brief

Wann, wenn oder **als?**

Liebe Tina,

gestern Nachmittag musste ich meiner Oma mal wieder Kuchen und Wein bringen. Immer _____[a] ich mich mit meinen Freunden verabrede,[1] will mein Vater irgendetwas[2] von mir. Ich war ganz schön wütend. _____[b] ich den Korb[3] zusammengepackt habe, habe ich leise geschimpft. _____[c] ich meine Oma besuche, muss ich immer ein bisschen dableiben und mich mit ihr unterhalten. Das ist langweilig und anstrengend,[4] denn die Oma hört nicht mehr so gut. Außerdem wohnt sie am anderen Ende der Stadt. Auch _____[d] ich mit dem Bus fahre, dauert es mindestens zwei Stunden.

_____[e] ich aus dem Haus gekommen bin, habe ich an der Ecke Billy auf seinem Moped gesehen. _____[f] ich ihn zum letzten Mal gesehen habe, haben wir uns prima unterhalten.

„_____[g] kommst du mal wieder ins Jugendzentrum?" hat Billy gerufen. „Vielleicht heute gegen Abend", habe ich geantwortet. _____[h] ich mich auf den Weg gemacht habe, hat es auch noch angefangen zu regnen. Und natürlich . . . wie immer . . . _____[i] es regnet, habe ich keinen Regenschirm dabei. So viel für heute.

Tausend Grüße

deine Jutta

[1]*make a date* [2]*something* [3]*basket* [4]*strenuous*

9.4 The simple past tense of strong and weak verbs (receptive)

In written texts, the simple past tense is frequently used instead of the perfect to refer to past events.

Jutta **fuhr** allein in Urlaub.	*Jutta went on vacation alone.*
Ihr Vater **brachte** sie zum Bahnhof.	*Her father took her to the train station.*

In the simple past tense, just as in the present tense, separable-prefix verbs are separated in independent clauses but joined in dependent clauses.

Rolf **stand** um acht Uhr **auf.** Es war selten, dass er so früh **aufstand.**	*Rolf got up at eight. It was rare that he got up so early.*

A. Weak Verbs

weak verbs = **-(e)te**

You can recognize the simple past of weak verbs by the **-(e)te-** that is inserted between the stem and the ending.

PRESENT	SIMPLE PAST	PRESENT	SIMPLE PAST
du sagst : du **sag**te**st**		sie arbeitet : sie **arbeit**ete	

Wir **bad**eten, **bau**ten Sandburgen und **spiel**ten Volleyball.	*We went swimming, built sand castles, and played volleyball.*

Like modal verbs, simple past-tense forms do not have an ending in the **ich**-and the **er/sie/es**-forms: **ich sagte, er sagte.** Here are the simple past-tense forms of the verb **machen.**

machen			
ich	machte	*wir*	machten
du	machtest	*ihr*	machtet
Sie	machten	*Sie*	machten
er *sie* *es*	machte	*sie*	machten

irregular weak verbs = stem vowel change + **-te**

For a few weak verbs, the stem of the simple past is the same as the one used to form the past participle.

PRESENT	SIMPLE PAST	PERFECT	
bringen	brachte	hat gebracht	*to bring*
denken	dachte	hat gedacht	*to think*
kennen	kannte	hat gekannt	*to know, be acquainted with*
wissen	wusste	hat gewusst	*to know (as a fact)*

strong verbs = stem vowel change

B. Strong Verbs

All strong verbs have a different stem in the simple past: **schwimmen/ schwamm, singen/sang, essen/aß.** Since English also has a number of verbs with irregular stems in the past (*swim/swam, sing/sang, eat/ate*), you will usually have no trouble recognizing simple past stems. You will recognize the **ich-** and **er/sie/es**-forms of strong verbs easily, because they do not have an ending.

Through practice reading texts in the simple past, you will gradually become familiar with the various patterns of stem change that exist. Here are some common past-tense forms you are likely to encounter in your reading.* A complete list of stem-changing verbs can be found in Appendix E.

bleiben	blieb	*to stay*		rufen	rief	*to call*
essen	aß	*to eat*		schlafen	schlief	*to sleep*
fahren	fuhr	*to drive*		schreiben	schrieb	*to write*
fliegen	flog	*to fly*		sehen	sah	*to see*
geben	gab	*to give*		sprechen	sprach	*to speak*
gehen	ging	*to go*		stehen	stand	*to stand*
lesen	las	*to read*		tragen	trug	*to carry*
nehmen	nahm	*to take*		waschen	wusch	*to wash*

---

*It is fairly easy to make an educated guess about the form of the infinitive when encountering new simple past-tense forms. The following vowel correspondences are the most common.

SIMPLE PAST	INFINITIVE	EXAMPLES
a	e/i	gab - geben, fand - finden
i/ie	a/ei	ritt - reiten, hielt - halten, schrieb - schreiben

Der Bus fuhr um sieben Uhr ab.	*The bus left at seven o'clock.*
Sechs Kinder schliefen in einem Zimmer.	*Six children were sleeping in one room.*
Jutta aß frische Krabben.	*Jutta ate fresh shrimp.*

Übung 6 Die Radtour

Setzen Sie die Verben ein:

aßen	gingen	kamen	schwammen	standen
fuhren	hielten	schliefen	sprangen	

Willi und Sofie wollten eine Radtour machen, aber ihre Räder waren kaputt. Sie mussten sie reparieren, bevor sie losfahren konnten. Am Morgen der Tour _____[a] sie um sechs Uhr auf, _____[b] in die Garage, wo die Räder waren und machten sich an die Arbeit. Gegen acht waren sie fertig, sie frühstückten noch und dann _____[c] sie ab. Gegen elf _____[d] sie an einen kleinen See. Sie _____[e] an und setzten sich ins Gras. Willis mutter hatte ihnen Essen eingepackt. Sie waren hungrig und _____[f] alles auf. Sie _____[g] im See und legten sich dann in den Schatten und _____[h] Am späten Nachmittag _____[i] sie noch mal ins Wasser und radelten dann zurück nach Hause. Die Rückfahrt dauerte eine Stunde länger als die Hinfahrt.

Übung 7 Hänsel und Gretel

Ergänzen Sie die Verben.

1. brachten gaben hieß kamen liefen machten schliefen wohnte

Vor einem großen Wald _____[a] ein armer Mann mit seiner Familie. Der Junge _____[b] Hänsel und das Mädchen Gretel. Als sie eines Tages nichts mehr zu essen hatten, _____[c] die Eltern die Kinder in den Wald. Sie _____[d] ihnen ein Feuer und _____[e] jedem noch ein Stück Brot. Die Kinder _____[f] ein und als sie wieder aufwachten, waren sie allein. Sie _____[g] durch den Wald, bis sie an ein kleines Haus _____[h]

2. fanden kochte lief saß sahen schloss tötete trug

Durch das Fenster _____[a] sie eine alte Frau, die vor dem Kamin[1] _____[b] und strickte. Als die Alte die Kinder bemerkte,[2] holte sie sie herein und _____[c] ihnen etwas zu essen. Die Kinder _____[d] die Frau sehr freundlich, aber leider war sie eine böse Hexe. Sie packte[3] Hänsel, _____[e] ihn in den Stall und _____[f] die Tür. Sie wollte, dass er dick wird, damit sie ihn essen konnte. Gretel weinte und versuchte, Hänsel zu helfen. Sie _____[g] die Hexe und _____[h] mit Hänsel weg.

[1]*hearth* [2]*noticed* [3]*grabbed*

9.5 Sequence of events in past narration: the past perfect tense and the conjunction *nachdem* (receptive)

A. Uses of the Past Perfect Tense

The past perfect tense is used to describe past actions and events that were completed before other past actions and events.

Nachdem Jochen zwei Stunden **ferngesehen hatte,** ging er ins Bett.	*After Jochen had watched TV for two hours, he went to bed.*
Nachdem Jutta mit ihrer Freundin **telefoniert hatte,** machte sie ihre Hausaufgaben.	*After Jutta had talked with her friend on the phone, she did her homework.*

The past perfect tense is often used in the clause with **nachdem.** The simple past tense is then used in the concluding (main) clause.

The past perfect tense often occurs in a dependent clause with the conjunction **nachdem** (*after*); the verb of the main clause is in the simple past or the perfect tense.

Nachdem Jens seine erste Zigarette **geraucht hatte, wurde** ihm schlecht.	*After Jens had smoked his first cigarette, he got sick.*

A dependent clause introduced by **nachdem** usually precedes the main clause. This results in the pattern "verb, verb."

DEPENDENT CLAUSE	MAIN CLAUSE
1	2

Nachdem ich die Schule **beendet hatte, machte** ich eine Lehre.
After I had finished school, I learned a trade.

The conjugated verb of the dependent clause is at the end of the clause; the conjugated verb of the main clause is at the beginning of that clause. Because the entire dependent clause holds the first position in the sentence, the verb-second rule applies here.

B. Formation of the Past Perfect Tense

past perfect tense:
hatte/war + past participle

The past perfect tense of a verb consists of the simple past tense of the auxiliary **haben** or **sein** and the past participle of the verb.

Ich **hatte** schon **bezahlt** und wir konnten gehen.	*I had already paid, and we could go.*
Als wir ankamen, **waren** sie schon **weggegangen.**	*When we arrived, they had already left.*

Übung 8 Was ist zuerst passiert?

Bilden Sie logische Sätze mit Satzteilen aus beiden Spalten.

MODELL Nachdem Jutta den Schlüssel verloren hatte, kletterte sie durch das Fenster.

1. Nachdem Jutta den Schlüssel verloren hatte,
2. Nachdem Ernst die Fensterscheibe eingeworfen hatte,
3. Nachdem Claire angekommen war,
4. Nachdem Hans seine Hausaufgaben gemacht hatte,
5. Nachdem Jens sein Fahrrad repariert hatte,
6. Nachdem Michael die Seiltänzerin[1] gesehen hatte,
7. Nachdem Richard ein ganzes Jahr gespart hatte,
8. Nachdem Silvia zwei Semester allein gewohnt hatte,
9. Nachdem Willi ein Geräusch gehört hatte,

a. flog er nach Australien.
b. ging er ins Bett.
c. kletterte sie durch das Fenster.
d. lief er weg.
e. machte er eine Radtour.
f. rief er den Großvater an.
g. rief sie Melanie an.
h. war er ganz verliebt.
i. zog sie in eine Wohngemeinschaft.

[1]*tightrope walker*

KAPITEL 10

Heidelberg am Neckar, die älteste Universitätsstadt
Deutschlands

Auf Reisen

KAPITEL 10

Kapitel 10 focuses on travel. You will also learn to get around in the German-speaking world by following directions and reading maps.

335

SPRECHSITUATIONEN

REISEPLÄNE

➤ **Grammatik 10.1–10.2**

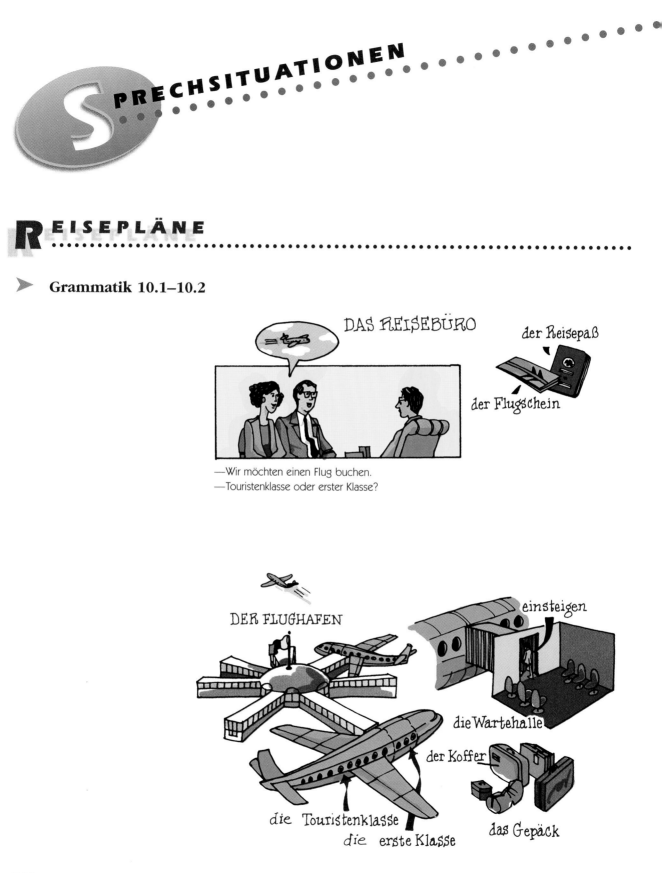

DAS REISEBÜRO

der Reisepaß

der Flugschein

—Wir möchten einen Flug buchen.
—Touristenklasse oder erster Klasse?

DER FLUGHAFEN

einsteigen

die Wartehalle

der Koffer

das Gepäck

die Touristenklasse
die erste Klasse

der Fahrkartenschalter

DER BAHNHOF
der Zug

das Gleis →

die Fahrkarte

—Möchten Sie eine einfache
Fahrt oder hin und zurück?
—Hin und zurück, bitte.

—Wann fährt der Zug
nach Frankfurt?
—Um 10 Uhr aus Gleis 10.

Situation 1 Eine Reise machen

Bringen Sie die folgenden Aktivitäten in eine logische Reihenfolge.

_____ ins Reisebüro gehen und die Fahrkarten kaufen

_____ ins Flugzeug einsteigen

_____ Kleidung und andere Sachen kaufen

_____ die Reise planen

_____ zum Flughafen fahren

_____ Pass und Visum besorgen

_____ die Koffer packen

_____ auf der Bank Reiseschecks kaufen

_____ Geld für die Reise sparen

_____ den Flug buchen

Barocke Häuser in der Altstadt
von Erfurt

Kultur ... Landeskunde ... Informationen

Reiseziele

- Welche Länder oder Städte sind für Sie beliebte Reiseziele? Warum?
- Was mögen Touristen an Ihrem Land besonders? Wohin fahren sie am liebsten? Warum?
- Welche Andenken (Souvenirs) bringen sie mit nach Hause? Spekulieren Sie!
- Welches sind beliebte Urlaubsländer für Ihre Landsleute? Warum?

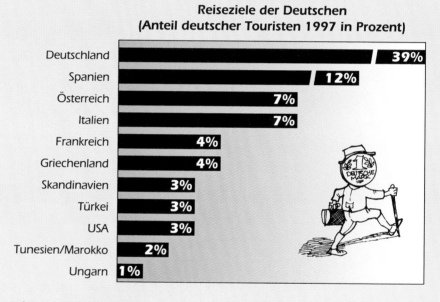

Reiseziele der Deutschen
(Anteil deutscher Touristen 1997 in Prozent)

Land	Prozent
Deutschland	39%
Spanien	12%
Österreich	7%
Italien	7%
Frankreich	4%
Griechenland	4%
Skandinavien	3%
Türkei	3%
USA	3%
Tunesien/Marokko	2%
Ungarn	1%

Schauen Sie sich die Grafik an.

- Wo machen Deutsche am liebsten Urlaub?
- Was macht Spanien, Österreich und Italien attraktiv für deutsche Urlauber?

☐ Man spricht dort Deutsch.
☐ Spanier und Italiener sind besonders deutschfreundlich.
☐ Der Urlaub ist relativ preisgünstig.
☐ Man kann mit dem Auto hinfahren.
☐ Es ist warm und die Sonne scheint.
☐ Das Essen schmeckt sehr gut.
☐ ?

Situation 2 Informationsspiel: Reisen

MODELL s1: Woher kommt Sofie?   s2: Aus _____.
        s1: Wohin fährt sie in den Ferien?   s2: Nach/In _____.
        s1: Wo wohnt sie?   s2: Bei _____.
        s1: Was macht sie da?   s2: Sie _____.
        s1: Wann kommt sie zurück?   s2: In _____.

	Richard	Sofie	Mehmet	Peter	Jürgen	mein(e) Partner(in)
Woher?	aus Innsbruck		aus Izmir		aus Bad Harzburg	
Wohin?	nach Frankreich		nach Italien		in die Alpen	
Wo?	bei einer Gastfamilie			bei seiner Schwester		
Was?		Bücher kaufen; Verwandte besuchen		einen Vulkan besteigen		
Wann?	in drei Monaten				in zwei Wochen	

Situation 3 Dialog: Am Fahrkartenschalter

Silvia steht am Fahrkartenschalter und möchte mit dem Zug von Göttingen nach München fahren.

BAHNANGESTELLTER: Bitte schön?

SILVIA: Eine _____ nach München bitte.

BAHNANGESTELLTER: Einfach oder hin und zurück?

SILVIA: Hin und zurück bitte, mit BahnCard _____ Klasse.

BAHNANGESTELLTER: Wann wollen Sie fahren?

SILVIA: Ich würde gern _____ in München sein.

BAHNANGESTELLTER: Wenn Sie um 8.06 Uhr fahren, sind Sie um 12.11 Uhr in München.

SILVIA: Das ist gut. Wissen Sie, wo der Zug _____?

BAHNANGESTELLTER: Aus Gleis 10.

SILVIA: Ach ja, ich würde gern mit VISA bezahlen. _____?

BAHNANGESTELLTER: Selbstverständlich. Das macht dann 78 Euro.

SILVIA: Bitte sehr.

Göttingen → München Hbf

530 km

Ab	Zug		Umsteigen	An	Ab	Zug		An	Verkehrstage
5.56	ICE	997	Fulda	6.49	7.00	ICE 987		10.11	01
5.56	ICE	997	Fulda	6.52	7.02	ICE 987		10.11	02
7.03	ICE	581						10.58	täglich
8.06	ICE	783						12.11	täglich
9.03	ICE	583						12.58	täglich
9.47	IC	1081	Augsburg Hbf	14.04	14.10	SE 21139		14.54	täglich
10.03	ICE	91	Nürnberg Hbf	12.26	12.30	IC 523		14.17	täglich
10.30	IC	1087	Nürnberg Hbf	13.23	13.34	IC 813		15.17	03

DB BahnCard

8803 6553 4006

GÜLTIG AB ▶ 09/97 GÜLTIG BIS ENDE ▶ 09/98

ERWIN TSCHIRNER
B 740

Situation 4   Interview

1. Verreist du gern?
2. Warst du schon mal in Europa (in Mexiko, in den USA, in Kanada, oder in einem anderen Land)? Wo warst du? Wann warst du da? Was hast du da gemacht?
3. Wohin fährst du, wenn du Ski fahren möchtest?
4. Wohin fährst du, um Sonne, Strand und Meer zu erleben?
5. Wo und wie kann man billig Urlaub machen?
6. Welche deutsche Stadt interessiert dich am meisten? Warum?

NACH DEM WEG FRAGEN

➤ **Grammatik 10.3**

Biegen Sie an der Ampel nach links ab.

Gehen Sie über den Zebrastreifen.

Gehen Sie geradeaus, bis Sie eine Kirche sehen.

Gehen Sie an der Kirche vorbei, immer geradeaus.

Gehen Sie die Goetheallee entlang bis zur Bushaltestelle.

Gehen Sie über die Brücke. Auf der linken Seite ist dann das Rathaus.

Die U-Bahnhaltestelle ist gegenüber vom Markthotel.

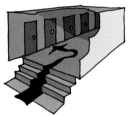

Gehen Sie die Treppe hinauf und dann ist es die zweite Tür links.

Situation 5 Dialoge

1. Jürgen ist bei Silvias Mutter zum Geburtstag eingeladen.

JÜRGEN: Wie komme ich denn zu eurem Haus?

SILVIA: Das ist ganz einfach. Wenn du _____ Bahnhofsgebäude herauskommst, siehst du rechts _____ anderen Seite der Straße ein Lebensmittelgeschäft. Geh _____ Straße, links __ Lebensmittelgeschäft vorbei, und wenn du einfach geradeaus weitergehst, kommst du _____ Bismarckstraße. Die musst du nur ganz hinaufgehen, bis du _____ Kreisverkehr kommst. Direkt _____ anderen Seite ist unser Haus.

2. Claire und Melanie sind in Göttingen und suchen die Universitätsbibliothek.

MELANIE: Entschuldige, kannst du uns sagen, wo die Universitätsbibliothek ist?

STUDENT: Ach, da seid ihr aber ganz schön falsch. Also, geht erst die Straße mal wieder zurück _____ großen Kreuzung. _____ Kreuzung _____ und ____ Fußgängerzone ____. Immer geradeaus _____ Fußgängerzone _____ Prinzenstraße. Da rechts. _____ rechten Seite seht ihr dann die Post. Direkt _____ Post ist die Bibliothek. Könnt ihr gar nicht verfehlen.

MELANIE
UND CLAIRE: Danke.

3. Frau Frisch findet ein Zimmer im Rathaus nicht.

FRAU FRISCH: Entschuldigen Sie, ich suche Zimmer 204.

SEKRETÄRIN: Das ist __ dritten Stock. Gehen Sie den Korridor entlang _____ Treppenhaus. Dann eine Treppe ____ und oben links. Zimmer 204 ist die zweite Tür ____ rechten Seite.

FRAU FRISCH: Vielen Dank. Da hätte ich ja lange suchen können . . .

Situation 6 Mit dem Stadtplan unterwegs in Regensburg

Suchen Sie sich ein Ziel in Regensburg aus dem Stadtplan aus. Beschreiben Sie Ihrem Partner / Ihrer Partnerin den Weg, ohne das Ziel zu verraten.[1] Wenn er/ sie dort richtig ankommt, bekommen Sie einen Punkt und es wird gewechselt. Achtung: Ausgangspunkt[2] und Ziel dürfen nicht im selben Quadrat liegen!

[1] *give away*   [2] *starting point*

MODELL Also, wir sind jetzt an der Steinernen Brücke, auf dem Stadtplan oben in der Mitte. Siehst du die Steinerne Brücke? Gut. Von der Steinernen Brücke aus geh bitte nach links in die Goldene-Bären-Straße hinein und an der nächsten Straße gleich wieder rechts. Du kommst dann zum Krauterermarkt und zum Dom. Geh geradeaus über den Krauterermarkt hinüber und durch die Residenzstraße zum Neupfarrplatz. Dort gehst du bitte wieder links, die Schwarze-Bären-Straße ganz durch und über die Maximilianstraße hinüber. Noch ein paar Schritte weiter und du bist am _____ .

NÜTZLICHE AUSDRÜCKE

links/rechts die (Goliath)straße entlang
links/rechts in die (Kram)gasse hinein
geradeaus über den (Krauterer)markt / über die (Kepler)straße hinüber
weiter bis zum/zur _____
an der (Steinernen Brücke) vorbei

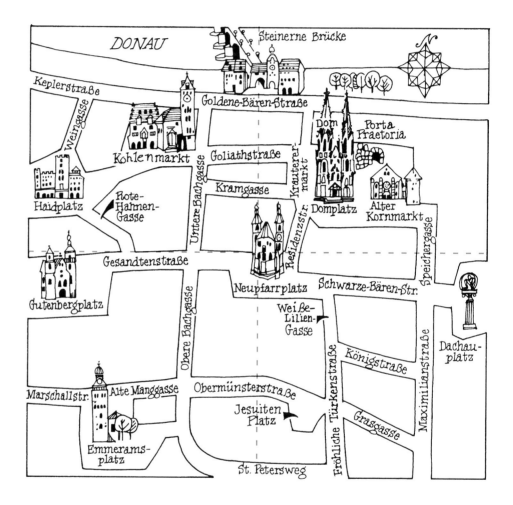

Situation 7 Wie komme ich . . . ?

Beschreiben Sie Ihrem Partner / Ihrer Partnerin,

1. wie man zu Ihrem Studentenheim oder zu Ihrer Wohnung kommt.
2. wo die nächste Post ist und wie man dahinkommt.
3. wo die beste Kneipe/Disko in der Stadt ist und wie man dahinkommt.
4. wie man zum Schwimmbad kommt.
5. wie man zur Bibliothek kommt.
6. wo der nächste billige Kopierladen ist und wie man dahinkommt.
7. wie man zum Büro von Ihrem Lehrer / Ihrer Lehrerin kommt.
8. wo der nächste Waschsalon ist und wie man dahinkommt.

DIE GROSSE WEITE WELT

➤ **Grammatik 10.4–10.5**

in der Jugendherberge

—Haben Sie noch zwei Betten für
 eine Nacht frei?
—Ja. Haben Sie einen
 Jugendherbergsausweis?

auf dem Campingplatz

—Guten Tag, was kostet der
 Campingplatz?
—Zehn Euro für das Auto und zwölf
 Euro pro Person. Kinder die Hälfte.

im Hotel

—Guten Tag, ich habe ein Einzelzimmer
 mit Dusche und Toilette bestellt.
—Auf welchen Namen bitte?
—Röder, Renate Röder.

im Gästehaus

—Wir suchen ein Zimmer mit Frühstück.
 Haben Sie noch etwas frei?
—Wie lange möchten Sie denn
 bleiben?

auf dem Fremdenverkehrsamt

—Wir suchen eine Ferienwohnung.
—Für wie viele Personen sollte sie
 denn sein?

im Wald

—Ich glaube, wildes Camping ist in
 Deutschland verboten.
—Ach, glaubst du, dass uns hier
 jemand erwischt?

Situation 8 Informationsspiel: Wo wollen wir übernachten?

MODELL Wie viel kostet _____?
Haben die Zimmer im (in der) _____ eine eigene Dusche und Toilette?
Gibt es im (in der) _____ Einzelzimmer?
Gibt es im (in der, auf dem) _____ einen Fernseher?
Ist das Frühstück im (in der, auf dem) _____ inbegriffen?
Ist die Lage von dem (von der) _____ zentral/ruhig?
Gibt es im (in der, auf dem) _____ Telefon?

	das Hotel am Stadtpark	das Gästehaus Radaublick	die Jugendherberge	der Campingplatz
Preis pro Person	78,- Euro		12,50 Euro	11,- Euro
Dusche/Toilette	ja	nicht in allen Zimmern		
Einzelzimmer	ja	ja	nein	
Fernseher			im Aufenthaltsraum	
Frühstück		inbegriffen		
zentrale Lage	ja	ja	im Wald	am Stadtrand
ruhige Lage	ja	ja	ja	
Telefon				

Situation 9 Dialog: Auf Zimmersuche

Herr und Frau Ruf suchen ein Zimmer.

HERR RUF: Guten Tag, haben Sie noch ein Doppelzimmer mit Dusche frei?
WIRTIN: Wie lange möchten Sie denn _____?
HERR RUF: _____.
WIRTIN: Ja, da habe ich ein Zimmer _____ und Toilette.
FRAU RUF: Ist das Zimmer auch ruhig?
WIRTIN: Natürlich. Unsere Zimmer sind alle ruhig.
FRAU RUF: _____ das Zimmer denn?
WIRTIN: 54 Euro _____.
HERR RUF: Ist Frühstück dabei?
WIRTIN: Selbstverständlich ist Frühstück dabei.
FRAU RUF: Gut, wir nehmen das Zimmer.
HERR RUF: Und wann können wir _____?
WIRTIN: _____ im Frühstückszimmer.

Kultur ... Landeskunde ... Informationen

Reisen und Urlaub

- Was ist für Ihre Landsleute im Urlaub besonders wichtig? Stellen Sie eine Rangliste auf.

    _____ Abenteuer erleben
    _____ Land und Leute kennenlernen
    _____ ausschlafen
    _____ gut essen
    _____ flirten
    _____ mit dem Partner / der Partnerin / der Familie zusammen sein
    _____ einkaufen
    _____ etwas für die Gesundheit tun
    _____ Sport treiben
    _____ sich erholen

- Was ist für Sie im Urlaub besonders wichtig? Nennen Sie drei Dinge.

Schauen Sie sich die Statistik an.

- Was ist für Deutsche im Urlaub besonders wichtig?
- Auf welchem Platz in dieser Statistik stehen Ihre Präferenzen?

FOCUS-FRAGE

„Was ist für Sie im Urlaub besonders wichtig?"

FERIEN MIT DER FAMILIE

von 1300 Befragten antworteten

46%	mit dem Partner, der Familie zusammen sein
31%	Ausschlafen
31%	Land und Leute kennen lernen
25%	etwas für die Gesundheit tun
20%	Abenteuer erleben
10%	Flirten

Situation 10   Rollenspiel: Im Hotel

s1: Sie sind im Hotel und möchten ein Zimmer mit Dusche und Toilette. Außerdem möchten Sie ein ruhiges Zimmer. Fragen Sie auch nach Preisen, Frühstück, Telefon und wann Sie morgens abreisen müssen.

Situation 11   Zum Schreiben: Ein Brief an ein Gästehaus

Schreiben Sie einen Brief an ein Gästehaus. Sie möchten dort ein paar Tage Urlaub mit Familienmitgliedern oder Freunden machen und ein (oder mehrere) Zimmer bestellen. Geben Sie auch an, wann Sie ankommen und wie lange Sie bleiben möchten. Fragen Sie, was es kostet und ob Sie etwas anzahlen müssen. Bitten Sie um eine schriftliche Bestätigung.

Geschäftsbriefe beginnt man mit „Sehr geehrte(r) Frau/Herr" oder mit „Sehr geehrte Damen und Herren", wenn man den Namen nicht weiß. Am Ende schreibt man „Mit freundlichen Grüßen" und dann seinen Namen.

Situation 12 Interview

1. Warst du schon einmal auf einem Campingplatz? Wo war das und mit wem?
2. Warst du schon einmal in einer Jugendherberge? Wann, wo und mit wem?
3. Hast du schon einmal in einem Hotel übernachtet? Wo? Wie war das Zimmer? Was gab es alles?
4. Wo hast du übernachtet, als du zuletzt verreist bist? Wie war es dort? Wo hast du gefrühstückt?
5. Stell dir vor, du würdest eine Reise nach Deutschland machen. Wo würdest du übernachten?
6. Stell dir vor, du würdest mit dem Zug in Wien ankommen und eine Unterkunft suchen. Was würdest du machen?

KLEIDER UND AUSSEHEN

➤ **Grammatik 10.6**

—Kann ich Ihnen helfen?
—Vielen Dank, aber ich möchte mich noch ein bisschen umsehen.

—Die Hose steht dir aber gut.
—Sie passt mir auch genau und ist sehr bequem.

—Die gestreifte Bluse gefällt mir.
—Sie passt gut zu dem grauen Rock.

—Wie gefallen Ihnen diese Stiefel?
—Ich hätte gern welche mit flachen Absätzen.

der Bademantel   die Tasche
das Nachthemd   der Schlafanzug
die Socken   die Sandalen
die Strumpfhose   der Absatz
die Unterwäsche
das Unterhemd   die Unterhose
der Regenschirm   der Schal   die Handschuhe
gestreift
kariert

Situation 13 Definitionen

1. Man trägt sie, um keine kalten Füße zu bekommen.
2. Man benutzt ihn, wenn es regnet oder schneit.
3. Man trägt ihn im Bett.
4. Man trägt ihn um den Hals, wenn es kalt ist.
5. Man trägt sie, wenn die Hände kalt sind.
6. Man trägt sie unter der Kleidung.
7. Eine Art Schuhe; man trägt sie oft im Sommer.
8. Man trägt ihn oft nach dem Duschen.

a. der Regenschirm
b. der Schlafanzug
c. der Schal
d. die Socken
e. die Unterhose
f. die Handschuhe
g. der Bademantel
h. die Sandalen

Kultur ... Landeskunde ... Informationen

Stichwort „Mode"

- Kennen Sie Modeschöpfer? Welche? Aus welchem Land kommen sie?
- Welche Länder sind wegen ihrer Mode bekannt?
- Welche Städte sind als Modestädte bekannt?

Beim Stichwort „Mode" denkt man an Paris oder Mailand,[1] aber einer der bekanntesten Modeschöpfer ist ein Deutscher. Karl Lagerfeld wurde 1938 in Hamburg geboren. Er arbeitete für verschiedene französische Modehäuser, bis er 1984 eigene Studios in Paris und New York eröffnete. Jil Sander, Hugo Boss und Wolfgang Joop sind andere deutsche Modeschöpfer, die man in der ganzen Welt kennt.

Düsseldorf hat auch den Spitznamen „Klein-Paris", weil es die Modestadt Deutschlands ist. Jedes Jahr findet in Düsseldorf eine Modemesse statt, wo die neusten Trends vorgestellt werden.

- In welchen Ländern liegen Paris und Mailand?
- Düsseldorf ist nicht nur die „Modestadt" Deutschlands, es ist auch die _____ von Nordrhein-Westfalen.

[1]*Milan*

Jil Sander, eine deutsche Mode-Schöpferin

Situation 14 Informationsspiel: Gespräche im Kaufhaus

MODELL s1: Welche Farbe gefällt Jutta am besten?
s2: ———.
s1: Welche Farbe gefällt dir am besten?
s2: ———.

	Jutta	**Juttas Mutter**	**mein(e) Partner(in)**
Welche Farbe gefällt ... am besten?		hellgrün	
Welches Kleidungsstück fehlt ... noch?	eine schwarze Lederjacke		
Was steht ... gut?	ihr Irokesenschnitt		
Passt ... Größe M?		ja	
Hilf(s)t ... gern anderen beim Kleiderkauf?	nur ihren Freundinnen		
Was gehört ... seit mindestens drei Jahren?		ein Goldring	

Situation 15 Interview

1. Welche Farben gefallen dir besonders gut?
2. Trägst du gern eine Krawatte (einen Rock)?
3. Was ziehst du zu einem eleganten Fest an?
4. Was trägst du in deiner Freizeit?
5. Was für Schuhe trägst du am liebsten?
6. Wie viel Geld gibst du im Monat für Kleidung aus?
7. Du bekommst einen Gutschein (1 500 Dollar) von einem teuren Geschäft. Wofür gibst du das Geld aus?
8. Trägst du gern Hüte oder Mützen?

WORTSCHATZ

Reisen und Tourismus — Travel and Tourism

die/der Bahnangestellte(r)	female train agent
die Fahrt, -en	trip
die einfache Fahrt	one-way trip
die Hin- und Rückfahrt	round trip
die Ferienwohnung, -en	vacation apartment/condo
die Führung, -en	guided tour
die Haltestelle, -n	stop
die Jugendherberge, -n	youth hostel
die Klasse, -n (R)	class
erster Klasse fahren	to travel first class
die Lage, -n	place; position
die Reisende, -n	female traveler
die Schiene, -n	train track
die Unterkunft, ⸚e	lodging
der Aufenthaltsraum, ⸚e	lounge, recreation room
der Ausweis, -e	identification card
der Jugendherbergsausweis, -e	youth hostel ID card
der Flugschein, -e	plane ticket
der Hafen, ⸚	harbor, port
der Nichtraucher, -	nonsmoker
der Raucher, -	smoker
der Reisende, -n (wk. masc.)	male traveler
der Reisepass, ⸚e	passport
der Spaziergang, ⸚e	walk
der Wirt, -e	host, innkeeper; barkeeper
der Zug, ⸚e (R)	train
das Andenken, -	souvenir
das Fremdenverkehrsamt, ⸚er	tourist bureau
das Gästehaus, ⸚er	bed and breakfast inn
das Gepäck	luggage, baggage
das Gleis, -e	(set of) train tracks
das Ziel, -e	destination

Ähnliche Wörter
die Rezeption, -en; die Touristenklasse (R); die Wartehalle, -n; der Campingplatz, ⸚e; das Camping, wildes Camping; das Doppelzimmer, -; das Fernsehzimmer, -; das Frühstückszimmer

Den Weg beschreiben — Giving Directions

ab·biegen, bog ab, ist abgebogen	to turn
entlang·gehen	to go along
verfehlen	to miss, not notice
vorbei·gehen (an + dat.)	to go by
weiter·fahren	to keep on driving
weiter·gehen	to keep on walking
dorthin	there, to a specific place
entlang	along
gegenüber von (R)	across from
geradeaus	straight ahead
her(·kommen)	(to come) this way
heraus(·kommen)	(to come) out this way
herein(·kommen)	(to get/go) in this way
hin(·gehen)	(to go) that way
hinauf(·gehen)	(to go) up that way
hinüber(·gehen)	(to go) over that way
links (R)	left
oben	above
rechts (R)	right

In der Stadt — In the City

die Brücke, -n	bridge
die Gasse, -n	narrow street; alley
die Gegend, -en	area
der Dom, -e	cathedral
der Kopierladen, ⸚	copy shop
der Kreisverkehr, -	traffic roundabout
der Waschsalon, -s	laundromat
der Zebrastreifen, -	crosswalk

Ähnliche Wörter
die Altstadt, ⸚e; die Fußgängerzone, -n; die Linie, -n der Markt, ⸚e; der Stadtpark, -s; der Stadtplan, ⸚e; der Zoo, -s; das Einkaufszentrum, Einkaufszentren; das Fußballstadion, Fußballstadien

Im Kleidungsgeschäft — At the Clothing Store

die Größe, -n (R)	size
die Strumpfhose, -n	pantyhose
die Unterwäsche	underwear

der **Absatz**, ¨-e	heel
der **Mantel**, ¨- (R)	coat
der **Bademantel**, ¨-	bathrobe
der **Schal**, -s	scarf
das **Kleidungsstück**, -e	article of clothing
das **Unterhemd**, -en	undershirt
an·probieren	to try on
sich **um·sehen, sieht um,**	to look around
sah um, umgesehen	
um·tauschen	to exchange

Ähnliche Wörter

die **Lederjacke**, -n; die **Sandale**, -n; die **Socke**, -n; die **Unterhose**, -n; der **Handschuh**, -e; der **Schlafanzug**, ¨-e; das **Nachthemd**, -en

Sonstige Substantive   Other Nouns

die **Bürgerin**, -nen	female citizen
der **Bürger**, -	male citizen
der **Geschäftsbrief**, -e	business letter
der **Gruß**, ¨-e	greeting
mit freundlichen	regards
Grüßen	
der **Vorfahre**, -n (*wk.*	ancestor
masc.)	
das **Familienmitglied**, -er	family member
das **Treppenhaus**, ¨-er	stairwell

Ähnliche Wörter

die **Hälfte**, -n; die **Sandburg**, -en; der **Goldring**, -e; der **Staat**, -en

Sonstige Verben   Other Verbs

ab·reisen, ist abgereist	to depart
bauen	to build
ein·steigen (R)**, stieg ein,**	to board
ist eingestiegen	
entscheiden, entschied,	to decide
entschieden	
sich **erkundigen nach**	to ask about, get
	information about
erleben	to experience
erwischen	to catch (*person, train*)
fehlen (+ *dat.*) (R)	to lack, be missing
fest·stellen	to establish
gefallen (+ *dat.*)**, gefällt,**	to please, be pleasing to;
gefiel, gefallen	to like, be to one's
	liking
es gefällt mir	I like it, it pleases me
gehören (+ *dat.*)	to belong (to)
gratulieren (+ *dat.*) (R)	to congratulate
sich **informieren über**	to inform oneself about
(+ *akk.*)	

mit·machen	to participate
nach·sehen, sieht nach,	to look up
sah nach,	
nachgesehen	
passen (+ *dat.*)	to fit
schaden (+ *dat.*)	to harm, hurt
schmecken (+ *dat.*)	to taste good (to)
stehen (+ *dat.*)**, stand,**	to suit
gestanden	
sich (*dat.*) **vor·stellen** (R)	to imagine
wiederholen	to repeat
zu·hören (+ *dat.*) (R)	to listen (to)

Ähnliche Wörter

antworten (+ *dat.*) (R); **helfen** (+ *dat.*) (R)**, hilft, half, geholfen**

Adjektive und Adverbien   Adjectives and Adverbs

auffällig	conspicuous
flach	flat
geehrt	honored; dear
sehr geehrter Herr	dear Mr.
sehr geehrte Frau	dear Ms.
gestreift	striped
kariert	plaid
lieb	sweet; lovable
mehrere (*pl.*)	several
modisch	fashionable
nützlich	useful
schriftlich	written
wunderschön	exceedingly beautiful

Ähnliche Wörter

extra, schick (R)**, voll, zentral**

Sonstige Wörter und Ausdrücke   Other Words and Expressions

an . . . vorbei	by
aus	of; from; out of
außerdem (R)	besides
bei (R)	at; with; near
bis zu	as far as; up to
danach	afterward
eilig	rushed
es eilig haben	to be in a hurry
hin und zurück (R)	there and back; round trip
inbegriffen	included
nach	to (*a place*)
nach Hause (R)	(to) home
ob (R)	whether
selbstverständlich	of course
vielen Dank	many thanks
von (R)	of; from
zu (R)	to (*a place*)
zu Hause (R)	at home
zuletzt	finally

KULTURECKE

Kulturprojekt Reisen

Planen Sie eine Reise in ein deutschsprachiges Land. Wählen Sie eine Stadt
oder Gegend aus. Sammeln Sie Informationen aus dem Internet, aus
Reiseführern oder aus Prospekten von dem Reisebüro.

- Wo wollen Sie Urlaub machen?
- Mit wem reisen Sie?
- Wie kommen Sie dahin? (Genaue Reiseroute!)
- Bleiben Sie an einem Ort, oder reisen Sie in andere Gegenden?
- Wo übernachten Sie? (Campingplatz, Jugendherberge, Pension, Hotel)
  Wie ist/sind die Adresse/n?
- Was machen Sie an Ihrem Urlaubsort? Planen Sie Besichtigungen,
  Unternehmungen und Ausflüge.
- Kalkulieren Sie die ungefähren Kosten.

Kontakte : Online

Weiteres zum Thema
Reisen finden Sie bei
Kontakte online im
World Wide Web unter
www.mhhe.com/kontakte

Porträt

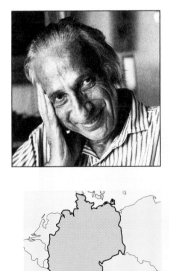

Ivan Illich wurde 1926 in Wien geboren. Nach
seinem Studium der Geschichte, Philosophie und
Theologie wanderte er mit 25 Jahren in die USA
aus und arbeitete als katholischer Priester in
einem New Yorker Slum. Bereits mit 30 Jahren
wurde er Präsident der Universität von Puerto
Rico. In Cuernavaca (Mexiko) gründete er 1960
ein Zentrum für Erziehungsfragen der Industrie-
und Entwicklungsländer. Illich kritisierte vehement das traditionelle Schulsystem und trat immer wieder für freie Lehr- und Lernmöglichkeiten
ein.

Wien, die Hauptstadt von Österreich, liegt an der
Donau und ist das politische, wirtschaftliche, administrative und kulturelle Zentrum des Landes.
Nachdem die Türken, die 1683 die Stadt belagert
hatten, besiegt waren, wurde Wien zum
gesellschaftlich-kulturellen Zentrum der öster-

reichisch-ungarischen Monarchie. Die Komponisten Haydn, Mozart und Beethoven wurden als Wiener Klassiker berühmt (keiner der drei wurde übrigens in Wien geboren) und bis ins 20. Jahrhundert waren die Wiener Kaffeehäuser Anziehungspunkt für Künstler und Literaten. Zu den Wahrzeichen der Stadt gehören der Stephansdom und der Prater, ein Vergnügungspark auf einer Insel zwischen dem Donaukanal und der Donau.

Welche Aussagen sind falsch? Verbessern Sie die falschen Aussagen!

1. Ivan Illich studierte Soziologie und Politologie.
2. Er arbeitete als Priester in New York.
3. 1956 wurde er Präsident der Universität von Puerto Rico.
4. Illich kritisierte das moderne Schulsystem.
5. Wien liegt am Rhein.
6. 1683 belagerten die Schweden die Stadt.
7. Die Komponisten Haydn, Mozart und Beethoven wurden in Wien geboren.
8. Der Prater ist ein Vergnügungspark und ein Wahrzeichen der Stadt Wien.

Miniwörterbuch

der **Anziehungspunkt**	main attraction
belagern	to lay siege to
besiegen	to conquer
das **Entwicklungsland**	developing country
die **Erziehungsfragen**	educational concerns
gesellschaftlich	social
gründen	to found
die **Möglichkeit**	opportunity
übrigens	by the way
der **Vergnügungspark**	amusement park
wirtschaftlich	economic
das **Wahrzeichen**	symbol

VIDEOECKE

- *Wohin fährst du gern in Urlaub?*
- *Was machst du da?*
- *Was war dein schönster Urlaub?*
- *Was war daran besonders? (Erzähl mal.)*
- *Gab's mal einen Urlaub, in dem etwas schief ging?*

Nicole ist am 17. April 1977 in Leipzig geboren. Sie spricht Deutsch, Englisch und Russisch. Ihre Hobbys sind Tennis spielen und Musik hören.

Erwin ist am 24. Oktober 1956 in Regensburg geboren. Er spricht Deutsch, Englisch und Spanisch. Seine Hobbys sind Wandern und Gitarre spielen.

Aufgabe 1

Wer sagt das, Nicole (N), Erwin (E) oder beide (B)?

1. _____ Ich fahr' eigentlich überall gern hin.

2. _____ Ich fahr' gern nach Amerika.

3. _____ Ich fahr' gern zu meinen Großeltern nach Odessa.

Aufgabe 2

Was machen Nicole und Erwin im Urlaub? Sind diese Aussagen richtig oder falsch? Korrigieren Sie die falschen Aussagen.

	RICHTIG	FALSCH
1. Nicole liegt selten die ganze Zeit am Strand.	☐	☐
2. Nicole fährt gern Fahrrad oder spielt Tennis.	☐	☐
3. Sie geht auch viel wandern.	☐	☐
4. Erwin hat noch kleine Kinder.	☐	☐

Aufgabe 3

Amerika oder Jerusalem? Ordnen Sie die folgenden Beschreibungen Amerika oder Jerusalem zu.

	AMERIKA	JERUSALEM
1. Erstens lieb ich das Land sowieso.	☐	☐
2. Die Leute sind sehr aufgeschlossen.	☐	☐
3. Es ist so eine alte Stadt.	☐	☐
4. Es ist viel zu sehen.	☐	☐
5. diese Häuser, diese weißen Wände	☐	☐
6. diese vielen unterschiedlichen Kulturen	☐	☐

LEKTÜRE 1

Vor dem Lesen

1. Was für Informationen erwartet man in einem Reiseführer? Kreuzen Sie an.

- ☐ Museen
- ☐ Restaurants und Kneipen
- ☐ Wetter und Klima
- ☐ Attraktionen
- ☐ Rezepte
- ☐ berühmte Personen

- ☐ Unterkunft
- ☐ Stadtplan
- ☐ Kultur und Feste
- ☐ Zugfahrplan
- ☐ Nachtleben
- ☐ Wörterbuch

2. Überfliegen Sie den Text „Husum" und bestimmen Sie, in welcher Reihenfolge die folgenden Informationen gegeben werden.

_____ Anziehungspunkte in Husum

_____ Informationen zu Theodor Storm, der in Husum geboren wurde

_____ Kirchen und Museen

_____ Vorschläge für einen Stadtrundgang

Miniwörterbuch

der **Amtsrichter**	district judge
der **Anziehungspunkt**	attraction
sich befinden	to be located
der **Bestandteil**	part
das **Freilichtmuseum**	open-air museum
gewidmet	dedicated
das **Herzogtum**	duchy
der **Rundgang**	(walking) tour
die **Sache**	cause
schaffen, schuf	to create
schildern	to portray
vertreten, vertrat	to plead for

HUSUM

Husum ist die Stadt Theodor Storms. Als „Graue Stadt am Meer" hat er sie liebevoll in seinem ihr gewidmeten Gedicht angeredet. Storm wurde 1817 in Husum geboren und schuf hier einen Teil seiner Gedichte und Novellen. Husum gehörte damals zu den Herzogtümern Schleswig und Holstein und war

5 | Bestandteil des deutsch-dänischen Gesamtstaates. Von 1852 bis 1864 konnte der Dichter, der im bürgerlichen Leben als Anwalt, später als Amtsrichter tätig war, nicht in seiner Vaterstadt leben, weil er gegenüber der dänischen Herrschaft die deutsche Sache vertrat. Er starb 1888 in Hademarschen, doch liegt er im Klosterfriedhof von Husum begraben.

10 | Sie können in Husum Häuser anschauen, in denen Storm gelebt, und andere, die er in seinen Novellen geschildert hat. Weitere Anziehungspunkte sind der Hafen mit den Krabbenkuttern, das Schloss mit seinen Wiesen, auf denen im Frühling Millionen von Krokussen blühen, sowie die alten Kaufmannshäuser am Markt und in der Großstraße.

15 | Ein Rundgang beginnt am Markt an der Großstraße, führt durch die Hohle Gasse und die Wasserreihe zum Hafen, durch das Westerende und die Nordhusumer Straße zum „Ostenfelder Haus", einem Freilichtmuseum mit einem Niedersachsenhaus des 16./17. Jahrhunderts. Über den alten Friedhof und den Totengang geht man über die Neustadt zum Schloss (Sitz des Kreisarchivs) mit

20 | dem als „Cornils'sches Haus" bekannten Torhaus (1612) und durch den Schlossgang zum Markt zurück. Storms Grab auf dem Klosterkirchhof erreichen Sie vom Markt aus durch die Norderstraße.

Das Haus in der Wasserreihe 31, in dem der Dichter zwischen 1866 und 1880 wohnte, dient heute als Storm-Museum (täglich geöffnet von April bis Ok-

25 | tober). Im Nissenhaus befindet sich das Nordfriesische Museum zu den Themen Erd- und Vorgeschichte, Landschaftskunde und Kulturgeschichte (täglich geöffnet). Die Marktkirche Husums gilt als der bedeutendste klassizistische Kirchenbau Schleswig-Holsteins.

(aus ADAC-Reiseführer Norddeutschland)

Arbeit mit dem Text

1. Storms Leben. Welche dieser Jahreszahlen und Ereignisse stehen im Text, welche nicht? Schreiben Sie die Zeilennummer dazu.

ZEILE

1817	wird Theodor Storm in Husum geboren	____
1843–1852	ist er Rechtsanwalt in Husum	____
1846	erste Heirat mit Konstanze Esmarch	____
1852–1856	ist er Assessor in Potsdam	____
1856–1864	ist er Richter in Heiligenstadt	____
1852–1864	lebt er aus politischen Gründen nicht in Husum	____
1864–1867	ist er Landvogt[1] in Husum	____
1866	zweite Heirat mit Dorothea Jensen	____
1867	wird er Amtsrichter	____
1866–1880	wohnt er in der Wasserreihe 31	____
1888	stirbt er in Hademarschen und wird in Husum begraben	____

2. Ein Rundgang durch Husum. Zeichnen Sie den Weg, der im Reiseführer beschrieben wird, in den Stadtplan ein.

[1]governor

LESEHILFE

A short text like a poem usually requires intensive reading. Every single word is carefully chosen to convey the meaning and feelings one desires to express. One of Storm's most famous poems describes his hometown Husum.

LEKTÜRE 2

Vor dem Lesen

Was assoziieren Sie mit den Jahreszeiten Frühling und Herbst? Schreiben Sie Gefühle, Farben, Geräusche, Gerüche, Tätigkeiten und Erinnerungen auf.

Frühling

Herbst

Miniwörterbuch			
brausen	to rage	**rauschen**	to rustle
eintönig	monotonously	**seitab**	off to the side
für und für	forever	**wehen**	to blow
ohne Unterlass	incessantly	der **Zauber**	charm

DIE STADT
Theodor Storm

Am grauen Strand, am grauen Meer
Und seitab liegt die Stadt;
Der Nebel drückt die Dächer schwer,
Und durch die Stille braust das Meer
5 | Eintönig um die Stadt.

Es rauscht kein Wald, es schlägt im Mai
Kein Vogel ohn' Unterlaß;
Die Wandergans mit hartem Schrei
Nur fliegt in Herbstesnacht vorbei,
10 | Am Strande weht das Gras.

Doch hängt mein ganzes Herz an dir,
Du graue Stadt am Meer;
Der Jugend Zauber für und für
Ruht lächelnd doch auf dir, auf dir,
15 | Du graue Stadt am Meer

Arbeit mit dem Text

1. Suchen Sie Beispiele aus dem Gedicht für die folgenden Kategorien:
Landschaft, Wetter/Jahreszeit, Fauna und Flora, Geräusche und schreiben Sie
sie in die Tabelle.

Landschaft	Wetter/Jahreszeit	Fauna und Flora	Geräusche

2. Kontraste

a. Die ersten beiden Zeilen der zweiten Strophe und die drei weiteren
bilden einen Kontrast. Welches Bild oder welche Farbe hat man bei Wald,
Mai, Vögel vor Augen und woran denkt man bei Wandergans,
Herbstesnacht, Strand und Gras? Welche Wörter (Negation und Adverb)
sind typisch für einen Kontrast?

b. Die dritte Strophe steht im Kontrast zu den ersten beiden. Warum?
Welches Wort ist hier sehr wichtig?

3. Wie ist die Stimmung in dem Gedicht? Fröhlich, melancholisch, dramatisch?
Wie erreicht der Dichter das? Denken Sie an Rhythmus, Klang[1] und
Lautmalerei.[2]

[1]*sound* [2]*onomatopoeia*

10.1 Prepositions to talk about places: *aus, bei, nach, von, zu*

Use the prepositions **aus** and **von** to indicate origin; **bei** to indicate a fixed location; and **nach** and **zu** to indicate destination. These five prepositions are always used with nouns and pronouns in the dative case.

Woher (kommt sie?)	Wo (ist sie?)	Wohin (geht/fährt sie?)
aus Spanien		nach Spanien
aus dem Zimmer		nach Hause
von rechts		nach links
von Erika	bei Erika	zu Erika
vom Strand		zum Strand

Wissen Sie noch?

The prepositions **aus** (*from*), **bei** (*near, with*), **mit** (*with*), **nach** (*to*), **von** (*from*), **zu** (*to*) are prepositions that take the dative case.

Review grammar B.4, 6.4, and 6.6.

A. The Prepositions **aus** and **von**

aus: enclosed spaces
countries
towns
buildings

1. Use **aus** to indicate that someone or something comes from an enclosed or defined space, such as a country, a town, or a building.

Diese Fische kommen aus der Donau.	*These fish come from the Danube river.*
Jens kam aus seinem Zimmer.	*Jens came from his room.*

Most country and city names are neuter; no article is used with these names.

Josef kommt **aus Deutschland.**
Silvia kommt **aus Göttingen.**

However, the article is included when the country name is masculine, feminine, or plural.

Richards Freund Ali kommt **aus dem Iran.**
Mehmets Familie kommt **aus der Türkei.**
Ich komme **aus den USA.**

von: open spaces
directions
persons

2. Use **von** to indicate that someone or something comes not from an enclosed space but from an open space, from a particular direction, or from a person.

<table>
<tr><td>

Achtung!

von + dem = vom
bei + dem = beim
zu + dem = zum
zu + der = zur

</td></tr>
</table>

Melanie kommt gerade **vom Markt** zurück.
Das rote Auto kam **von rechts.**

Michael hat es mir gesagt. Ich weiß es **von ihm.**

Melanie's just returning from the market.
The red car came from the right.

Michael told me. I know it through (from) him.

B. The Preposition **bei**

bei: place of work
residence

Use **bei** before the name of the place where someone works or the place where someone lives or is staying.

Albert arbeitet **bei McDonald's.**
Rolf wohnt **bei einer Gastfamilie.**
Treffen wir uns **bei Katrin.**

Albert works at McDonald's.
Rolf is staying with a host family.
Let's meet at Katrin's.

C. The Prepositions **nach** and **zu**

nach: cities
countries without
articles
direction
nach Hause
(idiom)

Use **nach** with neuter names of cities and countries (no article), to indicate direction, and in the idiom **nach Hause** ([*going*] *home*).

Wir fahren morgen **nach Salzburg.**
Biegen Sie an der Ampel **nach links ab.**
Gehen Sie **nach Westen.**
Ich muss jetzt **nach Hause.**

We'll go to Salzburg tomorrow.

Turn left at the light.

Go west.
I have to go home now.

zu: places
persons
zu Hause (idiom)

Use **zu** to indicate movement toward a place or a person, and in the idiom **zu Hause** (*at home*).

Wir fahren heute **zum Strand.**
Wir gehen morgen **zu Tante Julia.**

We'll go to the beach today.
We'll go to Aunt Julia's tomorrow.

Übung 1 Die Familie Ruf

Kombinieren Sie Fragen und Antworten.

1. Hier kommt Herr Ruf. Er hat seine Hausschuhe an. Woher kommt er gerade?
2. Hans hat noch seine Schultasche auf dem Rücken. Woher kommt er?
3. Frau Ruf kommt mit zwei Taschen voll Obst und Gemüse herein. Woher kommt sie?
4. Jutta kommt herein. Sie hat eine neue Frisur. Woher kommt sie?
5. Gestern Abend war Jutta nicht zu Hause. Wo war sie?
6. Ihre Mutter war auch nicht zu Hause. Wo war sie?
7. Morgen geht Herr Ruf aus. Wohin geht er?
8. Hans fährt am Wochenende weg. Wohin fährt er?
9. Frau Ruf ist am Wochenende geschäftlich unterwegs. Wohin fährt sie?
10. Jutta möchte im Sommer mit Billy Urlaub machen. Wohin wollen sie?

a. Aus der Schule.
b. Aus seinem Zimmer.
c. Bei Billy.
d. Bei ihrer Freundin.
e. Nach England.
f. Nach Frankfurt.
g. Vom Friseur.
h. Vom Markt.
i. Zu Herrn Thelen, Karten spielen.
j. Zu seiner Tante.

Übung 2   Melanies Reise nach Dänemark

Beantworten Sie die Fragen. Verwenden Sie die Präpositionen **aus, bei, nach, von** oder **zu.**

> MODELL   CLAIRE: Wohin bist du gefahren? (Dänemark) →
> MELANIE: Nach Dänemark.

1. Wohin genau? (Kopenhagen)
2. Wohin bist du am ersten Tag gegangen? (der Strand)
3. Und deine Freundin Fatima? Wohin ist sie gegangen? (ihre Tante Sule)
4. Woher kommt die Tante deiner Freundin? (die Türkei)
5. Kommt deine Freundin auch aus der Türkei? (nein / der Iran)
6. Am Strand hast du Peter getroffen, nicht? Woher ist der plötzlich gekommen? (das Wasser)
7. Sein Freund war auch dabei, nicht? Woher ist der gekommen? (der Markt)
8. Weißt du, wo die beiden übernachten wollten? (ja / uns)
9. Und wo haben sie übernachtet? (Fatimas Tante)
10. Wohin seid ihr am nächsten Morgen gefahren? (Hause)

10.2   Indirect questions: *Wissen Sie, wo . . . ?*

Indirect questions:
- dependent clause begins with a question word or **ob**
- conjugated verb in the dependent clause appears at the end of the clause

Indirect questions are dependent clauses that are commonly preceded by an introductory clause such as **Wissen Sie, . . .** or **Ich weiß nicht, ...** Recall that the conjugated verb is in last position in a dependent clause.

Wissen Sie, **wo** die Bibliothek **ist?**	*Do you know where the library is?*
Können Sie mir sagen, **wann** der Zug in München **ankommt?**	*Can you tell me when the train arrives in Munich?*

The question word of the direct question functions as a subordinating conjunction in an indirect question.

> DIRECT QUESTION: Wie **komme** ich zum Bahnhof?
> INDIRECT QUESTION: Ich weiß nicht, **wie** ich zum Bahnhof **komme.**

Use the conjunction **ob** (*whether, if*) when the corresponding direct question does not begin with a question word but with a verb.

> DIRECT QUESTION: **Kommt** Michael heute Abend?
> INDIRECT QUESTION: Ich weiß nicht, **ob** Michael heute Abend **kommt.**

Wissen Sie noch?

Dependent clauses may be introduced by subordinating conjunctions, such as **als** (*when, as*), **wenn** (*when, whenever*), **wann** (*when*), **weil** (*because*), and **nachdem** (*after*), or by relative pronouns such as **der, die, das** (*who, whom, that,* or *which*) and so forth. Main verbs in dependent clauses appear at the end of the clause.

Review grammar 3.4, 7.1, 9.1, 9.3, and 9.5.

Übung 3   Bitte etwas freundlicher!

A. Verwandeln Sie die folgenden direkten Fragen in etwas höflichere indirekte Fragen. Beginnen Sie mit **Wissen Sie, . . .** oder **Können Sie mir sagen, ...**

MODELL   Wo ist der Bahnhof? →
         Wissen Sie, wo der Bahnhof ist?
  oder   Können Sie mir sagen, wo der Bahnhof ist?

1. Wann fährt der nächste Zug nach Kassel?
2. Wie lange fährt man nach Kassel?
3. Wie groß ist Kassel?
4. Was gibt es in Kassel zu sehen?
5. Kann man dort gut essen gehen?
6. Gibt es in Kassel eine Universität?
7. Wie groß ist die Universität?
8. Ist es eine gute Universität?
9. Was kann man in Kassel abends machen?
10. Wann fährt der letzte Zug zurück?

B. Ersetzen Sie „Kassel" mit einer Stadt, die Sie kennen, und beantworten Sie jetzt die neuen Fragen.

10.3 Prepositions for giving directions: *an . . . vorbei, bis zu, entlang, gegenüber von, über*

ACCUSATIVE:
entlang (follows the noun)
über (precedes the noun)

A. **entlang** (*along*) and **über** (*over*) + Accusative

Use the prepositions **entlang** and **über** with nouns in the accusative case. Note that **entlang** follows the noun.

Fahren Sie **den Fluß entlang.**	*Drive along the river.*
Gehen Sie **über den Zebra-streifen.**	*Walk across the crosswalk.*

The preposition **über** may also be used as the equivalent of English *via.*

Der Zug fährt **über** Frankfurt und Hannover nach Hamburg.	*The train goes to Hamburg via Frankfurt and Hanover.*

DATIVE:
an . . . vorbei (encloses the noun)
bis zu (precedes the noun)
gegenüber von (precedes the noun)

B. **an . . . vorbei** (*past*), **bis zu** (*up to, as far as*), **gegenüber von** (*across from*) + Dative

Use **an . . . vorbei, bis zu,** and **gegenüber von** with the noun in the dative case. Note that **an . . . vorbei** encloses the noun.

Gehen Sie **am Lebensmittelge-schäft vorbei.**	*Go past the grocery store.*
Fahren Sie **bis zur Fußgänger-zone** und biegen Sie links ab.	*Drive to the pedestrian mall and turn left.*
Die U-Bahnhaltestelle ist **gegen-über vom Markthotel.**	*The subway station is across from the Markthotel.*

Übung 4   Wie komme ich dahin?

Ein Ortsfremder[1] fragt Sie nach dem Weg. Antworten Sie! Nützliche Wörter:

entlang   an . . . vorbei   gegenüber von
über   bis . . . zu

1. Wie muss ich fahren?

2. Wie muss ich gehen?

3. Wie muss ich gehen?

4. Wie muss ich fahren?

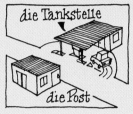

5. Wo ist die Tankstelle?

6. Wie komme ich zum Zug?

7. Immer geradeaus?

8. Vor dem Rathaus links?

9. Das Hotel „Patrizier"?

10. Wie komme ich nach Nürnberg?

[1]*stranger*

10.4 Expressing possibility: *würde* + infinitive

würde = would

Use the construction **würde** + infinitive to talk about possibilities: things you would do, if you were in that particular situation.

Stell dir vor, du würdest nach
Deutschland fliegen.
Wo würdest du übernachten?

*Imagine you were flying to
Germany.*
*Where would you stay for the
night?*

Here are the forms of **würde,** which are the subjunctive forms of the verb **werden.**

werden			
ich	würde	*wir*	würden
du	würdest	*ihr*	würdet
Sie	würden	*Sie*	würden
er *sie* } *es*	würde	*sie*	würden

Übung 5 Eine Deutschlandreise

Stellen Sie sich vor, Sie würden nach Deutschland reisen! Was würden Sie tun? Bilden Sie Fragen und Antworten.

> MODELL wie nach Deutschland reisen / fliegen, schwimmen, mit dem Schiff →
> —Wie würdest du nach Deutschland reisen?
> —Ich würde nach Deutschland fliegen.

1. wo übernachten / Zelt, Jugendherberge, bei Freunden, _____
2. welche Stadt zuerst besuchen / Berlin, München, Regensburg, _____
3. wohin zuerst gehen / ins Museum, in eine Kneipe, in eine Kirche, _____
4. wo essen / in der Mensa, in einem griechischen Restaurant, bei meinen Freunden, _____
5. was am Abend machen / durch die Stadt bummeln,[1] ins Kino gehen, schlafen, _____
6. was kaufen / ein Stück der Berliner Mauer, einen Bierkrug, eine Trachtenjacke,[2] _____
7. wem Postkarten schreiben / meinen Eltern, allen meinen Freunden, meinem Deutschlehrer / meiner Deutschlehrerin, _____
8. wie lange bleiben / ein paar Tage, eine Woche, ein Jahr, _____

Übung 6 Kein Problem!

Was würden Sie in diesen Situationen machen? Beantworten Sie die Fragen! Was würden Sie machen,

1. wenn Sie Ihr Deutschbuch verlieren würden?
2. wenn Sie eine sehr schlechte Note bekommen würden?
3. wenn Sie vergessen hätten, was Ihre Hausaufgaben sind?
4. wenn Ihre Eltern Sie morgen plötzlich besuchen würden?
5. wenn Ihre Eltern Ihnen kein Geld geben würden?
6. wenn Sie im Sommer keine Arbeit finden würden?
7. wenn Ihr Freund / Ihre Freundin betrunken Auto fahren wollte?
8. wenn Ihr Freund / Ihre Freundin nicht mehr Ihr Freund / Ihre Freundin sein wollte?
9. wenn ein Filmstar Sie auf seine / ihre Jacht einladen würde?
10. wenn Sie jemand um Ihr Autogramm bitten würde?

[1]*stroll* [2]*traditional folk jacket*

10.5 Being polite: the subjunctive form of modal verbs

Use the subjunctive form of modal verbs to be more polite.

Könnten Sie mir bitte dafür eine Quittung geben?	*Could you please give me a receipt for that?*
Ich **müsste** mal telefonieren.	*I have to make a phone call.*
Dürfte ich Ihr Telefon benutzen?	*Could I use your phone?*

The subjunctive is formed from the simple past-tense stem. Add an umlaut if there is an umlaut in the infinitive.

To form the subjunctive of a modal verb, add an umlaut to the simple past form if there is also one in the infinitive. If the modal verb has no umlaut in the infinitive (**sollen** and **wollen**), the subjunctive form is the same as the simple past form.

Present	Past	Subjunctive
dürfen	ich durfte	ich dürfte
können	ich konnte	ich könnte
mögen	ich mochte	ich möchte
müssen	ich musste	ich müsste
sollen	ich sollte	ich sollte
wollen	ich wollte	ich wollte

Here are the subjunctive forms of **können** and **wollen.**

können			
ich	könnte	*wir*	könnten
du	könntest	*ihr*	könntet
Sie	könnten	*Sie*	könnten
er *sie* *es*	könnte	*sie*	könnten

wollen			
ich	wollte	*wir*	wollten
du	wolltest	*ihr*	wolltet
Sie	wollten	*Sie*	wollten
er *sie* *es*	wollte	*sie*	wollten

In modern German, **möchte,** the subjunctive form of **mögen,** has become almost a synonym of **wollen.**

—Wohin wollen Sie fliegen?	*Where do you want to go (fly)?*
—Wir möchten nach Kanada fliegen.	*We want / would like / to fly to Canada.*

Another polite form, **hätte gern,** is now used more and more, especially in conversational exchanges involving goods and services.

Ich hätte gern eine Cola, bitte.	*I'd like a coke, please.*
Wir hätten gern die Speisekarte, bitte.	*We'd like the menu, please.*

Übung 7 Überredungskünste

Versuchen Sie, jemanden zu überreden,[1] etwas anderes zu machen als das, was er/sie machen will.

> MODELL s1: Ich fahre jetzt. (bleiben)
>   s2: Ach, könntest du nicht bleiben?

1. Ich koche Kaffee. (Tee, Suppe, ?)
2. Ich lese jetzt. (später, morgen, ?)
3. Ich sehe jetzt fern. (etwas Klavier spielen, mit mir sprechen, ?)
4. Ich rufe meine Mutter an. (deinen Vater, deine Tante, ?)
5. Ich gehe nach Hause. (noch eine Stunde bleiben, bis morgen bleiben, ?)

> MODELL s1: Wir fahren nach Spanien. (Italien)
>   s2: Könnten wir nicht mal nach Italien fahren?

6. Wir übernachten im Zelt. (Hotel, Campingbus, ?)
7. Wir kochen selbst. (essen gehen, fasten, ?)
8. Wir gehen jeden Tag wandern. (schwimmen, ins Kino, ?)
9. Wir schreiben viele Briefe. (nur einen Brief, nur Postkarten, ?)
10. Wir sehen uns alle Museen an. (in der Sonne liegen, viel schlafen, ?)

[1]*convince*

Übung 8 Eine Autofahrt

Sie wollen mit einem Freund ausgehen und fahren in seinem Auto mit. Stellen Sie Fragen. Versuchen Sie, besonders freundlich und höflich zu sein.

> MODELL wir / jetzt nicht fahren können → Könnten wir jetzt nicht fahren?

1. du / nicht noch tanken müssen
2. wir / nicht Jens abholen sollen
3. zwei Freunde von mir / auch mitfahren können
4. wir / nicht zuerst in die Stadt fahren sollen
5. du / nicht zur Bank wollen
6. du / etwas langsamer fahren können
7. ich / das Autoradio anmachen dürfen
8. ich / das Fenster aufmachen dürfen

10.6 Dative verbs

Dative verbs are verbs that require a dative object.

Wissen Sie noch?

The dative case is used primarily to indicate to whom or for whom something is done (or given).

Review grammar 5.1.

The dative object usually indicates the person to whom or for whom something is done. The dative case can be seen as the partner case. The "something" that is done (or given) is in the accusative case (it is the direct object).

Ich schenke **dir ein Buch.**	*I'll give you a book. (I'll give a book to you.)*
Ich kaufe **meinem Bruder ein Buch.**	*I'll buy my brother a book. (I'll buy a book for my brother.)*

Certain verbs, called "dative verbs," require only a subject and a dative object; there is no accusative object. These verbs fall into two groups.

In Group 1, both the subject and the dative object are persons.

antworten (*to answer*)	Er antwortete mir nicht.	*He didn't answer me.*
begegnen (*to meet*)	Wir begegneten einem alten Mann.	*We met an old man.*
gratulieren (*to congratulate*)	Ich gratuliere dir zum Geburtstag.	*Happy Birthday! (I congratulate you on your birthday.)*
helfen (*to help*)	Soll ich dir helfen?	*Do you want me to help you?*
zuhören (*to listen*)	Ich höre dir genau zu.	*I'm listening to you carefully.*

In Group 2, the subject is usually a thing; the dative object is the person who experiences or owns the thing.

gehören (*to belong to*)	Diese CDs gehören mir.	*These CDs belong to me.*
passen (*to fit*)	Diese Hose passt mir nicht.	*These pants don't fit me.*
schaden (*to be harmful to*)	Rauchen schadet der Gesundheit.	*Smoking is bad for (damages) your health.*
schmecken (*to taste good to*)	Schmeckt Ihnen der Fisch?	*Does the fish taste good to you?*
stehen (*to suit*)	Blau steht dir gut.	*Blue suits you well.*

Note that the following Group 2 verbs express ideas that are rendered very differently in English.

fehlen (*to be missing*)	Mir fehlt ein Buch.	*I'm missing a book.*
gefallen (*to be to one's liking, to please*)	Gefällt Ihnen dieses Bild?	*Do you like this picture? (Does this picture please you?)*

Übung 9 Minidialoge

Ergänzen Sie das Verb. Nützliche Wörter:

antworten	gehören	schaden
begegnen	gratulieren	schmecken
fehlen	helfen	stehen
gefallen	passen	zuhören

1. MONIKA: Schau, ich habe mir eine neue Bluse gekauft.
   KATRIN: Die ist aber schön! Die _____ mir gut!

2. MARTA: Hallo, Willi. Ich habe gehört, du hast deine Prüfung bestanden. Ich _____ dir ganz herzlich.
   WILLI: Danke. Das ist aber lieb von dir.

3. FRAU RUF: Jochen, kannst du mir bitte _____? Ich kann nicht alles allein tragen.
   HERR RUF: Ja, ich komme.

4. FRAU GRETTER: _____ Ihnen der Salat?
   HERR SIEBERT: Ja, sehr gut, die Soße ist ausgezeichnet.

5. FRAU KÖRNER: Dieser Rock _____ mir nicht. Ich glaube, ich brauche doch eine Nummer größer.
   VERKÄUFER: Ich seh mal nach, ob wir noch eine Nummer größer haben.

6. JÜRGEN: Weißt du, wem dieser Schal _____? Jemand hat ihn gestern hier liegen gelassen.
   SILVIA: Aber Jürgen, das ist doch dein Schal! Ich habe ihn dir gestern geschenkt!

7. FRAU SCHULZ: Was suchst du, Albert? _____ dir etwas?
   ALBERT: Ja, ich kann mein Heft nicht finden.

8. FRAU KÖRNER: Wissen Sie, wer mir gestern _____ ist, Herr Siebert?

   HERR SIEBERT: Nein, wer denn?

   FRAU KÖRNER: Die Mutter von Maria. Und wissen Sie, was die mir erzählt hat?

   HERR SIEBERT: Nein, was denn?

   FRAU KÖRNER: Also, . . .

9. ARZT: Also, Herr Ruf, Sie müssen jetzt wirklich mit dem Rauchen aufhören. Nikotin _____ Ihrer Gesundheit!

   HERR RUF: Aber, Herr Doktor, dann habe ich ja gar keine Freude mehr im Leben.

10. STEFAN: Entschuldigung, Frau Schulz, ich habe Ihnen nicht _____. Können Sie das noch mal wiederholen?

    FRAU SCHULZ: Na, gut.

Übung 10   Interview

1. Wem haben Sie neulich zum Geburtstag gratuliert?
2. Wem sind Sie neulich begegnet?
3. Welches Essen schmeckt Ihnen am besten?
4. Wie steht Ihnen Ihr Lieblingshemd?
5. Wie gefällt Ihnen der Deutschkurs?

KAPITEL 11

Alte Apotheke in Salzburg

Gesundheit und Krankheit

KAPITEL 11

Kapitel 11 focuses on health and fitness. You will talk about how to stay fit and about illness and accidents.

RANKHEIT

> **Grammatik 11.1**

Stefan hat sich erkältet.   Er fühlt sich nicht wohl.   Er hat Husten.   Er hat Schnupfen.   Er hat Kopfschmerzen.

Er hat Halsschmerzen.   Und er hat Fieber.   Er darf sich nicht aufregen.   Er muss sich ins Bett legen.   Er muss sich ausruhen.

Situation 1 Hausmittel[1]

Was machst du immer, manchmal, nie?

1. Wenn ich Fieber habe,

    a. lege ich mich ins Bett.
    b. nehme ich zwei Aspirin.
    c. gehe ich zum Arzt.
    d. rege ich mich auf.

2. Wenn ich Husten habe,

    a. nehme ich Hustensaft.
    b. trinke ich heißen Tee mit Zitrone.
    c. rauche ich eine Zigarette.
    d. lutsche ich Hustenbonbons.

3. Wenn ich mich erkältet habe,

    a. gehe ich schwimmen.
    b. ruhe ich mich aus.
    c. gehe ich in die Sauna.
    d. ärgere ich mich furchtbar.

4. Wenn ich Kopfschmerzen habe,

    a. gehe ich zum Friseur.
    b. nehme ich zwei Aspirin.
    c. bleibe ich im Bett.
    d. nehme ich ein heißes Bad.

[1]*home remedies*

5. Wenn ich Zahnschmerzen habe,

    a. trinke ich heißen Kaffee.
    b. gehe ich zum Zahnarzt.
    c. nehme ich Tabletten.
    d. setze ich mich aufs Sofa.

6. Wenn ich mich verletzt habe,

    a. desinfiziere ich die Wunde.
    b. falle ich in Ohnmacht.
    c. hole ich ein Pflaster.
    d. ziehe ich mich aus.

7. Wenn ich Muskelkater habe,

    a. lasse ich mich massieren.
    b. gehe ich zum Arzt.
    c. mache ich Muskeltraining.
    d. lege ich mich aufs Sofa.

8. Wenn ich mich in den Finger geschnitten habe,

    a. ärgere ich mich furchtbar.
    b. hole ich ein Pflaster.
    c. nehme ich Hustensaft.
    d. desinfiziere ich die Wunde.

9. Wenn ich einen Kater habe,

    a. gehe ich ins Krankenhaus.
    b. nehme ich zwei Aspirin.
    c. schlafe ich den ganzen Tag.
    d. gehe ich joggen.

10. Wenn ich Magenschmerzen habe,

    a. lege ich mich.aufs Sofa.
    b. trinke ich Kamillentee.
    c. ziehe ich mich aus.
    d. esse ich viel Schokolade.

Kultur ... Landeskunde ... Informationen

Hausmittel

- Welche von diesen Hausmitteln kennen Sie? Wogegen helfen sie?

    ☐ Eisbeutel   ☐ heißer Tee
    ☐ grüner Tee   mit Zitrone
    ☐ Hühnersuppe   ☐ warme
    ☐ Kamillentee   Umschläge
    ☐ Knoblauch   ☐ Salzwasser

- Benutzen Sie Hausmittel, wenn Sie sich nicht wohl fühlen? Wenn ja, welche?

Schauen Sie sich die Bilder an, und lesen Sie den Text.

- Was tut die Frau gegen ihre Erkältung?
- Wie viel grünen Tee muss man jeden Tag trinken, um die Cholesterinwerte zu senken?
- Wann beginnt dieses Hausmittel zu wirken?

[1]*cholesterol levels*   [2]*exclusively*   [3]*dependent on*   [4]*just*
[5]*however*   [6]*not until*   [7]*treten . . . auf happen, take place*
[8]*level of fat in one's blood*

Grüner Tee ist gut gegen Cholesterin

Wer Probleme mit erhöhten Cholesterinwerten[1] hat, ist nun nicht länger ausschließlich[2] auf Medikamente angewiesen.[3] Auch grüner Tee kann den Spiegel von Fetten im Blut senken. Dies ergaben Studien japanischer Wissenschaftler.

Bereits[4] ein täglicher Konsum von fünf Gramm senkt den Cholesterin- und Triglyceridspiegel im Blut wieder auf Normalniveau. Allerdings[5] treten diese Wirkungen erst[6] nach sieben Monaten Teegenuss auf.[7]

Gesund: Grüner Tee senkt den Blutfettspiegel[8]

Rezepte gegen Erkältung
Natürlich heilen

372 / Kapitel 11   Gesundheit und Krankheit

Situation 2   Was tut dir weh?

MODELL   Du warst in einem Rockkonzert. → Ich habe Ohrenschmerzen.

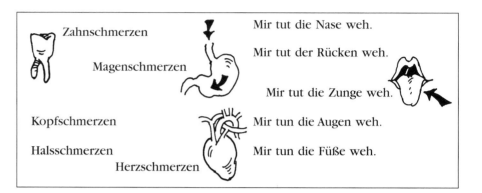

Zahnschmerzen	Mir tut die Nase weh.
Magenschmerzen	Mir tut der Rücken weh.
	Mir tut die Zunge weh.
Kopfschmerzen	Mir tun die Augen weh.
Halsschmerzen	Mir tun die Füße weh.
Herzschmerzen	

1. Du hast den ganzen Tag in der Bibliothek gesessen und Bücher gelesen.
2. Du hast zwei große Teller Chili gegessen.
3. Jemand hat dich auf die Nase geschlagen.
4. Du bist 20 Kilometer gewandert.
5. Du hast gestern Abend zu viel Kaffee getrunken.
6. Du warst in einem Footballspiel und hast viel geschrien.
7. Du hast zu viele Bonbons gegessen.
8. Du hast furchtbaren Liebeskummer.
9. Du hast zwei Stunden Schnee geschaufelt.
10. Der Kaffee, den du getrunken hast, war zu heiß.

Situation 3   Umfrage

MODELL   s1: Legst du dich ins Bett, wenn du dich erkältet hast?
s2: Ja.
s1: Unterschreib bitte hier.

UNTERSCHRIFT

1. Ruhst du dich aus, wenn du Kopfschmerzen hast? _____
2. Ärgerst du dich, wenn du in den Ferien krank wirst? _____
3. Legst du dich ins Bett, wenn du eine Grippe hast? _____
4. Bist du gegen Katzen allergisch? _____
5. Hast du einen niedrigen Blutdruck? _____
6. Freust du dich, wenn dein Lehrer / deine Lehrerin krank ist? _____
7. Regst du dich auf, wenn du dich verletzt hast? _____
8. Erkältest du dich oft? _____
9. Nimmst du Tabletten, wenn du dich nicht wohl fühlst? _____

K ÖRPERTEILE UND KÖRPERPFLEGE

➤ **Grammatik 11.2–11.3**

Ich wasche mich.

Ich wasche mir die Haare.

Ich trockne mich ab.

Ich trockne mir die Hände ab.

Ich kämme mir die Haare.

Ich schminke mich.

Ich rasiere mich.

Ich putze mir die Zähne.

Ich ziehe mich an.

Situation 4 Körperteile

MODELL s1: Was macht man mit den Augen?
s2: Mit den Augen sieht man.

> gehen   sprechen   atmen   denken   hören   fühlen
> kauen   küssen   riechen   greifen

1. mit den Ohren
2. mit den Händen
3. mit dem Gehirn
4. mit der Nase
5. mit der Lunge

6. mit den Zähnen
7. mit den Lippen
8. mit den Beinen
9. mit dem Mund
10. mit dem Herzen

Situation 5 Körperpflege

1. Wenn meine Haut trocken ist,

   a. kreme ich sie ein.
   b. gehe ich schwimmen.
   c. gehe ich zum Arzt.

2. Wenn meine Fingernägel lang sind,

   a. bade ich mich.
   b. schneide ich sie mir.
   c. kaue ich sie ab.

3. Wenn meine Haare fettig sind,

   a. putze ich mir die Zähne.
   b. schneide ich sie mir.
   c. wasche ich sie mir.

4. Wenn ich ins Theater gehe,

   a. schminke ich mich.
   b. rasiere ich mich.
   c. schneide ich mir die Haare.

5. Wenn ich ins Bett gehe,

   a. ziehe ich mir warme Schuhe an.
   b. putze ich mir die Zähne.
   c. schneide ich mir die Fingernägel.

6. Wenn ich mich geduscht habe,

   a. ziehe ich mich aus.
   b. trockne ich mich ab.
   c. föhne ich mir die Haare.

7. Wenn ich mich erholen will,

   a. gehe ich in die Sauna.
   b. rasiere ich mir die Beine.
   c. nehme ich Tabletten.

8. Wenn es draußen kalt ist,

   a. dusche ich mich heiß.
   b. ziehe ich mir eine warme
      Hose an.
   c. ziehe ich mich aus.

9. Wenn ich eine Verabredung
   habe,
   a. schminke ich mich.
   b. wasche ich mir die Haare.
   c. esse ich viel Knoblauch.

Situation 6 Bildgeschichte: Maria hat eine Verabredung

Kultur ... Landeskunde ... Informationen

Körperpflege

- Wie oft duscht oder badet der typische Mensch in Ihrem Land? Kreuzen Sie an.

  ☐ jeden Tag ☐ alle zwei bis drei Tage ☐ einmal pro Woche

- Die Hälfte der Deutschen duscht täglich. Was meinen Sie, wie viel Prozent Ihrer Landsleute duschen täglich?
- Wer in Deutschland achtet gemäß[1] Statistik mehr auf Hygiene, Männer oder Frauen? Wie ist das in Ihrem Land? Warum?
- Lesen Sie die Werbung für den Rasierapparat. Wer sagt: „Ich dachte, du verschenkst nichts Praktisches."

„ICH DACHTE, DU VERSCHENKST NICHTS PRAKTISCHES."

Da nimmt man sich etwas vor und bricht dann wieder seine Prinzipien. Weil man Wert darauf legt, daß er sich gründlich und zugleich hautschonend rasiert. Oder daß er den leisesten Philishave bekommt, den es je gab. Oder weil man selbst etwas davon spüren möchte: seine sanfte Haut nämlich. Übrigens, daß ihm der meistgekaufte Elektro-Rasierer Europas nicht gefällt, ist praktisch unmöglich.

PHILISHAVE

DIE WERTE DES MANNES.

PHILIPS

- Ergänzen Sie die Lücken mit folgenden Wörtern aus der Anzeige:

Elektro-Rasierer, gründlich, leiseste, sanfte.

Der Mann soll sich _____ und hautschonend rasieren.
Die Frau möchte seine _____ Haut spüren.
Dieser Rasierapparat ist der _____ Philishave, den es je gab.
Der Philishave ist der meistgekaufte _____ Europas.

[1]*according to*

Situation 7 Interview: Körperpflege

1. (für Frauen) Schminkst du dich jeden Tag? Was machst du?
2. (für Männer) Rasierst du dich jeden Tag? Hattest du schon mal einen Bart? Was für einen (Schnurrbart, Vollbart, Spitzbart, Backenbart)? Wie war das? Wenn du einen Bart hast: Seit wann hast du einen Bart?
3. Wäschst du dir jeden Tag die Haare? Föhnst du sie dir auch? Was für Haar hast du (trockenes, fettiges, normales Haar)?
4. Putzt du dir jeden Tag die Zähne? Gehst du oft zum Zahnarzt?
5. Wie oft gehst du zum Friseur? Hattest du mal eine Dauerwelle? Wie hast du ausgesehen?
6. Hast du trockene Haut? Kremst du dich oft ein?
7. Treibst du regelmäßig Sport? Was machst du? Wie oft? Gehst du manchmal in die Sauna oder ins Solarium?

ARZT, APOTHEKE, KRANKENHAUS

> **Grammatik 11.4**

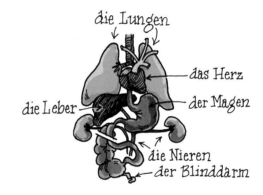

Jürgen hat sich das Bein gebrochen. Jetzt muss er einen Gips tragen.

Silvia bekommt eine Spritze.

Josef bekommt einen Verband.

Der Zahnarzt zieht Melanie einen Zahn.

Die Ärztin gibt Claire ein Rezept.

Situation 8 Medizinische Berufe

Wohin gehen Sie?

ins Krankenhaus   zum Hausarzt   zum Psychiater   in die Apotheke
      in die Drogerie   in die Apotheke
zum Zahnarzt   zum Augenarzt   zum Tierarzt

1. Sie haben sich erkältet und brauchen Hustensaft.
2. Sie haben schon seit zwei Wochen eine schlimme Halsentzündung und wollen Antibiotika.
3. Ihr Freund / Ihre Freundin hat sich in den Finger geschnitten. Der Finger blutet stark.
4. Ihr Freund / Ihre Freundin hat Sie verlassen und Sie sind sehr deprimiert.
5. Ihr Goldfisch frisst schon seit mehreren Tagen nicht mehr.
6. Sie haben furchtbare Zahnschmerzen.
7. Sie können im Unterricht nicht lesen, was an der Tafel steht.
8. Ihr Arzt hat Ihnen ein Rezept ausgeschrieben und Sie wollen sich das Medikament abholen.

Situation 9 Interaktion: Ich bin krank

Ein Mitstudent / Eine Mitstudentin ist krank. Was raten Sie ihm/ihr?

MODELL   s1: Ich habe Fieber.
          s2: Leg dich ins Bett.

1. Ich habe Fieber.
2. Ich habe Kopfschmerzen.
3. Ich fühle mich nicht wohl.
4. Ich habe starken Husten.
5. Ich habe mich in den Finger geschnitten.
6. Ich habe mich erkältet.
7. Ich habe Zahnschmerzen.
8. Ich bin allergisch gegen Katzen.
9. Mir tun die Augen weh.
10. Ich habe Magenschmerzen.

a. Geh zum Arzt.
b. Nimm Hustensaft.
c. Leg dich ins Bett.
d. Geh nach Hause.
e. Kauf dir Kopfschmerztabletten.
f. Ruh dich aus.
g. Nimm ein warmes Bad.
h. Zieh dich warm an.
i. Verkauf deine Katze.
j. Geh zum Zahnarzt.
k. Kauf dir eine Brille.
l. _____?

Kultur ... Landeskunde ... Informationen

Die Krankenkasse

- Haben Sie eine Krankenversicherung?
- Müssen Sie nach einem Arztbesuch etwas bezahlen?
- Wissen Sie, wie viel der Arzt für die Behandlung[1] bekommt?

Diese Karte geben die Patienten beim Arzt ab. Die Informationen werden elektronisch gespeichert[2] und der Arzt rechnet nach der Behandlung mit der Krankenkasse ab.[3]

AOK - Die Gesundheitskasse.

AOK

VERSICHERTEN KARTE

Franz Mustermann

1234567 123456789012 1234 5   1096

Kasse   Versichertennummer   Status   gültig bis

Sie hören jetzt einen kurzen Text zur Krankenkasse.
Hören Sie gut zu und ergänzen Sie die Sätze.

- „Krankenkasse" ist ein anderes Wort für _____.
- Der monatliche Beitrag[4] ist_____% vom Verdienst.[5]
- Die Krankenkasse bezahlt _____.
- Für Arbeitnehmer, die weniger als _____ Euro im Monat
  verdienen, ist die Krankenversicherung Pflicht.[6]

[1]*treatment* [2]*stored* [3]*rechnet ... ab settles* [4]*contribution* [5]*earnings* [6]*mandatory*

Situation 10. Informationsspiel: Krankheitsgeschichte

MODELL   Hat Claire sich (Hast du dir) schon mal etwas gebrochen? Was?
Ist Claire (Bist du) schon mal im Krankenhaus gewesen? Warum?
Hat Herr Thelen (Hast du) schon mal eine Spritze bekommen?
   Gegen was?
Erkältet sich Herr Thelen (Erkältest du dich) oft?
Ist Claire (Bist du) gegen etwas allergisch? Gegen was?
Hat man Claire (Hat man dir) schon mal einen Zahn gezogen?
Hatte Herr Thelen (Hattest du) schon mal hohes Fieber? Wie hoch?
Ist Claire (Bist du) schon mal in Ohnmacht gefallen?

	Claire	**Herr Thelen**	**mein(e) Partner(in)**
sich etwas brechen		das Bein	
im Krankenhaus sein		Lungenentzündung	
eine Spritze bekommen	Diphtherie		
oft erkältet sein	ja		
gegen etwas allergisch sein		Katzen	
einen Zahn gezogen haben		ja	
hohes Fieber haben	104° F		
in Ohnmacht fallen		nein	

Situation 11 Dialoge

1. Herr Thelen möchte einen Termin beim Arzt.

HERR THELEN: Guten Tag, ich hätte gern _____ für nächste Woche.
SPRECHSTUNDENHILFE: Gern, vormittags oder nachmittags?
HERR THELEN: Das ist mir eigentlich ___.
SPRECHSTUNDENHILFE: Mittwochmorgen um neun?
HERR THELEN: Ja, _____. Vielen Dank.

2. Frau Körner geht in die Apotheke.

FRAU KÖRNER: Ich habe schon seit Tagen _____. Können Sie mir etwas _____ geben?
APOTHEKERIN: Wir haben gerade etwas ganz Neues bekommen, Magenex.
FRAU KÖRNER: Hauptsache, _____.
APOTHEKERIN: Es soll sehr gut _____. Hier ist es.

3. Frau Frisch ist bei ihrem Hausarzt.

HAUSARZT: Guten Tag, Frau Frisch, wie geht es Ihnen?
FRAU FRISCH: Ich fühle mich gar nicht wohl. _____ . . . alles tut mir weh.
HAUSARZT: Das klingt nach _____. Sagen Sie mal bitte „Ah".

Situation 12 Rollenspiel: Anruf beim Arzt

S1: Sie fühlen sich nicht gut. Wahrscheinlich haben Sie Grippe. Rufen Sie beim Arzt an und lassen Sie sich einen Termin geben. Es ist dringend, aber Sie haben einen vollen Stundenplan.

Situation 13 Interview

1. Warst du schon mal schwer krank? Wann? Was hat dir gefehlt?
2. Warst du schon mal im Krankenhaus? Wann? Warum? Wie lange? Hat man dich untersucht? Hat man dir Blut abgenommen? Hast du eine Spritze bekommen?
3. Hast du dir schon mal etwas gebrochen? Was? Hattest du einen Gips? Wie lange?
4. Hat man dich schon mal geröntgt? Wann? Warum?
5. Erkältest du dich oft? Was machst du, wenn du eine Erkältung hast?
6. Bist du gegen etwas allergisch? Gegen was?

UNFÄLLE

➤ **Grammatik 11.5**

Zwei Autos sind zusammengestoßen. Eine Frau ist schwer verletzt.

Situation 14 Ein Autounfall

Eine Polizistin spricht mit einem Zeugen über einen Unfall. Bringen Sie die Sätze in eine logische Reihenfolge.

_____ Wie spät war es ungefähr?
_____ Also, heute Morgen war ich auf dem Weg zur Uni.
___1___ Bitte erzählen Sie genau, was passiert ist.
_____ Ein Auto ist aus einer Einfahrt gekommen.
_____ Ich glaube nicht, er hat jedenfalls nicht gebremst, bevor er auf die Straße gefahren ist.
_____ Hat der Fahrer auf den Verkehr geachtet?
_____ Ja, ein anderes Auto kam von rechts und dann sind sie zusammengestoßen.
_____ So zwischen halb und Viertel vor neun.
_____ Was haben Sie da gesehen?
_____ Und dann?
_____ Vielen Dank für Ihre Hilfe.

Situation 15 Unfälle

Welcher Satz passt zu welchem Bild?

1. Michael und Maria waren beim Segeln, als das Boot umkippte.
2. Sofie schnitt gerade Tomaten, als plötzlich vor ihrem Haus ein Mann von einem Auto überfahren wurde.
3. Melanie und Josef waren auf dem Weg ins Konzert, als Melanie ausrutschte und hinfiel.
4. Jürgen saß gerade in der Bibliothek, als auf der Straße zwei Autos zusammenstießen.
5. Herr Frisch fuhr gerade zur Arbeit, als ihm ein Hund vors Auto lief.
6. Als Ernst mit seinen Freunden Fußball spielte, brach er sich das Bein.
7. Marta und ihr Freund liefen Schlittschuh, als ein Kind ins Eis einbrach.
8. Rolf wollte gerade nach Hawaii fliegen, als ein Flugzeug abstürzte.

Situation 16 Notfälle

Was machen Sie, wenn . . .

1. du einen Unfall siehst?

2. der Verletzte einen Schock hat?

3. der Fahrer von dem anderen Auto flüchtet?

4. du im Fahrstuhl stecken bleibst?

5. du ausrutscht und hinfällst?

6. du dich den Arm gebrochen hast?

7. du ins Wasser fällst?

8. es im Nachbarhaus brennt?

9. du dich die Zunge verbrannt hast?

a. den Krankenwagen rufen

b. die Feuerwehr rufen

c. die Autonummer aufschreiben

d. die Polizei rufen

e. eine Decke holen und den Verletzten zudecken

f. fluchen

g. liegen bleiben und warten, dass jemand kommt

h. schwimmen

i. um Hilfe rufen

j. _____?

Situation 17 Paulas Unfall

Situation 18 Zum Schreiben: So ist das passiert

Beschreiben Sie einen Unfall, den Sie einmal hatten oder gesehen haben. Was ist passiert? Wer war dabei? Was haben Sie gemacht?

WORTSCHATZ

Krankheit und Gesundheit	Illness and Health
die **Entzündung, -en**	infection
die **Lungenentzündung**	pneumonia
die **Nierenentzündung**	kidney infection
die **Erkältung, -en**	(head) cold
die **Gesundheit**	health
die **Grippe**	influenza, flu
die **Krankheit, -en**	illness, sickness
die **Ohnmacht**	unconsciousness
in **Ohnmacht fallen**	to faint
der **Blutdruck**	blood pressure
niedrigen/hohen Blutdruck haben	to have low/high blood pressure
der **Husten**	cough
der **Hustensaft, ⸚e**	cough syrup
der **Kater, -**	hangover
der **Liebeskummer**	lovesickness
der **Muskelkater, -**	sore muscles
der **Schmerz, -en**	pain
die **Halsschmerzen**	sore throat
die **Herzschmerzen**	heartache
die **Kopfschmerzen**	headache
die **Magenschmerzen**	stomachache
die **Ohrenschmerzen**	earache
die **Zahnschmerzen**	toothache
der **Schnupfen, -**	cold (*with a runny nose*), sniffles
das **Bonbon, -s**	drop, lozenge
das **Halsbonbon, -s**	throat lozenge
das **Hustenbonbon, -s**	cough drop
sich **ärgern** (R)	to get angry
sich **auf•regen**	to get excited, get upset
sich **erkälten**	to catch a cold
fehlen (+ *dat.*) (R)	to be wrong with, be the matter with (*a person*)
weh•tun, tat weh, wehgetan	to hurt

Ähnliche Wörter
das **Fieber**; das **Symptom, -e**; (sich) **fühlen**; sich **wohl fühlen**

Der Körper	The Body
die **Haut, ⸚e** (R)	skin

die **Niere, -n**	kidney
die **Zunge, -n**	tongue
der **Blinddarm, ⸚e**	appendix
der **Magen, ⸚**	stomach
der **Zahn, ⸚e**	tooth
das **Gehirn, -e**	brain
atmen	to breathe
greifen, griff, gegriffen	to grab, grasp
kauen	to chew
lutschen	to suck
riechen, roch, gerochen	to smell

Ähnliche Wörter
die **Leber, -n**; die **Lippe, -n**; die **Lunge, -n**; die **Nase, -n**; der **Finger, -**; der **Fingernagel, ⸚**; das **Haar, -e** (R); das **Herz, -en**

Apotheke und Krankenhaus	Pharmacy and Hospital
die **Apothekerin, -nen**	female pharmacist
die **Ärztin, -nen** (R)	female doctor, physician
die **Augenärztin, -nen**	eye doctor
die **Hausärztin, -nen**	family doctor
die **Arztpraxis, Arztpraxen**	doctor's office
die **Psychiaterin, -nen**	female psychiatrist
die **Spritze, -n**	vaccine, shot
die **Tierärztin, -nen**	female veterinarian
der **Apotheker, -**	male pharmacist
der **Arzt, ⸚e** (R)	male doctor, physician
der **Augenarzt, ⸚e**	eye doctor
der **Hausarzt, ⸚e**	family doctor
der **Gips**	cast (*plaster*)
der **Psychiater, -**	male psychiatrist
der **Tierarzt, ⸚e**	male veterinarian
der **Verband, ⸚e**	bandage
das **Medikament, -e**	medicine
ein **Medikament gegen**	medicine for
das **Pflaster, -**	adhesive bandage (Band-Aid)
das **Rezept, -e**	prescription
ab•nehmen, nimmt ab, nahm ab, abgenommen	to remove; to lose weight
Blut ab•nehmen	to take blood
röntgen	to X-ray
wirken	to work, take effect

Ähnliche Wörter
die **Diphtherie**; die **Tablette, -n**; die
Kopfschmerztablette, -n; die **Wunde, -n**; der **Schock**;
der **Tetanus**; das **Aspirin** (R); das **Blut** (R); die
Antibiotika (*pl.*); **bluten**; **desinfizieren**

Unfälle — Accidents

die **Feuerwehr**	fire department
die **Unfallstelle, -n**	scene of the accident
die **Zeugin, -nen**	female witness
der **Schaden, ∸**	damage
der **Unfallbericht, -e**	accident report
der/die **Verletzte, -n** (*wk. masc.*)	injured person
der **Zeuge, -n** (*wk. masc.*)	male witness
ab·stürzen, ist abgestürzt	to crash
aus·rutschen, ist ausgerutscht	to slip
bremsen	to brake
brennen, brannte, gebrannt	to burn
hin·fallen, fällt hin, fiel hin, ist hingefallen	to fall down
schlagen, schlägt, geschlagen (R)	to hit
stecken bleiben, blieb stecken, ist stecken geblieben	to get stuck
überfahren, überfährt, überfuhr, überfahren	to run over
um·kippen	to knock over
verbrennen, verbrannte, verbrannt	to burn
sich (die Zunge) verbrennen	to burn (one's tongue)
sich verletzen	to injure oneself
zu·decken	to cover
zusammen·stoßen, stößt zusammen, stieß zusammen, ist zusammengestoßen	to crash

Ähnliche Wörter
der **Krankenwagen, -**; **brechen, bricht, brach,
gebrochen**; **sich (den Arm) brechen**

Körperpflege — Personal Hygiene

die **Dauerwelle, -n**	perm
das **Solarium, Solarien**	tanning salon
sich ab·trocknen (R)	to dry oneself off
sich an·ziehen, zog an, angezogen (R)	to get dressed
sich aus·ruhen (R)	to rest
sich aus·ziehen, zog aus, ausgezogen (R)	to get undressed
(sich) duschen (R)	to shower (take a shower)
sich ein·kremen	to put lotion on
sich erholen	to recuperate
sich (die Haare) fönen	to blow-dry (one's hair)
sich (die Zähne) putzen	to brush (one's teeth)
sich rasieren	to shave
sich schminken	to put makeup on
(sich) schneiden, schnitt, geschnitten (R)	to cut (oneself)
sich sonnen	to sunbathe

Ähnliche Wörter
die **Sauna, -s**; **(sich) baden** (R); **sich (die Haare)
kämmen** (R); **(sich) waschen, wäscht, gewaschen**
(R)

Sonstige Substantive — Other Nouns

die **Anschrift, -en**	address
die **Decke, -n**	blanket
die **Einfahrt, -en**	driveway
die **Perücke, -n**	wig
die **Tüte, -n**	(paper or plastic) bag
die **Verabredung, -en**	appointment; date
der **Termin, -e** (R)	appointment
der **Terminkalender, -**	appointment calendar
der **Verkehr**	traffic
das **Fahrzeug, -e**	vehicle

Ähnliche Wörter
die **Autonummer, -n**; der **Chili**; der **Goldfisch, -e**

Sonstige Verben — Other Verbs

achten auf (+ *akk.*)	to watch out for; to pay attention to
auf·schreiben, schrieb auf, aufgeschrieben	to write down
auf·stellen	to set up
beschreiben, beschrieb, beschrieben	to describe
ein·schalten	to turn on
fluchen	to curse, swear
flüchten, ist geflüchtet	to flee
sich freuen über (+ *akk.*)	to be happy about
sich gewöhnen an (+ *akk.*)	to get used to
grüßen	to greet, say hi to

herunter·klettern, ist heruntergeklettert	to climb down
sich hin·legen	to lie down
klingen (wie), klang, geklungen	to sound (like)
lassen, lässt, ließ, gelassen	to let
sich einen Termin geben lassen	to get an appointment
passen (R)	to fit
das passt gut	that fits well
rufen, rief, gerufen (R)	to call
schaufeln	to shovel
verlassen, verlässt, verließ, verlassen	to leave; to abandon
versuchen (R)	to try, attempt

Ähnliche Wörter
markieren, sich setzen (R)

Adjektive und Adverbien
Adjectives and Adverbs

deprimiert	depressed
fettig (R)	greasy
gesund	healthy
regelmäßig	regularly
schlimm	bad
sichtbar	visible
stark	heavy
trocken	dry
ungeduldig	impatient
verletzt	injured
schwer verletzt	critically injured

Ähnliche Wörter
allergisch, medizinisch

Sonstige Wörter und Ausdrücke
Other Words and Expressions

aber (R)	but
als (R)	when (*conj.*)
bevor	before (*conj.*)
bis (R)	until (*prep., conj.*)
dagegen	*here:* for it
haben Sie etwas dagegen?	do you have something for it (*illness*)?
damit	so that
dass	that (*conj.*)
denn (R)	for, because
draußen	outside
gemeinsam	together; common
herunter	down (*toward the speaker*)
Hilfe!	help!
jedenfalls	in any case
mal	(*word used to soften commands*)
komm mal vorbei!	come on over
nachdem (R)	afterward
ob (R)	whether
obwohl	although
oder (R)	or
seit (R)	since, for (*prep.*)
seit mehreren Tagen	for several days
sondern (R)	on the contrary
und (R)	and
während	during
wahrscheinlich	probably
weil (R)	because
wenn (R)	if; whenever

KULTURECKE

Kulturprojekt Naturwissenschaft und Medizin

A. Suchen Sie Informationen zu zwei der folgenden Wissenschaftler und Wissenschaftlerinnen.

Emil von Behring	Felix Hoffman	Lise Meitner
Hans Berger	Albert Hofmann	Gregor Johann Mendel
Paul Ehrlich	Robert Koch	Margarete Mitscherlich
Sigmund Freud	Konrad Lorenz	Wilhelm Conrad Röntgen

- Wann haben sie gelebt? / Wann sind sie geboren?
- Aus welchem Land stammen/stammten sie?
- Was sind/waren sie von Beruf?
- Was haben sie entdeckt oder entwickelt? Woran haben sie gearbeitet?

B. Kennen Sie diese deutschsprachigen Hersteller von Medikamenten und Kosmetika? Welche Produkte von diesen Firmen sind Ihnen bekannt? In welcher Stadt haben diese Firmen Ihren Hauptsitz?

BASF	Chemie Linz AG	Sandoz
Bayer	Ciba-Geigy	Weleda
Beiersdorf	Hoechst	Schering

> **Kontakte Online**
>
> Weiteres zum Thema Naturwissenchaft und "Medizinfinden" Sie bei **Kontakte online** im World Wide Web unter www.mhhe.com/kontakte

Porträt

1920 entwarf der zwanzigjährige Alfred „Adi" Dassler aus Herzogenaurach (in der Nähe von Nürnberg) den ersten Sportschuh. Er verwirklichte damit eine für seine Zeit sensationelle Idee, Sportler mit Sportschuhen auszurüsten, die extra für sie entworfen wurden. Bei den Olympischen Spielen 1928 trugen Athleten zum ersten Mal Dassler-Schuhe. Der Name *adidas* erinnert an den Namen des Firmengründers. Als Erkennungszeichen für seine Produkte wählte Adi Dassler die berühmten drei Streifen, die man heute in der ganzen Welt kennt. Im adidas-Sportschuh-Museum sind die Sportschuhe ausgestellt, in denen legendäre Siege, Rekorde und Medaillen errungen wurden. 1978 wurde Adi Dassler als erster Nichtamerikaner in die Ruhmeshalle der amerikanischen Sportartikel-Industrie aufgenommen.

Nürnberg

Die Stadt Nürnberg feierte im Jahr 2000 ihr 950. Stadtjubiläum. Ihre zentrale Lage im Schnittpunkt der wichtigsten europäischen Handelsstraßen begünstigte schon im Mittelalter die Entwicklung von Handel und Gewerbe und öffnete die Stadt für neue technische Ideen und für Kunst und Kultur. 1835 führte die erste deutsche Eisenbahn von Nürnberg nach Fürth. Heute ist die Stadt industrielles Zentrum Nordbayerns und vor allem bekannt durch den jährlichen Christkindlmarkt.

Welche Aussagen sind falsch? Verbessern Sie die falschen Aussagen!

1. 1978 entwarf Alfred Dassler den ersten Sportschuh.
2. Der Name *adidas* erinnert an den Namen des Firmengründers.
3. Das Erkennungszeichen ist ein Puma.
4. Adi Dassler wurde sogar in die amerikanische Ruhmeshalle der Sportartikel-Industrie aufgenommen.
5. Im Jahre 950 feierte Nürnberg das 2000. Stadtjubiläum.
6. Nürnberg liegt an wichtigen Handelswegen.
7. Die erste Eisenbahn führte von Nürnberg nach Regensburg.
8. Der Christkindlmarkt findet alle zwei Jahre statt.

Miniwörterbuch

ausrüsten	to equip
ausstellen	to exhibit
entwerfen	to design
erringen	to win
das **Erkennungszeichen**	logo
der **Gründer**	founder
Handel und Gewerbe	trade and industry
die **Handelsstraße**	trade route
die **Lage**	location
die **Ruhmeshalle**	hall of fame
der **Schnittpunkt**	intersection
der **Sieg**	victory
verwirklichen	to realize, make real

VIDEOECKE

- Warst du letztes Jahr mal krank? Wie ist es dir gegangen?
- Woran merkst du, dass du eine Erkältung hast? Was tust du dagegen?
- Hattest du irgendwelche Kinderkrankheiten?
- Was findest du wichtig für die Körperpflege?
- Wie sieht deine tägliche Körperpflege aus?
- Schminkst du dich? Was machst du?
- Hattest du schon mal einen Unfall? Wie ist das passiert?
- Warst du schon mal im Krankenhaus? Wie war das?

Kristina ist in Hannover geboren. Sie studiert Jura. Sie treibt gern Sport, geht gern ins Kino und auf Reisen.

Brit ist in Leipzig geboren. Sie studiert Anglistik und Deutsch als Fremdsprache. Sie liest gern, fährt gern Rad und macht gern Stadtführungen durch Leipzig.

Aufgabe 1

Welche Krankheit hatten Kristina und Brit letztes Jahr?

Kristina: _____   Brit: _____

Aufgabe 2

Woran merken Kristina und Brit, dass sie eine Erkältung haben? Was tun sie dagegen? Wer hatte Windpocken, Röteln und Mumps?

	KRISTINA	BRIT
1. Ich bekomme Kopfschmerzen.	☐	☐
2. Mir tut der ganze Körper weh.	☐	☐
3. Meistens fängt es im Hals an.	☐	☐
4. Ich bin auch total schlapp.	☐	☐
5. Der Hals kratzt.	☐	☐
6. Man bekommt Kopfschmerzen.	☐	☐
7. Es tun einem die Glieder weh.	☐	☐
8. Ich trink' eine heiße Zitrone.	☐	☐
9. Ich nehme vielleicht eine Tablette.	☐	☐
10. Ich kaufe mir Vitamin C.	☐	☐
11. Wenn es nach einer Woche nicht weg ist, geh ich zum Doktor.	☐	☐
12. Wenn das nicht hilft, gehe ich zum Arzt.	☐	☐
13. Ich hatte Windpocken, Röteln und Mumps.	☐	☐

Aufgabe 3

Wer sagt das über die Körperpflege, Kristina (K) oder Brit (B)?

1. _____ Ich finde es wichtig, dass man gepflegt aussieht.
2. _____ Ich geh' früh nach dem Aufstehen duschen.
3. _____ Dreimal am Tag Zähne putzen.
4. _____ Wenn ich abends nochmal weggehe, dusch' ich meistens auch.
5. _____ Wenn ich mich erholen will, mach' ich ein heißes Bad.
6. _____ Ich wasch' mir die Haare und feil' mir die Fingernägel.
7. _____ Ich leg' ein bisschen Wimperntusche auf und auch Puder.
8. _____ Vielleicht mal Lippenstift oder so.

Aufgabe 4

Was ist bei Kristinas Unfall passiert? Verbinden Sie die Satzteile.

1. Eine Freundin und ich
2. Und dann bin ich mit dem Fuß umgeknickt
3. Es war ziemlich schlimm,
4. Und das tat alles sehr weh

a. und ich musste operiert werden.
b. und dann war der Knöchel gebrochen.
c. sind Rollschuhlaufen gegangen.
d. weil ich war sehr weit weg von meinen Eltern.

Aufgabe 5

Bringen Sie die Sätze über Brits Unfall in die richtige Reihenfolge.

_____ Und sie sagt plötzlich „Oh, Gott".
_____ Eine Freundin hat mich im Auto mitgenommen
_____ Wir hatten also Halsverletzungen und das war nicht angenehm.
_____ Plötzlich kracht ein Jeep von hinten in uns rein.
_____ Wir sind mit dem Auto so über die Kreuzung geflogen.
_____ und wir stehen an einer roten Ampel.

Vor dem Lesen

A. Schreiben Sie mit den folgenden Stichwörtern und Ausdrücken eine kleine Geschichte: Was ist an diesem Montagmorgen passiert?

Autofahrer	Unfall
Adresse	schnell laufen
Schultasche	Krankenhaus
Bremsenquietschen[1]	Kreidestriche auf der Straße
Konferenz	nicht aufgepasst[2]
neunjähriger Junge	Polizeirevier[3]

B. Orientierung. Sehen Sie sich jetzt den Text an; lesen Sie zuerst nur das **Fettgedruckte** und das *Kursivgedruckte*. Aus welchen Teilen besteht die Geschichte?

[1]*squealing of brakes*   [2]*paid attention*   [3]*police station*

Miniwörterbuch

anfertigen to prepare	**rausschießen** to shoot out
die **Bahre** stretcher	**schuld sein** to be at fault
der **Bub** boy	**sich verabreden mit** to agree to meet with (someone)
begreifen to understand	
der **Ranzen** schoolbag	
rasen to rush; to speed	**vorsichtig** carefully

MONTAGMORGENGESCHICHTE

von Susanne Kilian

So stand es in der Zeitung:
        Nicht aufgepaßt
Nicht genügend aufgepaßt hatte ein neunjähriger Junge, der . . .

5 *So ist es passiert:*
7 Uhr 30
Herr Langen hat in Ruhe gefrühstückt. Um 8 Uhr 10 hat er eine Vertreterkonferenz. Er ist ausgeruht und gut vorbereitet. Er hat keine Eile. Sorgfältig und in Ruhe startet er seinen Wagen. 10
7 Uhr 42
Lothar Bernich hat um 8 Uhr Schule. Heute ist alles verquer. Nicht mal Zeit zum Frühstücken hat er. Das Brot ißt er auf dem Schulweg. Das geht doch auch mal! 15
7 Uhr 44
Herr Langen fährt die stille Seitenstraße auf dem

Weg zu seinem Büro entlang. Zum x-ten Mal. Er kennt diese Straße genau.

Lothar Bernich rast: Ihm fällt ein, daß er sich heute mit dem Martin verabredet hat. Er will mit ihm zusammen zur Schule gehen.

Er rennt aus der Tür. Er rennt zwischen den parkenden Autos einfach durch. Er rennt direkt in das Auto von Herrn Langen.

7 Uhr 46

Lothar liegt auf der Straße. Das Auto von Herrn Langen hat ihn erwischt. Herr Langen kann das nicht begreifen. Er hat das Kind nicht gesehen. Als er es sah, hat er gebremst. Das Auto stand sofort. Lothar tut alles weh. Er denkt an die Schule. An den Martin. Wieso liegt er jetzt auf der Straße? Wie ging das so schnell? Ihm tut alles weh.

7 Uhr 47

Herr Hartmann hat das Bremsenquietschen gehört. Er rennt ans Fenster. Sieht das Kind vor dem Auto auf der Straße liegen. Sofort ruft er das Unfallkommando an.

7 Uhr 49

Das Unfallkommando der Polizei hat die Arbeitersamariter verständigt. Lothar weiß nicht, was überhaupt mit ihm passiert. Leute starren ihn an. Die Sanitäter heben ihn schnell und vorsichtig hoch. An den Beinen und am Kopf. Er spürt eine weiche Bahre unter sich. „Meine Mama, wo ist bloß meine Mama . . . " jammert er.

7 Uhr 55

Lothar wird ins Krankenhaus gefahren. Die Polizei trifft an der Unfallstelle ein. Sie untersucht Lothars Ranzen. Findet seine Adresse im Ranzendeckel stehen—sie wird per Funk zum Revier durchgegeben.

Von dort wird Lothars Mutter verständigt. Herr Langen wird zum Unfall vernommen. Wo der Junge lag, wird mit Kreidestrichen eine Skizze auf die Straße gemalt. Herr Langen hat das nicht gewollt. Er ist nervös. Er zittert. Er hat den Jungen nicht zwischen den Autos hervorrennen sehen. Er gibt der Polizei seine Papiere.

Die Zeugen:

Alte Frau:

Klar. Der Mann ist doch gerast wie verrückt. Heute ist man doch auf der Straße wie Freiwild. Rasen einfach. Für Fußgänger ist kein Platz mehr. Das arme Kind, das kleine!

Mann:

Na, also der Bub ist doch zwischen den Autos nur so rausgeschossen. Den konnte der im Auto doch gar nicht sehen. Das war ganz unmöglich. Der hat überhaupt nicht aufgepaßt . . . hat sicher an ganz was anderes gedacht . . .

Mädchen:

Ich weiß nicht. Also, ich weiß nicht . . . das ging alles so schnell. Eben hab' ich noch den Jungen rennen gesehen, da lag er schon auf der Straße. Ich weiß wirklich nicht. Bremsenquietschen hab' ich gehört.

Später auf dem Polizeirevier:
Der Unfallbericht wird angefertigt.

Ist Lothar schuld, der es so eilig hatte? Weil er ein paar Sekunden nicht aufgepaßt hat?

Ist Herr Langen schuld, der gar nicht wußte, was geschah, bis Lothar vor seinem Auto lag? Wer ist schuld? Feststeht: das kann jedem jeden Tag passieren.

Arbeit mit dem Text

A. Was ist wann passiert? Ordnen Sie die Sätze aus dem Berichtteil der richtigen Zeit zu. Achtung: Meistens gehören mehrere Sätze zu einer Zeit.

7 Uhr 30   7 Uhr 46   7 Uhr 49
7 Uhr 42   7 Uhr 47   7 Uhr 55
7 Uhr 44

7 Uhr _____: Lothar rennt zwischen den parkenden Autos durch auf die Straße.
7 Uhr _____: Herr Langen ist auf dem Weg in sein Büro.
7 Uhr _____: Die Polizei kommt an die Unfallstelle.
7 Uhr _____: Die Sanitäter kommen und legen Lothar auf eine Bahre.

7 Uhr _____: Lothar rast, weil er sich mit Martin verabredet hat.

7 Uhr _____: Lothar hat keine Zeit, weil er schon um 8 Uhr da sein muss.

7 Uhr _____: Die Sanitäter bringen Lothar ins Krankenhaus.

7 Uhr _____: Lothar ist vor ein Auto gelaufen und liegt jetzt auf der Straße.

7 Uhr __*30*__: Herr Langen muss erst um 8 Uhr 10 zu einer Konferenz und hat keine Eile.

7 Uhr _____: Die Polizei ruft Lothars Mutter an.

7 Uhr _____: Herr Langen ist sehr nervös und schockiert, als er der Polizei seine Papiere gibt.

7 Uhr _____: Lothar weiß gar nicht, was los ist.

7 Uhr _____: Herr Hartmann ruft das Unfallkommando der Polizei an.

7 Uhr _____: Die Polizei malt mit Kreide eine Skizze auf die Straße.

B. Wer sagt was? (die alte Frau, der Mann, das Mädchen)

„Ich weiß nicht, wer schuld ist. Es ging alles viel zu schnell."
„Der Autofahrer ist schuld, weil er viel zu schnell gefahren ist."
„Der Junge ist schuld, weil er nicht aufgepasst hat."

C. Was glauben Sie? Ist der Junge schuld, der Autofahrer oder jemand anderes? Was könnte man machen, damit so was nicht passiert?

D. Lesen Sie wieder die ersten vier Zeilen. Wobei hat der Junge nicht aufgepasst? Schreiben Sie den Relativsatz (Zeile 4) zu Ende.

11.1 Accusative reflexive pronouns

Reflexive pronouns are generally used to express the fact that someone is doing something to or for himself or herself.

Ich lege das Baby ins Bett.	*I'm putting the baby to bed.*
Ich lege mich ins Bett.	*I'm putting myself to bed (lying down).*

Some verbs are always used with a reflexive pronoun in German, whereas their English counterparts may not be.

Ich habe mich erkältet.	*I caught a cold.*
Warum regst du dich auf?	*Why are you getting excited?*

Here are some common reflexive verbs.

sich ärgern	*to get angry*	sich freuen	*to be happy*
sich aufregen	*to get excited*	sich (wohl) fühlen	*to feel (well)*
sich ausruhen	*to rest*	sich hinlegen	*to lie down*
sich erkälten	*to catch a cold*	sich verletzen	*to get hurt*

In most instances the forms of the reflexive pronoun are the same as those of the personal object pronouns. The only reflexive form that is distinct is **sich**, which corresponds to **er**, **sie** (*she*), **es**, **sie** (*they*), and **Sie**[*] (*you*).

<table>
<tr><th colspan="2" align="center">Accusative Reflexive Pronouns</th></tr>
<tr><td>ich → mich</td><td>wir → uns</td></tr>
<tr><td>du → dich</td><td>ihr → euch</td></tr>
<tr><td>Sie → sich</td><td>Sie → sich</td></tr>
<tr><td>er
sie
es } → sich</td><td>sie → sich</td></tr>
</table>

Ich fühle mich nicht wohl.	*I don't feel well.*
Michael hat sich verletzt.	*Michael hurt himself.*

---

[*]Even when it refers to the polite form of *you*, **Sie, sich** is not capitalized.

Verbs with reflexive pronouns use the auxiliary **haben** in the perfect and past perfect tenses.

Heidi hat sich in den Finger geschnitten.

Heidi cut her finger.

Übung 1 Minidialoge

Ergänzen Sie das Verb und das Reflexivpronomen.

sich ärgern (geärgert)
sich aufregen (aufgeregt)
sich ausruhen (ausgeruht)
sich erkälten (erkältet)
sich freuen (gefreut)

sich fühlen (gefühlt)
sich legen (gelegt)
sich schneiden (geschnitten)
sich verletzen (verletzt)

1. SILVIA: Ich _____ _____[a] gar nicht wohl.
   JÜRGEN: Warum denn?
   SILVIA: Ich glaube, ich habe _____ _____.[b]
   JÜRGEN: Du Ärmste! Du musst _____ gleich ins Bett _____.[c]
2. MICHAEL: Du, weißt du, dass Herr Thelen einen Herzinfarkt[1] hatte?
   MARIA: Kein Wunder, er hat _____ auch immer so furchtbar _____.[a]
   MICHAEL: Na, jetzt muss er _____ erst mal ein paar Wochen _____.[b]
3. FRAU RUF: Du blutest ja! Hast du _____ _____[a]?
   HERR RUF: Ja, ich habe _____ in den Finger _____.[b]
4. HEIDI: Warum _____ du _____,[a] Stefan?
   STEFAN: Ich habe in meiner Prüfung ein D bekommen.
   HEIDI: Du solltest _____ _____,[b] dass du kein F bekommen hast.

[1]*heart attack*

11.2 Dative reflexive pronouns

When a clause contains another object in addition to the reflexive pronoun, then the reflexive pronoun is in the dative case; the other object, usually a thing or a part of the body, is in the accusative case.

DAT.   ACC.

Ich ziehe mir den Mantel aus.

I'm taking off my coat.

Note that the accusative object (the piece of clothing or part of the body) is preceded by the definite article.

Wäschst du dir **die** Haare jeden Tag?

Do you wash your hair every day?

Natalie hat sich **den** Arm gebrochen.

Natalie broke her arm.

Only the reflexive pronouns that correspond to **ich** and **du** have different dative and accusative forms.

	SINGULAR		PLURAL		
	Accusative	*Dative*	*Accusative*	*Dative*	
ich	**mich**	**mir**	**uns**		*wir*
du	**dich**	**dir**	**euch**		*ihr*
Sie	**sich**				*Sie*
er/sie/es					*sie*

Table title: Reflexive Pronouns

Übung 2 Meine Morgentoilette

In welcher Reihenfolge machen Sie das?

> MODELL   Erst stehe ich auf. Dann dusche ich mich. Dann . . .

sich abtrocknen

aufstehen

sich anziehen

sich duschen

frühstücken

sich rasieren

sich schminken

sich die Fingernägel putzen

sich das Gesicht waschen

sich die Haare föhnen

sich die Haare kämmen

sich die Haare waschen

zur Uni gehen

sich die Zähne putzen

Übung 3 Körperpflege

Wer macht das? Sie, Ihre Freundin, Ihr Vater . . . ?

1. sich jeden Morgen rasieren
2. sich zu sehr schminken
3. sich nicht oft genug die Haare waschen
4. sich nach jeder Mahlzeit die Zähne putzen
5. sich immer verrückt anziehen
6. sich jeden Tag duschen
7. sich nie kämmen
8. sich nie die Haare föhnen
9. sich nicht gern baden
10. sich immer elegant anziehen

ich

meine Freundin

mein Freund

mein Vater

meine Mutter

meine Schwester

meine Oma

mein Onkel

_____?

11.3 **Word order of accusative and dative objects**

When the accusative object and the dative object are both *nouns,* then the dative object precedes the accusative object.

DAT.   ACC.
 | |

Ich schenke **meiner Mutter einen Ring.**   *I'm giving my mother a ring.*

When either the accusative object or the dative object is a *pronoun* and the other object is a *noun*, then the pronoun precedes the noun regardless of case.

DAT. ACC.
| |
Ich schenke **ihr einen Ring.**   *I'm giving her a ring.*

ACC. DAT.
| |
Ich schenke **ihn meiner Mutter.**   *I'm giving it to my mother.*

The dative object precedes the accusitive object, unless the accusitive object is a pronoun.

When the accusative object and the dative object are both *pronouns*, then the accusative object precedes the dative object.

ACC. DAT.
| |
Ich schenke **ihn ihr.**   *I'm giving it to her.*

Note that English speakers use a similar word order. Remember that German speakers do *not* use a preposition to emphasize the dative object as English speakers often do (*to my mother, to her*).

Übung 4 Im Hotel

Sie sind mit Ihrem Partner / Ihrer Partnerin in einem Hotel. Sie sind gerade aufgestanden und packen Ihre gemeinsame Toilettentasche aus.

MODELL s1: Brauchst du den Lippenstift?
s2: Ja, kannst du ihn mir geben?
oder   Nein, ich brauche ihn nicht.

1. Brauchst du das Shampoo?
2. Brauchst du den Spiegel?
3. Brauchst du den Rasierapparat?
4. Brauchst du die Seife?
5. Brauchst du das Handtuch?
6. Brauchst du den Föhn?
7. Brauchst du die Kreme?
8. Brauchst du das Rasierwasser?
9. Brauchst du den Kamm?

Übung 5 Gute Ratschläge!

Geben Sie Ihrem Partner / Ihrer Partnerin Rat.

NÜTZLICHE WÖRTER

einkremen   putzen   waschen
föhnen   schneiden

MODELL s1: Meine Hände sind schmutzig.
s2: Warum wäschst du sie dir nicht?

1. Mein Bart ist zu lang.
2. Meine Füße sind schmutzig.
3. Meine Fingernägel sind zu lang.
4. Meine Haut ist ganz trocken.
5. Meine Haare sind nass.
6. Mein Hals ist schmutzig.
7. Meine Nase läuft.
8. Meine Haare sind zu lang.
9. Mein Gesicht ist ganz trocken.
10. Meine Haare sind fettig.

11.4 Requests and instructions: the imperative (summary review)

As you have already learned, the imperative (command form) in German is used to make requests, to give instructions and directions, and to issue orders. To soften requests or to make them more polite, words such as **doch, mal,** and **bitte** are often included in imperative sentences.

Mach mal das Fenster **zu!**	*Close the window!*
Bringen Sie mir **bitte** noch einen Kaffee!	*Bring me another cup of coffee, please.*

The imperative has four forms: the familiar singular (**du**), the familiar plural (**ihr**), the polite (**Sie**), and the first-person plural (**wir**).

A. Sie and **wir**

In both the **Sie-** and **wir-**forms, the verb begins the sentence, and the pronoun follows.

Kontrollieren Sie bitte das Öl!	*Please check the oil.*
Gehen wir doch heute ins Kino!	*Let's go to the movies today.*

B. ihr

The familiar plural imperative consists of the present-tense **ihr-**form of the verb but does not include the pronoun **ihr.**

Lydia und Rosemarie, **kommt her** und **hört** mir **zu!**	*Lydia and Rosemarie, come here and listen to me.*
Sagt immer die Wahrheit!	*Always tell the truth.*

C. du

The familiar singular imperative consists of the present-tense **du-**form of the verb without the -(**s**)**t** ending and without the pronoun **du.**

du kommst	**Komm!**
du tanzt	**Tanz!**
du arbeitest	**Arbeite!**
du isst	**Iss!**

In written German, you will sometimes see a final -**e** (**komme, gehe**), but this -**e** is usually omitted in the spoken language for all verbs except those for which the present-tense **du-**form ends in -**est.**

du arbeitest	**Arbeite!**
du öffnest	**Öffne!**

Verbs that have a stem-vowel change from **a** to **ä** or **au** to **äu** do not have an umlaut in the **du-**imperative.

du fährst	**Fahr!**
du läufst	**Lauf!**
du hältst	**Halt!**

D. sein

The verb **sein** has irregular imperative forms.

du → **Sei** leise!
ihr → **Seid** leise!
Sie → **Seien Sie** leise!
wir → **Seien wir** leise!

Be quiet! { *(Paul!)*
(You two!)
(Mrs. Smith!) }

Let's be quiet!

Sei so gut und gib mir die
Butter, Andrea.
Seid keine Egoisten!

*Be so kind and pass me the
butter, Andrea.*
Don't be such egotists!

Übung 6 Was rätst du mir?

Was raten Sie in den folgenden Situationen?

MODELL s1: Ich sehe nicht mehr gut.
        s2: Geh zum Augenarzt!
oder   Kauf dir eine neue Brille!

1. Es ist kalt.
2. Es ist heiß.
3. Es regnet.
4. Mein Auto ist kaputt.
5. Ich bin blass.
6. Meine Haare sind nass.
7. Meine Fingernägel sind zu lang.
8. Ich habe Hunger.
9. Ich bin so wütend.
10. Ich bin so müde.

a. sich einen Pullover anziehen
b. sich nicht ärgern
c. sich ausruhen
d. sich die Jacke ausziehen
e. mit dem Bus fahren
f. sich föhnen
g. den Regenschirm mitnehmen
h. sich schneiden
i. sich sonnen
j. etwas essen
k. _____?

Übung 7 Aufforderungen!

Sie sind die erste Person in jeder Zeile. Was sagen Sie?

MODELL Frau Wagner: Jens und Ernst / Zimmer aufräumen →
        Jens und Ernst, räumt euer Zimmer auf!

1. Herr Wagner: Jens und Ernst / nicht so laut sein
2. Frau Körner: Michael und Maria / pünktlich sein
3. Frau Wagner: Uli / nicht so viel rauchen
4. Herr Ruf: Jutta / mehr Obst essen
5. Herr Siebert: Herr Pusch / nicht so schnell fahren
6. Michael: Frau Körner / an der Ecke warten
7. Frau Frisch: Natalie und Rosemarie / nicht ungeduldig sein
8. Herr Thelen: Andrea und Paula / Vater von mir grüßen
9. Frau Ruf: Hans / sich waschen und sich die Zähne putzen
10. Oma Schmitz: Helga und Sigrid / jeden Tag die Zeitung lesen

Übung 8 Minidialoge

Verwenden Sie die folgenden Verben.

helfen   sprechen   warten
machen   vergessen

1. FRAU RUF: Ich sitze jetzt schon wieder seit sechs Stunden vor dem Computer.
   HERR RUF: Du arbeitest zu viel. _____ mal eine Pause.
2. HERR SIEBERT: _____ bitte lauter, ich verstehe Sie nicht.
   MARIA: Ja, wie laut soll ich denn sprechen? Wollen Sie, dass ich schreie?
3. MICHAEL: Na, was ist? Kommen Sie nun oder kommen Sie nicht?
   FRAU KÖRNER: Ich bin ja gleich fertig. Bitte _____ doch noch einen Moment.
4. HANS: Kann ich mit euch zum Schwimmen gehen?
   JENS: Ja, komm und _____ deine Badehose nicht.
5. OMA SCHMITZ: _____ mir bitte, ich kann die Koffer nicht allein tragen.
   HELGA UND SIGRID: Aber natürlich, Großmutter, wir helfen dir doch gern.

11.5 Word order in dependent and independent clauses (summary review)

To connect thoughts more effectively, two or more clauses may be combined in one sentence. There are essentially two kinds of combinations:

1. Coordination: both clauses are equally important and do not depend on each other structurally.
2. Subordination: one clause depends on the other one; it does not make sense when it stands alone.

COORDINATION

| Heute ist ein kalter Tag und es schneit. | *Today is a cold day, and it is snowing.* |

SUBORDINATION

| Gestern war es wärmer, weil die Sonne schien. | *Yesterday was warmer because the sun was shining.* |

A. Coordination

These are the five most common coordinating conjunctions.

und	*and*
oder	*or*
aber	*but*
sondern	*but, on the contrary*
denn	*because*

In clauses joined with these conjunctions, the conjugated verb is in second position in both statements.

CLAUSE 1		CONJ.	CLAUSE 2	
I	II		I	II
Ich muss noch viel lernen,		denn	ich habe morgen eine Prüfung.	

(I have to study a lot, since I have a test tomorrow.)

B. Subordination

Clauses joined by subordinating conjunctions follow one of two word order patterns.

Wissen Sie noch?

Dependent clauses may be introduced by subordinating conjunctions, such as **als** (when, as), **wenn** (when, whenever), and **wann** (when); by relative pronouns such as **der, die,** and **das** (who, whom, that, or which); or by question words such as **was** (what), **wie** (how), and **warum** (why) in indirect questions. Main verbs in dependent clauses appear at the end of the clause.

Review grammar 3.4, 7.1, 9.1, 9.3, 9.5, and 10.2.

1. When the sentence begins with the main clause, that clause has regular word order (verb second in statements) and the dependent clause introduced by the conjunction has dependent word order (verb last).

CLAUSE 1	CONJ.	CLAUSE 2	
I II		I	LAST
Ich muss noch viel lernen,	weil	ich morgen eine Prüfung habe.	

(I have to study a lot because I have a test tomorrow.)

2. When a sentence begins with a dependent clause, the entire dependent clause is considered the first part of the main clause and occupies first position. The verb-second rule applies, then, moving the subject of the main clause after the verb.

CLAUSE 1	CLAUSE 2	
I	II	SUBJECT
Weil ich morgen eine Prüfung habe,	muss ich noch viel lernen.	

(Because I have a test tomorrow, I have to study a lot.)

Here are the most commonly used subordinating conjunctions.

als	*when*	ob	*whether, if*
bevor	*before*	obwohl	*although*
bis	*until*	während	*while*
damit	*so that*	weil	*because, since*
dass	*that*	wenn	*if, when*
nachdem	*after*		

Übung 9 Opa Schmitz ist im Garten

Ergänzen Sie **dass, ob, weil, damit** oder **wenn.**

1. OMA SCHMITZ: Weißt du, _____ᵃ Opa schon den Rasen gemäht hat?

   HELGA: Ich weiß nur, _____ᵇ er schon seit zwei Stunden im Garten ist.

   OMA SCHMITZ: _____ᶜ Opa schon so lange im Garten ist, liegt er bestimmt in der Sonne.

2. HELGA: Du, Opi, was machst du denn im Gras?

   OPA SCHMITZ: Ich habe mich nur kurz hingelegt, _____ᵃ mich die Nachbarn nicht sehen.

   HELGA: Aber warum sollen die dich denn nicht sehen?

   OPA SCHMITZ: _____ᵇ ich mich heute noch nicht rasiert habe.

Übung 10 Minidialoge

Ergänzen Sie **obwohl, als, nachdem, bevor** oder **während.**

1. HERR THELEN: Was hat denn deine Tochter gesagt, _____ᵃ du mit deiner neuen Frisur nach Hause gekommen bist?

   HERR SIEBERT: Zuerst gar nichts. Erst _____ᵇ sie ein paar Mal um mich herumgegangen war, hat sie angefangen zu lachen und gesagt: „Aber, Papi, erst fast eine Glatze und jetzt so viele Haare. Das sieht aber komisch aus!"

2. FRAU ROWOHLT: Guten Tag, Herr Frisch! Kommen Sie doch bitte erst zu mir, _____ Sie mit Ihrer Arbeit beginnen.

   HERR FRISCH: Aber natürlich, Frau Direktorin.

3. JOSEF: Ja, seid ihr denn immer noch nicht fertig? Was habt ihr eigentlich die ganze Zeit gemacht?

   MELANIE: _____ du dich stundenlang geduscht hast, haben wir die ganze Wohnung aufgeräumt.

4. MARIA: Aber, Herr Wachtmeister, könnten Sie nicht mal ein Auge zudrücken? Die Ampel war doch schon fast wieder grün.

   POLIZIST: Nein, leider nicht, _____ ich es gern tun würde, meine gnädige[1] Frau. Aber Sie wissen ja, Pflicht ist Pflicht.

[1]*dear*

KAPITEL 12

Zusammen leben und lernen

Partner

KAPITEL 12

In **Kapitel 12,** you will discuss social relationships and some of the issues that arise in modern multicultural societies. In addition, you will learn to talk about German art and literature, and you will listen to and tell stories about our four-legged friends and foes.

THEMEN
Familie, Ehe, Partnerschaft
Multikulturelle Gesellschaft
Tiere
Kunst und Literatur

KULTURELLES
Gleichberechtigung im Haushalt und im Beruf
Multikulturelle Gesellschaft
Tiere in Sprichwörtern
Bildhauerkunst
Kulturprojekt: Fremde in Deutschland
Porträt: Hedwig Dohm und Berlin
Videoecke

LEKTÜRE
„Deutsche Kastanien"

STRUKTUREN
12.1 The genitive case
12.2 Causality and purpose: **weil, damit, um . . . zu**
12.3 The passive voice
12.4 Asking questions about things and concepts: **wo-**compounds

SPRECHSITUATIONEN

FAMILIE, EHE, PARTNERSCHAFT

➤ **Grammatik 12.1**

Die gute alte Zeit: der Herr im Haus

Eine mögliche Rolle des modernen Mannes

Die alte Rolle der Frau: Hausfrau und Mutter

Das neue Bild der Frau, die im Berufsleben steht

Verliebt, verlobt, verheiratet

Er kümmert sich um die Kinder und sie kümmert sich um das Geld.

Situation 1 Wer in der Klasse . . . ?

1. ist verheiratet
2. ist verlobt
3. hat einen Sohn oder eine Tochter
4. war noch nie verliebt

5. möchte einen Arzt / eine Ärztin heiraten
6. möchte keine Hausfrau / kein Hausmann sein
7. will mehr als drei Kinder haben
8. wird leicht eifersüchtig
9. findet gemeinsame Hobbys wichtig
10. ist gerade glücklich verliebt

Situation 2 Informationsspiel: Der ideale Partner / die ideale Partnerin

MODELL Wie soll Rolfs ideale Partnerin aussehen?
Was für einen Charakter soll sie haben?
Welchen Beruf soll Heidis idealer Partner haben?
Welche Interessen sollte er haben?
Wie alt sollte dein idealer Partner / deine ideale Partnerin sein?
Welche Konfession sollte er/sie haben?
Welcher Nationalität sollte Rolfs Partnerin angehören?
Welche politische Einstellung sollte sie haben?

	Rolf	**Heidi**	**mein(e) Partner(in)**
Aussehen		klein und dick	
Charakter		fleißig und geduldig	
Beruf	egal		
Interessen	Kunst und Kultur		
Alter	so alt wie er		
Konfession	egal		
Nationalität		egal	
politische Einstellung		liberal	

Situation 3 Interview

1. Willst du heiraten? (Bist du verheiratet?)
2. Wie sollte dein Partner / deine Partnerin sein? Welche Eigenschaften findest du an deinem Partner / an deiner Partnerin wichtig?
3. Sind Aussehen und Beruf wichtig für dich? Was ist sonst noch wichtig?
4. Willst du Kinder haben? Wie viele? (Hast du Kinder? Wie viele?)
5. Würdest du zu Hause bleiben, wenn du Kinder hättest?
6. Was hältst du von einem Ehevertrag vor der Ehe?
7. Was würdest du tun, wenn du dich mit deinem Partner / mit deiner Partnerin nicht mehr verstehst?
8. Was wäre für dich ein Grund zur Scheidung?
9. Sollte sich vor allem die Mutter um die Kinder kümmern? Warum (nicht)?
10. Welche Eigenschaften hat ein guter Vater?

Kultur ... Landeskunde ... Informationen

Gleichberechtigung im Haushalt und im Beruf

„Es gibt zirka 2000 Berufe
Für Mädchen nicht ganz so viele
also was willst du werden
Friseuse oder Verkäuferin?"

Charlotte Rauner

Haben sich Ihr Vater (V), Ihre
Mutter (M) oder beide
zusammen (b) um die
folgenden Aufgaben im Alltag[1]
gekümmert?

_____ einkaufen
_____ Auto warten[2]
_____ Geschirr spülen
_____ Kinder betreuen[3]
_____ kochen
_____ putzen
_____ Rasen mähen
_____ Rechnungen bezahlen
_____ Reparaturen im Haus
_____ waschen

Küß mich, ich bin eine verzauberte Geschirrspülmaschine!

Cartoons für Frauen und für emanzipierte Männer

Berufstätige Frauen arbeiten doppelt—am Arbeitsplatz und zu Hause, denn
Hausarbeit ist immer noch meistens Frauensache.[4] Zwar[5] wollen 27% der
Männer ihren Frauen grundsätzlich[6] helfen, aber Sache der Frauen ist es:
zu waschen (90%), zu kochen (88%), zu putzen (80%), einzukaufen (75%)
und zu spülen (71%).

Am Anfang des Zusammenlebens sind viele Männer noch bereit, ihrer
Partnerin im Haushalt zu helfen. Doch nach der Geburt des ersten Kindes
ziehen sich viele fast vollständig[7] von der Hausarbeit zurück.[8] Ebenso gibt
es immer noch traditionelle Männeraufgaben: Reparaturen (80%) und das
Auto (66%).

Die alte Rollenverteilung setzt sich im Berufsleben fort. Fast die Hälfte
aller Frauen und Männer arbeiten in geschlechtertypischen[9] Berufen, in
denen die Männer beziehungsweise die Frauen jeweils mit bis zu 80% aller
Beschäftigten dominieren. Auch die Forderung: *gleicher Lohn*[10] *für
gleiche Arbeit* ist immer noch eine Utopie. Frauen verdienen
durchschnittlich ein Drittel weniger als ihre männlichen Kollegen und sind
zu einem großen Teil in unteren Lohngruppen[11] oder in
Wirtschaftsbereichen[12] mit geringeren Verdienstmöglichkeiten[13]
beschäftigt. In der Wirtschaft oder Verwaltung sind Frauen in
Führungspositionen[14] eher selten. Außerdem sind sie von Arbeitslosigkeit
stärker betroffen[15] als Männer.

● Vergleichen Sie die Angaben im Text mit Ihren eigenen Erfahrungen.
Hat Ihre Familie eine ähnliche Arbeitsteilung? Wo gibt es Unterschiede?

TIERE

> **Grammatik 12.3**

Juttas Ratte wird gegen
Tollwut geimpft.

Ernsts Meerschweinchen
wird oft gebadet.

Gestern wurde Silvia von
einer Biene gestochen.

In der Wüste muss man aufpassen, dass man
nicht von einer Schlange gebissen wird.

Schildkröten werden oft als
Haustiere gehalten.

Als Josef und Melanie gestern
beim Baden waren, wurden sie
von tausend Mücken gestochen.

Situation 8 Ratespiel

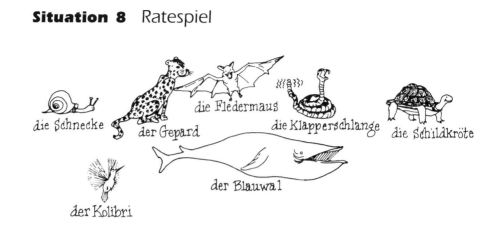

1. Das größte Landsäugetier: Es hat einen Rüssel und zwei Stoßzähne aus Elfenbein; wegen des Elfenbeins wird es oft illegal gejagt.
2. Die schnellste Katze der Welt: Sie läuft mindestens 80 Kilometer in der Stunde.
3. Das schwerste Tier: Es lebt im Wasser, aber es ist kein Fisch.
4. Das langsamste Tier: Es trägt oft ein Haus auf seinem Rücken und hat keine Beine.
5. Es sieht aus wie ein Hund, ist aber nicht so zahm.
6. Dieses Tier lebt länger als der Elefant.
7. Das ist die giftigste Schlange in Nordamerika.
8. Dieser Wasservogel hat eine Spannweite von mehr als drei Metern.
9. Dieses Tier hat die höchste Herzfrequenz, mit zirka 1 000 Schlägen pro Minute.
10. Dieses Tier hört besser als ein Delphin.

a. der Kolibri
b. der Elefant
c. die Riesenschildkröte
d. die Schnecke
e. die Fledermaus
f. der Blauwal
g. der Gepard
h. die Klapperschlange
i. der Albatros
j. der Wolf

Situation 9 Informationsspiel: Tiere

MODELL Welche Tiere findet _____ am tollsten?
Vor welchem Tier hat _____ am meisten Angst?
Welches Tier hätte _____ gern als Haustier?
Welches wilde Tier würde _____ gern in freier Natur sehen?
Wenn _____ an Afrika denkt, an welche Tiere denkt er/sie?
Wenn _____ an die Wüste denkt, an welches Tier denkt er/sie dann zuerst?
Welche Vögel findet _____ am schönsten?
Welchen Fisch findet _____ am gefährlichsten?
Welchem Tier möchte _____ nicht in Wald begegnen?

	Ernst	**Maria**	**mein(e) Partner(in)**
Lieblingstier		eine Katze	
Angst	vor dem Hund von nebenan		
Haustier	eine Schlange		
wildes Tier		eine Giraffe	
Afrika	an Löwen		
Wüste		an ein Kamel	
Vögel		Eulen	
Fisch	den weißen Hai		
Wald	einem Wolf		

Situation 10   Interview: Tiere

1. Was ist dein Lieblingstier? Warum?
2. Hast du oder hattest du ein Haustier? Was für eins? Wie heißt oder wie hieß es? Beschreib es. Erzähl eine Geschichte von ihm!
3. Vor welchen Tieren fürchtest du dich?
4. Welches Tier findest du am interessantesten?
5. Welches Tier findest du am hässlichsten?
6. Welches Tier wärst du am liebsten? Warum?
7. Findest du es wichtig, dass Kinder mit Tieren aufwachsen? Wenn ja, mit welchen? Warum?

Situation 11   Bildgeschichte: Lydias Hamster

Kultur ... Landeskunde ... Informationen

Tiere in Sprichwörtern

In vielen Sprachen gibt es Sprichwörter, in denen Tiere vorkommen.
Welche Sprichwörter fallen Ihnen auf Englisch ein? Ordnen Sie jeder
Zeichnung ein passendes Sprichwort zu.

1. Wenn dem Esel zu wohl ist, geht er aufs Eis.
2. Einem geschenkten Gaul (= Pferd) sieht man nicht ins Maul.
3. Wenn die Katze nicht zu Hause ist, tanzen die Mäuse.
4. Den letzten beißen die Hunde.
5. In der Not[1] frisst der Teufel Fliegen.
6. Ein blindes Huhn findet auch mal ein Korn.

Was bedeuten die Sprichwörter? Kombinieren Sie die Definitionen mit
den Sprichwörtern.

a. Wenn man etwas geschenkt bekommt, sollte man nicht zu kritisch
   damit sein.
b. Wenn man etwas nötig braucht, muss man nehmen, was da ist.
c. Wenn der Chef nicht da ist, machen die Angestellten, was sie wollen.
d. Jemandem, der sonst wenig Erfolg hat, kann auch etwas gelingen.
e. Wenn man sich nicht beeilt, ergeht es einem schlecht.
f. Leute, die zu viel Erfolg oder Glück haben, werden übermütig.[2]

[1]*need* [2]*cocky*

Situation 12 Zum Schreiben: Eine Tiergeschichte

1. Hatten Sie oder Freunde von Ihnen ein Haustier?
   Schreiben Sie über dieses Haustier eine lustige,
   peinliche oder traurige Geschichte.
2. Schreiben Sie eine Geschichte über ein Erlebnis mit
   einem Haustier oder mit einem freilebenden Tier.

Machen Sie zuerst eine Liste mit Stichwörtern. Schreiben
Sie dann eine Einleitung. Beenden Sie die Geschichte mit
einem Schlusssatz.

Salzburg. Ein vierbeiniger
Freund wird Gassi geführt.

KUNST UND LITERATUR

➤ **Grammatik 12.4**

Von wem wurde die
„Zauberflöte" komponiert?

Von wem wurde dieser
Film gedreht?

Von wem wurde dieses
Schloss gebaut?

Von wem wurde der
Reichstag in Berlin verhüllt?

Woraus ist dieser
Kopf gemacht?

Womit malte Paula Modersohn-
Becker am liebsten?

Wofür steht der Pudel
in Goethes „Faust"?

Worüber schreibt Christa Wolf in
ihrem Buch „Der Störfall"?

König Ludwig II.
Christo Javacheff
Wolfgang Amadeus Mozart
Steven Spielberg

aus Gips oder Ton
für den Teufel
mit Wasserfarben
über einen Atomreaktorunfall

Situation 13 Wer weiß, gewinnt: Kunst und Literatur

1. Von wem sind die Brandenburgischen Konzerte?
2. Von wem ist die Skulptur „Pieta"?
3. Wozu überredet Mephisto den Doktor Faust in Goethes Schauspiel?
4. Woraus ist das Lied von „Mackie Messer" und wer hat es geschrieben?
5. Wie heißt ein berühmtes Märchen der Brüder Grimm, das in Bremen spielt und in dem Tiere die Hauptrollen spielen?
6. Woher kommt der Schriftsteller Max Frisch?
7. Wovon handelt Richard Wagners „Parsifal"?
8. Womit verdiente Marlene Dietrich ihr Geld?

a. von der Suche nach dem Gral
b. die Bremer Stadtmusikanten
c. von Käthe Kollwitz
d. mit Rollen in Spielfilmen
e. zu einem Pakt mit dem Teufel
f. von Johann Sebastian Bach
g. aus der „Dreigroschenoper" von Bertolt Brecht
h. aus der Schweiz

Kultur ... Landeskunde ... Informationen

Bildhauerkunst

- Welche Skulpturen kennen Sie oder gefallen Ihnen?
- Wo stehen diese Skulpturen?
- Welche Bildhauer kennen Sie?
- Was haben sie geschaffen?

Eine der berühmtesten deutschen Bildhauerinnen ist Käthe Kollwitz (1867–1945). Ihre Werke wurden von den Schrecken[1] des 1. und 2. Weltkrieges und der Not[2] der Menschen geprägt.[3] Käthe Kollwitz arbeitete als Bildhauerin[4] und zeichnete Plakate und Grafiken. Ihre Werke sind sozialkritisch und behandeln immer wieder die Themen Hunger, Elend[5] und Krieg. Mit ihrer Kunst wollte Käthe Kollwitz auf soziale Missstände[6] und auf die Folgen von militärischen Auseinandersetzungen[7] hinweisen. So auch mit ihrer Skulptur „Pieta," einer Mutter, die ihren toten Sohn in den Armen hält. Die Skulptur steht heute in der Neuen Wache in Berlin.

- Gefällt Ihnen die Skulptur?
- Was empfinden[8] Sie, wenn Sie sie ansehen?
- Finden Sie es gut, wenn Künstler auf soziale Missstände aufmerksam machen[9]?
- Wogegen möchten Sie protestieren? Fällt Ihnen dazu eine Skulptur ein[10]?

[1]*horror* [2]*plight* [3]*marked* [4]*sculptress* [5]*misery* [6]*deplorable states of affairs* [7]*clash* [8]*feel*
[9]*aufmerksam ... draw attention* [10]*fällt ... ein think of*

Situation 14 Interview

1. Hörst du gern Musik? Was für Musik? Hast du einen Lieblingskomponisten oder eine Lieblingskomponistin?
2. Spielst du ein Instrument oder singst du?
3. Liest du gern? Was liest du gern: Romane, Gedichte, Dramen, Comics? Welche Schriftsteller magst du besonders gern? Hast du etwas von deutschen Schriftstellern gelesen?
4. Hast du schon mal etwas geschrieben? Was?
5. Welche Maler, Bildhauer oder Grafiker magst du am liebsten?

6. Malst oder zeichnest du? Welche Motive magst du am liebsten? (Berge? das Meer? eine Blumenvase?) Arbeitest du mit anderen Materialien wie Holz, Ton oder Stein?
7. Gehst du gern ins Theater? Welche Stücke gefallen dir besonders gut?
8. Hast du schon mal Theater gespielt? Welche Rollen hast du gespielt? Wie war das?

Situation 15 Faust: Die einfache Version

Eins der bekanntesten Werke der deutschen Literatur ist die Tragödie „Faust" von Goethe. Was in „Faust" geschieht finden Sie in den folgenden Sätzen. Bringen Sie die Sätze in die richtige Reihenfolge.

TEIL 1

_____ Als Faust an einem Osternachmittag spazierengeht, sieht er einen schwarzen Pudel, der ihm nach Hause folgt.

_____ Nach ihrer Unterhaltung gehen Mephisto und Faust in eine Hexenküche. Dort zeigt ihm Mephisto einen magischen Spiegel.

__1__ Faust ist ein berühmter Wissenschaftler, der sehr unzufrieden ist, weil er nicht alles weiß.

_____ Faust spricht lange mit Mephisto und verspricht ihm seine Seele für einen Augenblick vollkommenen Glücks.

_____ In Fausts Studierzimmer verwandelt sich der Pudel in Mephisto.

_____ Im Spiegel sieht Faust eine wunderschöne Frau.

_____ Kurz danach lernt Faust Gretchen kennen und verliebt sich in sie.

TEIL 2

_____ Aber Gretchen will nicht vom Teufel gerettet werden und bittet Gott um Vergebung.

_____ Als Gretchen stirbt, hört man eine Stimme von oben, die sagt: „Sie ist gerettet."

_____ Als Gretchen vom Tod ihres Bruders hört, wird sie wahnsinnig, und als ihr Kind geboren wird, tötet sie es.

_____ Auf dem Brocken hat Faust eine Vision von Gretchen, und er und Mephisto eilen ins Gefängnis, um sie zu retten.

_____ Faust und Valentin kämpfen. Faust tötet Valentin und verlässt die Stadt.

_____ Gretchen wird ins Gefängnis geworfen und zum Tode verurteilt.

__1__ Gretchen wird schwanger. Valentin, ihr Bruder, will deshalb Faust töten.

_____ Während Gretchen im Gefängnis sitzt, steigen Faust und Mephisto in der Walpurgisnacht auf den Brocken und feiern mit den Hexen.

Situation 16 An der Kinokasse

s1: Sie wollen mit vier Freunden in die „Rocky Horror Picture Show". Das Kino ist schon ziemlich ausverkauft. Sie wollen aber unbedingt mit ihren Freunden zusammensitzen und Reis werfen. Fragen Sie, wann, zu welchem Preis und wo noch fünf Plätze übrig sind.

WORTSCHATZ

Partner und Familie
Partners and Family

die **Ehe**, -n	marriage
die **Konfession**, -en	religious denomination, church
die **Scheidung**, -en	divorce
die **Verantwortung**, -en	responsibility
der **Beschützer**, -	protector
der **Vertrag**, ̈-e	contract
der **Ehevertrag**, ̈-e	prenuptial agreement
das **Berufsleben**	career, professional life
sich **kümmern um**	to take care of
mit·versorgen	to be equally responsible for taking care of
sorgen für	to take care of
übernehmen, übernimmt, übernahm, übernommen	to take on (responsibility)
sich **verheiraten mit**	to get married to
verheiratet sein	to be married
sich **verlieben in** (+ *akk.*) (R)	to fall in love with
verliebt sein	to be in love
sich **verloben mit**	to get engaged to
verlobt sein	to be engaged

Ähnliche Wörter
die **Hausfrau**, -en; die **Partnerin**, -nen; die **Ehepartnerin**, -nen; die **Partnerschaft**, -en; der **Hausmann**, ̈-er; der **Partner**, -; der **Ehepartner**,-

Multikulturelle Gesellschaft
Multicultural Society

die **Arbeitserlaubnis**, -se	work permit
die **Aufenthaltserlaubnis**, -se	residence permit
die **Behörde**, -n	public office
die **Formalität**, -en	formality
der **Ausländer**, -	foreigner
die **Ausländein**, -nen	
der **Ausländerhass**	hostility toward foreigners
der **Einzelgänger**, -	loner
der **Einwanderer**, - (R)	immigrant
der **Flüchtling**, -e	refugee
der **Türke**, -n	Turk
die **Türkin**, -nen	

der **Vorfahre**, -n (*wk. masc.*)	ancestor
das **Antragsformular**, -e	application form
das **Einwohnermeldeamt**, ̈-er	office to register town residents
das **Vorurteil**, -e	prejudice
die **Personalien** (*pl.*)	personal data
sich **an·melden**	to register
auf·fallen, fällt auf, fiel auf, ist aufgefallen	to be noticeable
sich **registrieren lassen**	to get registered
aus·wandern, ist ausgewandert (R)	to emigrate
ein·wandern, ist eingewandert	to immigrate
verfolgen	to persecute

Ähnliche Wörter
die **Heimat**, -en; die **Integration**; die **Kultur**, -en; der **Neonazi**, -s; der **Rechtsextremist**, -n (*wk. masc.*); die **Tradition**, -en (R); das **Heimatland**, ̈-er; das **Kindesalter**; das **Visum**, **Visa** (R) **diskriminieren**

Tiere
Animals

die **Biene**, -n	bee
die **Fledermaus**, ̈-e	bat
die **Mücke**, -n	mosquito
die **Schildkröte**, -n	turtle
die **Schlange**, -n	snake
die **Klapperschlange**, -n	rattlesnake
die **Riesenschlange**, -n	boa constrictor; python
die **Schnecke**, -n	snail
der **Adler**, -	eagle
der **Gepard**, -e	cheetah
der **Hai**, -e	shark
der **Kolibri**, -s	hummingbird
der **Löwe**, -n (*wk. masc.*)	lion
der **Papagei**, -en	parrot
der **Rüssel**, -	trunk (*of an elephant*)
der **Stoßzahn**, ̈-e	tusk
der **Vogel**, ̈	bird
der **Wasservogel**, ̈	water fowl
das **Meerschweinchen**, -	guinea pig
das **Tier**, -e	animal
das **Haustier**, -e	pet
das **Landsäugetier**, -e	land mammal

Ähnliche Wörter

die **Giraffe**, -n; die **Maus**, ̈e; die **Ratte**, -n; der **Albatros**, -se; der **Blauwal**, -e; der **Delphin**, -e; der **Hamster**, -der **Piranha**, -s; der **Skorpion**, -e; das **Krokodil**, -e; das **Wildschwein**, -e; das **Zebra**, -s

Kunst und Literatur — Art and Literature

die **Kasse**, -n	cashier window
die **Seele**, -n	soul
die **Stimme**, -n	voice
die **Werbung**, -en	advertisement
der **Stein**, -e	stone
der **Teufel**, -	devil
der **Tod**, -e	death
der **Ton**	clay
das **Gemälde**, -	painting
das **Holz**, ̈er	wood
das **Motiv**, -e	motif, theme
das **Schauspiel**, -e	play
das **Werk**, -e (R)	work, product
handeln von	to be about, deal with
komponieren	to compose
malen	to paint
vollkommen	flawless, perfect
wahnsinnig	crazy, insane

Ähnliche Wörter

die **Skulptur**, -en; die **Tragödie**, -n; der **Gott**, ̈er; der **Pakt**, -e; das **Instrument**, -e; das **Material**, -ien; **klassisch**; **magisch**

Sonstige Substantive — Other Nouns

die **Einstellung**, -en	attitude
die **Gewalt**	violence
die **Tollwut**	rabies
der **Käfig**, -e	cage
der **Stichpunkt**, -e	main point
der **Träger**, -	recipient (of a prize)
der **Unsinn**	nonsense
das **Elfenbein**	ivory
das **Loch**, ̈er	hole

Ähnliche Wörter

die **Chance** [ʃansə], -n; die **Intelligenz**; die **Krise**, -n; die **Natur**; in freier **Natur**; die **Steinzeit**; die **Technik** der **Charakter**; der **Chauvi** [ʃovi], -s; der **Fanatiker**, -; der **Fernsehfilm**, -e; der **Preis**, -e; der **Text**, -e; das **Nest**, -er

Sonstige Verben — Other Verbs

an·gehören	to belong to (an organization)
an·greifen, griff an, angegriffen	to attack

auf·wachsen, wächst auf, wuchs auf, ist aufgewachsen	to grow up
binden an (+ akk.)	to tie to
erreichen	to reach
erwarten	to expect
fördern	to promote
sich fürchten vor (+ dat.)	to be afraid of
halten von, hält, hielt, gehalten	to think of
impfen gegen	to vaccinate for
stechen, sticht, stach, gestochen	to sting; to bite (of insects)
verschwinden, verschwand, ist verschwunden	to disappear

Ähnliche Wörter

auf·hängen interviewen, [intevjuan], **protestieren**

Adjektive und Adverbien — Adjectives and Adverbs

ausgebildet	educated
eng	tight; narrow; small
fleißig	industrious
geborgen	protected
geduldig	patient
gefährlich	dangerous
handwerklich	handy
komisch	funny, strange
lustig	fun, funny
minderwertig	inferior
neugierig	curious
peinlich	embarrassing
rechtzeitig	timely, on time
selbstständig	independent
unbegabt	untalented
zahm	tame

Ähnliche Wörter

afro-deutsch, dominant, gemütlich, ideal, illegal, konkret, logisch, russisch

Sonstige Wörter und Ausdrücke — Other Words and Expressions

anstatt (+ gen.)	instead of
außerhalb (+ gen.)	outside of
eher	rather
einverstanden	in agreement
einverstanden sein mit	to be in agreement with
statt (+ gen.)	instead of
trotz (+ gen.)	in spite of
überall	everywhere
um . . . zu	in order to
wohl	probably

KULTURECKE

Kulturprojekt Fremde in Deutschland

Lesen Sie in einem Geschichtsbuch oder in einer Enzyklopädie nach:

- Nach 1945 kamen viele deutsche Flüchtlinge aus den ehemals deutschen Gebieten in die Bundesrepublik. Aus welchen Ländern kamen sie? Wie viele waren es ungefähr? Warum mussten sie ihre Heimat verlassen?
- Zwischen 1955 und 1973 hat man viele ausländische Arbeitnehmer nach Deutschland geholt. Warum? Aus welchen Ländern kamen sie? Aus welchem Land kamen die meisten? Welche Probleme haben sie und ihre Familien heute?
- Menschen, deren Vorfahren vor über 150 Jahren aus Deutschland ausgewandert sind, kommen heute aus den osteuropäischen Ländern zurück in die Bundesrepublik. Man nennt sie Aussiedlerinnen und Aussiedler. Aus welchen Ländern kommen sie? Warum kommen sie nach Deutschland zurück? Welche Probleme haben sie?
- Wie viele Ausländerinnen und Ausländer leben zur Zeit in Deutschland? Warum haben sie ihre Heimat verlassen?

Porträt

Berlin •

Kontakte Online

Weiteres zum Thema „Fremde in Deutschland" finden Sie bei **Kontakte Online** im World Wide Web unter www.mhhe.com/kontakte

Die Frauenrechtlerin Hedwig Dohm (1833–1919) war in der bürgerlichen Frauenbewegung aktiv, die nach der Revolution von 1848 in Deutschland begann. Hedwig Dohm protestierte gegen das Leitbild der „guten deutschen Hausfrau" und die Reduzierung der Frau auf die Mutterrolle. Sie forderte bessere Bildungschancen für Mädchen, unter anderem in wissenschaftlichen Berufen, das Wahlrecht für Frauen, absolute Gleichberechtigung und Mutterschutz: „Lernt eure Kraft kennen, meine sanften Schwestern. . . ." Hedwig Dohm gehört neben Helene Lange (1848–1930), Louise Otto-Peters (1819–1895) und der Sozialistin Clara Zetkin (1857–1933) zu den prominentesten Mitgliedern der Frauenbewegung in Deutschland.

Berlin, die Heimat- und Geburtsstadt von Hedwig Dohm, war jahrzehntelang das Symbol der deutschen Teilung. Die frühere und jetzige Hauptstadt von Deutschland war das Zentrum des

Kalten Krieges zwischen den westlichen Siegermächten und der Sowjetunion. Die Berliner Mauer, die am 13. August 1961 von der DDR gebaut wurde, machte die Gegensätze zwischen Ost und West deutlicher als alles andere. Die Mauer fiel am 9. November 1989 nach einer friedlichen Revolution in der DDR. Ein neues Kapitel in der 750 Jahre alten Stadt hat begonnen.

Welche Aussagen sind falsch? Verbessern Sie die falschen Aussagen!

1. Hedwig Dohm war in der sozialistischen Frauenbewegung aktiv.
2. Sie forderte bessere Bildungschancen für Mädchen und das Wahlrecht für Frauen.
3. Sie hielt Frauen für kraftlos und schwach.
4. Sie unterstützte die Studentenbewegung des Jahres 1968.
5. Berlin war schon immer die Hauptstadt der Bundesrepublik Deutschland.
6. Die Berliner Mauer wurde gleich nach dem Zweiten Weltkrieg gebaut.
7. Die Mauer trennte Nord- und Süddeutschland.
8. Die Mauer fiel nach einer friedlichen Demonstration in Westdeutschland.

Miniwörterbuch

die **Bildungschancen**	educational opportunities	**halten für**	to consider, think of as
bürgerlich	middle class	das **Leitbild**	ideal
deutlich	clear	das **Mitglied**	member
fordern	to demand	der **Mutterschutz**	protection of pregnant women and new mothers
die **Frauenbewegung**	women's movement		
die **Frauenrechtlerin**	women's rights advocate	**sanft**	gentle
		die **Siegermacht**	victorious power
friedlich	peaceful	die **Teilung**	separation
der **Gegensatz**	contrast	**trennen**	to divide
gleich	immediately	**unterstützen**	to support
die **Gleichberechtigung**	equal rights	das **Wahlrecht**	right to vote

VIDEOECKE

- Hast du ausländische Bekannte?
- Wie fühlen die sich in Deutschland?
- Arbeiten deine Eltern?
- Wer macht was im Haushalt?
- Was ist für dich die ideale Rollenverteilung?
- Hast du ein Haustier? (Hattest du ein Haustier?)
- Wie hast du's bekommen?
- Was ist mit ihm passiert?

Uli ist in Langendorf bei Weißenfels geboren. Sie studiert Ethnologie und Deutsch als Fremdsprache. Sie spielt gern Klavier und geht gern ins Kino.

Anke ist in Leipzig geboren. Sie studiert Kommunikations- und Medienwissenschaft. Sie treibt gern Sport und sie geht gern auf Reisen.

Aufgabe 1

Ergänzen Sie den Text mit den passenden Wörtern.

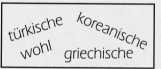

türkische   koreanische
wohl   griechische

Uli hat eine _____ Freundin. Anke hat eine _____ Freundin und eine _____ Freundin. Alle drei fühlen sich _____ in Deutschland.

Aufgabe 2

Welcher Beruf gehört zu wem? Verbinden Sie die Satzteile.

1. Ulis Mutter   ist Bauamtsleiter.
2. Ulis Vater   ist Diplomingenieur für Maschinenbau.
3. Ankes Mutter   ist Agraringenieur.
4. Ankes Vater   hat ein Modehaus.

Aufgabe 3

Welche Antwort gehört zu welcher Frage?

1. _____ Welches Haustier hatte Ulis Schwester?
2. _____ Was ist mit ihm passiert?
3. _____ Welches Haustier hat Anke?
4. _____ Warum hat sie es von ihrer Freundin bekommen?

a. Sie hat einen schwarzen Kater.
b. Sie hat eine Katzenallergie und konnte ihn nicht mehr behalten.
c. Sie hatte einen Wellensittich.
d. Er hat sich beim Fliegen verletzt und ist daran gestorben.

Vor dem Lesen

1. Welche Gründe haben Menschen, ihr Heimatland zu verlassen?
2. Was für Probleme haben Fremde in Ihrem Land?
3. Was wissen Sie über ausländische Arbeitnehmer oder „Gastarbeiter" in der Bundesrepublik? Welche Probleme könnten sie haben?
4. Der Schriftsteller hat die folgende Kurzgeschichte in zwei Sprachen geschrieben, auf Deutsch und auf Türkisch. Warum?

DEUTSCHE KASTANIEN

von Yüksel Pazarkaya

TEIL I

Miniwörterbuch

anfassen to touch
jemandem Angst einjagen to scare someone
sich aufrichten to get back up
sich bücken to bend over
erstarren to stand paralyzed
das **Fangen** tag (*children's game*)
fassen to grab
fortrennen, rannten . . . fort to run away
sich halten für to consider oneself
herausfordernd challenging
hinzufügen to add
das **Innere** inside
die **Kastanie, -n** chestnut
die **Mengenlehre** set theory
die **Murmel, -n** marble

sich nähern to approach
die **Rechenart, -en** mathematical function
schießen, schoss to shoot
schweigen to become silent
sich sträuben to stand on end
verdutzt taken aback
verstummt speechless
weshalb why
wieso why
zerbrechen, zerbrach to break to pieces
sich etwas zuschulden kommen lassen to do something wrong
zuwenden, zugewandt to turn toward
zwar to be sure

„Du bist kein Deutscher!" sagte Stefan zu Ender in der Pause auf dem Schulhof. Weshalb nur wollte er heute mit Ender nicht Fangen spielen? Um eben einen Grund dafür zu nennen, sagte er einfach: „Du bist doch kein Deutscher." Ender war verdutzt und betroffen. Stefan war sein liebster Klassenkamerad, sein bester Spielfreund.

„Wieso?" konnte er nur fragen.

Stefan verstand ihn nicht. Was heißt da „wieso"? Oder hält sich Ender wohl für einen Deutschen? „Du bist eben kein Deutscher", sagte er. „Du bist kein Deutscher wie ich." Enders schöne dunkle Augen wurden traurig. Sein Inneres sträubte sich, als hätte er sich etwas zuschulden kommen lassen. In seinem Herzen zerbrach etwas. Er schwieg. Er ließ den Kopf hängen. Er ging weg. An diesem Tag sprach er mit Stefan kein Wort mehr. Dem Unterricht konnte er nicht folgen. Dem Lehrer konnte er nicht zuhören. Sein Kopf wurde immer schwerer.

Auch im letzten Herbst war es ihm einmal so ergangen. In dem Wohnviertel gibt es einen hübschen kleinen Park, voll Blumen und Bäume. Im Herbst ist er am schönsten. Dann ziehen die Kastanien alle Kinder in der Umgebung an. Die Kinder werfen die Kastanien mit Steinen herunter. Wer viel sammelt, verkauft sie an den Zoo als Futter für die Elefanten und Kamele. Andere bringen sie in die Schule mit. Man kann sie nämlich im Mathematikunterricht brauchen. Und die kleinen, die noch nicht zur Schule gehen, spielen mit den Kastanien wie mit Murmeln.

Der Lehrer sagte: „Jedes Kind bringt zehn Stück mit." Sie sind 34 Kinder in der Klasse. Wenn jedes Kind zehn Kastanien mitbringt, macht es genau 340 Stück. Und damit lassen sich ganz gut Mengenlehre und die vier Rechenarten üben.

Am Nachmittag ging Ender in den Park. Zwei Kinder warfen mit Steinen nach den Kastanien. Sie waren zwar keine Freunde von ihm, aber er kannte sie. Er sah sie öfters in diesem Wohnviertel.

Ender näherte sich ihnen. Er bückte sich nach einer Kastanie, die auf dem Boden lag. Eines von den beiden Kindern sagte zu ihm: „Finger weg!"—„Ich will auch Kastanien sammeln", sagte Ender. Das zweite Kind rief: „Du darfst sie nicht sammeln, das sind deutsche Kastanien." Ender verstand nichts. Das erste Kind fügte hinzu: „Du bist kein Deutscher." Dann sagte das andere: „Du bist Ausländer." Sie stellten sich herausfordernd vor Ender hin. Er verharrte gebückt und mit ausgestreckter Hand. Wenn er sich noch ein bißchen bückte, könnte er die Kastanie fassen. Doch er konnte sie nicht erreichen. Den Kopf nach oben, den Kindern zugewandt, erstarrte er eine Weile in gebückter Haltung. Dann richtete er sich auf. Natürlich ohne Kastanie. Verstummt. Er wollte zwar sagen: „Der Park gehört allen, jeder kann Kastanien sammeln", doch er brachte kein Wort heraus. Dafür waren die anderen um so lauter: „Du bist Ausländer. Das sind deutsche Kastanien. Wenn du sie anfaßt, kannst du was erleben", wollten sie ihm Angst einjagen.

Ender war völlig durcheinander. „Soll ich mit denen kämpfen?" schoß es ihm durch den Kopf. Dann sah er mal den einen, mal den anderen an. „Gegen zwei zu kämpfen ist unklug", dachte er. Er rannte fort, ohne die beiden noch einmal anzusehen.

TEIL II

Miniwörterbuch

ablenken to get off the subject	**im Grunde** in principle
annehmen, nahm...an to accept	**einen Jux machen** to be joking
sich ärgern to get angry	**der Kummer** trouble
jemanden auf den Arm nehmen to tease someone	**nützen** to do some good
darauf eingehen, ging darauf ein to get into something	**quälen** to torment
	der Ranzen school bag
entschlossen determined	**schleudern** to hurl
ersticken to suffocate	**das Staunen** amazement
hartnäckig obstinate	**die Türschwelle** threshold
herumschwirren to buzz around	**das Überlegen** consideration
	der Unterschied difference, distinction
hoppla oops	**zuschnüren** to constrict

Als er an jenem Tag nach Hause kam, stellte Ender seiner Mutter einige Fragen. Aber seine Mutter ging nicht darauf ein. Sie lenkte ab.

50 Nun war Ender entschlossen, nach dem, was heute zwischen Stefan und ihm passiert war, die Frage endlich zu lösen, die den ganzen Tag wieder in seinem Kopf herumschwirrte. Sobald er den Fuß über die Türschwelle setzte, schleuderte er der Mutter seine Frage ins Gesicht: „Mutti, was bin ich?"

Das war eine unerwartete Frage für seine Mutter. Ebenso unerwartet war 55 ihre Antwort: „Du bist Ender."

„Ich weiß, ich heiße Ender. Das habe ich nicht gefragt. Aber was bin ich?" blieb Ender hartnäckig.

„Komm erstmal herein. Nimm deinen Ranzen ab, zieh die Schuhe aus", sagte seine Mutter.

60 „Gut", sagte Ender. „Aber sag du mir auch, was ich bin."

Daraufhin dachte Enders Mutter, daß er mit ihr einen Jux machte oder ihr vielleicht ein Rätsel aufgab. „Du bist ein Schüler", sagte sie.

Ender ärgerte sich. „Du nimmst mich auf den Arm", sagte er. „Ich frage dich, was ich bin. Bin ich nun Deutscher oder Türke, was bin ich?"

65 Hoppla! Solche Fragen gefielen Enders Mutter gar nicht. Denn die Antwort darauf fiel ihr schwer. Was sollte sie da sagen? Im Grunde war das keine schwere Frage. Sie kannte auch die genaue Antwort auf diese Frage. Aber würde Ender sie auch verstehen können? Würde er sie akzeptieren, akzeptieren können? Wenn er sie auch annahm, würde ihm das überhaupt nützen?

70 Seine Mutter und sein Vater sind Türken. In der Türkei sind sie geboren, aufgewachsen und in die Schule gegangen. Nach Deutschland sind sie nur gekommen, um zu arbeiten und Geld verdienen zu können. Sie können auch gar nicht gut Deutsch. Wenn sie Deutsch sprechen, muß Ender lachen. Denn sie sprechen oft falsch. Sie können nicht alles richtig sagen.

75 Bei Ender ist es aber ganz anders. Er ist in Deutschland geboren. Hier ist er in den Kindergarten gegangen. Jetzt geht er in die erste Klasse, in eine

deutsche Schule. Deutsche Kinder sind seine Freunde. In seiner Klasse sind auch einige ausländische Kinder. Ender macht aber zwischen ihnen keinen Unterschied, er kann keinen machen, dieser Deutscher, dieser nicht oder so, denn

80 außer einem sprechen sie alle sehr gut Deutsch. Da gibt es nur einen, Alfonso. Alfonso tut Ender etwas leid. Alfonso kann nicht so gut Deutsch sprechen wie die anderen Kinder. Ender denkt, daß Alfonso noch gar nicht sprechen gelernt hat. Die kleinen Kinder können doch auch nicht sprechen: so wie ein großes Baby kommt ihm Alfonso vor.

85 Ender spricht auch Türkisch, aber nicht so gut wie Deutsch. Wenn er Türkisch spricht, mischt er oft deutsche Wörter hinein. Wie eine Muttersprache hat er Deutsch gelernt. Nicht anders als die deutschen Kinder. Manchmal hat er das Gefühl, daß zwischen ihnen doch ein Unterschied ist, weil deutsche Kinder nicht Türkisch können. Doch wenn in der Klasse der Unterricht oder auf dem Schul-

90 hof das Spielen beginnt, vergeht dieses Gefühl wieder ganz schnell. Gerade wenn er mit Stefan spielt, ist es unmöglich, daß ihm ein solches Gefühl kommt.

Deshalb war sein Staunen so groß über die Worte Stefans. Und wenn Stefan nie wieder mit ihm spielte? Dann wird er sehr allein sein. Er wird sich langweilen.

95 Am Abend kam Enders Vater von der Arbeit nach Hause. Noch bevor die Tür sich richtig öffnete, fragte Ender: „Vati, bin ich Türke oder Deutscher?"

Sein Vater war sprachlos.

„Warum fragst du?" sagte er nach kurzem Überlegen.

„Ich möchte es wissen", sagte Ender entschlossen.

100 „Was würdest du lieber sein, ein Türke oder ein Deutscher?" fragte sein Vater.

„Was ist besser?" gab Ender die Frage wieder zurück.

„Beides ist gut, mein Sohn", sagte sein Vater.

„Warum hat dann Stefan heute nicht mit mir gespielt?"

105 So kam Ender mit seinem Kummer heraus, der ihn den ganzen Tag gequält hatte.

„Warum hat er nicht mit dir gespielt?" fragte sein Vater.

„‚Du bist kein Deutscher!` hat er gesagt. Was bin ich, Vati?'"

„Du bist Türke, mein Sohn, aber du bist in Deutschland geboren", sagte

110 darauf sein Vater hilflos.

„Aber die Namen der deutschen Kinder sind anders als mein Name."

Sein Vater begann zu stottern.

„Dein Name ist ein türkischer Name", sagte er. „Ist Ender kein schöner Name?"

115 Ender mochte seinen Namen. „Doch! Aber er ist nicht so wie die Namen anderer Kinder", sagte er.

„Macht nichts, Hauptsache, es ist ein schöner Name!" sagte sein Vater.

„Aber Stefan spielt nicht mehr mit mir."

Enders Vater schnürte es den Hals zu. Ihm war, als ob er ersticken müßte.

120 „Sei nicht traurig", sagte er nach längerem Schweigen zu Ender. „Ich werde morgen mit Stefan sprechen. Er wird wieder mit dir spielen. Er hat sicher Spaß gemacht."

Ender schwieg.

Arbeit mit dem Text

1. Deutsche oder Ausländer? Ordnen Sie die Personen in der Geschichte den zwei Kategorien zu.

2. Wer sagt das im Text?

Ender	Enders Mutter	Stefan
Enders Vater	Enders Lehrer	Kinder im Park

a. „Du bist kein Deutscher wie ich."   _____

b. „Jedes Kind bringt zehn Stück mit."   _____

c. „Ich will auch Kastanien sammeln."   _____

d. „Das sind deutsche Kastanien."   _____

e. „Du bist Ausländer."   _____

f. „Du bist Ender."   _____

g. „Du bist ein Schüler."   _____

h. „Bin ich nun Deutscher oder Türke, was bin ich?"   _____

i. „Was würdest du lieber sein, ein Türke oder ein Deutscher?"   _____

j. „Dein Name ist ein türkischer Name."   _____

3. Kombinieren Sie die Satzteile.

a. Stefan wollte nicht mit Ender spielen,
b. Ender ging weg,
c. Alle Kinder sammeln im Herbst Kastanien,
d. Die Kinder im Park waren keine Freunde von Ender,
e. Ender sammelte keine Kastanien,
f. Als Ender nach Hause kam,
g. Die Fragen gefielen der Mutter nicht,
h. Wenn Ender Türkisch spricht,
i. Deutsche Kinder sind anders,
j. Der Vater will mit Stefan sprechen,

aber er kannte sie.
damit er wieder mit Ender spielt.
denn man kann sie gut gebrauchen.
denn sie wusste keine Antwort.
mischt er oft deutsche Wörter hinein.
nachdem er mit den Kindern gesprochen hatte.
stellte er seiner Mutter Fragen.
weil er kein Deutscher war.
weil er traurig war.
weil sie kein Türkisch können.

4. Wie finden Sie Ender? Wie finden Sie die deutschen Kinder?

5. Der Schluss ist offen. Schreiben Sie auf, wie es weitergeht.

STRUKTUREN UND ÜBUNGEN

12.1 The genitive case

Spoken German: Possession may be indicated by **von.**

As you have learned, the preposition **von** followed by the dative case is commonly used in spoken German to express possession.

Das ist das Haus **von meinen Eltern.**	*This is my parents' house.*

Written German: Use the genitive case to indicate possession.

In writing, and sometimes in speech, this relationship between two noun phrases may also be expressed with the genitive case. The genitive case in German is equivalent to both the *of*-phrase and the possessive with *'s* in English.

Kennst du den Freund **meiner Schwester?**	*Do you know my sister's friend?*
Die Farbe **des Mantels** gefällt mir nicht.	*I don't like the color of the coat.*

Wissen Sie noch?

You can show possession using possessive adjectives, such as **mein** (*my*), **dein** (*your*), and **sein** (*his/its*), or by placing an **-s** after someone's name, for example **Julias Buch.**

Review grammar B.5 and 2.4.

English tends to use the possessive *'s* with nouns denoting people (for example, *the girl's mother*). In German, **-s** (without the apostrophe) is added only to *proper names* of people and places.

Nora**s** Vater	*Nora's father*
England**s** Rettung	*England's salvation*

A. Nouns in the Genitive

Feminine nouns and plural nouns do not add any endings in the genitive case. In the singular genitive, masculine and neuter nouns of more than one syllable add **-s** and those of one syllable add **-es: die Farbe des Vogels, die Größe des Hauses.**

Masculine	Neuter	Feminine	Plural
des Vater**s**	des Kind**es**	der Mutter	der Eltern

B. Articles and Article-like Words in the Genitive

In the genitive case, all determiners—**der**-words and **ein**-words—end in **-es** in the masculine and neuter singular, and in **-er** in the feminine singular and all plural forms.

Masculine	Neuter	Feminine	Plural
des Mannes	des Kindes	der Frau	der Eltern
eines Mannes	eines Kindes	einer Frau	
meines Mannes	meines Kindes	meiner Frau	meiner Eltern
dieses Mannes	dieses Kindes	dieser Frau	dieser Eltern

c. Adjectives in the Genitive

In the genitive, all adjectives end in **-en** when preceded by a determiner.*

Masculine and Neuter	Feminine and Plural
des arm**en** Mannes	der arm**en** Frau
des arm**en** Kindes	der arm**en** Leute

Eine mögliche Rolle des moder**nen** Mannes ist es, zu Hause zu bleiben und auf die Kinder aufzupassen.

A possible role for a modern man is to stay home and take care of the children.

Übung 1   Minidialoge

Ergänzen Sie die Wörter in Klammern.

1. KATRIN: Ist das dein Auto?
ALBERT: Nein, das ist das Auto _____ Bruders. (mein)

2. BEAMTER: Was ist das Alter _____ Kinder? (Ihr)
FRAU FRISCH: Natalie ist fünf, Rosemarie ist sechs und Lydia ist neun Jahre alt.

3. FRAU SCHULZ: Ist es wichtig, dass der Partner einen guten Beruf hat?
THOMAS: Also, ich muss sagen, der Beruf _____ zukünftigen Partnerin ist mir ziemlich egal. (mein)

4. MONIKA: Möchtest du mit mir in die Berge fahren? Meine Eltern haben da ein Wochenendhaus.
ROLF: Wo ist denn das Wochenendhaus _____ Eltern? (dein)
MONIKA: In der Nähe von Lake Tahoe.

5. HEIDI: Kennst du den Film „M—Mörder unter uns"?
ROLF: Ja.
HEIDI: Wie heißt doch noch mal der Regisseur _____ Films? (dies-)

6. ROLF: Brauchst du denn kein neues Nummernschild?
PETER: Ach, ich nehme einfach das Nummernschild meines _____ Autos. (alt)

7. FRAU GRETTER: Wer ist denn das?
FRAU KÖRNER: Das ist die zweite Frau meines _____ Mannes. (erst-)

8. FRAU AUGENTHALER: 24352—was ist denn das für eine Telefonnummer?
RICHARD: Das ist die Telefonnummer meiner _____ Freundin. (neu)

---

*Unpreceded masculine and neuter adjectives also end in **en**; unpreceded feminine and plural adjectives end in **er**. Unpreceded adjectives, however, rarely occur in the genitive.

Übung 2 Worüber sprechen sie?

Bilden Sie Sätze.

> MODELL Albert sagt, dass sein Auto rot ist. →
> Albert spricht über die Farbe seines Autos.

das Alter	die Kleidung	die Situation
der Beruf	die Länge	die Sprache
das Bild	die Qualität	

1. Monika sagt, dass ihre Schwester als Lehrerin arbeitet.
2. Thomas sagt, dass sein Vater einen Picasso besitzt.
3. Frau Schulz sagt, dass ihre Nichten fünf und acht Jahre alt sind.
4. Stefan sagt, dass sein Studium insgesamt fünf Jahre dauert.
5. Albert sagt, dass seine Großeltern nur Spanisch sprechen.
6. Nora sagt, dass ihr Freund gern Jeans und lange Pullover trägt.
7. Thomas sagt, dass das Leitungswasser in Berkeley sehr gut ist.
8. Katrin sagt, dass Frauen für die gleiche Arbeit immer noch weniger verdienen als Männer.

12.2 Causality and purpose: *weil, damit, um . . . zu*

weil = reason for action
damit = goal of action
um . . . zu = goal of action

Wissen Sie noch?

You can show reasons for action with the conjunctions **weil** and **denn.**

Review grammar 3.4 and 11.5.

Um . . . zu clauses have no expressed subjects

Use **weil** + dependent clause to express the reason for a particular action. Use **damit** or **um . . . zu** to express the goal of an action.

Viele Deutsche wanderten nach Australien aus, **weil ihnen Deutschland zu eng war.**	*Many Germans emigrated to Australia because Germany was too crowded for them.*
Sie wanderten nach Australien aus, **um dort eine bessere Arbeit zu finden.**	*They emigrated to Australia in order to find a better job there.*

Weil and **damit** introduce a dependent clause. Recall that the conjugated verb is in last position in a dependent clause.

Albert steht auf, damit Frau Schulz sich setzen **kann.**	*Albert gets up so that Frau Schulz can sit down.*

Damit and **um . . . zu** both express the aim or goal of an action. But whereas **damit** introduces a dependent clause complete with subject and conjugated verb, **um . . . zu** introduces a dependent infinitive without a subject and without a conjugated verb. Use **damit** when the subject of the main clause is different from the subject of the dependent clause; use **um . . . zu** when the understood subject of the dependent infinitive is the same as the subject of the main clause.

Heidi macht das Fenster zu, **damit** Stefan nicht friert.
Heidi closes the window so that Stefan won't be cold.

Heidi macht das Fenster zu, **damit** sie nicht friert.	→ Heidi macht das Fenster zu, **um** nicht **zu** frieren.
Heidi closes the window so that she won't be cold.	→ *Heidi closes the window so as not to be cold.*

Übung 3 Erfolgsgeschichten

Was muss man tun, um Erfolg an der Universität zu haben?

MODELL Um gute Noten zu bekommen, muss man fleißig lernen.

1. morgens munter[1] sein
2. die Professoren kennen lernen
3. die Mitstudenten kennen lernen
4. am Wochenende nicht allein sein
5. die Kurse bekommen, die man will
6. in vier Jahren fertig werden
7. nicht verhungern
8. einen Freund / eine Freundin finden
9. eine gute Note in Deutsch bekommen
10. nicht ins Sprachlabor gehen müssen

a. Deutsch belegen
b. sich die Kassetten kaufen oder ausleihen
c. früh ins Bett gehen
d. in die Sprechstunde gehen
e. jeden Tag zum Unterricht kommen
f. Leute einladen
g. regelmäßig essen
h. sich so früh wie möglich einschreiben
i. viel Gruppenarbeit machen
j. viel lernen and wenig Feste feiern

Übung 4 Gute Gründe?

Verbinden Sie Sätze aus der ersten Gruppe mit Sätzen aus der zweiten Gruppe mit Hilfe der Konjunktionen **weil, damit, um . . . zu.** Wenn Ihnen ein Grund nicht gefällt, suchen Sie einen besseren Grund.

MODELL Ich möchte immer hier leben. Dieses Land ist das beste Land der Welt. →
Ich möchte immer hier leben, weil dieses Land das beste Land der Welt ist.

GRUPPE 1

Ich möchte immer hier leben.
Ich möchte für ein paar Jahre in Deutschland leben.
Ausländer haben oft Probleme.
Wenn ich Kinder habe, möchte ich hier leben.
Viele Ausländer kommen hierher.
Englisch sollte die einzige offizielle Sprache (der USA, Kanadas, Australiens, usw.) sein.

GRUPPE 2

Ausländer verstehen die Sprache und Kultur des Gastlandes nicht.
Ich möchte richtig gut Deutsch lernen.
Dieses Land ist das beste Land der Welt.
Hier kann man gut Geld verdienen.
Meine Kinder sollen als (Amerikaner, Kanadier, Australier, usw.) aufwachsen.
Aus der multikulturellen Bevölkerung soll eine homogene Gemeinschaft werden.

[1] *wide awake*

12.3 The passive voice

A. Uses of the Passive Voice

The passive voice is used in German to focus on the action of the sentence itself rather than on the person or thing performing the action.

ACTIVE VOICE

Der Arzt impft die Kinder.   *The physician inoculates the children.*

PASSIVE VOICE

Die Kinder **werden geimpft.**   *The children are (being) inoculated.*

> ### Wissen Sie noch?
>
> In addition to the passive auxiliary, **werden** can be used as a main verb meaning "to become" or as a future auxiliary with an infinitive to form the future tense.
>
> Review grammar 5.3 and 8.5.

passive = **werden** + past participle

Note that the accusative (direct) object of the active sentence, **die Kinder,** becomes the nominative subject of the passive sentence.

   In passive sentences, the agent of the action is often unknown or unspecified. In the following sentences, there is no mention of who performs each action.

Schildkröten werden oft als Haustiere gehalten.   *Turtles are often kept as pets.*

1088 wurde die erste Universität gegründet.   *The first university was founded in 1088.*

B. Forming the Passive Voice

The passive voice is formed with the auxiliary **werden** and the past participle of the verb. The present-tense and simple past-tense forms are the tenses you will encounter most frequently in the passive voice.

Passive Voice: **fragen**			
Present Tense			
ich	werde gefragt	*wir*	werden gefragt
du	wirst gefragt	*ihr*	werdet gefragt
Sie	werden gefragt	*Sie*	werden gefragt
er *sie* *es*	wird gefragt	*sie*	werden gefragt

Past Tense			
ich	wurde gefragt	*wir*	wurden gefragt
du	wurdest gefragt	*ihr*	wurdet gefragt
Sie	wurden gefragt	*Sie*	wurden gefragt
er *sie* *es*	wurde gefragt	*sie*	wurden gefragt

Passive agents are indicated
by **von** + noun.

C. Expressing the Agent in the Passive Voice

In most passive sentences in German, the agent (the person or thing performing the action) is not mentioned. When the agent is expressed, the construction **von** + dative is used.

ACTIVE VOICE

Die Kinder füttern die Tiere.   *The children are feeding the animals.*

PASSIVE VOICE

AGENT: **von** + DATIVE

Die Tiere werden **von den Kindern** gefüttert.   *The animals are being fed by the children.*

Übung 5 Frühjahrsputz bei den Wagners

Was wird alles gemacht?

> MODELL Die Lampen werden abgestaubt.

1. die Fenster
2. das Silber
3. die Lampen
4. die Fußböden
5. die Schränke
6. die Gardinen
7. die Sessel
8. der Hof
9. die Teppiche

a. Staub saugen
b. fegen
c. putzen
d. polieren
e. waschen
f. aufräumen
g. aufwischen
h. reinigen[1]
i. abstauben

[1]*to clean*

Übung 6 Geschichte

Hier sind die Antworten. Was sind die Fragen?

> MODELL 1492 → Wann wurde Amerika entdeckt?

1. vor 50.000 Jahren
2. um 2500 v. Chr.[1]
3. 44 v. Chr.
4. 800 n. Chr.[2]
5. 1088
6. 1789
7. 1885
8. 1945
9. 1963
10. 1990

a. Deutschland vereinigen
b. John F. Kennedy erschießen
c. die amerikanische Verfassung unterschreiben
d. die erste Universität (Bologna) gründen
e. die Atombomben auf Hiroshima und Nagasaki werfen
f. die ersten Pyramiden bauen
g. Cäsar ermorden
h. in Kanada die transkontinentale Eisenbahn vollenden
i. Karl den Großen zum Kaiser krönen
j. Australien von den Aborigines besiedeln

[1]vor Christus [2]nach Christus

12.4 Asking questions about things and concepts: *wo*-compounds (summary review)

Questions about people begin with **wer** (*who*) or **wen/wem** (*whom*). If a preposition is involved, it precedes the question word.

—Mit **wem** gehst du ins Theater?
—Mit Melanie.

—*Who will you go to the theater with? (With whom ...?)*

—*With Melanie.*

—Für **wen** ist das Buch?
—Für Michael.

—*Who is the book for? (For whom is the book?)*

—*For Michael.*

Questions about things and concepts begin with **was** (*what*). If a preposition is involved, German speakers use compound words that begin with **wo-** (or **wor-** if the preposition begins with a vowel).

—**Worüber** sprecht ihr?
—Wir sprechen über den neuen Film von Doris Dörrie.

—*What are you talking about?*
—*We're talking about Doris Dörrie's new film.*

—**Wovon** handelt Ihr neues Buch, Herr Ruf?
—Von der Liebe und vom Leben auf dem Land.

—*What's your new book about, Mr. Ruf?*
—*About love and life in the country.*

—**Von wem** ist die Oper *Parsifal?*
—Von Richard Wagner.
—**Wovon** handelt diese Oper?
—Von der Suche nach dem Gral.

—*Who is the opera* Parsifal *by?*
—*By Richard Wagner.*
—*What is the opera about?*
—*About the search for the Holy Grail.*

Übung 7 Jürgens Reise

Jürgen ruft Sie an und erzählt Ihnen von seiner letzten Reise mit Silvia. Das Telefon ist nicht ganz in Ordnung und Sie verstehen nur die Hälfte. Fragen Sie nach.

MODELL: Silvia und ich haben lange auf den Zug gewartet. →
Worauf habt ihr gewartet?

1. Auf der Fahrt hat Silvia nur über ihren neuen Job gesprochen.
2. Auf der Insel sind wir oft mit dem Rad gefahren.
3. In unserem Zimmer haben wir unter einem Ventilator geschlafen.
4. Einmal sind wir auf einen Berg geklettert.
5. Zuerst sind wir durch einen Wald gewandert.
6. Ganz oben sind wir dann durch Schnee gegangen.
7. Der Gipfel war ganz mit Eis und Schnee bedeckt.
8. Einmal haben wir auch an einem Tennisturnier teilgenommen.
9. Ich habe mit meinem neuen Tennisschläger gespielt.
10. Die ganze Zeit habe ich nicht einmal an die Uni gedacht.
11. Ich träume noch heute von dieser Reise.

APPENDICES

APPENDIX A
Informationsspiele: 2. Teil

Einführung B

Situation 6 Familie

MODELL
S2: Wie heißt Claires Mutter?
S1: Sie heißt _____.
S2: Wie schreibt man das?
S1: _____.
S2: Wie alt ist Sofies Vater?
S1: Er ist _____ Jahre alt.
S2: Wo wohnt Mehmets Vater?
S1: Er wohnt in _____.

		Claire	Richard	Sofie	Mehmet
Vater	*Name*	Bill			Kenan
	Alter		39		
	Wohnort			Dresden	
Mutter	*Name*		Maria		
	Alter	40	38	47	54
	Wohnort	New York			Izmir
Bruder	*Name*	—		Erwin	
	Alter	—			
	Wohnort	—	Innsbruck	Leipzig	Istanbul
Schwester	*Name*		Elisabeth	—	Fatima
	Alter	17	16	—	31
	Wohnort			—	

Situation 9 Temperaturen

MODELL s2: Wie viel Grad Fahrenheit sind 18 Grad Celsius?
s1: _____ Grad Fahrenheit.

F	90		32		−5	
C	32	18	0	−18	−21	−39

Kapitel 1

Situation 2 Freizeit

MODELL s2: Wie alt ist Richard?
s1: _____.
s2: Woher kommt Rolf?
s1: Aus _____.
s2: Was macht Jürgen gern?
s1: Er _____.

s2: Wie alt bist du?
s1: _____.
s2: Woher kommst du?
s1: _____.
s2: Was machst du gern?
s1: _____.

	Alter	**Wohnort**	**Hobby**
Richard		Innsbruck	geht gern in die Berge
Rolf	20		spielt gern Tennis
Jürgen		Göttingen	
Sofie			kocht gern
Jutta	16	München	
Melanie		Regensburg	
mein Partner / meine Partnerin			

Situation 7 Juttas Stundenplan

MODELL   s2: Was hat Jutta am Montag um acht Uhr fünfzig?
s1: Sie hat Deutsch.

Uhr	Montag	Dienstag	Mittwoch	Donnerstag	Freitag
8.00-8.45	Latein			Biologie	
8.50-9.35		Englisch	Englisch		Physik
9.35-9.50	←		— Pause	—	→
9.50-10.35			Mathematik		Religion
10.40-11.25	Geschichte	Französisch		Mathematik	
11.25-11.35	←		— Pause	—	→
11.35-12.15		Musik		Sport	
12.20-13.00	Erdkunde		Kunst		

Situation 11 Diese Woche

MODELL   s2: Was macht Mehmet am Montag?
s1: Er geht um fuhr zur Arbeit.
s2: Was machst du am Montag?
s1: Ich _____ .

	Silvia Mertens	Mehmet Sengün	mein(e) Partner(in)
Montag	Sie steht um 6 Uhr auf.		
Dienstag		Er lernt eine neue Kollegin kennen.	
Mittwoch	Sie schreibt eine Prüfung.		
Donnerstag	Sie ruft ihre Eltern an.		
Freitag		Er hört um 15 Uhr mit der Arbeit auf.	
Samstag		Er räumt seine Wohnung auf.	
Sonntag		Er repariert sein Motorrad.	

Kapitel 2

Situation 3 Was machen sie morgen?

MODELL s2: Schreibt Jürgen morgen einen Brief?
s1: Nein.
s2: Schreibst du morgen einen Brief?
s1: Ja. (Nein.)

	Jürgen	Silvia	mein(e) Partner(in)
einen Brief schreiben		+	
ein Buch kaufen		+	
einen Film anschauen	−	−	
eine Freundin anrufen			
die Hausaufgaben machen		+	
den Computer reparieren	−	+	
einen Freund besuchen			
das Zimmer aufräumen		−	

Situation 15 Was machen sie gern?

MODELL s2: Was fährt Richard gern?
s1: Motorrad.
s2: Was fährst du gern?
s1: _____

	Richard	Josef und Melanie	mein(e) Partner(in)
fahren		Zug	
tragen	Pullis		
essen		Pizza	
sehen		Gruselfilme	
vergessen	seine Hausaufgaben		
waschen		ihr Auto	
treffen		ihre Lehrer	
einladen		ihre Eltern	
sprechen	Italienisch		

Kapitel 3

Situation 2 Kann Katrin kochen?

MODELL s2: Kann Katrin kochen? [+] ausgezeichnet [0] ganz gut [−] nicht so gut
 s1: Ja, ganz gut. fantastisch nur ein bisschen
 s2: Kannst du kochen? sehr gut gar nicht
 s1: Ja, aber nicht so gut. gut kein bisschen

	Katrin	Peter	mein(e) Partner(in)
kochen		fantastisch	
zeichnen	sehr gut		
tippen		ganz gut	
Witze erzählen		ganz gut	
tanzen	fantastisch		
stricken	gar nicht		
Skateboard fahren		nicht so gut	
Geige spielen		nur ein bisschen	
schwimmen		nur ein bisschen	
ein Auto reparieren	nicht so gut		

Situation 13 Was machen sie, wenn . . . ?

MODELL s2: Was macht Renate, wenn sie traurig ist?
 s1: Sie ruft ihre Freundin an.
 s2: Was machst du, wenn du müde bist?
 s1: Ich gehe ins Bett.

	Renate	Mehmet	Ernst	mein(e) Partner(in)
traurig sein		hört Musik		
müde sein	trinkt Kaffee		geht ins Bett	
in Eile sein		geht sehr schnell		
wütend sein		trinkt ein Bier		
krank sein	geht zum Arzt		geht ins Bett	
glücklich sein		tanzt		
Hunger haben		isst ein Stück Brot		
Langeweile haben	liest ein Buch		ärgert seine Schwester	

Kapitel 4

Situation 7 Wochenende

MODELL   s2: Was hat Frau Ruf am Samstag gemacht?
          s1: Sie hat einen Brief geschrieben.
          s2: Was hast du am Samstag gemacht?
          s1: Ich _____.

	am Freitag	am Samstag	am Sonntag
Frau Ruf	ist nach Augsburg gefahren		
Herr Ruf		hat die Wäsche gewaschen	hat im Garten gearbeitet
Jutta			hat den Hund gebadet
Hans		hat einen Roman gelesen	hat bis Mittag geschlafen
Michael	hat mit Maria zu Abend gegessen		
Maria	hat am Abend viel Wein getrunken	hat in der Stadt eine Freundin getroffen	
mein Partner / meine Partnerin			

Situation 9 Geburtstage

MODELL   s2: Wann ist Willi geboren?
          s1: Am dreißigsten Mai 1975.

Person	Geburtstag	Person	Geburtstag
Willi		*Thomas*	17. Januar 1982
Sofie	9. November 1974	*Heidi*	
Claire		*mein(e) Partner(in)*	
Melanie	3. April 1978	*sein/ihr Vater*	
Nora		*seine/ihre Mutter*	

Situation 12 Das Wochenende der Nachbarn

MODELL S2: Was hat Herr Siebert am Freitag gemacht?

S1: Er hat seinen Fernseher repariert.

	am Freitag	am Samstag	am Sonntag
Herr Siebert		hat seinen Keller aufgeräumt	
Herr Thelen	hat seine neue Nachbarin kennen gelernt		hat ein neues graues Haar entdeckt
Frau Gretter	ist mit ihrer Freundin ausgegangen		hat am Telefon ihren Namen buchstabiert
mein Partner / meine Partnerin			

Kapitel 6

Situation 16 Haus- und Gartenarbeit

MODELL S2: Was macht Thomas am liebsten?

S1: Er _____ am liebsten _____.

S2: Was hat Nora letztes Wochenende gemacht?

S1: Sie hat _____.

S2: Was muss Thomas diese Woche noch machen?

S1: Er muss _____.

S2: Was machst du am liebsten?

S1: Ich _____ am liebsten _____.

	Thomas	Nora	mein(e) Partner(in)
am liebsten		einkaufen gehen	
am wenigsten gern	das Bad putzen		
jeden Tag	nichts von alledem		
einmal in der Woche		die Wäsche waschen	
letztes Wochenende	das Geschirr spülen		
gestern	die Blumen gießen		
diese Woche		den Boden aufwischen	
bald mal wieder		Staub wischen	

Kapitel 7

Situation 3 Deutschlandreise

Wo liegen die folgenden Städte? Braunschweig, Hannover, Flensburg, Erfurt, Dresden, Magdeburg, Bayreuth, Heidelberg, Aachen, Frankfurt/Oder, Halle, Augsburg, Nürnberg, Stuttgart, Düsseldorf. Schreiben Sie die Namen der Städte auf die Landkarte.

MODELL s2: Wo liegt Braunschweig?
s1: Braunschweig liegt im Norden.
s2: Wo genau?
s1: Südlich von Hannover.

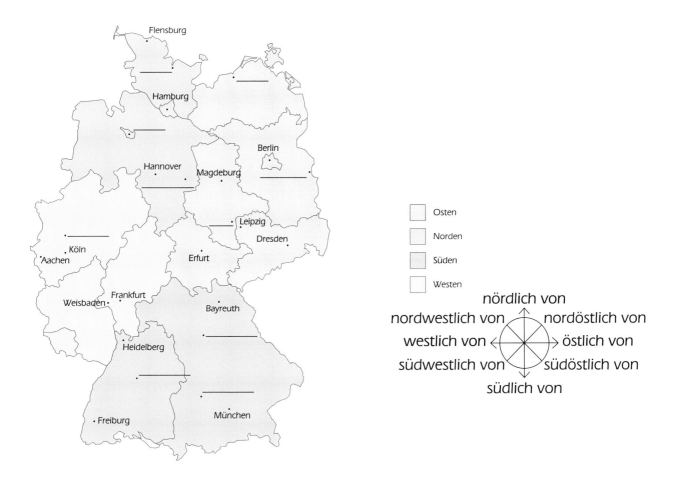

Kapitel 8

Situation 2 Mahlzeiten und Getränke

MODELL s2: Was isst Frau Gretter zum Frühstück?
s1: _____.
s2: Was isst du zum Frühstück?
s1: _____.

	Frau Gretter	**Stefan**	**Andrea**	**mein(e) Partner(in)**
zum Frühstück essen		frisches Müsli	Brot mit selbst-gemachter Marmelade	
zum Frühstück trinken		kalten Orangensaft		
zu Mittag essen	kalorienarmes Gemüse und Hähnchen		heiße Würstchen	
zu Abend essen		italienische Spaghetti		
nach dem Sport trinken	nichts, sie treibt keinen Sport	kalten Tee mit Zitrone		
auf einem Fest trinken	deutschen Sekt		eiskalte Limonade	
essen, wenn er/sie groß ausgeht		frischen Fisch mit französischer Soße		

Kapitel 10

Situation 2 Reisen

MODELL   s2: Woher kommt Richard?   s1: Aus _____.
           s2: Wohin fährt er in den Ferien?   s1: Nach/In _____.
           s2: Wo wohnt er?   s1: Bei _____.
           s2: Wann kommt er zurück?   s1: In _____.

	Richard	**Sofie**	**Mehmet**	**Peter**	**Jürgen**	**mein(e) Partner(in)**
Woher?		aus Dresden		aus Berkeley		
Wohin?		nach Düsseldorf		nach Hawaii		
Wo?		bei ihrer Tante	bei alten Freunden		bei einem Freund	
Was?	Französisch lernen		am Strand liegen; schwimmen		Ski fahren natürlich	
Wann?		in einer Woche	in zwei Wochen	nächstes Wochenende		

Situation 8 Wo wollen wir übernachten?

MODELL Wie viel kostet _____?
Haben die Zimmer im (in der) _____ eine eigene Dusche und Toilette?
Gibt es im (in der) _____ Einzelzimmer?
Gibt es im (in der, auf dem) _____ einen Fernseher?
Ist das Frühstück im (in der, auf dem) _____ inbegriffen?
Ist die Lage von dem (von der) _____ zentral/ruhig?
Gibt es im (in der, auf dem) _____ Telefon?

	das Hotel am Stadtpark	das Gästehaus Radaublick	die Jugendherberge	der Campingplatz
Preis pro Person		42,- Euro		
Dusche/Toilette			nein	nein
Einzelzimmer				natürlich nicht
Fernseher	in jedem Zimmer	im Fernsehzimmer		natürlich nicht
Frühstück	inbegriffen		kostet extra	nein
zentrale Lage				
ruhige Lage				in der Nähe der Autobahn
Telefon	in jedem Zimmer	im Telefonzimmer	bei den Herbergs-eltern	Telefonzelle

Situation 14 Gespräche im Kaufhaus

MODELL s2: Welche Farbe gefällt Juttas Mutter am besten?
s1: _____.
s2: Welche Farbe gefällt dir am besten?
s1: _____.

	Jutta	Juttas Mutter	mein(e) Partner(in)
Welche Farbe gefällt . . . am besten?	schwarz		
Welches Kleidungsstück fehlt . . . noch?		ein schicker Mantel	
Was steht . . . gut?		ihr neues Kostüm	
Passt . . . Größe M?	nein, zu groß		
Hilf(s)t . . . gern anderen beim Kleiderkauf?		allen, außer Jutta	
Was gehört . . . seit mindestens drei Jahren?	ihr Walkman		

Kapitel 11

Situation 10 Krankheitsgeschichte

MODELL Hat Herr Thelen sich (Hast du dir) schon mal etwas gebrochen? Was?

Ist Herr Thelen (Bist du) schon mal im Krankenhaus gewesen? Warum?

Hat Claire (Hast du) schon mal eine Spritze bekommen? Gegen was?

Erkältet sich Claire (Erkältest du dich) oft?

Ist Herr Thelen (Bist du) gegen etwas allergisch? Gegen was?

Hat man Herrn Thelen (Hat man dir) schon mal einen Zahn gezogen?

Hatte Claire (Hattest du) schon mal hohes Fieber? Wie hoch?

Ist Herr Thelen (Bist du) schon mal in Ohnmacht gefallen?

	Claire	**Herr Thelen**	**mein(e) Partner(in)**
sich etwas brechen	den Arm		
im Krankenhaus sein	Nierenentzündung		
eine Spritze bekommen		Tetanus	
oft erkältet sein		nein	
gegen etwas allergisch sein	Sonne		
einen Zahn gezogen haben	nein		
hohes Fieber haben		41, 2° C	
in Ohnmacht fallen	nein		

Kapitel 12

Situation 2 Der ideale Partner / die ideale Partnerin

MODELL Wie soll Heidis idealer Partner aussehen?

Was für einen Charakter soll er haben?

Welchen Beruf soll Rolfs ideale Partnerin haben?

Welche Interessen sollte sie haben?

Wie alt sollte dein idealer Partner / deine ideale Partnerin sein?

Welche Konfession sollte er/sie haben?

Welcher Nationalität sollte Heidis Partner angehören?

Welche politische Einstellung sollte er haben?

	Rolf	**Heidi**	**mein(e) Partner(in)**
Aussehen	schlank und sportlich		
Charakter	lustig und neugierig		
Beruf		Rechtsanwalt	
Interessen		Sport und Reisen	
Alter		ein paar Jahre jünger als sie	
Konfession		kein Fanatiker	
Nationalität	deutsch		
politische Einstellung	eher konservativ		

Situation 6 Ausländische Mitbürger

MODELL s2: Aus welchem Land kommt . . . ?
s1: Aus der Türkei.
s2: Was ist . . . von Beruf?
s1: . . .
s2: Wofür ist . . . bekannt?
s1: Für . . . / Als . . .

Name	**Herkunft**	**Beruf**	**bekannt**
Renan Demirkan		Schauspielerin	
Katharina Oguntoye	afro-deutsch		als Mitherausgeberin von Texten afro-deutscher Frauen
Yüksel Pazarkaya		Schriftsteller	
Bassam Tibi	syrisch		für seine Bücher zur Geschichte des Islam
Howard Carpendale		Schlagersänger	
Cem Özdemir	türkisch		als erster Bundestagsabgeordneter türkischer Herkunft
Shere Hite		Sexualforscherin	
Vicky Leandros	griechisch		für den Titelsong aus „Titanic", den sie auf Deutsch singt
Salvatore di Piazza		Pizzabäcker	

Situation 9 Tiere

MODELL   Welche Tiere findet _____ am tollsten?
Vor welchem Tier hat _____ am meisten Angst?
Welches Tier hätte _____ gern als Haustier?
Wenn _____ an Afrika denkt, an welche Tiere denkt er/sie?
Wenn _____ an die Wüste denkt, an welches Tier denkt er/sie dann zuerst?
Welche Vögel findet _____ am schönsten?
Welchen Fisch findet _____ am gefährlichsten?
Welchem Tier möchte _____ nicht im Wald begegnen?

	Ernst	**Maria**	**mein(e) Partner(in)**
Lieblingstier	ein Krokodil		
Angst		vor Mäusen	
Haustier		einen Papagei	
wildes Tier	einen Elefanten		
Afrika		an Zebras	
Wüste	an einen Skorpion		
Vögel	Adler		
Fisch		den Piranha	
Wald		einem Wildschwein	

APPENDIX B
Rollenspiele: 2. Teil

Kapitel 1
Situation 16 Auf dem Auslandsamt

s2: Sie arbeiten auf dem Auslandsamt der Universität. Ein Student / Eine
Studentin kommt zu Ihnen und möchte ein Stipendium für Österreich.

* Fragen Sie nach den persönlichen Daten und schreiben Sie sie auf: Name,
Adresse, Telefon, Geburtstag, Studienfach.
* Sagen Sie „Auf Wiedersehen".

Kapitel 2
Situation 14 Am Telefon

s2: Das Telefon klingelt. Ein Freund / Eine Freundin ruft an. Er/Sie lädt Sie ein.
Fragen Sie: **wo, wann, um wie viel Uhr, wer kommt mit.** Sagen Sie „ja"
oder „nein", und sagen Sie „tschüs".

Kapitel 3
Situation 11   In der Mensa

s2: Sie sind Student/Studentin an der Uni in Regensburg und sind in der Mensa.
Jemand möchte sich an Ihren Tisch setzen. Fragen Sie, wie er/sie heißt,
woher er/sie kommt und was er/sie studiert.

Kapitel 4
Situation 15 Das Studentenleben

s2: Sie sind Student/Studentin an einer Uni in Ihrem Land. Ein Reporter / Eine
Reporterin aus Österreich fragt Sie viel und Sie antworten gern. Sie wollen
aber auch wissen, was der Reporter / die Reporterin gestern alles gemacht
hat: am Vormittag, am Mittag, am Nachmittag und am Abend.

Kapitel 5
Situation 12 Bei der Berufsberatung

s2: Sie sind Student/Studentin und gehen zur Berufsberatung, weil Sie nicht
wissen, was Sie nach dem Studium machen sollen. Beantworten Sie die
Fragen des Berufsberaters / der Berufsberaterin.

Kapitel 6
Situation 13 Zimmer zu vermieten

s2: Sie möchten ein Zimmer in Ihrem Haus vermieten. Das Zimmer ist 25
Quadratmeter groß und hat Zentralheizung. Es kostet warm 310 Euro im
Monat. Es hat große Fenster und ist sehr ruhig. Das Zimmer hat keine Küche

und auch kein Bad, aber der Mieter / die Mieterin darf Ihre Küche und Ihr Bad benutzen. Der Mieter / Die Mieterin darf Freunde einladen, aber sie dürfen nicht zu lange bleiben. Sie haben kleine Kinder, die früh ins Bett müssen. Fragen Sie, was der Student / die Studentin studiert, ob er/sie raucht, ob er/sie oft laute Musik hört, ob er/sie Haustiere hat, ob er/sie Möbel hat.

Kapitel 7
Situation 8 Am Fahrkartenschalter

s2: Sie arbeiten am Fahrkartenschalter im Bahnhof von Bremen. Ein Fahrgast möchte eine Fahrkarte nach München kaufen. Hier ist der Fahrplan.

	Abfahrt	**Ankunft**	**2. Kl.**	**1. Kl.**
D-Zug	4.25	15.40	80,- Euro	98,- Euro
InterCity	7.15	16.05	88,- Euro	105,- Euro
D-Zug	7.30	20.45	80,- Euro	98,- Euro

Alle Züge fahren über Hannover und Würzburg.

Situation 10 Ein Auto kaufen

s2: Sie wollen einen Gebrauchtwagen kaufen und lesen deshalb die Anzeigen in der Zeitung. Die Anzeigen für einen VW Golf und einen VW Beetle sind interessant. Rufen Sie an, und stellen Sie Fragen.

Sie haben auch eine Anzeige in die Zeitung gesetzt, weil Sie Ihren alten Wagen, einen Opel Astra, verkaufen wollen. Antworten Sie auf die Fragen der Leute, die Ihr Auto kaufen wollen.

MODELL Guten Tag, ich rufe wegen des VW Golf an.
Wie alt ist der Wagen?
Welche Farbe hat er?
Wie ist der Kilometerstand?
Wie lange hat er noch TÜV?
Wie viel Benzin braucht er?
Was kostet der Wagen?

Modell	**VW Golf**	**VW Beetle**	**Opel Corsa**	**Ford Fiesta**
Baujahr			1998	1999
Farbe			schwarz	blaugrün
Kilometerstand			34 500 km	52 000 km
TÜV			6 Monate	fast 2 Jahre
Benzinverbrauch pro 100 km			6 Liter	6,5 Liter
Preis			4 000 Euro	7 500 Euro

Kapitel 8

Situation 14 Im Restaurant

s2: Sie arbeiten als Kellner/Kellnerin in einem Restaurant. Ein Gast setzt sich an einen freien Tisch. Bedienen Sie ihn.

Kapitel 9

Situation 8 Das Klassentreffen

s2: Sie sind auf dem fünften Klassentreffen Ihrer alten High-School-Klasse. Sie unterhalten sich mit einem alten Schulfreund / einer alten Schulfreundin. Fragen Sie: was er/sie nach Abschluss der High School gemacht hat, was er/sie jetzt macht und was seine/ihre Pläne für die nächsten Jahre sind.

Kapitel 10

Situation 10 Im Hotel

s2: Sie arbeiten an der Rezeption von einem Hotel. Alle Zimmer haben Dusche und Toilette. Manche haben auch Telefon. Frühstück ist inklusive. Das Hotel ist im Moment ziemlich voll. Ein Reisender / Eine Reisende kommt herein und erkundigt sich nach Zimmern. Denken Sie zuerst darüber nach: Was für Zimmer sind noch frei? Was kosten die Zimmer? Bis wann müssen die Gäste abreisen?

Kapitel 11

Situation 12 Anruf beim Arzt

s2: Sie arbeiten in einer Arztpraxis. Ein Patient / Eine Patientin ruft an und möchte einen Termin. Fragen Sie, was er/sie hat und wie dringend es ist. Der Terminkalender für diesen Tag ist schon sehr voll.

Kapitel 12

Situation 16 An der Theaterkasse

s2: Sie arbeiten an der Kasse des Stadttheaters und sind gestresst, weil sie den ganzen Tag Karten verkauft haben. Sie haben vielleicht noch zehn Karten für die „Rocky Horror Show" heute Abend, alles Einzelplätze. Auch die nächsten Tage sind schon völlig ausverkauft. Jetzt freuen Sie sich auf Ihren Feierabend, weil sie dann mit ihren Freunden selbst in die „Rocky Horrow Show" gehen wollen. Sie haben sich fünf ganz tolle Plätze besorgt, fünf Logenplätze in der ersten Reihe. Da kommt noch ein Kunde.

APPENDIX C
Spelling Reform

The German spelling reform has changed the spelling of a handful of common words. The new rules also affect capitalization and compounding. The vocabulary lists at the end of each chapter and at the end of the student edition follow the new rules, a brief summary of which follows. Also provided are words appearing in vocabulary lists and exercises that are affected by the spelling reform, along with the old spellings. (This list is not a complete list of words affected by the spelling reform.)

- ß or ss? The new rule is simple: Write **ss** after a short vowel but **ß** after a long vowel or a diphthong.

OLD	NEW
aufpassen (paßt auf), paßte auf, aufgepaßt	aufpassen (passt auf), passte auf, aufgepasst
ein bißchen	ein bisschen
Erdgeschoß, Erdgeschosse	Erdgeschoss, Erdgeschosse
essen (ißt), aß, gegessen	essen (isst), aß, gegessen
Eßtisch	Esstisch
Eßzimmer	Esszimmer
Fluß, Flüsse	Fluss, Flüsse
häßlich	hässlich
lassen (läßt), ließ, gelassen	lassen (lässt), ließ, gelassen
müssen (muß), mußte, gemußt	müssen (muss), musste, gemusst
Schloß, Schlösser	Schloss, Schlösser
vergessen (vergißt), vergaß, vergessen	vergessen (vergisst), vergaß, vergessen
wissen (weiß), wußte, gewußt	wissen (weiß), wusste, gewusst

- Some words have been divided; many of these were formerly compound verbs.

OLD	NEW
kennenlernen, lernte kennen, kennengelernt	kennen lernen, lernte kennen, kennen gelernt
radfahren (fährt Rad), fuhr Rad, ist radgefahren	Rad fahren (fährt Rad), fuhr Rad, ist Rad gefahren
spazierengehen (geht spazieren), ging spazieren, ist spazierengegangen	spazieren gehen (geht spazieren), ging spazieren, ist spazieren gegangen
soviel	so viel
wieviel	wie viel

- When three of the same consonants occur together in a compound word, all are kept.

OLD	NEW
Schiffahrt	Schifffahrt

● Some words that used to be written separately are now compounds.

OLD	NEW
weh tun (tut weh), tat weh, weh getan	wehtun (tut weh), tat weh, wehgetan
irgend etwas	irgendetwas
irgend jemand	irgendjemand
Samstag morgen, . . . mittag, . . . abend	Samstagmorgen, -mittag, -abend

● Several common words are affected by new capitalization rules.

OLD	NEW
auf deutsch	auf Deutsch
heute morgen, . . . mittag, . . . abend	heute Morgen, . . . Mittag, . . . Abend
leid tun	Leid tun
morgen mittag, . . . abend	morgen Mittag, . . . Abend
recht haben	Recht haben

● Second-person familiar pronouns are no longer capitalized in letters, unless they follow terminal punctuation.

OLD	NEW
Du, Dich, Dir, Dein, Ihr, Euch, Euer	du, dich, dir, dein, ihr, euch, euer

● When two independent main clauses are conjoined with **und,** a comma is no longer mandatory. It is recommended, however, if it aids comprehension.

OLD	NEW
Kaiser Wilhelm regierte in Deutschland, und Franz Josef herrschte in Österreich.	Kaiser Wilhelm regierte in Deutschland und Franz Josef herrschte in Österreich.
Kaiser Wilhelm regierte in Deutschland, und Österreich war unter den Hapsburgern.	(no change)

APPENDIX D
Phonetics Summary Tables

I. Phoneme-Grapheme Relationships (Overview)

Note: The **Arbeitsbuch** presents the phoneme-grapheme relationship in reverse: The graphemes (letters of the alphabet) are the starting point for variations in pronunciation.

Vowels

Sound Group	Phonemes / Sounds	Graphemes	Examples
a-sounds	[aː]	a ah aa	Tafel Zahl Haar
	[a]	a	Hallo
i-sounds	[iː]	i ie ih ieh	Ida Liebe ihr sich anz**ieh**en
	[ɪ]	i	Stift
e-sounds	[eː]	e eh ee	Peter sehen Tee
	[ɛ]	e ä	Herr Ärger
	[ɛː]	ä äh	Cäsar zählen
o-sounds	[oː]	o oh oo	Hose Ohr Boot
	[ɔ]	o	Kopf
u-sounds	[uː]	u uh	Fuß Uhr
	[ʊ]	u	Mund
ö-sounds	[øː]	ö öh	hören fröhlich
	[œ]	ö	öffnen
ü-sounds	[yː]	ü üh y	Übung früh Typ
	[ʏ]	ü y	tschüs Ypsilon

(continued)

Sound Group	Phonemes / Sounds	Graphemes	Examples
reduced vowels	[ə] [ɐ] [ɐ̯]	e er r	beginnen Vater Ohr
dipthongs	[aɛ̯]	ei ai ey / ay	Kleid Mai Meyer, Bayern
	[aɔ̯]	au	Auge
	[ɔɛ̯]	eu äu	neun Häuser

Rules

1. **Long vowels** may be represented in writing by doubled vowels and by <ie>—for example, *Tee, Boot, Liebe.*
2. **Long vowels** may also be represented by a vowel followed by <h>, which is not pronounced but rather only indicates vowel length—for example, *Zahl, sehen, früh.*
3. **Single vowels** are often long when they appear in an open or potentially open syllable. Such syllables end in vowels—that is, they have no following end-consonant—for example, *Ü-bung, Ho-se, hörst* (from *hö-ren*), *gut* (from *gu-te*), *Fuß* (from *Fü-ße*). This rule applies above all to verbs, nouns, and adjectives.
4. **Diphthongs** consist of two closely associated short vowels within a syllable. Diphthongs are always long vowels—for example, *Auge, Kleid, neun.*
5. **Short vowels** generally precede double consonants—for example: *öffnen, Brille, doppelt.*
6. **Short vowels** may precede, though not always, a cluster of multiple consonants—for example, *Wurst, Gesicht, Herbst.*

Consonants

plosives	[p]	p pp -b	Paula doppelt gelb
	[b]	b bb	Brille Krabbe
	[t]	t tt -d th dt	Tür bitte Hemd Theorie Stadt
	[d]	d dd	reden Teddy

(continued)

	[k]	**k**	**K**leid
		ck	Ro**ck**
		-g	Ta**g**
	[g]	**g**	Au**g**e
fricatives	[f]	**f**	**F**rau
		ff	ö**ff**nen
		v	**V**ater
	[v]	**w**	**W**ort
		v	**V**iktor
		(q)u	beq**u**em
	[s]	**s**	Hau**s**
		ss	Profe**ss**or
		ß	hei**ß**en
	[z]	**s**	Ho**s**e
	[ʃ]	**sch**	**Sch**ule
		s(t)	**St**iefel
		s(p)	**Sp**rache
	[ʒ]	**j**	**J**ournalist
		g	Eta**g**e
(**ich**-sound)	[ç]	**ch**	Gesi**ch**t
		-ig	zwanz**ig**
	[j]	**j**	**j**a
(**ach**-sound)	[x]	**ch**	Bau**ch**
r-sounds	[r]	**r**	**r**ot
		rr	He**rr**
		rh	**Rh**ythmus
	[ʁ]	**r**	Tü**r**
	[ɐ]	**er**	Vat**er**
nasals	[m]	**m**	**M**antel
		mm	ko**mm**en
	[n]	**n**	**N**ame
		nn	Ma**nn**
	[ŋ]	**ng**	spri**ng**en
		n(k)	da**n**ke
liquids	[l]	**l**	**L**ehrer
		ll	Bri**ll**e
aspirants	[h]	**h**	**H**ose
glottal stops	[ʔ]		be**a**ntworten
affricates	[pf]	**pf**	Ko**pf**
	[ts]	**z**	**z**ählen
		tz	se**tz**en
		ts	rech**ts**
		-t(ion)	Lek**t**ion
		zz	Pi**zz**a

(*continued*)

	[ks]	**x**	Text
		ks	lin**ks**
		gs	du sa**gs**t
		chs	se**chs**

Rules

1. Double consonants are pronounced the same as single consonants; they merely indicate that the preceding vowel is short.
2. The letter pair <ch> is pronounced as:
   - a so-called "**ach**-sound" [x] after <u, o, a, au>, for example, *such*en, *Tóch*ter, *Sprach*e, *auch;*
   - a so-called "**ich**-sound" [ç] after all other vowels as well as after <l, n, r> and in *-ch*en—for example, *ni*ch*t, Bü*ch*er, Tö*ch*ter, Nä*ch*te, leich*t, euch, Mil*ch*, dur*ch*, man*ch*mal, Mäd*ch*en;*
   - [k] in the cluster <chs> as well as at the beginning of certain foreign words and German names—for example, *sechs, Charakter, Chemnitz.*
3. [ʃ] is represented:
   - by the letters <sch>: *schön, Tasche* but not in *Häuschen* (*Häus-chen*);
   - by <s(t)>: *Straße;* <s(p)>: *Sprache.*
4. <r> can be clearly heard pronounced as a fricative, uvular, or trilled consonant [r]:
   - at the beginning of a word or syllable: *rot, hö-ren;*
   - after consonants: *grün;*
   - after short vowels (when clearly enunciated): *Wort, Herr.*
   <r> is pronounced as a vowel [ɐ]:
   - after long vowels: *Uhr;*
   - in the unstressed combination *er-*, *ver-*, *zer-*, and *-er: erzählen, Verkäufer, zerstören, Lehrer, aber.*

II. German Vowels and Their Features (Overview)

There are 16 or 17 (+ the vocalic pronunciation of <r>) vowels. They can be differentiated by:

- **quantity** (in their length)—they are either short or long;
- **quality** (in their tenseness)—they are either lax or tense.
  Quantity and quality are combined in German. The short vowels are lax; that is, in contrast to long vowels, they are formed with less muscular tension, less use of the lips, and less raising of the tongue. This is, however, not the case for the **a**-vowels: There is only a long and a short. In addition, there is a long, open [ɛ:] as well as a reduced [ə] (schwa).
  The following minimal pairs illustrate these differences:

[aː] – [a]	Herr **Mah**ler – Herr **Mal**ler
[eː] – [ɛ]	Herr **Meh**ler – Herr **Mel**ler
[iː] – [ɪ]	Herr **Mie**ler – Herr **Mil**ler
[oː] – [ɔ]	Herr **Moh**ler – Herr **Mol**ler

[uː] – [ʊ]	Herr **Muh**ler – Herr **Mu**ller
[øː] – [œ]	Herr **Möh**ler – Herr **Möl**ler
[yː] – [ʏ]	Herr **Müh**ler – Herr **Mül**ler

These features are not present in [ə] as in *eine* and [ɐ] as in *einer;* rather they are indicated as reduced vowels.

- the raising of the tongue—either the front, middle, or back of the tongue is raised. The following minimal pairs illustrate the differences in front vowels:

[eː] – [ɛ]	Herr **Meh**ler – Herr **Mel**ler
[iː] – [ɪ]	Herr **Mie**ler – Herr **Mil**ler
[ø] – [œ]	Herr **Möh**ler – Herr **Möl**ler
[yː] – [ʏ]	Herr **Müh**ler – Herr **Mül**ler

The following minimal pair illustrates the difference in mid vowels:

[aː] – [a]	Herr **Mah**ler – Herr **Mal**ler

as well as [ə] as in *eine* and [ɐ] as in *einer*.

The following minimal pairs illustrate the differences in back vowels:

[oː] – [ɔ]	Herr **Moh**ler – Herr **Mol**ler
[uː] – [ʊ]	Herr **Muh**ler – Herr **Mul**ler

- the rounding of the lips—there are rounded and unrounded vowels. The following minimal pairs illustrate the differences in rounded vowels:

[øː] – [œ]	Herr **Möh**ler – Herr **Möl**ler
[yː] – [ʏ]	Herr **Müh**ler – Herr **Mül**ler
[oː] – [ɔ]	Herr **Moh**ler – Herr **Mol**ler
[uː] – [ʊ]	Herr **Muh**ler – Herr **Mul**ler

The following minimal pairs illustrate the differences in unrounded vowels:

[aː] – [a]	Herr **Mah**ler – Herr **Mal**ler
[eː] – [ɛ]	Herr **Meh**ler – Herr **Mel**ler
[iː] – [ɪ]	Herr **Mie**ler – Herr **Mil**ler

as well as [ə] as in *eine* and [ɐ] as in *einer*.

The German vowels can be systematized according to their features as follows:

	front		mid	back
long + *tense*	iː eː ɛː	yː øː	aː	uː oː
short + *lax*	ɪ ɛ	ʏ œ	a	ʊ ɔ
unstressed			ə ɐ	
		rounded		rounded

III. German Consonants and Their Features (Overview)

German consonants are differentiated according to:

- point of articulation—they are formed from the lips (in the front) to the velum (in the back) at different points in the mouth (see overview table);
- type of articulation.

  There are plosives/stops, in which the passage of air is interrupted:

  > [p] as in *Lippen*, [b] as in *lieben*, [t] as in *retten*, [d] as in *reden*, [k] as in *wecken*, [g] as in *wegen*

  There are fricatives in which the passage of air creates friction:

  > [f] as in *vier*, [v] as in *wir*, [s] as in *Haus*, [z] as in *Häuser*, [ʃ] as in *Tasche*, [ʒ] as in *Garage*, [ç] as in *Mädchen*, [j] as in *ja*, [x] as in *Tochter*, [r] as in *Torte*

  There are nasals, in which air passes through the nose:

  > [n] as in *nie*, [m] as in *Mai*, [ŋ] as in *lange*

  There are isolated consonants—the aspirant [h] as in *hier*, the liquid [l], as in *hell*.

- tension—there are tense consonants that are always voiceless:

  > [p] as in *Lippen*, [t] as in *retten*, [k] as in *wecken*, [f] as in *vier*, [s] as in *Haus*, [ʃ] as in *Tasche*, [ç] as in *Mädchen*, [x] as in *Tochter*

  There are lax consonants that are voiced after vowels and voiced consonants:

  > [b] as in *lieben*, [d] as in *reden*, [g] as in *wegen*, [v] as in *bewegen*, [z] as in *Häuser*, [ʒ] as in *Garage*, [j] as in *naja*, [r] as in *Torte*

After a pause in speech (for example at the beginning of a sentence after a pause) and after voiceless consonants, these consonants are also pronounced voiceless:

> [b̥] as in *mitbringen*, [d̥] as in *bis drei*, [g̊] as in *ins Haus gehen*, [v̥] as in *auch wir*, [z̥] as in *ab sieben*, [ʒ̊] as in *das Journal*, [j] as in *ach ja*, [r̥] as in *Kraut*

At the end of words and syllables, the following consonants are pronounced voiceless and tense—that is, as fortis consonants. This phenomenon is known as final devoicing:

> [b → p] as in *lieb*, [d → t] as in *und*, [g → k] as in *weg*, [v → f] as in *explosiv*, [z → s] as in *Haus*

The German vowels can be systematized according to their features as follows:

	front		→		**back**
PLOSIVE fortis lenis	p b		t d		k g
FRICATIVE fortis lenis	f v	s z	ʃ ʒ	ç j	x r
NASAL	m	n			ŋ
ISOLATED		l			h

IV. Rules for Melody and Accentuation

Melody

1. Melody falls at the end of a sentence (terminal) in:
   - statements—*Ich heiße Anna.* ↓
   - questions with question words—*Woher kommst du?* ↓
   - double questions—*Kommst du aus Bonn oder aus Berlin?* ↓
   - imperatives—*Setz dich!* ↓
2. Melody rises at the end of a sentence (interrogative) in:
   - yes-no questions—*Kommst du aus Bonn?* ↑
   - follow-up questions—*Woher kommst du?* ↓ *Aus Bonn?* ↑
   - questions posed in a friendly or curious tone of voice—*Wie heißt du?* ↑ *Was möchtest du trinken?* ↑
   - imperatives and statements made in a friendly tone of voice—*Bleib noch hier!* ↑ *Die Blumen sind für dich.* ↑
3. Melody remains neutral (doesn't change) directly before pauses in incomplete sentences (progredient)—*Peter kommt aus Bonn,* → *Anna kommt aus Berlin* → *und Ute kommt aus Wien.* ↓

Akzentuierung im Satz

1. The most important word is stressed:
   *Ich möchte ein Glas **Wein**. (kein Bier)*
   *Ich möchte ein **Glas** Wein. (keine Flasche)*
   *Ich möchte **ein** Glas Wein. (nicht zwei)*
2. Longer sentences are divided by pauses into accent (rhythmic) groups, in which there is always a main accent:
   *Ich möchte ein Glas **Wein**, / ein Stück **Brot**, / etwas **Käse** / und viel **Wasser**.*

Wortakzentuierung

1. The stem is stressed:
   - in simple German words: ***Mo**de, **hö**ren;*
   - in words with the prefixes ***be-, ge-, er-, ver-, zer-:*** *be**hal**ten;*
   - in verbs with inseparable prefixes and in nouns ending in *-ung* that are derived from them—for example, *wieder**ho**len* → *Wieder**ho**lung.*
2. The beginning of a word (prefix) is stressed:
   - in verbs with separable prefixes and in nouns derived from them—***aus**sprechen* → *die **Aus**sprache;*
   - in compounds with *un-* and *ur-*—***Ur**laub, **un**genau.*
3. The principally defining word is stressed:
   - in compound nouns and adjectives—***Schlaf**zimmer, **dunkel**grün.*
4. The final syllable is stressed:
   - in German words with the suffix *-ei*—*Poli**zei**;*
   - in abbreviations in which each letter is pronounced separately—*AB**C**;*
   - in words that end in *-ion*—*Explo**sion**.*

APPENDIX E
Grammar Summary Tables

I. Personal Pronouns

Nominative	Accusative	Accusative Reflexive	Dative	Dative Reflexive
ich	mich	mich	mir	mir
du	dich	dich	dir	dir
Sie	Sie	sich	Ihnen	sich
er	ihn	sich	ihm	sich
sie	sie	sich	ihr	sich
es	es	sich	ihm	sich
wir	uns	uns	uns	uns
ihr	euch	euch	euch	euch
Sie	Sie	sich	Ihnen	sich
sie	sie	sich	ihnen	sich

II. Definite Articles / Pronouns Declined Like Definite Articles

dieser/dieses/diese	*this*
mancher/manches/manche	*some, many a*
welcher/welches/welche	*which*
jeder/jedes/jede (*singular*)	*each, every*
alle (*plural*)	*all*

	Singular			Plural
	MASCULINE	NEUTER	FEMININE	
Nominative	der	das	die	die
	dieser	dieses	diese	diese
Accusative	den	das	die	die
	diesen	dieses	diese	diese
Dative	dem	dem	der	den
	diesem	diesem	dieser	diesen
Genitive	des	des	der	der
	dieses	dieses	dieser	dieser

III. Indefinite Articles / Negative Articles / Possessive Adjectives

mein/meine	*my*
dein/deine	*your (familiar singular)*
Ihr/Ihre	*your (polite singular)*
sein/seine	*his, its*
ihr/ihre	*her, its*
unser/unsere	*our*
euer/eure	*your (familiar plural)*
Ihr/Ihre	*your (polite plural)*
ihr/ihre	*their*

	Singular			Plural
	MASCULINE	NEUTER	FEMININE	
Nominative	ein	ein	eine	
	kein	kein	keine	keine
	mein	mein	meine	meine
Accusative	einen	ein	eine	
	keinen	kein	keine	keine
	meinen	mein	meine	meine
Dative	einem	einem	einer	
	keinem	keinem	keiner	keinen
	meinem	meinem	meiner	meinen
Genitive	eines	eines	einer	
	keines	keines	keiner	keiner
	meines	meines	meiner	meiner

IV. Relative Pronouns

	Singular			Plural
	MASCULINE	NEUTER	FEMININE	
Nominative	der	das	die	die
Accusative	den	das	die	die
Dative	dem	dem	der	denen
Genitive	dessen	dessen	deren	deren

V. Question Pronouns

	People	Things and Concepts
Nominative	wer	was
Accusative	wen	was
Dative	wem	
Genitive	wessen	

VI. Attributive Adjectives

		Masculine	Neuter	Feminine	Plural
Nominative	*strong*	guter	gutes	gute	gute
	weak	gute	gute	gute	guten
Accusative	*strong*	guten	gutes	gute	gute
	weak	guten	gute	gute	guten
Dative	*strong*	gutem	gutem	guter	guten
	weak	guten	guten	guten	guten
Genitive	*strong*	guten	guten	guter	guter
	weak	guten	guten	guten	guten

Nouns declined like adjectives: Angestellte, Beamte, Deutsche, Geliebte, Verletzte, Verwandte

VII. Comparative and Superlative Adjectives and Adverbs

A. *Regular Patterns*

schnell	schneller	am schnellsten
intelligent	intelligenter	am intelligentesten
heiß	heißer	am heißesten
teuer	teurer	am teuersten
dunkel	dunkler	am dunkelsten

B. *Irregular Patterns*

alt	älter	am ältesten
groß	größer	am größten
jung	jünger	am jüngsten

Similarly: arm, hart, kalt, krank, lang, scharf, schwach, stark, warm, oft, dumm, kurz

gern	lieber	am liebsten
gut	besser	am besten
hoch	höher	am höchsten
nah	näher	am nächsten
viel	mehr	am meisten

VIII. Weak Masculine Nouns

These nouns add **-(e)n** in the accusative, dative, and genitive.

A. *International nouns ending in -t denoting male persons:* Dirigent, Komponist, Patient, Polizist, Präsident, Soldat, Student, Tourist

B. *Nouns ending in -e denoting male persons or animals:* Drache, Junge, Kunde, Löwe, Neffe, Riese, Vorfahre, Zeuge

C. *The following nouns:* Elefant, Herr, Mensch, Nachbar, Name[1]

	Singular	**Plural**
Nominative	der Student der Junge	die Studenten die Jungen
Accusative	den Studenten den Jungen	die Studenten die Jungen
Dative	dem Studenten dem Jungen	den Studenten den Jungen
Genitive	des Studenten des Jungen	der Studenten der Jungen

IX. Prepositions

Accusative	**Dative**	**Accusative/Dative**	**Genitive**
durch	aus	an	(an)statt
für	außer	auf	trotz
gegen	bei	hinter	während
ohne	mit	in	wegen
um	nach	neben	
	seit	über	
	von	unter	
	zu	vor	
		zwischen	

---

[1]*Genitive:* des Namens

X. Dative Verbs

antworten	*to answer*
begegnen	*to meet*
danken	*to thank*
erlauben	*to allow*
fehlen	*to be missing*
folgen	*to follow*
gefallen	*to please, be pleasing to*
gehören	*to belong to*
glauben	*to believe*
gratulieren	*to congratulate*
helfen	*to help*
Leid tun	*to be sorry; to feel sorry for*
passen	*to fit*
passieren	*to happen*
raten	*to advise*
schaden	*to be harmful*
schmecken	*to taste (good)*
stehen	*to suit*
wehtun	*to hurt*
zuhören	*to listen to*

XI. Reflexive Verbs

sich anziehen	*to get dressed*
sich ärgern	*to get angry*
sich aufregen	*to get excited*
sich ausruhen	*to rest*
sich ausziehen	*to get undressed*
sich beeilen	*to hurry*
sich erholen	*to relax, recover*
sich erkälten	*to catch a cold*
sich erkundigen	*to ask*
sich (die Haare) föhnen	*to blow-dry (one's hair)*
sich fragen (ob)	*to wonder (if)*
sich freuen	*to be happy*
sich (wohl) fühlen	*to feel (well)*
sich fürchten	*to be afraid*
sich gewöhnen an	*to get used to*
sich hinlegen	*to lie down*
sich infizieren	*to get infected*
sich informieren	*to get information*
sich interessieren für	*to be interested in*
sich kümmern um	*to take care of*
sich rasieren	*to shave*
sich schminken	*to put on makeup*
sich setzen	*to sit down*
sich umsehen	*to look around*
sich unterhalten	*to have a conversation*
sich verletzen	*to get hurt*
sich verloben	*to get engaged*
sich vorstellen	*to imagine*

XII. Verbs + Prepositions

ACCUSATIVE

bitten um	*to ask for*
denken an	*to think about*
glauben an	*to believe in*
nachdenken über	*to think about; to ponder*
schreiben an	*to write to*
schreiben/sprechen über	*to write/talk about*
sorgen für	*to care for*
verzichten auf	*to renounce, do without*
warten auf	*to wait for*

SICH + ACCUSATIVE

sich ärgern über	*to be angry at/about*
sich erinnern an	*to remember*
sich freuen über	*to be happy about*
sich gewöhnen an	*to get used to*
sich kümmern um	*to take care of*
sich interessieren für	*to be interested in*
sich verlieben in	*to fall in love with*

DATIVE

fahren/reisen mit	*to go/travel by*
halten von	*to think of; to value*
handeln von	*to deal with*
träumen von	*to dream of*

SICH + DATIVE

sich erkundigen nach	*to ask about*
sich fürchten vor	*to be afraid of*

XIII. Inseparable Prefixes of Verbs

A. *Common*

be-	bedeuten, bekommen, bestellen, besuchen, bezahlen usw.
er-	erfinden, erkälten, erklären, erlauben, erreichen usw.
ver-	verbrennen, verdienen, vergessen, verlassen, verletzen usw.

B. *Less Common*

ent-	entdecken, entscheiden, entschuldigen
ge-	gefallen, gehören, gewinnen, gewöhnen
zer-	zerreißen, zerstören

APPENDIX F
Verbs

I. Conjugation Patterns

A. *Simple tenses*

		Present	**Simple Past**	**Subjunctive**	**Past Participle**
Strong	ich	komme	kam	käme	bin gekommen
	du	kommst	kamst	kämst	bist gekommen
	er/sie/es	kommt	kam	käme	ist gekommen
	wir	kommen	kamen	kämen	sind gekommen
	ihr	kommt	kamt	kämt	seid gekommen
	sie, Sie	kommen	kamen	kämen	sind gekommen
Weak	ich	glaube	glaubte	glaubte	habe geglaubt
	du	glaubst	glaubtest	glaubtest	hast geglaubt
	er/sie/es	glaubt	glaubte	glaubte	hat geglaubt
	wir	glauben	glaubten	glaubten	haben geglaubt
	ihr	glaubt	glaubtet	glaubtet	habt geglaubt
	sie, Sie	glauben	glaubten	glaubten	haben geglaubt
Irregular Weak	ich	weiß	wusste	wüsste	habe gewusst
	du	weißt	wusstest	wüsstest	hast gewusst
	er/sie/es	weiß	wusste	wüsste	hat gewusst
	wir	wissen	wussten	wüssten	haben gewusst
	ihr	wisst	wusstet	wüsstet	habt gewusst
	sie, Sie	wissen	wussten	wüssten	haben gewusst
Modal	ich	kann	konnte	könnte	habe gekonnt
	du	kannst	konntest	könntest	hast gekonnt
	er/sie/es	kann	konnte	könnte	hat gekonnt
	wir	können	konnten	könnten	haben gekonnt
	ihr	könnt	konntet	könntet	habt gekonnt
	sie, Sie	können	konnten	könnten	haben gekonnt
haben	ich	habe	hatte	hätte	habe gehabt
	du	hast	hattest	hättest	hast gehabt
	er/sie/es	hat	hatte	hätte	hat gehabt
	wir	haben	hatten	hätten	haben gehabt
	ihr	habt	hattet	hättet	habt gehabt
	sie, Sie	haben	hatten	hätten	haben gehabt
sein	ich	bin	war	wäre	bin gewesen
	du	bist	warst	wärst	bist gewesen
	er/sie/es	ist	war	wäre	ist gewesen
	wir	sind	waren	wären	sind gewesen
	ihr	seid	wart	wärt	seid gewesen
	sie, Sie	sind	waren	wären	sind gewesen
werden	ich	werde	wurde	würde	bin geworden
	du	wirst	wurdest	würdest	bist geworden
	er/sie/es	wird	wurde	würde	ist geworden
	wir	werden	wurden	würden	sind geworden
	ihr	werdet	wurdet	würdet	seid geworden
	sie, Sie	werden	wurden	würden	sind geworden

B. *Compound tenses*

1. *Active voice*

	Perfect	**Past Perfect**	**Future**	**Subjunctive**
Strong	ich habe genommen ich bin gefahren	hatte genommen war gefahren	werde nehmen werde fahren	würde nehmen würde fahren
Weak	ich habe gekauft ich bin gesegelt	hatte gekauft war gesegelt	werde kaufen werde segeln	würde kaufen würde segeln
Irr. Weak	ich habe gewusst	hatte gewusst	werde wissen	würde wissen
Modal	ich habe gekonnt	hatte gekonnt	werde können	würde können
haben	ich habe gehabt	hatte gehabt	werde haben	würde haben
sein	ich bin gewesen	war gewesen	werde sein	würde sein
werden	ich bin geworden	war geworden	werde werden	würde werden

2. *Passive voice*

	Present	**Simple Past**	**Perfect**
Strong	es wird genommen	wurde genommen	ist genommen worden
Weak	es wird gekauft	wurde gekauft	ist gekauft worden

II. Strong and Irregular Weak Verbs

backen (backt)	backte	hat gebacken	*to bake*
beginnen (beginnt)	begann	hat begonnen	*to begin*
beißen (beißt)	biss	hat gebissen	*to bite*
bekommen (bekommt)	bekam	hat bekommen	*to get, receive*
beschreiben (beschreibt)	beschrieb	hat beschrieben	*to describe*
besitzen (besitzt)	besaß	hat besessen	*to own, possess*
besteigen (besteigt)	bestieg	hat bestiegen	*to climb*
bitten (bittet)	bat	hat gebeten	*to ask for*
bleiben (bleibt)	blieb	ist geblieben	*to stay*
braten (brät)	briet	hat gebraten	*to roast, fry*
brechen (bricht)	brach	hat gebrochen	*to break*
brennen (brennt)	brannte	hat gebrannt	*to burn*
bringen (bringt)	brachte	hat gebracht	*to bring*
denken (denkt)	dachte	hat gedacht	*to think*
dürfen (darf)	durfte	hat gedurft	*to be allowed to*
essen (isst)	aß	hat gegessen	*to eat*
empfehlen (empfiehlt)	empfahl	hat empfohlen	*to recommend*
entscheiden (entscheidet)	entschied	hat entschieden	*to decide*
erfinden (erfindet)	erfand	hat erfunden	*to invent*

fahren (fährt)	fuhr	ist gefahren	*to go, drive*
fallen (fällt)	fiel	ist gefallen	*to fall*
fangen (fängt)	fing	hat gefangen	*to catch*
finden (findet)	fand	hat gefunden	*to find*
fliegen (fliegt)	flog	ist geflogen	*to fly*
fliehen (flieht)	floh	ist geflohen	*to flee*
fließen (fließt)	floss	ist geflossen	*to flow*
fressen (frisst)	fraß	hat gefressen	*to eat*
geben (gibt)	gab	hat gegeben	*to give*
gefallen (gefällt)	gefiel	hat gefallen	*to please, be pleasing to*
gehen (geht)	ging	ist gegangen	*to go, walk*
gewinnen (gewinnt)	gewann	hat gewonnen	*to win*
gießen (gießt)	goss	hat gegossen	*to water*
haben (hat)	hatte	hat gehabt	*to have*
halten (hält)	hielt	hat gehalten	*to hold*
hängen (hängt)	hing	hat gehangen	*to hang, be suspended*
heben (hebt)	hob	hat gehoben	*to lift*
heißen (heißt)	hieß	hat geheißen	*to be called*
helfen (hilft)	half	hat geholfen	*to help*
kennen (kennt)	kannte	hat gekannt	*to know*
klingen (klingt)	klang	hat geklungen	*to sound*
kommen (kommt)	kam	ist gekommen	*to come*
können (kann)	konnte	hat gekonnt	*to be able*
laden (lädt)	lud	hat geladen	*to invite*
lassen (lässt)	ließ	hat gelassen	*to let, leave*
laufen (läuft)	lief	ist gelaufen	*to run*
leihen (leiht)	lieh	hat geliehen	*to lend, borrow*
lesen (liest)	las	hat gelesen	*to read*
liegen (liegt)	lag	hat gelegen	*to lie*
mögen (mag)	mochte	hat gemocht	*to like*
müssen (muss)	musste	hat gemusst	*to have to*
nehmen (nimmt)	nahm	hat genommen	*to take*
nennen (nennt)	nannte	hat genannt	*to name*
raten (rät)	riet	hat geraten	*to advise*
reiten (reitet)	ritt	ist geritten	*to ride*
riechen (riecht)	roch	hat gerochen	*to smell*
rufen (ruft)	rief	hat gerufen	*to call*
scheiden (scheidet)	schied	hat geschieden	*to leave, divorce*
schießen (schießt)	schoss	hat geschossen	*to shoot*
schlafen (schläft)	schlief	hat geschlafen	*to sleep*
schlagen (schlägt)	schlug	hat geschlagen	*to strike, beat*
schließen (schließt)	schloss	hat geschlossen	*to shut, close*
schneiden (schneidet)	schnitt	hat geschnitten	*to cut*
schreiben (schreibt)	schrieb	hat geschrieben	*to write*
schwimmen (schwimmt)	schwamm	ist geschwommen	*to swim*
sehen (sieht)	sah	hat gesehen	*to see*
sein (ist)	war	ist gewesen	*to be*

senden (sendet)	sandte	hat gesandt	*to send*
singen (singt)	sang	hat gesungen	*to sing*
sinken (sinkt)	sank	ist gesunken	*to sink*
sitzen (sitzt)	saß	hat gesessen	*to sit*
sprechen (spricht)	sprach	hat gesprochen	*to speak*
springen (springt)	sprang	ist gesprungen	*to spring, jump*
stehen (steht)	stand	hat gestanden	*to stand*
steigen (steigt)	stieg	ist gestiegen	*to climb*
sterben (stirbt)	starb	ist gestorben	*to die*
stoßen (stößt)	stieß	hat gestoßen	*to shove, push*
streiten (streitet)	stritt	hat gestritten	*to quarrel, fight*
tragen (trägt)	trug	hat getragen	*to wear, carry*
treffen (trifft)	traf	hat getroffen	*to meet, hit*
treiben (treibt)	trieb	hat getrieben	*to do sports*
trinken (trinkt)	trank	hat getrunken	*to drink*
tun (tut)	tat	hat getan	*to do*
verbrennen (verbrennt)	verbrannte	hat verbrannt	*to burn; to incinerate*
verbringen (verbringt)	verbrachte	hat verbracht	*to spend* (*time*)
vergessen (vergisst)	vergaß	hat vergessen	*to forget*
verlassen (verlässt)	verließ	hat verlassen	*to leave* (*a place*)
verlieren (verliert)	verlor	hat verloren	*to lose*
verschwinden (verschwindet)	verschwand	ist verschwunden	*to disappear*
versprechen (verspricht)	versprach	hat versprochen	*to promise*
wachsen (wächst)	wuchs	ist gewachsen	*to grow*
waschen (wäscht)	wusch	hat gewaschen	*to wash*
werden (wird)	wurde	ist geworden	*to become*
wissen (weiß)	wusste	hat gewusst	*to know*

APPENDIX G
Answers to Grammar Exercises

Einführung A
Übung 1: 1. Hören Sie zu! 2. Geben Sie mir die Hausaufgabe! 3. Öffnen Sie das Buch! 4. Schauen Sie an die Tafel! 5. Nehmen Sie einen Stift! 6. Sagen Sie „Guten Tag"! 7. Schließen Sie das Buch! 8. Schreiben Sie „Tschüs"! **Übung 2:** 1.a. heißt b. heiße c. heiße 2.a. heißen b. heiße 3.a. heiße b. heiße c. heißt **Übung 3:** 1.a. bist b. bin c. sind 2.a. ist b. sind 3.a. seid b. bin c. ist. 4.a. bin b. bin **Übung 4:** 1.a. haben b. habe 2.a. hast 3.a. Habt b. hat c. haben d. habe **Übung 5:** 1. S1: Welche Farbe hat die Jacke? S2: Sie ist blau. 2. S1: Welche Farbe hat der Hut? S2: Er ist schwarz. 3. S1: Welche Farbe hat der Rock? S2: Er ist orange. 4. S1: Welche Farbe hat das Hemd? S2: Es ist gelb. 5. S1: Welche Farbe hat das Sakko? S2: Es ist rot. 6. S1: Welche Farbe hat die Hose? S2: Sie ist grün. 7. S1: Welche Farbe haben die Schuhe? S2: Sie sind braun. 8. S1: Welche Farbe haben die Schuhe? S2: Sie sind rosa. 9. S1: Welche Farbe hat die Bluse? S2: Sie ist weiß. **Übung 6:** 1. Sie 2. Es 3. Er 4. Sie 5. Es 6. Sie 7. Er 8. Sie 9. Sie 10. Er **Übung 7:** 1. du 2. Sie 3. du 4. ihr 5. Sie 6. Sie 7. Sie 8. ihr

Einführung B
Übung 1: 1.a. ein b. der c. rot 2.a. eine b. die c. braun 3.a. ein b. der c. grün 4.a. ein b. das c. orange 5.a. eine b. die c. grau 6.a. eine b. die c. schwarz **Übung 2:** 1. Nein, das ist eine Lampe. 2. Nein, das ist eine Tafel. 3. Nein, das ist ein Fenster. 4. Nein, das ist ein Kind. 5. Nein, das ist ein Heft. 6. Nein, das ist eine Uhr. 7. Nein, das ist ein Tisch. 8. Nein, das ist eine Tür. 9. Nein, das ist ein Stuhl. **Übung 3:** 1. Hosen 2. Lampe 3. Freundin 4. Uhren 5. Hefte 6. Autos 7. Kleider 8. Stuhl 9. Tische 10. Rock **Übung 4:** Der Mensch hat zwei Arme, zwei Augen, zwei Beine, zehn Finger, zwei Füße, viele Haare, zwei Hände, eine Nase, zwei Ohren, zwei Schultern. **Übung 5:** (*Numbers will vary.*) In meinem Zimmer sind viele Bücher, ein Fenster, zwei Lampen, zwei Stühle, ein Tisch, eine Tür, eine Uhr, vier Wände. **Übung 6:** 1. Er ist schwarz. 2. Es ist weiß. 3. Sie ist blau. 4. Sie ist gelb. 5. Sie sind weiß. 6. Es ist rot. 7. Sie ist lila.

8. Sie sind braun. 9. Sie ist grün. 10. Er ist rosa. **Übung 7:** 1.a. kommst b. komme 2.a. kommt b. aus c. Woher d. kommen e. ich f. aus 3.a. sie b. kommen 4.a. ihr b. wir **Übung 8:** 1.a. deine b. Sie 2.a. dein b. mein 3.a. mein b. mein c. Dein 4.a. Ihre b. Meine c. mein **Übung 9:** (*Answers will vary.*) 1. Ich komme aus _____. 2. Meine Mutter kommt aus _____. 3. Mein Vater kommt aus _____. 4. Meine Großeltern kommen aus _____. / Mein Großvater kommt aus _____, und meine Großmutter kommt aus _____. 5. Mein Professor / Meine Professorin kommt aus _____. 6. Ein Student aus meinem Deutschkurs heißt _____, und er kommt aus _____. 7. Eine Studentin aus meinem Deutschkurs heißt _____, und sie kommt aus _____.

Kapitel 1
Übung 1: (*Answers may vary.*) 1. Ich besuche Freunde. 2. Ihr geht ins Kino. 3. Jutta und Jens lernen Spanisch. 4. Du spielst gut Tennis. 5. Melanie studiert in Regensburg. 6. Ich lese ein Buch. 7. Wir reisen nach Deutschland. 8. Richard hört gern Musik. 9. Jürgen und Silvia kochen Spaghetti. **Übung 2:** 1. sie 2. Sie 3.a. du b. Ich 4.a. ihr b. Wir 5.a. Ich b. ihr c. Wir **Übung 3:** 1.a. (tanz)t b. (tanz)e c. (tanz)t 2.a. (geh)t b. (mach)en c. (reis)t d. (arbeit)et 3.a. (koch)en b. (mach)t c. (besuch)en **Übung 4:** 1. Monika und Albert spielen gern Schach. 2. Heidi arbeitet gern. 3. Stefan besucht gern Freunde. 4. Nora geht gern ins Kino. 5. Peter hört gern Musik. 6. Katrin macht gern Fotos. 7. Monika zeltet gern. 8. Albert trinkt gern Tee. **Übung 5:** 1. Frau Ruf liegt gern in der Sonne. Jutta liegt auch gern in der Sonne, aber Herr Ruf liegt nicht gern in der Sonne. 2. Jens reitet gern. Ernst reitet auch gern, aber Jutta reitet nicht gern. 3. Jens kocht gern. Jutta kocht auch gern, aber Andrea kocht nicht gern. 4. Michael und Maria spielen gern Karten. Die Rufs spielen auch gern Karten, aber die Wagners spielen nicht gern Karten. **Übung 6:** 1. Es ist halb acht. 2. Es ist elf Uhr. 3. Es ist Viertel vor fünf. 4. Es ist halb eins. 5. Es ist zehn vor sieben. 6. Es ist

Viertel nach zwei. 7. Es ist fünfundzwanzig nach fünf. 8. Es ist halb elf. **Übung 7:** 1. (Rolf) nach 2. (er) vor 3. (Seine Großmutter) nach 4. (Rolf) vor 5. (er) vor 6. (er) vor 7. (er) vor 8. (Er) nach **Übung 8:** (*Answers will vary.*) 1. Ich studiere _____. 2. Im Moment wohne ich in _____. 3. Heute koche ich _____. 4. Manchmal trinke ich _____. 5. Ich spiele gern _____. 6. Mein Freund (Meine Freundin) heißt _____. 7. Jetzt wohnt er (sie) in _____. 8. Manchmal spielen wir _____. **Übung 9:** 1. auf 2. auf 3. ein 4. an 5. aus 6. ab 7. ein 8. aus 9. auf **Übung 10:** 1. Rolf kommt in San Francisco an. 2. Thomas räumt das Zimmer auf. 3. Heidi ruft Thomas an. 4. Albert füllt das Formular aus. 5. Peter holt Monika ab. 6. Peter und Monika gehen aus. 7. Frau Schulz packt die Bücher ein. 8. Stefan steht um halb elf auf. **Übung 11:** 1. Wann bist du geboren? 2. Woher kommst du? 3. Wo wohnst du? 4. Welche Augenfarbe hast du? 5. Wie groß bist du? 6. Studierst du? 7. Welche Fächer studierst du? 8. Wie viele Stunden arbeitest du? 9. Was machst du gern? **Übung 12:** (*Answers may vary.*) 1. Wie heißt du? 2. Kommst du aus München? 3. Woher kommst du? 4. Was studierst du? 5. Wie heißt dein Freund? 6. Wo wohnt er? 7. Spielst du Tennis? 8. Tanzt du gern? 9. Trinkst du Bier? 10. Trinkt Willi gern Bier?

Kapitel 2
Übung 1: Ernst kauft die Tasche, die Stühle und den Schreibtisch. Melanie kauft die Tasche, das Regal und den Schreibtisch. Jutta kauft den Pullover, die Lampe und den Videorekorder. Ich kaufe . . . (*Answers will vary.*) **Übung 2:** (*Answers will vary.*) Ich habe ein Bett, Bilder, Bücher, einen Fernseher, eine Lampe, ein Telefon und einen Sessel. **Übung 3:** (*Sentences may vary.*) 1. Heidi hat einen Computer, aber keinen Fernseher. Sie hat eine Gitarre, aber kein Fahrrad. Sie hat ein Telefon und einen Teppich, aber sie hat keine Bilder. 2. Monika hat keinen Computer, keinen Fernseher und keine Gitarre. Aber sie hat ein Fahrrad, ein Telefon, Bilder und einen Teppich. 3. Ich habe _____. **Übung 4:**

(*Answers will vary.*) 1. Ich möchte ein Auto und eine Sonnenbrille. 2. Mein bester Freund möchte eine Katze. 3. Meine Eltern möchten einen Videorekorder. 4. Meine Mitbewohnerin und ich möchten einen Fernseher. 5. Mein Nachbar in der Klasse möchte ein Motorrad. 6. Meine Professorin möchte einen Koffer. 7. Mein Bruder möchte einen Hund. **Übung 5:** Seine Haare; Seine Augen; Seine Kette; Seine Schuhe; Seine Gitarre; Sein Zimmer; Sein Fenster; Ihre Haare; Ihre Augen; Ihre Kette ist kurz. Ihre Schuhe sind sauber. Ihre Gitarre ist neu. Ihr Zimmer ist klein. Ihr Fenster ist groß. **Übung 6:** 1. Ihren 2. Deine 3. eure 4. Deine 5. Ihr 6. deine 7. Euren **Übung 7:** (*Answers will vary.*) **Übung 8:** 1.a. ihr b. wir 2.a. Sie b. Ich 3.a. sie b. er 4.a. du b. Ich c. ihr d. Wir **Übung 9:** a. machen b. fährt c. sieht d. Isst e. isst f. isst g. macht h. lese i. schläft j. fahren **Übung 10:** (*Answers will vary.*) 1. Wir sprechen (nicht) gern Deutsch. Sprecht ihr auch (nicht) gern Deutsch? 2. Ich lade (nicht) gern Freunde ein. Lädst du auch (nicht) gern Freunde ein? 3. Ich laufe (nicht) gern im Wald. Läufst du auch (nicht) gern im Wald? 4. Ich trage (nicht) gern Pullis. Trägst du auch (nicht) gern Pullis? 5. Wir sehen (nicht) gern fern. Seht ihr auch (nicht) gern fern? 6. Ich fahre (nicht) gern Fahrrad. Fährst du auch (nicht) gern Fahrrad? 7. Wir vergessen (nicht) gern die Hausaufgabe. Vergesst ihr auch (nicht) gern die Hausaufgabe? 8. Ich schlafe (nicht) gern. Schläfst du auch (nicht) gern? **Übung 11:** 1. Schreib es dir auf! 2. Lies ein Buch! 3. Mach eine Pause! 4. Treib Sport! 5. Trink Cola! 6. Iss lieber Joghurt! 7. Kauf dir einen neuen Pullover! 8. Koch Chinesisch! 9. Lade deine Freunde ein! 10. Fahr Fahrrad! **Übung 12:** 1. Schlaf nicht den ganzen Tag! 2. Lieg nicht den ganzen Tag in der Sonne! 3. Vergiss nicht deine Hausaufgaben! 4. Lies deine Bücher! 5. Sieh nicht den ganzen Tag fern! 6. Trink nicht zu viel Cola! 7. Sprich nicht mit vollem Mund! 8. Trag deine Brille! 9. Geh spazieren! 10. Treib Sport! **Übung 13:** 1. Trag heute ein T-Shirt! 2. Spiel keine laute Musik! 3. Lern den Wortschatz! 4. Ruf deine Freunde an! 5. Lauf nicht allein im Park! 6. Lieg nicht zu lange in der Sonne! 7. Räum dein Zimmer auf! 8. Iss heute Abend in einem Restaurant! 9. Geh nicht zu spät ins Bett! 10. Steh früh auf!

Kapitel 3
Übung 1: (*Predicates and sequence will vary.*) A.1. Mein Freund / Meine Freundin

kann _____. 2. Meine Eltern können _____. 3. Ich kann / Wir können _____. 4. Mein Bruder / Meine Schwester kann _____. 5. Der Professor / Die Professorin kann _____. B.1. Kannst du / Könnt ihr Gedichte schreiben? 2. Kannst du / könnt ihr Auto fahren? 3. Kannst du / Könnt ihr tippen? 4. Kannst du / Könnt ihr stricken? 5. Kannst du / Könnt ihr zeichnen? **Übung 2:** (*Answers will vary.*) 1. Heute Abend will ich _____. 2. Morgen kann ich nicht _____. 3. Mein Freund / Meine Freundin kann gut _____. 4. Am Samstag will mein Freund / meine Freundin _____. 5. Mein Freund / Meine Freundin und ich wollen _____. 6. Im Winter wollen meine Eltern / meine Freunde _____. 7. Meine Eltern / Meine Freunde können gut _____. **Übung 3:** 1. Sie darf nicht mit Jens zusammen lernen. 2. Sie darf nicht viel fernsehen. 3. Sie muss in der Klasse aufpassen und mitschreiben. 4. Sie darf nicht jeden Tag tanzen gehen. 5. Sie muss jeden Tag ihren Wortschatz lernen. 6. Sie muss amerikanische Filme im Original sehen. 7. Sie muss ihren Englisch-lehrer zum Abendessen einladen. 8. Sie muss für eine Woche nach London fahren. 9. Sie muss die englische Grammatik fleißig lernen. **Übung 4:** 1.a. Willst b. will c. kann d. muss 2.a. darf b. musst c. kann d. darfst e. könnt 3.a. sollst b. kann c. musst **Übung 5:** 1.a. dich 2.a. mich b. dich 3.a. uns 4.a. euch 5.a. dich b. dich 6.a. mich b. Sie 7.a. Sie **Übung 6:** 1. Ja, ich mache es gern. / Nein, ich mache es nicht gern. 2. Ja, ich kann es aufsagen. / Nein, ich kann es nicht aufsagen. 3. Ja, ich kenne ihn. / Nein, ich kenne ihn nicht. 4. Ja, ich lese sie gern. / Nein, ich lese sie nicht gern. 5. Ja, ich lerne ihn gern. / Nein, ich lerne ihn nicht gern. 6. Ja, ich kenne sie. / Nein, ich kenne sie nicht. 7. Ja, ich vergesse sie oft. / Nein, ich vergesse sie nicht oft. 8. Ja, ich mag ihn/sie. / Nein, ich mag ihn/sie nicht. **Übung 7:** 1. Nein, sie liest ihn nicht, sie schreibt ihn. 2. Nein, er isst sie nicht, er trinkt sie. 3. Nein, sie macht ihn nicht an, sie macht ihn aus. 4. Nein, er kauft es nicht, er verkauft es. 5. Nein, er zieht sie nicht aus, er zieht sie an. 6. Nein, sie trägt ihn nicht, sie kauft ihn. 7. Nein, er bestellt es nicht, er isst es. 8. Nein, er besucht ihn nicht, er ruft ihn an. 9. Nein, sie kämmt es nicht, sie wäscht es. 10. Nein, er bläst sie nicht aus, er zündet sie an. **Übung 8:** 1. Weil ich krank bin. 2. Weil er müde ist. 3. Weil wir Hunger haben. 4. Weil sie keine Zeit hat. 5. Weil sie Langeweile hat. 6. Weil ich traurig bin. 7. Weil sie Durst haben. 8. Weil ich Angst habe. 9. Weil er glücklich

ist. 10. Weil ich lernen muss. **Übung 9:** (*Answers will vary.*) 1. s1: Was macht Albert, wenn er müde ist? s2: Wenn Albert müde ist, geht er nach Hause. s1: Und du? s2: Wenn ich müde bin, _____. 2. s1: Was macht Maria, wenn sie glücklich ist? s2: Wenn Maria glücklich ist, trifft sie Michael. s1: Und du? s2: Wenn ich glücklich bin, _____. 3. s1: Was macht Herr Ruf, wenn er Durst hat? s2: Wenn Herr Ruf Durst hat, trinkt er eine Cola. s1: Und du? s2: Wenn ich Durst habe, _____. 4. s1: Was macht Frau Wagner, wenn sie in Eile ist? s2: Wenn Frau Wagner in Eile ist, fährt sie mit dem Taxi. s1: Und du? s2: Wenn ich in Eile bin, _____. 5. s1: Was macht Heidi, wenn sie Hunger hat? s2: Wenn Heidi Hunger hat, kauft sie einen Hamburger. s1: Und du? s2: Wenn ich Hunger habe, _____. 6. s1: Was macht Frau Schulz, wenn sie Ferien hat? s2: Wenn Frau Schulz Ferien hat, fliegt sie nach Deutschland. s1: Und du? s2: Wenn ich Ferien habe, _____. 7. s1: Was macht Hans, wenn er Angst hat? s2: Wenn Hans Angst hat, ruft er „Mama, Mama". s1: Und du? s2: Wenn ich Angst habe, _____. 8. s1: Was macht Stefan, wenn er krank ist? s2: Wenn Stefan krank ist, geht er zum Arzt. s1: Und du? s2: Wenn ich krank bin, _____. **Übung 10:** 1. Jürgen ist wütend, weil er immer so früh aufstehen muss. 2. Silvia ist froh, weil sie heute nicht arbeiten muss. 3. Claire ist in Eile, weil sie noch einkaufen muss. 4. Josef ist traurig, weil Melanie ihn nicht anruft. 5. Thomas geht nicht zu Fuß, weil seine Freundin ihn zur Uni mitnimmt. 6. Willi hat selten Langeweile, weil er immer fernsieht. 7. Marta hat Angst vor Wasser, weil sie nicht schwimmen kann. 8. Mehmet fährt in die Türkei, weil er seine Eltern besuchen will.

Kapitel 4
Übung 1: a. hat b. ist c. hat d. hat e. ist f. sind g. ist h. hat i. hat **Fragen:** 1. Rosemarie ist um 7 Uhr aufgestanden. 2. Sie sind zur Schule gegangen. 3. Frau Dehne ist die Lehrerin. 4. Sie hat „Herzlich Willkommen" an die Tafel geschrieben. **Übung 2:** a. haben b. sind c. haben d. sind e. sind f. haben g. haben h. sind i. haben j. sind **Fragen:** 1. Josef und Melanie sind mit dem Taxi zum Bahnhof gefahren. 2. Sie sind um 5.30 mit dem Zug abgefahren. 3. Sie haben im Speisewagen gefrühstückt. 4. Nachts haben sie schlecht geschlafen. **Übung 3:** a. aufgestanden b. geduscht c. gefrühstückt d. gegangen e. gehört f. getroffen g. getrunken h. gearbeitet i. gegessen **Übung 4:** 1. Hast du schon gefrühstückt? 2. Bist du schon geschwom-

men? 3. Hast du schon eine Geschichte gelesen? 4. Hast du schon Klavier gespielt? 5. Hast du schon geschlafen? 6. Hast du schon gegessen? 7. Hast du schon Geschirr gespült? 8. Hast du den Brief schon geschrieben? 9. Bist du schon ins Bett gegangen? **Übung 5:** 1. Katrin hat bis 9 Uhr im Bett gelegen. 2. Sie hat einen Rock getragen. 3. Sie hat mit Frau Schulz gesprochen. 4. Sie hat ein Referat gehalten. 5. Sie hat Freunde getroffen. 6. Sie hat gearbeitet. 7. Es hat geregnet. 8. Sie ist nach Hause gekommen. 9. Sie hat ihre Wäsche gewaschen. 10. Sie ist abends zu Hause geblieben. **Übung 6:** 1. (*Answers will vary.*) 2. (*Answers will vary.*) 3. Am fünfundzwanzigsten Dezember. 4. (*Answers will vary according to country.*) 5. Am ersten Januar. 6. Am vierzehnten Februar. 7. (*Answers will vary.*) 8. (*Answers will vary.*) 9. Am einundzwanzigsten März. 10. Am dreiundzwanzigsten Juni. **Übung 7:** a. im b. im c. — d. am e. Am f. um g. um h. Am i. im j. am **Übung 8:** (*Answers will vary.*) **Übung 9:** A: 1. R 2. F 3. R 4. R 5. R B: Partizipien mit **ge-**:

aufgestanden	aufstehen
gehört	hören
gegangen	gehen
gekocht	kochen
gefahren	fahren
geparkt	parken
zurückgekommen	zurückkommen
gewaschen	waschen
aufgeräumt	aufräumen
gefallen	fallen
eingelaufen	einlaufen
abgebrannt	abbrennen

Partizipien ohne **ge-**:

verschlafen	verschlafen
bekommen	bekommen
bezahlt	bezahlen
zerbrochen	zerbrechen

Übung 10: a. ist . . . angekommen b. hat . . . begrüßt c. getrunken d. ist . . . gegangen e. hat . . . geschlafen f. ist . . . gegangen g. haben . . . gefragt h. hat . . . gesprochen i. haben . . . getrunken j. sind . . . gegangen **Übung 11:** (*Answers will vary.*) 1. —Bist du gestern früh aufgestanden? —Ja. —Wann? —Um 6 Uhr. 2. —Hast du gestern jemanden fotografiert? —Ja. —Wen? —Jane. 3. —Hast du gestern jemanden besucht? —Ja. —Wen? —Alan. 4. —Bist du gestern ausgegangen? —Ja. —Wohin? —Ins Kino. 5. —Hast du gestern etwas bezahlt? —Ja. —Was? —Die Rechnung. 6. —Hast du gestern etwas repariert? —Ja. —Was? —Mein Auto. 7. —Hast du gestern etwas Neues probiert? —Ja. —Was? —Segeln. 8. —Hast du gestern ferngesehen?

—Ja. —Wie lange? —Eine Stunde. 9. —Hast du gestern etwas nicht verstanden? —Ja. —Was? —Sophies Referat. 10. —Hast du gestern dein Zimmer aufgeräumt? —Ja. —Wann? —Um 4 Uhr.

Kapitel 5
Übung 1: (*Answers will vary.*) Ich backe meiner Tante einen Kuchen. Ich erkläre meinem Partner eine Geschichte. Ich erzähle meiner Kusine einen Witz. Ich gebe meinem Freund einen Kuss. Ich kaufe meinem Vater eine Krawatte. Ich koche meiner Mitbewohnerin Kaffee. Ich leihe meinem Bruder fünfzig Dollar. Ich schenke meiner Großmutter ein Buch. Ich schreibe meiner Mutter einen Brief. Ich verkaufe meinem Mitbewohner mein Deutschbuch. **Übung 2:** (*Answers will vary.*) Heidi erklärt ihrer Freundin die Grammatik. Peter erzählt seinem Vetter ein Märchen. Thomas gibt seiner Mutter ein Armband. Katrin kauft ihrem Mann einen Rucksack. Stefan kocht seinem Freund eine Suppe. Albert leiht seinen Eltern einen Regenschirm. Monika schenkt ihrer Schwester einen Bikini. Frau Schulz schreibt ihrer Tante eine Karte. Nora verkauft ihrem Professor ein Zelt. **Übung 3:** 1. Wer 2. Wen 3. Wem 4. Wen 5. Wem 6. wer **Übung 4:** 1. Was passiert am Abend? Es wird dunkel. 2. Was passiert, wenn man Bücher schreibt? Man wird bekannt. 3. Was passiert, wenn man Fieber bekommt? Man wird krank. 4. Was passiert im Frühling? Die Tage werden länger. 5. Was passiert im Herbst? Die Blätter werden bunt. 6. Was passiert, wenn Kinder älter werden? Sie werden größer. 7. Was passiert, wenn man in der Lotterie gewinnt? Man wird reich. 8. Was passiert, wenn man Medizin studiert? Man wird Arzt. 9. Was passiert am Morgen? Es wird hell. 10. Was passiert im Sommer? Es wird wärmer. **Übung 5:** 1. Vielleicht wird sie Köchin. 2. Vielleicht wird sie Apothekerin. 3. Vielleicht wird er Pilot. 4. Vielleicht wird er Lehrer. 5. Vielleicht wird sie Architektin. 6. Vielleicht wird sie Bibliothekarin. 7. Vielleicht wird er Krankenpfleger. 8. Vielleicht wird sie Dirigentin. **Übung 6:** 1. Was macht man im Kino? Man sieht einen Film. 2. Was macht man auf der Post? Man kauft Briefmarken. 3. Was macht man an der Tankstelle? Man tankt Benzin. 4. Was macht man in der Disko? Man tanzt. 5. Was macht man in der Kirche? Man betet. 6. Was macht man auf der Bank? Man wechselt Geld. 7. Was macht man im Meer? Man schwimmt. 8. Was macht man in der Bibliothek? Man liest ein Buch. 9. Was macht man im Park? Man geht spazieren.

Übung 7: 1. Monika ist in der Kirche. 2. Albert schwimmt im Meer. 3. Heidi ist auf der Polizei. 4. Nora ist in einem Hotel. 5. Katrin ist im Schwimmbad. 6. Thomas ist auf der Post. 7. Frau Schulz ist in der Küche. 8. Das Poster ist an der Wand. 9. Der Topf ist auf dem Herd. 10. Der Wein ist im Kühlschrank. **Übung 8:** 1. mir 2. dir 3. euch 4. Ihnen 5. uns **Übung 9:** 1. Er hat ihr einen Regenschirm geschenkt. 2. Sie hat ihm ihr Auto geliehen. 3. Er hat ihm tausend Mark geliehen. 4. Sie hat ihr einen Witz erzählt. 5. Er hat ihnen eine Geschichte erzählt. 6. Sie hat ihr ihre Sonnenbrille verkauft. 7. Er hat ihnen seinen Fernseher verkauft. 8. Sie hat ihm ihr Büro gezeigt. 9. Er hat ihm seine Wohnung gezeigt. 10. Sie hat ihr eine neue Brille gekauft. 11. Er hat ihr einen Kinderwagen gekauft.

Kapitel 6
Übung 1: (*Some answers will vary.*) 1. Berlin ist größer als Zürich. 2. München ist älter als San Francisco. 3. Athen ist wärmer als Hamburg. 4. Der Mount Everest ist höher als das Matterhorn. 5. Der Mississippi ist länger als der Rhein. 6. Liechtenstein ist kleiner als die Schweiz. 7. Leipzig ist kälter als Kairo. 8. Ein Fernseher ist billiger als eine Waschmaschine. 9. Schnaps ist stärker als Bier. 10. Ein Haus auf dem Land ist schöner als ein Haus in der Stadt. 11. Zehn Euro ist mehr als zehn Dollar. 12. Ein Appartement ist teurer als eine Wohnung in einem Studentenheim. 13. Ein Motorrad ist schneller als ein Fahrrad. 14. Ein Sofa ist schwerer als ein Stuhl. 15. Bier ist besser als Milch. **Übung 2:** 1. Herr Thelen ist älter als Herr Wagner. 2. Frau Gretter ist so groß wie Herr Thelen. 3. Frau Gretter ist größer als Frau Ruf. 4. Frau Ruf ist kleiner als Herr Thelen. 5. Frau Gretter ist leichter als Herr Thelen. 6. Herr Wagner ist schwerer als Frau Ruf. 7. Frau Ruf ist intelligenter als Herr Wagner. 8. Frau Gretter ist so intelligent wie Herr Wagner. 9. Frau Ruf ist progressiver als Herr Wagner. 10. Herr Thelen ist so progressiv wie Frau Gretter. 11. Herr Wagner ist konservativer als Herr Thelen. **Übung 3:** (*Answers may vary.*) 1. Albert ist unter der Dusche. 2. Der Spiegel hängt an der Wand. 3. Der Kühlschrank steht neben dem Fernseher. 4. Das Deutschbuch liegt im Kühlschrank. 5. Die Lampe hängt über dem Tisch. 6. Der Computer steht auf dem Schreibtisch. 7. Die Schuhe liegen auf dem Bett. 8. Die Hose liegt auf dem Tisch. 9. Das Poster von Berlin hängt über dem Fernseher. 10. Die Katze liegt unter dem

Bett. **Übung 4:** (*Answers will vary.*) **Übung 5:** (*Answers may vary*). 1. Ich bin heute Abend in der Bibliothek. 2. Ich bin am Nachmittag in der Mensa. 3. Ich bin um 16 Uhr bei Freunden. 4. Ich bin in der Nacht im Bett. 5. Ich bin am frühen Morgen am Frühstückstisch. 6. Ich bin am Montag in der Klasse. 7. Ich bin am 1. August im Urlaub. 8. Ich bin an Weihnachten auf einer Party. 9. Ich bin im Winter bei meinen Eltern. 10. Ich bin am Wochenende auf einer Party. **Übung 6:** 1. Er geht zum Arzt. 2. Er geht zum Fußballplatz. 3. Sie geht ins Hotel. 4. Er fährt zur Tankstelle. 5. Er geht in den Supermarkt. 6. Er geht auf die Post. 7. Sie gehen in den Wald. 8. Sie geht zu ihrem Freund. 9. Er fährt zum Flughafen. 10. Sie geht ins Theater. **Übung 7:** 1.a. aufstehst 2.a. mache b. aus c. fernsiehst 3.a. kommt b. an 4.a. zieht b. um 5. einladen 6.a. räumt b. auf 7.a. mitkommen b. mitnimmst 8.a. rufst b. an **Übung 8:** Andrea hat ferngesehen. Katrin und Peter sind ausgegangen. Heidi hat Frau Schulz angerufen. Herr Ruf hat das Geschirr abgetrocknet. Jürgen ist ausgezogen. Jutta hat ihr Abendkleid angezogen. Maria ist aus Bulgarien angekommen. Herr Thelen ist aufgewacht. **Übung 9:** 1. Womit kochst du Kaffee? Mit der Kaffeemaschine. 2. Womit saugst du Staub? Mit dem Staubsauger. 3. Womit putzt du dir die Zähne? Mit der Zahnbürste. 4. Womit fegst du den Boden? Mit dem Besen. 5. Womit bügelst du? Mit dem Bügeleisen. 6. Womit trocknest du dir die Hände ab? Mit dem Handtuch. 7. Womit tippst du einen Brief? Mit dem Computer. 8. Womit gießt du die Blumen im Garten? Mit dem Gartenschlauch. 9. Womit wischst du den Boden? Mit dem Putzlappen. 10. Womit gießt du die Blumen in der Wohnung? Mit der Gießkanne. **Übung 10:** 1.a. mit b. mit c. Mit d. bei 2.a. bei b. mit c. bei d. mit 3.a. mit b. mit c. bei.

Kapitel 7
Übung 1: (*Answers will vary.*) 1. Ich mag Leute, die laut lachen. 2. Ich mag keine Leute, die viel sprechen. 3. Ich mag eine Stadt, die Spaß macht. 4. Ich mag keine Stadt, die langweilig ist. 5. Ich mag einen Mann, der gern verreist. 6. Ich mag keinen Mann, der interessant aussieht. 7. Ich mag eine Frau, die nett ist. 8. Ich mag keine Frau, die betrunken ist. 9. Ich mag einen Urlaub, der exotisch ist. 10. Ich mag ein Auto, das schnell fährt. **Übung 2:** 1. Europa → Wie heißt der Kontinent, der

eigentlich eine Halbinsel von Asien ist? 2. Mississippi → Wie heißt der Fluss, von dem Mark Twain erzählt? 3. San Francisco → Wie heißt die Stadt, die an einer Bucht liegt? 4. die Alpen → Wie heißen die Berge, in denen man sehr gut Ski fahren kann? 5. Washington → Wie heißt der Staat in den USA, dem ein Präsident seinen Namen gegeben hat? 6. das Tal des Todes → Wie heißt das Tal, in dem es sehr heiß ist? 7. Ellis → Wie heißt die Insel, die man von New York sieht? 8. der Pazifik → Wie heißt das Meer, über das man nach Hawaii fliegt? 9. die Sahara → Wie heißt die Wüste, die man aus vielen Filmen kennt? 10. der Große Salzsee → Wie heißt der See in Utah, auf dem man segeln kann? **Übung 3:** 1. In Athen ist es am heißesten. 2. In Moskau ist es am kältesten. 3. Monaco ist am kleinsten. 4. Frankreich ist am ältesten. 5. Südafrika ist am jüngsten. 6. Der Nil ist am längsten. 7. Frankfurt liegt am nördlichsten. 8. Der Mount Everest ist am höchsten. 9. Deutschland ist am größten. **Übung 4:** 1. Heidi ist schwerer als Monika. 2. Thomas und Stefan sind am schwersten. 3. Thomas ist besser in Deutsch als Monika. 4. Thomas und Heidi sind am besten. 5. Heidi ist kleiner als Stefan. 6. Monika ist am kleinsten. 7. Stefan ist jünger als Thomas. 8. Stefan ist am jüngsten. 9. Thomas' Haare sind länger als Heidis. 10. Monikas Haare sind am längsten. 11. Heidis Haare sind kürzer als Monikas. 12. Stefans Haare sind am kürzesten. 13. Monika ist schlechter in Deutsch als Heidi. 14. Stefan ist in Deutsch am schlechtesten. **Übung 5:** a. darauf b. daneben c. Dazwischen d. Darin e. Davor f. darüber g. Daran h. Darunter i. dahinter **Übung 6:** 1. Mit wem gehen Sie am liebsten ins Theater? 2. Worauf freuen Sie sich am meisten? 3. Auf wen müssen Sie immer warten? 4. Über wen haben Sie sich in letzter Zeit am meisten geärgert? 5. Woran denken Sie, wenn Sie „USA" hören? 6. Womit fahren Sie zur Schule? 7. Worüber schreiben Sie nicht gern? 8. An wen haben Sie Ihren letzten Brief geschrieben? 9. Von wem halten Sie nicht viel? 10. Wovon träumen Sie? **Übung 7:** 1. bin 2.a. hat b. bin 3.a. habe b. bin 4. bin 5. bin 6.a. habe b. bin 7.a. habe b. ist 8.a. haben b. ist 9.a. ist / sind b. hat 10. habe **Übung 8:** 1. Ich habe schon Frühstück gemacht. 2. Ich habe meine Milch schon getrunken. 3. Ich habe den Tisch schon sauber gemacht. 4. Ich bin schon zum Bäcker gelaufen. 5. Ich habe schon Brötchen mitgebracht. 6. Ich habe schon Geld mitgenommen. 7. Ich habe den

Hund schon gefüttert. 8. Ich habe die Tür schon zugemacht.

Kapitel 8
Übung 1: (*Answers will vary.*) Amerikanisches Steak! 2. Russischer Kaviar! 3. Griechische Oliven! 4. Japanische Sojasoße! 5. Französischer Champagner! 6. Deutsche Wurst! 7. Dänischer Käse! 8. Italienische Spaghetti! 9. Ungarischer Paprika! 10. Englische Marmelade! 11. Kolumbianischer Kaffee! 12. Neuseeländische Kiwis! **Übung 2:** 1. Ja, aber nur deutsches Brot. 2. Ja, aber nur russischen Kaviar. 3. Ja, aber nur italienische Salami. 4. Ja, aber nur kolumbianischen Kaffee. 5. Ja, aber nur neuseeländische Kiwis. 6. Ja, aber nur französischen Wein. 7. Ja, aber nur belgisches Bier. 8. Ja, aber nur spanische Muscheln. 9. Ja, aber nur englische Marmelade. 10. Ja, aber nur japanischen Thunfisch. **Übung 3:** 1. Michael: Ich möchte den grauen Wintermantel da. Maria: Nein, der graue Wintermantel ist viel zu schwer. 2. Michael: Ich möchte die gelbe Hose da. Maria: Nein, die gelbe Hose ist viel zu bunt. 3. Michael: Ich möchte das schicke Hemd da. Maria: Nein, das schicke Hemd ist viel zu teuer. 4. Michael: Ich möchte die roten Socken da. Maria: Nein, die roten Socken sind viel zu warm. 5. Michael: Ich möchte den schwarzen Schlafanzug da. Maria: Nein, der schwarze Schlafanzug ist viel zu dünn. 6. Michael: Ich möchte die grünen Schuhe da. Maria: Nein, die grünen Schuhe sind viel zu groß. 7. Michael: Ich möchte den modischen Hut da. Maria: Nein, der modische Hut ist viel zu klein. 8. Michael: Ich möchte die schwarzen Winterstiefel da. Maria: Nein, die schwarzen Winterstiefel sind viel zu leicht. 9. Michael: Ich möchte die elegante Sonnenbrille da. Maria: Nein, die elegante Sonnenbrille ist viel zu bunt. 10. Michael: Ich möchte die roten Tennisschuhe da. Maria: Nein, die roten Tennisschuhe sind viel zu grell. **Übung 4:** 1.a. Ihr neues Auto b. der alte Mercedes c. keinen neuen Wagen 2.a. der italienische Wein b. eine weitere Flasche 3.a. mein kaputtes Fahrrad b. meinen blöden Computer c. kein freies Wochenende **Übung 5:** 1. den 2.a. den b. dem 3.a. dem b. das 4. der 5.a. den b. den 6.a. ins b. im c. am 7.a. dich b. dich 8.a. den b. dem 9. der **Übung 6:** 1. Die Teller stehen im Küchenschrank. 2. Albert stellt die Teller auf den Tisch. 3. Die Servietten liegen in der Schublade. 4. Monika legt die Servietten auf den Tisch. 5. Messer und Gabeln liegen in der

Schublade. 6. Stefan legt Messer und Gabeln auf den Tisch. 7. Die Kerze steht auf dem Schrank. 8. Heidi stellt die Kerze auf den Tisch. 9. Thomas sitzt auf dem Sofa. **Übung 7:** 1. Jutta leiht ihrem neuen Freund ihre Lieblings-CD. 2. Jens verkauft dem kleinen Bruder von Jutta eine Ratte. 3. Ernst zeigt die Ratte nur seinen besten Freunden. 4. Jutta schenkt ihrer besten Freundin ein Buch. 5. Jens kauft seinem wütenden Lehrer eine Krawatte. 6. Ernst erzählt seiner großen Schwester einen Witz. 7. Jutta kocht den netten Leuten von nebenan Kaffee. 8. Ernst gibt dem süßen Baby von nebenan einen Kuss. **Übung 8:** 1. Frau Schulz repariert morgen das Auto. 2. Heidi fährt morgen aufs Land. 3. Peter spielt morgen Fußball. 4. Monika schreibt morgen einen Brief. 5. Stefan geht morgen einkaufen. 6. Nora heiratet morgen. 7. Albert geht morgen in den Supermarkt. 8. Thomas räumt morgen sein Zimmer auf. **Übung 9:** (*Answers and sequence will vary.*) 1. Ich werde weniger fernsehen. 2. Ich werde mehr lernen. 3. Ich werde weniger oft ins Kino gehen. 4. Ich werde früher ins Bett gehen. 5. Ich werde mehr arbeiten. 6. Ich werde öfter selbst kochen. **Übung 10:** (*Answers will vary.*)

Kapitel 9
Übung 1: (*Answers will vary.*) **Übung 2:** 1. Ich durfte nicht. 2. Ich wollte nicht. 3. Das wusste ich nicht. 4. Ich wollte eine. 5. Ich sollte das nicht. **Übung 3:** 1.a. wolltest b. wusste 2.a. durfte b. musste c. wollten d. konnten 3.a. konnte b. musste c. wusste d. wollte **Übung 4:** 1.a. Wann b. Wenn 2.a. wann b. Als 3. als 4.a. Wann b. als 5.a. Wann b. Wenn 6.a. Wann b. Als **Übung 5:** a. wenn b. Als c. Wenn d. wenn e. Als f. Als g. Wann h. Als i. wenn **Übung 6:** a. standen b. gingen c. fuhren d. kamen e. hielten f. aßen g. schwammen h. schliefen i. sprangen **Übung 7:** 1.a. wohnte b. hieß c. brachten d. machten e. gaben f. schliefen g. liefen h. kamen 2.a. sahen b. saß c. kochte d. fanden e. trug f. schloss g. tötete h. lief **Übung 8:** 1. Nachdem Jutta den Schlüssel verloren hatte, kletterte sie durch das Fenster. 2. Nachdem Ernst die Fensterscheibe eingeworfen hatte, lief er weg. 3. Nachdem Claire angekommen war, rief sie Melanie an. 4. Nachdem Hans seine Hausaufgaben gemacht hatte, ging er ins Bett. 5. Nachdem Jens sein Fahrrad repariert hatte, machte er eine Radtour. 6. Nachdem Michael die Seiltänzerin gesehen hatte, war er ganz verliebt. 7. Nachdem Richard ein ganzes Jahr gespart hatte, flog er nach Australien.

8. Nachdem Silvia zwei Semester allein gewohnt hatte, zog sie in eine Wohngemeinschaft. 9. Nachdem Willi ein Geräusch gehört hatte, rief er den Großvater an.

Kapitel 10
Übung 1: 1. Aus seinem Zimmer. 2. Aus der Schule. 3. Vom Markt. 4. Vom Friseur. 5. Bei Billy. 6. Bei ihrer Freundin. 7. Zu Herrn Thelen, Karten spielen. 8. Zu seiner Tante. 9. Nach Frankfurt. 10. Nach England. **Übung 2:** 1. Nach Kopenhagen. 2. Zum Strand. 3. Zu ihrer Tante Sule. 4. Aus der Türkei. 5. Nein, sie kommt aus dem Iran. 6. Aus dem Wasser. 7. Vom Markt. 8. Ja, bei uns. 9. Bei Fatimas Tante. 10. Nach Hause. **Übung 3:** A.1. Können Sie mir sagen, wann der nächste Zug nach Kassel fährt? 2. Wissen Sie, wie lange man nach Kassel fährt? 3. Können Sie mir sagen, wie groß Kassel ist? 4. Wissen Sie, was es in Kassel zu sehen gibt? 5. Können Sie mir sagen, ob man dort gut essen gehen kann? 6. Wissen Sie, ob es in Kassel eine Universität gibt? 7. Können Sie mir sagen, wie groß die Universität ist? 8. Wissen Sie, ob es eine gute Universität ist? 9. Können Sie mir sagen, was man abends in Kassel machen kann? 10. Wissen Sie, wann der nächste Zug zurückfährt? B. (*Answers will vary.*) **Übung 4:** 1. Fahren Sie den Fluss entlang. 2. Gehen Sie über die Brücke. 3. Gehen Sie an der Kirche vorbei. 4. Fahren Sie links vor dem Bahnhof. 5. Die Tankstelle ist gegenüber von der Post. 6. Gehen Sie über die Schienen. 7. Ja, und dann biegen Sie in die Bismarckstraße rechts ein. 8. Nein, gehen Sie an dem Rathaus vorbei und dann links. 9. Das Hotel „Patrizier" ist gegenüber von dem Rathaus. 10. Fahren Sie 10 km die Straße entlang. **Übung 5:** (*Answers will vary.*) 1. Wo würdest du übernachten? Ich würde bei Freunden übernachten. 2. Welche Stadt würdest du zuerst besuchen? Ich würde zuerst nach Berlin fahren. 3. Wohin würdest du zuerst gehen? Ich würde zuerst ins Museum gehen. 4. Wo würdest du essen? Ich würde bei meinen Freunden essen. 5. Was würdest du am Abend machen? Ich würde am Abend ins Kino gehen. 6. Was würdest du kaufen? Ich würde ein Stück der Berliner Mauer kaufen. 7. Wem würdest du Postkarten schreiben? Ich würde allen meinen Freunden Postkarten schreiben. 8. Wie lange würdest du bleiben? Ich würde ein Jahr bleiben. **Übung 6:** (*Answers will vary.*) **Übung 7:** (*Answers will vary.*) **Übung 8:** 1. Müsstest du nicht noch tanken? 2. Solltest wir nicht Jens abholen? 3. Könnten zwei Freunde

von mir auch mitfahren? 4. Sollten wir nicht zuerst in die Stadt fahren? 5. Wolltest du nicht zur Bank? 6. Könntest du etwas langsamer fahren? 7. Dürfte ich das Autoradio anmachen? 8. Dürfte ich das Fenster aufmachen? **Übung 9:** 1. steht 2. gratuliere 3. helfen 4. Schmeckt 5. passt 6. gehört 7. Fehlt 8. begegnet 9. schadet 10. zugehört **Übung 10:** (*Answers will vary.*)

Kapitel 11
Übung 1: 1.a. fühle mich b. mich erkältet c. dich legen 2.a. sich aufgeregt b. sich ausruhen 3.a. dich verletzt b. mich geschnitten 4.a. ärgerst dich b. dich freuen **Übung 2:** (*Answers will vary.*) Erst stehe ich auf. Dann dusche ich mich. Dann wasche ich mir das Gesicht. Dann wasche ich mir die Haare. Dann trockne ich mich ab. Dann putze ich mir die Fingernägel. Dann rasiere ich mich. Dann kämme ich mir die Haare. Dann ziehe ich mich an. Dann frühstücke ich. Dann putze ich mir die Zähne und gehe zur Uni. **Übung 3:** (*Answers will vary.*) 1. Ich rasiere mich jeden Morgen. 2. Meine Oma schminkt sich zu sehr. 3. Mein Freund wäscht sich nicht oft genug die Haare. 4. Mein Vater putzt sich nach jeder Mahlzeit die Zähne. 5. Mein Onkel zieht sich immer verrückt an. 6. Meine Schwester duscht sich jeden Tag. 7. Meine Freundin kämmt sich nie. 8. Mein Bruder fönt sich nie die Haare. 9. Meine Kusine badet sich nicht gern. 10. Meine Mutter zieht sich immer elegant an. **Übung 4:** 1. Ja, kannst du es mir geben?/Nein, ich brauche es nicht. 2. Ja, kannst du ihn mir geben?/Nein, ich brauche ihn nicht. 3. Ja, kannst du ihn mir geben?/Nein, ich brauche ihn nicht. 4. Ja, kannst du sie mir geben?/Nein, ich brauche sie nicht. 5. Ja, kannst du es mir geben?/Nein, ich brauche es nicht. 6. Ja, kannst du ihn mir geben?/Nein, ich brauche ihn nicht. 7. Ja, kannst du sie mir geben?/Nein, ich brauche sie nicht. 8. Ja, kannst du es mir geben?/Nein, ich brauche es nicht. 9. Ja, kannst du ihn mir geben?/Nein, ich brauche ihn nicht. **Übung 5:** 1. Warum schneidest du ihn dir nicht? 2. Warum wäschst du sie dir nicht? 3. Warum schneidest du dir nicht? 4. Warum kremst du sie dir nicht ein? 5. Warum fönst du sie dir nicht? 6. Warum wäschst du ihn dir nicht? 7. Warum putzt du sie dir nicht? 8. Warum lässt du sie dir nicht schneiden? 9. Warum kremst du es dir nicht ein? Warum wäschst du sie dir nicht? **Übung 6:** 1. Zieh dir einen Pullover an! 2. Zieh dir die Jacke aus!

3. Nimm einen Regenschirm mit! 4. Fahr mit dem Bus! 5. Sonn dich! 6. Fön dir die Haare! 7. Schneide sie dir! 8. Iss etwas! 9. Ärger dich nicht! 10. Ruh dich aus! **Übung 7:** 1. Jens und Ernst, seid nicht so laut! 2. Michael und Maria, seid pünktlich! 3. Uli, rauche nicht so viel! 4. Jutta, iss mehr Obst! 5. Herr Pusch, fahren Sie nicht so schnell! 6. Frau Körner, warten Sie an der Ecke! 7. Natalie und Rosemarie, seid nicht so ungeduldig! 8. Andrea und Paula, grüßt euren Vater von mir! 9. Hans, wasch dich und putz dir die Zähne! 10. Helga und Sigrid, lest jeden Tag die Zeitung! **Übung 8:** 1. Mach 2. Sprechen Sie 3. warte 4. vergiss 5. Helft **Übung 9:** 1.a. ob b. dass c. Wenn 2.a. damit b. Weil **Übung 10:** 1.a. als b. nachdem 2. bevor 3. Während 4. obwohl

Kapitel 12
Übung 1: 1. meines 2. Ihrer 3. meiner 4. deiner 5. dieses 6. alten 7. ersten 8. neuen **Übung 2:** 1. Monika spricht über den Beruf ihrer Schwester. 2. Thomas spricht über das Bild seines Vaters. 3. Frau Schulz spricht über das Alter ihrer Nichten. 4. Stefan spricht über die Länge seines Studiums. 5. Albert spricht über die Sprache seiner Großeltern. 6. Nora spricht über die Kleidung ihres Freundes. 7. Thomas spricht über die Qualität des Leitungswassers in Berkeley. 8. Katrin spricht über die Situation der Frauen.

Übung 3: 1. Um morgens munter zu sein, muss man früh ins Bett gehen. 2. Um die Professoren kennen zu lernen, muss man in die Sprechstunde gehen. 3. Um die Mitstudenten kennen zu lernen, muss man viel Gruppenarbeit machen. 4. Um am Wochenende nicht allein zu sein, muss man Leute einladen. 5. Um die Kurse zu bekommen, die man will, muss man sich so früh wie möglich einschreiben. 6. Um in vier Jahren fertig zu werden, muss man viel lernen und wenig Feste feiern. 7. Um nicht zu verhungern, muss man regelmäßig essen. 8. Um einen Freund/eine Freundin zu finden, muss man Deutsch belegen. 9. Um eine gute Note in Deutsch zu bekommen, muss man jeden Tag zum Unterricht kommen. 10. Um nicht ins Sprachlabor gehen zu müssen, muss man sich Kassetten kaufen oder ausleihen. **Übung 4:** (*Answers may vary.*) 1. Ich möchte immer hier leben, weil dieses Land das beste Land der Welt ist. 2. Ich möchte für ein Paar Jahre in Deutschland leben, um richtig gut Deutsch zu lernen. 3. Ausländer haben oft Probleme, weil sie die Sprache und Kultur des Gastlandes nicht verstehen. 4. Wenn ich Kinder habe, möchte ich hier leben, damit meine Kinder als (Amerikaner, Kanadier, Australier usw.) aufwachsen. 5. Viele Ausländer kommen hierher, weil man hier gut Geld verdienen kann. 6. Englisch sollte die einzige offizielle Sprache (der USA, Kanadas, Australiens usw.) sein, damit eine homogene

Gemeinschaft aus der multikulturellen Bevölkerung wird. **Übung 5:** 1. Die Fenster werden geputzt. 2. Das Silber wird poliert. 3. Die Lampen werden abgestaubt. 4. Die Fußböden werden aufgewischt. 5. Die Schränke werden aufgeräumt. 6. Die Gardinen werden gewaschen. 7. Die Sessel werden gereinigt. 8. Der Hof wird gefegt. 9. Die Teppiche werden Staub gesaugt. **Übung 6:** 1. vor 50.000 Jahren → Wann wurde Australien von den Aborigines besiedelt? 2. um 2500 v. Chr. → Wann wurden die ersten Pyramiden gebaut? 3. 44 v. Chr. → Wann wurde Cäsar ermordet? 4. 800 n. Chr. → Wann wurde Karl der Große zum Kaiser gekrönt? 5. 1088 → Wann wurde die erste Universität (Bologna) gegründet? 6. 1789 → Wann wurde die amerikanische Verfassung unterschrieben? 7. 1885 → Wann wurde in Kanada die transkontinentale Eisenbahn vollendet? 8. 1945 → Wann wurden die Atombomben auf Hiroshima und Nagasaki geworfen? 9. 1963 → Wann wurde John F. Kennedy erschossen? 10. 1990 → Wann wurde Deutschland vereinigt? **Übung 7:** 1. Worüber hat Silvia gesprochen? 2. Womit seid ihr gefahren? 3. Worunter habt ihr geschlafen? 4. Worauf seid ihr geklettert? 5. Wodurch seid ihr gewandert? 6. Wodurch seid ihr gegangen? 7. Womit war der Gipfel bedeckt? 8. Woran habt ihr teilgenommen? 9. Womit hast du gespielt? 10. Woran hast du nicht einmal gedacht? 11. Wovon träumst du noch heute?

VOKABELN
Deutsch-Englisch

Note to Students: The definitions in this vocabulary are based on the words as used in this text. For additional meanings, please refer to a dictionary.

Proper nouns are given only if the name is feminine or masculine or if the spelling is different from that in English.

The letters or numbers in parentheses following the entries refer to the chapters in which the words first occur in the chapter vocabulary list.

ABBREVIATIONS

acc.	accusative	*fem.*	feminine	*neut.*	neuter	*sg.*	singular
adj.	adjective	*for.*	formal	*nom.*	nominative	*s.o.*	someone
adv.	adverb	*for. pl.*	formal plural	*n.*	noun	*s.th.*	something
coll.	colloquial	*for. sg.*	formal singular	*o.s.*	oneself	*subord. conj.*	subordinate
coord. conj.	coordinating	*gen.*	genitive	*pl.*	plural		conjunction
	conjunction	*infor. pl.*	informal plural	*p.p.*	past participle	*v.*	verb
dat.	dative	*infor. sg.*	informal	*prep.*	preposition	*wk.*	weak
def. art.	definite article		singular	*pron.*	pronoun		masculine
dem. pron.	demonstrative	*masc.*	masculine	*rel. pron.*	relative		noun
	pronoun				pronoun		

ab (+ *dat.*) as of, effective

ab·bekommen (bekommt . . . ab), bekam . . . ab, abbekommen to get s.th.

ab·biegen (biegt . . . ab), bog . . . ab, ist abgebogen to turn (10)

ab·brennen (brennt . . . ab), brannte . . . ab, ist abgebrannt to burn down

der **Abend, -e** evening (1); **am Abend** at night, in the evening (4); **gegen Abend** toward evening; **gestern Abend** last night (4); **guten Abend!** good evening (A); **der Heilige Abend** Christmas Eve; **heute Abend** tonight (2); **zu Abend essen** to dine, have dinner (4)

das **Abendessen, -** supper, evening meal, dinner (1); **beim Abendessen** during dinner; **zum Abendessen** for dinner

das **Abendkleid, -er** evening dress

die **Abendnachrichten** (*pl.*) evening news

abends evenings, in the evening (4)

die **Abendsonne** evening sun, setting sun

der **Abendsonnenschein** evening sunlight

der **Abendverkauf** *permission to keep stores open at night*

das **Abenteuer, -** adventure; **Abenteuer erleben** to have adventures

aber (*coord. conj.*) but (A)

ab·fahren (fährt . . . ab), fuhr . . . ab, ist abgefahren to leave, depart (4)

die **Abfahrt, -en** departure

die **Abfahrtszeit, -en** time of departure

die **Abfallbeseitigung** waste disposal

das **Abgas, -e** exhaust (fumes) (7)

ab·geben (gibt . . . ab), gab . . . ab, abgegeben to hand over (to); to deliver (to)

abgenutzt worn

ab·holen, abgeholt to pick (*s.o.*) up (from a place) (1)

das **Abitur** college-prep-school degree (5)

ab·nehmen (nimmt . . . ab), nahm . . . ab, abgenommen to lose weight; to take off/away; to remove (8, 11); **Blut abnehmen** to take blood (11)

ab·räumen, abgeräumt to clear; to remove (3)

ab·rechnen, abgerechnet to tally up; to settle an account

ab·reisen, ist abgereist to depart (10)

der **Absatz, ˝e** heel (10); paragraph

der **Abschied** farewell; **zum Abschied** when leaving

ab·schließen (schließt . . . ab), schloss . . . ab, abgeschlossen to finish

der **Abschluss, ˝e** completion; final examination; graduation (9)

ab·schneiden (schneidet . . . ab), schnitt . . . ab, abgeschnitten to cut off (8); to slice

der **Abschnitt, -e** segment, section

ab·schreiben (schreibt . . . ab), schrieb . . . ab, abgeschrieben to copy (from another person)

die **Absicht, -en** intention

absolut absolute

die **Abstammung** origin; extraction; descent

ab·stauben, abgestaubt to dust (off)

ab·stellen, abgestellt to put, set down

ab·stürzen, ist abgestürzt to crash (11)

ab·transportieren, abtransportiert to carry away; to cart off

(sich) **ab·trocknen, abgetrocknet** to dry (*o.s.*) off (6, 11)

ab·waschen (wäscht . . . ab), wusch . . . ab, abgewaschen to wash (dishes)

abwechselnd alternately; taking turns

ab·wischen, abgewischt to wipe off; to wipe clean (6)

ab·ziehen (zieht . . . ab), zog . . . ab, abgezogen to subtract

ach oh; **ach ja?** oh really; **ach wie nett** how nice; **ach so** I see

acht eight (A)

acht- eighth (4)

achten auf (+ *acc.*) to watch out for; to pay attention to (11)

achtunddreißig thirty-eight

achtundzwanzig twenty-eight (A)

die **Achtung** attention (7)

achtzehn eighteen (A)

achtzig eighty (A)

die **Action** action

der **Actionfilm, -e** action film

der **ADAC = Allgemeiner Deutscher Automobilclub** *German automobile club*

adaptiert adapted

addieren, addiert to add

das **Adjektiv, -e** adjective

die **Adjektivendung, -en** adjective ending

der **Adler, -** eagle (12)

administrativ administrative

die Adresse, -n address (1)

der Advent Advent (*period beginning four Sundays before Christmas*); **der erste/zweite/dritte/vierte Advent** the first/second/third/fourth Sunday in Advent

die Adventsdekoration, -en decoration for Advent

der Adventskalender, - calendar counting the days of Advent

das Adverb, -ien adverb

das Aerobic aerobics

(das) Afrika Africa (B)

afro-deutsch Afro-German (*adj.*) (12)

aggressiv aggressive

der Agraringenieur, -e / die Agraringenieurin, -nen agricultural engineer

(das) Ägypten Egypt (B)

der Ahnenforscher, - genealogist

die Ahnenforschung, -en genealogy

ähnlich similar(ly) (A)

ähnliches: etwas Ähnliches something similar

die Ahnung, -en idea; suspicion (4); **keine Ahnung** no idea (4)

das Akkordeon, -s accordion (4)

der Akkusativ, -e accusative

die Akte, -n file; record

die Aktiengesellschaft (AG) (stock) corporation

aktiv active

die Aktivität, -en activity

aktuell current; present-day

akzeptabel acceptable

akzeptieren, akzeptiert to accept; to agree to

der Alarm, -e alarm

(das) Albanien Albania (B)

der Albatros, -se albatross (12)

(das) Algier Algiers

(das) Algerien Algeria (B)

der Alkohol alcohol

alkoholfrei nonalcoholic

alle (*pl.*) everybody; **nichts von alledem** none of this; **vor allem** above all

allein(e) alone; by oneself (3); **von allein** on one's own; by oneself

allerdings however; nevertheless; of course

allergisch (gegen + *acc.*) allergic (to) (11)

alles everything (2); **alles in Ordnung** everything (is) okay; **alles Mögliche** everything possible (2)

alles zusammen all together; one check (*restaurant*) (5)

allgemein general(ly); **im Allgemeinen** generally

der Alltag, -e everyday life

die Alpen (*pl.*) the Alps (7)

das Alphabet alphabet (3)

alpin alpine

als (*after comparative*) than; (*subord. conj.*) when; as (5); **als was?** as what? (5)

also well; so; thus (2)

alt old (A)

der Altbau, Altbauten *building built before June 20, 1948*

das Alter age (1)

die Älteren (*pl.*) the elderly

alternativ alternative

die Altersversorgung old-age pension

die Altstadt, ¨-e old part of town (10)

das Alugestell, -e aluminum frame

am = an dem at/on the

(das) Amerika the USA, America (B)

der Amerikaner, - / die Amerikanerin, -nen American (*person*) (B)

amerikanisch American (*adj.*) (3)

amerikanisieren, amerikanisiert to Americanize

die Ampel, -n traffic light (7)

das Amt, ¨-er public office

der Amtsrichter, - / die Amtsrichterin, -nen local or district court judge

an (+ *acc./dat.*) at; on; to (2); **am Abend** in the evening (4); **am ersten Oktober** on the first of October (4); **am Samstag** on Saturday (2); **am Telefon** on the phone (2); **an der Uni** at the university; **ans Meer** to the sea (2); **an welchem Tag?** on what day? (4); **an . . . vorbei** by (10)

die Analphase, -n anal phase

analysieren, analysiert to analyze

das Andenken, - souvenir (10); memento

ander- other; different; **alles andere** everything else; **anders** different; **unter anderem** among other things

der/die Andere, -n (ein Anderer) other (person)

(sich) ändern, geändert to change (9)

aneinander·legen, aneinandergelegt to lay next to each other

die Anerkennung, -en acknowledgment; appreciation

der Anfang, ¨-e beginning

an·fangen (fängt . . . an), fing . . . an, angefangen to begin (4), start; (**zu** + *inf.*) to begin

an·fassen, angefasst to touch

an·fertigen, angefertigt to prepare (a report)

an·fressen (frisst . . . an), fraß . . . an, angefressen to nibble (at)

die Angabe, -n statement; information

an·gehören, angehört to belong to (an organization) (12)

angeln, geangelt to fish

angenehm pleasant

der/die Angestellte, -n (ein Angestellter) employee; clerk (7)

angewiesen sein (auf + *acc.*) to depend on

die Anglistik English language and literature

an·greifen (greift . . . an), griff . . . an, angegriffen to attack (12)

die Angst, ¨-e fear (3); **Angst bekommen** to become afraid; **Angst haben (vor** + *dat.*) to be afraid (of) (3); **keine Angst!** don't be afraid!

an·gucken, angeguckt (*coll.*) to look at

an·halten (hält . . . an), hielt . . . an, hat/ist

angehalten to stop (7)

animieren, animiert to encourage; animate

an·kommen (kommt . . . an), kam . . . an, ist angekommen to arrive (1)

an·kreuzen, angekreuzt to mark with a cross

die Ankunft, ¨-e arrival

die Ankunftszeit, -en time of arrival

die Anlage, -n set; equipment

der Anlass, ¨-e reason; cause

an·machen, angemacht to turn on, switch on (3)

sich an·melden, angemeldet to register (12)

an·nehmen (nimmt . . . an), nahm . . . an, angenommen to accept; to take

anonym anonymous

an·probieren, anprobiert to try on (10)

an·pumpen, angepumpt (*coll.*) to borrow money from (*s.o.*)

an·quatschen, angequatscht (*coll.*) to speak to; to babble at

an·reden, angeredet to speak to; to address

der Anruf, -e phone call

der Anrufbeantworter, - answering machine

an·rufen (ruft . . . an), rief . . . an, angerufen to call up (on the telephone) (1)

der Anrufer, - person calling on the phone

ans = an das to the

an·schauen, angeschaut to look at (2); to watch

anscheinend apparently

die Anschrift, -en address (11)

an·sehen (sieht . . . an), sah . . . an, angesehen to look at; to watch (3)

die Ansichtskarte, -n postcard

der Anspruch, ¨-e claim; **in Anspruch nehmen** lay claim to

an·starren, angestarrt to stare at

anstatt (+ *gen.*) instead of (12)

sich an·stecken (mit + *acc.*), **angesteckt** to infect (with)

sich an·stellen, angestellt to get in line

anstrengend stressful; tiring

antiautoritär antiauthoritarian

die Antibiotika (*pl.*) antibiotics (11)

antiviral antiviral

der Antrag, ¨-e application

das Antragsformular, -e application form (12)

der Antragsteller, - applicant

der Antrieb, -e motivation

die Antwort, -en answer (A)

antworten (+ *dat.*), **geantwortet** to answer (4, 10)

der Anwalt, ¨-e / die Anwältin, -nen lawyer (5)

an·wenden (wendet . . . an), wandte . . . an, angewandt to use, apply; **Gewalt anwenden** to use force

an·werben (wirbt . . . an), warb . . . an, angeworben to recruit

an·zahlen, angezahlt to pay in advance (10)

die Anzeige, -n ad (6)

sich an·ziehen (zieht . . . an), zog . . . an,

angezogen to get dressed; to put on (*clothes*) (3, 11)

der **Anziehungspunkt, -e** main attraction

der **Anzug, ⁻e** suit (A)

an·zünden, angezündet to light (3); to set on fire

der **Apfel, ⁻** apple (3)

der **Apfelsaft, ⁻e** apple juice (9)

die **Apfelsine, -n** orange (8)

der **Apfelstrudel, -** apple pie

das **Apfelstück, -e** piece of apple

die **Apotheke, -n** drug store; pharmacy (6)

der **Apotheker, - / die Apothekerin, -nen** pharmacist (11)

der **Apparat, -e** telephone; apparatus

das **Appartement, -s** apartment

das **Appartementhaus, ⁻er** apartment complex

(der) **April** April (B)

das **Aquarell, -e** watercolor painting

der **Araber, - / die Araberin, -nen** Arabian (*person*)

arabisch Arabian (*adj.*) (B)

(das) **Arabisch** Arabic (language) (B)

(die) **Arabistik** study of Arabic language and literature

die **Arbeit, -en** work (1); **zur Arbeit gehen** to go to work (1)

arbeiten, gearbeitet to work (1)

der **Arbeiter, - / die Arbeiterin, -nen** worker (5)

der **Arbeitgeber, - / die Arbeitgeberin, -nen** employer

der **Arbeitnehmer, - / die Arbeitnehmerin, -nen** employee

das **Arbeitsamt, ⁻er** employment office

das **Arbeitsbuch, ⁻er** workbook (3)

die **Arbeitserlaubnis, -se** work permit (12)

der **Arbeitskollege, -n** (*wk.*) / die **Arbeitskollegin, -nen** co-worker

die **Arbeitskraft, ⁻e** employee (*sg.*), work force (*pl.*)

arbeitslos unemployed (5)

die **Arbeitslosigkeit** unemployment

der **Arbeitsplatz, ⁻e** work place

die **Arbeitsstelle, -n** work place

die **Arbeitsteilung, -en** division of labor

die **Arbeitszeit, -en** working hours

der **Archäologe, -n** (*wk.*) / die **Archäologin, -nen** archeologist

der **Architekt, -en** (*wk.*) / die **Architektin, -nen** architect (5)

die **Architektur, -en** architecture

archivieren, archiviert to archive

ärgerlich angry; annoyed

ärgern, geärgert to annoy; to tease (3); to bother; **sich ärgern** (*über + acc.*) to get angry (about) (11)

das **Argument, -e** argument

der **Aristokrat, -en** (*wk.*) aristocrat

arm poor (9)

der **Arm, -e** arm (A)

das **Armband, ⁻er** bracelet (2)

die **Armbanduhr, -en** watch (A)

der / die **Arme, -n** (ein **Armer**) poor person

die **Art, -en** kind, type (2)

der **Artikel, -** article

der **Arzt, ⁻e / die Ärztin, -nen** doctor; physician (3)

der **Arztbesuch, -e** doctor visit

die **Arztkosten, -** bill from physician

ärztlich medical

die **Arztpraxis, Arztpraxen** doctor's office (11)

(das) **Aschenputtel** Cinderella

(das) **Asien** Asia (B)

die **Asphaltschindeln** shingles made of asphalt

das **Aspirin** aspirin (3)

der **Assessor, -en / die Assessorin, -nen** assistant judge

assoziieren (*mit + acc.*), **assoziiert** to associate (with)

der **Asylant, -en** (*wk.*) asylum-seeker

atemlos out of breath

(das) **Athen** Athens

der **Athlet, -en** (*wk.*) / die **Athletin, -nen** athlete

(der) **Atlantik** Atlantic Ocean

atlantisch Atlantic

atmen, geatmet to breathe (11)

die **Atombombe, -n** atomic bomb

der **Atomreaktorunfall, ⁻e** nuclear reactor accident

die **Attraktion, -en** attraction

attraktiv attractive (6)

auch also; too (A); **auch noch** on top of it all; **auch wenn** (*subord. conj.*) even if

auf (*+ dat./acc.*) on; upon; onto; to; at; **auf die Bank gehen** to go to the bank; **auf dem Land** in the country (6); **auf und ab** back and forth, up and down; **auf** (*+ acc.*) . . . **zu** toward

auf Wiedersehen! good-bye! (A)

auf·bauen, aufgebaut to build

die **Aufenthaltserlaubnis, -se** residence permit (12)

der **Aufenthaltsraum, ⁻e** lounge, recreation room (10)

auf·fallen (fällt . . . auf), fiel . . . auf, ist aufgefallen to be noticeable (12)

auffällig conspicuous(ly) (10)

die **Aufforderung, -en** request; command; instructions (A)

die **Aufführung, -en** performance

die **Aufgabe, -n** task; homework; job; assignment (4)

auf·geben (gibt . . . auf), gab . . . auf, aufgegeben to give up; to resign

aufgeschlossen open; approachable

auf·haben (hat . . . auf), hatte . . . auf, aufgehabt to be assigned (as homework) (4)

auf·hängen (hängt . . . auf), hing . . . auf, aufgehängt to hang up (12)

auf·hören (*mit + dat.*), **aufgehört** to quit; to end; to stop (*doing s.th.*) (1)

auf·legen, aufgelegt to put on

auf·machen, aufgemacht to open (3)

auf·merksam attentive

auf·nehmen (nimmt . . . auf), nahm . . . auf, aufgenommen to accept; to offer lodging; to obtain; to take down (notes); (**in** + *acc.*) to include, incorporate (into); **Kredit aufnehmen** to take out a loan

auf·passen, aufgepasst to pay attention; to watch out (3)

auf·räumen, aufgeräumt to clean (up) (1), tidy up

sich **auf·regen, aufgeregt** to get upset; to get excited (11)

auf·runden, aufgerundet to round off

auf·sagen, aufgesagt to recite

auf·schneiden (schneidet . . . auf), schnitt . . . auf, aufgeschnitten to chop (8)

der **Aufruf, -e** call; appeal

aufs = auf das upon/onto/to the

auf·saugen, aufgesaugt to absorb

auf·schlagen (schlägt . . . auf), schlug . . . auf, aufgeschlagen to open up; to beat

auf·schließen (schließt . . . auf), schloss . . . auf, aufgeschlossen to unlock; to open

auf·schreiben (schreibt . . . auf), schrieb . . . auf, aufgeschrieben to write down (11)

auf·stehen (steht . . . auf), stand . . . auf, ist aufgestanden to get up; to rise; to stand up (A, 1)

auf·stellen, aufgestellt to place; set up (11)

auf·wachen, ist aufgewacht to wake up (4)

auf·wachsen (wächst . . . auf), wuchs . . . auf, ist aufgewachsen to grow up (12)

auf·warten (*mit + dat.*), **aufgewartet** to come up with

auf·wischen, aufgewischt to mop (up) (6)

der **Aufzug, ⁻e** elevator (6)

das **Auge, -n** eye (A)

der **Augenarzt, ⁻e / die Augenärztin, -nen** eye doctor (11)

der **Augenblick, -e** moment

die **Augenfarbe, -n** eye color (1)

der **Augenzeuge, -n** eye witness

(das) **Augsburg** Augsburg

(der) **August** August (B)

aus out of; from; of (10); **aus Stein** made (out) of stone

die **Ausbildung, -en** education (9); training (5); **praktische Ausbildung** practical (career) training (5)

die **Ausbildungsdaten** (*pl.*) educational data

die **Ausbildungszeit, -en** period of training

der **Ausblick, -e** view (6)

aus·bürgern, ist ausgebürgert to denaturalize

der **Ausdruck, ⁻e** expression (A)

die **Ausdrucksform, -en** mode of expression

die **Auseinandersetzung, -en** clash; dispute

aus·fallen (fällt . . . aus), fiel . . . aus, ist ausgefallen to fail, break down; to go out (*power*) (8) aus·füllen, ausgefüllt to fill in (1); to fill out

der **Ausflug,** ⁻e excursion

das **Ausflugsziel, -e** destination of an excursion

die **Ausgabe, -n** expenditure

der **Ausgang,** ⁻e exit

die **Ausgangslage, -n** starting position; initial situation

der **Ausgangspunkt, -e** starting point

aus·geben (gibt . . . aus), gab . . . aus, ausgegeben to spend (*money*) (3)

ausgebildet educated (12)

aus·gehen (geht . . . aus), ging . . . aus, ist ausgegangen to go out (1)

ausgewaschen faded

ausgewogen well-balanced

aus·gezeichnet excellent (3)

das **Ausland** foreign country; **im Ausland** abroad (6)

der **Ausländer, - /** die **Ausländerin, -nen** foreigner (12)

das **Ausländeramt,** ⁻er center/office for foreigners/foreign students

der/die **Ausländerbeauftragte, -n (ein Ausländerbeauftragter)** *officer working on behalf of foreigners*

die **Ausländerfeindlichkeit** xenophobia

ausländerfreundlich friendly/open to foreigners

der **Ausländerhass** hatred of foreigners (12)

ausländisch foreign

das **Auslandsamt,** ⁻er center for study abroad (1)

aus·leeren, ausgeleert to empty (3)

aus·leihen (leiht . . . aus), lieh . . . aus, ausgeliehen to lend; to loan

aus·liefern, ausgeliefert to deliver

aus·machen, ausgemacht to turn off (3)

die **Ausnahme, -n** exception

aus·nutzen, ausgenutzt to use; to take advantage of

aus·packen, ausgepackt to unpack

der **Auspuff** exhaust pipe (7)

aus·rechnen, ausgerechnet to figure; to calculate; to total (8)

ausreichend sufficient; adequate; passing (*grade*)

die **Ausrichtung, -en** orientation; organization

sich aus·ruhen, ausgeruht to rest; to relax (10)

aus·rüsten, ausgerüstet to equip

aus·rutschen, ist ausgerutscht to slip (11)

die **Aussage, -n** statement

aus·sagen, ausgesagt to testify; to state

aus·schlafen (schläft . . . aus), schlief . . . aus, ausgeschlafen to sleep in

ausschließlich exclusive(ly)

aus·sehen (sieht . . . aus), sah . . . aus, ausgesehen to look (2); to appear; **aussehen wie** to look like; **es sieht gut aus** it looks good (2)

der **Aussiedler, - /** die **Aussiedlerin, -nen** resettler

aus·steigen (steigt . . . aus), stieg . . . aus, ausgestiegen to get out/off

aus·stellen, ausgestellt to display, to exhibit

die **Ausstellung, -en** exhibition

aus·strecken, ausgestreckt to stretch out

aus·suchen, ausgesucht to choose; to pick out

das **Austauschjahr, -e** year of exchange study

der **Austauschstudent, -en** (*wk.*) / die **Austauschstudentin, -nen** exchange student

aus·tragen (trägt . . . aus), trug . . . aus, ausgetragen to deliver (5); **Zeitungen austragen** to deliver newspapers (5)

(das) **Australien** Australia (B)

der **Australier, - /** die **Australierin, -nen** Australian (*person*) (B)

aus·treiben (treibt . . . aus), trieb . . . aus, ausgetrieben to chase away

aus·üben, ausgeübt to practice (*a profession*)

ausverkauft sold out (5)

aus·wählen, ausgewählt to choose; to select (8)

die **Auswandererfamilie, -n** family of emigrants

aus·wandern, ist ausgewandert to emigrate (4)

die **Auswanderung, -en** emigration

auswärtig foreign

der **Ausweis, -e** I.D. card (10)

aus·weisen (weist . . . aus), wies . . . aus, ausgewiesen to expel; to deport; to show

auswendig by heart

aus·werten, ausgewertet to evaluate

sich aus·ziehen (zieht . . . aus), zog . . . aus, ausgezogen to take off (*clothes*) (3); to get undressed (11)

der/die **Auszubildende, -n (ein Auszubildender)** trainee

außer (+ *dat.*) except, besides

außerdem besides (5)

außerhalb (+ *gen.*) out of; outside of (12)

das **Auto, -s** car (A); **Auto fahren (fährt . . . Auto), fuhr . . . Auto, ist Auto gefahren** to drive (*a car*)

die **Autobahn, -en** interstate highway; freeway (7)

das **Autofahren** driving

der **Autofahrer, - /** die **Autofahrerin, -nen** driver

die **Autofahrt, -en** drive

der **Autokäufer, - /** die **Autokäuferin, -nen** car buyer

das **Autokennzeichen, -** license plate

der **Automechaniker, - /** die **Automechanikerin, -nen** car mechanic (5)

die **Automobilfirma, -firmen** car manufacturer

die **Autonummer, -n** license plate number (11)

der **Autopreis, -e** price of a car

der **Autor, -en /** die **Autorin, -nen** author

das **Autoradio, -s** car radio (7)

der **Autoreifen, -** tire (8)

der **Autoschlüssel, -** car key

das **Autotelefon, -e** car phone (2)

der **Autounfall,** ⁻e car accident

die **Autowerkstatt,** ⁻en car repair shop

das **Baby, -s** baby (7)

der **Babysitter, - /** die **Babysitterin, -nen** babysitter

das **Babysitting** babysitting

der **Bach,** ⁻e creek

das **Bächlein, -** small creek

backen (bäckt), backte, gebacken to bake (5)

die **Bäckerei, -en** bakery (5); **in der Bäckerei** at the bakery (5)

der **Bäckergehilfe, -n** (*wk.*) / die **Bäckergehilfin, -nen** baker's aid

der **Backofen,** ⁻ oven (5)

die **Backsteingotik** Gothic architecture in brick

das **Bad,** ⁻er bathroom (6); bath

der **Badeanzug,** ⁻e bathing suit (5)

die **Badehose, -n** swimming trunks (5)

der **Bademantel,** ⁻ bathrobe (10)

der **Bademeister, - /** die **Bademeisterin, -nen** lifeguard; swimming pool attendant (5)

baden, gebadet to bathe; to swim (3) **sich baden** to bathe (*o.s.*) (11)

der **Badeort, -e** bathing resort

die **Badewanne, -n** bathtub (6)

(der) **Baedeker, -** *travel guide in a series of guidebooks named after Karl Baedecker*

das **BAföG = das Bundesausbildungsförderungsgesetz** *financial aid for students from the German government*

die **Bahn, -en** railroad (7); **mit der Bahn** by train

der/die **Bahnangestellte, -n (ein Bahnangestellter)** railway clerk; railway employee

der **Bahnhof,** ⁻e train station (building) (4); **auf dem Bahnhof** at the train station (5)

das **Bahnhofsgebäude, -** train station (building)

die **Bahnhofsuhr, -en** clock in the train station

der **Bahnpreis, -e** price for train ticket

der **Bahnsteig, -e** railroad platform

die **Bahnsteigkante, -n** edge of railroad platform

die **Bahnstrecke, -n** railway segment; railway route

die **Bahre, -n** stretcher

das **Bakterium, Bakterien** bacterium

der **Bakteriologe, -n** (*wk.*) / die **Bakteriologin, -nen** bacteriologist

bald soon (9); **bis bald** so long (A); **bald darauf** soon thereafter (9)

baldmöglichst as soon as possible

der **Balkon, -e** balcony (6)

der **Ball,** ⁻e ball (A, 1)

ballastreich full of roughage

der **Ballaststoff, -e** roughage

die **Ballerina, -s** ballerina (9)

das **Ballett, -e** ballet

der **Ballettunterricht** ballet class (9)

banal banal

die **Banane, -n** banana (8)

die **Bank,** ⁻e bench

die **Bank, -en** bank (5); **auf der Bank** at the bank (5); **bei einer Bank** at a bank (6)

der/die **Bankangestellte, -n (ein Bankangestellter)** bank employee (5)

das **Bargeld** cash

barock baroque

die **Barockstadt,** ¨-e baroque city

der **Bart,** ¨-e beard (A)

der **Basar,** -e bazaar (7)

die **Baseballmannschaft,** -en baseball team (9)

das **Basilikum** basil

der **Basketball,** ¨-e basketball (2)

basteln, gebastelt to tinker; to do handicrafts

der **Bau, Bauten** construction; building

der **Bauamtsleiter,** - / die **Bauamtsleiterin,**
-nen head of department of planning and
building inspection

der **Bauch,** ¨-e belly, stomach (A)

die **Bauchschmerzen** (*pl.*) stomach ache

bauen, gebaut to build (10)

der **Bauer,** -n / die **Bäuerin,** -nen farmer

das **Bauernbrot,** -e (loaf of) farmer's bread (5)

das **Bauernhaus,** ¨-er farmhouse (6)

die **Bauernmöbel** (*pl.*) rustic furniture

das **Baugewerbe** building trade

das **Bauhaus** *architectural school and style in
the 1920s*

die **Bauhausideen** (*pl.*) ideas of the Bauhaus

der **Bauhausstil** style of the Bauhaus

das **Baujahr,** -e year of construction

der **Baum,** ¨-e tree (9)

der **Baumeister,** - building contractor

das **Baumhaus,** ¨-er tree house (6)

der **Baustil,** -e style of construction

(das) **Bayern** Bavaria

beachten, beachtet to notice; to pay attention
to; to consider

der **Beamte,** -n (ein **Beamter**) / die **Beamtin,**
-nen civil servant

beantworten, beantwortet to answer (7)

der **Becher,** - cup, mug (9)

bedanken, bedankt to thank

der **Bedarf** need

bedecken, bedeckt to cover

bedeuten, bedeutet to mean

bedeutend important

bedienen, bedient to serve

die **Bedienung,** -en service; waiter, waitress (8)

sich **beeilen, beeilt** to hurry (8)

beeinflussen, beeinflusst to influence

beenden, beendet to end

beerdigen, beerdigt to bury

befallen (befällt), befiel, befallen to attack; to
strike

sich **befinden (befindet), befand, befunden**
to be situated; to be located

befragen, befragt to interview; to interrogate

befreundet sein to be friends with

befriedigend satisfactory

die **Befriedigung,** -en satisfaction

begabt gifted (9)

begegnen (+ *dat.*), **ist begegnet** to meet,
encounter (10)

begeistert enthusiastic; thrilled

die **Begeisterung,** -en enthusiasm

der **Beginn** beginning

beginnen (beginnt), begann, begonnen to
begin; to start (1)

begraben, begraben to bury

begreifen (begreift), begriff, begriffen to
comprehend; to understand

begrenzen, begrenzt to limit

die **Begrenzung,** -en limitation

der **Begriff,** -e concept; idea

begründen, begründet to substantiate; to found

der **Begründer,** - / die **Begründerin,**
-nen founder

begrüßen, begrüßt to greet

das **Begrüßen** greeting (A)

begünstigen, begünstigt to favor; to encourage

behalten (behält), behielt, behalten to keep;
to retain

behandeln, behandelt to treat; to handle

die **Behandlung,** -en treatment

die **Behörde,** -n public office (12)

bei (+ *dat.*) at; with; near (2, 10); during; upon;
bei dir at your place (3); **bei einer Bank** at a
bank (6); **bei kaltem Wetter** in cold weather;
bei McDonald's at McDonald's (2); **bei Rudi**
at Rudi's place (2)

beide both

beim = bei dem at/with/near the

das **Bein,** -e leg (A)

das **Beispiel,** -e example (3); **zum Beispiel (z.
B.)** for example (3)

beißen (beißt), biss, gebissen to bite (9)

der **Beitrag,** ¨-e contribution; dues

bekannt well-known; famous

der/die **Bekannte,** -n (ein **Bekannter**) acquain-
tance

bekennen (bekennt), bekannte, bekannt to
admit; to confess

bekommen (bekommt), bekam, bekommen
to get, to receive (3); to obtain; **Angst bekommen** to become afraid

belagern, belagert to besiege

belastbar resilient

belästigen, belästigt to bother

belegen, belegt to take (*a course*) (3); **belegtes
Brot** sandwich

(das) **Belgien** Belgium (B)

belgisch Belgian (*adj.*)

beliebt popular (3)

bemalen, bemalt to paint; to decorate

bemerken, bemerkt to notice

die **Bemerkung,** -en remark

das **Benimmbuch,** ¨-er book of manners

benutzen, benutzt to use (7)

das **Benzin** gasoline (6)

der **Benzinmotor,** -en gasoline engine

beobachten, beobachtet to observe

bequem comfortable (2)

beraten (berät), beriet, beraten to advise

der **Bereich,** -e area; range

bereit ready; prepared

bereiten, bereitet to prepare

**bereit·halten (hält . . . bereit),
hielt . . . bereit, bereitgehalten** to make
available

bereits already

der **Bereitschaftsdienst,** -e on-call service

der **Berg,** -e mountain (1); **in die Berge gehen**
to go to the mountains (1); **in den Bergen
wandern** to hike in the mountains (1)

der **Bergbau** mining

der **Bericht,** -e report

berichten, berichtet to report

der **Berichtteil,** -e part of a report

der **Berliner,** - / die **Berlinerin,** -nen person
from Berlin

die **Berliner Mauer** the Berlin Wall

berüchtigt notorious

der **Beruf,** -e profession (1); **was sind Sie von
Beruf?** what is your profession? (1)

beruflich professional(ly)

der **Berufsabschluss,** ¨-e completion of vocational training

die **Berufsausbildung,** -en professional training

der **Berufsberater,** - / die **Berufsberaterin,**
-nen career counselor (5)

die **Berufsberatung,** -en job counseling

das **Berufsleben** career, professional life (12)

die **Berufsschule,** -n vocational school

berufsspezifisch job-specific

der/die **Berufstätige,** -n (ein **Berufstätiger**) employed person

die **Berufstätigkeit,** -en professional activity;
employment

berühmt famous (7)

beschäftigt busy (3)

beschenken, beschenkt to give a present

die **Bescherung,** -en giving of Christmas
presents

**beschreiben (beschreibt), beschrieb,
beschrieben** to describe (11)

die **Beschreibung,** -en description (A)

der **Beschützer,** - / die **Beschützerin,**
-nen protector (12)

der **Besen,** - broom (6)

besetzt occupied, taken

besichtigen, besichtigt to visit (*a landmark*)
(7)

die **Besichtigung,** -en viewing

besiegen, besiegt to conquer (7)

der **Besitz** possessions (2)

besitzen (besitzt), besaß, besessen to possess

der **Besitzer,** - / die **Besitzerin,** -nen owner

besonder- special, particular

besonders particularly (3)

besorgt worried (3)

die **Bespannung** strings (of a tennis racket)

besser better (2)

die **Besserung** recovery

der **Bestandteil,** -e part

bester, bestes, beste best (3)

das **Besteck** silverware, cutlery (5)

bestehen (besteht), bestand, bestanden to
exist; to last; to pass (*a test*); (**aus** + *dat.*) to
consist of

besteigen (besteigt), bestieg, bestiegen to
climb (7)

bestellen, bestellt to order (*food*) (8)

bestimmen, bestimmt to determine

bestimmt definitely, certainly (3)

bestreuen, bestreut to sprinkle (8)

der Besuch, -e visit (3); zu Besuch kommen to visit (3)

besuchen, besucht to visit (1)

beten, gebetet to pray

der Beton concrete

der Betrag, ⸚e amount (*of money*)

betragen (beträgt), betrug, betragen to amount to

betreffen (betrifft) betraf, betroffen to affect; to concern

betreten (betritt), betrat, betreten to enter

betreuen, betreut to look after, to care for

die Betreuung, -en care

der Betrieb, -e business; firm

die Betriebswirtschaft(slehre) business management

betroffen upset; affected

betrunken drunk (3)

das Bett, -en bed (1); ins Bett gehen to go to bed (1)

der Bettler, - / die Bettlerin, -nen beggar

die Bettruhe bed rest

sich beugen, gebeugt to bend down

die Beurteilung, -en judgment

bevölkern, bevölkert to populate; to inhabit

die Bevölkerung, -en population

die Bevölkerungsstatistik population statistics

bevor (*subord. conj.*) before (11)

sich bewegen, bewegt to move

bewegt eventful; turbulent

die Bewegung, -en movement

der Beweis, -e evidence

beweisen (beweist), bewies, bewiesen to prove

sich bewerben (um + *acc.*) (bewirbt), bewarb, beworben to apply (for)

bewerten, bewertet to evaluate; to review

die Bewirtung, -en service

der Bewohner, - / die Bewohnerin, -nen inhabitant; tenant

bezahlen, bezahlt to pay (for) (4)

sich beziehen (auf + *acc.*) (bezieht), bezog, bezogen to relate (to); to refer (to)

die Beziehung, -en relations; connections

beziehungsweise (bzw.) respectively

die Bibliothek, -en library (2)

der Bibliothekar, -e / die Bibliothekarin, -nen librarian (5)

die Biene, -n bee (12)

das Bier, -e beer (2)

die Bierhefe, -n brewer's yeast

der Bierkrug, ⸚e beer mug, stein

der Bikini, -s bikini (5)

das Bild, -er picture (2)

die Bildbeschreibung, -en picture description

bilden, gebildet to form

die Bildgeschichte, -n picture story

der Bildhauer, - / die Bildhauerin, -nen sculptor

die Bildhauerkunst sculpture

bildlich figurative(ly)

die Bildungschance, -n educational opportunity

die Bildungsreformer, - educational reformer

billig cheap(ly), inexpensive(ly) (2)

das Bindegewebe, - connective tissue

binden (an + *acc.*) (bindet), band, gebunden to tie (to) (12)

die Biographie, -n biography

biographisch biographical

der Biologe, -n (*wk.*) / die Biologin, -nen biologist

die Biologie biology (1)

das Birchermüsli *breakfast cereal with fruit*

die Birne, -n pear (8)

bis (*prep., subord. conj.*) until (2, 11); bis bald! so long, see you soon! (A); bis acht Uhr until eight o'clock (2); bis um vier Uhr until four o'clock (4); bis zu as far as; up to (10)

bisschen; ein bisschen some; a little (bit) (B); kein bisschen not at all (3)

blau blue (A)

bitte please (A)

bitte schön? yes please?; may I help you? (7)

bitten (um + *acc.*) (bittet), bat, gebeten to ask (for) (9)

die Blase, -n bubble; bladder

das Blatt, ⸚er leaf

blau blue (A)

der Blauwal, -e blue whale (12)

bleiben (bleibt), blieb, ist geblieben to stay, to remain (1)

bleich pale

der Bleistift, -e pencil (A, B)

der Blick, -e view; look

blind blind

der Blinddarm, ⸚e appendix (11)

blitzen, geblitzt to lighten, flash

blöd(e) stupid

blond blonde (A)

bloß mere(ly); only

blühen, geblüht to bloom

die Blume, -n flower (3)

der Blumenkohl cauliflower (8)

die Blumenvase, -n flower vase (5)

die Bluse, -n blouse (A)

das Blut blood (9)

der Blutdruck blood pressure (11); niedrigen/hohen Blutdruck haben to have low/high blood pressure (11)

bluten, geblutet to bleed (11)

der Blutfettspiegel, - level of blood fat

die Blutgruppe, -n blood type

der Boden, ⸚ floor (B)

der Bodensee Lake Constance

die Bohne, -n bean (8); grüne Bohnen green beans (8)

bohren, gebohrt to drill

das Bonbon, -s drop, lozenge (11)

die Bonbonfabrik, -en candy factory

das Boot, -e boat (7)

böse evil, mean (9)

(das) Bosnien Bosnia (B)

die Boutique, -n boutique (6)

die Box, -en stereo speaker

boxen, geboxt to box (1)

(das) Brasilien Brazil (B)

braten (brät), briet, gebraten to fry (8)

der Braten, - roast (8)

die Bratwurst, ⸚e (fried) sausage

brauchbar feasible; useful

brauchen, gebraucht to need; to use (1)

das Brauchtum, ⸚er customs

brauen, gebraut to brew

braun brown (A)

bräunen, gebräunt to brown, to fry (8)

(das) Braunschweig Braunschweig

der Braunschweiger type of liver sausage, originally from Braunschweig

brausen, gebraust to rage

die Braut, ⸚e bride (9)

die BRD = Bundesrepublik Deutschland FRG = Federal Republic of Germany

brechen (bricht), brach, gebrochen to break (11); sich den Arm brechen to break one's arm (11)

breit wide

die Breite, -n (*geographical*) latitude

der Breitengrad, -e degree of latitude

sich breitmachen, breitgemacht to spread (o.s.)

die Bremer Stadtmusikanten (*pl.*) the Bremen Town Musicians

bremisch (*adj.*) from the town of Bremen

die Bremse, -n brake (7)

bremsen, gebremst to brake (11)

das Bremsenquietschen screeching of brakes

brennen (brennt), brannte, gebrannt to burn (11)

das Brett, -er board; das schwarze Brett bulletin board

die Brezel, -n pretzel

der Brief, -e letter (1)

der Briefkasten, ⸚ mailbox

die Briefmarke, -n stamp (5)

das Briefpapier, -e writing paper, stationery, notepaper (5)

die Brieftasche, -n wallet (7)

die Brille, -n glasses (A)

bringen (bringt), brachte, gebracht to bring (2)

der Brocken *highest mountain in the Harz range*

die Bronchitis bronchitis

die Brosche, -n brooch

das Brot, -e (loaf of) bread (3); belegtes Brot open-face sandwich (8); ein Stück Brot a piece of bread (3)

das Brötchen, - roll (8)

die Brücke, -n bridge (10)

der Bruder, ⸚ brother (B)

der Brunnen, - well; fountain (9)

(das) Brüssel Brussels

die Brust, ⸚e breast

der **Bub, -en** (*wk.*) (*short form of* **Bube**) boy

das **Buch, ̈er** book (A, B)

buchen, gebucht to book, to reserve (7)

das **Bücherregal, -e** bookshelf, book rack

der **Buchhandel** book trade

der **Buchladen, ̈** bookstore (6)

der **Buchleser, -** book reader

die **Buchmesse, -n,** book fair

der **Buchstabe, -n** (*wk.*) letter

die **Bucht, -en** bay (6)

sich **bücken (nach** + *dat.*)**, gebückt** to bend
down (toward)

das **Bügeleisen, -** iron (6)

bügeln, gebügelt to iron (6)

(das) **Bukarest** Bucharest

die **Bulette, -n** meatball, hamburger

(das) **Bulgarien** Bulgaria (B)

bummeln (durch + *acc.*)**, gebummelt** to stroll
(through)

das **Bundesausbildungsförderungsgesetz**
*financial aid for students from the German
government*

der **Bundesbürger, -** / die **Bundesbürgerin,
-nen** German citizen

der **Bundesgerichtshof** federal court of justice

das **Bundesland, ̈er** German state

die **Bundespost** German postal service

die **Bundesrepublik** federal republic

der **Bundesstaat, -en** federal state

der/die **Bundestagsabgeordnete, -n (ein Bun-
destagsabgeordneter)** house representative
(12)

die **Bundesverfassung** German constitution

die **Bundeswehr** German armed forces (5); **bei
der Bundeswehr** in the German armed
forces (5)

das **Bungeejumping** bungee jumping (3);
Bungeejumping gehen to go bungee jumping (3)

bunt colorful

die **Burg, -en** fortress (6)

der **Bürger, -** / die **Bürgerin, -nen** citizen (10)

bürgerlich bourgeois, middle-class

das **Büro, -s** office (5); **im Büro** at the office (5)

das **Bürohaus, ̈er** office building (6)

die **Bürohilfskraft, ̈e** clerical office worker

die **Bürste, -n** brush (6)

der **Bus, -se** bus (2)

der **Busch, ̈e** bush (9)

die **Bushaltestelle, -n** bus stop (6)

die **Butter** butter (8)

bzw. = beziehungsweise respectively

das **Cabrio, -s** convertible

das **Café, -s** café (4); **im Café** at the café (4)

der **Cafébesitzer, -** / die **Cafébesitzerin,
-nen** owner of a café

die **Cafeteria, -s** cafeteria

das **Camping** camping (10); **wildes Camping**
wilderness camping; camping outside designated areas (10)

der **Campingplatz, ̈e** campsite (10)

(das) **Cannstadt** Cannstadt

der **Cappuccino** cappuccino

das **Carotin** carotene

(der) **Cäsar** Caesar

die **CD, -s** CD, compact disc (3)

der **CD-Spieler, -** CD player (2)

Celsius centigrade; **18 Grad Celsius/Fahren-
heit** 18 degrees Celsius/Fahrenheit (B)

der **Cent,** cent (*one hundredth of a euro*)

der **Champagner, -** champagne

die **Chance, -n** opportunity (12)

der **Charakter, -e** character; personality (12)

charakterisieren, charakterisiert to charac-
terize

charakteristisch sein (für + *acc.*) to be typical, characteristic (of)

der **Chauvi, -s** (*coll.*) chauvinist (12)

die **Checkliste** checklist

der **Chef, -s** / die **Chefin, -nen** boss; director

die **Chemie** chemistry (1)

das **Chemieprodukt, -e** chemical product

der **Chemiker, -** / die **Chemikerin, -nen** chemist

der **Chevignon-Rucksack** Chevignon backpack

der **Chili, -s** chili (11)

(das) **China** China (B)

chinesisch Chinese (*adj.*) (3)

(das) **Chinesisch** Chinese (*language*) (B)

das **Cholesterin** cholesterol

der **Cholesterinspiegel** cholesterol level

die **Cholesterinwerte** (*pl.*) cholesterol values

der **Chor, ̈e** choir; chorus

Chr. = (der) Christus (*gen.* **Christi;** *dat.*
Christo) Christ; **vor/nach Christo** BC/AD

das **Christkind** baby Jesus

der **Christkindlmarkt, ̈e** *Christmas market*

christlich Christian

die **Christlich-Soziale Union (CSU)** Christian
Social Union (*political party*)

chronologisch chronological

der **Clown, -s** clown (9)

der **Cognac, -s** cognac

die **Cola, -s** cola (3)

der **Comic, -s** comic strip; comic book

der **Computer, -** computer (2)

die **Computerfirma, -firmen** computer company (4)

die **Computerkenntnis, -se** computer knowledge

das **Computerspiel, -e** computer game (5)

cool cool; fabulous; decent

der **Cord** corduroy

die **Côte d'Azur** Côte d'Azur

das **Coupé, -s** coupe

der **Cousin, -s** / die **Cousine, -n** cousin

cremig creamy

das **Croissant, -s** croissant

die **CSU = Christlich-Soziale Union** Christian
Social Union

da (*adv.*) there (2); **da drüben** over there (B)

dabei in that connection; while doing so; (along)

with it; **ist ein/eine . . . dabei?** does it come
with . . . ? (6)

**dabei·haben (hat . . . dabei), hatte . . .
dabei, dabeigehabt** to have (*s.th.*) with/on
(*s.o.*)

**da·bleiben (bleibt . . . da), blieb . . . da, ist
dageblieben** to stay, to remain (there)

das **Dach, ̈er** roof (6)

der **Dachauplatz** Dachau Square

dadurch through that; because of that; thereby;
by this means

dafür for that; on behalf of it; for that reason; on
the other hand

dagegen against it; **haben Sie etwas dagegen?**
do you have something against it? (11)

daheim at home (9)

daher from there; from that; therefore

dahin there; to that (*place*)

**dahin·kommen (kommt . . . dahin), kam
. . . dahin, ist dahingekommen** to get there

dahinten over there, in the back

dahinter behind it/that

damals back then, at that time

Damaskus Damascus

die **Dame, -n** lady

damit so that (11)

danach afterward (10)

daneben next to it/that; in addition to that

(das) **Dänemark** Denmark (B)

dänisch Danish (*adj.*)

der **Dank** thanks; **vielen Dank** many thanks
(10)

danke thank you (A)

dann then (A)

daran of/on/to/in/by it/that

darauf after/for/on it/that; afterward, then; **bald
darauf** soon thereafter (9)

daraufhin following that, thereupon

daraus out of it/that

darin in there/that, inside there/that (6)

das **Darlehen, -** (*bank*) loan

dar·stellen, dargestellt to represent, depict

darüber about/above/over it/that

darum therefore, for that reason, that's why

darunter under/below it/that

das (*def. art., neut. nom/acc.*) the; (*rel.
pron./dem. pron., neut.*) this/that; **das ist**
this/that is (B); **das sind** these/those are (B)

dass (*subord. conj.*) that (11)

die **Daten** (*pl.*) data; **persönliche Daten** biographical information (1)

der **Dativ, -e** dative

das **Datum, Daten** date (4); **welches Datum ist
heute?** what is today's date? (4)

dauern, gedauert to last (4)

die **Dauerwelle, -n** perm (11)

davon about/from/of it/that

**davon·fahren (fährt . . . davon),
fuhr . . . davon, ist davongefahren** to drive
away

davor in front of it/that

dazu in addition (8)

dazwischen in between; between/among them

die DDR = Deutsche Demokratische Republik German Democratic Republic (former East Germany)

die Debatte, -n debate

die Decke, -n ceiling (B); blanket (11)

decken, gedeckt to cover; to set (3); **den Tisch decken** to set the table (3)

defekt defective; **leicht defekt** slightly damaged

die Definition, -en definition

dein(e) your (*infor.*) (B)

der Delphin, -e dolphin (12)

dem (*def. art., masc./neut. dat.*) the; (*rel. pron./dem. pron., masc./neut. dat.*) this/that

demokratisch democratic

die Demonstration, -en demonstration; rally

den (*def. art., masc. acc.*) the; (*rel. pron./dem. pron., masc. acc.*) this/that

denen (*rel. pron./dem. pron., dat. pl.*) these, those

denken (denkt), dachte, gedacht to think (7); (**an** + *acc.*; **über** + *acc.*) to think of/about

denn for, because (9)

deprimiert depressed (11)

der (*def. art., masc. nom., fem. dat./gen., pl. gen.*) the; (*rel. pron./dem. pron., masc. nom./fem. dat.*) this/that

deren (*rel. pron.*) whose

derselbe, dasselbe, dieselbe(n) the same

des (*def. art., masc./neut. gen.*) the

deshalb therefore; that's why (7)

das Design, -s design

die Designerklamotten (*coll., pl.*) designer clothes

desinfizieren, desinfiziert to disinfect (11)

deswegen therefore, for that reason

das Detail, -s detail

deutlich distinct, clear, evident

(**das) Deutsch** German (*language*) (B)

das Deutschbuch, ¨er German textbook

der/die Deutsche, -n (ein **Deutscher**) German (*person*); **ich bin Deutscher / ich bin Deutsche** I am German (B)

deutschfreundlich pro-German

der Deutschkurs, -e German (*language*) course; German class (A)

(**das) Deutschland** Germany (B)

die Deutschlandreise, -n trip to Germany; tour of Germany

deutschsprachig German-speaking (9)

der Deutschunterricht German class

(**der) Dezember** December (B)

der Dialog, -e dialogue

dich (*infor. sg. acc.*) you (2)

der Dichter, - / die Dichterin, -nen poet

die Dichtung, -en poem; fictional writing

dick fat (A)

die (*def. art. / fem. nom. / acc., pl. nom. / acc.*) the; (*rel. pron./dem. pron.*) this/that

die Diele, -n front entryway (6)

dienen, gedient (als) to serve (as)

der Diener, - servant (9)

(**der) Dienstag** Tuesday (1)

der Dienstschluss end of work

dieser, dies(es), diese this, that, these, those (2)

diesmal this time

die Dimension, -en dimension

das Ding, -e thing (2); **vor allen Dingen** above all

der Dinosaurier, - dinosaur

die Diphtherie diphtheria (11)

dipl. = diplomiert certified

der Diplomingenieur, -e / die Diplomingenieurin, nen certified engineer

dir (*infor. sg. dat.*) you

direkt direct(ly)

der Direktor, -en / die Direktorin, -nen director, manager

der Dirigent, -en (*wk.*) / **die Dirigentin, -nen** (orchestra) conductor (5)

die Disco, -s = die Disko

die Diskothek, -en discotheque

die Disko, -s disco(theque) (3)

diskriminieren, diskriminiert to discriminate (12)

die Diskussion, -en discussion

diskutieren, diskutiert to discuss (4)

distanziert reserved

die DM = D-Mark (Deutsche Mark) German mark (*monetary unit*)

doch however; nevertheless

doch! yes (on the contrary)! (4)

der Doktor, -en / die Doktorin, -nen doctor

dokumentieren, dokumentiert to document, to record

der Dollar, - dollar (7)

der Dom, -e cathedral (10)

dominant domineering (12)

dominieren, dominiert to dominate

der Domplatz, ¨e cathedral square

die Donau Danube (River)

die Donauinsel Danube island

der Donaukanal Danube canal

der Döner, - Turkish spit-roasted mutton

donnern, gedonnert to thunder

(**der) Donnerstag** Thursday (1)

die Doppelhochzeit, -en double wedding

doppelt double; twofold; **doppelt so häufig** twice as often

das Doppelzimmer, - accommodations for two people, double room (10)

das Dorf, ¨er village

der Dorn, -en thorn (9)

(**das) Dornröschen** Sleeping Beauty

dort there (7)

dorthin there, to a specific place (10)

dorthin·fahren (fährt . . . dorthin), fuhr . . . dorthin, ist dorthingefahren to drive/ride there, to get there by car/bus/train

die Dose, -n can (8)

der Dosenöffner, - can opener (8)

Dr. = Doktor Dr.

der Drache, -n (*wk.*) dragon (9)

das Drama, Dramen drama

der Dramatiker, - / die Dramatikerin, -nen playwright (9)

dramatisch dramatic(ally)

dran = daran of/on/to/in/by it/that

drauf = darauf after/for/on it/that

drauf·gehen (geht . . . drauf), ging . . . drauf, ist draufgegangen (*coll.*) to die

draußen outside (11)

(**sich) drehen, gedreht** to turn; to twist; **einen Film drehen** to make a film

drei three (A)

die Drei: eine Drei satisfactory (*school grade*) (3)

„Die Dreigroschenoper" The Threepenny Opera (title of play by Bertolt Brecht)

dreihundert three hundred

dreimal three times (3)

dreißig thirty (A)

dreißigst- thirtieth

dreiundzwanzig twenty-three (A)

dreizehn thirteen (A)

dreizehnt = thirteenth (4)

drin = darin in it/that (6)

dringend urgent(ly) (2)

dritt- third (4)

das Drittel, - third

drittgrößt- third-largest

die Droge, -n drug

der Drogenhändler, - drug dealer

die Drogerie, -n drugstore (6)

drüben: da drüben over there (B)

drucken, gedruckt to print

drücken, gedrückt to press

der Dschungel, - jungle (7)

du (*infor. sg. nom.*) you

dumm stupid (6)

dunkel dark (6)

das Dunkel darkness; **im Dunkeln** in the dark; in ignorance

dunkelblau dark blue

dunkelbraun dark brown

dunkelgrau dark grey

dunkeln, gedunkelt to grow dark

durch through (7)

die Durchblutung supply of blood (to)

das Durcheinander mess, confusion

durcheinander in confusion

durch·geben (gibt . . . durch), gab . . . durch, durchgegeben to pass on

durch·lesen (liest . . . durch), las . . . durch, durchgelesen to read (all the way) through

durchs = durch das through the

durch·schneiden (schneidet . . . durch), schnitt . . . durch

der Durchschnitt, -e average; **im Durchschnitt** on average

durchschnittlich on the average

durch·setzen, durchgesetzt to put through (*s.th.*); **Interessen durchsetzen** to assert/achieve (*one's*) interests

dürfen (darf), durfte, gedurft to be permitted (to), may (3) der **Durst** thirst (3); **Durst haben** to be thirsty (3)

die **Duschbenutzung** use of shower

die **Dusche, -n** shower (5)

(sich) **duschen, geduscht** to (take a) shower (1, 11)

(das) **Düsseldorf** Düsseldorf

die **Dynamomaschine** dynamo machine

eben simply, just; just now

ebenfalls also, likewise

das **Ebenholz** ebony

ebenso as well as

echt real(ly) (2)

die **Ecke, -n** corner (5); **um die Ecke** around the corner (5)

egal equal, same (6); **das ist mir egal** it doesn't matter to me (6)

die **Ehe, -n** marriage (12)

die **Ehefrau, -en** wife

das **Eheleben** married life

ehemalig former

ehemals formerly

der **Ehemann ⸚er** husband

der **Ehepartner, - / die Ehepartnerin, -nen** spouse (12)

eher rather (12)

der **Ehevertrag, ⸚e** prenuptial agreement (12)

die **Ehre, -n** honor

ehren, geehrt to honor

ehrlich honest

das **Ei, -er** egg (8); **gebratene Eier** fried eggs (8); **gekochte Eier** soft-boiled eggs (8)

eifersüchtig jealous (3)

eigen own (6)

die **Eigenschaft, -en** trait, characteristic (B)

eigensinnig stubborn

eigentlich actually (3)

die **Eile** hurry (3); **in Eile sein** to be in a hurry (3)

eilen, geeilt to hurry

eilig rushed (10); **es eilig haben** to be in a hurry (10)

ein(e) a(n); one

ein bisschen a little (bit) (B); **kein bisschen** not at all (3)

ein paar a few (2)

einander one another, each other (3); **hintereinander** in a row (3); **miteinander** with each other (3)

die **Einbahnstraße, -n** one-way street (7)

ein·brechen (in + *acc.*) **(bricht . . . ein), brach . . . ein, ist eingebrochen** to break into; **ins Eis einbrechen** to go through the ice

der **Einbrecher, - / die Einbrecherin, -nen** burglar (9)

der **Eindruck, ⸚e** impression

einfach simple, simply (2); **die einfache Fahrt** one-way trip (10)

die **Einfahrt, -en** driveway (11)

ein·fallen (fällt . . . ein), fiel . . . ein, ist

eingefallen to come to mind

das **Einfamilienhaus** single-family house

ein·führen, eingeführt to introduce

die **Einführung, -en** introduction (A)

ein·gießen (gießt . . . ein), goss . . . ein, eingegossen to pour

ein·halten (hält . . . ein), hielt . . . ein, eingehalten to observe

einige some; several; a few

die **Einigung, -en** agreement

ein·jagen, eingejagt: jemandem Angst einjagen to give s.o. a fright

der **Einkauf, ⸚e** purchase (5)

ein·kaufen, eingekauft to shop (1); **einkaufen gehen** to go shopping (1)

die **Einkaufsliste, -n** shopping list (8)

das **Einkaufszentrum, -zentren** shopping center (10)

der **Einklang** harmony; accord

das **Einkommen, -** income

sich **ein·kremen, eingekremt** to put cream on (11)

ein·laden (lädt . . . ein), lud . . . ein, eingeladen to invite (2)

die **Einladung, -en** invitation (2)

die **Einleitung, -en** introduction

einmal once (4); **warst du schon einmal?** were you ever? (4)

ein·packen, eingepackt to pack up (1)

ein·räumen, eingeräumt to clear

ein·reisen, ist eingereist to enter

eins one (A)

die **Eins: eine Eins** excellent, very good (*school grade*) (3)

ein·sammeln, eingesammelt to gather, collect

ein·schalten, eingeschaltet to turn on (11)

ein·schlafen (schläft . . . ein), schlief . . . ein, ist eingeschlafen to fall asleep (7)

ein·schleusen, eingeschleust to infiltrate

sich **ein·schränken, eingeschränkt** to limit (*expenses*), economize; to tighten one's belt

sich **ein·schreiben (schreibt . . . ein), schrieb . . . ein, eingeschrieben** to register, enroll

ein·sehen (sieht . . . ein), sah . . . ein, eingesehen to understand

ein·steigen (steigt . . . ein), stieg . . . ein, ist eingestiegen to board (3, 10)

die **Einstellung, -en** attitude (12)

einstöckig one-story

einteilig one-piece

eintlg. = einteilig one-piece

eintönig monotonous(ly)

die **Eintopfspezialität, -en** stew specialty

ein·tragen (trägt . . . ein), trug . . . ein, eingetragen to enter (*into a list or ledger*)

ein·treffen (trifft . . . ein), traf . . . ein, ist eingetroffen to arrive

die **Eintrittskarte, -n** admissions ticket (5)

einunddreißig thirty-one

einundzwanzig twenty-one (A)

einundzwanzigst- twenty-first

einverstanden in agreement (12); **einverstanden sein mit** to be in agreement with (12)

der **Einwanderer, - / die Einwanderin, -nen** immigrant (4)

das **Einwandererland, ⸚er** country of immigrants

ein·wandern, ist eingewandert to immigrate (12)

die **Einwanderung, -en** immigration

ein·werfen (wirft . . . ein), warf . . . ein, eingeworfen to break, smash (*a window*) (9)

der **Einwohner, - / die Einwohnerin, -nen** inhabitant, resident

das **Einwohnermeldeamt, ⸚er** residents' registration office (12)

die **Einzelbestimmung, -en** individual regulation

der **Einzelgänger, -** solitary person, loner (12)

die **Einzelheit, -en** detail

die **Einzelstunde, -n** individual lesson

das **Einzelzimmer, -** single room (5)

ein·ziehen (zieht . . . ein), zog . . . ein, ist eingezogen to move in

einzigartig unique(ly)

einzig sole, only

die **Einzimmerwohnung, -en** one-room apartment

der **Einzylinder-Viertakt-Benzinmotor** one-cylinder four-stroke gas engine

das **Eis** ice; ice cream (2); **ins Eis einbrechen** to go through the ice

der **Eisbecher, -** dish of ice cream (8)

das **Eisbein** knuckle of pork

der **Eischnee** stiffly beaten egg-white

das **Eisen** iron

die **Eisenbahn, -en** railroad

der **Eisengehalt** iron content

das **Eisenwarengeschäft, -e** hardware store (6)

eisern (*adj.*) iron; **der Eiserne Vorhang** the Iron Curtain

eiskalt ice-cold (8)

das **Eiweiß** protein

eklig gross, loathsome (9)

der **Elefant, -en** (*wk.*) elephant (9)

elegant elegant(ly) (8)

elektrisch electric(al) (8)

das **Elektrogerät, -e** electronic product

der **Elektrorasierer, -** electric shaver

die **Elektrotechnik** electrical engineering

elektrotechnisch electronic

das **Elend** misery

elf eleven (A)

das **Elfenbein** ivory (12)

elft- eleventh (4)

die **Eltern** (*pl.*) parents (B)

der **Elternteil, -e** parent

die **E-Mail, -s** e-mail

emanzipiert emancipated, liberated

emigrieren, ist emigriert to emigrate

empfehlen (empfiehlt), empfahl, empfohlen to recommend

empfinden (empfindet), empfand, empfunden to feel

das **Ende, -n** end

enden, geendet to end

endlich finally (9)

die **Endung, -en** ending

die **Energie, -n** energy

das **Energieproblem, -e** energy problem

eng tight; narrow; small (12); closely

sich **engagieren, engagiert** to get involved

der **Engel, -** angel

(das) **England** England (B)

der **Engländer, -** / die **Engländerin, -nen** English (*person*) (B)

(das) **Englisch** English (*language*) (B)

der **Englischlehrer, -** / die **Englischlehrerin, -nen** English teacher

entdecken, entdeckt to discover (4)

enthalten (enthält), enthielt, enthalten to contain; to include

die **Enthüllung, -en** disclosure

die **Entkräftung, -en** debility; weakness

entlang along (10)

entlang·gehen (geht . . . entlang), ging . . . entlang, ist entlanggegangen to go along (10)

entscheiden (entscheidet), entschied, entschieden to decide (10)

entschlossen decided

entschuldigen, entschuldigt to excuse (5); **entschuldigen Sie!** excuse me! (5)

die **Entschuldigung, -en** excuse; **Entschuldigung!** excuse me! (3)

entsetzt horrified

entsprechend corresponding

entspringen (entspringt), entsprang, ist entsprungen to originate from

entstehen (entsteht), entstand, ist entstanden to emerge, arise

entwässern, entwässert to rid of excess water

entweder . . . oder either . . . or

entwerfen (entwirft), entwarf, entworfen to design; to sketch

entwickeln, entwickelt to develop

die **Entwicklung, -en** development

das **Entwicklungsland, ̈er** developing country

die **Entzündung, -en** infection (11)

die **Enzyklopädie, -n** encyclopedia

die **Epidemie, -n** epidemic

die **Epoche, -n** era, (time) period

er (*pron., masc. nom.*) he; it

das **Erbmaterial** hereditary material

erbrechen (erbricht), erbrach, erbrochen to vomit

die **Erbse, -n** pea (8)

die **Erbsubstanz** hereditary substance

der **Erdball** globe; earth

die **Erdbeere, -n** strawberry (8)

die **Erde, -n** earth; ground; soil

die **Erdgeschichte** history of the earth

das **Erdgeschoss, -e** first floor, ground floor (6)

die **Erdkunde** earth science; geography (1)

die **Erdnuss, ̈e** peanut

erdulden, erduldet to suffer, endure

das **Ereignis, -se** event

erfahren (erfährt), erfuhr, erfahren to learn, find out

die **Erfahrung, -en** experience

erfinden (erfindet), erfand, erfunden to invent (4)

die **Erfindung, -en** invention

der **Erfolg, -e** success; **Erfolg haben** to be successful

erfolgreich successful

die **Erfolgsgeschichte, -n** history of success

erfüllen, erfüllt to fulfil

ergänzen, ergänzt to complete, fill in the blanks (4)

ergeben (ergibt), ergab, ergeben to result in

das **Ergebnis, -se** result

ergreifen, ergriff, ergriffen to seize

erh. = erhalten maintained

erhalten (erhält), erhielt, erhalten to receive

erhitzen, erhitzt to heat (8)

erhöhen, erhöht to increase, raise

sich **erholen, erholt** to recuperate (11)

das **Erholungsgebiet, -e** holiday area

der **Erholungsort, -e** resort

erinnern (an + *acc.*)**, erinnert** to remind; to commemorate

sich **erinnern (an** + *acc.*)**, erinnert** to remember (*s.o./s.th.*)

die **Erinnerung, -en** memory, remembrance (4)

sich **erkälten, erkältet** to catch a cold (11)

die **Erkältung, -en** (head) cold (11)

erkennen (erkennt), erkannte, erkannt to recognize

das **Erkennungszeichen,-** logo

erklären, erklärt to explain (5); to declare

sich **erkundigen (nach** + *dat.*)**, erkundigt** to ask about, get information (about) (10)

erlauben, erlaubt to permit (7)

die **Erlaubnis, -se** permission

erleben, erlebt to experience (10); **Abenteuer erleben** to experience adventures

das **Erlebnis, -se** experience (4)

erlösen, erlöst to rescue, free (9)

ermorden, ermordet to kill, murder

(sich) **ernähren, ernährt** to feed, nourish (*o.s.*)

die **Ernährung, -en** diet

ernst serious

ernsthaft serious (B)

eröffnen, eröffnet to open; **ein Konto eröffnen** to open a bank account (5)

erquicken, erquickt to enliven

der **Erreger, -** pathogen

erreichen, erreicht to reach; to achieve

erringen (erringt), errang, errungen to win

erscheinen (erscheint), erschien, erschienen to appear; to seem

erschrecken, erschreckt to frighten

die **Ersparnisse** (*pl.*) savings

das **Ersparte** savings

erst not until; first (4); **erst mal** for now; **erst um vier Uhr** not until four o'clock (4); **erster Klasse fliegen/fahren** to fly/travel first class (10); **am ersten Oktober** on the first of October (4); **der erste Oktober** the first of October (4); **zum ersten Mal** for the first time (4)

erstarren, ist erstarrt to be paralysed

erstaunlich amazing, astonishing

erstaunt amazed, astonished

erstechen (ersticht), erstach, erstochen to stab (to death)

ersticken, ist erstickt to suffocate

ertappen, ertappt to catch (*thief, burglar*)

ertrinken, ertrank, ist ertrunken to drown

erwachen, ist erwacht to wake up

erwachsen grown-up

erwarten, erwartet to expect (12)

die **Erwartung, -en** expectation

erwartungsgemäß as expected, not surprisingly

erweisen (erweist), erwies, erwiesen to show

erweitern, erweitert to widen, expand

erwerbstätig gainfully employed

erwischen, erwischt to catch (*person, train*) (10)

erzählen, erzählt to tell (3)

die **Erzählung, -en** story

erziehen (erzieht), erzog, erzogen to educate, bring up

die **Erziehung** education, upbringing

der/die **Erziehungsberechtigte (ein Erziehungsberechtigter)** parent, legal guardian

die **Erziehungsfrage, -n** educational concern

die **Erziehungswissenschaft** education (*academic subject*)

erzogen: wie sind sie erzogen worden? how have they been brought up?

es (*pron., neut. nom./acc.*) it

der **Esel, -** donkey

die **Essecke, -n** dining area (6)

essen (isst), aß, gegessen to eat (2, 4); **zu Abend essen** to dine, have dinner (4); **essen gehen** to go to a restaurant

der **Essig** vinegar (8)

das **Esszimmer, -** dining room (6)

ethnisch ethnic

die **Ethnologie** ethnology

etwa approximately

etwas something, anything (2, 5); **etwas Interessantes/Neues** something interesting/new (4); **sonst noch etwas?** anything else? (5)

die **EU-Länder** countries of the European Union

euch (*infor. pl. pron., dat./acc.*) you; yourselves

euer, eu(e)re (*infor. pl.*) your (2)

der **Euro, -** euro (*European monetary unit*) (7)

der **Euro(geld)schein, -e** banknote in euros

die **Euromünze, -n** euro coin

(das) **Europa** Europe (B)

der **Europäer, -** / die **Europäerin, -nen** European (*person*)

europäisch European (*adj.*)

die **Ewigkeit, -en** eternity

exakt exact(ly), precise(ly)

das **Exklusivinterview, -s** exclusive interview

exotisch exotic(ally) (7)

die **Expo** World's Fair

der **Exportartikel** export article

das **Exportland, ¨-er** export country

extra extra; additional; separate(ly); in addition (10)

extrem extreme(ly)

exzellent excellent(ly)

die **Fabrik, -en** factory (6)

das **Fach, ¨-er** academic subject (1)

der **Facharbeiter, - / die Facharbeiterin, -nen** skilled worker

der **Fachbegriff, -e** technical term

das **Fachbuch, ¨-er** specialist book; textbook

die **Fachhochschule, -n** college (*offering courses in a special subject*)

die **Fachrichtung** subject, field

das **Fachwerk** half-timbered construction

der **Fachwerkstil** style of half-timbered construction

die **Fähigkeit, -en** capability; ability

die **Fahne, -n** flag

fahren (fährt), fuhr, ist/hat gefahren to drive, ride (2); **erster Klasse fahren** to travel first class (10); **Motorrad fahren** to ride a motorcycle (1)

Fahrenheit Fahrenheit; **18 Grad Fahrenheit** 18 degrees Fahrenheit (B)

der **Fahrer, - / die Fahrerin, -nen** driver (7)

der **Fährhafen, ¨-** ferry terminal

die **Fahrkarte, -n** ticket (4)

der **Fahrkartenschalter, -** ticket window, ticket counter (7)

der **Fahrplan, ¨-e** schedule (*bus, train*)

das **Fahrrad, ¨-er** bicycle (2); **Fahrrad fahren (fährt . . . Fahrrad), fuhr . . . Fahrrad, ist Fahrrad gefahren** to ride a bicycle

der **Fahrradhelm, -e** bicycle helmet (5)

die **Fahrradtour, -en** bicycle trip

der **Fahrstuhl, ¨-e** lift, elevator

die **Fahrstunde, -n** driving lesson

die **Fahrt, -en** trip (10); **eine einfache Fahrt** one-way trip (10)

das **Fahrzeug, -e** vehicle (11)

die **Fahrzeugposition, -en** vehicle position

die **Fakultät, -en** faculty

der **Fall, ¨-e** case; **auf jeden Fall** in any case; **auf keinen Fall** by no means; under no circumstances

fallen (fällt), fiel, ist gefallen to fall (9); **in Ohnmacht fallen** to faint (11)

falls (*subord. conj.*) if

falsch wrong (2)

falten, gefaltet to fold

familiär family (*adj.*); familiar; informal

die **Familie, -n** family (B)

das **Familien-Darlehen** family loan

das **Familienfest, -e** family celebration (4)

das **Familienleben** family life

das **Familienmitglied, -er** family member (10)

der **Familienname, -n** (*wk.*) family name (A, 1)

der **Familienstand** marital status (1)

der **Fan, -s** fan

der **Fanatiker, - / die Fanatikerin, -nen** fanatic (12)

fangen (fängt), fing, gefangen to catch

fantastisch fantastic, fabulous (3)

die **Farbe, -n** color (A, 1); **welche Farbe hat . . . ?** what color is . . . ? (A)

der **Farbfernseher, -** color TV set

fassen, gefasst to grasp

fast almost (5)

fasten, gefastet to fast

fasziniert fascinated

faul lazy (3)

faulenzen, gefaulenzt to take it easy, be lazy

die **Fauna** fauna; animal life

das **Fax, -e** fax (2)

das **Faxgerät, -e** fax machine (2)

die **FDP = Freie Demokratische Partei** Free Democratic Party

(der) **Februar** February (B)

die **Fee, -n** fairy (9)

fegen, gefegt to sweep (5)

fehlen, gefehlt (+ *dat.*) to lack; to be missing (10); to be wrong with, be the matter with (*a person*) (11); **was fehlt?** what's missing? (A)

die **Feier, -n** celebration, party (9)

feiern, gefeiert to celebrate (5)

der **Feiertag, -e** holiday (4)

feilen, gefeilt to file

fein fine (8)

der **Feind, -e** enemy

der **Feinkostladen, ¨-** delicatessen

das **Feld, -er** field (7)

der **Fels, -en** rock

das **Felsenriff, -e** cliff

das **Fenster, -** window (B)

die **Fensterbank, ¨-e** windowsill (5)

die **Fensterscheibe, -n** windowpane (9)

die **Ferien** (*pl.*) vacation (1)

der **Ferienjob, -s** vacation job

die **Ferienreise, -n** holiday trip, vacation (9)

die **Ferienwohnung, -en** vacation apartment/condo (10)

die **Fernbedienung** remote control

fern·sehen (sieht . . . fern), sah . . . fern, ferngesehen to watch TV (1)

der **Fernseher, -** TV set (2)

der **Fernsehfilm, -e** TV film (12)

die **Fernsehproduktion** television production

der **Fernsehreporter, - / die Fernsehreporterin, -nen** television reporter (5)

der **Fernsehsender, -** TV broadcaster; TV station

das **Fernsehzimmer, -** TV room (10)

fertig ready; finished (3)

fest stiff(ly); steady; fixed

das **Fest, -e** party (2)

das **Festspiel, -e** festival

fest·stehen (steht . . . fest), stand . . . fest, festgestanden to be definite

fest·stellen, festgestellt to establish (10)

der **Fetakäse** feta cheese

die **Fete, -n** (*coll.*) party

fett fatty

fettarm low-fat

der **Fettdruck** bold print

fett gedruckt in bold print, boldface

fettig fat; greasy (8)

die **Fettsäure, -n** fatty acid

feucht humid (B)

das **Feuer, -** fire (9)

die **Feuerwehr** fire department (11)

„Fidelio" *title of an opera by Ludwig van Beethoven*

das **Fieber** fever (11)

der **Fiesta** *a Ford car model*

die **Figur, -en** figure; character

der **Film, -e** film, movie (2)

die **Filmgeschichte, -n** film history

der **Filmregisseur, -e/die Filmregisseurin, -nen** film director

das **Filmstudio, -s** film studio

finanziell financial(ly)

finanzieren, finanziert to finance

die **Finanzierungsart, -en** way (or method) of financing

die **Finanzierungsform, -en** form of financing

finden (findet), fand, gefunden to find (2); **wie findest du das?** how do you like that?

der **Finger, -** finger (11)

der **Fingernagel, ¨-** fingernail (11)

(das) **Finnland** Finland (B)

die **Firma, Firmen** company (3)

der **Firmengründer, - / die Firmengründerin, -nen** founder of a company

der **Fisch, -e** fish (8)

fischen, gefischt to fish

der **Fischer, -** fisherman

fit fit

der **Fitmacher, -** healthy food

flach flat (7)

die **Fläche, -n** surface (7)

die **Flagge, -n** flag

die **Flamme, -n** flame (8)

die **Flasche, -n** bottle (5)

der **Flaschenöffner, -** bottle opener (8)

die **Fledermaus, ¨-e** bat (12)

das **Fleisch** meat (8)

das **Fleischchuechli** meatball, hamburger

fleischig meaty

das **Fleischpflanzerl** meatball, hamburger

fleißig industrious (12)

flexibel flexible (5)

die **Fliege, -n** fly (8)

fliegen (fliegt), flog, ist/hat geflogen to fly (1); **erster Klasse fliegen** to fly first class (10)

fliehen (flieht), floh, ist geflohen to flee

fließen (fließt), floss, ist geflossen to flow (7)

flirten, geflirtet to flirt

der **Flohmarkt, ¨-e** flea market (2)

die **Flora** flora; plant life

fluchen, geflucht to curse, swear (11)

flüchten (vor + *dat.*), **ist geflüchtet** to flee (from) (11)

der **Flüchtling, -e** refugee (12)

der **Flug, ̈-e** flight (7)

der **Flügel, -** wing

der **Flughafen, ̈-** airport (6)

die **Fluglinie, -n** airline; air route

der **Flugschein, -e** plane ticket (10)

das **Flugzeug, -e** airplane (7)

der **Flugzeugschalter, -** airplane counter

der **Flur, -e** hallway (6)

die **Flüssigkeit, -en** liquid, fluid

der **Fluss, ̈-e** river (7)

die **Focus-Frage, -n** focus-question

der **Föhn** *warm, dry alpine wind*

die **Folge, -n** consequence; result

folgen (+ *dat.*), **ist gefolgt** to follow

folgend following

folglich consequently; as a result

der **Fön, -e** blow-dryer, hair-dryer

fönen, gefönt to blow-dry; **sich (die Haare) fönen** to blow-dry (one's hair) (11)

das **Footballspiel, -e** football game

der **Ford** *make of car*

der **Förderer, -** / die **Förderin, -nen** sponsor, supporter

fordern, gefordert to demand

fördern, gefördert to promote (12)

die **Forderung, -en** demand

die **Forelle, -n** trout (8)

die **Form, -en** form

die **Formalität, -en** formality

das **Formular, -e** form; **ein Formular ausfüllen** to fill out/in a form

die **Forschung, -en** research

der **Forschungsbericht, -e** research report

das **Forschungszentrum, -zentren** research center

fort·fahren (fährt . . . fort), fuhr . . . fort, ist fortgefahren to drive away, depart

fort·setzen, fortgesetzt to continue

das **Foto, -s** photo (1)

der **Fotoapparat, -e** camera

fotografieren, fotografiert to take pictures (4)

das **Fotomodell, -e** model (12)

die **Frage, -n** question (A); **eine Frage stellen** to ask a question (5)

fragen, gefragt to ask; **(nach** + *dat.*) to inquire about; **nach dem Weg fragen** to ask for directions

das **Fragepronomen, -** interrogative pronoun

das **Fragespiel, -e** question game

das **Fragewort, ̈-er** question word (B)

der **Franc, -s** franc (*French monetary unit*)

der **Franken, -** (Swiss) franc (7)

fränkisch Franconian (*adj.*)

(das) **Frankreich** France (B)

der **Franzose, -n** (*wk.*) / die **Französin, -nen** French (*person*) (B)

(das) **Französisch** French (*language*) (B)

die **Frau, -en** woman; Mrs., Ms.; wife (A, B)

das **Frauchen, -** *diminutive term for female pet owner*

der **Frauenberuf, -e** women's profession

die **Frauenbewegung** women's movement

die **Frauenrechtlerin, -nen** feminist

die **Frauensache** woman's concern/matter

das **Fräulein, -** young woman; Miss

frei free(ly); empty (3); **ist hier noch frei?** is this seat/place taken? (3); **in freier Natur** out in the open (country) (12)

Freie Demokratische Partei (FDP) Free Democratic Party

freilebend living in the wild

das **Freilichtmuseum, -museen** open-air museum

(der) **Freitag** Friday (1)

der **Freitagabend, -e** Friday evening

freitags on Friday(s)

das **Freiwild** fair game

freiwillig voluntary; optional

die **Freizeit** leisure time (1)

die **Freizeitaktivität, -en** leisure activity

das **Freizeitangebot, -e** range of activities for leisure time

fremd strange; foreign

die **Fremdbestätigung** boost of one's ego

der/die **Fremde, -n** (ein **Fremder**) foreigner

das **Fremdenverkehrsamt, ̈-er** tourist bureau (10)

die **Fremdsprache, -n** foreign language (9)

der **Fremdsprachensekretär, -e** / die **Fremdsprachensekretärin, -nen** foreign language secretary

fremdsprachig foreign-language

fressen (frisst), fraß, gefressen to eat (*said of an animal*) (9)

die **Freude, -n** joy, pleasure (9)

sich **freuen (über** + *acc.*), **gefreut** to be happy (about) (11)

der **Freund, -e** / die **Freundin, -nen** friend; boyfriend/girlfriend (A)

freundlich friendly (B); **mit freundlichen Grüßen** regards (10)

das **Friedensgebet, -e** prayer for peace

der **Friedenspreis** peace prize

der **Friedhof, ̈-e** cemetery

friedlich peaceful(ly)

frieren (friert), fror, hat/ist gefroren to be very cold; to freeze

die **Frikadelle, -n** meat patty, hamburger

frisch fresh(ly) (8)

der **Friseur, -e** hair salon (6)

der **Friseur, -e** / die **Friseurin, -nen** hairdresser (5)

die **Friseuse, -n** (female) hairdresser

die **Frisur, -en** hairstyle

Frl. = Fräulein Miss

froh happy; cheerful

fröhlich cheerful; happy; lively

der **Frosch, ̈-e** frog (9)

„Der Froschkönig" "The Frog Prince" (*fairy tale*)

der **Frost, ̈-e** frost

der **Fruchtgummiproduzent, -en** (*wk.*) fruit jelly candy producer

die **Fruchtgummisorte, -n** kind of fruit jelly candy

früh early (1); **bis um vier Uhr früh** until four in the morning (4)

der **Frühjahrsputz** spring cleaning (6)

die **Frühe** early morning; **in der Frühe** in the early morning

früher earlier; former(ly)

das **Frühjahr, -e** spring

der **Frühling, -e** spring; **im Frühling** in the spring (B)

die **Frühlingsrolle, -n** spring roll

der **Frühsommer** early summer

das **Frühstück, -e** breakfast (2)

frühstücken, gefrühstückt to eat breakfast (1)

der **Frühstückstisch, -e** breakfast table

das **Frühstückszimmer, -** breakfast room (10)

frustriert frustrated (3)

fügen, gefügt to place

(sich) **fühlen, gefühlt** to feel, touch (3, 11); **wie fühlst du dich?** how do you feel? (3); **ich fühle mich . . .** I feel . . . (3)

führen, geführt to lead

der **Führer, -** leader; guide(book)

der **Führerschein, -e** driver's license (4)

die **Führung, -en** guided tour (10)

die **Führungsposition, -en** position of leadership

füllen, gefüllt to fill in

fünf five (A)

die **Fünf: eine Fünf** poor (school grade) (3)

fünft- fifth (4)

fünfundvierzig forty-five

fünfundzwanzig twenty-five (A)

fünfzehn fifteen (A)

fünfzehnt- fifteenth

fünfzig fifty (A)

der **Funk** radio; **per Funk** via radio

funkeln, gefunkelt to glitter; to sparkle

funktional functional(ly)

funktionieren, funktioniert to work

funktionierend functioning, working

funktionstüchtig in (good) working order

für (+ *acc.*) for (2); **was für ein . . . ?** what kind (of) . . . ?; **was für eins?** what kind?

furchtbar terrible (4)

sich **fürchten (vor** + *dat.*), **gefürchtet** to be afraid of (12)

fürs = für das for the

der **Fuß, ̈-e** foot (A); **zu Fuß** on foot (3)

der **Fußball, ̈-e** soccer ball; soccer (A, 1)

der **Fußballnationalspieler** member of the national soccer team

der **Fußballplatz, ̈-e** football field

der **Fußballspieler, -** / die **Fußball-spielerin, -nen** soccer player (9)

das **Fußballstadion, -stadien** soccer stadium (10)

das **Fußballtraining** soccer training

der **Fußboden,** ⸚ floor

das **Fußende, -n** foot (of the bed)

der **Fußgänger,** - pedestrian (7)

der **Fußgängerweg, -e** sidewalk (7)

die **Fußgängerzone, -n** pedestrian mall (10)

das **Futter** feed; fodder

füttern, gefüttert to feed (9)

die **Gabel, -n** fork (8)

gähnend yawning

Galilei Galileo

der **Gang,** ⸚e gear (7)

ganz quite; whole; rather (2, 3); **ganz gut** quite good; **ganz schön** quite pretty; **ganz schön viel** quite a bit (3); **der ganze Tag** all day long, the whole day (1); **die ganze Nacht** all night long (3); **eine ganze Menge** a whole lot (4); **ihr ganzes Geld** all her money (3)

gar: gar nicht not at all (3); **gar kein(e/en/er)** no . . . at all; **gar nichts** nothing at all

die **Garage, -n** garage (6)

der **Garçonnière, -n** = **Einzimmerwohnung** one-room apartment

die **Gardine, -n** curtain

der **Garten,** ⸚ garden; yard (4); **im Garten** in the garden (4)

die **Gartenarbeit, -en** gardening

die **Gartenparty, -s** garden party

der **Gartenschlauch,** ⸚e garden hose (6)

der **Gärtner,** - / die **Gärtnerin, -nen** gardener

die **Gärtnerei** nursery

die **Gasheizung** gas heating

die **Gasse, -n** narrow street; alley (10)

der **Gast,** ⸚e guest; patron, customer

der **Gastarbeiter,** - / die **Gastarbeiterin, -nen** foreign worker

das **Gästehaus,** ⸚er bed and breakfast inn (10)

die **Gastfamilie, -n** host family

das **Gasthaus,** ⸚er inn; restaurant

das **Gastland,** ⸚er host country

die **Gastronomie** restaurant trade; gastronomy

die **Gaststätte, -n** restaurant (5); **in der Gaststätte** at the restaurant (5)

der **Gaul,** ⸚e horse

(das) **GB** = **Großbritannien** Great Britain

das **Gebäude,** - building (6)

geben (gibt), gab, gegeben to give (6); **geben Sie mir** give me (A); **es gibt** there is/are (6); **gibt es . . . ?** is/are there . . . ? (6); **geben (in** + *acc.*) to put (into) (8)

das **Gebiet, -e** region; area

das **Gebirge,** - (range of) mountains (7)

geboren born (1); **wann sind Sie geboren?** when were you born? (1)

geborgen protected (12)

gebraten roasted; broiled; fried (8)

gebrauchen, gebraucht to use

der **Gebrauchtwagen,** - used car (7)

gebückt: in gebückter Haltung bending forward

gebunden (an + *acc.*) tied, bound (to)

die **Geburt, -en** birth

das **Geburtsdatum, -daten** date of birth

das **Geburtshaus,** ⸚er birthplace

der **Geburtsort, -e** place of birth

die **Geburtsstadt,** ⸚e native town/city

der **Geburtstag, -e** birthday (1); **zum Geburtstag** for someone's birthday (2)

das **Geburtstagsgeschenk, -e** birthday present

die **Geburtstagskarte, -n** birthday card (2)

der **Gedanke, -n** (*wk.*) thought (7); **auf andere Gedanken kommen** to keep one's mind off something (7)

das **Gedicht, -e** poem (3)

das **Gedudel** (*coll.*) tootling

geduldig patient (12)

geehrt honored; dear (10); **sehr geehrte Damen und Herren** dear ladies and gentlemen (10); **sehr geehrter Herr** dear Mr. (10); **sehr geehrte Frau** dear Ms. (10)

geeignet (zu + *dat.*/**für** + *acc.*) suitable (for)

die **Gefahr, -en** danger

gefährlich dangerous (12)

gefallen (+ *dat.*) **(gefällt), gefiel, gefallen** to please, be pleasing to; to like, be to one's liking (10); **es gefällt mir** I like it, it pleases me (10)

die **Gefälligkeit, -en** favor

das **Gefängnis, -se** prison, jail (6)

das **Geflügel** poultry (8)

die **Gefriertruhe, -n** freezer (8)

das **Gefühl, -e** feeling (3)

gegen (+ *acc.*) against (9)

die **Gegend, -en** area (10)

der **Gegensatz,** ⸚e opposite

der **Gegenstand,** ⸚e object

das **Gegenteil, -e** opposite; **im Gegenteil** on the contrary

gegenüber opposite (6); **gleich gegenüber** right across the way (6); **gegenüber (von** + *dat.*) across from (10)

die **Gegenwart** present time

gegrillt broiled; barbecued (8)

der **Gehalt, -e** content

geheim secret

gehen (geht), ging, ist gegangen to go, walk (A); **es geht um (** + *acc.*) . . . the main/important thing is . . . ; **in die Berge gehen** to go to the mountains (1); **ins Bett gehen** to go to bed (1); **ins Museum gehen** to go to the museum (1); **nach Hause gehen** to go home (1); **wie geht es dir?** (*infor.*) / **wie geht es Ihnen?** (*for.*) how are you?

das **Gehirn, -e** brain (11)

gehören (zu + *dat.*), **gehört** to belong (to) (10)

die **Gehwegplatte, -n** paving stone

die **Geige, -n** violin (3)

die **Geisteswissenschaften** (*pl.*) arts; humanities

geistig mental (3); intellectual

gekocht boiled (8)

gelb yellow (A)

das **Geld** money (2); **ihr ganzes Geld** all her money (3)

das **Geldgeschenk, -e** gift of money

der **Geldsegen,** - monetary windfall

der **Geldschein, -e** note, bill (*of currency*)

die **Gelegenheit, -en** opportunity; occasion

gelegentlich occasional(ly)

der/die **Gelehrte, -n** (ein **Gelehrter**) scholar

der/die **Geliebte, -n** (ein **Geliebter**) lover, beloved (*person*) (3)

gelingen (gelingt), gelang, ist gelungen to succeed

gelten (gilt), galt, gegolten to be valid, to be regarded

das **Gemälde,** - painting (12)

gemäßigt moderate

die **Gemeinde, -n** community

gemeinsam together; common (11)

die **Gemeinschaft, -en** community

gemischt mixed (8)

das **Gemüse,** - vegetable (8)

gemütlich comfortable, cozy (12)

genau exact(ly) (B)

genauso just as

die **Generation, -en** generation

Genfer of/from Geneva; **der Genfer See** Lake Geneva

der **Genforscher,** - / die **Genforscherin, -nen** genetic researcher

genug enough (4)

genügend sufficient(ly)

der **Genuss,** ⸚e enjoyment; **in den Genuss kommen** to acquire unexpectedly

der **Geograph, -en** (*wk.*) / die **Geographin, -nen** geographer

die **Geographie** geography (7)

geographisch geographical(ly)

der **Geologe, -n** (*wk.*) / die **Geologin, -nen** geologist

das **Gepäck** luggage, baggage (10)

der **Gepard, -e** cheetah (12)

gepflegt well-groomed

gerade right now; just (at the moment); straight, upright; **gerade stellen, gerade gestellt** to straighten (3); **die Bücher gerade stellen** to straighten the books (3)

geradeaus straight ahead (10)

das **Gerät, -e** appliance (8)

geräuchert smoked (8)

das **Geräusch, -e** sound, noise (9)

das **Gericht, -e** dish (8); courthouse (5); **auf dem Gericht** at the courthouse (5)

gering low; minor

der **Germanist, -en** (*wk.*) / die **Germanistin, -nen** *specialist in German language and literature* (12)

die **Germanistik** German studies

gern(e) gladly; willingly; with pleasure; (*with verb*) to like to (1); **ich habe . . . gern** I like (*s.o./s.th.*); **ich hätte gern** I would like to (have) (*s.th.*) (5); **wir singen gern** we like to sing (1)

der **Geruch,** ⸚e smell, odor

gesalzen salted (8)

gesamt entire

der **Gesamtstaat, -en** combined state, combined nation

die **Gesamteinwanderung** entire immigration

der **Gesang** singing

das **Geschäft, -e** store (2); shop

geschäftlich (*relating to*) business; **geschäftlich unterwegs sein** to be away on business

der **Geschäftsbrief, -e** business letter (10)

der **Geschäftsführer, - / die Geschäfts-führerin, -nen** (business) manager

die **Geschäftsleute** (*pl.*) businesspeople (7)

der **Geschäftsmann, -leute / die Geschäfts-frau, -en** businessman/businesswoman

die **Geschäftsreise, -n** business trip (7)

die **Geschäftswelt** business world, business life

geschehen (geschieht), geschah, geschehen to happen; to occur

das **Geschenk, -e** present (2)

die **Geschichte, -n** history (1); story

das **Geschichtsbuch, ̈-er** history book

das **Geschirr** (*sg.*) dishes (4); **Geschirr spülen** to wash the dishes (4)

der **Geschirrschrank, ̈-e** cupboard

die **Geschirrspülmaschine, -n** dishwasher (5)

geschlechtertypisch typical for a particular sex

geschlossen closed (4)

der **Geschmack** taste

die **Geschmacksfrage, -n** question of taste

das **Geschmeide, -** jewelry

die **Geschwister** (*pl.*) brother(s) and sister(s), siblings (B)

der **Gesellenbrief** journeyman's diploma/certificate

die **Gesellenprüfung** journeyman's examination

die **Geselligkeit** sociability; conviviality

die **Gesellschaft, -en** society (12); company; association

gesellschaftlich social

das **Gesetz, -e** law

das **Gesicht, -er** face (A)

die **Gesichtsfarbe** complexion

das **Gespräch, -e** conversation

das **Gespür** feel, sense

gestalten, gestaltet to form, fashion

das **Geständnis, -se** confession

gestern yesterday (4); **gestern Abend** last night (4)

gestreift striped (10)

gesund healthy (11)

die **Gesundheit** health (11)

das **Gesundheitsamt, ̈-er** public health department

die **Gesundheitsversorgung** health care

der **Gesundmacher, -** healthy food

das **Getränk, -e** beverage (8)

das **Getreideprodukt, -e** grain product

getrennt separate(ly) (5)

die **Gewalt** violence (12)

gewaltig powerful

das **Gewerbe, -** business; trade; industry

das **Gewicht, -e** weight

gewinnen (gewinnt), gewann, gewonnen to win; to gain (4)

sich **gewöhnen (an + acc.), gewöhnt** to get used to (11)

die **Gewohnheit, -en** habit

das **Gewürz, -e** spice; seasoning (8)

gießen (gießt), goss, gegossen to water (3); to pour (8); **die Blumen/Pflanzen gießen** to water the flowers/plants (3)

die **Gießkanne, -n** watering can (6)

giftig poisonous (9)

der **Gipfel, -** mountaintop (7)

der **Gips** cast (11); plaster

die **Giraffe, -n** giraffe (12)

die **Gitarre, -n** guitar (1)

der **Glanz** shine

das **Glas, ̈-er** glass (9)

gläsern (*adj.*) (made of) glass (9)

glatt smooth

die **Glatze, -n** bald head

glauben, geglaubt to believe (2)

gleich (*adj.*) same, equal; (*adv.*) right away (4); directly (6); in just a moment; just as, exactly; **gleich um die Ecke** right around the corner (6); **gleich gegenüber** right across the way (6)

gleichaltrig of the same age

die **Gleichberechtigung** equal rights

gleichen (+ dat.) (gleicht), glich, geglichen to be like, resemble (*s.o./s.th.*)

das **Gleis, -e** (set of) train tracks (10)

der **Gletscher, -** glacier (7)

das **Glied, -er** limb

glotzen, geglotzt (*coll.*) to gawk

das **Glück** luck; happiness (3) **viel Glück!** lots of luck!, good luck! (3)

glücklich happy (B)

die **Glückszahl, -en** lucky number

gnädig gracious, kind; **gnädige Frau** very formal way of addressing a woman

golden gold, golden

der **Goldfisch, -e** goldfish (11)

der **Goldring, -e** gold ring (10)

das **Golf** golf (1)

der **Golfplatz, ̈-e** golf course

der **Gott, ̈-er** god (12); **Grüß Gott!** Hello!

der **Gourmet, -s** gourmet

der **Gouverneur, -e** governor

das **Grab, ̈-er** grave, tomb

der **Grad, -e** degree; **18 Grad Celsius/Fahrenheit** 18 degrees Celsius/Fahrenheit (B)

die **Grafik, -en** drawing; graphic(s)

der **Grafiker, - / die Grafikerin, -nen** (graphic) designer

der **Gral** the (Holy) Grail

das **Gramm, -e** gram

die **Grammatik** grammar (A)

das **Grandhotel, -s** luxury or five-star hotel

die **Graphik = Grafik**

der **Graphiker / die Graphikerin = der**

Grafiker / die Grafikerin

das **Gras, ̈-er** grass

gratis free of charge

gratulieren (+ dat.), gratuliert to congratulate (2, 10)

grau gray (A)

graugrün grayish green (7)

grausam cruel (9)

greifen (greift), griff, gegriffen to grab, grasp (11)

grell gaudy, shrill; *here:* cool, neat (2)

die **Grenze, -n** border

grenzen (an + acc.), gegrenzt to border (on)

der **Grieche, -n** (*wk.*) / die **Griechin, -nen** Greek (*person*)

(das) **Griechenland** Greece (B)

griechisch Greek (*adj.*)

der **Grill, -s** grill, barbecue (8)

grillen, gegrillt to grill

die **Grippe** influenza, flu (11)

die **Grippeepidemie** influenza epidemic

der **Grippevirus** influenza virus

der **Gromperekichelch** potato pancake

groß large, big; tall (A)

(das) **Großbritannien** Great Britain (B)

die **Größe, -n** height (1); size (10)

die **Großeltern** (*pl.*) grandparents (B)

der **Großglockner** *mountain peak in Austria*

die **Großmutter, ̈** grandmother (B)

das **Großstadtproblem, -e** large-city problem

der **Großvater, ̈** grandfather (B)

grüezi! hi! (*Switzerland*) (A)

grün green (A)

der **Grund, ̈-e** reason

gründen, gegründet to found

der **Gründer, - / die Gründerin, -nen** founder

gründlich thorough(ly)

grundsätzlich fundamental(ly)

die **Grundschule, -n** elementary school (4)

das **Grundstück, -e** property, lot (*land*)

der **Grünkohl** kale

die **Gruppe, -n** group

die **Gruppenarbeit** group work

der **Gruselfilm, -e** horror film (2)

der **Gruß, ̈-e** greeting (10); **mit freund-Lichen Grüßen** regards (10)

grüß Gott! good afternoon; hello (*for.; southern Germany, Austria*) (A)

grüßen, gegrüßt to greet, give regards to (11)

gucken, geguckt (*coll.*) to look (at)

die **Gulaschkanone, -n** field kitchen

das **Gummibärchen, -** gummy bear (*candy*)

der **Gummibaum, ̈-e** rubber tree

die **Gunst** favor; goodwill

die **Gurke, -n** cucumber (8); **saure Gurken** pickles (8)

der **Gürtel, -** belt (2)

gut good; well; **ganz gut** very good; quite well; **guten Abend!** good evening! (A); **guten Morgen!** good morning! (A); **guten Tag!** good afternoon! hello! (*for.*) (A)

der **Gutschein, -e** voucher, coupon

der **Gymnasiast, -en** (*wk.*) / die **Gymnasiastin, -nen** pupil at Gymnasium

das **Gymnasium, Gymnasien** college prep school; high school (4)

das **Haar, -e** hair (A, 11); **Haare schneiden** to cut hair (3); **sich die Haare fönen** to blow-dry one's hair (11)

der **Haarausfall** hair loss

die **Haarfarbe, -n** hair color (1)

die **Haarmode, -n** hairstyle

der **Haarschnitt, -e** haircut (2), hairstyle

der **Haarstreifen, -** strand of hair

haben (hat), hatte, gehabt to have (A); **du hast Recht** you are right (2); **gern haben** to like (*s.o.* or *s.th.*); **Heimweh haben** to be homesick (3); **Hunger haben** to be hungry (3); **ich hätte gern** I would like (5)

der **Habsburger, -** *member of the Habsburg royal family*

das **Hackfleisch** ground beef (or pork) (8)

der **Hafen, "** harbor (10)

das **Hähnchen, -** (grilled) chicken

der **Hai, -e** shark (12)

der **Haken, -** hook (8)

halb half; **um halb drei** at two thirty (1)

die **Halbinsel, -n** peninsula (7)

die **Hälfte, -n** half (10)

die **Hallig, -en** *small island(s) on the northwest coast of Germany*

hallo! hi! (*infor.*) (A)

der **Hals, "e** neck; throat (9)

das **Halsbonbon, -s** throat lozenge (11)

die **Halsentzündung** throat inflammation

die **Halskette, -n** necklace (5)

die **Halsschmerzen** (*pl.*) sore throat (11)

das **Halstuch, "er** scarf (2)

die **Halsverletzung, -en** neck injury

halt! stop!

halten (hält), hielt, gehalten to hold (4); to stop (7); **ein Referat halten** to give a paper/an oral report (4); **halten für** (*acc.*) to consider, think of as; **halten von** (*dat.*) to think of (12)

die **Haltestelle, -n** stop (10)

das **Halteverbot, -e** no-stopping zone (7)

die **Haltung, -en** posture

der **Hamburger, -** hamburger (3)

der **Hammer, "** hammer (8)

der **Hamster, -** hamster (12)

die **Hand, "e** hand (A)

die **Handarbeit, -en** needlework; crafts

der **Handel** trade

handeln (von + *dat.*), **gehandelt** to be about, deal with (12)

das **Handelsregister,-** register of companies

die **Handelsstraße, -n** trade route

der **Handelsweg, -e** trade route

das **Handelszentrum, -zentren** trade center

das **Händewaschen** washing one's hands

der **Händler, -** / die **Händlerin, -nen** dealer

der **Handschuh, -e** glove (10)

das **Handtuch, "er** hand towel (5)

das **Handwerk, -e** trade; manual labor

handwerklich handy (12)

das **Handy, -s** cellular phone (2)

hängen, gehängt to hang, place (in a hanging position) (3); **das Bild an die Wand hängen** to hang the picture on the wall (3)

(das) **Hannover** Hanover

die **Hansestadt, "e** *city that once belonged to the Hanseatic League*

der **Harnstoffwechsel** urea metabolism

harntreibend diuretic

hart hard

hartnäckig stubborn(ly)

(der) **Harz** *mountain range in central Germany*

der **Hass** hate, hatred

hassen, gehasst to hate (9)

hässlich ugly (2)

häufig often, frequent(ly); **doppelt so häufig** twice as often

das **Hauptfach, "er** major

die **Hauptperson, -en** central figure

die **Hauptrolle, -n** leading role

die **Hauptsache, -n** main thing

die **Hauptschule, -n** general secondary school

der **Hauptsitz, -e** main office

die **Hauptstadt, "e** capital city (3)

das **Hauptthema, -themen** main topic

das **Haus, "er** house (1); **zu Hause sein** to be at home (1); **nach Hause gehen** to go home (1)

der/die **Hausangestellte, -n** (ein **Hausangestellter**) domestic servant

die **Hausarbeit, -en** housework, homework

der **Hausarzt, "e** / die **Hausärztin, -nen** family doctor (11)

die **Hausaufgabe, -n** homework assignment (A, 1)

das **Hausboot, -e** houseboat (6)

das **Häuschen, -** small house, cottage

die **Hausfrau, -en** housewife, (*female*) homemaker (12)

der **Haushalt, -e** household (8, 9)

das **Haushaltsgerät, -e** household appliance

der **Hausmann, "er** (*male*) homemaker (12)

der **Hausmeister, -** / die **Hausmeisterin, -nen** custodian (5)

das **Hausmittel, -** homemade remedy

die **Hausnummer, -n** house number (1)

der **Hausschlüssel, -** house key (9)

der **Hausschuh, -e** slipper

das **Hausschwein, -e** domestic pig

das **Haustier, -e** pet (12)

die **Haut, "e** skin (3)

die **Haute Couture** haute couture

hautschonend gentle on the skin

heben (hebt), hob, gehoben to lift

hebräisch Hebrew (*adj.*)

die **Hecke, -n** hedge

das **Heft, -e** notebook (B)

heftig vehement(ly); heatedly

die **Heilanstalt, -en** hospital

heilen, geheilt to cure, remedy; to heal (5)

heilend healing

der **Heiligabend** Christmas Eve

das **Heim, -e** home

die **Heimat, -en** home, hometown, homeland (12)

das **Heimatland, "er** homeland (12)

das **Heimatmuseum, -museen** museum of local history

die **Heimatstadt, "e** hometown (6)

heim·bringen (bringt . . . heim), brachte . . . heim, heimgebracht to bring home

heimlich secret(ly) (9)

das **Heimweh** homesickness (3); **Heimweh haben** to be homesick (3)

die **Heirat, -en** marriage

heiraten, geheiratet to marry (5)

heiß hot (B)

heißen (heißt), hieß, geheißen to be called, to be named (A); **wie heißen Sie?** (*for.*); **wie heißt du?** (*infor.*) what's your name (A)?; **ich heiße . . .** my name is . . . (A)

die **Heizung, -en** heating

der **Held, -en** (*wk.*) / die **Heldin, -nen** hero/heroine

helfen (+ *dat.*) **(hilft), half, geholfen** to help (9, 10)

hell light (6)

hellblond light blonde

das **Hemd, -en** shirt (A)

her *direction toward*; here; **hin und her** back and forth

herauf·holen, heraufgeholt to bring up, retrieve (*s.th.*)

heraus (**aus** + *dat.*) out (of)

herausfordernd provocative(ly); challenging(ly)

heraus·geben (gibt . . . heraus), gab . . . heraus, herausgegeben to edit; to publish

der **Herausgeber, -** / die **Herausgeberin, -nen** editor (12); publisher

heraus·kommen (kommt . . . heraus), kam . . . heraus, ist herausgekommen to come out this way (*toward the speaker*) (10)

der **Herbst, -e** fall, autumn (B)

die **Herbstesnacht, "e** autumn night

der **Herd, -e** stove (5)

herein in; inside

herein·kommen (kommt . . . herein), kam . . . herein, ist hereingekommen to get/go in this way (*toward the speaker*) (10)

der **Heringssalat, -e** herring salad (8)

her·kommen (kommt . . . her), kam . . . her, ist hergekommen to come this way (*toward the speaker*) (10)

die **Herkunft** origin; nationality (B)

der **Herr, -en** (*wk.*) Mr.; gentleman (A)

das **Herrchen, -** *diminutive term for male pet owners*

die **Herrschaft** rule; dominion

her·stellen, hergestellt to produce, make; to establish

der **Hersteller, -** manufacturer

die **Herstellung** production, manufacture
herum around, round about
herum·gehen (um + *acc.*) (geht . . . herum), ging . . . herum, ist herumgegangen to go around (*s.tb.*)
herum·schwirren, ist herumgeschwirrt to buzz around
herum·stehen (steht . . . herum), stand . . . herum, herumgestanden to stand around, loiter
herunter down (*toward the speaker*) (11)
herunter·klettern, heruntergeklettert to climb down (11)
hervor·rennen (rennt . . . hervor), rannte . . . hervor, ist hervorgerannt to dart out from
das **Herz**, -en heart (11)
(das) **Herzegowina** Herzegovina (B)
der **Herzinfarkt**, -e heart attack
herzlich hearty, heartily (10)
das **Herzogtum**, ¨er duchy
die **Herzschmerzen** (*pl.*) heartache (11)
(das) **Hessen** Hessen
hetzen, gehetzt to hunt; to rush
heute today (B); **heute Abend** this evening (2)
die **Hexe**, -n witch (7)
die **Hexenküche**, -n witch's kitchen
hier here (A)
die **Hilfe**, -n help (11)
hilflos helpless
der **Hilfsarbeiter**, - laborer; unskilled worker
hilfsbereit ready to help
der **Himmel**, - sky
himmlisch heavenly
hin *direction away from*; there; **hin und her** back and forth; **wo willst du denn hin?** where are you going? (A)
die **Hin- und Rückfahrt**, -en round trip (10)
hin und zurück there and back; round trip (5, 10)
hinauf·gehen (geht . . . hinauf), ging . . . hinauf, ist hinaufgegangen to go up that way (*away from the speaker*) (10)
hinein into (9)
sich **hinein·trauen**, hineingetraut to dare to go inside
hin·fahren (fährt . . . hin), fuhr . . . hin, ist hingefahren to go that way (*away from the speaker*)
hin·fallen (fällt . . . hin), fiel . . . hin, ist hingefallen to fall down (11)
hin·gehen (geht . . . hin), ging . . . hin, ist hingegangen to go that way (*away from the speaker*) (10)
sich **hin·legen**, hingelegt to lie down (11)
hinten at the back
hintereinander in a row (3)
hinüber·gehen (geht . . . hinüber), ging . . . hinüber, ist hinübergegangen to go over that way (*away from the speaker*) (10)
hinunter down, downward; downstairs
sich **hinunter·beugen**, hinuntergebeugt to bend down

hinunter·stürzen, ist hinuntergestürzt to fall down into
der **Hinweis**, -e hint
hin·weisen (weist . . . hin), wies . . . hin, hingewiesen to point out; to indicate
hinzu in addition
hinzu·fügen, hinzugefügt to add
hinzu·geben (gibt . . . hinzu), gab . . . hinzu, hinzugegeben to add (*ingredients*)
hinzu·kommen (kommt . . . hinzu), kam . . . hinzu, ist hinzugekommen to come in addition
die **Hirnhautentzündung** meningitis
die **Hitze** heat
das **Hobby**, -s hobby (1)
hoch high (6)
hochachtungsvoll respectfully
der **Hochschulabschluss**, ¨e college or university degree
die **Hochschule**, -n college or university
höchst- highest
hochwertig highly nutritious
der **Hocker**, - stool
der **Hof**, ¨e court; courtyard
hoffen, gehofft to hope (3)
hoffentlich hopefully (3)
die **Hoffnung**, -en hope
höflich polite
die **Höflichkeit**, -en politeness; courtesy
die **Höhe**, -n high altitude
die **Höhle**, -n cave (6)
holen, geholt to fetch, (go) get (9)
(das) **Holland** Holland (B)
der **Holländer**, - / die **Holländerin**, -nen Dutchman/-woman
holländisch Dutch (*adj.*) (8)
(das) **Holländisch** Dutch (*language*)
das **Holz**, ¨er wood (12)
der **Holzbalken**, - beam
die **Holzschindel**, -n wooden shingle, shake
homogen homogeneous
die **Homosexualität** homosexuality
der **Honda** *make of car*
(das) **Hongkong** Hong Kong
der **Honig** honey (8)
hören, gehört to hear; to listen (1)
horizontal horizontal(ly)
das **Hörnchen**, - croissant (8)
der **Horrorfilm**, -e horror film
das **Hörspiel**, -e radio play
der **Hörtext**, -e listening text
die **Hose**, -n pants (A), trousers
das **Hotel**, -s hotel (2); **im Hotel** at the hotel (5)
hübsch pretty (2)
der **Hügel**, - hill (7)
das **Huhn**, ¨er chicken
die **Hühnersuppe**, -n chicken soup
die **Humanmedizin** human medicine
der **Hummer**, - lobster (8)
der **Humor** humor; sense of humor
der **Hund**, -e dog (2)
das **Hundefutter** dog food (5)

hundert hundred (A)
hundertmal a hundred times
hundertst- hundredth (4)
der **Hunger** hunger (3); **Hunger haben** to be hungry (3)
hungrig hungry (9)
die **Hupe**, -n horn (7)
hupen, gehupt to honk (7)
hüpfen, ist gehüpft to hop
husten, gehustet to cough
der **Husten** cough (11)
das **Hustenbonbon**, -s cough drop (11)
der **Hustensaft**, ¨e cough syrup (11)
der **Hut**, ¨e hat (A)
hüten, gehütet to watch; to look after
die **Hygiene** hygiene

ich I
ideal (*adj.*) ideal, dream (12)
die **Idee**, -n idea; **er ist auf die Idee gekommen** it occurred to him
identifizieren, identifiziert to identify
die **Identität**, -en identity
idyllisch idyllic, pastoral
das **Iglu**, -s igloo (6)
ignorieren, ignoriert to ignore
ihm him (*dat.*)
ihn him (*acc.*) (2)
ihnen them (*dat.*)
ihr you (*infor. pl.*)
ihr(e) her, its; their (1, 2)
Ihr(e) your (*for.*) (B)
illegal illegal (12)
illusionslos without illusions
im = **in dem** in the
immer always (3); **gehen Sie immer geradeaus** keep going straight; **immer mehr** more and more; **immer noch** still; **immer weiter** on and on
die **Immunabwehr** immune resistance
das **Immunsystem** immune system
impfen (gegen + *acc.*), geimpft to vaccinate (for) (12)
die **Impfmüdigkeit** weariness of vaccination
imponierend impressive
in (+ *dat./acc.*) in, into; at (B, 4); **im Café** at the café (4); **im Garten** in the garden (4); **im Restaurant** at the restaurant (8); **in die Uni / ins Reisebüro gehen** to go to the university/travel agency
inbegriffen included (10); **im Preis inbegriffen** included in the price
indem (*subord. conj.*) while; as
indirekt indirect(ly)
indisch Indian (*adj.*)
indiskret indiscreet, tactless
individualistisch individualistic
individuell individual(ly)
die **Indologie** *study of languages and culture of India*
die **Industrie**, -n industry
industriell industrial(ly)

die **Industriemesse, -n** industrial fair

das **Industriezentrum, -zentren** industrial center

der **Infinitiv, -e** infinitive

infizieren, infiziert to infect; **sich infizieren** to get infected

die **Inflation, -en** inflation

der **Influenzavirus, -viren** influenza virus

die **Informatik** computer science (1)

die **Information, -en** information (4)

das **Informationsmaterial, -materialien** informational literature

das **Informationsspiel, -e** information game

(sich) **informieren (über** + *acc.*)**, informiert** to inform (*o.s. about s.th.*) (10)

der **Ingenieur, -e** / die **Ingenieurin, -nen** engineer (5)

der **Infratest, -e** infratest

inklusive (utilities) included (6)

das **Inline-Skaten** inline skating

die **Innenstadt, ¨-e** downtown (6)

(das) **Innerasien** Central Asia

das **Innere** inside

innerhalb (+ *gen.*) within, inside

ins = in das in(to) the

die **Insel, -n** island (7)

insgesamt altogether

der **Inspektor, -en** / die **Inspektorin, -nen** inspector, supervisor

das **Instrument, -e** instrument (12)

die **Integration** integration (12)

intelligent intelligent (B)

die **Intelligenz** intelligence (12)

die **Interaktion, -en** interaction

der **Intercity(-zug)** intercity (*train*)

der **Intercityexpress** intercity express (*train*)

interessant interesting (7); **etwas Interessantes** something interesting (4)

das **Interesse, -n** interest (5); **Interesse haben (an** + *dat.*) to be interested in (5); **Interessen durchsetzen** to assert/achieve (*one's*) interests

interessieren, interessiert to interest (5); **sich interessieren (für** + *acc.*) to be interested in (5)

international international

das **Internet-Marketing** internet marketing

die **Interpretation, -en** interpretation

interpretieren, interpretiert to interpret

das **Interview, -s** interview (4)

interviewen, interviewt to interview (12)

die **Invasion, -en** invasion

inzwischen in the meantime, meanwhile

der **IQ** IQ

der **Iran** Iran

irgendein any; some

irgendetwas/irgendwas anything; something

irgendwelcher, irgendwelches, irgendwelche any (+ *noun*) (5)

(das) **Irland** Ireland (B)

der **Irokesenschnitt, -e** mohawk haircut (10)

irre·führen, irregeführt to mislead

isoliert isolated; insulated

(das) **Israel** Israel (B)

(das) **Italien** Italy (B)

der **Italiener,-** / die **Italienerin, -nen** Italian (*person*)

italienisch Italian (*adj.*) (B)

(das) **Italienisch** Italian (*language*) (B)

ja yes; indeed (4); **das ist es ja!** that's just it! (4); **wenn ja** if so

die **Jacht, -en** yacht (7)

die **Jacke, -n** jacket (A)

jagen, gejagt to hunt

der **Jäger, -** / die **Jägerin, -nen** hunter (9)

das **Jahr, -e** year (2); **mit sechs Jahren** at the age of six; **zweimal im Jahr** twice a year

der **Jahreshit, -s** hit of the year

der **Jahrestag, -e** anniversary

der **Jahresurlaub, -e** annual leave

der **Jahresverdienst** annual income

die **Jahreszahl, -en** date

die **Jahreszeit, -en** season (B)

das **Jahrhundert, -e** century

-jährig -year-old; -year; **ein dreijähriges Kind** a three-year-old child

jährlich annual(ly)

das **Jahrtausend, -e** millenium

das **Jahrzehnt, -e** decade (4)

jahrzehntelang for decades

jammern, gejammert to whimper, complain

(der) **Januar** January; **im Januar** in January (B)

(das) **Japan** Japan (B)

der **Japaner, -** / die **Japanerin, -nen** Japanese (*person*) (B)

japanisch Japanese (*adj.*) (8)

(das) **Japanisch** Japanese (*language*) (B)

jäten, gejätet to weed

die **Jazzmusik** jazz music

je ever; each; **je nach** according to; **von je** from time immemorial; **von je 100 Jungen** out of 100 young men

die **Jeans** (*pl.*) jeans (2)

die **Jeansjacke, -n** jeans jacket

jedenfalls in any case (11)

jeder, jedes, jede each; every (3, 5); **auf jeden Fall** in any case; **jede Woche** every week (3)

der **Jeep, -s** jeep (*make of car*)

jemals ever

jemand somebody; someone (3)

das **Jenseits** in the afterlife

jetzig present, current

jetzt now (3); **von jetzt an** from now on

jeweils each time; each; every

der **Job, -s** job

jobben, gejobbt to work at temporary jobs

der **Jodelmeister, -** master yodeler

joggen, ist gejoggt to jog

der **Joghurt** yoghurt

der **Journalist, -en** (*wk.*) / die **Journalistin, -nen** journalist (12)

die **Journalistik** journalism

der **Jude, -n** (*wk.*) / die **Jüdin, -nen** Jew/Jewess

jüdisch Jewish

die **Jugend** youth (9); young people

das **Jugendarbeitsschutzgesetz, -e** law protecting adolescents at work

die **Jugendherberge, -n** youth hostel (10)

der **Jugendherbergsausweis, -e** youth hostel ID card (10)

der/die **Jugendliche, -n** (ein **Jugendlicher**) young person

der **Jugendschutz** protection of young people

das **Jugendschutzgesetz, -e** law protecting young people

das **Jugendzentrum, -zentren** youth center

der **Jugoslawe, -n** (*wk.*) / die **Jugoslawin, -nen** Yugoslav (*person*)

(das) **Jugoslawien** Yugoslavia (B)

(der) **Juli** July (B)

jung young (A)

der **Junge, -n** (*wk.*) boy; **Jungs** (coll. pl.)

der **Jungenname, -n** (*wk.*) boy's name

die **Jungfrau, -en** virgin; *name of a mountain*

der **Junggeselle, -n** (*wk.*) bachelor

(der) **Juni** June (B)

Jura law (*as field of study*)

der **Jux, -e** joke; **einen Jux machen** to play a joke

der **Kabarettist, -en** (*wk.*) / die **Kabarettistin, -nen** cabaret performer (12)

das **Kabelfernsehen** cable TV

der **Kachelofen, ¨-** tile stove, hearth (6)

der **Käfer, -** beetle; *a VW car model*

der **Kaffee** coffee (1)

der **Kaffeefilter, -** coffee filter (4)

das **Kaffeehaus, ¨-er** coffee-house

die **Kaffeemaschine, -n** coffee machine (5)

die **Kaffeemühle, -n** coffee grinder (8)

das **Kaffeetrinken** having coffee

der **Käfig, -e** cage (12)

die **Käfigtür, -en** cage door

kahl bald

der **Kahn, ¨-e** boat

(das) **Kairo** Cairo

der **Kaiser, -** / die **Kaiserin, -nen** emperor/empress

die **Kaiserstadt, ¨-e** imperial town

der **Kakao** cocoa; hot chocolate (8)

(das) **Kalifornien** California

das **Kalium** potassium

der **Kalk, -e** calcium carbonate

kalkulieren, kalkuliert to calculate

kalorienarm low in calories (8)

kalorienbewusst calorie-conscious (8)

kalt cold (B)

das **Kalzium** calcium

das **Kamel, -e** camel (7)

die **Kamera, -s** camera (5)

kämmen, gekämmt: sich die Haare kämmen to comb one's hair (3, 11)

kämpfen, gekämpft to fight (9)

(das) **Kanada** Canada (B)

der **Kanadier, -** / die **Kanadierin, -nen** Canadian (*person*) (B) der **Kanton, -e** (*Swiss*) canton

das **Kapitel, -** chapter (A)

kaputt broken (A)

kariert plaid (10)

(das) **Kärnten** Carinthia

die **Karotte, -n** carrot (8)

die **Karriere, -n** career

(das) **Karstadt** *department store chain*

die **Karte, -n** card; ticket (1)

das **Kartell, -e** cartel

die **Kartentelefonzelle, -n** card telephone booth

die **Kartoffel, -n** potato (8)

die **Kartoffelchips** (*pl.*) potato chips

der **Kartoffelpfannkuchen, -** potato pancake

der **Kartoffelpuffer, -** potato pancake (*made from grated raw potatoes*)

der **Käse, -** cheese

das **Käsefondue** cheese fondue

(das) **Kaspische Meer** Caspian Sea

die **Kasse, -n** cashier window (12)

die **Kassette, -n** cassette (A)

der **Kassettenrekorder, -** cassette recorder (2)

der **Kassierer, -** / die **Kassiererin, -nen** cashier (5)

die **Kastanie, -n** chestnut

das **Kästchen, -** small box

die **Kategorie, -n** category

der **Kater, -** tomcat; hangover (11)

katholisch Catholic

die **Katze, -n** cat (2)

die **Katzenallergie, -n** allergy to cats

der **Katzenkrimi, -s** cat detective story or film

der **Katzenliebhaber, -** / die **Katzenlieb-haberin, -nen** cat lover

kauen, gekaut to chew (11)

kaufen, gekauft to buy (1)

das **Kaufhaus, ¨er** department store (5); **im Kaufhaus** at the department store (5)

die **Kaufmannsfamilie, -n** merchant family

das **Kaufmannshaus, ¨er** merchant's house

kaum hardly

die **Kaution, -en** security deposit (6)

der **Kaviar, -e** caviar

die **Kehle, -n** throat

kehren, gekehrt to sweep

kein(e) no; none (2); **auf keinen Fall** by no means; under no circumstances; **kein biss-chen** not at all (3); **kein Wunder** no wonder (4); **keine Ahnung** (I have) no idea (4)

der **Keller, -** basement, cellar (4)

die **Kellertür, -en** basement door

der **Kellner, -** / die **Kellnerin, -nen** waiter/waitress (5)

kennen (kennt), kannte, gekannt to be ac-quainted with, know (B)

kennen lernen, kennen gelernt to get ac-quainted with (1)

die **Kenntnisse** (*pl.*) skills; knowledge about a field (1)

das **Kennzeichen, -** sign, mark

die **Kerze, -n** candle (3)

das **Ketschup, -s** ketchup

die **Kette, -n** necklace (2); chain

kg = das **Kilogramm, -e** kilogram

das **Kilo, -s** kilogram

der **Kilometer, -** kilometer (2)

der **Kilometerstand, ¨e** mileage (7)

das **Kind, -er** child (B)

die **Kinderarbeit** child labor

der **Kinderarbeiter, -** child worker

die **Kindererziehung** education, bringing up of children

der **Kindergarten, ¨** kindergarten (6)

die **Kinderkrankheit, -en** childhood disease

das **Kinderkriegen** having children

der **Kinderstuhl, ¨e** child's chair

der **Kinderwagen, -** baby carriage (7)

die **Kinderwiege, -n** cradle

das **Kindesalter** childhood (12)

die **Kindheit** childhood (9)

das **Kino, -s** movie, cinema (1); **ins Kino gehen** to go to the movies (1)

die **Kinokasse, -n** movie theater ticket booth (5); **an der Kinokasse** at the movie theater ticket booth (5)

der **Kiosk, -e** newsstand

der **Kioskbesitzer, -** / die **Kioskbesitzerin, -nen** newsstand owner

die **Kippcouch, -en** reclining couch

die **Kirche, -n** church (5); **in der Kirche** at church (5)

der **Kirchenbau, -ten** church building

die **Kirsche, -n** cherry (8)

der **Kittel, -** overall; smock

die **Kitzbühler Alpen** (*pl.*) the Kitzbühlian Alps

die **Kiwi, -s** kiwi

die **Klammer, -n** parenthesis

die **Klamotten** (*pl.*) clothes

der **Klang, ¨e** sound; tone

die **Klapperschlange, -n** rattlesnake (12)

klar! of course! (2)

die **Klasse, -n** class; classroom (5); grade (level) (9); **erster Klasse fliegen/fahren** to fly/travel first class (10)

die **Klassenarbeit, -en** (written) class test

der **Klassenkamerad, -en** (*wk.*) / die **Klassenkameradin, -nen** classmate

der **Klassenlehrer, -** / die **Klassenlehrerin, -nen** homeroom teacher

das **Klassentreffen, -** class reunion (9)

das **Klassenzimmer, -** classroom (B)

die **Klassik** classical period; **die Wiener Klassik** the Vienna classical period (*music*)

der **Klassiker, -** classical writer/composer

klassisch classical (12)

klassizistisch classical

das **Klavier, -e** piano (2); **Klavier spielen** to play the piano

die **Klavierfabrik, -en** piano factory

das **Klavierstück, -e** piano piece

der **Klaviertischler, -** piano cabinet-maker

das **Kleid, -er** dress (A)

der **Kleiderkauf, ¨e** clothes shopping

der **Kleiderschrank, ¨e** clothes closet, wardrobe (6)

die **Kleidung** clothes (A)

das **Kleidungsgeschäft, -e** clothing store (10); **im Kleidungsgeschäft** at the clothing store (10)

das **Kleidungsstück, -e** article of clothing (10)

klein short; small (A)

das **Kleingeld** (small) change

das **Kleinkind, -er** small child

die **Kleinwohnung, -en** small apartment

klettern, ist geklettert to climb (9)

der **Klient, -en** (*wk.*) / die **Klientin, -nen** client

das **Klima, -s** climate

klingeln, geklingelt to ring (2)

klingen (wie) (klingt), klang, geklungen to sound (like) (11)

klirren, geklirrt to clink, rattle

das **Kloster, -** monastery; convent

der **Klosterfriedhof, ¨e** monastery or convent cemetery

der **Klosterkirchhof, ¨e** monastery or convent churchyard

km = der **Kilometer, -** kilometer

knapp just, barely (6)

die **Kneipe, -n** bar, tavern (3)

der **Knoblauch** garlic (8)

der **Knöchel, -** ankle; knuckle

der **Knochen, -** bone

die **Knochenarbeit, -en** back-breaking work

der **Knödel, -** dumpling (8)

der **Knopf, ¨e** button

knuspern (an + *dat.*), geknuspert to nibble (at)

der **Koch, ¨e** / die **Köchin, -nen** cook, chef (5)

das **Kochbuch, ¨er** cookbook (2)

kochen, gekocht to cook; to boil (1); **gekochte Eier** soft-boiled eggs (8)

die **Kochgelegenheit** cooking facilities

der **Kochtopf, ¨e** (cooking) pot

der **Koffer, -** suitcase (2)

das **Kofferradio, -s** portable radio

der **Kofferraum, ¨e** trunk (7)

der **Kognak, -s** cognac, brandy

der **Kohl** cabbage (8)

das **Kohlehydrat, -e** carbohydrate

der **Kolibri, -s** hummingbird (12)

der **Kollege, -n** (*wk.*) / die **Kollegin, -nen** colleague, co-worker

(das) **Köln** Cologne

kolumbianisch Columbian (*adj.*)

die **Kombination, -en** combination

kombinieren, kombiniert to combine (3)

komisch funny, strange (12)

kommen (aus + *dat.*) (kommt), kam, ist gekommen to come (from) (B); **auf andere Gedanken kommen** to keep one's mind off something (7); **in den Genuss kommen** to acquire unexpectedly; **zu Besuch kommen** to visit (3) die **Kommode, -n** dresser (6)

die **Kommunikationswissenschaft** communication science

die **Komödie, -n** comedy

komplett complete(ly)

die **Komplikation, -en** complication

das **Kompliment, -e** compliment

komponieren, komponiert to compose (12)

der **Komponist, -en** (*wk.*) / die **Komponistin, -nen** composer (12)

der **Kompromiss, -e** compromise

die **Konferenz, -en** conference

die **Konfession, -en** religious denomination, church (12)

die **Konfirmation, -en** confirmation

konfirmiert confirmed

der **Konflikt, -e** conflict

konformistisch conformist; in a conformist way

der **König, -e** / die **Königin, -nen** king/queen (9)

der **Königssohn, ⸚e** prince

die **Königstochter, ⸚** princess

konjugieren, konjugiert to conjugate

die **Konjunktion, -en** conjunction

konkret concrete, firm (12)

können (kann), konnte, gekonnt to be able (to); can; may (3)

konservativ conservative(ly) (B)

konstruieren, konstruiert to design; to construct

der **Konsum** consumption

der **Kontakt, -e** (**zu** + *dat.*) contact (with); **leicht Kontakt bekommen** to connect easily with others

der **Kontinent, -e** continent (B)

kontinental continental

das **Kontinentalklima** continental climate

das **Konto, Konten** bank account (5); **ein Konto eröffnen** to open a bank account (5)

der **Kontostand** balance; state of an/one's account

kontra against

der **Kontrast, -e** contrast

die **Kontrolle, -n** control

kontrollieren, kontrolliert to keep under control; **das Öl kontrollieren** to check the oil (5)

kontrovers conflicting; controversial

das **Konzentrationslager, -** concentration camp

der **Konzern, -e** industrial concern

das **Konzert, -e** concert (1); **ins Konzert gehen** to go to a concert (1)

die **Konzertreise, -n** concert tour

konzipieren, konzipiert to conceive

die **Kopassage** *a shopping center*

(das) **Kopenhagen** Copenhagen

der **Kopf, ⸚e** head (A)

das **Kopfkissen, -** pillow (6)

kopflos rash(ly)

der **Kopfsalat** lettuce (8)

die **Kopfschmerzen** (*pl.*) headache (11)

die **Kopfschmerztablette, -n** headache pill (11)

kopieren, kopiert to copy

der **Kopierladen, ⸚** copy shop (10)

der **Korb, ⸚e** basket

koreanisch Korean (*adj.*)

der **Korkenzieher, -** corkscrew (8)

das **Korn, ⸚er** grain (of corn)

das **Körnergericht, -e** dish made from grain

der **Körper, -** body (A)

körperlich physical (3)

die **Körperpflege** personal hygiene (11)

das **Körperteil, -e** body part

der **Korridor, -e** corridor, hall

korrigieren, korrigiert to correct (4)

die **Kosmetik** cosmetics

kosten, gekostet to cost (6)

die **Kosten** (*pl.*) cost(s)

kostenlos free of charge

das **Kostüm, -e** costume (9); woman's suit

der **Kot, -e** feces

die **Krabbe, -n** shrimp (8)

der **Krabbenkutter, -** shrimp boat

der **Krach** loud noise; racket

krachen, gekracht to crash; to make a loud noise

die **Kraft, ⸚e** strength

kräftigen, ist gekräftigt to strengthen

kraftlos weak, feeble

der **Kraftwagen-Kilometer** motor-vehicle kilometer

krank sick (3)

das **Krankenhaus, ⸚er** hospital (3); **im Krankenhaus** in the hospital (5)

die **Krankenhauskosten** (*pl.*) hospital cost

die **Krankenkasse** health insurance company

der **Krankenpfleger, -** / die **Krankenpflegerin, -nen** nurse (5)

die **Krankenversicherung, -en** health insurance

der **Krankenwagen, -** ambulance (11)

die **Krankheit, -en** illness, sickness (11)

die **Krankheitsgeschichte** medical history

kratzen, gekratzt to scratch

die **Kräuter** (*pl.*) herbs (8)

die **Kräuterbutter** herb butter (8)

die **Krawatte, -n** tie (A)

kreativ creative(ly)

die **Kreativität** creativity

der **Krebs** cancer

der **Kredit, -e** credit; loan; **Kredit aufnehmen** to take out a loan

die **Kreditkarte, -n** credit card

die **Kreide** chalk (B)

die **Kreidefelsen** (*pl.*) chalk cliffs

der **Kreidestrich, -e** chalk mark

der **Kreis, -e** circle; (*administrative*) district

das **Kreisarchiv, -e** district archives

der **Kreisverkehr** traffic roundabout (10)

die **Kreme, -s** cosmetic creme

kremen, gekremt to put cream on

kreuzen, gekreuzt to cross

die **Kreuzung, -en** intersection (7)

der **Krieg, -e** war

kriegen, gekriegt to get, receive

der **Krimi, -s** detective story or film

der **Krimiautor, -en** / die **Krimiautorin, -nen** author of a detective story (12)

der **Kriminalroman, -e** detective novel

die **Krise, -n** crisis (12)

die **Kritik, -en** criticism; review

kritisch critical(ly)

kritisieren, kritisiert to criticize

(das) **Kroatien** Croatia (B)

die **Krokette, -n** croquette (8)

das **Krokodil, -e** crocodile (12)

der **Krokus, -se** crocus

krönen, gekrönt to crown; **zum Kaiser krönen** to crown (*s.o.*) emperor

(das) **Kuba** Cuba (B)

die **Küche, -n** kitchen (5); cooking (8)

der **Kuchen, -** cake (5)

die **Küchenarbeit, -en** kitchen work (5)

die **Küchenlampe, -n** kitchen lamp (5)

die **Küchenmaschine, -n** mixer (8)

der **Küchenschrank, ⸚e** kitchen cabinet

der **Küchentisch, -e** kitchen table (5)

die **Küchenuhr, -en** kitchen clock (5)

die **Küchenwaage, -n** kitchen scale (5)

die **Kugel, -n** ball; sphere

das **Kugelhaus, ⸚er** round house

der **Kugelschreiber, -** ballpoint pen (4)

kühl cool (B)

der **Kühlschrank, ⸚e** refrigerator (5)

die **Kultur, -en** culture (12)

kulturell cultural(ly)

die **Kulturgeschichte, -n** cultural history

die **Kulturhauptstadt, ⸚e** cultural capital

die **Kulturmetropole, -n** cultural metropolis

das **Kulturprojekt, -e** cultural project

der **Kummer** sorrow; grief

sich **kümmern** (**um** + *acc.*), **gekümmert** to be responsible for (12)

der **Kunde, -n** (*wk.*) / die **Kundin, -nen** customer (5)

das **Kundengespräch, -e** sales pitch

die **Kunst, ⸚e** art (1)

die **Kunstakademie, -n** academy (or college) of art

die **Kunstausstellung, -en** art exhibition

die **Kunstgeschichte** art history (1)

der **Künstler, -** / die **Künstlerin, -nen** artist (12)

künstlerisch artistic(ally)

die **Kunstrichtung, -en** artistic form

der **Kurfüst, -en** (*wk.*) elector (*one of the princes who chose the Holy Roman Emperor*)

kurfürstlich electoral

der **Kurort, -e** spa, health resort

der **Kurs, -e** (*academic*) course, class (A, 1)

kursiv gedruckt printed in italics, italic

kurz short (A); **kurzes Haar** short hair

die **Kurzgeschichte, -n** short story

der **Kurztext, -e** short text

die **Kusine**, -n (*female*) cousin (B)

küssen, **geküsst** to kiss (9)

die **Küste**, -n coast (7)

der **Kuss**, ⸚e kiss (4)

die **Labelklamotten** (*coll., pl.*) designer clothes

lächeln, **gelächelt** to smile

lachen, **gelacht** to laugh (3)

der **Laden**, **Läden** store, shop

der **Ladenbesitzer**, - / die **Ladenbesitzerin**, -nen store owner

der **Ladenschluss** store closing time

das **Ladenschlussgesetz** *law regulating store closing times*

die **Lage**, -n place; position (10)

die **Lakritzsorte**, -n type of licorice

die **Lampe**, -n lamp (B)

das **Land**, ⸚er country (B, 6); **auf dem Land** in the country (6)

die **Landeshauptstadt**, ⸚e capital city; provincial capital

die **Landeskunde** *study of a country's geography and history*

die **Landesverteidigung** national defense

die **Landkarte**, -n map (7)

das **Landsäugetier**, -e land mammal (12)

die **Landschaft**, -en scenery; landscape, region

die **Landschaftskunde** study of the landscape

die **Landsleute** (*pl.*) compatriots

die **Landstraße**, -n country road; rural highway (7)

der **Landvogt**, ⸚e governor (*of an imperial province*)

der **Landwirt**, -e farmer

lang long (A); **am langen Samstag** on the Saturday(s) with extended store hours; **lange Zeit** for a long time; **langes Haar** long hair (A); **schon seit längerer Zeit** for a long time now

lange a long time (3); **lange dauern** to take a long time; **lange schlafen** to sleep late; **nicht länger** no longer (3)

längerfristig fairly long-term

die **Langeweile** (*also:* **Langweile**) boredom (3); **Langeweile haben** to be bored (3)

langweilig boring (2)

langsam slow(ly)

längst a long time ago; long since

langweilen, **gelangweilt** to bore

der **Lärm** noise

die **Lärmbelästigung** disturbance caused by noise

lassen (**lässt**), **ließ**, **gelassen** to let; to have something done (11); **einen Termin geben lassen** to get an appointment (11)

der **Lastwagen**, - truck (7)

(das) **Latein** Latin (*language*) (1)

(das) **Lateinamerika** Latin America

lauern (**auf** + *acc.*), **gelauert** to wait (for)

der **Lauf: lassen Sie Ihrer Phantasie freien Lauf** let your imagination run wild

laufen (**läuft**), **lief**, **ist gelaufen** to run (2);

laufen Sie run (A); **der Fernseher läuft** the TV is on; **Schlittschuh laufen** to go ice-skating (3); **was läuft im Kino?** what's playing at the movies? (2)

laufend recurring; runny (*nose*)

die **Laune**, -n mood

laut loud, noisy (3); loudly; (*prep. + gen./dat.*) according to

die **Lautmalerei** onomatopoeia

der **Lautsprecher**, - loudspeaker

die **Lautsprecherbox**, -en (*stereo*) speaker

leben, **gelebt** to live (3)

das **Leben**, - life (9); **am Leben sein** to be alive (9)

lebensgefährlich life-threatening

die **Lebenshaltungskosten** (*pl.*) cost of living

das **Lebensjahr**, -e year (of one's life); **im fünften Lebensjahr** at the age of five

das **Lebensmittel**, - food; groceries

das **Lebensmittelgeschäft**, -e grocery store (6)

der **Lebenslauf**, ⸚e résumé, curriculum vitae

der **Lebenspartner**, - / die **Lebenspartnerin**, -nen companion for life

lebenswert worth living

das **Lebensziel**, -e goal in life

die **Leber**, -n liver (11)

lecker tasty; delicious

die **Lederjacke**, -n leather jacket (10)

ledig unmarried, single (1)

lediglich only, merely

leer empty, vacant (8)

legal legal(ly)

legen, **gelegt** to lay, put, place (*in a horizontal position*) (9)

legendär legendary

die **Legende**, -n legend

(sich) **lehnen**, **gelehnt** to lean

der **Lehrabschluss**, ⸚e completion of an apprenticeship

die **Lehramtsprüfung**, -en exam for teaching profession

die **Lehre**, -n apprenticeship (5)

lehren, **gelehrt** to teach

der **Lehrer**, - / die **Lehrerin**, -nen teacher, instructor (A,1)

die **Lehrmöglichkeit**, -en teaching opportunity

die **Lehrwerkstatt**, ⸚en apprentice shop

der **Leibwächter**, - bodyguard

leicht easy; easily; light; slightly (6); **leicht defekt** slightly damaged; **leicht Kontakt bekommen** to connect easily with others

Leid tun (**tut . . . Leid**), **tat . . . Leid**, **Leid getan: tut mir Leid!** I'm sorry (5)

leider unfortunately (B)

leihen (**leiht**), **lieh**, **geliehen** to lend (5)

leise quiet(ly); silent(ly); soft(ly) (9)

die **Leistung**, -en achievement, accomplishment

das **Leitbild**, -er model; ideal

leiten, **geleitet** to lead

das **Leitungswasser** tap water

die **Lektüre**, -n reading material

lenken, **gelenkt** to steer; to guide (5)

das **Lenkrad**, ⸚er steering wheel (7)

die **Lerche**, -n lark

lernen, **gelernt** to learn; to study (1)

die **Lernmöglichkeit**, -en learning opportunity

die **Leseecke**, -n reading nook

die **Lesegewohnheit**, -en reading habit

die **Lesehilfe**, -n reading aid

lesen (**liest**), **las**, **gelesen** to read (A, 1); **Zeitung lesen** to read the newspaper (1)

der **Leser**, - / die **Leserin**, -nen reader

letzter, **letztes**, **letzte** last (4); **das letzte Mal** the last time (4); **letzte Woche** last week (4); **letzten Montag** last Monday (4); **letzten Sommer** last summer (4); **letztes Wochenende** last weekend (4)

der **Leuchtturm**, ⸚e lighthouse (6)

der **Leumund** reputation

die **Leute** (*pl.*) people (7)

die **Levi's** Levi's (jeans)

liberal liberal (6)

libysch Libyan (*adj.*)

das **Licht**, -er light (3)

das **Lichtbild**, -er photograph

lieb dear, beloved (7); sweet, lovable (10); **am liebsten** like (*to do something*) best (7)

lieben, **geliebt** to love (2)

lieber rather, preferably (2); **ich gehe lieber** I'd rather go (2)

der **Liebesfilm**, -e romantic film

der **Liebeskummer** lovesickness (11); **Liebeskummer haben** to be lovesick

der **Liebesroman**, -e romance novel, love story (9)

liebevoll loving(ly)

Lieblings- favorite (A)

der **Lieblingsausdruck**, ⸚e favorite expression

die **Lieblings-CD**, -s favorite CD

das **Lieblingsessen**, - favorite food

das **Lieblingsfach**, ⸚er favorite subject (*in school*) (5)

die **Lieblingsfarbe**, -n favorite color (A)

der **Lieblingskomponist**, -en (*wk.*) / die **Lieblingskomponistin**, -nen favorite composer

der **Lieblingsname**, -n (*wk.*) favorite name (A)

das **Lieblingsrestaurant**, -s favorite restaurant

das **Lieblingsrezept**, -e favorite recipe

das **Lieblingstier**, -e favorite animal

(das) **Liechtenstein** Liechtenstein (B)

der **Liechtensteiner**, - / die **Liechtensteinerin**, -nen Liechtensteinian (*person*)

das **Lied**, -er song (3)

liefern, **geliefert** to deliver

liegen, (**liegt**), **lag**, **ist hat gelegen** to lie, be (in a horizontal position) (1, 8); to recline; to be located; **in der Sonne liegen** to lie in the sun (1)

liegen bleiben (**bleibt . . . liegen**), **blieb . . . liegen**, **ist liegen hatgeblieben** to remain in a prone position; to stay in bed

der **Lifestyle** lifestyle

lila purple (A)

die **Limmat** Limmat (River)

die **Limo** = **Limonade** soft drink

die **Limonade, -n** soft drink (4); lemonade

die **Linde, -n** linden tree

lindern, gelindert to relieve

die **Linderung** relief

der **Lindwurm,** ¨er dragon (usually wingless)

der **Lindwurmbrunnen** dragon fountain

die **Linguistik** linguistics (1)

die **Linie, -n** line (10)

links left (4); on the left; **mit dem linken Fuß auf·stehen** to get up on the wrong side of the bed (4); **nach links** (to the) left

die **Linsen** (*pl.*) lentils

die **Lippe, -n** lip (11)

der **Lippenstift, -e** lipstick

(das) **Lissabon** Lisbon

die **List, -en** deception, trick (9)

die **Liste, -n** list (5)

der **Liter, -** liter (7)

der **Literat, -en** (*wk.*) / die **Literatin, -nen** writer; literary figure

die **Literatur** literature (1)

loben, gelobt to praise

das **Loch,** ¨er hole (12)

locken, gelockt to lure, attract

der **Löffel, -** spoon (8)

logisch logical(ly) (12)

der **Lohn,** ¨e reward; salary

die **Lohnerhöhung** wage or pay increase

die **Lohngruppe, -n** wage group

das **Lokal, -e** restaurant

die **Lokomotive, -n** locomotive (7)

die **Lorelei** Loreley

los loose; away; **los!** go ahead!; **was ist los?** what's happening?; what's the matter?

lösen, gelöst to solve (9)

los·fahren (fährt . . . los), fuhr . . . los, ist losgefahren to drive/ride off (9)

los·gehen (geht . . . los), ging . . . los, ist losgegangen to set off; to get started

los·kommen (von + *dat.*) (kommt . . . los), kam . . . los, ist losgekommen to get away (from)

der **Lösungsvorschlag,** ¨e suggested solution

die **Lotterie, -n** lottery (5); **in der Lotterie gewinnen** to win the lottery (5)

der **Löwe, -n** (*wk.*) lion (12)

die **Lücke, -n** gap; space

die **Luft** air (7)

die **Luftverschmutzung** air pollution

die **Lunge, -n** lung (11)

die **Lungenentzündung** pneumonia (11)

die **Lust** desire (2); **hast du Lust?** do you feel like it? (2)

lustig fun, funny (12); cheerful

lutschen, gelutscht to suck (11)

(das) **Luxemburg** Luxembourg

(das) **Luzern** Lucerne

die **Lyrik** poetry

mach's gut! take care! (*infor.*) (A)

machen, gemacht to make, to do **macht das was?** does it matter? (B)

das **Mädchen, -** girl (9)

der **Mädchenname, -n** (*wk.*) girl's name; maiden name

der **Magen,** ¨ stomach (11)

die **Magenschmerzen** (*pl.*) stomachache (11)

magisch magical (12)

mähen, gemäht to mow (5)

die **Mahlzeit, -en** meal (8)

(der) **Mai** May (B)

der **Main** Main (River)

das **Maiskeimöl** corn oil

das **Mal, -e** time (4); **das letzte Mal** the last time (4); **zum ersten Mal** for the first time (4)

mal (*word used to soften commands*); once; **komm mal vorbei!** come on over! (11)

malen, gemalt to paint (12)

der **Maler, -** / die **Malerin, -nen** painter (12)

die **Mama, -s** mama, mom

die **Mami, -s** mommy

man one; people, they

mancher, manches, manche some

manchmal sometimes (B)

mangelhaft deficient, unsatisfactory; grade D (*in school*)

die **Manier, -en** manner

manipulieren, manipuliert to manipulate

der **Mann,** ¨er man; husband (A, B)

die **Männeraufgabe, -n** man's job

der **Männerberuf, -e** men's profession

der **Männerchor,** ¨e male choir

männlich masculine; male

die **Mannschaft, -en** team (9)

der **Mantel,** ¨ coat; overcoat (A, 10)

das **Märchen, -** fairy tale (4)

die **Mark, -** mark (*German monetary unit*) (7)

die **Markenklamotten** (*coll., pl.*) brand-name clothes

der **Markenname, -n** brand name

markieren, markiert to mark (11)

der **Markt,** ¨e market (10)

die **Marktkirche, -n** church on the market place

der **Marktplatz,** ¨e market square (6)

die **Marmelade, -n** jam (8)

der **Marokkaner, -** / die **Marokkanerin, -nen** Moroccan (*person*)

(das) **Marokko** Morocco (B)

(das) **Marrakesch** Marrakesh

der **Marxismus** Marxism

(der) **März** March (B)

der **Maschinenbau** mechanical engineering (1)

die **Massenproduktion** mass production

massieren, massiert to massage

mäßig moderate(ly)

massiv solid(ly)

das **Material, -ien** material, substance (12)

(die) **Mathe** math

die **Mathematik** mathematics (1)

der **Mathematiker, -** / die **Mathematikerin, -nen** mathematician

der **Mathematikunterricht** mathematics class

mathematisch mathematical(ly)

mathematisch-naturwissenschaftlich mathematical(ly) and scientific(ally)

die **Matratze, -n** mattress

das **Matterhorn** *mountain in Switzerland*

die **Matura** college entrance exam (*in Austria, Switzerland*)

die **Mauer, -n** wall

das **Maul,** ¨er mouth (of an animal) (9)

die **Maus,** ¨e mouse (12)

maximal maximum; at the most

der **Mechaniker, -** / die **Mechanikerin, -nen** mechanic

die **Medaille, -n** medal

die **Medien** (*pl.*) media

die **Medienwissenschaft** media science

das **Medikament, -e** medicine (11); **ein Medikament gegen** medicine for (11)

medizinisch medical (11)

die **Medizin** medicine

das **Meer, -e** sea (B, 1); **ans Meer** to the sea (2); **im Meer schwimmen** to swim in the sea (1)

das **Meerschweinchen, -** guinea pig (12)

mehr more (3)

mehrere (*pl.*) several (10)

die **Mehrfachnennung** multiple naming

mehrmals several times (5)

meiden (meidet), mied, gemieden to avoid

der **Meilenstein** milestone

mein(e) my (A)

meinetwegen on my behalf; for my sake

die **Meinung, -en** opinion; **(ganz) anderer Meinung sein** to have a (very) different opinion; to disagree; **der Meinung sein, dass . . .** to be of the opinion that . . . ; **Ihrer Meinung nach** in your opinion

das **Meinungsforschungsinstitut, -e** opinion research institute

meist most(ly); **am meisten** mostly; the most; **die meisten** most (of)

meistens usually, mostly (8)

meistgekauft most-purchased

melancholisch melancholy

sich **melden, gemeldet** to report; to check in; to answer the phone

die **Menge, -n** amount (4); **eine ganze Menge** a whole lot (4)

die **Mengenlehre** set theory

die **Mensa, Mensen** student cafeteria (2)

der **Mensch, -en** (*wk.*) person; human being (2); **Mensch!** man! oh boy! (*coll.*) (2)

das **Menschenleben** (human) life

das **Menschenrecht, -e** human right

die **Menschheit** humankind

menschlich human

der **Mercedes** *make of car*

merken, gemerkt to notice, realize

die **Messe, -n** trade fair; **auf der Messe** at the fair

das **Messer, -** knife (8)

die **Messestadt, ⸚e** town well-known for its trade fairs

das **Metall, -e** metal

der **Meter, -** meter

die **Metzgerei, -en** butcher shop (6)

der **Mexikaner, -** / die **Mexikanerin, -nen** Mexican (*person*)(B)

mexikanisch Mexican (*adj.*) (8)

(das) **Mexiko** Mexico (B)

mich me (*acc.*)

die **Miene, -n** facial expression

mies (*coll.*) crummy

die **Miete, -n** rent (6)

mieten, gemietet to rent (6)

der **Mieter, -** / die **Mieterin, -nen** renter (6)

das **Mietgesuch, -e** rental wanted ad

das **Mikrophon, -e** microphone

der **Mikrowellenherd, -e** microwave oven

die **Mikrowellenmahlzeit, -en** microwave meal

die **Milch** milk (8)

das **Milchprodukt, -e** dairy product

mild mild(ly)

militärisch military

die **Militärmacht, ⸚e** military power

der **Militärdienst** military service

die **Milliarde, -n** billion

die **Million, -en** million (7)

millionenfach millionfold

die **Millionenstadt, ⸚e** city with a million or more inhabitants (7)

das **Minarett, -e** minaret

minderwertig inferior (12)

mindestens at least

die **Mindeststudienzeit** minimum period of study

das **Mineral, Mineralien** mineral

das **Mineralwasser** mineral water (8)

das **Miniwörterbuch, ⸚er** mini-dictionary (9)

der **Minidialog, -e** mini-dialogue

minus minus

die **Minute, -n** minute

mir me (*dat.*)

mischen, gemischt to mix

der **Mississippi** Mississippi (River)

der **Missstand, ⸚e** bad situation; shortcoming

mit with (A); **mit mir** with me (3)

der **Mitbewohner, -** / die **Mitbewohnerin, -nen** roommate, housemate (2)

mit·bringen (bringt ... mit), brachte ... mit, mitgebracht to bring along (3)

der **Mitbürger, -** / die **Mitbürgerin, -nen** fellow citizen

miteinander with each other (3)

mit·fahren (fährt ... mit), fuhr ... mit, ist mitgefahren to ride/travel along

das **Mitglied, -er** member (10)

mit·halten (hält ... mit), hielt ... mit, mitgehalten (mit + dat.) to keep up (with)

der **Mitherausgeber, -** / die **Mitherausgeberin, -nen** co-editor; co-publisher

mit·kommen (kommt ... mit), kam ... mit, ist mitgekommen to come along (2)

mit·machen, mitgemacht to participate (10)

mit·nehmen (nimmt ... mit), nahm ... mit, mitgenommen to take along (3)

mit·schreiben (schreibt ... mit), schrieb ... mit, mitgeschrieben to write along/at the same time

mit·spielen, mitgespielt to play along, join in

der **Mitstudent, -en** (*wk.*) / die **Mitstudentin, -nen** fellow student (A)

mit·summen, mitgesummt to hum along

der **Mittag, -e** midday, noon (3)

das **Mittagessen, -** midday meal, lunch (3); **zu Mittag essen** to eat lunch (3)

mittags at noon (2)

die **Mittagspause, -n** lunch hour, lunch break

die **Mittagsruhe** after-lunch rest; siesta

die **Mittagszeit** noon; lunchtime

die **Mitte** middle, center; in the middle of; **Mitte dreißig sein** to be in one's mid-thirties; **seit Mitte der 80er Jahre** since the mid-eighties

das **Mittelalter** Middle Ages

das **Mittelfeld** middle of the scale

das **Mittelmeer** Mediterranean Sea (B)

die **Mittelohrentzündung** infection of the middle ear

der **Mittelpunkt, -e** center

die **Mittelschule, -n** middle school

mitten in the middle (9); **mitten in der Nacht** in the middle of the night (9)

die **Mitternacht** midnight; **um Mitternacht** at midnight

(der) **Mittwoch** Wednesday (1)

der **Mittwochabend, -e** Wednesday night

der **Mittwochmorgen, -** Wednesday morning

mit·versorgen, mitversorgt to be equally responsible for taking care of (12)

die **Möbel** (*pl.*) furniture (6)

das **Möbelgeschäft, -e** furniture store

möbliert furnished (6)

möchte would like (to) (3)

das **Modalverb, -en** modal verb (3)

die **Mode, -n** fashion

das **Modehaus, ⸚er** fashion house

das **Modell, -e** model, example

die **Modemesse, -n** fashion fair

modern modern(ly) (6)

der **Modeschnickschnack** fashionable frills

der **Modeschöpfer, -** / die **Modeschöpferin, -nen** fashion designer

die **Modestadt, ⸚e** fashion town

modisch fashionable; fashionably (10)

mögen (mag), mochte, gemocht to like, care for (3)

möglich possible; **alles Mögliche** everything possible (2)

die **Möglichkeit, -en** possibility (5)

möglichst (+ *adv.*) as ... as possible (6)

die **Möhre, -n** carrot

(das) **Moldawien** Moldavia (B)

der **Moment, -e** moment (1); **im Moment** at the moment; right now (1)

momentan at the moment

die **Monarchie, -n** monarchy

der **Monat, -e** month (B)

monatlich monthly

der **Mond, -e** moon

das **Monopol, -e** monopoly

(der) **Montag** Monday (1)

der **Montagmorgen, -** Monday morning

die **Montagmorgengeschichte, -n** Monday morning story

montags on Monday(s)

die **Montagsdemonstration, -en** Monday rally

das **Moped, -s** moped

der **Mord, -e** murder

morden, gemordet to murder

die **Mordwaffe, -n** murder weapon

der **Morgen, -** morning; **guten Morgen!** good morning! (A)

morgen tomorrow (2)

morgendlich morning

das **Morgenrot** dawn

morgens in the mornings (3)

die **Morgentoilette** morning grooming routine/regimen

die **Mosel** Moselle (River)

(das) **Moskau** Moscow

das **Motiv, -e** motif, theme (12); motive, reason

der **Motor, -en** motor; engine

die **Motorenfabrik, -en** motor factory

die **Motorhaube, -n** hood (7)

motorisieren, motorisiert to motorize

das **Motorrad, ⸚er** motorcycle (1); **Motorrad fahren** to ride a motorcycle (1)

das **Motorradrennen, -** motorcycle race

die **Motorwelt** motor world

die **Mousse, -s** mousse (*dessert*)

das **Mozarteum** *famous music school named after Mozart*

die **Mozartkugel, -n** *famous chocolate confection named after Mozart*

der **Mozzarella** mozzarella cheese

die **Mücke, -n** mosquito (12)

müde tired (3)

die **Müdigkeit** fatigue, tiredness

der **Müll** garbage; trash

der **Mülleimer, -** garbage can (8)

die **Müllerstochter, ⸚** miller's daughter

die **Multi-Kulti-Küche** multicultural cuisine

multikulturell multicultural(ly) (12)

multiplizieren, multipliziert multiply

der **Mumps** mumps

(das) **München** Munich

der **Mund, ⸚er** mouth (A)

mündlich oral(ly)

munter cheerful; lively

die **Münze, -n** coin (5)

murmeln, gemurmelt to play marbles

die **Muschel, -n** mussel, shell (8)

der **Muschelsucher, -** mussel finder

das **Museum, Museen** museum (1); **ins Museum gehen** to go to the museum (1)

die **Musik** music (1)

musikalisch musically gifted

der **Musikant, -en** (*wk.*) / die **Musikantin,**

-**nen** musician

der **Musiker**, - / die **Musikerin**, -nen musician

der **Musiklehrer**, - / die **Musiklehrerin**, -nen music teacher

der **Muskelkater**, - sore muscles (11)

die **Muskelschmerzen** (*pl.*) muscle pain

das **Muskeltraining** muscle exercise

das **Müsli**, -s granola

müssen (muss), musste, gemusst to have to, must (3); **ich muss jetzt gehen** I've got to go (B)

Mutschli bread roll (*Swiss*)

die **Mutter**, ⸚ mother (A, B)

die **Mutterrolle**, -n role as a mother

der **Mutterschutz** *laws protecting working pregnant women and mothers of newborn babies*

die **Muttersprache**, -n native language; mother tongue

der **Muttertag** Mother's Day (4)

die **Mutti**, -s mom, mommy

die **Mütze**, -n cap (5)

mysteriös mysterious(ly)

mystisch mythical(ly)

na (*interj.*) well, so (3); **na also** now then; **na gut** well, okay; **na klar** of course

nach (+ *dat.*) after; past; according to; toward; to (*a place*) (10); **nach dem Weg fragen** to ask for directions; **nach Hause** (to) home (1); **nach und nach** gradually; **um zwanzig nach fünf** at twenty after/past five (1)

der **Nachbar**, -n (*wk.*) / die **Nachbarin**, -nen neighbor (4)

das **Nachbarhaus**, ⸚er house next door

das **Nachbarland**, ⸚er neighboring country

die **Nachbarschaft** neighborhood

die **Nachbarstadt**, ⸚e neighboring city/town

der **Nachbartisch**, -e adjacent table

nachdem (*subord. conj.*) afterward (8)

nach·denken (über + *acc.*) **(denkt . . . nach), dachte . . . nach, nachgedacht** to think (about); consider (7)

nach·fragen, nachgefragt to ask; to inquire

nachher afterward

die **Nachhilfe** tutoring (3); **Nachhilfe geben** to tutor (3); **Nachhilfe nehmen** to be tutored (3)

nachlässig lax

der **Nachmieter**, - / die **Nachmieterin**, -nen next tenant

der **Nachmittag**, -e afternoon (4); **am Nachmittag** in the afternoon; **heute Nachmittag** this afternoon

nachmittags afternoons, in the afternoon (4)

der **Nachname**, -n (*wk.*) family name

die **Nachrichten** (*pl.*) news (7)

das **Nachrichtenmagazin**, -e news magazine

das **Nachschlagewerk**, -e reference book

nach·sehen (sieht . . . nach), sah . . . nach, nachgesehen to check; to look up (10)

die **Nachspeise**, -n dessert (8)

nächster, nächstes, nächste next

die **Nacht**, ⸚e night (3); **die ganze Nacht** all night long (3); **mitten in der Nacht** in the middle of the night (9)

der **Nachteil**, -e disadvantage (7)

das **Nachthemd**, -en nightshirt (10)

das **Nachtleben** night-life

nachts nights, at night (4)

der **Nachttisch**, -e bedside table (6)

der **Nacken**, - neck

der **Nadelstreifen**, - pin-stripe

der **Nagel**, ⸚ nail (8)

nah close (6); **nah beieinander** close together

die **Nähe** proximity; vicinity (6); **in der Nähe** in the vicinity (6)

sich **nähern, genähert** to approach

der **Nährboden** breeding-ground

das **Nahrungsmittel**, - foodstuff, food

der **Name**, -n (*wk.*) name (A, 1); **auf welchen Namen** under what name

der **Namensvetter**, -n namesake

nämlich namely; actually

die **Narbe**, -n scar

die **Nase**, -n nose (11)

nass wet (3)

die **Nation**, -en nation; **die Vereinten Nationen** the United Nations

der **Nationalfeiertag**, -e national holiday (4)

die **Nationalität**, -en nationality (B)

die **Nationalversammlung**, -en national congress

die **Natur** nature (9, 12); disposition, temperament; **in freier Natur** out in the open (country) (12)

der **Naturforscher**, - / die **Naturfor-scherin**, -nen natural scientist; naturalist

natürlich natural(ly) (2); of course

die **Naturwissenschaft**, -en natural science (9)

das **Naturwunder**, - miracle of nature

das **Nazideutschland** Nazi Germany

der **Nebel**, - fog, mist

neben (+ *dat./acc.*) next to (9), beside; alongside; in addition to

nebenan next door (5); **von nebenan** from next door (5)

nebenbei on the side; incidentally

nebeneinander next to each other (one another) (8)

das **Nebenfach**, ⸚er minor subject

die **Nebenkosten** (*pl.*) extra costs (*e.g., utilities*) (6)

der **Nebensatz**, ⸚e subordinate clause

der **Neckar** Neckar (River)

nee (*coll.*) no

der **Neffe**, -n (*wk.*) nephew (B)

negativ negative(ly)

nehmen (nimmt), nahm, genommen to take (A, 3); **in Anspruch nehmen** to make use of; **(etwas) zu sich nehmen** to eat (*s.th.*); **Nachhilfe nehmen** to be tutored (3)

der **Neid** envy

nein no (A)

nennen (nennt), nannte, genannt to name; to call

der **Neonazi**, -s Neo-Nazi (12)

der **Nerv**, -en nerve

nervös nervous(ly) (B)

die **Nervosität** nervousness

nervtötend nerve-wracking

das **Nest**, -er nest (12)

nett nice(ly) (B)

das **Netz**, -e (safety) net; network, system; string bag

neu new (A); **etwas Neues** something new (4); **von neuem** anew, again

neugierig curious(ly) (12); nosy

neulich recently (9)

neun nine (A)

neunjährig nine-year-old (*adj.*)

neunt- ninth (4)

neunundzwanzig twenty-nine (A)

neunzehn nineteen (A)

neunzehnt- nineteenth

neunzig ninety (A)

(das) **Neuseeland** New Zealand (B)

neuseeländisch from New Zealand

die **Neustadt**, ⸚e new part of town

der **Neuwagen**, - new (*not used*) car

der **Neuwagenverkäufer**, - / die **Neuwagen-verkäuferin**, -nen new car dealer

der **New Beetle** *a VW car model*

nicht not (A); **nicht mehr** no longer; **nicht (wahr)?** isn't that right?

der **Nichtamerikaner**, - / die **Nicht-amerikanerin**, -nen non-American

die **Nichte**, -n niece (B)

der **Nichtraucher**, - / die **Nichtraucherin**, -nen nonsmoker (*person*) (10)

das **Nichtraucherabteil**, -e nonsmoking compartment

nichts nothing (9); **gar nichts** nothing at all; **nichts von alledem** none of this

die **Nickelbrille**, -n metal-rimmed glasses

nicken, genickt to nod

nie never (2); **nie mehr** never again; **noch nie** never (before)

die **Niederlande** (*pl.*) the Netherlands (B)

(das) **Niedersachsen** Lower Saxony

der **Niederschlag**, ⸚e snow, rain

niedrig low (11)

niemand nobody, no one (2)

die **Niere**, -n kidney (11)

die **Nierenentzündung** kidney infection (11)

niesen, geniest to sneeze

die **Niete**, -n rivet

(der) **(Sankt-) Nikolaustag** St. Nicholas Day (December 6)

das **Nikotin** nicotine

der **Nil** Nile (River)

der **Nobelpreis**, -e Nobel Prize

noch even, still (B); else; yet; **auch noch** on top of it all; **immer noch** still; **noch ein** another, an additional (one); **noch (ein)mal** once more, again; **noch etwas** something/anything else; **noch nicht** not yet; **noch nie** never (before); **nur noch** only; **sonst noch** otherwise; in addition; else; **sonst noch etwas?** anything/something else? (5); **weder . . . noch** neither . . . nor

nochmal once more, again

das **Nomen**, - noun

nordafrikanisch North African (*adj.*)

(das) **Nordamerika** North America

nordamerikanisch North American (*adj.*)

(das) **Nordbayern** northern Bavaria

(das) **Norddeutschland** northern Germany

der **Norden** north

(das) **Nordirland** Northern Ireland (B)

nordfriesisch North Frisian (*adj.*)

nördlich (von) north (of) (7)

nordöstlich (von) northeast (of) (7)

(das) **Nordrhein-Westfalen** North Rhine-Westphalia

die **Nordsee** North Sea (B)

die **Nordseeinsel**, -n North Sea island

die **Nordseekrabbe**, -n small shrimp caught in the North Sea

die **Nordseeküste**, -n North Sea coast

der **Nordwesten** northwest

nordwestlich (von) northwest (of) (7)

normal normal (5)

normalerweise normally (8)

das **Normalniveau**, -s normal level

(das) **Norwegen** Norway (B)

norwegisch Norwegian (*adj.*)

die **Not**, ⸚e need; hardship; trouble

die **Note**, -n grade (*in school*), mark (3, 9)

der **Notfall**, ⸚e emergency

notfalls in case of emergency, if necessary

notieren, notiert to make a note, write down (7)

nötig necessary; **nötig haben** to need; **nötig brauchen** to need urgently

die **Notiz**, -en note

die **Novelle**, -n novella

(der) **November** November (B)

Nr. = **Nummer** number

die **Nudel**, -n noodle (8)

null zero

die **Nummer**, -n number (1)

nummerieren, nummeriert to number

das **Nummernschild**, -er license plate (7)

nun now; well

nur only (3); **nicht nur . . . sondern auch** not only . . . but also; **nur noch** only

(das) **Nürnberg** Nuremberg

die **Nuss**, ⸚e nut (8)

nutzen, genutzt to use

nützlich useful (10)

ob (*subord. conj.*) whether, if (6)

oben on top; the top; up high; above; upstairs (10); **ganz oben** way at the top; **von oben** from above

der **Oberarm**, -e upper arm

(das) **Oberbayern** Upper Bavaria

das **Obst** fruit (8)

obwohl (*subord. conj.*) although (11)

die **Ode**, -n ode

oder (*coord. conj.*) or (A)

offen open (3)

offensichtlich apparently

die **Öffentlichkeit** the public

offiziell official(ly)

öffnen, geöffnet to open; **öffnen Sie** open (A)

die **Öffnungszeit**, -en business hours (8)

oft often (B)

öfter frequently

öfters = **öfter** frequently

oh oh

ohne (+ *acc.*) without; **ohne den Text zu lesen** without reading the text

die **Ohnmacht** unconsciousness (11); **in Ohnmacht fallen** to faint (11)

das **Ohr**, -en ear (A)

die **Ohrenschmerzen** (*pl.*) earache (11)

der **Ohrring**, -e earring (2)

okay (*coll.*) okay; **das geht okay** that's OK

(der) **Oktober** October (B); **am ersten Oktober** on the first of October (4)

das **Oktoberfest**, -e *festival held yearly (in Munich) during late September and early October* (7)

das **Öl** oil (5); **das Öl kontrollieren** to check the oil (5)

die **Ölfarbe**, -n oil paint

die **Ölheizung** oil-fired heating

die **Oldies** oldies

die **Olive**, -n olive (8)

das **Olivenöl** olive oil

die **Olympischen Spiele** (*pl.*) Olympic Games

die **Oma**, -s grandma (3)

das **Omelett**, -s omelette (8)

der **Onkel**, - uncle (B)

der **Opa**, -s grandpa

der **Opel** make of car

die **Oper**, -n opera

operieren, operiert to operate on

der **Opi**, -s grandpa

optimistisch optimistic(ally) (B)

die **Orange**, -n orange (8)

orange orange (*color*) (A)

der **Orangensaft** orange juice (8)

ordentlich orderly; neat

die **Ordinalzahl**, -en ordinal number (4)

ordnen, geordnet to arrange, put in order

die **Ordnung** order; regulation; **alles in Ordnung** everything (is) okay; **nicht in Ordnung sein** to not function properly

die **Organisation**, -en organization

organisieren, organisiert to organize

der **Organist**, -en (*wk.*) / die **Organistin**, -nen organist

der **Orientexpress** Orient Express (train)

orientieren, orientiert to orient

die **Orientierung** orientation; guidance

das **Original**, -e original

originell original(ly)

der **Ort**, -e place, town (1, 4)

der/die **Ortsfremde**, -n (ein **Ortsfremder**) nonlocal (person), nonresident; stranger

(das) **Ostasien** East Asia

(das) **Ostberlin** East Berlin

ostdeutsch East German (*adj.*)

der **Osten** east

das **Osterei**, -er Easter egg

der **Osternachmittag**, -e Easter afternoon

(das) **Österreich** Austria (B)

der **Österreicher**, - / die **Österreicherin**, -nen Austrian (*person*) (B)

österreichisch Austrian (*adj.*)

(der) **Ostersonntag** Easter Sunday

osteuropäisch East European (*adj.*)

ostfriesisch East Frisian (*adj.*)

(das) **Ostfriesland** East Friesland (*northwest part of Germany*)

östlich (von) east (of) (7)

die **Ostsee** Baltic Sea (B)

die **Ostseeküste** Baltic coast

die **Ostslawistik** *study of eastern Slavic languages and literatures*

der **Ozean**, -e ocean

ozeanisch oceanic

das **Paar**, -e couple; pair (of)

paar: ein paar a few, a couple of (2)

packen, gepackt to pack (7)

die **Packung**, -en package; packet (8)

der **Pädagoge**, -n (*wk.*) / die **Pädagogin**, -nen teacher

die **Pädagogik** pedagogy

pädagogisch pedagogical(ly)

das **Paket**, -e package (8)

der **Paketdienst** parcel service

der **Pakt**, -e pact (12)

(das) **Palästina** Palestine (B)

die **Palme**, -n palm tree (6)

die **Palmenhütte**, -n hut made of palms (6)

der **Papa**, -s daddy, dad

der **Papagei**, -en parrot (12)

der **Papi**, -s daddy

das **Papier**, -e paper (B)

der **Papierkorb**, ⸚e wastepaper basket (3)

das **Papiertuch**, ⸚er paper towel (5)

die **Paprika**, -s bell pepper

der **Papst**, ⸚e pope

die **Parallele**, -n parallel

das **Parfüm**, -e perfume (5)

der **Park**, -s park (1); **im Park spazieren gehen** to walk in the park (1)

parken, geparkt to park (*a car*) (7)

parkende parking

die **Parklücke**, -n parking space (7)

der **Parkplatz**, ⸚e car park, parking lot (6)

die **Partei**, -en (*political*) party

das **Partizip**, -ien participle

der **Partner**, - / die **Partnerin**, -nen partner (12)

die **Partnerschaft**, -en partnership (12)

die **Party, -s** party (1); **auf eine Party gehen** to go to a party (1)

der **Pass, ¨e** passport (7)

der **Passant, -en** (*wk.*) / die **Passantin, -nen** passerby

passen, gepasst (+ *dat.*) to fit (10); to match; to suit; (**zu** + *dat.*) to go with, fit (in with); **das passt gut** that fits well (11)

passend suitable; appropriate

passieren, ist passiert to happen (4)

das **Passivrauchen** passive smoking

die **Pasta** pasta

der **Patient, -en** (*wk.*) / die **Patientin, -nen** patient (5)

der **Patrizier, -** patrician

die **Pause, -n** recess, break (1); **Pause machen** to take a break

peinlich embarrassing (12)

der **Pelz, -e** fur

der **Pelzmantel, ¨** fur coat

das **Penizillin** penicillin (4)

die **Pension, -en** small hotel; retirement; **in Pension gehen** to retire

pensioniert retired

der/die **Pensionierte, -n** (ein **Pensionierter**) retired person

die **Pensionierung, -en** retirement

die **Person, -en** person, individual (A, 1)

der **Personalausweis, -e** (personal) ID card (1)

die **Personalien** (*pl.*) personal data (12)

das **Personalpronomen, -** personal pronoun

der **Personenzug, ¨e** passenger train (7)

persönlich personal(ly); in person; **persönliche Daten** biographical information (1)

die **Persönlichkeit** personality

die **Perücke, -n** wig (11)

die **Peseta, Peseten** peseta (*Spanish monetary unit*)

die **Pfanne, -n** (frying) pan (5)

der **Pfarrer, -** / die **Pfarrerin, -nen** minister; parish priest

der **Pfeffer** (*black*) pepper (8)

der **Pfennig, -e** pfennig (*German monetary unit*)

das **Pferd, -e** horse (9)

die **Pferderennbahn, -en** horse racing track

das **Pfingsten, -** Pentecost

der **Pfirsich, -e** peach (8)

die **Pflanze, -n** plant (3, 6); **die Pflanzen gießen** to water the plants (3)

pflanzlich vegetable (*adj.*)

das **Pflaster, -** adhesive bandage (11)

die **Pflaume, -n** plum (8)

pflegen, gepflegt to attend to, to nurse (5); to take care of

die **Pflicht, -en** duty; requirement; obligation (3); **Pflicht sein** to be required/mandatory

das **Pflichtfach, ¨er** required subject

pflücken, gepflückt to pick (9)

das **Pfund, -e** pound (5)

die **Phantasie, -n** imagination

phantastisch fantastic

das **Phantom, -e** phantom

die **Pharmazie** pharmacy

pharmazeutisch pharmaceutical(ly)

die **Philologie** philology

der **Philosoph, -en** (*wk.*) / die **Philosophin, -nen** philosopher

die **Philosophie** philosophy

philosophisch philosophical(ly)

die **Physik** physics (1)

der **Physiker, -** / die **Physikerin, -nen** physicist

der **Pianist, -en** (*wk.*) / die **Pianistin, -nen** pianist

das **Picknick, -s** picnic (4)

piepe: das ist mir piepe (*coll.*) I don't care

der **Pilot, -en** (*wk.*) / die **Pilotin, -nen** pilot (5)

der **Pilz, -e** mushroom (8)

die **Pinte, -n** bar

der **Piranha, -s** piranha (12)

die **Pizza, -s** pizza (2)

der **Pkw** = der **Personenkraftwagen, -** private car

der **Pkw-Besitzer, -** car owner

das **Plakat, -e** poster; placard

der **Plan, ¨e** plan (3)

planen, geplant to plan (7)

planmäßig according to schedule

die **Platte, -n** plate; sheet; board; record

der **Plattenspieler, -** record player

der **Platz, ¨e** place (3); seat; room, space; square; **hier ist kein Platz** there's no room here

das **Plätzchen, -** small place; cookie

plötzlich suddenly (9)

(das) **Polen** Poland (B)

polieren, poliert to polish

die **Politik** politics (5)

der **Politiker, -** / die **Politikerin, -nen** politician

die **Politikwissenschaft** political science

politisch political(ly) (4)

der **Politologe, -n** (*wk.*) / die **Politologin, -nen** political scientist

die **Politologie** political science

die **Polizei** police station (5); **auf der Polizei** at the police station (5)

das **Polizeirevier, -e** police station

der **Polizist, -en** (*wk.*) / die **Polizistin, -nen** police officer (5)

polnisch Polish (*adj.*)

die **Polonistik** study of Polish language and culture

die **Pommes (frites)** (*pl.*) french fries (8)

das **Porto, -s** postage

das **Porträt, -s** portrait

(das) **Portugal** Portugal (B)

der **Portugiese, -n** (*wk.*) / die **Portugiesin, -nen** Portuguese (*person*)

(das) **Portugiesisch** Portuguese (*language*) (B)

positiv positive(ly)

das **Possessivpronomen, -** possessive pronoun (2)

die **Post** post office (5); postal service; **auf der Post** at the post office (5); **auf die Post/zur Post** to the post office

das **Postamt, ¨er** post office

das **Postauto, -s** mail van

die **Postbank, -en** bank at the post office

der **Postbeamte, -n** (ein **Postbeamter**) / die **Postbeamtin, -nen** postal employee (5)

das **Poster, -** poster (6)

die **Postkarte, -n** postcard (2)

die **Pracht** splendor

die **Präferenz, -en** preference (1)

das **Präfix, -e** prefix (1)

(das) **Prag** Prague

prägen, geprägt to impress; to shape

pragmatisch pragmatic(ally)

das **Praktikum, Praktika** practical training

praktisch practical(ly) (5); **praktische Ausbildung** practical (career) training (5)

die **Präposition, -en** preposition (2)

das **Präsens** presence

der **Präsident, -en** (*wk.*) / die **Präsidentin, -nen** president (5)

der **Prater** famous amusement park in Vienna

der **Prediger, -** / die **Predigerin, -nen** preacher

der **Preis, -e** price (7); prize (12); **im Preis inbegriffen** included in the price

preisgünstig at a favorable price; inexpensive

das **Prestige** prestige (5)

(das) **Preußen** Prussia

der **Priester, -** / die **Priesterin, -nen** priest (5)

prima! great! (6)

der **Prinz, -en** (*wk.*) / die **Prinzessin, -nen** prince/princess (9)

das **Prinzip, Prinzipien** principle

privat private(ly)

pro per (3); **pro Woche** per week (3)

probieren, probiert to try; to taste (3)

das **Problem, -e** problem

das **Produkt, -e** product

produzieren, produziert to produce

der **Professor, -en** / die **Professorin, -nen** professor (A, B)

programmieren, programmiert to program

progressiv progressive(ly) (B)

das **Projekt, -e** project

prominent prominent(ly)

der **Promoter, -** / die **Promoterin, -nen** promoter

das **Pronomen, -** pronoun

der **Prospekt, -e** brochure; catalogue

das **Protein, -e** protein

protestieren (gegen + *acc.*), **protestiert** to protest (against) (12)

das **Prozent, -e** percent (4)

der **Prozentsatz, ¨e** percentage

die **Prozentzahl, -en** percentage number

die **Prüfung, -en** test, exam (1)

die **Prügel, -** beatings

prügeln, geprügelt to beat

der **Psychiater, -** / die **Psychiaterin, -nen** psychiatrist (11)

die **Psychologie** psychology
der **Pudding, -s** pudding
der **Pudel, -** poodle
der **Puder, -** powder
der **Pulli, -s** = der **Pullover** (2)
der **Pullover, -** sweater (2)
der **Puma, -s** puma, mountain lion
pumpen, gepumpt to pump; to borrow
der **Punkt, -e** point (3)
pünktlich punctual(ly); on time (7)
die **Pünktlichkeit** punctuality
die **Puppe, -n** doll (9)
putzen, geputzt to clean (3); **sich die Zähne putzen** to brush one's teeth (11)
der **Putzlappen, -** cloth, rag (for cleaning) (6)
die **Pyramide, -n** pyramid

qm = der **Quadratmeter, -** square meter (m²)
das **Quadrat, -e** square
der **Quadratkilometer, -** square kilometer
die **Quadratmeile, -n** square mile
der **Quadratmeter, - (qm)** square meter (m²) (6)
der **Quälgeist, -er** pest, nuisance
die **Qualifikation, -en** capability, qualification
die **Qualität** quality
der **Quark** *type of creamy cottage cheese* (8)
der **Quatsch** baloney, nonsense
die **Quelle, -n** source
die **Querflöte, -n** transverse flute
quietschend screeching
die **Quittung, -en** receipt, check (8)

das **Rad, ¨er** wheel (7); bicycle; **Rad fahren (fährt . . . Rad), fuhr . . . Rad, ist Rad gefahren** to bicycle (6)
radeln, ist geradelt to ride a bicycle
der **Radfahrer, -** / die **Radfahrerin, -nen** bicyclist (7)
das **Radio, -s** radio (2)
die **Radtour, -en** bicycle tour (9)
der **Radweg, -e** bicycle path; bike lane (7)
die **Rakete, -n** rocket (7)
der **Rand, ¨er** edge; margin
die **Rangliste, -n** ranking list
der **Ranzen, -** knapsack; satchel; schoolbag
der **Ranzendeckel, -** flap of (a) satchel
rasen, ist gerast to speed, race; to rush
der **Rasen, -** lawn (5)
der **Rasenmäher, -** lawn mower (6)
der **Rasierapparat, -e** shaver, (electric) razor
(sich) **rasieren, rasiert** to shave (11)
die **Rasierklinge, -n** razor blade
das **Rasierwasser** aftershave lotion
das **Raster, -** / grid
der **Rat, Ratschläge** (piece of) advice (5); **Rat geben** to give advice (5)
raten (+ *dat.*) **(rät), riet, geraten** to advise (a person) (5)
das **Ratespiel, -e** guessing game; quiz
das **Rathaus, ¨er** town/city hall; city government building (1); **auf dem Rathaus** at the town hall (1)

der **Ratschlag, ¨e** (piece of) advice
das **Rätsel, -** puzzle, riddle (9); **ein Rätsel lösen** to solve a puzzle/riddle (9)
die **Ratte, -n** rat (12)
rauchen, geraucht to smoke (3)
der **Raucher, -** / die **Raucherin, -nen** smoker (*person*) (10); **(der) Raucher** smoking section
rauh rough(ly)
der **Raum, ¨e** room; space
räumlich spatial(ly)
die **Raumstation, -en** space station (6)
raus = heraus out
rauschen, gerauscht to rustle
raus·holen, rausgeholt = heraus·holen to get (*s.th.*) out of/from (*s.o.*)
raus·schießen (schießt . . . raus), schoss . . . raus, ist rausgeschossen = heraus·schießen to shoot out (of/from)
reagieren, reagiert to react
der **Realschulabschluss** graduation from high school
die **Realschule, -n** *type of high school*
die **Rechenart, -en** type of arithmetical operation
rechnen, gerechnet to do arithmetic
die **Rechnung, -en** bill; check (*in restaurant*) (4)
das **Recht, -e (auf + *acc.*)** right (to)
recht right (2)
Recht haben to be right (2)
rechts to the right (7); **von rechts** from the right side
der **Rechtsanwalt, ¨e** / die **Rechtsanwältin, -nen** lawyer
rechtsextrem extreme right-wing
der **Rechtsextremismus** right-wing extremism
der **Rechtsextremist, -en** (*wk.*) right-wing extremist (12)
rechtzeitig timely, on time (12)
die **Rede, -n** speech, talk
reden, geredet to speak, talk
die **Reduzierung, -en** reduction
das **Referat, -e** (term) paper; report (3); **ein Referat halten** to give a paper/oral report (4)
das **Reflexivpronomen, -** reflexive pronoun
die **Reformation** (*Luther's*) Reformation
der **Reformator, -en** reformer
reformerisch reforming; of reform
das **Regal, -e** bookshelf, bookcase (2)
die **Regel, -n** rule; **in der Regel** as a rule
regelmäßig regular(ly) (11)
regeln, geregelt to regulate
die **Regelung, -en** regulation
der **Regen** rain (7); **bei Regen** in rainy weather (7)
der **Regenmantel, ¨** raincoat
der **Regenschirm, -e** umbrella (5)
das **Regime, -** regime
regional regional(ly)
der **Regisseur, -e** / die **Regisseurin, -nen** stage/film director (9)
registrieren, registriert to register; **sich registrieren lassen** to get registered (12)

regnen, geregnet to rain; **es regnet** it's raining (B)
das **Reh, -e** deer
die **Reibe, -n** grater
reiben (reibt), rieb, gerieben to rub
das **Reibeplätzchen** potato pancake
der **Reiberdatschi** potato pancake
reich rich(ly)
reichen, gereicht to pass, hand (to); to be enough
der **Reichstag** German parliament building
der **Reichtum, ¨er** wealth
der **Reifen, -** tire (7)
die **Reifenpanne, -n** flat tire (7); **eine Reifenpanne haben** to have a flat tire
die **Reihe, -n** row
die **Reihenfolge, -n** sequence, order (2)
rein = herein in
reinigen, gereinigt to clean
die **Reinigung, -en** dry cleaner's (6)
der **Reis** rice (8)
die **Reise, -n** trip, journey (7); **auf Reisen sein** to be on a trip (7)
die **Reiseausgaben** (*pl.*) travel expenditure
der **Reisebericht, -e** report of one's journey; travelogue
das **Reisebüro, -s** travel agency (6); **ins Reisebüro gehen** to go to the travel agency
der **Reisebus, -se** coach
das **Reiseerlebnis, -se** travel experience (7)
der **Reiseführer, -** travel guidebook (5)
die **Reiseküche, -n** mobile kitchen
die **Reisemöglichkeit, -en** travel possibility
reisen, ist gereist to travel (1)
der/die **Reisende, -n** (ein **Reisender**) traveler (10)
der **Reisepass, ¨e** passport (10)
der **Reiseplan, ¨e** travel plan; itinerary; schedule
die **Reiseroute, -n** route
der **Reisescheck, -s** traveler's check (7)
das **Reiseziel, -e** destination
reiten (reitet), ritt, ist geritten to ride horseback; to go horseback riding (1)
das **Reitpferd, -e** saddle horse
der **Rekord, -e** record
relativ relative(ly) (5)
der **Relativsatz, ¨e** relative clause
die **Religion, -en** religion (1)
religiös religious (B); for reasons of religion
die **Renaissance, -n** revival; (*sg.*) Renaissance
rennen (rennt), rannte, ist gerannt to run (7)
renovieren, renoviert to renovate
die **Rente, -n** pension
die **Reparatur, -en** repair
reparieren, repariert to repair (1)
der **Reporter, -** / die **Reporterin, -nen** reporter, journalist (4)
repräsentativ representative
die **Republik, -en** republic
republikanisch Republican (*adj.*)
die **Reserve, -n** reserve

reservieren, reserviert to reserve (7)

die **Residenz, -en** residence

residieren, residiert to reside

respektieren, respektiert to respect; to honor

der **Rest, -e** remainder, rest; (*pl.*) leftovers

das **Restaurant, -s** restaurant (2); **im Restau-rant** at the restaurant (8)

das **Resultat, -e** result

retten, gerettet to save, to rescue

die **Rettung, -en** rescue

das **Revier, -e** (police) station

die **Revolution, -en** revolution

das **Rezept, -e** recipe (8); prescription (11)

rezeptfrei without a prescription

die **Rezeption, -en** reception desk (10)

der **Rhein** Rhine (River)

(das) **Rheinland-Pfalz** Rhineland Palatinate

der **Rhesusfaktor** rhesus factor

der **Rhythmus, Rhythmen** rhythm

der **Richter, -** / die **Richterin, -nen** judge (5)

richtig right(ly), correct(ly) (2)

die **Richtung, -en** direction (7)

riechen (riecht), roch, gerochen to smell (11)

der **Riese, -n** (*wk.*) giant (9)

die **Riesenschildkröte, -n** giant tortoise

die **Riesenschlange, -n** boa constrictor; python (12)

riesig gigantic

das **Rinderhackfleisch** ground beef

das **Rindfleisch** beef (8)

der **Ring, -e** ring (2)

ringsum all around

rissig cracked; chapped

der **Rock, ⸚e** skirt (A); (*sg.*) rock music

das **Rockkonzert, -e** rock concert (9)

der **Rockstar, -s** rock star (12)

roh raw

die **Rolle, -n** role; part (4)

das **Rollenspiel, -e** role play

die **Rollenverteilung, -en** distribution/assign-ment of roles

der **Rollkragenpullover, -** turtleneck sweater

der **Rollschuh, -e** roller skate

das **Rollschuhlaufen** roller skating

(das) **Rom** Rome

der **Roman, -e** novel (3)

der **Romanautor, -en** / die **Romanautorin, -nen** novelist

die **Romanistik** Romance studies

die **Romantik** Romanticism; Romantic move-ment

romantisch romantic(ally)

die **Römer** (*pl.*) the Romans

römisch Roman (*adj.*)

röntgen, geröntgt to X-ray (11)

rosa pink (A)

der **Rosenkohl** Brussels sprouts (8)

die **Rösti** *coarsely grated fried potatoes*

rostig rusty (8)

rot red (A)

die **Röteln** (*pl.*) German measles

(das) **Rotkäppchen** Little Red Riding Hood

die **Rubrik, -en** (*newspaper*) section, column

der **Rücken, -** back (A)

die **Rückfahrt, -en** return trip; **die Hinund Rückfahrt** round trip (10)

der **Rucksack, ⸚e** backpack (2)

der **Rücktritt, -e** resignation

rufen (ruft), rief, gerufen to call, shout (7, 11); **um Hilfe rufen** to call for help

(das) **Rügen** Rügen (Island)

die **Ruhe** silence; peace

ruhig quiet, calm (B)

die **Ruhmeshalle, -n** hall of fame

(das) **Ruhrgebiet** *industrial and metropolitan area on the Ruhr River*

(das) **Rumänien** Romania (B)

(das) **Rumpelstilzchen** Rumpelstiltskin

das **Rumpsteak, -s** steak (8)

rund round; approximately; **rund um die Uhr** around the clock

runden, gerundet to round

der **Rundgang, ⸚e** (walking) tour; **ein Rundgang durch Supermärkte** a walk around supermarkets

runter·bringen (bringt . . . runter), brachte . . . runter, runtergebracht to bring down

der **Rüssel, -** trunk (*of an elephant*) (12)

russisch Russian (*adj.*) (12)

(das) **Russisch** Russian (*language*) (B)

(das) **Russland** Russia (B)

der **Rutsch, -e** slide; **guten Rutsch!** happy New Year!

rutschen, ist gerutscht to slide, slip (9)

der **Saal, Säle** hall; ballroom

das **Sachbuch, ⸚er** nonfiction book

der **Sachbuchautor, -en** / die **Sachbuchau-torin, -nen** nonfiction author

die **Sache, -n** thing (2); cause

(das) **Sachsen** Saxony

(das) **Sachsen-Anhalt** Saxony-Anhalt

der **Sack, ⸚e** sack; bag

der **Saft, ⸚e** juice (8)

saftig juicy

die **Sage, -n** legend, saga

sagen, gesagt to say; to tell (A, 5); **sagen Sie** say (A)

das **Sakko, -s** sports jacket (A)

die **Salami, -** salami

der **Salat, -e** salad; lettuce (3)

die **Salatgurke, -n** English cucumber

die **Salatmayonnaise, -n** salad mayonnaise

die **Salatschüssel, -n** salad (mixing) bowl (5)

die **Salatsoße, -n** salad dressing (8)

das **Salz** salt (8)

salzig salty (7)

die **Salzkartoffeln** (*pl.*) boiled potatoes (8)

sammeln, gesammelt to collect, gather

das **Sampleinstitut** polling institute

(der) **Samstag** Saturday (1); **am Samstag** on Sat-urday (2)

der **Samstagabend, -e** Saturday evening

der **Samstagnachmittag, -e** Saturday afternoon

samstags on Saturday(s)

der **Samstagvormittag, -e** Saturday morning

der **Sand** sand (7)

die **Sandale, -n** sandal (10)

die **Sandburg, -en** sandcastle (10)

der **Sandsturm, ⸚e** sandstorm

sanft soft(ly); gentle; gently; peaceful(ly)

der **Sänger, -** / die **Sängerin, -nen** singer (12)

der **Sanitäter, -** paramedic

der **Sarg, ⸚e** coffin (9)

das **Satellitenprogramm, -e** satellite channel

der **Satiriker, -** satirist

satt full; well-fed; **satt werden** to get enough to eat

der **Satz, ⸚e** sentence (3)

die **Satzhälfte, -n** sentence half

die **Satzklammer, -n** sentence bracket

die **Satzstellung, -en** word order

der **Satzteil, -e** part of sentence, clause

sauber clean (B)

sauber machen, sauber gemacht to clean (3)

sauer sour (8)

der **Sauerbraten, -** sauerbraten (*marinated beef roast*) (8)

das **Sauerkraut** sauerkraut; pickled cabbage (7)

der **Sauerstofftransport** oxygenation

saugen, gesaugt to vacuum

das **Säugetier, -e** mammal

die **Sauna, -s** sauna (11)

das **Schach** chess (1)

schade! too bad! (3)

schaden (+ *dat.*), **geschadet** to harm, hurt (10)

der **Schaden, ⸚** damage (11)

schaffen (schafft), schuf, geschaffen to create

der **Schafskäse** feta cheese (8)

der **Schal, -s** scarf (10)

schälen, geschält to peel

die **Schallplatte, -n** record

der **Schalter, -** ticket booth (5); **am Schalter** at the ticket booth (5)

der **Schaltplan, ⸚e** circuit diagram

der **Schamane, -n** shaman

scharf sharp(ly); piercing(ly); **scharf hören** to hear extremely well

der **Schatten** shadow, shade (9)

der **Schatz, ⸚e** treasure (9)

schauen (an/auf + *acc.*), **geschaut** to look at; **schauen Sie** look (A)

schaufeln, geschaufelt to shovel (11)

das **Schaufenster, -** shop window

das **Schauspiel, -e** play (12)

die **Schauspielaufführung, -en** performance of a play

der **Schauspieler, -** / die **Schauspielerin, -nen** actor/actress (9)

die **Schauspielschule, -n** drama school

die **Scheibe, -n** windowpane (7)

der **Scheibenwischer, -** windshield wiper (7)

die **Scheidung, -en** divorce (12)

der **Schein, -e** bill, note (*of currency*) (8)

scheinen (scheint), schien, geschienen to shine; to seem, appear; **es scheint** it seems

schenken, geschenkt to give (as a present) (5)

die **Schere, -n** scissors (8)

schick smart, chic (2)

schicken, geschickt to send (2)

schief gehen (geht schief), ging schief, ist schief gegangen to go wrong

die **Schiene, -n** train track (10)

schießen (schießt), schoss, geschossen to shoot

das **Schiff, -e** ship (7)

der **Schiffer, -** boatsman

das **Schild, -er** sign (7)

schildern, geschildert to describe, to portray

die **Schildkröte, -n** turtle (12)

der **Schilling, -e** schilling (7); **zwei Schilling** two schillings

schimpfen, geschimpft to cuss; to scold (9)

die **Schindel, -n** shingle

der **Schinken, -** ham (8)

der **Schlaf** sleep (9)

der **Schlafanzug, -̈e** pajamas (10)

schlafen (schläft), schlief, geschlafen to sleep (2); **lange schlafen** to sleep late

der **Schlafsack, -̈e** sleeping bag (2)

die **Schlafstörung, -en** sleeping disorder

der **Schlafwagen, -** sleeping car (4)

das **Schlafzimmer, -** bedroom (6)

der **Schlag, -̈e** strike (of a clock); (heart)beat

schlagen (schlägt), schlug, geschlagen to beat; to hit (8, 11)

der **Schlagersänger, -** / die **Schlagersängerin, -nen** pop singer (12)

das **Schlagobers** whipping cream

der **Schlagrahm** whipping cream

die **Schlagsahne** whipping cream

die **Schlange, -n** snake (12)

der **Schlangenbeschwörer, -** snake charmer

schlank slender, slim (A)

der **Schlankheitstick** obsession with being skinny

der **Schlankmacher, -** low calorie/low fat food

schlapp run-down; listless

schlau clever; smart

schlecht bad(ly) (2)

die **Schleimhaut** mucous membrane

schleudern, geschleudert to hurl

schließen (schließt), schloss, geschlossen to close; **schließen Sie** close, shut (A)

schließlich finally (7)

schlimm bad (11)

der **Schlitten, -** sled (2)

Schlitten fahren (fährt . . . Schlitten), fuhr . . . Schlitten, ist Schlitten gefahren to go sledding

der **Schlittschuh, -e** ice skate (2); **Schlittschuh laufen** to go ice-skating (3)

das **Schloss, -̈er** palace; castle (6)

schlurfen, geschlurft to drag one's feet

der **Schlüssel, -** key (9)

der **Schluss, -̈e** end

der **Schlusssatz, -̈e** final sentence

der **Schmarotzer, -** parasite

schmecken (+ dat.), **geschmeckt** to taste good (to) (10)

schmeißen (schmeißt), schmiss, geschmissen to chuck; to sling

der **Schmerz, -en** pain (11)

der **Schmetterling, -e** butterfly

sich schminken, geschminkt to put makeup on (11)

schmoren, geschmort to braise

der **Schmuck** jewelry (2)

schmutzig dirty (B)

der **Schnaps, -̈e** spirit; schnapps

die **Schnecke, -n** snail (12)

der **Schnee** snow (9)

das **Schneewittchen** Snow White

schneiden (schneidet), schnitt, geschnitten to cut (3); **Haare schneiden** to cut hair (3); **sich schneiden** to cut oneself (11)

schneien to snow; **es schneit** it is snowing (B)

schnell quick(ly), fast (3)

der **Schnittpunkt, -e** intersection

das **Schnitzel, -** veal/beef/pork cutlet (8)

das **Schnitzelfleisch** (veal/beef/pork) cutlet meat

der **Schnupfen, -** cold (with a runny nose), sniffles (11)

der **Schnuppen** Low German form for **Schnupfen**

die **Schnur, -̈e** string (8)

schnüren, geschnürt to tie up

der **Schnurrbart, -̈e** moustache (A)

der **Schock, -s** shock (11)

schockiert shocked

die **Schokolade, -n** chocolate (3)

die **Schokoladenfabrik, -en** chocolate factory

der **Schokoladenpudding** chocolate pudding

schon already; indeed (2); **ich glaube schon** I think so (3); **warst du schon einmal?** were you ever? (4); **schon wieder** once again (3)

schön pretty, beautiful; nice (B); **ganz schön** quite pretty; **ganz schön viel** quite a bit (3)

die **Schönheit, -en** beauty

der **Schöpfer, -** die **Schöpferin, -nen** creator

der **Schornstein, -e** chimney

der **Schrank, -̈e** closet; cabinet, wardrobe; cupboard (2, 6); der **Kleiderschrank, -̈e** clothes closet, wardrobe (6); der **Kühlschrank, -̈e** refrigerator (5)

der **Schreck, -e** fright; terror; shock

schrecklich terrible; terribly; horrible; horribly

der **Schrei, -e** cry; shout; scream

schreiben (schreibt), schrieb, geschrieben to write; to spell; (**an** + acc.) to write to; (**über** + acc.) to write about; (**von** + dat.) to write of/about; **schreiben Sie** write; spell (A); **wie schreibt man das?** how do you spell that? (A)

die **Schreibmaschine, -n** typewriter

der **Schreibtisch, -e** desk (2)

das **Schreibwarengeschäft, -e** stationery store (6)

schreien (schreit), schrie, geschrien to scream, yell (3)

die **Schrift, -en** handwriting

schriftlich in writing, written (10)

der **Schriftsteller, -** / die **Schriftstellerin, -nen** writer (5)

die **Schrippe, -n** (bread) roll

der **Schritt, -e** step

die **Schublade, -n** drawer (5)

schüchtern shy (B)

der **Schuh, -e** shoe (A)

das **Schuhgeschäft, -e** shoe store (6)

der **Schulabschluss** degree received after completing secondary school

der **Schulalltag, -e** daily routine at school

die **Schulbildung** education, schooling (5)

schuld: an etwas (+ def.) **schuld sein** to be to blame for

schulden, geschuldet to owe

die **Schule, -n** school (A, 1); **in der Schule** at school (5)

der **Schüler, -** / die **Schülerin, -nen** student; pupil (1)

das **Schulfach, -̈er** subject of study (1)

der **Schulfreund, -e** / die **Schulfreundin, -nen** school friend

der **Schulhof, -̈e** schoolyard, playground

das **Schuljahr, -e** school year

das **Schulkind, -er** schoolchild

der **Schulleiter, -** / die **Schulleiterin, -nen** principal

die **Schulnote, -n** mark, grade

das **Schulsystem, -e** school system

der **Schultag, -e** school day

die **Schultasche, -n** book bag

die **Schulter, -n** shoulder (A)

das **Schultor, -e** school gate

die **Schulzeit** school days

schuppig scaly

die **Schüssel, -n** bowl (8)

der **Schüttelfrost** chills

schütteln, geschüttelt to shake

das **Schutzvitamin** protective vitamin

(das) **Schwaben** Swabia

schwach weak(ly)

der **Schwager, -̈** / die **Schwägerin, -nen** brother-/sister-in-law

der **Schwamm, -̈e** eraser (for blackboard) (B)

schwanger pregnant

schwanken, geschwankt to sway

schwärmen (für + acc.), **geschwärmt** to be crazy about

schwarz black (A)

schwarzhaarig with black hair (9)

der **Schwarzwald** Black Forest

(das) **Schweden** Sweden (B)

(das) **Schwedisch** Swedish (language) (B)

schweigen (schweigt), schwieg, geschwiegen to say nothing

das **Schwein, -e** pig (9)

der **Schweinebraten,** - pork roast (8)

das **Schweinefleisch** pork (8)

der **Schweinestall,** ⁻e pigpen

die **Schweiz** Switzerland (B)

der **Schweizer,** - / die **Schweizerin, -nen** Swiss (*person*) (B)

schweizerisch Swiss (*adj.*)

schwer heavy; hard, difficult (3)

die **Schwester, -n** sister (B)

schwierig difficult (2)

das **Schwimmbad,** ⁻er swimming pool (1); **ins Schwimmbad fahren** to go to the swimming pool (1); **im Schwimmbad** at the swimming pool (5)

schwimmen (schwimmt), schwamm, ist/hat geschwommen to swim; to float (7); **im Meer schwimmen** to swim in the sea (1); **schwimmen gehen** to go swimming (1)

schwirren, geschwirrt to whir

schwitzen, geschwitzt to sweat

sechs six (A)

die **Sechs: eine Sechs** insufficient, failing (*school grade*) (3)

sechst- sixth (4)

sechsundzwanzig twenty-six (A)

sechzig sixty (A)

sechzehn sixteen (A)

der **See, -n** lake (7)

seekrank seasick (7)

die **Seele, -n** soul (12)

segeln, gesegelt to sail (1)

sehen (sieht), sah, gesehen to see (2)

die **Sehenswürdigkeit, -en** sight

sich **sehnen (nach** + *dat.*)**, gesehnt** to long (for)

sehr very (B)

sehscharf sharp-sighted

die **Seife, -n** soap (6)

die **Seilbahn, -en** cable railway (7)

der **Seiltänzer,** - / die **Seiltänzerin, -nen** tightrope walker

sein (ist), war, ist gewesen to be (A, 4)

sein(e) his, its (1, 2)

seit since, for (*prep.*) (4); **seit zwei Jahren** for two years (4); **seit mehreren Tagen** for several days (11)

seitab off to the side

die **Seite, -n** side; page (6)

der **Seitensprung,** ⁻e affair on the side

die **Seitenstraße, -n** side street

der **Sekretär, -e** fold-out desk (6)

der **Sekretär, -e** / die **Sekretärin, -nen** secretary (5)

der **Sekt** sparkling wine

die **Sekunde, -n** second (1)

selber, selbes, selbe same

selbst even; oneself, myself, himself, herself, itself, yourself; ourselves, yourselves, themselves; by (one)self

die **Selbsteinschätzung** self-assessment

die **Selbsterkenntnis** knowledge of one's strengths and weaknesses

selbstgemacht homemade

das **Selbstporträt, -s** self-portrait

selbstständig independent (12)

selbstverständlich of course (10)

selten rare(ly), seldom (8)

seltsam rare(ly), seldom

das **Semester, -** semester (1)

die **Semesterferien** (*pl.*) semester break

das **Seminar, -e** seminar

die **Semmel, -n** (bread) roll (8)

das **Semmeli** (bread) roll (*Swiss*)

der **Senf** mustard (8)

senken, gesenkt to reduce

sensationell sensational(ly)

(der) **September** September (B)

seriös serious(ly)

servieren, serviert to serve

die **Serviette, -n** napkin (8)

servus! hello!; good-bye! (*southern Germany, Austria*) (A)

der **Sessel, -** armchair (2)

setzen, gesetzt to set, put, place (*in a sitting position*) (7); **setzen Sie sich** sit down (A, 11)

die **Seuche, -n** epidemic

der **Sexualforscher,** - / die **Sexualforscherin, -nen** sexual researcher

das **Sexualverhalten** sexual behavior

das **Shampoo, -s** shampoo

der **Shop, -s** shop

sich oneself, herself, himself, yourself, yourselves, themselves

sicher safe; sure (3)

die **Sicherheit** safety

der **Sicherheitsgurt, -e** safety belt (7)

sicherlich certainly (3)

sichtbar visible; visibly (11)

Sie (*for. sg./pl.*) you

sie she; they

sieben seven (A)

siebenundzwanzig twenty-seven (A)

siebt- seventh (4)

siebzehn seventeen (A)

siebzig seventy (A)

der **Sieg, -e** victory

die **Siegermacht,** ⁻e victorious nation

silbern silver, silvery

die **Sinfonie, -n** symphony

singen (singt), sang, gesungen to sing (1)

der **Single, -s** single person

sinken (sinkt), sank, gesunken to sink, drop

der **Sinn (für** + *acc.*) sense (of, for)

sinnvoll useful; sensible

die **Sinologie** *study of Chinese language and culture*

der **Sinto, Sinti** Sinte (*Gypsy of German origin*)

die **Situation, -en** situation

der **Sitz, -e** seat (7)

sitzen (sitzt), saß, gesessen to sit, to be in a sitting position (4)

(das) **Skandinavien** Scandinavia

das **Skateboard, -s** skateboard (3); **Skateboard fahren (fährt . . . Skateboard), fuhr Skate-** **board, ist Skateboard gefahren** to skateboard (3)

der **Ski, -er** ski (3)

Ski fahren (fährt . . . Ski), fuhr . . . Ski, ist Ski gefahren to ski (3)

die **Skibrille, -n** ski glasses (5)

der **Skorpion, -e** scorpion (12)

die **Skulptur, -en** sculpture

die **Slowakei** Slovakia (B)

(das) **Slowakisch** Slovak(ian) (*language*)

(das) **Slowenien** Slovenia (B)

so so; such; that way (3)

so genannt so-called

so oft (*subord. conj.*) whenever (B)

so viel so much

so was something like that; some such thing

sobald (*subord. conj.*) as soon as

die **Socke, -n** sock (10)

das **Sofa, -s** sofa, couch (6)

sofort immediately (3)

sogar even

der **Sohn,** ⁻e son (B)

das **Soja** soy

die **Sojasoße, -n** soy sauce

das **Solarium, Solarien** tanning salon (11)

solcher, solches, solche such

der **Soldat, -en** (*wk.*) / die **Soldatin, -nen** soldier

sollen (soll), sollte, gesollt to be supposed to (3)

der **Sommer, -** summer (B); **letzten Sommer** last summer (4)

der **Sommerkurs, -e** summer school (3)

die **Sommertemperatur, -en** summer temperature

die **Sonate, -n** sonata

das **Sonderangebot, -e** special sale

sonderbar strange(ly)

die **Sonderbestimmung, -en** special regulation

sondern but (rather/on the contrary) (A)

das **Songbuch,** ⁻er songbook (2)

der **Songtext, -e** song text

der **Sonnabend, -e** Saturday

die **Sonne, -n** sun; **in der Sonne liegen** to lie in the sun (1)

sich **sonnen, gesonnt** to sunbathe (11)

der **Sonnenblumenkern, -e** sunflower seed

die **Sonnenbrille, -n** (pair of) sunglasses (2)

sonnig sunny (B)

(der) **Sonntag** Sunday (1)

sonntags on Sunday(s)

sonst otherwise (B); **sonst noch etwas?** anything else? (5)

sonstig other; **Sonstiges** other things (A, 9)

sorgen (für + *acc.*)**, gesorgt** to take care of (12)

die **Sorgenlast** worry, burden

sorgfältig carefully

die **Soße, -n** gravy; sauce; (salad) dressing (8)

sowie as well as

sowieso anyway

die **Sowjetunion** Soviet Union

sozial social(ly)

die **Sozialdemokratische Partei Deutschlands (SPD)** Social Democratic Party of Germany

der **Sozialist, -en** (*wk.*) / die **Sozialistin, -nen** socialist (*person*)

sozialistisch socialist (*adj.*)

sozialkritisch socially critical

die **Sozialkunde** social studies (1)

die **Sozialpädagogik** social education

der **Sozialreformer, -** / die **Sozialreformerin, -nen** social reformer

die **Soziologie** sociology (1)

der **Soziologe, -n** (*wk.*) / die **Soziologin, -nen** sociologist

die **Spaghetti** (*pl.*) spaghetti (3)

die **Spalte, -n** column

(das) **Spanien** Spain (B)

der **Spanier, -** / die **Spanierin, -nen** Spaniard

(das) **Spanisch** Spanish (*language*) (B)

die **Spannweite** wingspan (12)

sparen, gespart to save (money) (7)

das **Sparkonto, Sparkonten** savings account

der **Sparstrumpf, ̈e** stocking for one's savings

der **Spaß, ̈e** fun; **viel Spaß!** have fun! (A)

spät(er) late(r) (1); **wie spät ist es?** what time is it? (1)

die **Spätzle** (*pl.*) spaetzle (*kind of noodles*)

spazieren gehen (geht . . . spazieren), ging . . . spazieren, ist spazieren gegangen to go for a walk (1); **im Park spazieren gehen** to walk in the park (1)

der **Spaziergang, ̈e** walk (10)

die **SPD = Sozialdemokratische Partei Deutschlands** Social Democratic Party of Germany

der **Speck** bacon (8)

die **Speditionsfirma, Speditionsfirmen** trucking company

speichern, gespeichert to store

die **Speisekarte, -n** menu (8)

speisen, gespeist to eat; to dine

der **Speisewagen, -** dining car

spekulieren, spekuliert to speculate

die **Spezialität, -en** speciality

speziell special(ly)

der **Spiegel, -** mirror (6)

(das) **Spieglein, -** (*diminutive form of der Spiegel*) little mirror

das **Spiel, -e** game; match

die **Spielbank, -en** casino

spielen, gespielt to play (1); **Klavier spielen** to play the piano

der **Spieler, -** / die **Spielerin, -nen** player

der **Spielfilm, -e** feature film

der **Spielfreund, -e** / die **Spielfreundin, -nen** playmate

der **Spielplatz, ̈e** playground (9)

die **Spielzeugfabrik, -en** toy factory

der **Spinat** spinach (8)

der **Spion, -e** / die **Spionin, -nen** spy

der **Spitzname, -n** (*wk.*) nickname

der **Sport** sport(s); physical education (1); **Sport treiben** to do sports (2)

der **Sportartikel, -** (piece of) sports equipment

die **Sportkleidung** sportswear

der **Sportler, -** / die **Sportlerin, -nen** sportsman/-woman

sportlich athletic (B)

der **Sportplatz, ̈e** sports field; stadium

die **Sportschau** sports show

der **Sportschuh, -e** athletic shoe (A)

die **Sportwissenschaft** sports science

die **Sprache, -n** language (B)

die **Sprachkenntnisse** (*pl.*) knowledge of a language/languages

das **Sprachlabor, -s** language laboratory (4)

sprachlos silent(ly)

die **Sprachwissenschaft** linguistics

der **Sprachwissenschaftler, -** / die **Sprachwissenschaftlerin, -nen** linguist

sprechen (spricht), sprach, gesprochen to speak, talk; (*über* + *acc.*) to talk about; **er/sie spricht** he/she speaks (A)

die **Sprechsituation, -en** conversational situation (A)

die **Sprechstunde, -n** office hour (3)

das **Sprichwort, ̈er** proverb, saying

springen (springt), sprang, ist gesprungen to jump; **springen Sie** jump (A)

die **Spritze, -n** vaccine, shot (11)

spröd(e) brittle

sprühen, gesprüht to spray

das **Spülbecken, -** sink (5)

spülen, gespült to wash; to rinse (4); **Geschirr spülen** to wash the dishes (4)

die **Spur, -en** trace; track; **auf falscher Spur** on the wrong track

das **Spurenelement, -e** trace element

das **Squash** squash (1)

der **Staat, -en** state; nation (10)

staatlich government (*adj.*); state-owned (or operated); with governmental control

die **Staatsangehörigkeit, -en** nationality, citizenship (1)

die **Staatssprache, -n** official language

stabil stable

die **Stadt, ̈e** town, city (2)

die **Stadtbücherei, -en** city library

der **Stadtführer, -** city guidebook

die **Stadtführung, -en** city tour

die **Stadtgeschichte, -n** city history

das **Stadtjubiläum, -jubiläen** anniversary of the founding of a city

die **Stadtmauer, -n** city wall

der **Stadtmusikant, -en** (*wk.*) city musician

der **Stadtpark, -s** municipal park (10)

die **Stadtpfarrkirche, -n** city church

der **Stadtplan, ̈e** city street map (10)

das **Stadtproblem, -e** city problem

das **Stadtprofil, -e** city profile

der **Stadtrand, ̈er** city limits (6)

die **Stadtrundfahrt, -en** tour of the city (7)

der **Stadtrundgang, ̈e** walking tour of the city

der **Stadtteil, -e** district, neighborhood (6)

das **Stadtviertel, -** district, neighborhood (6)

der **Stahl** steel

das **Stahlprodukt, -e** steel product

der **Stall, ̈e** barn, stable

der **Stammbaum, ̈e** family tree

stammen (aus + *dat.***), gestammt** to originate from

die **Standardsprache, -n** standard language

ständig constant(ly)

stark strong; heavy (11)

starten, ist gestartet to take off (*e.g., airplane*)

das **Startkapital** starting capital

die **Station, -en** station; stage; **Station machen** to stop over

die **Statistik, -en** statistics

statt (+ *gen.*) instead of (12)

statt·finden (findet . . . statt), fand . . . statt, stattgefunden to take place (5)

das **Statussymbol, -e** status symbol

der **Stau, -s** traffic jam (7)

der **Staub** dust

Staub saugen, Staub gesaugt to vacuum (6)

der **Staubsauger, -** vacuum cleaner (6)

Staub wischen, Staub gewischt to (wipe) dust

staunen, gestaunt to be astonished

das **Steak, -s** steak

stechen (sticht), stach, gestochen to sting; to bite (*of insects*) (12)

stecken, gesteckt to stick; to put

stecken bleiben (bleibt . . . stecken), blieb . . . stecken, ist stecken geblieben to get stuck; to stay put (11)

stehen (steht), stand, gestanden to stand (*be in a vertical position*) (2, 6); to be (situated); to stop, come to a standstill; (+ *dat.*) to suit (10); **das steht/die stehen dir gut!** that looks/they look good on you! (2); **wie steht's mit . . . ?** how's . . . ?

stehlen (stiehlt), stahl, gestohlen to steal (7)

steigen (steigt), stieg, ist gestiegen to climb; to ascend

der **Stein, -e** stone (12)

steinern (*adj.*) (made of) stone

der **Steinweg, -e** stone path

die **Steinzeit** Stone Age (12)

die **Stelle, -n** position

stellen, gestellt to stand up, put, place (*in a vertical position*) (3); **eine Frage stellen** to ask a question (5)

sterben (stirbt), starb, ist gestorben to die (9)

die **Stereoanlage, -n** stereo system (6)

das **Stereotyp, -en** stereotype

stereotyp stereotypical

das **Sternzeichen, -** star-sign, sign of the zodiac

das **Steuer, -** steering wheel

die **Steuer, -n** tax

der **Steward, -s** / die **Stewardess, -en** flight attendant (5) der **Stichpunkt, -e** main point (12)

das **Stichwort, ̈er** keyword

der **Stiefel, -** boot (A)

die **Stiefmutter, ̈** stepmother (9)

der **Stiefvater, ̈** stepfather (9)

der **Stift, -e** pen, pencil (A, B)

der **Stil, -e** style

still quiet

die **Stille** quiet; silence

die **Stimme, -n** voice (12)

stimmen, gestimmt to be right (8); **das stimmt** that's all right; keep the change (8)

stimmt! that's right! (4)

die **Stimmung, -en** mood; atmosphere

stinkend smelly

das **Stipendium, Stipendien** scholarship (1)

die **Stirn, -en** forehead

das **Stirnband, ̈er** headband

die **Stirnhöhlenentzündung** frontal sinus inflammation

der **Stock, Stockwerke** floor, story (6); **im ersten Stock** on the second floor (6)

das **Stockwerk, -e** floor

der **Stoffwechsel** metabolism

stöhnen, gestöhnt to moan, sigh, groan

stolpern, ist gestolpert to trip (9)

der **Stolz** pride

stören, gestört to disturb (3)

der **Störfall, ̈e** nuclear accident

stoßen (stößt), stieß, ist gestoßen to hit

der **Stoßzahn, ̈e** tusk (12)

stottern, gestottert to stutter

der **Strafzettel, -** (parking or speeding) ticket (7)

der **Strand, ̈e** beach, shore (4)

die **Straße, -n** street, road (6)

die **Straßenbahn, -en** streetcar (7)

sträuben, gesträubt to bristle; to resist

streichen (streicht), strich, gestrichen to stroke; to paint

das **Streichholz, ̈er** match (8)

das **Streichquartett, -e** string quartet

die **Streife, -n** police patrol

der **Streifen, -** stripe

streiten (streitet), stritt, gestritten to argue; to quarrel (9)

streng strict (9); disciplined

der **Strich, -e** line; stroke

stricken, gestrickt to knit (3)

das **Stroh** straw

der **Strom** electricity, power (8)

die **Strophe, -n** strophe; verse

die **Struktur, -en** structure

die **Strumpfhose, -n** pantyhose (10)

stubenrein house-trained

das **Stück, -e** slice; piece (8)

der **Student, -en** (*wk.*) / die **Studentin, -nen** student (A, B)

die **Studentenbewegung, -en** student movement

das **Studentenheim, -e** dorm (2)

das **Studentenleben** student life (4)

das **Studentenwohnheim, -e** dormitory

die **Studie, -n** study

der **Studienabschluss** completion of one's studies

das **Studienfach, ̈er** academic subject (1)

die **Studiengebühr, -en** registration fee, tuition

der **Studientag, -e** day of study

studieren, studiert to study; to attend a university (1)

der/die **Studierende (ein Studierender)** student

das **Studierzimmer, -** study (room)

das **Studio, -s** studio (apartment)

das **Studium, Studien** university studies (1)

der **Stuhl, ̈e** chair (B)

die **Stunde, -n** hour (2)

stundenlang for hours

der **Stundenlohn, ̈e** hourly wage

der **Stundenplan, ̈e** schedule (1)

der **Sturz, ̈e** fall

stürzen, ist gestürzt to fall

die **Stussy-Jacke, -n** (*coll.*) Stussy jacket (brand name)

das **Subjekt, -e** subject

das **Substantiv, -e** noun (A)

die **Suchanzeige, -n** housing-wanted ad (6)

die **Suche, -n** search

suchen, gesucht to look for (1)

(das) **Südafrika** South Africa (B)

(das) **Südamerika** South America (B)

süddeutsch southern German (*adj.*)

(das) **Süddeutschland** southern Germany

der **Süden** south

südlich (von) south (of) (7)

südöstlich (von) southeast (of) (7)

südwestlich (von) southwest (of) (7)

der **Südwind** south wind

summen, gesummt to hum

der **Superbowl** Super Bowl

der **Superlativ, -e** superlative

der **Supermarkt, ̈e** supermarket (5); **im Supermarkt** in the supermarket (5)

superschnell ultra-fast (7)

die **Suppe, -n** soup (3)

das **Surfbrett, -er** surfboard (2)

surfen, gesurft to surf, go surfing

süß sweet(ly) (4)

die **Süßigkeit, -en** sweet, candy (9)

das **Symbol, -e** symbol

die **Symbolfarbe, -n** symbol color

sympathisch congenial(ly), appealing(ly); sympathetic(ally)

das **Symptom, -e** symptom (11)

das **Synonym, -e** synonym

syrisch Syrian (*adj.*)

das *SZ-Magazin* = *Süddeutsche Zeitung Magazin* magazine section of Sunday edition of *SZ*

die **Szene, -n** scene

das **T-Shirt, -s** T-shirt (2)

tabellarisch tabular, in tabular form

die **Tabelle, -n** table; list

die **Tablette, -n** tablet, pill (11)

die **Tafel, -n** blackboard (A, B)

der **Tag, -e** day (1); **an welchem Tag?** on what day? (4); **der ganze Tag** all day long, the whole day (1); **guten Tag!** good afternoon!, hello! (*form.*) (A); **welcher Tag ist heute?** what day is today? (1)

das **Tagebuch, ̈er** diary (4)

das **Tageblatt, ̈er** daily newspaper

tagen, getagt to convene

der **Tagesablauf, ̈e** daily routine; course of (one's) day

die **Tageszeitung, -en** daily newspaper

täglich daily (9)

das **Tal, ̈er** valley (7)

das **Talent, -e** talent (3)

(das) **Tanger** Tangier

der **Tank, -s** tank (7)

tanken, getankt to fill up (with gas)

die **Tankstelle, -n** gas station (5); **an der Tankstelle** at the gas station (5)

der **Tann** forest of fir trees

die **Tante, -n** aunt (B)

der **Tanzbär, -en** (*wk.*) dancing bear

tanzen, getanzt to dance (1)

tapezieren, tapeziert to wallpaper

tapfer brave (9)

die **Tasche, -n** (hand)bag; purse; pocket (1)

das **Taschengeld, -er** pocket money, allowance

die **Taschenlampe, -n** flashlight (9)

das **Taschentuch, ̈er** handkerchief (3)

die **Tasse, -n** cup (2)

tasten, getastet to grope one's way

tätig active

die **Tätigkeit, -en** activity (5)

der **Tatort, -e** scene of a crime

tätowieren, tätowiert to tattoo

der **Tauchanzug, ̈e** diving suit

die **Tauchausrüstung** diving equipment

tauchen, hat/ist getaucht to dive (3)

tauschen, getauscht to exchange

tausend thousand

tausendmal a thousand times

das **Taxi, -s** taxi (3)

der **Taxifahrer, -** / die **Taxifahrerin, -nen** taxi driver (5)

die **Technik** technology (12)

technisch technical(ly); technological(ly)

der **Technische Überwachungsverein (TÜV)** Technical Control Board (*German agency that checks vehicular safety*)

der **Teddy, -s** / der **Teddybär, -en** (*wk.*) teddy bear (9)

der **Tee, -s** tea (4)

der **Teegenuss, ̈e** tea consumption

die **Teekanne, -n** teapot (8)

der **Teekessel, -** tea kettle (8)

der **Teich, -e** pond

der **Teil, -e** part, portion (7); **zum größten Teil** for the most part

teilen, geteilt to divide, share

teilmöbliert partially furnished

teil·nehmen (an + *dat.*) **(nimmt . . . teil), nahm . . . teil, teilgenommen** to participate in (*s.tb.*)

die **Teilung, -en** division

das **Telefon, -e** telephone (A, 2); **am Telefon** on the phone (2)

der **Telefonanschluss, ⸚e** telephone line

das **Telefonbuch, ⸚er** telephone book or directory

die **Telefongesellschaft, -en** telephone company

telefonieren, telefoniert to call (on the telephone) (4)

die **Telefonkarte, -n** telephone card (2)

die **Telefonnummer, -n** telephone number (1)

die **Telefonzelle, -n** telephone booth (2)

das **Telefonzimmer, -** telephone room

das **Telegramm, -e** telegram (2)

die **Telegraphenlinie, -n** telegraph line

die **Telekom** *German telephone company*

die **Telekommunikation** telecommunications

der **Teller, -** plate (8)

die **Temperatur, -en** temperature

die **Temperaturschwankung, -en** temperature variation

das **Tempolimit** speed limit

(das) **Tennis** tennis (1); **Tennis spielen** to play tennis

der **Tennisball, ⸚e** tennis ball

der **Tennisschuh, -e** tennis shoe

der **Tennisplatz, ⸚e** tennis court

der **Tennisschläger, -** tennis racket (2)

der **Tennisspieler, -** / die **Tennisspielerin, -nen** tennis player (9)

der **Tennisstar, -s** tennis star

das **Tennisturnier, -e** tennis tournament

der **Teppich, -e** carpet, rug (2)

der **Termin, -e** appointment (5)

der **Terminkalender, -** appointment calendar (11)

die **Terrasse, -n** terrace, deck (6)

der **Terror** terrorism

der **Test, -s** test

die **Testfahrt, -en** test drive

der **Tetanus** tetanus (11)

teuer expensive (2)

der **Teufel, -** devil (12)

der **Teutoburger Wald** Teutoburgian Woods

der **Text, -e** text (12)

die **Textilindustrie, -n** textile industry

das **Theater, -** theater (4)

die **Theateraufführung, -en** theatrical performance

das **Thema, Themen** topic, subject (4)

thematisieren, thematisiert to focus on

die **Theologie** theology

theoretisch theoretical(ly)

die **Theorie, -n** theory

der **Thunfisch** tuna

(das) **Thüringen** Thuringia

der **Thymian** thyme

der **Tibeter, -** / die **Tibeterin, -nen** Tibetan (*person*)

tief deep(ly) (7)

das **Tiefland, ⸚er** lowlands

das **Tiefseekabel, -** underwater cable

das **Tier, -e** animal (7)

der **Tierarzt, ⸚e** / die **Tierärztin, -nen** veterinarian (11)

der **Tipp, -s** tip

tippen, getippt to type (3)

der **Tiroler, -** / die **Tirolerin, -nen** Tyrolean (*person*)

der **Tisch, -e** table (B); **den Tisch abräumen** to clear the table (3); **den Tisch decken** to set the table (3)

der **Tischler, -** / die **Tischlerin, -nen** carpenter

(das) **Tischtennis** table tennis (3)

der **Titel, -** title

der **Toaster, -** toaster (8)

die **Tochter, ⸚** daughter (B)

der **Tod, -e** death (12)

tödlich fatal(ly)

die **Toilette, -n** toilet (6)

das **Toilettenpapier** toilet paper (4)

die **Toilettentasche, -n** cosmetic bag

tolerant tolerant(ly) (B)

tolerieren, toleriert to tolerate

toll great, neat (2); **einfach toll** simply great

die **Tollwut** rabies (12)

die **Tomate, -n** tomato (8)

die **Tomatensoße, -n** tomato sauce (8)

die **Tomatensuppe, -n** tomato soup

der **Ton** clay (12)

der **Ton, ⸚e** tone, note

das **Tonband, ⸚er** tape

der **Topf, ⸚e** pot, pan (5)

der **Topflappen, -** potholder (5)

das **Tor, -e** gate

tot dead (9)

total total(ly); complete(ly) (4)

totalitär totalitarian; in a totalitarian way

töten, getötet to kill (9)

der **Totenkopf, ⸚e** skull

der/die **Tote, -n** (**ein Toter**) dead person

die **Tour, -en** tour, trip

der **Tourismus** tourism (10)

der **Tourist, -en** (*wk.*) / die **Touristin, -nen** tourist

die **Touristenklasse** tourist class (5)

das **Touristenmenu** (set) meal for tourists

die **Trachtenjacke, -n** *traditional jacket worn in southern Germany or Austria*

die **Tradition, -en** tradition (4)

traditionell traditional(ly)

tragen (trägt), trug, getragen to carry; to wear (A)

der **Träger, -** / die **Trägerin, -nen** recipient (*of a prize*) (12)

die **Tragödie, -n** tragedy (12)

der **Trainingsanzug, ⸚e** sweats (2)

trampen, ist getrampt to hitchhike

der **Tramper, -** / die **Tramperin, -nen** hitchhiker

der **Tramper-Rucksack, ⸚e** hitchhiker's backpack

transportieren, transportiert to transport, carry (7)

das **Transportmittel, -** means of transportation; vehicle (7)

sich **trauen, getraut** to dare; **sie traut sich nicht hinein** she doesn't dare go in

die **Trauer** grief

träumen (von + *dat.*)**, geträumt** to dream (of, about) (9)

das **Traumhaus, ⸚er** dream house

die **Traumküche, -n** kitchen of one's dreams

die **Traumwohnung, -en** apartment of one's dreams

traurig sad (B)

(sich) **treffen (trifft), traf, getroffen** to meet (2); to arrange to meet; **Entscheidungen treffen** to make decisions; **treffen wir uns . . .** let's meet . . . (2)

treiben (treibt), trieb, getrieben to carry out, do; **Sport treiben** to do sports (2)

der **Trend, -s** trend

trennbar separable (1)

(sich) **trennen, getrennt** to separate, break up (*people*) (7, 9); to divide

die **Treppe, -n** stairway (6)

das **Treppenhaus, ⸚er** stairwell (10)

treten (tritt), trat, ist getreten to step

treu loyal, true (9)

die **Treue** loyalty

der **Trick, -s** trick

der **Triglyceridspiegel** triglyceride level

trimmen, getrimmt to trim (down) (*exercise in order to lose weight*)

trinken (trinkt), trank, getrunken to drink (1)

das **Trinkgeld, -er** tip (8)

trocken dry (11)

trotz (+ *gen.*) in spite of (12)

trotzdem in spite of that (9)

der **Tscheche, -n** (*wk.*) die **Tschechin, -nen** Czech (*person*)

(das) **Tschechien** Czech Republic (B)

(die) **Tschechoslowakei** Czechoslovakia

tschüs! bye-bye (*infor.*), so long (A)

tun (tut), tat, getan to do (A); **(es) tut mir Leid** sorry! (5); **wehtun** to hurt (11)

(das) **Tunesien** Tunisia (B)

die **Tür, -en** door (A)

der **Türke, -n** (*wk.*) / die **Türkin, -nen** Turk (*person*) (12)

die **Türkei** Turkey (B)

türkisch Turkish (*adj.*) (B)

(das) **Türkisch** Turkish (*language*) (B)

der **Turm, ⸚e** tower

der **Turnschuh, -e** gym shoe

die **Türschwelle, -n** threshold

die **Tüte, -n** (paper or plastic) bag (11)

der **TÜV = Technischer Überwachungsverein** *agency that checks motor vehicles for safety hazards*

der **Typ, -en** (*coll.*) character, person, guy (B)

typisch typical(ly)

die **U-Bahn, -en = Untergrundbahn** metro, subway (7)

die **U-Bahnhaltestelle, -n** subway stop (10)

der **U-Bahnpreis, -e** subway fare

u.a. = unter anderem among others

üben, geübt to exercise; to practice

über (+ *dat./acc.*) over (4); above; across; **übers Wochenende** over the weekend (4)

überall everywhere (12)

überfahren (überfährt), überfuhr, überfahren to run over (*s.o.*) (11)

die **Überfahrt** (über + *acc.*) crossing (of)

überfliegen (überfliegt), überflog, überflogen to skim (through)

überhaupt anyway (4); at all; in fact, indeed

überlegen, überlegt to think about

überlisten, überlistet to outwit

übermorgen the day after tomorrow (9)

übermütig in high spirits

übernächsten: am übernächsten Morgen the morning after next

übernachten, übernachtet to stay overnight (6)

übernehmen (übernimmt), übernahm, übernommen to take on (responsibility) (12)

überprüfen, überprüft to check

die **Überraschung, -en** surprise

überreden, überredet to persuade

überreichen, überreicht to present (*s.th.*) to (*s.o.*)

übers = über das over the

die **Überschrift, -en** heading

übersetzen, übersetzt to translate (9)

der **Übersetzer, - / die Übersetzerin, -nen** translator

die **Übersetzung, -en** translation

übertragen (überträgt), übertrug, übertragen to transfer

überwachen, überwacht to oversee, supervise

üblich usual, customary

übrig remaining, left over

übrigens by the way

die **Übung, -en** exercise (A)

die **Uhr, -en** clock (B); **wie viel Uhr ist es?** what time is it? (1); **um wie viel Uhr?** at what time? (1) **bis acht Uhr** until eight o'clock (2); **bis um vier Uhr** until four o'clock (4)

die **Uhrzeit, -en** time

die **Ukraine** Ukraine (B)

der **Ukrainier, - / die Ukrainerin, -nen** Ukrainian (*person*)

(das) **Ukrainisch** Ukranian (*language*)

um: um die Ecke around the corner (5); **um sechs (Uhr)** at six o'clock (1); **um wie viel Uhr?** at what time? (1)

um . . . zu (+ *inf.*) in order to (12)

um·fallen (fällt . . . um), fiel . . . um, ist umgefallen to fall over (9)

umfassen, umfasst to comprise

die **Umfrage, -n**, survey, poll (4)

der **Umgang** contact

umgeben (umgibt), umgab, umgeben to surround, enclose

die **Umgebung, -en** surrounding area, environs (5)

um·gehen (mit + *dat.*) (geht . . . um), ging . . . um, ist umgegangen, to go around; to associate (with *s.o.*)

um·kippen, umgekippt to knock over (11)

die **Umkleidekabine, -n** dressing room (5)

um·knicken, umgeknickt to twist one's ankle

der **Umlauf** circulation

der **Umsatz, ⸚e** sales, returns

sich **um·sehen (sieht . . . um), sah . . . um, umgesehen** to look around (10)

umspannen, umspannt to circle, to encompass

der **Umstand, ⸚e** circumstance

um·steigen (steigt . . . um), stieg . . . um, ist umgestiegen to change (*from one vehicle to another*)

um·tauschen, umgetauscht to exchange (10)

die **Umweltverschmutzung** pollution

um·werfen (wirft . . . um), warf . . . um, umgeworfen to knock over/down

um·ziehen (zieht . . . um), zog . . . um, ist umgezogen to move (*to another apartment/house*); **sich umziehen** (*p.p. with* **haben**) to change clothes

der **Umzug, ⸚e** move

unbedingt at all costs, absolutely

unbegabt untalented (12); **handwerklich unbegabt** not suited for manual labor

unbekannt unknown; unfamiliar

unbeschränkt unlimited

unbestimmt indefinite

und (*coord. conj.*) and (A); **und so weiter (usw.)** and so forth (5)

unentschuldigt without giving any reason

unerwartet unexpected

der **Unfall, ⸚e** accident (4)

der **Unfallbericht, -e** accident report (11)

das **Unfallkommando, -s** ambulance, emergency vehicle

die **Unfallstelle, -n** scene of the accident; accident site (11)

unfreundlich unfriendly

ungarisch Hungarian (*adj.*)

(das) **Ungarn** Hungary (B)

ungeduldig impatient(ly) (11)

ungefähr approximately (7)

ungelernt unskilled

ungemütlich uncomfortable

ungenügend unsatisfactory; grade F (*in school*)

ungesalzen unsalted

ungesättigt unsaturated

ungewiss uncertain, unknown

ungewöhnlich unusual(ly)

ungezogen naughty, ill-mannered

unglücklich unhappy; unhappily

unhöflich impolite(ly)

die **Unhöflichkeit** impoliteness

die **Uni, -s = Universität -en** (*coll.*) university (B); **auf der Uni** at the university (1); **zur Uni** to the university (1)

die **Union, -en** union

die **Universität, -en** university (1); **auf der Universität** at the university (5); **zur Universität gehen** to go to the university

die **Universitätsbibliothek, -en** university library

die **Universitätsstadt, ⸚e** university town

die **Unizeitung, -en** university newspaper (4)

unklug unwise(ly)

unkonventionell unconventional(ly)

unkonzentriert lacking in concentration

das **Unkraut** weeds

unlängst not long ago; recently

unmöglich impossible

die **UNO** UN (United Nations)

unpraktisch impractical(ly)

die **Unpünktlichkeit** lateness

unrhythmisch unrhythmical(ly)

unruhig restless; agitated; uneasy

uns us (*acc./dat.*)

die **Unschuld** innocence

unser(e) our (2)

der **Unsinn** nonsense (12)

unsympathisch uncongenial(ly), disagreeable; disagreeably; unpleasant(ly)

unter (+ *dat./acc.*) among, below, beneath (5, 6); under; **unter anderem** among other things

unter·bringen (bringt . . . unter), brachte . . . unter, untergebracht to put

die **Unterdrückung, -en** suppression, oppression

die **Untergrundbahn, -en** (**U-Bahn**) metro, subway (7)

der **Unterhalt** living

sich **unterhalten (unterhält), unterhielt, unterhalten** to converse (9)

die **Unterhaltung, -en** conversation; entertainment (3)

der **Unterhaltungsroman, -e** entertainment novel

das **Unterhemd, -en** undershirt (10)

die **Unterhose, -n** underpants, shorts (10)

die **Unterkunft, ⸚e** lodging (10)

der **Unterlass: ohne Unterlass** incessantly

unternehmen (unternimmt), unternahm, unternommen to undertake

das **Unternehmen, -** company

der **Unternehmer, - / die Unternehmerin, -nen** industrialist

die **Unternehmung, -en** enterprise

der **Unterricht** class, instruction (B)

unterrichten, unterrichtet to teach, instruct (5)

die **Unterrichtsveranstaltung, -en** organizing of class

sich **unterscheiden (unterscheidet), unterschied, unterschieden** to be different

der **Unterschied, -e** difference

unterschiedlich different; various
**unterschreiben (unterschreibt), unter-
schrieb, unterschrieben** to sign (1)
die **Unterschrift, -en** signature (1)
**unterstreichen (unterstreicht), unterstrich,
unterstrichen** to underline
unterstützen, unterstützt to support
untersuchen, untersucht to investigate; to examine (5)
das **Unterthema, -themen** subtopic
der **Untertitel, -** subtitle
die **Unterwäsche** underwear (10)
unterwegs on the road (4, 9); in transit;
geschäftlich unterwegs sein to be away on
business
untrennbar inseparable
unveränderlich unchangeable
unwillig reluctant(ly)
unzufrieden dissatisfied
der **Urahn, -en** (*wk.*) / die **Urahne, -n** ancestor
der **Uranus** Uranus (4)
der **Urin** urine
die **Urkunde, -n** certificate (*e.g.* of merit)
der **Urlaub, -e** vacation (5); **in Urlaub fahren**
to go (away) on vacation; **Urlaub machen** to
take a vacation
der **Urlauber, -** vacationer
das **Urlaubsland, ̈er** vacation country
der **Urlaubsort, -e** holiday resort
der **Ursprung, ̈e** origin
ursprünglich original(ly)
(die) **USA** (*pl.*) USA (B)
usw. = **und so weiter** and so forth / on
die **Utopie, -n** utopia

der **Valentinstag** Valentine's Day (4)
die **Variation, -en** variation
die **Vase, -n** vase (3)
der **Vater, ̈** father (B)
die **Vaterstadt, ̈e** hometown
der **Vati, -s** dad, daddy
vehement vehement(ly)
der **Ventilator, -en** ventilator
sich **verabreden, verabredet** to make a date
die **Verabredung, -en** appointment; date (11)
das **Verabschieden** leave-taking (A)
sich **verabschieden, verabschiedet** to say
good-bye
(sich) **verändern, verändert** to change
veranstalten, veranstaltet to put on (a party)
die **Veranstaltung, -en** public event
die **Verantwortung, -en** responsibility (12)
das **Verb, -en** verb (A)
der **Verband, ̈e** bandage (11)
die **Verbendung, -en** verb ending
verbessern, verbessert to improve; to correct
verbinden (verbindet), verband, verbunden
to connect; to dress (*wounds*)
das **Verbot, -e** prohibition (7)
verboten forbidden (8)
die **Verbraucheraufklärung** consumer information

verbrauchen, verbraucht to use up, consume
**verbrennen (verbrennt), verbrannte, ver-
brannt** to burn (11); incinerate (12); **sich
(die Zunge) verbrennen** to burn (one's
tongue) (11)
**verbringen (verbringt), verbrachte, ver-
bracht** to spend (*time*)
verdächtig suspicious
verdattert (*coll.*) bewildered
die **Verdauung** digestion
verdienen, verdient to earn (4)
die **Verdienstmöglichkeit, -en** opportunity to
earn money
der **Verdienst, -e** income
verdutzt taken aback
vereinigen, vereinigt to unite
die **Vereinigung, -en** unification
die **Vereinsteilnahme** membership in a club
die **Vereinten Nationen** (*pl.*) the United
Nations
die **Verfassung, -en** constitution; state (of health
or mind); **körperliche und geistige Verfassung** physical and mental state (3)
verfehlen, verfehlt to miss, not to notice (10)
verfilmen, verfilmt to make a movie of
verfolgen, verfolgt to persecute (12)
verfügen (über + *acc.*), **verfügt** to have (*s.th.*)
die **Vergangenheit** past
die **Vergebung** forgiveness
vergehen (vergeht), verging, vergangen to
elapse, pass; **5 Jahre sind vergangen** five
years have passed
vergessen (vergisst), vergaß, vergessen to
forget (2)
vergiften, vergiftet to poison (9)
der **Vergleich, -e** comparison
**vergleichen (vergleicht), verglich, ver-
glichen** to compare
das **Vergnügen** entertainment; pleasure (2)
der **Vergnügungspark, -s** amusement park
sich **verhalten (verhält), verhielt, verhalten**
to behave, act
das **Verhaltensmuster, -** behavior pattern
das **Verhältnis, -se** relationship; **im Verhältnis
zu** (+ *dat.*) with respect to
verharren, verharrt to remain
sich **verheiraten (mit** + *dat.*), **verheiratet** to
get married to (12)
verheiratet married (1); **frisch verheiratet**
newly married
verhelfen (zu + *dat.*) **(verhilft), verhalf, ver-
holfen** to help to get/achieve (*s.th.*)
verhindern, verhindert to prevent
verhüllen, verhüllt to cover; to wrap
verhungern, ist verhungert to starve (12)
verjagen, verjagt to chase away
der **Verkauf, ̈e** sale
verkaufen, verkauft to sell (5); **zu verkaufen**
for sale
der **Verkäufer, -** / die **Verkäuferin, -nen** salesperson (5)
das **Verkaufsgespräch, -e** sales talk

der **Verkaufstag, -e** day when a store is open
for business
der **Verkehr** traffic (7, 11)
das **Verkehrsmittel, -** means of transportation;
die öffentlichen Verkehrsmittel (*pl.*) public
transportation (7)
das **Verkehrsschild, -er** traffic sign (7)
der **Verkehrsstau, -s** traffic jam
der **Verkehrstag, -e** traffic day
verlassen (verlässt), verließ, verlassen to
leave; to abandon (11)
sich **verlaufen (verläuft), verlief, verlaufen** to
get lost
verlegen, verlegt to move, relocate
verletzen, verletzt to harm, injure; **sich verletzen** to injure oneself (11); **schwer verletzt**
critically injured (11)
der/die **Verletzte, -n** (ein **Verletzter**) injured
person (11)
die **Verletzung, -en** injury; violation
sich **verlieben (in** + *acc.*), **verliebt** to fall in
love (with) (4)
verlieren (verliert), verlor, verloren to lose
(7)
sich **verloben mit, verlobt** to get engaged to
(12)
vermieten, vermietet to rent (out) (6)
der **Vermieter, -** / die **Vermieterin, -nen** land-
lord/landlady (6)
vermischen, vermischt to mix (8)
vernaschen, vernascht to consume (*snacks,
candy*)
**vernehmen (vernimmt), vernahm, vernom-
men** to interrogate; **vernommen werden** to
be interrogated
vernünftig sensible; sensibly
verpassen, verpasst to miss
verquer: heute ist alles verquer everything is
going wrong today
verraten (verrät), verriet, verraten to dis-
close, give away (*a secret*)
verreisen, ist verreist to go on a trip (3)
verrückt crazy (B); in a zany manner
die **Versammlung, -en** gathering
versäumen, versäumt neglected
verschenken, verschenkt to give away
verschieden different, various (8)
**verschlafen (verschläft), verschlief, ver-
schlafen** to oversleep
**verschlingen (verschlingt), verschlang, ver-
schlungen** to devour
verschnupft suffering from a cold; **verschnupft
sein** have a cold
verschränken, verschränkt to fold (arms); to
cross (legs)
verschütten, verschüttet to spill
**verschwinden (verschwindet), verschwand,
ist verschwunden** to disappear (12)
versetzen, versetzt to go into the next grade
die **Versetzung, -en** advancement (*into the next
higher grade*)
die **Versicherung, -en** insurance (5)

die **Version, -en** version

versorgen (**mit** + *dat.*), **versorgt** to supply (*s.o.*) with (*s.th.*); to take care of

die **Verspätung, -en** lateness

versprechen (**verspricht**), **versprach**, **versprochen** to promise (7)

der **Verstand** reason; mind; sense

verständigen, verständigt to notify

verstauen, verstaut to stow (7)

(sich) **verstecken, versteckt** to hide (9)

verstehen (**versteht**), **verstand, verstanden** to understand (4)

verstopft blocked (nose)

verstummen, ist verstummt to fall silent

versuchen, versucht to try, to attempt (9)

die **Verteidigung, -en** defense

der **Vertrag, ⸚e** contract (12)

vertreiben (**vertreibt**), **vertrieb, vertrieben** to drive (*s.o./s.th.*) away, expel

vertreten (**vertritt**), **vertrat, vertreten** to represent; to plead for

die **Vertreterkonferenz, -en** deputy meeting

verursachen, verursacht to cause

verurteilen, verurteilt to sentence; to condemn

vervollständigen, vervollständigt to complete

die **Verwaltung, -en** administration

sich **verwandeln** (**in** + *acc.*), **verwandelt** to change into (9)

der/die **Verwandte, -n** (ein **Verwandter**) relative (2)

die **Verwaltung, -en** management; administration

verwaltungstätig administrative

sich **verwandeln** (**in** + *acc.*), **verwandelt** to turn (into)

der/die **Verwandte, -n** (ein **Verwandter**) relative

verwenden, verwendet to use

verwirklichen, verwirklicht to realize; to carry out

verwundert surprised

verwunschen cursed, enchanted (9)

verwünschen, verwünscht to cast a spell on; to curse (9)

verzaubert bewitched

das **Verzeichnis, -se** list; index

die **Verzeihung** forgiveness

verzichten (**auf** + *acc.*), **verzichtet** to do without, renounce (*s.th.*)

der **Vetter, -n** (male) cousin (B)

vgl. = **vergleiche** compare

das **Video, -s** video (9)

die **Videoecke, -n** video corner

der **Videoladen, ⸚** video shop

der **Videorekorder, -** video recorder (A, 2)

viel (*sg.*) much, a lot (A); **viele** (*pl.*) many (A) **viel Glück!** lots of luck!, good luck! (3); **viel Spaß!** have fun! (A); **vielen Dank!** many thanks! (10)

die **Vielfalt** diversity

vielfältig diverse

vielleicht perhaps (2)

vier four (A)

die **Vier: eine Vier** unsatisfactory (*school grade*) (3)

viereckig rectangular

viert- fourth (4)

der **Viertakt-Benzinmotor** four-stroke gas engine

das **Viertel, -** fourth; **um Viertel vor vier** at a quarter to four (1)

die **Viertelstunde, -n** quarter hour (6)

vierundzwanzig twenty-four (A)

vierzehn fourteen (A)

vierzig forty (A)

violett violet

der **Violinist, -en** (*wk.*) / die **Violinistin, -nen** violinist

das **Violinkonzert, -e** violin concerto

der **Virologe, -n** (*wk.*) / die **Virologin, -nen** virologist

der **Virus, Viren** virus

der **Virusforscher, -** / die **Virusforscherin, -nen** virus researcher

die **Virusgrippe** virus flu

die **Virusvariation, -en** virus variation

die **Vision, -en** vision

das **Visum, Visa** visa (7)

das **Vitamin, -e** vitamin

vitaminreich vitamin-rich

der **Vogel, ⸚** bird (12)

das **Volk, ⸚er** people

das **Volksfest, -e** public festival; fair

der **Volkstanz, ⸚e** folk dance

voll full (10); full of; fully; **voll Angst** filled with fear

der **Vollbart, ⸚e** beard

das **Völlegefühl** feeling of fullness

der **Volleyball, ⸚e** volleyball (1)

völlig completely

vollkommen perfect(ly), flawless(ly); completely (12)

die **Vollkornnudeln** whole wheat noodles

vollständig complete(ly)

voll tanken, voll getankt to fill up (with gas) (5)

vom = **von dem** of/from the

von (+ *dat.*) from; of; by (*authorship*) (A); **von allein** on one's own; **von der Arbeit** from work (3); **von je** from time immemorial; **von je 100 Jungen** out of 100 young men; **von jetzt an** from now on; **von nebenan** from next door (5)

vor (+ *dat./acc.*) in front of; before; ago; because of; **um Viertel vor vier** at a quarter to four (1); **vor allem** above all; **vor allen Dingen** above all; **vor Lachen** from laughing; **vor zwei Tagen** two days ago (4)

die **Voraussetzung, -en** prerequisite

vorbei over, past (9); along

vorbei·gehen (**an** + *dat.*) (**geht . . . vorbei**), **ging . . . vorbei, ist vorbeigegangen** to go by (10)

vorbei·kommen (**an** + *dat.*) (**kommt . . . vorbei**), **kam . . . vorbei, ist vorbeigekommen** to come/stop/pass by (3)

vor·bereiten, vorbereitet to prepare

die **Vorbeugung** (**gegen** + *acc.*) prevention (of)

das **Vorbild, -er** role model, idol (9)

vorchristlich before Christ

der **Vorfahre, -n** (*wk.*) ancestor (10)

die **Vorfahrt** right-of-way (7)

die **Vorgeschichte** prehistory

vorgestern the day before yesterday (4)

der **Vorhang, ⸚e** drapery (6); curtain; **der Eiserne Vorhang** the Iron Curtain

die **Vorhersage, -n** prediction

vor·kommen (**kommt . . . vor**), **kam . . . vor, ist vorgekommen** to occur

vor·lesen (**liest . . . vor**), **las . . . vor, vorgelesen** to read aloud (9)

die **Vorlesung, -en** (*university*) lecture (4)

der **Vormittag, -e** late morning (4); **am Vormittag** in the morning

vormittags in the morning, mornings

das **Vormittagsprogramm, -e** morning program

der **Vorname, -n** (*wk.*) first name (A, 1)

vornehm noble, distinguished

vorrömisch pre-Roman

vors = **vor das** in front of the

der **Vorsatz, ⸚e** intention

der **Vorschlag, ⸚e** suggestion (5)

vorschlagen (**schlägt . . . vor**), **schlug . . . vor, vorgeschlagen** to suggest, to propose (5)

die **Vorschrift, -en** rule, regulation; **Vorschriften machen** to dictate

vorsichtig cautious(ly)

vor·singen (**singt . . . vor**), **sang . . . vor, vorgesungen** to sing (*s.th.*) to (*s.o.*) (5)

vor·sorgen, vorgesorgt to provide

die **Vorspeise, -n** appetizer (8)

vor·stellen, vorgestellt to introduce; to present (6); **sich** (*dat.*) **etwas vorstellen** to imagine (*s.th.*) (6)

der **Vorteil, -e** advantage (7)

das **Vorurteil, -e** prejudice (12)

der **Vorwagen** previously owned car

das **Vorwort, -e** preface

der **Vulkan, -e** volcano (10)

der **VW** = **Volkswagen** *make of car*

die **wache** guard; guardhouse

wachsen (**wächst**), **wuchs, ist gewachsen** to grow (9)

der **Wachtmeister, -** (*police*) constable

der **Wagen, -** car (7)

der **Waggon, -s** train car (7)

die **Wahl, -en** choice; election; **zur Wahl** to choose from

wählen, gewählt to select; to elect

das **Wahlpflichtfach, ⸚er** elective

das **Wahlrecht** right to vote

wahnsinnig insane, crazy (12)

wahr true (3)

während (+ *gen.*) during (11)

wahrhaftig real(ly), truthful(ly)

die **Wahrheit, -en** truth

wahrscheinlich probably (11)

die **Währung, -en** currency

das **Wahrzeichen** symbol, landmark

das **Waisenkind, -er** orphan

der **Wald, ⸚er** forest, woods (2); **im Wald laufen** to run in the woods (2)

der **Walkman, Walkmen** walkman (2)

die **Walpurgisnacht** Walpurgis Night (*the witches' sabbath, April 30th*)

walten, gewaltet to rule

der **Walzer, -** waltz (3)

die **Wand, ⸚e** wall (B); **das Bild an die Wand hängen** to hang the picture on the wall (3)

der **Wanderer, -** hiker; traveler

der **Wandergang, ⸚e** hike

die **Wandergans, ⸚e** migratory goose

wandern, ist gewandert to hike (1)

die **Wanderung, -en** hike (7)

der **Wandervogelrucksack, ⸚e** globetrotter's backpack

die **Wange, -n** cheek

wann when (B); **wann sind Sie geboren?** when were you born? (1)

warm warm (B); hot; (*of room / apartment*) utilities / heat included (6)

die **Warmluftheizung** heating

die **Warnblinkanlage, -n** hazard/warning light, flasher(s) (*on a car*)

das **Warndreieck, -e** warning triangle (*positioned near a disabled car*)

warnen, gewarnt to warn (7)

(das) **Warschau** Warsaw

die **Wartburg** *famous castle in Thuringia*

die **Wartehalle, -n** waiting room (10)

warten (auf + acc.), gewartet to wait (for) (7)

der **Warteraum, ⸚e** waiting room

warum why (3)

was what (A); **was fehlt?** what's missing? (A); **was läuft im Kino?** what's playing at the movies? (2); **was sind Sie von Beruf?** what's your profession? (1)

das **Waschbecken, -** (wash) basin (6)

die **Wäsche** laundry (4)

(sich) **waschen (wäscht), wusch, gewaschen** to wash (*o.s.*) (2, 11)

der **Wäschetrockner, -** clothes dryer (8)

die **Waschküche, -n** laundry room (6)

die **Waschmaschine, -n** washing machine (6)

der **Waschsalon, -s** laundromat (10)

das **Wasser** water

die **Wasserfarbe, -n** watercolor

der **Wasserhahn, ⸚e** faucet (5)

die **Wasserverseuchung** water pollution

der **Wasservogel, ⸚** water fowl (12)

wechseln, gewechselt to change; **Geld wechseln** to (ex)change money

wecken, geweckt to wake (*s.o.*) up (9)

der **Wecker, -** alarm clock (2)

das **Weckerklingeln** ringing of an / the alarm clock

weg away; **wie weit weg?** how far away? (6)

der **Weg, -e** way; road; path (10); **den Weg beschreiben** to give directions (10); **nach dem Weg fragen** to ask for directions; **sich auf den Weg machen** to go on one's way, set off

weg·bringen (bringt . . . weg), brachte . . . weg, weggebracht to take out; to take away (5)

wegen (+ *gen.*) on account of; about; because of (6)

weg·fahren (fährt . . . weg), fuhr . . . weg, ist weggefahren to drive off, leave

weg·gehen (geht . . . weg), ging . . . weg, ist weggegangen to leave, to go away (4)

weg·laufen (läuft . . . weg), lief . . . weg, ist weggelaufen to run away

weg·schaffen, weggeschafft to get rid of

weg·stellen, weggestellt to put away (5)

weg·tragen (trägt . . . weg), trug . . . weg, weggetragen to carry away (9)

weg·ziehen (zieht . . . weg), zog . . . weg, weggezogen to move away

wehtun, (tut . . . weh), tat . . . weh, wehgetan to hurt (11)

wehen, geweht to blow

der **Wehrdienst** military service

(das) **Weihnachten** Christmas (4)

der **Weihnachtsbrauch, ⸚e** Christmas custom

das **Weihnachtsgeschenk, -e** Christmas present (5)

die **Weihnachtskarte, -n** Christmas card

der **Weihnachtsmann, ⸚er** Santa Claus; Father Christmas

die **Weihnachtstradition, -en** Christmas tradition

weil (*subord. conj.*) because (3)

die **Weile** while; **eine ganze Weile** a good while

die **Weimarer Republik** Weimar Republic

der **Wein, -e** wine

der **Weinberg, -e** vineyard

weinen, geweint to cry (3)

die **Weinflasche, -n** wine bottle

das **Weinglas, ⸚er** wine glass (5)

der **Weinkeller, -** wine cellar (6)

das **Weinregal, -e** wine shelf

die **Weintraube, -n** grape (8)

weisen (weist), wies, gewiesen to show

weiß white (A)

(das) **Weißrussisch** Byelorussian (*language*)

(das) **Weißrussland** Belarus (B)

weit far (6); **wie weit weg?** how far away? (6)

weiter (*adj.*) additional; (*adv.*) farther; further; **immer weiter** on and on; **und so weiter** and so forth (5)

weiter·fahren (fährt . . . weiter), fuhr . . . weiter, ist weitergefahren to keep on driving, drive farther (10)

die **Weiterfahrt** continuation of one's journey

weiter·gehen (geht . . . weiter), ging . . . weiter, ist weitergegangen to keep on walking (10)

weiter·studieren, weiterstudiert to keep on studying, continue with (*one's*) studies

weitgereist well-traveled

die **Weizenkeime** (*pl.*) wheat germ

welch-: welche Farbe hat . . . ? what color is . . . ? (A); **welche Sprache(n)** what language(s) (B); **welcher Tag** what day (B); **welches Datum ist heute?** what is today's date? (4); **welches Land** what country (B)

die **Welle, -n** wave

der **Wellensittich, -e** budgerigar (*bird*)

die **Welt, -en** world (7); **aus aller Welt** from all over the world

der **Weltatlas** atlas of the world

die **Weltausstellung, -en** World's Fair

weltbekannt world famous

weltberühmt world famous

das **Weltbild, -er** world view

weltgrößt - largest in the world

der **Weltkrieg, -e** world war; **im Ersten/Zweiten Weltkrieg** in World War I/II

weltweit worldwide

wem whom (*dat.*) (4)

wen whom (*acc.*) (4)

wenig little; **am wenigsten** the least (8); **wenige** few

wenigstens at least (4)

wenn (*subord. conj.*) if; when(ever) (2, 3); **wenn ja** if so

wer who (A)

die **Werbeagentur, -en** advertising agency

die **Werbung, -en** advertisement, promotion (12)

werden (wird), wurde, ist geworden to become (5); **was willst du werden?** what do you want to become?

werfen (wirft), warf, geworfen to throw (3)

das **Werk, -e** work; product (9)

die **Werksanlage, -n** factory

die **Werkstatt, ⸚en** repair shop, garage (5)

der **Werkstoff, -e** material

die **Werkswohnung, -en** company-owned apartment

der **Werktag, -e** working day

das **Werkzeug, -e** tool (8)

wert worth

der **Wert, -e** value

wertvoll valuable, expensive (2)

weshalb why

(das) **Westdeutschland** (*former*) West Germany

der **Westen** west

westlich (*adj.*) western; (**von** + *dat.*) west of (7)

die **Westwindzone** Western zone

der **Wettbewerb, -e** contest

das **Wetter** weather (B); **bei kaltem Wetter** in cold weather

der **Wetterbericht, -e** weather report; weather forecast

wichtig important (2)

widmen, gewidmet to dedicate

wie how (B); **wie fühlst du dich?** how do you feel? (3); **wie heißen Sie?** (*for.*), **wie heißt**

du? (*infor.*) what's your name? (A); **wie schreibt man das?** how do you spell that? (A); **wie spät ist es?** what time is it? (1); **wie viel: wie viel Uhr ist es?** what time is it? (1); **wie viele . . . ?** how many . . . ? (A)

wieder again (3); **schon wieder** once again (3)

wieder aufbauen, wieder aufgebaut to reconstruct

wieder finden (findet . . . wieder), fand . . . wieder, wieder gefunden to find again

wiederholen, wiederholt to repeat (10)

das **Wiederhören: auf Wiederhören!** good-bye, until we talk again (*on the telephone*) (6)

wieder·kommen (kommt . . . wieder), kam . . . wieder, ist wiedergekommen to come back (5)

das **Wiedersehen: auf Wiedersehen!** good-bye!, until we see each other again! (A)

(das) **Wien** Vienna

Wiener Viennese (*adj.*)

die **Wiese, -n** meadow, pasture (7)

wieso why; how is it (that), how come

wild wild; **wildes Camping** wilderness camping; camping outside designated areas (10)

die **Wildente, -n** wild duck

das **Wildschwein, -e** wild boar (12)

der **Wille** will

die **Wimperntusche** mascara

der **Wind, -e** wind (9)

windig windy (B)

die **Windpocken** (*pl.*) chickenpox

windsurfen gehen (geht . . . windsurfen), ging windsurfen, ist windsurfen gegangen to go windsurfing (1)

winken, gewinkt to wave (B)

der **Winter, -** winter (B)

der **Wintermantel, ¨** winter coat

der **Winterstiefel, -** winter boot

die **Wintertemperatur, -en** winter temperature

wir we

wirken, gewirkt to work, to take effect (11)

wirklich really (B)

die **Wirklichkeit, -en** reality; **in Wirklichkeit** actually

die **Wirkung, -en** effect

der **Wirt, -e / die Wirtin, -nen** host/hostess; innkeeper; barkeeper (10)

die **Wirtschaft** economics (1)

wirtschaftlich economical(ly)

der **Wirtschaftsbereich, -e** economic sphere

die **Wirtschaftskunde** economics

das **Wirtschaftswunder** economic miracle

das **Wirtschaftszentrum, -zentren** economic center

wischen, gewischt to wipe (7)

wissen (weiß), wusste, gewusst to know (2); **ich weiß nicht** I don't know

die **Wissenschaft, -en** science

der **Wissenschaftler, - / die Wissenschaftlerin, -nen** scientist (9)

wissenschaftlich scientific

der **Witz, -e** joke (3); **Witze erzählen** to tell jokes (3)

witzig funny, amusing(ly)

wo where (A, B); **wo willst du denn hin?** where are you going? (A)

wobei with what; where; whereby

die **Woche, -n** week (1); **in der Woche** during the week (1); **jede Woche** every week (3); **letzte Woche** last week (4)

die **Wochenarbeitszeit** working hours per week

die **Wochenendbeschäftigung, -en** weekend activity

das **Wochenende, -n** weekend (1); **am Wochenende** over the weekend (1); **letztes Wochenende** last weekend (4); **übers Wochenende** over the weekend (4)

die **Wochenendfreizeit** weekend leisure

das **Wochenendhaus, ¨er** weekend cabin/cottage

der **Wochenendheimfahrer, -** one who goes home for the weekend

der **Wochenmarkt, ¨e** weekly market

wodurch through what

wofür what for (8)

wogegen against what

woher from where (B)

wohin where to (3)

wohl probably (12); well (11); **sich wohl fühlen, wohl gefühlt** to feel well (11)

wohnen, gewohnt (in) to live (in) (B)

die **Wohngelegenheit, -en** housing opportunity

die **Wohngemeinschaft, -en** shared housing (6)

das **Wohnhaus, ¨er** apartment building

das **Wohnheim, -e** state-subsidized apartment building

die **Wohnmöglichkeit, -en** living arrangement (6)

der **Wohnort, -e** place of residence (1)

die **Wohnqualität, -en** living quality

der **Wohntraum, ¨e** dream about where and how s.o. wants to live

die **Wohnung, -en** apartment (1)

die **Wohnungsanzeige, -n** apartment rental ad

die **Wohnungssuche** search for an apartment; **auf Wohnungssuche** looking for a room/an apartment (6)

die **Wohnungsvermittlung, -en** rental agency; housing office

das **Wohnviertel, -** residential district

der **Wohnwagen, -** mobile home

das **Wohnzimmer, -** living room (6)

der **Wohnzimmertisch, -e** living room table (6)

die **Wohnzufriedenheit** satisfaction with living conditions

der **Wolf, ¨e** wolf (9)

die **Wolga** Volga (River)

der **Wolkenkratzer, -** skyscraper (6)

wollen, gewollt to want; to intend, to plan (to) (3)

womit with what, by what means

woran at/on/of what; **woran denkst du?** what are you thinking of?

worauf on/for what

woraus from what, out of what

das **Wort, ¨er** word (A)

das **Wörterbuch, ¨er** dictionary (2)

der **Wortkasten, -kästen** word box

der **Wortschatz, ¨e** vocabulary (A)

der **Wortschatzkasten, -kästen** vocabulary box

worüber about what

worum about/around what

wovon about what

wozu to/for what

die **Wunde, -n** wound (11)

das **Wunder, -** miracle, wonder (4); **kein Wunder** no wonder (4)

wunderbar wonderful(ly), marvellous(ly)

das **Wunderkind, -er** wunderkind; prodigy

wundersam strange

wunderschön exceedingly beautiful (10)

der **Wunsch, ¨e** wish

wünschen, gewünscht to wish

der **Wunschtraum, ¨e** wishful dream

der **Wunschzettel, -** wish list (*of things one would like to have*)

die **Wurst, ¨e** sausage; cold cuts (8)

das **Würstchen, -** sausage; frank(furter); hot dog (8)

die **Wurstwaren** (*pl.*) sausages

würzen, gewürzt to season (8)

die **Wüste, -n** desert (7)

wütend angry (3)

x-te (*adj.*) (*coll.*) umpteenth; **zum x-ten Mal** for the umpteenth time

die **Yucca-Palme, -n** yucca palm

z. B. = zum Beispiel (3)

die **Zahl, -en** figure, number (A)

zahlen, gezahlt to pay (for) (5); **Miete zahlen** to pay rent; **zahlen, bitte** the check, please

zählen, gezählt to count (A)

zahlreich numerous

zahm tame, domesticated (12)

der **Zahn, ¨e** tooth (11); **sich die Zähne putzen** to brush one's teeth (11)

der **Zahnarzt, ¨e / die Zahnärztin, -nen** dentist (5)

die **Zahnarztkosten** (*pl.*) dental costs

zahnärztlich dental

die **Zahnbürste, -n** toothbrush

der **Zahnersatz, ¨e** denture

die **Zahnheilkunde** dentistry

die **Zahnmedizin** dentistry

die **Zahnschmerzen** (*pl.*) toothache (11)

die **Zange, -n** pliers; tongs (8)

zart tender(ly) (8)

die **Zärtlichkeit** tenderness

der **Zauber** magic; charm

„**Die Zauberflöte**" *The Magic Flute (opera by Mozart)*

der **Zaun, ¨e** fence

das **Zebra, -s** zebra (12)

der **Zebrastreifen,** - crosswalk (10)

zehn ten (A)

zehnt- tenth (4)

das **Zeichen,** - sign

der **Zeichenkurs, -e** drawing class

zeichnen, gezeichnet to draw, to sketch (3)

die **Zeichnung, -en** drawing (8)

zeigen, gezeigt to show

die **Zeile, -n** line

die **Zeilennummer, -n** line number

die **Zeit, -en** time (1); **in kurzer Zeit** in a short time; **in letzter Zeit** lately, recently; **lange Zeit** (for) a long time; **nach einiger Zeit** after a while; **zu dieser Zeit** at this time; **zur Zeit** at present

der **Zeitausdruck, ̈-e** time expression (1)

die **Zeitschrift, -en** magazine

die **Zeitschriftenart, -en** kind of magazine

die **Zeitung, -en** newspaper (2); **Zeitung lesen** to read the newspaper (1)

der **Zeitungskurier, -e** newspaper deliverer

der **Zeitungsladen, ̈** newspaper shop

die **Zelle, -n** cell

das **Zelt, -e** tent (2)

zelten, gezeltet to camp, to go camping (1)

der **Zentimeter,** - centimeter

zentral central(ly) (10)

die **Zentralheizung, -en** central heating (6)

das **Zentrum, Zentren** center

der **Zeppelin, -e** zeppelin (7)

zerbrechen (zerbricht), zerbrach, hat / ist zerbrochen to break into pieces

zerreißen (zerreißt), zerriss, zerrissen to tear (9)

zerstören, zerstört to destroy

das **Zeug** stuff

der **Zeuge, -n** (*wk.*) / die **Zeugin, -nen** witness (11)

zeugen (von + *dat.***), gezeugt** to testify (to)

das **Zeugnis, -se** report card (3)

der **Ziegel,** - clay tile

ziehen (zieht), zog, ist gezogen to move (2); (*p.p. with* **haben**) to pull (9); to draw (*a weapon*); (**aus** + *dat.*) to take out

das **Ziel, -e** destination; goal (10)

ziemlich rather (2); **ziemlich groß** pretty big (2)

die **Zigarette, -n** cigarette (4)

die **Zigarre, -n** cigar (7)

das **Zimmer,** - room (2)

die **Zimmerpflanze, -n** indoor plant (6)

die **Zimmersuche** search for a room (*to rent*)

die **Zinsen** (*pl.*) interest

die **Zipfelmütze, -n** pointed cap

zirka circa, about; approximately

der **Zirkus, -se** circus (9)

das **Zitat, -e** quotation

die **Zitrone, -n** lemon (8)

zittern, gezittert to tremble

der **Zoo, -s** zoo (10)

der **Zoodirektor, - /** die **Zoodirektorin, -nen** zoo director (12)

zu closed; too (4); **zu schwer** too heavy (4); too difficult

zu (+ *dat.*) to; for (*an occasion*); for the purpose of (2); **zu Abend essen** to dine, have dinner (4); **zu Fuß** on foot (3); **zu Hause** at home (1); **zu viel** too much; **zum Arzt** to the doctor (3); **zum Geburtstag** for someone's birthday (2); **zum Mittagessen** for lunch (3); **zur Uni** to the university (2)

zu·bereiten, zubereitet to prepare (*food*) (8)

die **Zubereitung, -en** preparation (8)

zu·binden, zugebunden to tie shut (8)

züchten, gezüchtet to breed

der **Zucker** sugar (8)

die **Zuckerfabrik, -en** sugar factory

zu·decken, zugedeckt to cover (*with a blanket*) (11)

zudem moreover, furthermore

zu·drücken, zugedrückt to squeeze shut; **ein Auge zudrücken** to look the other way

zuerst first (7)

der **Zug, ̈-e** train (7)

das **Zugfahren** traveling by train

die **Zugfahrkarte, -n** train ticket (6)

der **Zugfahrplan, ̈-e** train schedule

zugleich at the same time

die **Zugnummer, -n** train number

zu·hören (+ *dat.*), **zugehört** to listen (to) (A, 10); **hören Sie zu** listen (A)

zu·kommen (auf + *acc.*) **(kommt . . . zu), kam . . . zu, ist zugekommen** to approach or come up to (*s.o.*)

die **Zukunft** future

zukünftig future (*adj.*)

die **Zukunftsangst, ̈-e** fear about the future

zuletzt finally (10)

zum = **zu dem** to the

zum Beispiel (z. B.) for example (3)

zu·machen, zugemacht to close (3)

zumindest at least

die **Zunge, -n** tongue (11)

zur = **zu der** to the

(das) **Zürich** Zurich

zurück back (9); **hin und zurück** round trip (5)

zurück·blicken (auf + *acc.*), **zurückgeblickt** to look back (on)

zurück·führen (auf + *acc.*), **zurückgeführt** to trace back (to)

zurück·kehren, ist zurückgekehrt to return

zurück·klettern, zurückgeklettert to climb back

zurück·kommen (kommt . . . zurück), kam . . . zurück, ist zurückgekommen to come back, return (6)

zusammen together (2); **alles zusammen** (everything) together; one check (5); **zusam-men sein** (+ *dat.*) **(ist . . . zusammen), war . . . zusammen, ist zusammen gewe-sen** to be together (with)

der **Zusammenbruch ̈-e** breakdown, collapse

der **Zusammenhang, ̈-e** connection; coherence

zusammen·falten, zusammengefaltet to fold up

die **Zusammenfassung, -en** summary

das **Zusammenleben** life together

zusammen·mischen, zusammengemischt to mix together

zusammen·packen, zusammengepackt to pack up

zusammen·sitzen (sitzt . . . zusammen), saß . . . zusammen, zusammengesessen to sit together

zusammen·stoßen (stößt . . . zusammen), stieß . . . zusammen, ist zusam-mengestoßen to crash (11)

zu·schauen, zugeschaut to watch

die **Zuschriften** (*pl.*) application in writing

zuschulden: sich (*dat.*) **etwas zuschulden kommen lassen** do (any) wrong

zu·sehen (sieht . . . zu), sah . . . zu, zugese-hen to observe, look on (7)

zuständig responsible

die **Zutaten** (*pl.*) ingredients (8)

zuvor before(hand); **so gesund wie nie zuvor** healthier than ever before

zu·wandern, ist zugewandert to immigrate

zu·wenden (wendet . . . zu), wandte . . . zu, zugewandt to turn to (*s.o./s.th.*)

zwanzig twenty (A); **um zwanzig nach fünf** at twenty after/past five (1)

der **Zwanzigeuroschein, -e** twenty-euro note (8)

zwanzigst- twentieth (4)

zwar of course; admittedly, to be sure; (while) it's time that . . . ; **und zwar** namely; to be more precise

zwei two (A)

die **Zwei: eine Zwei** good (*school grade*) (3)

der **Zweifel,** - doubt; **im Zweifel** in question

zweifelhaft doubtful

die **Zweigstelle, -n** branch office

zweimal twice (5); **zweimal im Jahr** twice a year

zweit- second (4); **am zweitbesten** second-best; **zweitältest-** second-oldest

zweiundzwanzig twenty-two (A)

der **Zwerg, -e** dwarf (9)

die **Zwiebel, -n** onion (8)

die **Zwillinge** (*pl.*) twins

zwingen (zwingt), zwang, gezwungen to force

zwischen (+ *dat./acc.*) between (7); among

zwölf twelve (A)

zwölft- twelfth (4)

Englisch-Deutsch

This list contains all the words from the chapter vocabulary sections.

to abandon **verlassen (verlässt), verließ, ver-lassen** (11)

able: to be able **können (kann), konnte, gekonnt** (3)

about **wegen** (*+ gen.*) (6, 12)

above (*adv.*) **oben** (10); (*prep.*) **über** (*+ acc./dat.*) (4)

abroad **im Ausland** (6)

academic subject **das Fach, ¨er** (1)

accident **der Unfall, ¨e** (4); accident report **der Unfallbericht, -e** (11); scene of the accident **die Unfallstelle, -n** (11)

accordeon **das Akkordeon, -s** (4)

account: bank account **das Konto, Konten** (5); to open a bank account **ein Konto eröffnen** (5); on account of **wegen** (6)

acquainted: to be acquainted with **kennen (kennt), kannte, gekannt** (B, 3); to get acquainted with **kennen lernen, kennen gelernt** (1)

across **gegenüber** (*+ dat.*) (6); across from **gegenüber von** (10); right across the way **gleich gegenüber** (6)

activity **die Tätigkeit, -en** (5)

actor **der Schauspieler, -** (9)

actress **die Schauspielerin, -nen** (9)

actually **eigentlich** (3)

ad **die Anzeige, -n** (6); housing-wanted ad **die Suchanzeige, -n** (6)

addition: in addition **dazu** (8)

address **die Adresse, -n** (1); **die Anschrift, -en** (11)

adhesive bandage (Band-Aid) **das Pflaster, -** (11)

admissions ticket **die Eintrittskarte, -n** (5)

advance: to pay in advance **an·zahlen, angezahlt** (10)

advantage **der Vorteil, -e** (7)

advice **der Rat, Ratschläge** (5)

to advise (*a person*) **raten (rät), riet, geraten** (*+ dat.*) (5)

afraid: to be afraid **Angst haben** (3); to be afraid of **sich fürchten (vor** *+ dat.*)**, gefürchtet** (12)

Africa **(das) Afrika** (B)

Afro-German **afro-deutsch** (12)

after: at twenty after five **um zwanzig nach fünf** (1)

afternoon **der Nachmittag, -e** (4); good afternoon **guten Tag** (A); afternoons, in the afternoon **nachmittags** (4)

afterward **danach** (10); **nachdem** (*subord. conj.*) (8)

again **wieder** (3); once again **schon wieder** (3)

against **gegen** (*+ acc.*) (9); against it **dagegen** (11); do you have something against it? **haben Sie etwas dagegen?** (11)

age **das Alter** (1); Stone Age **die Steinzeit** (12)

ago **vor** (4); two days ago **vor zwei Tagen** (4)

agreement: in agreement **einverstanden** (12); to be in agreement with **einverstanden sein mit** (12); prenuptial agreement **der Ehevertrag, ¨e** (12)

ahead: straight ahead **geradeaus** (10)

air **die Luft** (7)

airplane **das Flugzeug, -e** (7)

airport **der Flughafen, ¨** (6)

alarm clock **der Wecker, -** (2)

Albania **(das) Albanien** (B)

albatross **der Albatros, -se** (12)

Algeria **(das) Algerien** (B)

alive: to be alive **am Leben sein** (9)

all day long, the whole day **der ganze Tag** (1); all night long **die ganze Nacht** (3); all her money **ihr ganzes Geld** (3); all together **alles zusammen** (5); that's all right **das stimmt** (8)

allergic **allergisch** (11)

alley **die Gasse, -n** (10)

almost **fast** (5)

alone **allein** (3)

along **entlang** (10)

aloud: to read aloud **vor·lesen (liest . . . vor), las . . . vor, vorgelesen** (9)

alphabet **das Alphabet** (3)

Alps **die Alpen** (*pl.*) (7)

already **schon** (2)

also **auch** (A)

although **obwohl** (*subord. conj.*) (11)

always **immer** (3)

ambulance **der Krankenwagen, -** (11)

America **(das) Amerika** (B)

American (*person*) **der Amerikaner, - / die Amerikanerin, -nen** (B); (*adj.*) **amerikanisch** (3)

among **unter** (*+ dat.*) (6)

amount **die Menge, -n** (4)

ancestor **der Vorfahre, -n** (*wk.*) (10)

and **und** (A); and so forth **und so weiter** (5)

angry **wütend** (3); to get angry **sich ärgern** (11)

animal **das Tier, -e** (7)

to annoy **ärgern** (3)

answer **die Antwort, -en** (A); to answer **antworten** (*+ dat.*)**, geantwortet** (4, 10); **beantworten, beantwortet** (7)

antibiotics **die Antibiotika** (*pl.*) (11)

any (*+ noun*) **irgendwelcher, irgendwelches, irgendwelche** (5)

anything **etwas** (2); anything else? **sonst noch etwas?** (5)

anyway **überhaupt** (4)

apartment **die Wohnung, -en** (1); vacation apartment **die Ferienwohnung, -en** (10)

appendix **der Blinddarm, ¨e** (11)

appetizer **die Vorspeise, -n** (8)

apple **der Apfel, ¨** (3); apple juice **der Apfelsaft** (9)

appliance **das Gerät, -e** (8)

application form **das Antragsformular, -e** (12)

appointment **der Termin, -e** (5); **die Verabredung, -en** (11); appointment calendar **der Terminkalender, -** (11); to get an appointment **einen Termin geben lassen** (11)

apprenticeship **die Lehre, -n** (5)

approximately **ungefähr** (7)

April **der April** (B)

Arabian (*adj.*) **arabisch** (B)

Arabic (*language*) **das Arabisch** (B)

architect **der Architekt, -en** (*wk.*) / **die Architektin, -nen** (5)

area **die Gegend, -en** (10); surrounding area **die Umgebung, -en** (5)

to argue **streiten (streitet), stritt, gestritten** (9)

arm **der Arm, -e** (A)

armchair **der Sessel, -** (2)

army (German) **die Bundeswehr** (5); in the German army **bei der Bundeswehr** (5)

to arrive **an·kommen (kommt . . . an), kam \. . . an, ist angekommen** (1)

art **die Kunst, ¨e** (1); art history **die Kunstgeschichte** (1)

article of clothing **das Kleidungsstück, -e** (10)

as **als** (5); as far as **bis zu** (*+ dat.*) (10); as . . . possible **möglichst** (*+ adv.*) (6); as well **auch** (A); as what? **als was?** (5)

Asia **(das) Asien** (B)

to ask about **sich erkundigen nach, erkundigt** (10); to ask (for) **bitten (um** *+ acc.*) **(bittet), bat, gebeten** (9); to ask a question **eine Frage stellen** (5)

asleep: to fall asleep **ein·schlafen (schläft . . . ein), schlief . . . ein, ist eingeschlafen** (7)

aspirin **das Aspirin** (3)

assigned: to be assigned **auf·haben, aufgehabt** (4)

assignment **die Aufgabe, -n** (4)

at **an** (*+ acc./dat.*) (2); **in** (*+ acc./dat.*) (4); at the café **im Café** (4); **bei** (2, 10); at a bank **bei einer Bank** (6); at Rudi's place **bei Rudi** (2); at McDonald's **bei McDonald's** (2); at your place **bei dir** (3); at your parents' **bei deinen Eltern** (6); at seven twenty **um sieben Uhr zwanzig** (1)

athletic **sportlich** (B)

to attack **an·greifen (greift . . . an), griff . . . an, angegriffen** (12)

to attempt **versuchen, versucht** (9), **der Versuch**

to attend to **pflegen, gepflegt** (5)

attention **die Achtung** (7); to pay attention **auf·passen, aufgepasst** (3); to pay attention to **achten auf** (+ *acc.*), **geachtet** (11)

attitude die **Einstellung, -en** (12)

attractive **attraktiv** (6)

August **der August** (B)

aunt **die Tante, -n** (B)

Australia **(das) Australien** (B)

Australian (*person*) **der Australier, - / die Australierin, -nen** (B)

Austria **(das) Österreich** (B)

Austrian (*person*) **der Österreicher, - / die Österreicherin, -nen** (B)

automobile **das Auto, -s** (A)

autumn **der Herbst, -e** (B)

baby **das Baby, -s** (7); baby carriage **der Kinderwagen, -** (7)

back **der Rücken, -** (A); **zurück** (9); there and back **hin und zurück** (10)

backpack **der Rucksack ̈-e** (2)

bacon **der Speck** (8)

bad **schlecht** (2); **schlimm** (11); too bad! **schade!** (3)

bag **die Tasche, -n** (1); **der Beutel, -** (8); (*paper or plastic bag*) **die Tüte, -n** (11)

baggage **das Gepäck** (10)

to bake **backen (bäckt), backte, gebacken** (5)

bakery **die Bäckerei, -en** (5); at the bakery **in der Bäckerei** (5)

balcony **der Balkon, -e** (6)

ball **der Ball, ̈-e** (A, 1); soccer ball **der Fußball, ̈-e** (A, 1)

ballerina **die Ballerina, -s** (9)

ballet class **der Ballettunterricht** (9)

ballpoint pen **der Kugelschreiber, -** (4)

Baltic Sea **die Ostsee** (B)

bandage **der Verband, ̈-e** (11); adhesive bandage (Band-Aid) **das Pflaster, -** (11)

bank **die Bank, -en** (5); at the bank **auf der Bank** (5): bank account **das Konto, Konten** (5); to open a bank account **ein Konto eröffnen** (5); bank employee **der/die Bankangestellte, -n (ein Bankangestellter)** (5)

bar **die Kneipe, -n** (3)

barely **knapp** (6)

barkeeper **der Wirt, -e** (10)

baseball team **die Baseballmannschaft, -en** (9)

basement **der Keller, -** (4)

basin **das Waschbecken, -** (6)

basketball **der Basketball, ̈-e** (2)

bat **die Fledermaus, ̈-e** (12)

bath **das Bad, ̈-er** (6)

to bathe **baden** (3); **(sich) baden, gebadet** (11)

bathing suit **der Badeanzug, ̈-e** (5)

bathrobe **der Bademantel, ̈** (10)

bathtub **die Badewanne, -n** (6)

bay **die Bucht, -en** (6)

bazaar **der Basar, -e** (7)

to be **sein (ist), war, ist gewesen** (A, 4); to be (*in a horizontal position*) **liegen (liegt), lag,** gelegen (1, 8); to be (*in a vertical position*) **stehen (steht), stand, gestanden** (2, 6)

beach **der Strand, ̈-e** (4)

bean **die Bohne, -n** (8); green beans **grüne Bohnen** (8)

bear: teddy bear **der Teddy, -s** (9)

beard **der Bart, ̈-e** (A)

to beat **schlagen (schlägt), schlug, geschlagen** (9)

beautiful **schön** (B); exceedingly beautiful **wunderschön** (10)

because **weil** (*subord. conj.*) (3); **denn** (*coord. conj.*) (9); because of **wegen** (+ *gen.*) (6)

to become **werden (wird), wurde, ist geworden** (7)

bed **das Bett, -en** (1, 6); bed and breakfast inn **das Gästehaus, ̈-er** (10); to go to bed **ins Bett gehen** (1); to get up on the wrong side of the bed **mit dem linken Fuß aufstehen** (4)

bedroom **das Schlafzimmer, -** (6)

bee **die Biene, -n** (12)

beef **das Rindfleisch** (8); ground beef **das Hackfleisch** (8)

beer **das Bier** (2)

before (*subord. conj.*) **bevor** (11)

to begin **beginnen** (1); **an·fangen (fängt . . . an), fing . . . an, angefangen** (4)

Belarus **(das) Weißrussland** (B)

Belgium **(das) Belgien** (B)

to believe **glauben, geglaubt** (2)

belly **der Bauch, ̈-e** (A)

to belong (to) **gehören** (+ *dat.*), **gehört** (10); to belong to (*an organization*) **an·gehören, angehört** (12)

below **unter** (+ *dat./acc.*) (6)

belt **der Gürtel, -** (2); safety belt **der Sicherheitsgurt, -e** (7)

beneath **unter** (+ *dat./acc.*) (6)

besides **außerdem** (5)

best **beste, bester, bestes** (3); like (*to do something*) best **am liebsten** (7)

better **besser** (2)

between **zwischen** (+ *dat. /acc.*) (7)

beverage **das Getränk, -e** (8)

bicycle **das Fahrrad, ̈-er** (2); bicycle helmet **der Fahrradhelm, -e** (5); bicycle path **der Radweg, -e** (7); bicycle tour **die Radtour, -en** (9); to bicycle **Rad fahren (fährt . . . Rad), fuhr . . . Rad, ist Rad gefahren** (6)

bicyclist **der Radfahrer, - / die Radfahrerin, -nen** (7)

big **groß** (A)

bikini **der Bikini, -s** (5)

bill **die Rechnung, -en** (4); **der Schein, -e** (8)

biographical information **persönliche Daten** (1)

biology **die Biologie** (1)

bird **der Vogel, ̈** (12)

birthday **der Geburtstag, -e** (1); birthday card **die Geburtstagskarte, -n** (2)

to bite **beißen (beißt), biss, gebissen** (9); to bite (*of insects*) **stechen (sticht), stach, gestochen** (12)

black **schwarz** (A); with black hair **schwarzhaarig** (9)

blackboard **die Tafel, -n** (A, B)

blanket **die Decke, -n** (11)

to bleed **bluten, geblutet** (11)

blonde **blond** (A)

blood **das Blut** (9); blood pressure **der Blutdruck** (11); to have low/high blood pressure **niedrigen/hohen Blutdruck haben** (11); to take blood **Blut ab·nehmen** (11)

blouse **die Bluse, -n** (A)

to blow-dry (one's hair) **sich (die Haare) fönen, gefönt** (11)

blue **blau** (A); blue whale **der Blauwal, -e** (12)

boa constrictor **die Riesenschlange, -n** (12)

boar: wild boar **das Wildschwein, -e** (12)

to board **ein·steigen (steigt . . . ein), stieg . . . ein, ist eingestiegen** (3, 10)

boat **das Boot, -e** (7)

body **der Körper, -** (A)

boiled potatoes **die Salzkartoffeln** (*pl.*) (8)

book **das Buch, ̈-er** (A, B); to book **buchen, gebucht** (7); to straighten the books **die Bücher gerade stellen** (3)

bookcase **das Regal, -e** (2)

bookshelf **das Regal, -e** (2)

bookstore **der Buchladen, ̈** (6)

boot **der Stiefel, -** (A)

booth: movie theater ticket booth **die Kinokasse, -n** (5); ticket booth **der Schalter, -** (5); at the ticket booth **am Schalter** (5)

bored: to be bored **Langeweile haben** (3)

boredom **die Langeweile** (3)

boring **langweilig** (2)

born: to be born **geboren sein** (1); when were you born? **wann sind Sie geboren?** (*for.*) (1)

Bosnia **(das) Bosnien** (B)

bottle **die Flasche, -n** (5); bottle opener **der Flaschenöffner, -** (8)

boutique **die Boutique, -n** (6)

bowl **die Schüssel, -n** (8); salad/mixing bowl **die Salatschüssel, -n** (5)

to box **boxen** (1)

bracelet **das Armband, ̈-er** (2)

brain **das Gehirn, -e** (11)

brake **die Bremse, -n** (7); to brake **bremsen, gebremst** (11)

brave **tapfer** (9)

Brazil **(das) Brasilien** (B)

bread (loaf of) **das Brot, -e** (3); farmer's bread **das Bauernbrot, -e** (5); piece of bread **ein Stück Brot** (3)

break **die Pause, -n** (1); to break **brechen (bricht), brach, gebrochen** (11); to break (*a window*) **ein·werfen (wirft . . . ein), warf . . . ein, eingeworfen** (9); to break one's arm **sich den Arm brechen** (11); to break up (*people*) **sich trennen, getrennt** (9) breakfast **das Frühstück, -e** (2); breakfast room **das Frühstückszimmer, -** (10); to eat breakfast **frühstücken, gefrühstückt** (1)

to breathe **atmen, geatmet** (11)

bride **die Braut, ¨-e** (9)

bridge **die Brücke, -n** (10)

to bring **bringen (bringt), brachte, gebracht** (2); to bring along **mit·bringen (bringt . . . mit), brachte . . . mit, mitgebracht** (3)

broiled **gebraten** (8)

broken **kaputt** (A)

broom **der Besen, -** (6)

brother **der Bruder, ¨-** (B); brothers and sisters, siblings **die Geschwister** (B)

brown **braun** (A); to brown **bräunen** (8)

brush **die Bürste, -n** (6); to brush (one's teeth) **sich (die Zähne) putzen** (11)

Brussels sprouts **der Rosenkohl** (8)

to build **bauen, gebaut** (10)

building **das Gebäude, -** (6); office building **das Bürohaus, ¨-er** (6)

Bulgaria **(das) Bulgarien** (B)

bungee-jumping **das Bungeejumping** (3); to go bungee-jumping **Bungeejumping machen** (3)

bureau: tourist bureau **das Fremdenverkehrsamt, ¨-er** (10); travel bureau **das Reisebüro, -s** (6)

burglar **der Einbrecher, - / die Einbrecherin, -nen** (9)

to burn **brennen (brennt), brannte, gebrannt** (11); **verbrennen (verbrennt), verbrannte, verbrannt** (11); to burn one's tongue **sich die Zunge verbrennen** (11)

bus **der Bus, -se** (2); bus stop **die Bushaltestelle, n** (6)

bush **der Busch, ¨-e** (9)

business hours **die Öffnungszeiten** (*pl.*) (8); business letter **der Geschäftsbrief, -e** (10); businesspeople **die Geschäftsleute** (*pl.*) (7); business trip **die Geschäftsreise, n** (7)

busy **beschäftigt** (3)

but **aber** (A); but rather **sondern** (A)

butcher shop **die Metzgerei, -en** (6)

butter **die Butter** (8); herb butter **die Kräuterbutter** (8)

to buy **kaufen, gekauft** (1)

by **an . . . vorbei** (10)

bye **tschüs** (*infor.*) (A)

cabaret artist **der Kabarettist, -en** (*wk.*) / **die Kabarettistin, -nen** (12)

cabbage **der Kohl** (8)

cable railway **die Seilbahn, -en** (7)

café **das Café, -s** (4)

cafeteria (*student*) **die Mensa, Mensen** (2)

cage **der Käfig, -e** (12)

cake **der Kuchen, -** (5)

calendar: appointment calendar **der Terminkalender, -** (11)

to call **rufen (ruft), rief, gerufen** (7, 11); to call on the telephone **telefonieren, telefoniert**

(4); to call up **an·rufen (ruft . . . an), rief . . . an, angerufen** (1)

called: to be called **heißen (heißt), hieß, geheißen** (A)

calm **ruhig** (B)

calorie-conscious **kalorienbewusst** (8)

calorie: low in calories **kalorienarm** (8)

camel **das Kamel, -e** (7)

camera **die Kamera, -s** (5)

to camp **zelten, gezeltet** (1)

camping **das Camping** (10); camping outside designated areas **wildes Camping** (10)

campsite **der Campingplatz, ¨-e** (10)

can (*n.*) **die Dose, -n** (8); can opener **der Dosenöffner, -** (8); garbage can **der Mülleimer, -** (8); watering can **die Gießkanne, -n** (6); can (*v.*) **können (kann), konnte, gekonnt** (3)

Canada **(das) Kanada** (B)

Canadian (*person*) **der Kanadier, - / die Kanadierin, -nen** (B)

candle **die Kerze, -n** (3)

candy **die Süßigkeit, -en** (9)

cap **die Mütze, -n** (5)

capital city **die Hauptstadt, ¨-e** (3)

car **das Auto, -s** (A); **der Wagen, -** (7); car phone **das Autotelefon, -e** (2); car radio **das Autoradio, -s** (7); streetcar **die Straßenbahn, -en** (7); train car **der Waggon, -s** (7); used car **der Gebrauchtwagen, -** (7)

card **die Karte, -n** (1); birthday card **die Geburtstagskarte, -n** (2); identification card **der Ausweis, -e** (10); postcard **die Postkarte, -n** (2); telephone card **die Telefonkarte, -n** (2); youth hostel ID card **der Jugendherbergsausweis, -e** (10)

to care for **mögen (mag), mochte, gemocht** (3); to take care of **sorgen für, gesorgt** (12)

career **das Berufsleben** (12); career counselor **der Berufsberater, - / die Berufsberaterin, -nen** (5); career training **praktische Ausbildung** (5)

carpet **der Teppich, -e** (2)

carriage: baby carriage **der Kinderwagen, -** (7)

carrot **die Karotte, -n** (8)

to carry **tragen (trägt), trug, getragen** (A); to carry away **weg·tragen (trägt . . . weg), trug . . . weg, weggetragen** (9); to carry out **treiben (treibt), trieb, getrieben** (2)

case: in any case **jedenfalls** (11)

cashier **der Kassierer, - / die Kassiererin, -nen** (5); cashier window **die Kasse, -n** (12)

cassette **die Kassette, -n** (A); cassette recorder **der Kassettenrekorder, -** (2)

cast (*plaster*) **der Gips** (11); to cast a spell on **verwünschen** (9)

castle **das Schloss, ¨-er** (6)

cat **die Katze, -n** (2)

to catch (*person, train*) **erwischen, erwischt** (10); to catch a cold **sich erkälten, erkältet** (11)

cathedral **der Dom, -e** (10)

cauliflower **der Blumenkohl** (8)

cave **die Höhle, -n** (6)

CD **die CD, -s** (3); CD player **der CD-Spieler, -** (2)

ceiling **die Decke, -** (B)

to celebrate **feiern, gefeiert** (5)

celebration **die Feier, -n** (9); family celebration **das Familienfest, -e** (4)

cellar **der Keller, -** (4); wine cellar **der Weinkeller, -** (6)

cellular phone **das Handy, -s** (2)

center for study abroad **das Auslandsamt, ¨-er** (1)

central **zentral** (10); central heating **die Zentralheizung** (6)

certainly **bestimmt** (3); **sicherlich** (3)

chair **der Stuhl, ¨-e** (B)

chalk **die Kreide** (B)

to change **ändern, geändert** (9); to change (into) **sich verwandeln in** (+ *acc.*), **verwandelt** (9)

chapter **das Kapitel, -** (A)

character **der Typ, -en** (*coll.*) (B); **der Charakter, -e** (12)

characteristic **die Eigenschaft, -en** (B)

cheap **billig** (2)

check **die Quittung, -en** (8); check (*in a restaurant*) **die Rechnung, -en** (4); one check **alles zusammen** (5); separate checks **getrennt** (5); traveler's check **der Reisescheck, -s** (7); to check the oil **das Öl kontrollieren** (5)

cheese **der Käse** (8); *type of creamy cottage cheese* **der Quark** (8); feta cheese **der Schafskäse** (8)

cheetah **der Gepard, -e** (12)

chemistry **die Chemie** (1)

cherry **die Kirsche, -n** (8)

chess **das Schach** (1)

to chew **kauen, gekaut** (11)

chic **schick** (1)

child **das Kind, -er** (B); child's plate **der Kinderteller, -** (9)

childhood **die Kindheit** (9); **das Kindesalter** (12)

chili **der Chili, -s** (11)

China **(das) China** (B)

Chinese (*adj.*) **chinesisch** (3); (*language*) **(das) Chinesisch** (B)

chocolate **die Schokolade** (3); hot chocolate **der Kakao** (8)

to chop **auf·schneiden (schneidet . . . auf), schnitt . . . auf, aufgeschnitten** (8)

Christmas **das Weihnachten** (4); Christmas present **das Weihnachtsgeschenk, -e** (5)

church **die Kirche, -n** (5); **die Konfession, -en** (12); at church **in der Kirche** (5)

cigar **die Zigarre, -n** (7)

cigarette **die Zigarette, -n** (4)

cinema **das Kino, -s** (1)

circus **der Zirkus, -se** (9)

citizen **der Bürger, - / die Bürgerin, -nen** (10)

citizenship **die Staatsangehörigkeit, -en** (1)

city **die Stadt, ⸚e** (2); city limits **der Stadtrand, ⸚er** (6); city park **der Stadtpark, -s** (10); city street map **der Stadtplan, ⸚e** (10); city with a million or more inhabitants **die Millionenstadt, ⸚e** (7); tour of the city **die Stadtrundfahrt, -en** (7)

class **der Kurs, -e** (A, 1); **die Klasse, -n** (5, 10); **der Unterricht** (B); ballet class **der Ballettunterricht** (9); class reunion **das Klassentreffen, -** (9); first class **erster Klasse** (5); tourist class **die Touristenklasse** (5); to fly/travel first class **erster Klasse fliegen/fahren** (10)

classical **klassisch** (12)

classroom **das Klassenzimmer, -** (B)

clay **der Ton** (12)

clean **sauber** (B); to clean **putzen, geputzt** (3); **sauber machen, sauber gemacht** (3); to clean (up) **auf·räumen, aufgeräumt** (1)

cleaner: dry cleaners **die Reinigung, -en** (6)

cleaning: spring cleaning **der Frühjahrsputz** (6)

to clear **ab·räumen, abgeräumt** (3); to clear the table **den Tisch ab·räumen** (3)

clerk **der/die Angestellte, -n (ein Angestellter)** (7)

to climb **besteigen (besteigt), bestieg, bestiegen (7); klettern, ist geklettert** (9); to climb down **herunter·klettern, ist heruntergeklettert** (11)

clock **die Uhr, -en** (B); kitchen clock **die Küchenuhr, -en** (5)

close (*adv.*) **nah** (6); to close **schließen (schließt), schloss, geschlossen** (A); to close **zu·machen, zugemacht** (3)

closed **geschlossen** (4)

closet **der Schrank ⸚e** (2); clothes closet **der Kleiderschrank, ⸚e** (6)

cloth **der Putzlappen, -** (6)

clothes **die Kleidung** (A); clothes closet **der Kleiderschrank, ⸚e** (6); clothes dryer **der Wäschetrockner, -** (8)

clothing: article of clothing **das Kleidungsstück, -e** (10); clothing store **das Kleidungsgeschäft, -e** (10)

clown **der Clown, -s** (9)

coach (class) **die Touristenklasse** (5)

coast **die Küste, -n** (7)

coat **der Mantel, ⸚** (A, 10)

cocoa **der Kakao** (8)

coffee **der Kaffee** (1); coffee filter **der Kaffeefilter, - (4)**; coffee grinder **die Kaffeemühle, -n** (8); coffee machine **die Kaffeemaschine, -n** (5)

coffin **der Sarg, ⸚e** (9)

coin **die Münze, -n** (5)

cola **die Cola, -s** (3)

cold **kalt** (B); ice cold **eiskalt** (8); cold (head cold) **die Erkältung, -en** (11); cold (*with a runny nose*) **der Schnupfen, - (11)**; to catch a cold **sich erkälten, erkältet** (11)

college prep school **das Gymnasium, Gymnasien** (4)

color **die Farbe, -n** (A, 1); color of eyes **die Augenfarbe** (1); color of hair **die Haarfarbe** (1); favorite color **die Lieblingsfarbe, -n** (A); what color is . . . ? **welche Farbe hat . . . ?** (A)

to comb **kämmen, gekämmt** (3); to comb (one's hair) **sich (die Haare) kämmen, gekämmt** (11)

to combine **kombinieren, kombiniert** (3)

to come (from) **kommen (aus) (kommt), kam, ist gekommen** (B); to come back **wieder·kommen (kommt . . . wieder), kam . . . wieder, ist wiedergekommen** (5); **zurück·kommen (kommt . . . zurück), kam . . . zurück, ist zurückgekommen** (6); to come by **vorbei·kommen (kommt . . . vorbei), kam . . . vorbei, ist vorbeigekommen** (3); come on over! **komm mal vorbei!** (11); to come out this way (*toward the speaker*) **heraus·kommen (kommt . . . heraus), kam . . . heraus, ist herausgekommen** (10); to come this way (*toward the speaker*) **her·kommen (kommt . . . her), kam . . . her, ist hergekommen** (10); to come along **mit·kommen (kommt . . . mit), kam . . . mit, ist mitgekommen** (2)

comfortable **bequem** (2); **gemütlich** (12)

common **gemeinsam** (11)

company **die Firma, Firmen** (3)

to complete **ergänzen, ergänzt** (4)

to compose **komponieren, komponiert** (12)

computer **der Computer, -** (2); computer company **die Computerfirma, -firmen** (4); computer game **das Computerspiel, -e** (5); computer science **die Informatik** (1)

concert **das Konzert, -e** (1); rock concert **das Rockkonzert, -e** (9); to go to a concert **ins Konzert gehen** (1)

concrete **konkret** (12)

condo: vacation condo **die Ferienwohnung, -en** (10)

conductor (*orchestra*) **der Dirigent, -en** (*wk.*) / **die Dirigentin, -nen** (5)

confirmation **die Bestätigung, -en** (10)

to congratulate **gratulieren (+ *dat.*), gratuliert** (2, 10)

to conquer **besiegen, besiegt** (7)

conservative **konservativ** (B)

to consider **nach·denken (über + *acc.*), (denkt . . . nach), dachte . . . nach, nachgedacht** (7)

conspicuous **auffällig** (10)

continent **der Kontinent, -e** (B)

contract **der Vertrag, ⸚e** (12)

contrary: on the contrary! **doch!** (4); **sondern** (A)

conversational situation **die Sprechsituation, -en** (A)

to converse **sich unterhalten (unterhält), unterhielt, unterhalten** (9)

cook **der Koch, ⸚e / die Köchin, -nen** (5); to cook **kochen, gekocht** (1)

cookbook **das Kochbuch, ⸚er** (2)

cooked **gekocht** (8)

cooking **die Küche, -n** (8)

cool **kühl** (B); (neat) **grell** (2)

copy shop **der Kopierladen, ⸚** (10)

corkscrew **der Korkenzieher, -** (8)

corner **die Ecke, -n** (5); around the corner **um die Ecke** (5)

correct **richtig** (2); to correct **korrigieren, korrigiert** (4)

to cost **kosten, gekostet** (6)

costume **das Kostüm, -e** (9)

cough **der Husten** (11); cough drop **das Hustenbonbon, -s** (11); cough syrup **der Hustensaft, ⸚e** (11)

counselor: career counselor **der Berufsberater. - / die Berufsberaterin, -nen** (5)

to count **zählen, gezählt** (A)

counter: ticket counter **der Fahrkartenschalter, - (7)**

country **das Land, ⸚er** (B); country (*rural*) **das Land, ⸚er** (6); in the country **auf dem Land** (6); **in freier Natur** (12); foreign countries **das Ausland** (6)

course **der Kurs, -e** (A, 1)

course: of course **klar** (2); **selbstverständlich** (10)

courthouse **das Gericht, -e** (5); at the courthouse **auf dem Gericht** (5)

cousin (*m.*) **der Vetter, -n / die Kusine, -n** (B)

to cover **decken, gedeckt** (3); **zu·decken, zugedeckt** (11)

to crash **ab·stürzen, ist abgestürzt** (11); **zusammen·stoßen (stößt . . . zusammen), stieß . . . zusammen, ist zusammengestoßen** (11)

crazy **verrückt** (B)

cream: to put cream on **sich ein·kremen, eingekremt** (11)

crisis **die Krise, -n** (12)

Croatia **(das) Kroatien** (B)

crocodile **das Krokodil, -e** (12)

croissant **das Hörnchen, -** (8)

croquette **die Krokette, -n** (8)

crosswalk **der Zebrastreifen, - (10)**

cruel **grausam** (9)

to cry **weinen, geweint** (3)

Cuba **(das) Kuba** (B)

cucumber **die Gurke, -n** (8)

cup **die Tasse, -n** (2); **der Becher, -** (9)

cupboard **der Schrank, ⸚e** (6)

to cure **heilen, geheilt** (5)

curious **neugierig** (12)

to curse **verwünschen, verwünscht** (9); **fluchen, geflucht** (11)

cursed **verwunschen** (9)

to cuss **schimpfen, geschimpft** (9)

custodian **der Hausmeister, - / die Hausmeisterin, -nen** (5)

customer **der Kunde, -n** (*wk.*) / **die Kundin, -nen** (5)

to cut **schneiden (schneidet), schnitt, geschnitten** (3); to cut oneself **sich schnei-**

den (11); to cut hair **Haare schneiden** (3); to cut off **ab·schneiden (schneidet . . . ab), schnitt . . . ab, abgeschnitten** (9); to cut through **durch·schneiden (schneidet . . . durch), schnitt . . . durch, durchgeschnitten** (8)

cutlery **das Besteck, -e** (5)

cutlet: veal/pork cutlet **das Schnitzel, -** (8)

Czech Republic **(das) Tschechien** (B)

daily **täglich** (9)

damage **der Schaden, ⸚** (11)

to dance **tanzen, getanzt** (1)

dangerous **gefährlich** (12)

dark **dunkel** (6)

date **das Datum, Daten** (4); **die Verabredung. -en** (11); what is today's date? **welches Datum ist heute?** (4)

daughter **die Tochter, ⸚** (B)

day **der Tag, -e** (1); all day long, the whole day **der ganze Tag** (1); on what day? **an welchem Tag?** (4); the day after tomorrow **übermorgen** (9); the day before yesterday **vorgestern** (4); what day is today? **welcher Tag ist heute?** (1)

dead **tot** (9)

dear **lieb** (7); **geehrt** (10); dear ladies and gentlemen **sehr geehrte Damen und Herren** (10); dear Mr. **sehr geehrter Herr** (10); dear Ms. **sehr geehrte Frau** (10)

decade **das Jahrzehnt, -e** (4)

December **der Dezember** (B)

deception **die List, -en** (8)

to decide **entscheiden (entscheidet), entschied, entschieden** (10)

deep(ly) **tief** (7)

definitely **bestimmt** (3)

degree **der Grad, -e** (B); college-prepschool degree **das Abitur** (5)

to deliver **aus·tragen (trägt . . . aus), trug . . . aus, ausgetragen** (5); to deliver newspapers **Zeitungen austragen** (5)

Denmark **(das) Dänemark** (B)

denomination: religious denomination **die Konfession, -en** (12)

dentist **der Zahnarzt, ⸚e / die Zahnärztin, -nen** (5)

to depart **ab·fahren (fährt . . . ab), fuhr . . . ab, ist abgefahren** (4); **ab·reisen, ist abgereist** (10)

department store **das Kaufhaus, ⸚er** (5); at the department store **im Kaufhaus** (5)

department: fire department **die Feuerwehr** (11)

deposit: security deposit **die Kaution, -en** (6)

depressed **deprimiert** (11)

to describe **beschreiben (beschreibt), beschrieb, beschrieben** (11)

description **die Beschreibung, -en** (A)

desert **die Wüste, -n** (7)

desire **die Lust;** do you feel like it? **hast du Lust?** (2)

desk **der Schreibtisch, -e** (2); fold-out desk **der Sekretär, -e** (6)

dessert **die Nachspeise, -n** (8)

destination **das Ziel, -e** (10)

detective novel writer **der Krimiautor, -en / die Krimiautorin, -nen** (12)

diary **das Tagebuch, ⸚er** (4)

dictionary **das Wörterbuch, ⸚er** (2)

to die **sterben (stirbt), starb, ist gestorben** (9)

different **verschieden** (8)

difficult **schwierig** (2); **schwer** (3)

dining area **die Essecke, -n** (6); dining room **das Esszimmer, -** (6)

dinner **das Abendessen, -** (1); to have dinner **zu Abend essen** (4)

diphtheria **die Diphtherie** (11)

to direct **lenken, gelenkt** (5)

direction **die Richtung, -en** (7)

directly **gleich** (6)

director **der Regisseur, -e / die Regisseurin, -nen** (9)

dirty **schmutzig** (B)

disadvantage **der Nachteil, -e** (7)

to disappear **verschwinden (verschwindet), verschwand, ist verschwunden** (12)

discotheque **die Disko, -s** (3)

to discover **entdecken, entdeckt** (4)

to discriminate **diskriminieren, diskriminiert** (12)

to discuss **diskutieren, diskutiert** (4)

dish **das Gericht, -e** (8); side dish **die Beilage, -n** (8); dishes **das Geschirr** (4); to wash the dishes **Geschirr spülen** (4)

dishwasher **die Geschirrspülmaschine, -n** (5)

to disinfect **desinfizieren, desinfiziert** (11)

district **das Stadtviertel, -** (6); **der Stadtteil, -e** (6)

to disturb **stören, gestört** (3)

to dive **tauchen, ist getaucht** (3)

divorce **die Scheidung, -en** (12)

to do **tun (tut), tat, getan** (A); **treiben (treibt), trieb, getrieben** (2); to do sports **Sport treiben** (2)

doctor **der Arzt, ⸚e / die Ärztin, -nen** (3); eye doctor **der Augenarzt, ⸚e / die Augenärztin, -nen** (11); family doctor **der Hausarzt, ⸚e / die Hausärztin, -nen** (11); doctor's office **die Arztpraxis, \-praxen** (11)

dog **der Hund, -e** (2); dog food **das Hundefutter** (5)

doll **die Puppe, -n** (9)

dollar **der Dollar, -s** (7); two dollars **zwei Dollar** (7)

dolphin **der Delphin, -e** (12)

dominant **dominant** (12)

door **die Tür, -en** (A)

dormitory **das Studentenheim, -e** (2)

double room **das Doppelzimmer, -** (10)

down (*toward the speaker*) **herunter** (11); to

fall down **hin·fallen (fällt . . . hin), fiel . . . hin, ist hingefallen** (11)

downtown **die Innenstadt, ⸚e** (6)

dragon **der Drache, -n** (*wk.*) (9)

drapery **der Vorhang, ⸚e** (6)

to draw **zeichnen, gezeichnet** (3)

drawer **die Schublade, -n** (5)

drawing **die Zeichnung, -en** (8)

to dream **träumen, geträumt** (9)

dress **das Kleid, -er** (A)

dressed: to get dressed **sich an·ziehen (zieht . . . an), zog . . . an, angezogen** (11)

dresser **die Kommode, -n** (6)

dressing room **die Umkleidekabine, -n** (5)

dressing: salad dressing **die Salatsoße, -n** (8)

drink: soft drink **die Limonade, -n** (4); to drink **trinken (trinkt), trank, getrunken** (1)

to drive **fahren (fährt), fuhr, ist gefahren** (2); to drive off **los·fahren (fährt . . . los), fuhr . . . los, ist losgefahren** (9)

driver **der Fahrer, - / die Fahrerin, -nen** (7); driver's license **der Führerschein, -e** (4)

driveway **die Einfahrt, -en** (11)

driving: to keep on driving **weiter·fahren (fährt . . . weiter), fuhr . . . weiter, ist weitergefahren** (10)

drop **das Bonbon, -s** (11); cough drop **das Hustenbonbon, -s** (11)

drugstore **die Drogerie, -n** (6)

drunk **betrunken** (3)

dry **trocken** (11); to dry (dishes) **ab·trocknen, abgetrocknet** (6); to dry oneself off **sich ab·trocknen** (11)

dry cleaners **die Reinigung, -en** (6)

dryer: clothes dryer **der Wäschetrockner, -** (8)

dumb **dumm** (6)

dumpling **der Knödel, -** (8)

during **während** (*+ gen.*) (11)

Dutch (*adj.*) **holländisch** (8)

duty **die Pflicht, -en** (3)

dwarf **der Zwerg, -e** (9)

each **jeder, jedes, jede** (3, 5); each other **einander** (3); with each other **miteinander** (3)

eagle **der Adler, -** (12)

ear **das Ohr, -en** (A)

earache **die Ohrenschmerzen** (*pl.*) (11)

early **früh** (1)

to earn **verdienen, verdient** (4)

earring **der Ohrring, -e** (2)

earth science **die Erdkunde** (1)

east (of) **östlich (von)** (7)

to eat **essen (isst), aß, gegessen** (2, 4); to eat (*said of an animal*) **fressen (frisst), fraß, gefressen** (9); to eat dinner **zu Abend essen** (4); to eat lunch **zu Mittag essen** (3)

economics **die Wirtschaft** (1)

editor **der Herausgeber, - / die Herausgeberin, -nen** (12)

educated **ausgebildet** (12)

education **die Ausbildung, -en** (9)

effect: to take effect **wirken, gewirkt** (11)

egg **das Ei, -er** (8); fried eggs **gebratene Eier** (8); soft-boiled eggs **gekochte Eier** (8)

Egypt **das Ägypten** (B)

eight **acht** (A)

eighteen **achtzehn** (A)

eighty **achtzig** (A)

eighth **acht-** (4)

electrical(ly) **elektrisch** (8)

electricity **der Strom** (8)

elegant(ly) **elegant** (8)

elementary school **die Grundschule, -n** (4)

elephant **der Elefant, -en** (*wk.*) (9)

elevator **der Aufzug, -̈e** (6)

eleven **elf** (A)

eleventh **elft-** (4)

else: anything else? **sonst noch etwas?** (5)

embarrassing **peinlich** (12)

to emigrate **aus·wandern, ist ausgewandert** (4)

empty **leer** (8); to empty **aus·leeren, ausgeleert** (3); to empty the wastebasket **den Papierkorb aus·leeren** (3)

to encounter **begegnen** (+ *dat.*), **ist begegnet** (10)

engaged **verlobt** (12); to get engaged to **sich verloben** (mit + *dat.*), **verlobt** (12)

engineer **der Ingenieur, -e / die Ingenieurin, -nen** (5)

England **(das) England** (B)

English (*language*) **(das) Englisch** (B); English (*person*) **der Engländer, - / die Engländerin, -nen** (B)

enough **genug** (4)

entertainment **die Unterhaltung, -en** (3)

entryway **die Diele, -n** (6)

environs **die Umgebung, -en** (5)

equal **egal** (6)

eraser **der Schwamm, -̈e** (B)

to establish **fest·stellen, festgestellt** (10)

euro **der Euro, -** (7)

Europe **(das) Europa** (B)

even **noch** (B)

evening **der Abend, -e** (1); in the evening **am Abend** (4), **abends** (4); evening meal **das Abendessen, -** (1); good evening **guten Abend** (A); this evening **heute Abend** (2); evenings **abends** (4)

ever: were you ever? **warst du schon einmal?** (4)

every **jeder, jedes, jede** (3, 5); every week **jede Woche** (3)

everything **alles** (2); everything possible **alles Mögliche** (2)

everywhere **überall** (12)

evil **böse** (9)

exactly **genau** (B)

to examine **untersuchen, untersucht** (5)

example **das Beispiel, -e** (3); for example **zum Beispiel** (3)

excellent **ausgezeichnet** (3)

exchange **um·tauschen, umgetauscht** (10)

excited: to get excited **sich auf·regen, aufgeregt** (11)

to excuse **entschuldigen, entschuldigt** (5); excuse me! **entschuldigen Sie!** (5)

exercise **die Übung, -en** (A)

exhaust: exhaust fumes **die Abgase** (*pl.*) (7); exhaust pipe **der Auspuff** (7)

exotic **exotisch** (7)

to expect **erwarten, erwartet** (12)

expensive **teuer** (2), **wertvoll** (2)

experience **das Erlebnis, -se** (4); to experience **erleben, erlebt** (10); travel experience **das Reiseerlebnis, -se** (7)

to explain **erklären, erklärt** (5)

expression **der Ausdruck, -̈e** (A)

extra **extra** (10); extra costs **die Nebenkosten** (*pl.*) (6)

eye **das Auge, -n** (A); eye doctor **der Augenarzt, -̈e / die Augenärztin, -nen** (11)

face **das Gesicht, -er** (A)

factory **die Fabrik, -en** (6)

faint **in Ohnmacht fallen** (11)

fairy **die Fee, -n** (9)

fairy tale **das Märchen, -** (4)

to fall asleep **ein·schlafen (schläft . . . ein), schlief . . . ein, ist eingeschlafen** (7)

fall **der Herbst, -e** (B)

to fall down **hin·fallen (fällt . . . hin), fiel . . . hin, ist hingefallen** (11)

to fall **fallen (fällt), fiel, ist gefallen** (9)

to fall in love (with) **sich verlieben (in + *acc.*), verliebt** (4, 9)

to fall over **um·fallen (fällt . . . um), fiel . . . um, ist umgefallen** (9)

family celebration **das Familienfest, -e** (4)

family **die Familie, -n** (B)

family doctor **der Hausarzt, -̈e / die Hausärztin, -nen** (11)

family member **das Familienmitglied, -er** (10); family name, last name **der Familienname, -n** (*wk.*) (A, 1)

famous **berühmt** (7)

fanatic **der Fanatiker, - / die Fanatikerin, -nen** (12)

fantastic(ally) **fantastisch** (3)

far **weit** (6); how far away? **wie weit weg?** (6)

far: as far as **bis zu** (+ *dat.*) (10)

farmer's bread (loaf of) **das Bauernbrot, -e** (5)

farmhouse **das Bauernhaus, -̈er** (6)

fashionable **modisch** (10)

fast **schnell** (3); ultra-fast **superschnell** (7)

fat **dick** (A); **fettig** (8)

father **der Vater, -̈** (B)

faucet **der Wasserhahn, -̈e** (5)

favorite **Lieblings-** (A)

favorite subject **das Lieblingsfach, -̈er** (5)

fax **das Fax, -e** (2); fax machine **das Faxgerät, -e** (2)

fear **die Angst, -̈e** (3); to be afraid **Angst haben** (3)

February **der Februar** (B)

to feed **füttern, gefüttert** (9)

to feel **fühlen, gefühlt** (3); **(sich) fühlen** (11); how do you feel? **wie fühlst du dich?** (3); I feel . . . **ich fühle mich . . .** (3); to feel well **sich wohl fühlen, wohl gefühlt** (11)

feeling **das Gefühl, -̈e** (3)

to fetch **holen, geholt** (9)

fever **das Fieber** (11)

few: a few **ein paar** (2)

field **das Feld, -er** (7)

fifteen **fünfzehn** (A)

fifth **fünft-** (4)

fifty **fünfzig** (A)

to fight **kämpfen, gekämpft** (9)

to figure **aus·rechnen, ausgerechnet** (8)

to fill in **aus·füllen, ausgefüllt** (1); to fill in the blanks **ergänzen, ergänzt** (4); to fill up (with gas) **voll tanken, voll getankt** (7)

film **der Film, -e** (2); horror film **der Gruselfilm, -e** (2)

filter: coffee filter **der Kaffeefilter, -** (4)

finally **schließlich** (7); **endlich** (9); **zuletzt** (10)

to find **finden (findet), fand, gefunden** (2)

fine **fein** (8)

finger **der Finger, -** (11)

fingernail **der Fingernagel, -̈** (11)

finished **fertig** (3)

Finland **(das) Finnland** (B)

fire **das Feuer, -** (9); fire department **die Feuerwehr** (11)

firm **die Firma, Firmen** (3)

first **erst-** (4); **zuerst** (7); the first of October **der erste Oktober** (4); first name **der Vorname, -n** (A, 1); for the first time **zum ersten Mal** (4); on the first of October **am ersten Oktober** (4)

fish **der Fisch, -e** (8)

to fit **passen** (+ *dat.*), **gepasst** (10); that fits well **das passt gut** (11)

five **fünf** (A)

flame **die Flamme, -n** (8)

flashlight **die Taschenlampe, -n** (9)

flat **flach** (10); flat tire **die Reifenpanne, -n** (7)

flea market **der Flohmarkt, -̈e** (2)

to flee from **flüchten vor, ist geflüchtet** (11)

flexible **flexibel** (5)

flight **der Flug, -̈e** (7); flight attendant **der Steward, -s / die Stewardess, -en** (5)

to float **schwimmen (schwimmt), schwamm, ist geschwommen** (7)

floor **der Boden, -̈** (B); **der Stock, Stockwerke** (6); ground floor **das Erdgeschoss, -e** (6); on the second floor **im ersten Stock** (6)

to flow **fließen (fließt), floss, ist geflossen** (7)

flower **die Blume, -n** (3); flower vase **die Blumenvase, -n** (5); to water the flowers **die Blumen gießen** (3)

flu **die Grippe** (11)

fly **die Fliege, -n** (8)

to fly **fliegen (fliegt), flog, ist geflogen** (1); to fly first class **erster Klasse fliegen** (10)

fold-out desk **der Sekretär, -e** (6)

food: dog food **das Hundefutter** (5)

foot **der Fuß, ⸚e** (A)

for **für** (+ *acc.*) (2); **zu** (+ *dat.*) (2); **denn** (*coord. conj.*) (9); **seit** (+ *gen.*) (4); for lunch **zum Mittagessen** (3); for several days **seit mehreren Tagen** (11); for two years **seit zwei Jahren** (4); for someone's birthday **zum Geburtstag** (2)

forbidden **verboten** (8)

foreign countries **das Ausland** (6); foreign language **die Fremdsprache, -n** (9)

foreigner **der Ausländer, - / die Ausländerin, -nen** (12)

forest **der Wald, ⸚er** (2)

to forget **vergessen (vergisst), vergaß, vergessen** (2)

fork **die Gabel, -n** (8)

forth: and so forth **und so weiter** (5)

fortress **die Burg, -en** (6)

forty **vierzig** (A)

fountain **der Brunnen, -** (9)

four **vier** (A)

fourteen **vierzehn** (A)

fourth **viert-** (4)

fowl: water fowl **der Wasservogel, ⸚** (12)

franc (*Swiss monetary unit*) **der Franken, -** (7)

France **(das) Frankreich** (B)

frankfurter **das Würstchen, -** (8)

free **frei** (3); is this seat free? **ist hier noch frei?** (3)

freeway **die Autobahn, -en** (7)

freezer **die Gefriertruhe, -n** (8)

French (*language*) **(das) Französisch** (B); French (*person*) **der Franzose, -n** (*wk.*) / **die Französin, -nen** (B); French fries **die Pommes (frites)** (*pl.*) (8)

fresh(ly) **frisch** (8)

Friday **der Freitag** (1)

fried **gebraten** (8)

friend **der Freund, -e / die Freundin, -nen** (A)

friendly **freundlich** (B)

fries: French fries **die Pommes (frites)** (*pl.*) (8)

frog **der Frosch, ⸚e** (9)

from **von** (+ *dat.*) (A); **aus** (+ *dat.*) (10); from work **von der Arbeit** (3)

front entryway **die Diele, -n** (6)

fruit **das Obst** (8)

frustrated **frustriert** (3)

to fry **braten (brät), briet, gebraten** (8); **bräunen, gebräunt** (8)

frying pan **die Pfanne, -n** (5)

full **voll** (10)

fun **lustig** (12); have fun! **viel Spaß!** (A)

funny **komisch** (12); **lustig** (12)

furnished **möbliert** (6)

furniture **die Möbel** (*pl.*) (6)

game: computer game **das Computerspiel, -e** (5)

garage **die Werkstatt, ⸚en** (5); **die Garage, -n** (6)

garbage can **der Mülleimer, -** (8)

garden **der Garten, ⸚** (4); garden hose **der Gartenschlauch, ⸚e** (6)

garlic **der Knoblauch** (8)

gas station **die Tankstelle, -n** (5); at the gas station **an der Tankstelle** (5)

gasoline **das Benzin** (6)

gaudy **grell** (2)

gear **der Gang, ⸚e** (7)

geography **die Erdkunde** (1); **die Geographie** (7)

German (*language*) **(das) Deutsch** (B); German (*person*) **der/die Deutsche, -n (ein Deutscher)** (B); German class/course **der Deutschkurs, -e** (A); German-speaking **deutschsprachig** (9); *specialist in German language and literature* **der Germanist, -en** (*wk.*) / **die Germanistin, -nen** (12); I am German **ich bin Deutscher / Deutsche** (B)

Germany **(das) Deutschland** (B)

to get **bekommen (bekommt), bekam, bekommen** (3); to get (*fetch*) **holen, geholt** (9); to get an appointment **einen Termin geben lassen** (11); to get in this way (*toward the speaker*) **herein·kommen (kommt . . . herein), kam . . . herein, ist hereingekommen** (10); to get up **auf·ste-hen (steht . . . auf), stand . . . auf, ist aufgestanden** (1); to get up on the wrong side of the bed **mit dem linken Fuß auf·ste-hen** (4); get up **stehen Sie auf** (A)

giant **der Riese, -n** (9)

gifted **begabt** (9)

giraffe **die Giraffe, -n** (12)

girl **das Mädchen, -** (9)

to give **geben (gibt), gab, gegeben** (A, 6); to give (as a present) **schenken, geschenkt** (5); to give directions **den Weg beschreiben** (10); to give a paper / oral report **ein Referat halten** (4)

glacier **der Gletscher, -** (7)

gladly **gern** (1)

glass **das Glas, ⸚er** (9); (of) glass **gläsern** (9); wineglass **das Weinglas, ⸚er** (5)

glasses (pair of) **die Brille, -n** (A)

glove **der Handschuh, -e** (10)

to go **gehen (geht), ging, ist gegangen** (A); to go (run) **laufen (läuft), lief, ist gelaufen** (A, 2); to go along **entlang·gehen (geht . . . ent-lang), ging . . . entlang, ist entlanggegan-gen** (10); to go away **weg·gehen (geht . . . weg), ging . . . weg, ist wegge-gangen** (4); to go by **vorbeigehen (an + *dat.*) (geht . . . vorbei), ging . . . vorbei, ist vorbeigegangen** (10); to go in this way (*to-ward the speaker*) **herein·kommen (kommt . . . herein), kam . . . herein, ist hereingekommen** (10); to go on a trip **ver-reisen, ist verreist** (3); to go out (*power*) **aus·fallen (fällt . . . aus), fiel . . . aus, ist ausgefallen** (8); to go out **aus·gehen (geht . . . aus), ging . . . aus, ist ausgegangen** (1); to go over that way

(*away from the speaker*) **hinüber·gehen (geht . . . hinüber), ging . . . hinüber, ist hinübergegangen** (10); to go that way (*away from the speaker*) **hin·gehen (geht . . . hin), ging . . . hin, ist hingegangen** (10); to go to the mountains **in die Berge gehen** (1); to go to work **zur Arbeit gehen** (1); to go up that way (*away from the speaker*) **hin-auf·gehen (geht . . . hinauf), ging . . . hin-auf, ist hinaufgegangen** (10); where are you going? **wo willst du denn hin?** (A)

goggles: ski goggles **die Skibrille, -n** (5)

gold ring **der Goldring, -e** (10)

goldfish **der Goldfisch, -e** (11)

golf **das Golf** (1)

good **gut** (A)

good-bye **auf Wiedersehen** (A); **auf Wieder-hören!** (6); **servus** (*southern Germany, Aus-tria*) (A); to say good-bye **sich verab-schieden, verabschiedet** (A)

to grab **greifen (greift), griff, gegriffen** (11)

grade **die Note, -n** (3, 9); grade (*level*) **die Klasse, -n** (9)

graduation **der Abschluss, ⸚e** (9)

grammar **die Grammatik** (1)

grandfather **der Großvater, ⸚** (B)

grandma **die Oma, -s** (3)

grandmother **die Großmutter, ⸚** (B)

grandparents **die Großeltern** (*pl.*) (B)

grape **die Weintraube, -n** (8)

to grasp **greifen (greift), griff, gegriffen** (11)

gray **grau** (A)

gray-green **graugrün** (7)

greasy **fettig** (8)

Great Britain **(das) Großbritannien** (B)

great **toll** (2); **prima** (6)

Greece **(das) Griechenland** (B)

green **grün** (A); green beans **grüne Bohnen** (8)

to greet **begrüßen, begrüßt** (A); **grüßen, gegrüßt** (11)

greeting **der Gruß, ⸚e** (10)

grill **der Grill, -s** (8)

grilled **gegrillt** (8)

grinder: coffee grinder **die Kaffeemühle, -n** (8)

grocery store **das Lebensmittelgeschäft, -e** (6)

gross **eklig** (9)

ground beef **das Hackfleisch** (8); ground pork **das Hackfleisch** (8)

to grow **wachsen (wächst), wuchs, ist gewachsen** (9); to grow up **auf·wachsen (wächst . . . auf), wuchs . . . auf, ist aufgewachsen** (12)

to guide **lenken, gelenkt** (5)

guidebook: travel guidebook **der Reiseführer, -** (5)

guided tour **die Führung, -en** (10)

guinea pig **das Meerschweinchen, -** (12)

guitar **die Gitarre, -n** (1)

guy **der Typ, -en** (*coll.*) (B)

hair **das Haar, -e** (A, 11); hair cut **der Haarschnitt** (2); hair salon **der Friseur, -e**

(6); to cut hair **Haare schneiden** (3); with black hair **schwarzhaarig** (9)

haircut: mohawk haircut **der Irokesenschnitt, -e** (10)

hairdresser **der Friseur, -e / die Friseurin, -nen** (5)

half **die Hälfte, -n** (10)

hallway **der Flur, -e** (6)

ham **der Schinken, -** (8)

hamburger **der Hamburger, -** (3)

hammer **der Hammer, -** (8)

hamster **der Hamster, -** (12)

hand **die Hand, ¨e** (A); hand towel **das Handtuch, ¨er** (5)

handbag **die Tasche, -n** (1)

handkerchief **das Taschentuch, ¨er** (3)

handy **handwerklich** (12)

to hang, be in a hanging position **hängen (hängt), hing, gehangen** (8); to hang, place in a hanging position **hängen, gehängt** (3, 8); to hang up **auf·hängen, aufgehängt** (12)

hangover **der Kater, -** (11)

to happen **passieren, ist passiert** (4)

happiness **das Glück** (3, 12)

happy **glücklich** (B); to be happy about **sich freuen über** (+ *acc.*), **gefreut** (11)

harbor **der Hafen, ¨** (10)

hard **schwer** (3)

hardware store **das Eisenwarengeschäft, -e** (6)

to harm **schaden** (+ *dat.*), **geschadet** (10)

hat **der Hut, ¨e** (A)

to hate **hassen, gehasst** (9)

to have **haben (hat), hatte, gehabt** (A); to have to **müssen (muss), musste, gemusst** (3)

head **der Kopf, ¨e** (A); head cold **die Erkältung, -en** (11)

headache **die Kopfschmerzen** (*pl.*) (11); headache pill **die Kopfschmerztablette, -n** (11)

to heal **heilen, geheilt** (5)

health **die Gesundheit** (11)

healthy **gesund** (11)

to hear **hören, gehört** (1)

heart **das Herz, -en** (11)

heartache **die Herzschmerzen** (*pl.*) (11)

hearth **der Kachelofen, ¨** (6)

hearty **herzlich** (10)

to heat **erhitzen, erhitzt** (8); heat included **warm** (6)

heated **warm** (6)

heating: central heating **die Zentralheizung** (6)

heavy **schwer** (3); **stark** (11)

heel **der Absatz, ¨e** (10)

height **die Größe, -n** (1)

hello **guten Tag** (*for.*) (A); **grüß Gott** (*for.*; *southern Germany, Austria*) (A); **servus** (*southern Germany, Austria*) (A)

helmet: bicycle helmet **der Fahrradhelm, -e** (5)

to help **helfen** (+ *dat.*) **(hilft), half, geholfen** (9, 10); help! **Hilfe!** (11); may I help you? **bitte schön?** (7)

her **ihr(e)** (1, 2)

herb butter **die Kräuterbutter** (8)

herbs **die Kräuter** (*pl.*) (8)

here **hier** (A)

herring salad **der Heringssalat, -e** (8)

hi **hallo** (*infor.*) (A); **grüezi** (*Switzerland*) (A); to say hi to **grüßen, gegrüßt** (11)

to hide **sich verstecken, versteckt** (9)

high **hoch** (6)

high school **das Gymnasium, Gymnasien** (4)

highway: interstate highway **die Autobahn, -en** (7); rural highway **die Landstraße, -n** (7)

hike **die Wanderung, -en** (7); to hike **wandern, ist gewandert** (1); to hike in the mountains **in den Bergen wandern** (1)

hill **der Hügel, -** (7)

him (*acc.*) **ihn** (2);

his **sein(e)** (1, 2)

history **die Geschichte** (1)

to hit **schlagen (schlägt), schlug, geschlagen** (11)

hobby **das Hobby, -s** (1)

to hold **halten (hält), hielt, gehalten** (4)

hole **das Loch, ¨er** (12)

holiday **der Feiertag, -e** (4); holiday trip **die Ferienreise, -n** (9); national holiday **der Nationalfeiertag, -e** (4)

Holland **(das) Holland** (B)

home **das Haus, ¨er** (1); **die Heimat, -en** (12); hometown **die Heimatstadt, ¨e** (6); at home **daheim** (9); to be at home **zu Hause sein** (1); to go home **nach Hause gehen** (1)

homesick: to be homesick **Heimweh haben** (3)

homesickness **das Heimweh** (3)

homework (assignment) **die Hausaufgabe, -n** (A, 1); what's our homework? **was haben wir auf?** (4)

honey **der Honig** (8)

honk **hupen, gehupt** (7)

honored **geehrt** (10)

hood **die Motorhaube, -n** (7)

hook **der Haken, -** (8)

to hope **hoffen, gehofft** (3)

hopefully **hoffentlich** (3)

horn **die Hupe, -n** (7)

horror film **der Gruselfilm, -e** (2)

horse **das Pferd, -e** (9)

hose: garden hose **der Gartenschlauch, ¨e** (6)

hospital **das Krankenhaus, ¨er** (3); in the hospital **im Krankenhaus** (5)

host **der Wirt, -e** (10)

hostel: youth hostel **die Jugendherberge, -n** (10); youth hostel ID card **der Jugendherbergsausweis, -e** (10); owner/manager of a youth hostel **die Herbergseltern** (*pl.*) (10)

hot **heiß** (B); hot chocolate **der Kakao** (8); hot dog **das Würstchen, -** (8)

hotel **das Hotel, -s** (2); in the hotel **im Hotel** (5)

hour **die Stunde, -n** (2); business hours **die Öffnungszeiten** (*pl.*) (8); quarter hour **die Viertelstunde, -n** (6)

house **das Haus, ¨er** (1); farmhouse **das Bauernhaus, ¨er** (6); tree house **das Baumhaus, ¨er** (6); house key **der Hausschlüssel, -** (9); house number **die Hausnummer, -n** (1)

houseboat **das Hausboot, -e** (6)

household **der Haushalt** (8, 9)

househusband **der Hausmann, ¨er** (12)

housemate **der Mitbewohner, - / die Mitbewohnerin, -nen** (2)

housewife **die Hausfrau, -en** (12)

housing: shared housing **die Wohngemeinschaft, -en** (6)

housing-wanted ad **die Suchanzeige, -n** (6)

how **wie** (B)

humid **feucht** (B)

hummingbird **der Kolibri, -s** (12)

hundred, one hundred **hundert** (A)

hundredth **hundertst-** (4)

Hungary **(das) Ungarn** (B)

hunger **der Hunger** (3)

hungry **hungrig** (9); to be hungry **Hunger haben** (3)

hunter **der Jäger, -** (9)

hurry **die Eile** (3); to be in a hurry **in Eile sein** (3); **es eilig haben** (10); to hurry **sich beeilen, beeilt** (8)

to hurt **schaden** (+ *dat.*), **geschadet** (10); **weh·tun (tut . . . weh), tat . . . weh, wehgetan** (11)

husband **der Mann, ¨er** (B)

hut made of palms **die Palmenhütte, -n** (6)

hygiene: personal hygiene **die Körperpflege** (11)

ice **das Eis** (2); ice cold **eiskalt** (8); ice cream **das Eis** (2); dish of ice cream **der Eisbecher, -** (8); ice skate **der Schlittschuh, -e** (2)

idea **die Ahnung** (4); (I have) no idea **keine Ahnung** (4)

ideal **ideal** (12)

identification card **der Personalausweis, -e** (1); **der Ausweis, -e** (10); youth hostel ID card **der Jugendherbergsausweis, -e** (10)

idol **das Vorbild, -er** (9)

if **ob** (*subord. conj.*) (6); **wenn** (*subord. conj.*) (2, 3)

igloo **das Iglu, -s** (6)

illegal(ly) **illegal** (12)

illness **die Krankheit, -en** (11)

to imagine **sich** (*dat.*) **etwas vor·stellen, vorgestelet** (6)

immediately **sofort** (3)

immigrant **der Einwanderer, -** (4)

to immigrate **ein·wandern, ist eingewandert** (12)

impatient(ly) **ungeduldig** (11)

important **wichtig** (2)

in **an** (+ *acc./dat.*) (4); **in** (+ *acc./dat.*) (B, 4); in it **drin/darin** (6); in the evening **am Abend** (4); in the garden **im Garten** (4); in January

im Januar (B); in the spring **im Frühling** (B); in this way (*toward the speaker*) **herein** (10); to get/go in this way **herein·kommen (kommt . . . herein), kam . . . herein, ist hereingekommen** (10)

to incinerate **verbrennen (verbrennt), verbrannte, verbrannt** (12)

included **inbegriffen** (10); included (*utilities*) **inklusive** (6)

indeed **ja** (4)

independent **selbstständig** (12)

industrious **fleißig** (12)

inexpensive **billig** (2)

infection **die Entzündung, -en** (11); kidney infection **die Nierenentzündung, -en** (11)

inferior **minderwertig** (12)

influenza **die Grippe** (11)

to inform oneself about **sich informieren über** (+ *acc.*), **informiert** (10)

information **die Information, -en** (4); to get information about **sich erkundigen nach, erkundigt** (10)

ingredients **die Zutaten** (*pl.*) (8)

to injure oneself **sich verletzen, verletzt** (11)

injured **verletzt** (11); critically injured **schwer verletzt** (11); injured person **der/die Verletzte, -n (ein Verletzter)** (11)

inn: bed and breakfast inn **das Gästehaus, ̈er** (10)

innkeeper **der Wirt, -e** (10)

instead of **statt** (+ *gen.*) (12), **anstatt** (+ *gen.*) (12)

to instruct **unterrichten, unterrichtet** (5)

instruction **die Aufforderung, -en** (A), **der Unterricht** (B)

instructor **der Lehrer, -/die Lehrerin, -nen** (A, 1)

insurance **die Versicherung, -en** (5)

intelligence **die Intelligenz** (12)

intelligent(ly) **intelligent** (B)

to intend **wollen (will), wollte, gewollt** (3)

interest **das Interesse, -n** (5); to interest **interessieren, interessiert** (5)

interested: to be interested in **Interesse haben (an** + *dat.*) (5), **sich interessieren für, interessiert** (5)

interesting **interessant** (7)

intersection **die Kreuzung, -en** (7)

interstate highway **die Autobahn, -en** (7)

interview **das Interview, -s** (4); to interview **interviewen, interviewt** (12)

into **hinein** (9)

to introduce **vor·stellen, vorgestellt** (6)

introduction **die Einführung, -en** (A)

to invent **erfinden (erfindet), erfand, erfunden** (4)

to investigate **untersuchen, untersucht** (5)

invitation **die Einladung, -en** (2)

to invite **ein·laden (lädt . . . ein), lud . . . ein, eingeladen** (2)

Ireland **(das) Irland** (B)

iron **das Bügeleisen, -** (6); to iron **bügeln, gebügelt** (6)

island **die Insel, -n** (7)

Israel **(das) Israel** (B)

it is . . . **es ist . . .** (B)

Italian (*language*) **(das) Italienisch** (B)

Italy **(das) Italien** (B)

its **ihr(e)** (2); **sein(e)** (2)

ivory **das Elfenbein** (12)

jacket **die Jacke, -n** (A); leather jacket **die Lederjacke, -n** (10); sports jacket **das Sakko, -s** (A)

jail **das Gefängnis, -se** (6)

jam **die Marmelade, -n** (8); traffic jam **der Stau, -s** (7)

January **der Januar** (B)

Japan **(das) Japan** (B)

Japanese (*language*) **(das) Japanisch** (B); Japanese (*person*) **der Japaner, - / die Japanerin, -nen** (B)

jealous **eifersüchtig** (3)

jeans **die Jeans** (*pl.*) (2)

jewelry **der Schmuck** (2)

job **die Arbeit, -en** (1)

joke **der Witz, -e** (3); to tell jokes **Witze erzählen** (3)

journalist **der Journalist, -en** (*wk.*) / **die Journalistin, -nen** (12)

journey **die Reise, -n** (7)

joy **die Freude, -n** (9)

judge **der Richter, - / die Richterin, -nen** (5)

juice **der Saft, ̈e** (8); apple juice **der Apfelsaft** (8); orange juice **der Orangensaft** (8)

July **der Juli** (B)

to jump **springen (springt), sprang, ist gesprungen** (A)

June **der Juni** (B)

jungle **der Dschungel, -** (7)

just **knapp** (6); that's just it! **das ist es ja!** (4)

to keep on driving **weiter·fahren (fährt . . . weiter), fuhr . . . weiter, ist weitergefahren** (10); to keep on walking **weiter·gehen (geht . . . weiter), ging . . . weiter, ist weitergegangen** (10); to keep one's mind off something **auf andere Gedanken kommen** (7); keep the change **das stimmt** (8)

kettle: tea kettle **der Teekessel, -** (8)

key **der Schlüssel, -** (9); house key **der Hausschlüssel, -** (9)

kidney **die Niere, -n** (11); kidney infection **die Nierenentzündung, -en** (11)

to kill **töten, getötet** (9)

kilometer **der Kilometer, -** (2)

kind **die Art, -en** (2)

kindergarten **der Kindergarten, ̈** (6)

king **der König, -e** (9)

kiss **der Kuss, ̈e** (4); to kiss **küssen, geküsst** (9)

kitchen **die Küche, -n** (5); kitchen clock **die Küchenuhr, -en** (5); kitchen knife **das Küchenmesser, -** (8); kitchen lamp **die Küchenlampe, -n** (5); kitchen scale **die Küchenwaage, -n** (5); kitchen table **der Küchentisch, -e** (5); kitchen work **die Küchenarbeit, -en** (5)

knife **das Messer, -** (8); kitchen knife **das Küchenmesser, -** (8)

to knit **stricken, gestrickt** (3)

to knock over **um·kippen, umgekippt** (11)

to know **wissen (weiß), wusste, gewusst** (2); **kennen (kennt), kannte, gekannt** (B, 3)

knowledge about a field **die Kenntnisse** (*pl.*) (5)

laboratory: language laboratory **das Sprachlabor, -s** (4)

to lack **fehlen** (+ *dat.*), **gefehlt** (10)

lake **der See, -n** (7)

lamp **die Lampe, -n** (B); kitchen lamp **die Küchenlampe, -n** (5)

land mammal **das Landsäugetier, -e** (12)

landlady **die Vermieterin, -nen** (6)

landlord **der Vermieter, -** (6)

language **die Sprache, -n** (B); foreign language **die Fremdsprache, -n** (9); language laboratory **das Sprachlabor, -s** (4)

large **dick** (A)

last **letzt-** (4); last week **letzte Woche** (4); last Monday **letzten Montag** (4); last summer **letzten Sommer** (4); last weekend **letztes Wochenende** (4); last name **der Familienname, -n** (*wk.*) (A, 1); last night **gestern Abend** (4); the last time **das letzte Mal** (4); to last **dauern, gedauert** (4)

late **spät** (1); later **später** (1)

Latin (*language*) **(das) Latein** (1)

to laugh **lachen, gelacht** (3)

laundromat **der Waschsalon, -s** (10)

laundry **die Wäsche** (4); laundry room **die Waschküche, -n** (6)

lawn **der Rasen, -** (5); lawn mower **der Rasenmäher, -** (5)

lawyer **der Anwalt, ̈e / die Anwältin, -nen** (5)

to lay **legen, gelegt** (9)

lazy **faul** (3)

to learn **lernen, gelernt** (1)

least: at least **wenigstens** (4); the least **am wenigsten** (8)

leather jacket **die Lederjacke, -n** (10)

to leave **weg·gehen (geht . . . weg), ging . . . weg, ist weggegangen** (4); **verlassen (verlässt), verließ, verlassen** (11)

lecture **die Vorlesung, -en** (4)

left **links** (4)

leg **das Bein, -e** (A)

leisure time **die Freizeit, -en** (1)

lemon **die Zitrone, -n** (8)

to lend **leihen (leiht), lieh, geliehen** (5)

to let **lassen (lässt), ließ, gelassen** (11)

letter **der Brief, -e** (1); business letter **der Geschäftsbrief, -e** (10)

lettuce **der Kopfsalat, -e** (8)

liberal(ly) **liberal** (6)

librarian **der Bibliothekar, -e / die Bibliothekarin, -nen** (5)

library **die Bibliothek, -en** (2)

license: driver's license **der Führerschein, -e** (4); license plate **das Nummernschild, -er** (7); license plate number **die Autonummer, -n** (11)

to lie **liegen (liegt), lag, gelegen** (1, 8); to lie down **sich hin·legen, hingelegt** (11); to lie in the sun **in der Sonne liegen** (1)

Liechtenstein **(das) Liechtenstein** (B)

life **das Leben** (9); student life **das Studentenleben** (4)

light **hell** (6); **leicht** (6); light **das Licht, -er** (3); traffic light **die Ampel, -n** (7); to light **an·zünden, angezündet** (3)

lighthouse **der Leuchtturm, ¨e** (6)

like (*to do something*) best **am liebsten** (7)

to like **mögen (mag), mochte, gemocht** (3); **gefallen (+ dat.) (gefällt), gefiel, gefallen** (10); I like it **es gefällt mir** (10); I would like **ich hätte gern** (5); would like (to) **möchte** (3)

line **die Linie, -n** (10)

linguistics **die Linguistik** (1)

link sausage **das Würstchen, -** (8)

lion **der Löwe, -n** (*wk.*) (12)

lip **die Lippe, -n** (11)

list **die Liste, -n** (5); shopping list **die Einkaufsliste, -n** (8)

to listen (to) **zu·hören (+ dat.), zugehört** (A, 10)

liter **der Liter, -** (7)

literature **die Literatur** (1)

little: a little bit **ein bisschen** (B)

to live **leben, gelebt** (3); to live (in) **wohnen (in), gewohnt** (B)

liver **die Leber, -n** (11)

living arrangements **die Wohnmöglich- keiten** (*pl.*) (6)

living room **das Wohnzimmer, -** (6); living room table **der Wohnzimmertisch-e** (6)

loathsome **eklig** (9)

lobster **der Hummer, -** (8)

locomotive **die Lokomotive, -n** (7)

lodging **die Unterkunft, ¨e** (10)

logical(ly) **logisch** (12)

long **lang** (A, 3); no longer **nicht länger** (3)

to look **aus·sehen (sieht . . . aus), sah . . . aus, ausgesehen** (2); it looks good **es sieht gut aus** (2); to look around **sich um·sehen (sieht . . . um), sah . . . um, umgesehen** (10); to look at **an·schauen, angeschaut** (2); to look at **an·sehen (sieht . . . an), sah . . . an, angesehen** (3); to look for **suchen, gesucht** (1); to look on **zu·sehen (sieht . . . zu), sah . . . zu, zugesehen** (7); to look up **nach·sehen (sieht . . . nach), sah . . . nach, nachgesehen** (10);

that looks / they look good on you **das steht / die stehen dir gut!** (2)

to lose **verlieren (verliert), verlor, verloren** (7)

to lose weight **ab·nehmen (nimmt . . . ab), nahm . . . ab, abgenommen** (9)

lot: a lot **viel** (A); a whole lot **eine ganze Menge** (4)

lottery **die Lotterie, -n** (5); to win the lottery **in der Lotterie gewinnen** (5)

loud(ly) **laut** (3)

lounge **der Aufenthaltsraum, ¨e** (10)

to love **lieben, geliebt** (2); in love **verliebt** (4); to fall in love (with) **sich verlieben (in + acc.), verliebt** (9)

lover **der/die Geliebte, -n** (3)

lovesickness **der Liebeskummer** (11)

low **niedrig** (11)

low in calories **kalorienarm** (8)

loyal **treu** (9)

lozenge **das Bonbon, -s** (11); throat lozenge **das Halsbonbon, -s** (11)

luck **das Glück** (3); lots of luck, good luck! **viel Glück!** (3)

luggage **das Gepäck** (10)

lunch **das Mittagessen, -** (3); to eat lunch **zu Mittag essen** (3)

lung **die Lunge, -n** (11)

magical **magisch** (12)

main point **der Stichpunkt, -e** (12)

makeup: to put makeup on **sich schminken, geschminkt** (11)

mammal: land mammal **das Landsäugetier, -e** (12)

man **der Mann, ¨er** (A, B); man! (*coll.*) **Mensch!** (2)

manager of a youth hostel **die Herbergseltern** (*pl.*) (10)

many **viele** (A)

map **die Landkarte, -n** (7); city street map **der Stadtplan, ¨e** (10)

March **der März** (B)

marital status **der Familienstand** (1)

mark (*German monetary unit*) **die Mark, -** (7)

to mark **markieren, markiert** (11)

market **der Markt, ¨e** (10); flea market **der Flohmarkt, ¨e** (2); market square **der Marktplatz, ¨e** (6)

marriage **die Ehe, -n** (12)

married **verheiratet** (1); to get married to **sich verheiraten mit, verheiratet** (12)

to marry **heiraten, geheiratet** (5)

match **das Streichholz, ¨er** (8)

mathematics **die Mathematik** (1)

matter: does it matter? **macht das was?** (B); it doesn't matter to me **das ist mir egal** (6); to be the matter with (*a person*) **fehlen (+ dat.), gefehlt** (11)

May **der Mai** (B)

may **dürfen (darf), durfte, gedurft** (3); **können (kann), konnte, gekonnt** (3)

mayonnaise **die Mayonnaise** (8)

meadow **die Wiese, -n** (7)

meal **die Mahlzeit, -en** (8); midday meal **das Mittagessen** (3)

mean **böse** (9)

means of transportation **das Transportmittel, -** (7)

meat **das Fleisch** (8)

mechanic **der Automechaniker, - / die Automechanikerin, -nen** (5)

mechanical engineering **der Maschinenbau** (1)

medical(ly) **medizinisch** (11)

medicine **das Medikament, -e** (11); medicine for **ein Medikament gegen** (11)

Mediterranean Sea **das Mittelmeer** (B)

to meet **treffen (trifft), traf, getroffen** (2); let's meet **treffen wir uns . . .** (2); **begegnen (+ dat.), ist begegnet** (10)

member **das Mitglied, -er** (6); family member **das Familienmitglied, -er** (10)

memory **die Erinnerung, -en** (4)

mental **geistig** (3)

menu **die Speisekarte, -n** (8)

meter: square meter (m^2) **der Quadratmeter (qm)** (6)

Mexican (*adj.*) **mexikanisch** (8); Mexican (*person*) **der Mexikaner, - / die Mexikanerin, -nen** (B)

Mexico **(das) Mexiko** (B)

midday **der Mittag** (3)

middle: in the middle **mitten** (9); in the middle of the night **mitten in der Nacht** (9)

mileage **der Kilometerstand** (7)

milk **die Milch** (8)

million **die Million, -en** (7)

mind: to keep one's mind off something **auf andere Gedanken kommen** (7)

mineral water **das Mineralwasser** (8)

mirror **der Spiegel, -** (6)

to miss **verfehlen, verfehlt** (10)

missing: to be missing **fehlen (+ dat.), gefehlt** (10); what's missing? **was fehlt?** (A)

to mix **vermischen, vermischt** (8)

mixed **gemischt** (8)

mixer **die Küchenmaschine, -n** (8)

mixing bowl **die Salatschüssel, -n** (5)

model: fashion model **das Fotomodell, -e** (12); role model **das Vorbild, -er** (9)

modern **modern** (6)

mohawk haircut **der Irokesenschnitt, -e** (10)

Moldavia **(das) Moldawien** (B)

moment **der Moment, -e** (1); at the moment **im Moment** (1)

Monday **der Montag** (1)

money **das Geld** (2)

to mop (up) **auf·wischen, aufgewischt** (6)

more **mehr** (3)

morning: good morning **guten Morgen** (A); in the morning **früh** (4); **morgens** (3); late morning **der Vormittag, -e** (4); until four in the morning **bis um vier Uhr früh** (4)

Morocco **(das) Marokko** (B)

mosquito **die Mücke, -n** (12)

mostly **meistens** (8)

mother **die Mutter, ¨** (A, B); Mother's Day **der Muttertag** (4)

motorcycle **das Motorrad, ¨er** (1); to ride a motorcycle **Motorrad fahren** (1)

mountain **der Berg, -e** (1); mountains **das Gebirge, -** (7); to go to the mountains **in die Berge gehen** (1); to hike in the mountains **in den Bergen wandern** (1)

mountaintop **der Gipfel, -** (7)

mouse **die Maus, ¨e** (12)

mouth **der Mund, ¨er** (A); mouth (*of an animal*) **das Maul, ¨er** (9)

to move **ziehen (zieht), zog, ist gezogen** (2)

movie theater, movies **das Kino, -s** (1); movie theater ticket booth **die Kinokasse, -n** (5); at the movie theater ticket booth **an der Kinokasse** (5); to go to the movies **ins Kino gehen** (1); TV movie **der Fernsehfilm, -e** (12); what's playing at the movies? **was läuft im Kino?** (2)

to mow **mähen, gemäht** (5)

mower: lawn mower **der Rasenmäher, -** (6)

Mr. **der Herr, -en** (*wk.*) (A)

Mrs. **die Frau, -en** (A)

much **viel** (A)

mug **der Becher, -** (9)

multicultural society **multikulturelle Gesellschaft** (12)

muscle: sore muscles **der Muskelkater, -** (11)

museum **das Museum, Museen** (1); to go to a museum **ins Museum gehen** (1)

mushroom **der Pilz, -e** (8)

music **die Musik** (1)

mussel **die Muschel, -n** (8)

must **müssen (muss), musste, gemusst** (3)

mustard **der Senf** (8)

my **meine(e)** (A)

nail **der Nagel, ¨** (8)

name **der Name, -n** (*wk.*) (A, 1); favorite name **der Lieblingsname, -n** (*wk.*) (A); first name **der Vorname, -n** (*wk.*) (A, 1); my name is . . . **ich heiße . . .** (A); what's your name? **wie heißen Sie?** (*for.*), **wie heißt du?** (*infor.*) (A)

named: to be named **heißen (heißt), hieß, geheißen** (A)

napkin **die Serviette, -n** (8)

narrow **eng** (12); narrow street **die Gasse, -n** (10)

nation **der Staat, -en** (10)

national holiday **der Nationalfeiertag, -e** (4)

nationality **die Herkunft** (B), **die Nationalität, -en** (B), **die Staatsangehörigkeit, -en** (1)

natural science **die Naturwissenschaft, -en** (9)

naturally **natürlich** (2)

nature **die Natur** (9, 12)

near **bei** (10)

neat **grell** (2); **toll** (2)

neck **der Hals, ¨e** (9)

necklace **die Kette, -n** (2), **die Halskette, -n** (5)

to need **brauchen, gebraucht** (1)

neighbor **der Nachbar, -n** (*wk.*) / **die Nachbarin, -nen** (4)

neighborhood **das Stadtviertel, -** (6), **der Stadtteil, -e** (6)

Neo-Nazi **der Neonazi, -s** (12)

nephew **der Neffe, -n** (*wk.*) (B)

nervous(ly) **nervös** (B)

nest **das Nest, -er** (12)

Netherlands **(die) Niederlande** (*pl.*) (B)

never **nie** (2)

new(ly) **neu** (A)

New Zealand **(das) Neuseeland** (B)

news **die Nachrichten** (*pl.*) (7)

newspaper **die Zeitung, -en** (2); to deliver newspapers **Zeitungen aus·tragen** (5); university newspaper **die Unizeitung, -en** (4)

next to **neben** (+ *acc./dat.*) (9); next to each other **nebeneinander** (8); next door **nebenan** (5); from next door **von nebenan** (5)

nice(ly) **nett** (B); nice (*weather*) **schön** (B)

niece **die Nichte, -n** (B)

night **die Nacht, ¨e** (3); in the middle of the night **mitten in der Nacht** (9); last night **gestern Abend** (4); night table **der Nachttisch, -e** (6); nights **nachts** (4); at night **nachts** (4)

nightshirt **das Nachthemd, -en** (10)

nine **neun** (A)

nineteen **neunzehn** (A)

ninety **neunzig** (A)

ninth **neunt-** (4)

no **nein** (A); **kein(e)** (2)

no one **niemand** (2)

no-stopping zone **das Halteverbot, -e** (7)

nobody **niemand** (2)

noise **das Geräusch, -e** (9)

none **kein(e)** (2)

nonsense **der Unsinn** (12)

nonsmoker **der Nichtraucher, -** (10)

noodle **die Nudel, -n** (8)

noon **der Mittag, -e** (3); at noon **mittags** (2)

normal **normal** (5)

normally **normalerweise** (8)

north (of) **nördlich (von)** (7)

northeast (of) **nordöstlich (von)** (7)

Northern Ireland **(das) Nordirland** (B)

northwest (of) **nordwestlich (von)** (7)

North Sea **die Nordsee** (B)

Norway **(das) Norwegen** (B)

nose **die Nase, -n** (11)

not at all **kein bisschen** (3); **gar nicht** (3)

not **nicht** (A); not until **erst** (4)

note (*of currency*) **der Schein, -e** (8); twenty-euro note **der Zwanzigeuroschein, -e** (8)

notebook **das Heft, -e** (B)

nothing **nichts** (9)

to notice **notieren, notiert** (7); to not notice **verfehlen, verfehlt** (10)

noticeable: to be noticeable **auf·fallen (fällt . . . auf), fiel . . . auf, ist aufgefallen** (12)

noun **das Substantiv, -e** (A)

novel **der Roman, -e** (3); romance novel **der Liebesroman, -e** (9)

November **der November** (B)

now **jetzt** (3)

number **die Zahl, -en** (A); **die Nummer, -n** (1); telephone number **die Telefonnummer, -n** (1)

nurse **der Krankenpfleger, -/ die Krankenpflegerin, -nen** (5); to nurse **pflegen, gepflegt** (5)

nut **die Nuss, ¨e** (8)

o'clock: at six o'clock **um sechs (Uhr)** (1)

oats: rolled oats (*for oatmeal*) **die Haferflocken** (*pl.*) (8)

obligation **die Pflicht, -en** (3)

to observe **zu·sehen (sieht . . . zu), sah . . . zu, zugesehen** (7)

October **der Oktober** (B)

Octoberfest (*festival held yearly during late September and early October*) **das Oktoberfest, -e** (7)

of **aus** (+ *dat.*) (10); **von** (+ *dat.*) (A)

of course **klar** (2); **selbstverständlich** (10)

office **das Büro, -s** (5); at the office **im Büro** (5); doctor's office **die Arztpraxis, Arztpraxen** (11); office building **das Bürohaus, ¨er** (6); office hour **die Sprechstunde, -n** (3)

often **oft** (B)

oil **das Öl** (5); to check the oil **das Öl kontrollieren** (5)

old **alt** (A); old part of town **die Altstadt, ¨e** (10)

olive **die Olive, -n** (8)

omelette **das Omelett, -s** (8)

on account of **wegen** (+ *gen.*) (6, 12)

on **an** (+ *acc./dat.*) (2); on foot **zu Fuß** (3); on Saturday **am Samstag** (2); on the contrary **sondern** (A); on the first of October **am ersten Oktober** (4); on the phone **am Telefon** (2); on what day? **an welchem Tag?** (4)

once **einmal** (4); **schon einmal** (4); once again **schon wieder** (3)

oncle **der Onkel, -** (B)

one **eins** (A); one another **einander** (3)

one-way street **die Einbahnstraße, -n** (7); one-way trip **die einfache Fahrt** (10)

onion **die Zwiebel, -n** (8)

only **nur** (3)

open **offen** (3)

to open **auf·machen, aufgemacht** (3), **öffnen, geöffnet** (A); to open a bank account **ein Konto eröffnen** (5)

open-face sandwich **das belegte Brot, die belegten Brote** (8)

opener: bottle opener **der Flaschenöffner, -** (8); can opener **der Dosenöffner, -** (8)

opportunity **die Chance, -n** (12)

opposite **gegenüber** (6)

optimistic(ally) **optimistisch** (B)

or **oder** (A)

oral report: to give an oral report **ein Referat halten** (4)

orange **orange** (A); **die Apfelsine, -n** (8); **die Orange, -n** (8); orange juice **der Orangensaft, ⸚e** (8)

orchestra conductor **der Dirigent, -en** (*wk.*) / **die Dirigentin, -nen** (5)

order **die Reihenfolge, -n** (2); to order (*food*) **bestellen, bestellt** (8); in order to **um . . . zu** (12)

ordinal number **die Ordinalzahl, -en** (4)

origin **die Herkunft** (B)

other things **Sonstiges** (A, 9)

otherwise **sonst** (B)

our **unser(e)** (2)

out of **aus** (+ *dat.*) (10); out this way (*toward the speaker*) **heraus** (10); to come out this way **heraus·kommen (kommt . . . heraus), kam . . . heraus, ist herausgekommen** (10)

outside **draußen** (11); outside of **außerhalb** (+ *gen.*) (12)

oven **der Backofen, ⸚** (5)

over **über** (+ *acc./dat.*) (4); **vorbei** (9); over the weekend **übers Wochenende** (4); over that way (*away from the speaker*) **hinüber** (10); to go over that way **hinüber·gehen (geht . . . hinüber), ging . . . hinüber, ist hinübergegangen** (10); over there **da drüben** (B)

overcoat **der Mantel, ⸚** (A, 10)

overnight: to stay overnight **übernachten, übernachtet** (6)

own **eigen** (6)

owner of a youth hostel **die Herbergseltern** (*pl.*) (10)

pack **die Packung, -en** (8); to pack **packen, gepackt** (7); to pack up **ein·packen, eingepackt** (1)

package **das Paket, -e** (8), **die Packung, -en** (8)

packet **die Packung, -en** (8)

pact **der Pakt, -e** (12)

page **die Seite, -n** (6)

pain **der Schmerz, -en** (11)

pajamas **der Schlafanzug, ⸚e** (10)

palace **das Schloss, ⸚er** (6)

Palestine **(das) Palästina** (B)

palm tree **die Palme, -n** (6)

pan **der Topf, ⸚e** (5); **die Pfanne, -n** (5)

pants (pair of) **die Hose, -n** (A)

pantyhose **die Strumpfhose, -n** (10)

paper **das Papier, -e** (B); paper towel **das Papiertuch, ⸚er** (5); toilet paper **das Toilettenpapier** (4); writing paper **das Briefpapier, -e** (5); to give a paper **ein Referat halten** (4)

parents **die Eltern** (*pl.*) (B)

park **der Park, -s** (1); city park **der Stadtpark, -s** (10); to park **parken, geparkt** (7)

parking lot **der Parkplatz, ⸚e** (6); parking space **die Parklücke, -n** (7); parking ticket **der Strafzettel, -** (7)

parrot **der Papagei, -en** (12)

part **der Teil, -e** (7)

to participate **mit·machen, mitgemacht** (10)

particularly **besonders** (3)

partner **der Partner, - / die Partnerin, -nen** (12)

partnership **die Partnerschaft, -en** (12)

party **das Fest, -e** (2); **die Feier, -n** (9); **die Party, -s** (1); to go to a party **auf eine Party gehen** (1)

passenger train **der Personenzug, ⸚e** (7)

passport **der Pass, ⸚e** (7); **der Reisepass, ⸚e** (10)

past **vorbei** (9)

past: at twenty past five **um zwanzig nach fünf** (1)

pasture **die Wiese, -n** (7)

path: bicycle path **der Radweg, -e** (7)

patient **geduldig** (12); **der Patient, -en** (*wk.*) / **die Patientin, -nen** (5)

to pay **zahlen, gezahlt** (5); to pay (for) **bezahlen, bezahlt** (4); to pay attention **auf·passen, aufgepasst** (3); to pay attention to **achten auf** (+ *acc.*), **geachtet** (11); to pay in advance **an·zahlen, angezahlt** (10)

pea **die Erbse, -n** (8)

peach **der Pfirsich, -e** (8)

pear **die Birne, -n** (8)

pedestrian **der Fußgänger, -** (7)

pen **der Stift, -e** (A, B)

pencil **der Bleistift, -e** (A, B)

penicillin **das Penizillin** (4)

peninsula **die Halbinsel, -n** (7)

people **die Leute** (*pl.*) (7); businesspeople **die Geschäftsleute** (*pl.*) (7)

pepper **der Pfeffer** (8)

per **pro** (3); per week **pro Woche** (3)

percent **das Prozent, -e** (4)

perfume **das Parfüm, -e** (5)

perhaps **vielleicht** (2)

perm **die Dauerwelle, -n** (11)

to permit **erlauben** (+ *dat.*), **erlaubt** (7)

permitted: to be permitted (to) **dürfen (darf), durfte, gedurft** (3)

to persecute **verfolgen, verfolgt** (12)

person **die Person, -en** (A, 1); **der Mensch, -en** (*wk.*) (2); **der Typ, -en** (*coll.*) (B)

personal data **die Personalien** (*pl.*) (12)

personal hygiene **die Körperpflege** (11)

pet **das Haustier, -e** (12)

pharmacist **der Apotheker, - / die Apothekerin, -nen** (11)

pharmacy **die Apotheke, -n** (6)

photo **das Foto, -s** (1)

to photograph **fotografieren, fotografiert** (4)

physical **körperlich** (3); physical education **der Sport** (1)

physician **der Arzt, ⸚e / die Ärztin, -nen** (3)

physics **die Physik** (1)

piano **das Klavier, -e** (2)

to pick **pflücken, gepflückt** (9); to pick up (*s.o.*) **ab·holen, abgeholt** (1)

pickles **saure Gurken** (8)

picnic **das Picknick, -s** (4)

picture **das Bild, -er** (2)

piece **das Stück, -e** (8)

pig **das Schwein, -e** (9)

pill **die Tablette, -n** (11); headache pill **die Kopfschmerztablette, -n** (11)

pillow **das Kopfkissen, -** (6)

pilot **der Pilot, -en** (*wk.*) / **die Pilotin, -nen** (5)

pink **rosa** (A)

piranha **der Piranha, -s** (12)

pizza **die Pizza, -s** (2)

place **der Ort, -e** (1, 4); **der Platz, ⸚e** (3); **die Lage, -n** (10); place of residence **der Wohnort, -e** (1); to place (*in a horizontal position*) **legen, gelegt** (9); (*in a sitting position*) **setzen, gesetzt** (7); (*in a vertical/upright position*) **stellen, gestellt** (3)

plaid **kariert** (10)

plan **der Plan, ⸚e** (3); to plan **planen, geplant** (7); to plan (to) **wollen (will), wollte, gewollt** (3)

plane **das Flugzeug, -e** (7); plane ticket **der Flugschein, -e** (10)

plant **die Pflanze, -n** (3, 6); to water the plants **die Blumen gießen** (3)

plate **der Teller, -** (8); child's plate **der Kinderteller, -** (8); license plate **das Nummernschild, -er** (7)

play **das Schauspiel, -e** (12)

to play **spielen, gespielt** (1); what's playing at the movies? **was läuft im Kino?** (2)

player: soccer player **der Fußballspieler, - / die Fußballspielerin, -nen** (9); tennis player **der Tennisspieler, - / die Tennisspielerin, -nen** (9)

playground **der Spielplatz, ⸚e** (9)

playwright **der Dramatiker, - / die Dramatikerin, -nen** (9)

please **bitte** (A); yes please? **bitte schön?** (7); to please **gefallen** (+ *dat.*) **(gefällt), gefiel, gefallen** (10); it pleases me **es gefällt mir** (10)

pleasing: to be pleasing to **gefallen** (+ *dat.*) **(gefällt), gefiel, gefallen** (10)

pleasure **das Vergnügen** (2); **die Freude, -n** (9); with pleasure **gern** (1)

pliers **die Zange, -n** (8)

plum **die Pflaume, -n** (8)

pneumonia **die Lungenentzündung, -en** (11)

pocket **die Tasche, -n** (1)

pocketbook **die Tasche, -n** (1)

poem **das Gedicht, -e** (3)

point **der Punkt, -e** (3); main point **der Stichpunkt, -e** (12)

to poison **vergiften, vergiftet** (9)

poisonous **giftig** (9)

Poland **(das) Polen** (B)

police officer **der Polizist, -en** (*wk.*) / **die Polizistin, -nen** (5)

police station **die Polizei** (5); at the police station **auf der Polizei** (5) political(ly) **politisch** (4)

politics **die Politik** (5)

pool: swimming pool **das Schwimmbad, ¨-er** (1); at the swimming pool **im Schwimmbad** (5); to go to the swim-ming pool **ins Schwimmbad fahren** (1)

poor **arm** (9)

pop singer **der Schlagersänger, - / die Schlagersängerin, -nen** (12)

popular **beliebt** (3)

pork **das Schweinefleisch** (8); ground pork **das Hackfleisch** (8); pork cutlet **das Schnitzel, -** (8); pork roast **der Schweinebraten, -** (8)

Portugal **(das) Portugal** (B)

Portuguese (*language*) **(das) Portugiesisch** (B)

position **die Lage, -n** (10)

possession **der Besitz** (2)

possibility **die Möglichkeit, -en** (5)

possible: everything possible **alles Mögliche** (2)

post office **die Post** (5); at the post office **auf der Post** (5)

postal employee **der Postbeamte, -n** (*wk.*) **/ die Postbeamtin, -nen** (5)

postcard **die Postkarte, -n** (2)

poster **das Poster, -** (6)

pot **der Topf, ¨-e** (5)

potato **die Kartoffel, -n** (8); boiled potatoes **die Salzkartoffeln** (*pl.*) (8)

potholder **der Topflappen, -** (5)

poultry **das Geflügel** (8)

pound **das Pfund, -e** (5)

to pour **gießen (gießt), goss, gegossen** (8)

power **der Strom** (8)

practical(ly) **praktisch** (5); practical training **praktische Ausbildung** (5)

preference **die Präferenz, -en** (1)

prejudice **das Vorurteil, -e** (12)

prenuptial agreement **der Ehevertrag, ¨-e** (12)

preparation **die Zubereitung** (8)

to prepare (*food*) **zubereiten, zubereitet** (8)

prescription **das Rezept, -e** (11)

present **das Geschenk, -e** (2); Christmas present **das Weihnachtsgeschenk, -e** (5); to present **vor·stellen, vorgestellt** (6)

president **der Präsident, -en** (*wk.*) **/ die Präsidentin, -nen** (5)

pressure: blood pressure **der Blutdruck** (11); to have low/high blood pressure **niedrigen/hohen Blutdruck haben** (11)

prestige **das Prestige** (5)

pretty **hübsch** (2); **schön** (B); **ziemlich** (*adv.*) (2)

price **der Preis, -e** (7)

priest **der Priester, - / die Priesterin, -nen** (5)

prince **der Prinz, -en** (*wk.*) (9)

princess **die Prinzessin, -nen** (9)

prison **das Gefängnis, -se** (6)

prize **der Preis, -e** (12)

probably **wahrscheinlich** (11); **wohl** (12)

profession **der Beruf, -e** (1); what's your profession? **was sind Sie von Beruf?** (1)

professional life **das Berufsleben** (12)

professor **der Professor, -en / die Professorin, -nen** (A, B)

progressive(ly) **progressiv** (B)

prohibition **das Verbot, -e** (7)

to promise **versprechen (verspricht), versprach, versprochen** (7)

to promote **fördern, gefördert** (12)

protected **geborgen** (12)

protector **der Beschützer, -** (12)

to protest **protestieren, protestiert** (12)

proximity **die Nähe** (6)

psychiatrist **der Psychiater, - / die Psychiaterin, -nen** (11)

public office **die Behörde, -n** (12)

public transportation **die öffentlichen Verkehrsmittel** (*pl.*) (7)

to pull **ziehen (zieht), zog, gezogen** (8)

punctual **pünktlich** (7)

pupil **der Schüler, - / die Schülerin, -nen** (1)

purchase **der Einkauf, ¨-e** (5)

purple **lila** (A)

purse **die Tasche, -n** (1)

to put (*in a vertical position*) **stellen, gestellt** (3); (*in a sitting position*) **setzen, gesetzt** (7); (*in a horizontal position*) **legen, gelegt** (9); to put (into) **geben (gibt), gab, gegeben** (**in** + *acc.*) (8); to put away **weg·stellen, weggestellt** (5); to put on (*clothes*) **an·ziehen, angezogen** (3)

puzzle **das Rätsel, -** (9); to solve a puzzle **ein Rätsel lösen** (9)

python **die Riesenschlange, -n** (12)

to quarrel **streiten (streitet), stritt, gestritten** (9)

quarter: at a quarter to four **um Viertel vor vier** (1); quarter hour **die Viertelstunde, -n** (6)

queen **die Königin, -nen** (9)

question **die Frage, -n** (A); to ask a question **eine Frage stellen** (5)

quick(ly) **schnell** (3)

quiet **ruhig** (B)

quietly **leise** (9)

quite **ganz** (2, 3); quite a bit **ganz schön viel** (3)

rabies **die Tollwut** (12)

radio **das Radio, -s** (2); car radio **das Autoradio, -s** (7)

rag (*for cleaning*) **der Putzlappen, -** (6)

railroad **die Bahn, -en** (7)

railway: cable railway **die Seilbahn, -en** (7)

rain **der Regen** (7); to rain **regnen, geregnet** (B)

raining: it's raining **es regnet** (B)

rainy: in rainy weather **bei Regen** (7)

rare(ly) **selten** (8)

rat **die Ratte, -n** (12)

rather **ganz** (3); **eher** (12); **ziemlich** (2); **lieber** (2); I'd rather go . . . **ich gehe lieber . . .** (2)

rattlesnake **die Klapperschlange, -n** (12)

to reach **erreichen, erreicht** (12)

to read **lesen (liest), las, gelesen** (A, 1); to read aloud **vor·lesen (liest . . . vor), las . . . vor, vorgelesen** (9); to read the newspaper **Zeitung lesen** (1)

ready **fertig** (3)

really **wirklich** (B); **echt** (2)

receipt **die Quittung, -en** (8)

to receive **bekommen (bekommt), bekam, bekommen** (3)

recently **neulich** (9)

reception desk **die Rezeption, -en** (10)

recipe **das Rezept, -e** (8)

recipient (*of a prize*) **der Träger, -** (12)

recreation room **der Aufenthaltsraum, ¨-e** (10)

to recuperate **sich erholen, erholt** (11)

red **rot** (A)

refrigerator **der Kühlschrank, ¨-e** (5)

refugee **der Flüchtling, -e** (12)

regards **mit freundlichen Grüßen** (10)

to register **sich an·melden, angemeldet** (12); **registrieren, registriert** (12)

regularly **regelmäßig** (11)

relative(ly) **relativ** (5); relatives **die Verwandten** (*pl.*) (2)

religion **die Religion** (1)

religious **religiös** (B); religious denomination **die Konfession, -en** (12)

to remain **bleiben (bleibt), blieb, ist geblieben** (1)

remembrance **die Erinnerung, -en** (4)

to remove **ab·nehmen (nimmt . . . ab), nahm . . . ab, abgenommen** (11)

rent **die Miete, -n** (6); to rent **mieten, gemietet** (6); to rent out **vermieten, vermietet** (6)

renter **der Mieter, - / die Mieterin, -nen** (6)

to repair **reparieren, repariert** (1)

repair shop **die Werkstatt, ¨-en** (5)

to repeat **wiederholen, wiederholt** (10)

report **das Referat, -e** (3); accident report **der Unfallbericht, -e** (11); report card **das Zeugnis, -se** (3)

reporter **der Reporter, - / die Reporterin, -nen** (4)

representative: house representative **der/die Bundestagsabgeordnete, -n** (12)

requirement **die Pflicht, -en** (3)

to reserve **reservieren, reserviert** (7)

residence **der Wohnort, -e** (1); residence permit **die Aufenthaltserlaubnis, -se** (12); place of residence **der Wohnort, -e** (1); to change residence **umziehen (zieht um), zog um/ist umgezogen** (2)

responsibility **die Verantwortung, -en** (12)

responsible: to be responsible for **sich kümmern um, gekümmert** (12); to be equally responsible for taking care of **mit·versorgen, mitversorgt** (12)

to rest **sich aus·ruhen, ausgeruht** (10)

restaurant **das Restaurant, -s** (3); **die Gaststätte, -n** (5); at the restaurant **in der Gaststätte** (5) to return **wieder·kommen (kommt . . . wieder), kam . . . wieder, ist wiedergekommen** (5)

reunion: class reunion **das Klassentref-fen, -** (9)

rice **der Reis** (8)

riddle **das Rätsel, -** (9); to solve a riddle **ein Rätsel lösen** (9)

to ride **reiten (reitet), ritt, hat/ist geritten** (1); **fahren (fährt), fuhr, ist gefahren** (2); to ride off **los·fahren (fährt . . . los), fuhr . . . los, ist losgefahren** (9)

right **recht** (2); **richtig** (2); **rechts** (7); **gleich** (6); right around the corner **gleich um die Ecke** (6); right away **gleich** (4); right now **im Moment** (1); that's right! **stimmt!** (4); to the right **rechts** (7); you are right **du hast Recht** (2); to be right **stimmen, gestimmt** (8); that's all right **das stimmt** (8)

right-of-way **die Vorfahrt, -en** (7)

right-wing extremist **der Rechtsextremist, -en** (*wk.*) (12)

ring **der Ring, -e** (2); gold ring **der Goldring, -e** (10); to ring **klingeln, geklingelt** (2)

to rinse **spülen, gespült** (4)

river **der Fluss, ̈e** (7)

road **die Straße, -n** (6); on the road **unterwegs** (4, 9)

roast **der Braten, -** (8); sauerbraten (*marinated beef roast*) **der Sauerbraten, -** (8); pork roast **der Schweinebraten, -** (8)

roasted **gebraten** (8)

rock concert **das Rockkonzert, -e** (9)

rock star **der Rockstar, -s** (12)

rocket **die Rakete, -n** (7)

role **die Rolle, -n** (4)

role model **das Vorbild, -er** (9)

roll **das Brötchen, -** (8)

rolled oats (*for oatmeal*) **die Haferflocken** (*pl.*) (8)

romance novel **der Liebesroman, -e** (9)

roof **das Dach, ̈er** (6)

room **das Zimmer, -** (2); dining room **das Esszimmer, -** (6); bedroom **das Schlafzimmer, -** (6); breakfast room **das Frühstückszimmer, -** (10); double room **das Doppelzimmer, -** (10); dressing room **die Umkleidekabine, -n** (5); living room **das Wohnzimmer, -** (6); recreation room **der Aufenthaltsraum, ̈e** (10); single room **das Einzelzimmer, -** (5); TV room **das Fernsehzimmer, -** (10); waiting room **die Wartehalle, -n** (10)

roommate **der Mitbewohner, - / die Mitbewohnerin, -nen** (2)

roundabout: traffic roundabout **der Kreisverkehr** (10)

round-trip **hin und zurück** (5, 10); round trip **die Hin- und Rückfahrt** (10)

row: in a row **hintereinander** (3)

rug **der Teppich, -e** (2)

Rumania **(das) Rumänien** (B)

rumpsteak **das Rumpsteak, -s** (8)

to run **laufen (läuft), lief, ist gelaufen** (A, 2); to run over **überfahren (überfährt), überfuhr, überfahren** (11); to run in the woods **im Wald laufen** (2)

rural highway **die Landstraße, -n** (7)

rushed **eilig** (10)

rusty **rostig** (8)

Russia **(das) Russland** (B)

Russian (*adj.*) **russisch** (12); (*language*) **(das) Russisch** (B)

sad **traurig** (B)

safety belt **der Sicherheitsgurt, -e** (7)

to sail **segeln, gesegelt** (1)

salad **der Salat, -e** (3); herring salad **der Heringssalat, -e** (8); salad bowl **die Salatschüssel, -n** (5); salad dressing **die Salatsoße, -n** (8)

salesperson **der Verkäufer, - / die Verkäuferin, -nen** (5)

salon: hair salon **der Friseur, -e** (6)

salt **das Salz** (8)

salted **gesalzen** (8)

salty **salzig** (7)

same **egal** (6)

sand **der Sand** (7)

sandal **die Sandale, -n** (10)

sandcastle **die Sandburg, -en** (10)

sandwich: open-face sandwich **das belegte Brot, die belegten Brote** (8)

Saturday **der Samstag** (1)

sauce **die Soße, -n** (8); tomato sauce **die Tomatensoße, -n** (8)

sauerkraut **das Sauerkraut** (7)

sauna **die Sauna, -s** (11)

sausage **die Wurst, ̈e** (8); link sausage **das Würstchen, -** (8)

to save **erlösen, erlöst** (9); to save (*money*) **sparen, gespart** (7)

to say **sagen, gesagt** (A, 5)

scale: kitchen scale **die Küchenwaage, -n** (5)

scarf **das Halstuch, ̈er** (2); **der Schal, -s** (10)

scene of the accident **die Unfallstelle, -n** (11)

schedule **der Stundenplan, ̈e** (1)

schilling (*Austrian monetary unit*) **der Schilling, -e** (7); two schillings **zwei Schilling** (7)

scholarship **das Stipendium, Stipendien** (1)

school **die Schule, -n** (A, 1); at school **in der Schule** (5); elementary school **die Grundschule, -n** (4); high school/college prep school **das Gymnasium, Gymnasien** (4); summer school **der Sommerkurs, -e** (3)

schooling **die Schulbildung** (5)

shrill **grell** (2)

science: natural science **die Naturwissenschaft, -en** (9)

scientist **der Wissenschaftler, - / die Wissenschaftlerin, -nen** (9)

scissors **die Schere, -n** (8)

to scold **schimpfen, geschimpft** (9)

scorpion **der Skorpion, -e** (12)

to scream **schreien (schreit), schrie, geschrien** (3)

sea **das Meer, -e** (B, 1)

seasick **seekrank** (7)

season **die Jahreszeit, -en** (B); to season **würzen, gewürzt** (8)

seasoning **das Gewürz, -e** (8)

seat **der Sitz, -e** (7)

second **die Sekunde, -n** (1); second **zweit-** (4)

secret **heimlich** (9)

secretary **der Sekretär, -e / die Sekretärin, -nen** (5)

security deposit **die Kaution, -en** (6)

to see **sehen (sieht), sah, gesehen** (2); see you soon **bis bald** (A)

seldom **selten** (8)

to select **aus·wählen, ausgewählt** (8)

to sell **verkaufen, verkauft** (5)

semester **das Semester, -** (1)

to send **schicken, geschickt** (2)

sentence **der Satz, ̈e** (3)

to separate **trennen, getrennt** (7); to separate (*people*) **sich trennen** (9)

separate checks **getrennt** (5)

separately **getrennt** (5)

September **der September** (B)

sequence **die Reihenfolge, -n** (2)

serious **ernsthaft** (B)

servant **der Diener, -** (9)

service **die Bedienung** (8)

to set **decken, gedeckt** (3); to set the table **den Tisch decken** (3); to set up **auf·stellen, aufgestellt** (11)

seven **sieben** (A)

seventeen **siebzehn** (A)

seventh **siebt-** (4)

seventy **siebzig** (A)

several **mehrere** (*pl.*) (10); several times **mehrmals** (5)

shade **der Schatten** (9)

shadow **der Schatten, -** (9)

shared housing **die Wohngemeinschaft, -en** (6)

shark **der Hai, -e** (12)

to shave **sich rasieren, rasiert** (11)

ship **das Schiff, -e** (7)

shirt **das Hemd, -en** (A)

shock **der Schock, -s** (11)

shoe **der Schuh, -e** (A); athletic shoe **der Sportschuh, -e** (A); shoe store **das Schuhgeschäft, -e** (6)

shop: repair shop **die Werkstatt, ̈en** (5); to shop **ein·kaufen, eingekauft** (1)

shopping center **das Einkaufszentrum, Einkaufszentren** (10); shopping list **die Einkaufsliste, -n** (8); to go shopping **einkaufen gehen (geht einkaufen), ging einkaufen, ist einkaufen gegangen** (1)

shore **der Strand, ̈e** (4)

short **klein** (A); **kurz** (A)

shot **die Spritze, -n** (11)

shoulder **die Schulter, -n** (A)

to shout **rufen (ruft), rief, gerufen** (7, 11)

to shovel **schaufeln, geschaufelt** (11)

shower **die Dusche, -n** (5); to shower **(sich) duschen, geduscht** (1, 11)

shrimp **die Krabbe, -n** (8)

shut: tied shut **zugebunden** (8); shut **schließen Sie** (A); to shut **schließen (schließt), schloss, geschlossen** (A)

shy **schüchtern** (B)

siblings **die Geschwister** (B)

sick **krank** (3)

sickness **die Krankheit, -en** (11)

side **die Seite, -n** (6); side dish **die Beilage, -n** (8)

sidewalk **der Fußgängerweg, -e** (7)

to sightsee **besichtigen, besichtigt** (7)

sign **das Schild, -er** (7); traffic sign **das Verkehrsschild, -er** (7); to sign **unter-schrieben, (unterschreibt), unterschrieb, unterschrieben** (1)

signature **die Unterschrift, -en** (1)

sill: window sill **die Fensterbank, ¨e** (5)

silverware **das Besteck, -e** (5)

simply **einfach** (2)

since **seit (+ dat.)** (4)

to sing **singen (singt), sang, gesungen** (1); **vor·singen (singt . . . vor), sang . . . vor, vorgesungen** (5)

single room **das Einzelzimmer, -** (5)

sister **die Schwester, -n** (B)

to sit **sitzen (sitzt), saß, gesessen** (4); to sit down **sich setzen, gesetzt** (A, 11)

situation: conversational situation **die Sprechsit-uation, -en** (A)

six **sechs** (A)

sixteen **sechzehn** (A)

sixth **sechst-** (4)

sixty **sechzig** (A)

size **die Größe, -n** (10)

skate **der Schlittschuh, -e** (2)

skateboard **das Skateboard, -s** (3); to go skate-boarding **Skateboard fahren** (3)

skating: to go skating **Schlittschuh laufen** (3)

ski **der Ski, -er** (3); ski goggles **die Skibrille, -n** (5)

skiing: to go skiing **Ski fahren** (3)

skills **die Kenntnisse** (*pl.*) (5)

skin **die Haut, ¨e** (3)

skirt **der Rock, ¨e** (A)

skyscraper **der Wolkenkratzer, -** (6)

sled **der Schlitten, -** (2)

sleep **der Schlaf** (9); to sleep **schlafen (schläft), schlief, geschlafen** (2)

sleeping bag **der Schlafsack, ¨e** (2); sleeping car **der Schlafwagen, -** (4)

slender **schlank** (A)

slice **das Stück, -e** (8)

to slide **rutschen, ist gerutscht** (9)

slim **schlank** (A)

to slip **rutschen, ist gerutscht** (9); **aus·rutschen, ist ausgerutscht** (11)

Slovakia **(die) Slowakei** (B)

Slovenia **(das) Slowenien** (B)

small **klein** (A); **eng** (12)

smart **schick** (2)

smell **riechen (riecht), roch, gerochen** (11)

to smoke **rauchen, geraucht** (3)

smoked **geräuchert** (8)

smoker **der Raucher, - / die Raucherin, -nen** (10)

snail **die Schnecke, -n** (12)

snake **die Schlange, -n** (12); rattlesnake **die Klapperschlange, -n** (12)

sniffles **der Schnupfen, -** (11)

snow **der Schnee** (9); to snow **schneien, geschneit** (B)

snowing: it's snowing **es schneit** (B)

so **so** (B, 3); **also** (2); and so forth **und so weiter** (5); so long **bis bald** (A); so that **damit** (*subord. conj.*) (11)

soap **die Seife, -n** (6)

soccer **der Fußball, ¨e** (A, 1); soccer player **der Fußballspieler, - / die Fußballspielerin, -nen** (9); soccer stadium **das Fußballstadion, -stadien** (10)

social studies **die Sozialkunde** (1)

society: multicultural society **multikulturelle Gesellschaft** (12)

sociology **die Soziologie** (1)

sock **die Socke, -n** (10)

sofa **das Sofa, -s** (6)

soft drink **die Limonade, -n** (4)

soft-boiled eggs **gekochte Eier** (8)

sold out **ausverkauft** (5)

solitary person **der Einzelgänger, -** (12)

to solve a puzzle/riddle **ein Rätsel lösen** (9)

somebody **jemand** (3)

someone **jemand** (3)

something **etwas** (2, 5); something interesting / new **etwas Interessantes / Neues** (4)

sometimes **manchmal** (B)

son **der Sohn, ¨e** (B)

song **das Lied, -er** (3)

songbook **das Songbuch, ¨er** (2)

soon **bald** (9); soon thereafter **bald darauf** (9)

sore throat **die Halsschmerzen** (*pl.*) (11)

sorry! **tut mir Leid!** (5)

soul **die Seele, -n** (12)

sound **das Geräusch, -e** (9); to sound (like) **klingen (wie) (klingt), klang, geklungen** (11)

soup **die Suppe, -n** (3)

sour **sauer** (8)

south (of) **südlich (von)** (7)

South Africa **(das) Südafrika** (B)

South America **(das) Südamerika** (B)

southeast (of) **südöstlich (von)** (7)

southwest (of) **südwestlich (von)** (7)

souvenir **das Andenken, -** (10)

space: parking space **die Parklücke, -n** (7); space station **die Raumstation, -en** (6)

spaghetti **die Spaghetti** (*pl.*) (3)

Spain **(das) Spanien** (B)

Spanish (*language*) **(das) Spanisch** (B)

to speak **sprechen (spricht), sprach, gesprochen** (A)

specialized training **die Ausbildung** (5)

speeding ticket **der Strafzettel, -** (7)

to spell **schreiben (schreibt), schrieb, geschrieben** (A); how do you spell that? **wie schreibt man das?** (A); to cast a spell on **verwünschen, verwünscht** (9)

to spend **aus·geben (gibt . . . aus), gab . . . aus, ausgegeben** (3)

spice **das Gewürz, -e** (8)

spinach **der Spinat** (8)

spite: in spite of **trotz (+ gen.)** (12); in spite of that **trotzdem** (9)

spoon **der Löffel, -** (8)

sports jacket **das Sakko, -s** (A); to do sports **Sport treiben** (2)

spouse **der Ehepartner, - / die Ehepartnerin, -nen** (12)

spring **der Frühling, -e** (B); spring cleaning **der Frühjahrsputz** (6)

sprinkle **bestreuen, bestreut** (8)

sprouts: Brussels sprouts **der Rosenkohl** (8)

square: market square **der Marktplatz, ¨e** (6); square meter (m²) **der Quadratmeter (qm)** (6)

squash **das Squash** (1)

stadium: soccer stadium **das Fußball-stadion, Fußballstadien** (10)

stairway **die Treppe, -n** (6)

stairwell **das Treppenhaus, ¨er** (10)

stamp **die Briefmarke, -n** (5)

to stand **stehen (steht), stand, gestanden** (2, 6); to stand up **aufstehen (steht . . . auf), stand . . . auf, ist aufgestanden** (A, 1); to stand (*s.th.*) up **stellen, gestellt** (3)

to starve **verhungern, verhungert** (12)

state **die Verfassung, -en** (3); **der Staat, -en** (10)

station: train station **der Bahnhof, ¨e** (4)

stationery store **das Schreibwarengeschäft, -e** (6)

to stay **bleiben (bleibt), blieb, ist geblieben** (1); to stay overnight **übernachten, über-nachtet** (6); to stay put **stecken bleiben (bleibt . . . stecken), blieb . . . stecken, ist stecken geblieben** (11)

to steal **stehlen (stiehlt), stahl, gestohlen** (7)

to steer **lenken, gelenkt** (5)

steering wheel **das Lenkrad, ¨er** (7)

stepfather **der Stiefvater, ¨** (9)

stepmother **die Stiefmutter, ¨** (9)

stereo system **die Stereoanlage, -n** (6)

still **noch** (B)

to sting **stechen (sticht), stach, gestochen** (12)

stomach **der Bauch, ¨e** (A); **der Magen, ¨** (11)

stomachache **die Magenschmerzen** (*pl.*) (11)

Stone Age **die Steinzeit** (12)

stop **die Haltestelle, -n** (10); bus stop **die Bushaltestelle, -n** (6); subway stop **die U-Bahnhaltestelle, -n** (10); to stop (*moving*)

halten (hält), hielt, gehalten (4, 7); to stop
(*a car*) an·halten (hält . . . an), hielt . . .
an, angehalten (7); to stop (*doing some-*
thing) auf·hören (mit), aufgehört (1)
store das Geschäft, -e (2); department store das
Kaufhaus, ¨er (5); at the department store
im Kaufhaus (5)
story der Stock, Stockwerke (6)
stove der Herd, -e (5); tile stove der Kachelofen, ¨ (6)
to stow verstauen, verstaut (7)
straight ahead geradeaus (10)
straighten gerade stellen, gerade gestellt (3);
to straighten the books die Bücher gerade
stellen (3)
strange komisch (12)
strawberry die Erdbeere, -n (8)
street die Straße, -n (6); one-way street die Einbahnstraße, -n (7); narrow street die Gasse,
-n (10); streetcar die Straßenbahn, -en (7)
strict streng (9)
string die Schnur, ¨e (8)
striped gestreift (10)
stuck: to get stuck stecken bleiben (bleibt . . .
stecken), blieb . . . stecken, ist stecken
geblieben (11)
student der Student, -en (*wk.*) / die Studentin,
-nen (A, B); fellow students die Mitstudenten
(*pl.*) (A); student life das Studentenleben (4)
to study studieren, studiert (1)
subject: academic subjects Schul- und Studien-
fächer (1); favorite subject das Lieblingsfach, ¨er (5)
subway die U-Bahn, -en (Untergrundbahn)
(7); subway stop die U-Bahn-haltestelle, -n
(10)
such so (3)
to suck lutschen, gelutscht (11)
suddenly plötzlich (9)
sugar der Zucker (8)
to suggest vor·schlagen (schlägt . . . vor),
schlug . . . vor, vorgeschlagen (5)
suggestion der Vorschlag, ¨e (5)
suit der Anzug, ¨e (A); bathing suit der
Badeanzug, ¨e (5); to suit stehen
(+ *dat.*) (steht), stand, gestanden (10)
suitcase der Koffer, - (2)
summer der Sommer, - (B); last summer letzten
Sommer (4); summer school der Sommerkurs, -e (3)
to sunbathe sich sonnen, gesonnt (11)
Sunday der Sonntag (1)
sunglasses die Sonnenbrille, -n (2)
sunny sonnig (B)
supermarket der Supermarkt, ¨e (5); at the supermarket im Supermarkt (5)
supper das Abendessen, - (1)
supposed: to be supposed to sollen (soll),
sollte, gesollt (3)
sure sicher (1)
surface die Fläche, -n (7)
surfboard das Surfbrett, -er (2)

surname der Familienname, -n (*wk.*) (A, 1)
surrounding area die Umgebung, -en (5)
survey die Umfrage, -n (4)
suspicion die Ahnung, -en (4)
to swear fluchen, geflucht (11)
sweater der Pullover, -, der Pulli, -s (2)
sweats der Trainingsanzug, ¨e (2)
Sweden (das) Schweden (B)
Swedish (*language*) (das) Schwedisch (B)
to sweep fegen, gefegt (5)
sweet die Süßigkeit, -en (9); *adj.* lieb (10); süß
(4)
to swim schwimmen (schwimmt),
schwamm, ist/hat geschwommen (7)
swimming pool das Schwimmbad, ¨er (1); at
the swimming pool im Schwimmbad (5); to
go to the swimming pool ins Schwimmbad
fahren (1); to swim in the sea im Meer
schwimmen (1); swimming-pool attendant
der Bademeister, - / die Bademeisterin,
-nen (5); swimming trunks die Badehose, -n
(5)
swimming: to go swimming schwimmen gehen
(geht schwimmen), ging schwimmen, ist
schwimmen gegangen (1)
Swiss (*person*) der Schweizer, - / die Schweizerin, -nen (B)
to switch on an·machen, angemacht (3)
Switzerland die Schweiz (B)
symptom das Symptom, -e (11)
syrup: cough syrup der Hustensaft, ¨e (11)

T-shirt das T-Shirt, -s (2)
table der Tisch, -e (B); kitchen table der
Küchentisch, -e (5); living room table der
Wohnzimmertisch, -e (6); night table der
Nachttisch, -e (6); table tennis das Tischtennis (3); to clear the table den Tisch ab·räu-
men (3); to set the table den Tisch decken
(3)
tablet die Tablette, -n (11)
to take nehmen (nimmt), nahm, genommen
(A, 3); to take along mit·nehmen (nimmt
. . . mit), nahm . . . mit, mitgenommen (3);
to take blood Blut ab·nehmen (11); take
care Mach's gut (*infor.*) (A); to take care of
sorgen für, gesorgt (12); to take (a course)
belegen, belegt (3); to take effect wirken,
gewirkt (11); to take off (*clothes*)
aus·ziehen (zieht . . . aus), zog . . . aus,
ausgezogen (3); to take on (responsibility)
übernehmen (übernimmt), übernahm,
übernommen (12); to take out weg·brin-
gen (bringt . . . weg), brachte . . . weg,
weggebracht (5); to take place statt·finden
(findet . . . statt), fand . . . statt, stattgefunden (5)
tale: fairy tale das Märchen, - (4)
talent das Talent, -e (3)
tall groß (A)
tame zahm (12)
tank der Tank, -s (7)

tanning salon das Solarium, Solarien (11)
to taste probieren, probiert (3); to taste good
(to) schmecken, geschmeckt
(+ *dat.*) (10)
tavern die Kneipe, -n (3)
taxi das Taxi, -s (3); taxi driver der Taxifahrer,
- / die Taxifahrerin, -nen (5)
tea der Tee (4); tea kettle der Teekessel, - (8)
to teach unterrichten, unterrichtet (5)
teacher der Lehrer, - / die Lehrerin,
-nen (A, 1)
team die Mannschaft, -en (9); baseball team
die Baseballmannschaft, -en (9)
teapot die Teekanne, -n (8)
to tear zerreißen (zerreißt), zerriss, zerrissen
(9)
to tease ärgern, geärgert (3)
technology die Technik (12)
teddy bear der Teddy, -s (9)
telegram das Telegramm, -e (2)
telephone das Telefon, -e (A, 2); telephone
booth die Telefonzelle, -n (2); telephone
card die Telefonkarte, -n (2); telephone
number die Telefonnummer, -n (1); to telephone telefonieren, telefoniert (4)
to tell sagen, gesagt (A, 5); to tell (a story, joke)
erzählen, erzählt (3); to tell jokes Witze
erzählen (3)
ten zehn (A)
tender zart (8)
tennis das Tennis (1); tennis player der Tennisspieler, - / die Tennisspielerin, -nen (9);
tennis racket der Tennisschläger, - (2)
tent das Zelt, -e (2)
tenth zehnt- (4)
terrace die Terrasse, -n (6)
terrible furchtbar (4)
test die Prüfung, -en (1)
tetanus der Tetanus (11)
text der Text, -e (12)
thanks danke (A); many thanks vielen Dank
(10)
that diese, dieser, dieses (2); that (*subord.*
conj.) dass (11); that is . . . das
ist . . . (B); that way (*away from the speaker*)
hin (10); to go that way hin·gehen (geht . .
. hin), ging . . . hin, ist hingegangen (10);
that's right stimmt! (4); that's why deshalb
(7)
theater das Theater, - (4)
then dann (A)
there da (2); dort (7); dorthin (10); over there
da drüben (B); there and back hin und
zurück (10); there is es
gibt . . . (6); is there . . . ? gibt es . . . ? (6)
thereafter: soon thereafter bald darauf (9)
therefore deshalb (7)
these diese (2); these are . . . das sind . . . (B)
thing das Ding, -e (2); die Sache, -n (2); other
things Sonstiges (A, 9)
to think denken (denkt), dachte, gedacht (7);
I think so ich glaube schon (3); to think

about **nach·denken (über +** *acc.*) **(denkt . . . nach), dachte . . . nach, nachgedacht** (7); to think of **halten von (hält), hielt, gehalten** (12)

third **dritt-** (4)

thirst **der Durst** (3)

thirsty: to be thirsty **Durst haben** (3)

thirteen **dreizehn** (A)

thirteenth **dreizehnt-** (4)

thirty **dreißig** (A); at two thirty **um halb drei** (1)

this **diese, dieser, dieses** (2); this evening **heute Abend** (2); this is . . . **das ist . . .** (B); this way (*toward the speaker*) **her** (10); to come this way **her·kommen (kommt . . . her), kam . . . her, ist hergekommen** (10)

thorn **der Dorn, -en** (9)

those **diese** (2); those are . . . **das sind . . .** (B)

thought **der Gedanke, -n** (*wk.*) (7)

three **drei** (A); three times **dreimal** (3)

throat **der Hals, ¨e** (9); sore throat **die Halsschmerzen** (*pl.*) (11); throat lozenge **das Halsbonbon, -s** (11)

through **durch (+** *acc.*) (7)

to throw **werfen (wirft), warf, geworfen** (3)

thunderstorm **das Gewitter, -** (8)

Thursday **der Donnerstag** (1)

thus **also** (2)

ticket **die Fahrkarte, -n** (4); ticket (*parking or speeding*) **der Strafzettel, -** (7); admissions ticket **die Eintrittskarte, -n** (5); movie theater ticket booth **die Kinokasse, -n** (5); plane ticket **der Flugschein, -e** (10); ticket booth **der Schalter, -** (5); at the ticket booth **am Schalter** (5); ticket counter **der Fahrkartenschalter, -** (10); ticket window **der Fahrkartenschalter, -** (7); train ticket **die Zugfahrkarte, -n** (6)

tie **die Krawatte, -n** (A); to tie to **binden (an +** *acc.*) **(bindet), band, gebunden** (12)

tied shut **zugebunden** (8)

tight **eng** (12)

tile stove **der Kachelofen, ¨** (6)

time **die Zeit, -en** (1); **das Mal, -e** (4); at what time . . . ? **um wie viel Uhr . . . ?** (1); the last time **das letzte Mal** (4); for the first time **zum ersten Mal** (4); on time **rechtzeitig** (12); several times **mehrmals** (5); three times **dreimal** (3); what time is it? **wie spät ist es?** (1); **wie viel Uhr ist es?** (1)

timely **rechtzeitig** (12)

tip **das Trinkgeld, -er** (8)

tire **der Reifen, -** (7); **der Autoreifen, -** (8); flat tire **die Reifenpanne, -n** (7)

tired **müde** (3)

to **an (+** *acc./dat.*) (2); to the sea **ans Meer** (2); to (*a place*) **nach (+** *dat.*) (10); **zu (+** *dat.*) (2); to the doctor **zum Arzt** (3); to the university **zur Uni** (2); to (a specific place already mentioned) **dorthin** (10)

toaster **der Toaster, -** (8)

today **heute** (B); what is today's date? **welches Datum ist heute?** (4)

together **zusammen** (2); **gemeinsam** (11); all together **alles zusammen** (5)

toilet **die Toilette, -n** (6); toilet paper **das Toilettenpapier** (4)

tolerant **tolerant** (B)

tomato **die Tomate, -n** (8); tomato sauce **die Tomatensoße, -n** (8)

tomorrow **morgen** (2); the day after tomorrow **übermorgen** (9)

tongue **die Zunge, -n** (11)

too **auch** (A)

too bad! **schade!** (3)

too **zu** (4); too heavy **zu schwer** (4)

tool **das Werkzeug, -e** (8)

tooth **der Zahn, ¨e** (11)

toothache **die Zahnschmerzen** (*pl.*) (11)

topic **das Thema, Themen** (4)

total **total** (4); to total (up) **aus·rechnen, ausgerechnet** (8)

tour of the city **die Stadtrundfahrt, -en** (7); bicycle tour **die Radtour, -en** (9); guided tour **die Führung, -en** (10)

tourism **der Tourismus** (10)

tourist bureau **das Fremdenverkehrsamt, ¨er** (10); tourist class **die Touristenklasse** (5)

towel: hand towel **das Handtuch, ¨er** (5); paper towel **das Papiertuch, ¨er** (5)

town **der Ort, -e** (4); **die Stadt, ¨e** (2); home town **die Heimatstadt, ¨e** (6); old part of town **die Altstadt, ¨e** (10); town hall **das Rathaus, ¨er** (1); at the town hall **auf dem Rathaus** (1)

tracks: set of train tracks **das Gleis, -e** (10); train track **die Schiene, -n** (10)

tradition **die Tradition, -en** (4)

traffic **der Verkehr** (7, 11); traffic jam **der Stau, -s** (7); traffic light **die Ampel, -n** (7); traffic roundabout **der Kreisverkehr** (10); traffic sign **das Verkehrsschild, -er** (7)

tragedy **die Tragödie, -n** (12)

train **der Zug, ¨e** (7); passenger train **der Personenzug, ¨e** (7); train agent **der Bahnbeamte, -n (ein Beamter) / die Bahnbeamtin, -nen** (10); train car **der Waggon, -s** (7); train station **der Bahnhof, ¨e** (4); at the train station **auf dem Bahnhof** (5); train ticket **die Zugfahrkarte, -n** (6); train track **die Schiene, -n** (10); train tracks (set of) **das Gleis, -e** (10)

training: specialized training **die Ausbildung, -en** (5); practical (career) training **praktische Ausbildung** (5)

trait **die Eigenschaft, -en** (B)

to translate **übersetzen, übersetzt** (9)

to transport **transportieren, transportiert** (7)

transportation: means of transportation **das Transportmittel, -** (7); public transportation **die öffentlichen Verkehrsmittel** (*pl.*) (7)

to travel **reisen, ist gereist** (1)

travel agency **das Reisebüro, -s** (6); travel experience **das Reiseerlebnis, -se** (7); to travel first class **erster Klasse fahren** (10); travel guidebook **der Reiseführer, -** (5)

traveler **der/die Reisende, -n (ein Reisender)** (10); traveler's check **der Reisescheck, -s** (7)

traveling **das Reisen** (10)

treasure **der Schatz, ¨e** (9)

tree **der Baum, ¨e** (9); tree house **das Baumhaus, ¨er** (6)

trick **die List, -en** (9)

trip **die Reise, -n** (7); **die Fahrt, -en** (10); business trip **die Geschäftsreise, -n** (7); holiday trip **die Ferienreise, -n** (9); one-way trip **die einfache Fahrt** (10); round trip **hin und zurück** (5, 10); **die Hin- und Rückfahrt** (10); to be on a trip **auf Reisen sein** (7); to go on a trip **verreisen, ist verreist** (3); to trip **stolpern, ist gestolpert** (9)

trout **die Forelle, -n** (8)

truck **der Lastwagen, -** (7)

true **wahr** (9); **treu** (9)

trunk **der Kofferraum, ¨e** (7); trunk (*of an elephant*) **der Rüssel, -** (12); swimming trunks **die Badehose, -n** (5)

to try **probieren, probiert** (3); **versuchen, versucht** (9); to try on **an·probieren, anprobiert** (10)

Tuesday **der Dienstag** (1)

Tunisia **(das) Tunesien** (B)

Turk **der Türke, -n** (*wk.*) **/ die Türkin, -nen** (12)

Turkey **die Türkei** (B)

Turkish (*adj.*) **türkisch** (B); (*language*) **(das) Türkisch** (B)

to turn **ab·biegen (biegt . . . ab), bog . . . ab, ist abgebogen** (10); to turn off **aus·machen, ausgemacht** (3); to turn on **an·machen, angemacht** (3); **ein·schalten, eingeschaltet** (11)

turtle **die Schildkröte, -n** (12)

tusk **der Stoßzahn, ¨e** (12)

to tutor **Nachhilfe geben** (3)

tutored: to be tutored **Nachhilfe nehmen** (3)

tutoring **die Nachhilfe** (3)

TV movie **der Fernsehfilm, -e** (12); TV reporter **der Fernsehreporter, - / die Fernsehreporterin, -nen** (5); TV room **das Fernsehzimmer, -** (10); TV set **der Fernseher, -** (2); to watch TV **fernsehen (sieht . . . fern), sah . . . fern, ferngesehen** (1)

twelfth **zwölft-** (4)

twelve **zwölf** (A)

twentieth **zwanzigst-** (4)

twenty **zwanzig** (A)

twice **zweimal** (5)

two **zwei** (A)

type **die Art, -en** (2); to type **tippen, getippt** (3)

U.S.A. **die USA** (*pl.*) (B)

ugly **hässlich** (2)

Ukraine **die Ukraine** (B)

umbrella **der Regenschirm, -e** (5)

unconsciousness **die Ohnmacht** (11)

underpants **die Unterhose, -n** (10)

undershirt **das Unterhemd, -en** (10)

to understand **verstehen (versteht), verstand, verstanden** (4)

underwear **die Unterwäsche** (10)

undressed: to get undressed **sich aus·ziehen (zieht . . . aus), zog . . . aus, ausgezogen** (11)

unemployed **arbeitslos** (5)

unfortunately **leider** (B)

university **die Universität, -en** (1); **die Uni, -s** (*coll.*) (B); at the university **auf der Universität** (5); university newspaper **die Unizeitung, -en** (4); university studies **das Studium** (1); to be at the university **auf der Uni sein** (1); to go to the university **zur Uni gehen** (1)

unmarried **ledig** (1)

untalented **unbegabt** (12)

until **bis** (2, 11); not until **erst** (4); not until four o'clock **erst um vier Uhr** (4); until four o'clock **bis um vier Uhr** (4); until eight o'clock **bis acht Uhr** (2)

up to **bis zu** (+ *dat.*) (10); up that way (*away from the speaker*) **hinauf** (10); to go up that way **hinauf·gehen (geht . . . hinauf), ging . . . hinauf, ist hinaufgegangen** (10)

upset: to get upset **sich auf·regen, aufgeregt** (11)

Uranus **der Uranus** (4)

urgently **dringend** (2)

to use **brauchen, gebraucht** (1)

used car **der Gebrauchtwagen, -** (7)

used: to get used to **sich gewöhnen (an + *acc.*), gewöhnt** (11)

useful **nützlich** (10)

usually **meistens** (8)

utilities **die Nebenkosten** (*pl.*) (6)

vacation **die Ferien** (*pl.*) (1); **der Urlaub, -e** (5); **die Ferienreise, -n** (9); vacation apartment/condo **die Ferienwohnung, -en** (10)

to vaccinate for **impfen (gegen + *acc.*), geimpft** (12)

vaccine **die Spritze, -n** (11)

to vacuum **Staub saugen, Staub gesaugt** (6)

vacuum cleaner **der Staubsauger, -** (6)

Valentine's Day **der Valentinstag** (4)

valley **das Tal, ¨er** (7)

valuable **wertvoll** (2)

various **verschieden** (8)

vase **die Vase, -n** (3); **die Blumenvase, -n** (5)

veal cutlet **das Schnitzel, -** (8)

vegetable **das Gemüse, -** (8)

vehicle **das Fahrzeug, -e** (11)

verb **das Verb, -en** (A)

very **sehr** (B)

veterinarian **der Tierarzt, ¨e / die Tierärztin, -nen** (11)

vicinity **die Nähe** (6); in the vicinity **in der Nähe** (6)

video **das Video, -s** (9)

videorecorder (VCR) **der Videorekorder, -** (A, 2)

view **der Ausblick, -e** (6)

vinegar **der Essig** (8)

violence **die Gewalt** (12)

violin **die Geige, -n** (3)

visa **das Visum, Visa** (7)

visible **sichtbar** (11)

visit **der Besuch, -e** (3); to visit **zu Besuch kommen** (3); **besuchen, besucht** (1); **besichtigen, besichtigt** (7)

vocabulary **der Wortschatz, ¨e** (A)

voice **die Stimme, -n** (12)

volcano **der Vulkan, -e** (10)

volleyball **der Volleyball, ¨e** (1)

to wait **warten, gewartet** (7)

waiter **der Kellner, -** (5); **die Bedienung, -en** (8)

waiting room **die Wartehalle, -n** (10)

waitress **die Kellnerin, -nen** (5); **die Bedienung, -en** (8)

to wake up **auf·wachen, ist aufgewacht** (4); to wake (*s.o.*) up **wecken, geweckt** (9)

walk **der Spaziergang, ¨e** (10); to walk **gehen (geht), ging, ist gegangen** (A); to go for a walk **spazieren gehen (geht . . . spazieren), ging . . . spazieren, ist spazieren gegangen** (1); to take a walk in the park **im Park spazieren gehen** (1)

walking: to keep on walking **weiter·gehen (geht . . . weiter), ging . . . weiter, ist weitergegangen** (10)

Walkman **der Walkman, Walkmen** (2)

wall **die Wand, ¨e** (B)

wallet **die Brieftasche, -n** (7)

waltz **der Walzer, -** (3)

to want **wollen (will), wollte, gewollt** (3)

warm **warm** (B)

to warn **warnen, gewarnt** (7)

to wash **spülen, gespült** (4); **(sich) waschen (wäscht), wusch, gewaschen** (2, 11); to wash the dishes **Geschirr spülen** (4)

washbasin **das Waschbecken, -** (6)

washing machine **die Waschmaschine, -n** (6)

wastebasket **der Papierkorb, ¨e** (3); to empty the wastebasket **den Papierkorb aus·leeren** (3)

watch (*n.*) **die Armbanduhr, -en** (A); to watch **an·sehen (sieht . . . an), sah . . . an, angesehen** (3); to watch out **auf·passen, aufgepasst** (3); to watch out for **achten (auf + *acc.*), geachtet** (11); to watch TV **fern·sehen (sieht . . . fern), sah . . . fern, ferngesehen** (1)

water: mineral water **das Mineralwasser** (8); water fowl **der Wasservogel, ¨** (12); to water **gießen (gießt), goss, gegossen** (3); to water the flowers/plants **die Blumen/Pflanzen gießen** (3)

watering can **die Gießkanne, -n** (6)

to wave **winken, gewinkt** (B)

to wear **tragen (trägt), trug, getragen** (A)

weather **das Wetter** (B)

Wednesday **der Mittwoch** (1)

week **die Woche, -n** (1); during the week **in der Woche** (1); every week **jede Woche** (3); last week **letzte Woche** (4)

weekend **das Wochenende, -n** (1); during the weekend **am Wochenende** (1); last weekend **letztes Wochenende** (4); over the weekend **übers Wochenende** (4)

weight: to lose weight **ab·nehmen (nimmt . . . ab), nahm . . . ab, abgenommen** (8, 11)

well **also** (2); **na** (3); to feel well **sich wohl fühlen, wohl gefühlt** (11); well (*n.*) **der Brunnen, -** (9)

west (of) **westlich (von)** (7)

wet **nass** (3)

whale: blue whale **der Blauwal, -e** (12)

what **was** (A); what for? **wofür?** (8)

wheel **das Rad, ¨er** (7); steering wheel **das Lenkrad, ¨er** (7)

when **wann** (B); **wenn** (*subord. conj.*) (2, 3); **als** (*subord. conj.*) (5); when I was eight years old **als ich acht Jahre alt war** (5)

when? **wann?** (B)

whenever **wenn** (*subord. conj.*) (3)

where **wo** (A); where (from) **woher** (B); where to **wohin** (3); where are you going? **wo willst du denn hin?** (A)

whether **ob** (*subord. conj.*) (6)

which **welcher, welche, welches** (A)

white **weiß** (A)

who **wer** (A)

whole **ganz** (2, 3); a whole lot **eine ganze Menge** (4)

whom (*acc.*) **wen** (4); (*dat.*) **wem** (4)

why **warum** (3); that's why **deshalb** (7)

wife **die Frau, -en** (A, B)

wig **die Perücke, -n** (11)

wild boar **das Wildschwein, -e** (12)

willingly **gern** (1)

to win **gewinnen (gewinnt), gewann, gewonnen** (4); to win the lottery **in der Lotterie gewinnen** (5)

wind **der Wind, -e** (9)

window **das Fenster, -** (B); ticket window **der Fahrkartenschalter, -** (7); window sill **die Fensterbank, ¨e** (5)

windowpane **die Scheibe, -n** (7); **die Fensterscheibe, -n** (9)

windshield wiper **der Scheibenwischer, -** (7)

(wind) surfboard **das Surfbrett, -er** (2)

windsurfing: to go windsurfing **windsurfen gehen (geht windsurfen), ging windsurfen, ist windsurfen gegangen** (1)

windy **windig** (B)

wine cellar **der Weinkeller, -** (6); wine glass **das Weinglas, ¨er** (5)

winter **der Winter, -** (B)

to wipe **wischen, gewischt** (7); to wipe clean **ab·wischen, abgewischt** (6) wiper: windshield wiper **der Scheibenwischer, - (7)**

witch **die Hexe, -n** (7)

with **bei** (+ *dat.*) (2, 10); **mit** (A); with me **mit mir** (3); with your parents **bei deinen Eltern** (6); does it come with . . . ? **ist ein . . . dabei?** (6)

witness **der Zeuge, -n** (*wk.*) / **die Zeugin, -nen** (11)

wolf **der Wolf, ¨e** (9)

woman **die Frau, -en** (A, B)

wonder **das Wunder** (4); no wonder **kein Wunder** (4)

woods **der Wald, ¨er** (2); to run in the woods **im Wald laufen** (2)

work **die Arbeit, -en** (1); **das Werk, -e** (9); to work **arbeiten, gearbeitet** (1); **wirken, gewirkt** (11); work permit **die Arbeitserlaubnis, -se** (12)

workbook **das Arbeitsbuch, ¨er** (3)

worker **der Arbeiter, - / die Arbeiterin, -nen** (5)

world **die Welt, -en** (7)

worried **besorgt** (3)

wound **die Wunde, -n** (11)

to write **schreiben (schreibt), schrieb, geschrieben** (A); to write down **auf·schreiben (schreibt . . . auf), schrieb . . . auf, aufgeschrieben** (11)

writer **der Schriftsteller, - / die Schriftstellerin, -nen** (5); detective novel writer **der Krimiautor, -en / die Krimiautorin, -nen** (12)

writing: in writing **schriftlich** (10)

writing paper **das Briefpapier, -e** (5)

written **schriftlich** (10)

wrong **falsch** (2); to be wrong with (*a person*) **fehlen** (+ *dat.*), **gefehlt** (11); to get up on the wrong side of the bed **mit dem linken Fuß auf·stehen** (4)

X-ray **röntgen, geröntgt** (11)

xenophobia **der Ausländerhass** (12)

yacht **die Jacht, -en** (7)

year **das Jahr, -e** (2)

to yell **schreien (schreit), schrie, geschrien** (3)

yellow **gelb** (A)

yes (on the contrary!) **doch!** (4)

yesterday **gestern** (4); the day before yesterday **vorgestern** (4)

you (*acc.*) **dich** (2)

young **jung** (A)

your (*infor. sg.*) **dein(e)** (B); (*for.*) **Ihr(e)** (B); (*infor. pl.*) **euer, eu(e)re** (2)

youth **die Jugend** (9)

youth hostel **die Jugendherberge, -n** (10); youth hostel ID card **der Jugendherbergsausweis, -e** (10); owner/manager of a youth hostel **die Herbergseltern** (*pl.*) (10)

Yugoslavia **(das) Jugoslawien** (B)

zebra **das Zebra, -s** (12)

zeppelin **der Zeppelin, -e** (7)

zone: no-stopping zone **das Halteverbot, -e** (7)

zoo **der Zoo, -s** (10)

zoo director **der Zoodirektor, -en** (*wk.*) / **die Zoodirektorin, -nen** (12)

INDEX

This index is organized into three subsections: Culture, Grammar, and Vocabulary. The notation "n" following a page number indicates that the subject is treated in a footnote on that page.

VOCABULARY